O Direito Penal
Passo a Passo

O Direito Penal Passo a Passo

Elementos da PARTE ESPECIAL, 1.º vol. com os CRIMES CONTRA AS PESSOAS

M. Miguez Garcia

2011

O DIREITO PENAL – PASSO A PASSO
ELEMENTOS DA PARTE ESPECIAL, 1.º VOL.
COM OS CRIMES CONTRA AS PESSOAS

AUTOR
M. Miguez Garcia

EDITOR
EDIÇÕES ALMEDINA, S.A.
Rua Fernandes Tomás, n.ºˢ 76, 78 e 80
3000-167 Coimbra
Tel.: 239 851 904 · Fax: 239 851 901
www.almedina.net · editora@almedina.net

DESIGN DE CAPA
FBA.

PRÉ-IMPRESSÃO
Jorge Sêco

IMPRESSÃO E ACABAMENTO
PAPELMUNDE, SMG, LDA.
V. N. de Famalicão

Outubro, 2011

DEPÓSITO LEGAL
335387/11

Apesar do cuidado e rigor colocados na elaboração da presente obra, devem os diplomas legais dela constantes ser sempre objecto de confirmação com as publicações oficiais.
Toda a legislação contida na presente obra encontra-se actualizada de acordo com os diplomas publicados em Diário da República, independentemente de terem já iniciado a sua vigência ou não.
Toda a reprodução desta obra, por fotocópia ou outro qualquer processo, sem prévia autorização escrita do Editor, é ilícita e passível de procedimento judicial contra o infractor.

 GRUPOALMEDINA

BIBLIOTECA NACIONAL DE PORTUGAL – CATALOGAÇÃO NA PUBLICAÇÃO

GARCIA, M. Miguez

O Direito Penal – Passo a Passo
– (Manuais profissionais)
1.º v.: Elementos da parte especial com os crimes
contra as pessoas. – p.
ISBN 978-972-40-4672-3

CDU 343

APRESENTAÇÃO

Nos últimos anos, a Parte Especial do Código Penal recebeu dos estudiosos nacionais uma atenção de sucessivos refinamentos. Durante décadas, pousou nas mesas de trabalho dos magistrados judiciais e do Ministério Público, porventura também nos escritórios de advogados e solicitadores, o "Anotado" do Dr. Maia Gonçalves, um volumoso tira-teimas, empenhadamente posto ao dia. Sentença a sentença, despacho a despacho, por ele nos guiávamos na análise dos aspetos práticos, aceitando-o como garante da validade dos nossos procedimentos.

Aparentemente, a forma padrão da época, ainda que imparcial, não estaria suficientemente elaborada. É claro que a simplicidade é um mérito. Muitos têm-na como tal. Outros, porém, caminhavam na direção de um discurso conduzido no plural. Surgiram entretanto as condições de mobilidade social – em que "toda a gente" sabe e em que o "saber" passou a ser a chave do sucesso – como parte significante na adoção de um *layout* mais complexo que o dos nossos primeiros passos nos tribunais. Percebia-se que em velocidade vertiginosa vinha aí *mudança* de estilos.

Para tornar mais compreensível, para explicar mais corretamente a essência e as diferenças dos textos legais, vale lembrar a súmula doutrinária – em que a clarividência sobe de tom – de dois outros práticos do Direito, Leal-Henriques e Simas Santos.

Entretanto, num halo de respeitabilidade geral, e para maior conforto dos espíritos, o Comentário Conimbricense mapeou, em cadência universitária, de forma sistemática, coerente e inovadora, todas as minudências da Parte Especial. O panorama da Parte Geral foi, também ele, elevado a horizontes científicos nunca antes alcançados, com a "obra capital", no universo da língua portuguesa, da autoria do Prof. Figueiredo Dias. Ainda a nível académico, pedem para ser lidas dissertações de doutoramento que, antes e depois, se escreveram e publicaram. No leque das nossas preferências, as de Costa Andrade e Faria Costa, as de Augusto Silva Dias, Curado Neves e Helena Moniz. Tarefas mais do que diuturnas, movem-se por entre opções ideológicas e a diversidade de idiomas, sempre a suprir lacunas na história das ideias.

Paradoxalmente, o sentido crítico enfraquece-se cada vez mais na pretensa certeza de se ter compreendido o essencial. Fala-se na crise da Justiça, cujas implicações jamais foram resolvidas de forma consistente. As tentativas de resposta satisfatória ao modo como as coisas "funcionam" têm sido muito longas e por demais inconclusivas.

Dito isto, dever-se-á precisar que neste volume – e numa segunda parte que esperamos se lhe siga a muito curto prazo – foi nossa preocupação dar especial relevo a alguns temas fulcrais e compor um mosaico de ideias onde há sempre matéria para garimpar. Vai, implícito, o propósito de mostrar *onde* se encontram os problemas, ajudando a resolvê-los; e o de provocar a discussão, sem pôr de lado um tratamento sistemático. O recurso à trama de casos práticos e jurisprudenciais, nacionais e estrangeiros, convida igualmente a ver no livro um conjunto de orientações ou sugestões para tornar mais acessível o modo, até mesmo a *arte de pensar* o Direito Penal, aos que se apresentam a concursos ou aos que se iniciam numa profissão forense. É da nossa capacidade de darmos ouvidos a estas exigências que dependerá o êxito deste trabalho e a aspiração de o ter conseguido. Diria, a completar – decerto atrevidamente, num instinto de defesa que só o "artesão" anónimo se vê forçado a usar – que a circunstância de o texto, na sua quase totalidade, ter servido em folhas volantes como "receita" para muitos que preparavam a sua entrada no Centro de Estudos Judiciais ou na Ordem dos Advogados recomendava que o não conservasse na gaveta ou enfronhado na comodidade do disco rígido. Dedico-o à minha Mulher, Assunção Araújo, que me acompanhou, de forma dedicada, retribuindo, quem sabe!, o pouco que por ela fiz nos anos que vão do seu doutoramento ao tempo de carregar o ónus de catedrática da Faculdade de Letras. Dedico-o também aos meus Filhos, o Luís, também ele vinculado a um pesado encargo, o de juiz de Direito, há anos no deslindar custoso do direito administrativo, e (atenho-me à ordem das idades) a Sílvia, pelo seu muito e muito valioso carinho.

Labruge, Vila do Conde, agosto de 2011
MIGUEZ GARCIA

1 – INTRODUÇÃO À PARTE ESPECIAL

I. Parte Geral (PG) e Parte Especial (PE)

1. Proteção de bens jurídicos e determinabilidade do tipo legal

O artigo 1º do Código Penal consagra o princípio da legalidade (*nullum crimen, nulla poena sine lege*), dispondo que "só pode ser punido criminalmente o facto descrito e declarado passível de pena por lei anterior ao momento da sua prática". À lei e só a ela compete definir as diferenças entre a atividade humana criminosa e a atividade humana legítima, como garantia dos direitos individuais. O legislador trata de descrever com uma relativa precisão (determinação) as condutas incriminadas, decidindo quais os comportamentos que merecem uma sanção penal. A escolha é condicionada por critérios de **política criminal**, cujos objetivos são, em geral, a prevenção e a repressão da criminalidade bem como a reparação dos danos individuais e sociais dela resultantes, tomando-se em consideração as necessidades concretas de defesa dos bens jurídicos[1].

Na nossa exposição relativa à Parte Geral procurámos mostrar como a função de **tutela de bens jurídicos**, a que o artigo 40º, nº 1, faz uma impressiva referência, se tornou essencial para a compreensão dos fins do Direito Penal.

Um número elevado de **normas** da PE do Código descreve **formas de comportamento** que violam (no sentido de lesar ou pôr em perigo) um bem jurídico e que por isso são proibidas e sancionadas criminalmente.

Chamamos **tipo** a essas descrições de crimes contidas nas leis penais, como por ex., o homicídio, que é crime contra a vida. A Parte Especial (PE), iniciada no artigo 131º, contém tipos de crime organizados e sistematizados de acordo com os critérios escolhidos pelo legislador penal[2].

---

[1] A Lei nº 17/2006, de 23 de maio, aprovou a Lei Quadro da Política Criminal.
[2] Além do "tipo de crime", na indicada função de sistematização e descrição de crimes contidas nas leis penais, o "tipo" (tradução do alemão *Tatbestand*) associa-se ainda a outras funções como a "garantia" ("tipo

O **tipo penal** delimita o âmbito do ilícito penalmente relevante, na medida em que descreve as características definidoras do *conteúdo* de ilícito típico da conduta proibida, dando-lhe além disso uma *forma* específica. O direito penal só protege a subtração de coisa móvel alheia atuando o ladrão com "ilegítima intenção de apropriação" (artigo 203º, nº 1). Como agente do crime de dano, pune-se quem "destruir, no todo ou em parte, danificar, desfigurar ou tornar não utilizável coisa alheia" (artigo 212º, nº 1). Nestes dois últimos casos, exige-se não só a lesão da propriedade mas também uma determinada forma de atuar – mas não se aceita, por óbvia contradição lógica e dos contextos normativos, que a subtração surja, sempre e incondicionalmente, acompanhada da intenção de apropriação. Basta pensar em que se pode subtrair coisa para simplesmente a usar – ou para a danificar. Na burla, na extorsão e, especialmente, na usura, o facto punível é descrito ainda com uma maior gama de pormenores.

Outra é a necessária articulação com a Parte Geral, donde deriva, por ex., o que alguns autores designam por **"extensões de tipicidade"**. Como acontece na generalidade dos códigos penais, na PE a conduta punível é descrita por referência a um autor singular ("quem" matar outra pessoa; "o médico" que recusar o auxílio da sua profissão...) e à infração na sua forma consumada. A técnica de abranger mais pessoas no tipo penal (por ex., um cúmplice) ou aquelas situações que não chegaram à consumação (*A* disparou a matar, mas o visado não morreu, continua vivo) exige que nos códigos se estabeleçam normas que permitam ampliar os tipos penais na correspondente medida. Diz-se que tais disposições, como o artigo 22º ou o artigo 27º, implicam uma *extensão dos tipos penais*: são uma causa de extensão da tipicidade, um alargamento dos tipos da parte especial. Sem a norma sobre a tentativa esta ficaria impune, por na parte especial se preverem unicamente as formas que levam à consumação.

Com o "tipo" dá-se a conhecer – à comunidade e portanto também ao juiz – quais as condutas com *dignidade penal* e simultaneamente *necessitadas e merecedoras de pena*. Roxin assinala ao tipo, enquanto **tipo de garantia**, a função de dar expressão às exigências da legalidade (não pode haver crime nem pena que não resultem de uma lei prévia, escrita, estrita e determinada) e Costa Andrade[3] acentua que "o tipo legal vale pelo que incrimina e, nessa medida, protege; como vale outrossim pelo que não incrimina e, nessa medida, igualmente protege". Em suma: não serve para incriminar o que estiver fora da lei. O tipo legal de crime, explica Faria Costa, "ao proibir as condutas violadoras do bem jurídico da vida de outrem está, não só a definir *positivamente* as ações penalmente relevantes,

de garantia"), a "culpa" ("tipo de culpa"), o "erro" ("tipo de erro"), etc. Como tivemos oportunidade de concluir no estudo sobre a PG, o **tipo incriminador** é tipo de ilícito e tipo de culpa.

[3] Manuel da Costa Andrade, *Consentimento e Acordo*, p. 23.

aquelas que caem dentro do tipo, como está outrossim a recortar negativamente o universo das ações não-típicas de homicídio". Dando outra forma à ideia: "O tipo legal de crime narra, descreve, comportamentos que o legislador considera como penalmente reprováveis, por isso os descreve dizendo que, quem, *no futuro*, os vier a praticar sofre uma sanção, uma pena criminal"[4].

O Código emprega a expressão "tipo de crime" no artigo 16º, nº 1, na disciplina do erro sobre as circunstâncias do facto; e volta a referi-la no artigo 22º, nº 2, alínea *a*), quando, a propósito da tentativa, se ocupa dos "atos de execução". Na epígrafe do artigo 16º referem-se as "circunstâncias do facto". Circunstâncias "são **elementos de facto** ("matar"; artigo 131º) ou **características normativas** ("alheio": artigo 203º, nº 1; "doença contagiosa": artigo 283º, nº 1; "honra": artigo 180º, nº 1). O artigo 14º, nºs 2 e 3, refere-se à "realização de um facto que preenche um tipo de crime", tal como o artigo 15º, alínea *a*). No artigo 368º, nº 2, do Código de Processo Penal, trata-se da questão de saber: *a*) Se se verificaram os elementos constitutivos do tipo de crime.

A definição típica deve obedecer ao grau de determinação exigido pela ideia de certeza[5] (taxatividade), contida no princípio da tipicidade (artigo 29º nº 1, da Constituição), em articulação com a segurança jurídica garantida pelo princípio da legalidade, estruturante do Direito Penal (cf. artigo 1º do CP), de modo que no momento da criação dos tipos penais a técnica legislativa geralmente rejeita o recurso a termos *vagos*, arredios a uma interpretação segura, e evita os conceitos *porosos*, com zonas sombrias, embora na generalidade das proposições jurídicas indeterminadas se possa detetar um núcleo claramente preciso e um campo conceitual difuso (de um *núcleo* conceitual e de um *halo* conceitual fala Engish)[6]. A utilização da língua traz consigo convenções e regras, mas também opacidades. Ainda assim, uma relativa indeterminação dos tipos legais de crime pode mostrar-se justificada, sem que isso signifique violação dos princípios da legalidade e da tipicidade",[7] conexionando-nos tal observação com conceitos indeterminados, cláusulas e fórmulas gerais e inclusivamente com as chamadas **normas penais em branco**. Nestes casos, o legislador estabelece pelo menos a ameaça penal (norma sancionatória: "Sanktionsnorm"); na ausência ou perante a exiguidade de conteúdo semântico, obriga-se a relegar uma parte ou a totalidade da proibição para lei, regulamento ou ato administrativo, ou seja, para uma norma complementar

---

[4] José de Faria Costa, "O direito penal, a linguagem e o mundo globalizado (*Babel ou esperanto universal?*)", *RLJ*, nº 3955, ano 138, p. 224. O itálico não consta do original.
[5] O termo *precisão* empregamo-lo, de preferência, no sentido, não de "exatidão", mas de "definição". As coisas que os penalistas vão dizendo, endereçadas a outros penalistas, encontram-se normalmente livres de imprecisão.
[6] K. Engish, *Introdução ao Pensamento Jurídico*, p. 209.
[7] "Parecer" nº 32/80, *Pareceres da Comissão Constitucional*, 14º volume, 1983, p. 60.

("Ausfüllungsnorm"), com origem autónoma, de tempo ou de lugar. Trata-se de uma técnica legal frequente no direito penal secundário, mas que aparece também em certas disposições do CP, como o artigo 152º-B, onde se estabelece, como elemento típico, a não observância de disposições legais ou regulamentares, que não são diretamente identificadas, mas só por via de remissão: a complementação é recolhida no exterior da norma, em outras normas extrapenais. Sirva ainda de exemplo o artigo 277º. A referência à violação de regras legais, regulamentares ou técnicas encontra-se na norma primária, mas tais regras têm assento e a sua origem em outras leis e em outros espaços do direito diferentes do penal. Estão aqui implicadas disposições do Regulamento Geral das Edificações Urbanas, do Regulamento da Segurança no Trabalho da Construção Civil, do Regime de Licenciamento (municipal) de Obras Particulares, do Estatuto da Ordem dos Engenheiros, entre muitas outras.

No artigo 279º (poluição), exige-se que a conduta do agente poluidor contrarie prescrições ou limitações que lhe foram impostas pela autoridade administrativa em conformidade com leis ou regulamentos, sob a cominação da aplicação das penas previstas para a prática do crime, constituindo esta acessoriedade administrativa como que uma condição objetiva de punibilidade[8]. O crime de poluição combina-se com um conceito de bem jurídico ainda há pouco insistentemente procurado ou duvidosamente definido. E se isso se passa com o meio ambiente, também os valores urbanísticos e afins apelam para uma necessidade de tutela penal à medida dos avanços tecnológicos e da própria evolução dos sistemas económicos e financeiros. Em casos destes, a norma penal em branco aparece como uma técnica legislativa necessária à abertura do direito penal aos diversos âmbitos de incriminação, constituindo um mecanismo de integração nos modelos institucionais de organização e controlo de determinados setores complexos de atividade. Em tipos desta natureza, é baixo o rendimento técnico dos elementos descritivos. Daí que cada vez mais ao legislador se imponha a necessidade de empregar elementos normativos ou recorrer à técnica das leis penais em branco. Dificilmente se negará o risco de surgirem elementos ou características com uma forte carga de intedeterminação.

Distinguem-se das normas penais em branco os **tipos penais abertos**: parte dos elementos constitutivos da infração não se encontram incluídos no tipo. Começam por ser tipos incompletos, "em que o juiz teria de alcançar a matéria da proibição – não esgotantemente descrita na definição legal da conduta, mas

---

[8] Cf. o acórdão da Relação do Porto de 3 de abril de 2002, *CJ* 2002, tomo II, p. 235; e Luís Filipe Caldas, "A propósito do novo artigo 227º-A do Código Penal Português", *RPCC* 13 (2003), p. 516. Ainda, Figueiredo Dias, *RPCC* 1991, p. 47, e *O problema da consciência da ilicitude em direito penal*, p. 76 e s.; Cavaleiro de Ferreira, *Lições de Direito Penal* PG, 1, 1988, p. 35; bem como Anabela Miranda Rodrigues *Conimbricense* II, p. 961.

de determinação necessária para integral preenchimento do tipo – por recurso imediato a uma valoração autónoma que, como tal, se encontraria já fora do tipo e constituiria antes uma pura regra de ilicitude"[9]. Um exemplo corrente é o dos crimes negligentes, onde fica para o aplicador do direito a tarefa de especificar os limites da matéria de proibição, completando a descrição típica; outro, a norma do artigo 10º. Tipo aberto será também o da coação. Explica o Prof. Costa Andrade que "uma incriminação como a da Coação confronta-nos com um tipo que nem identifica um bem jurídico suscetível de delimitação descritiva, nem referencia uma conduta suficientemente concretizável, e cuja área de aplicação possível se estende tendencialmente a todos os setores da vida social, sem demarcar as fronteiras entre o permitido e o proibido".

2. A noção de bem jurídico e os diversos tipos de crime

A intervenção do direito penal concretiza-se por referência a um catálogo de bens jurídicos correspondentes aos diversos *tipos* de crime. O homicida, no sentido do artigo 131º, ao causar a morte de outra pessoa, viola o bem jurídico "vida". A lesão do bem jurídico compreende assim a intervenção de alguém na esfera, protegida pelo direito, da liberdade de outrem. A conduta descrita é considerada antijurídica porque pode lesar ou pôr em perigo algum bem jurídico. Os bens jurídicos são neste sentido relações sociais concretas: a vida ou a liberdade são relações *entre pessoas* que adquirem significado de bem jurídico na medida em que são confirmadas pela norma. Para o indivíduo são *bens* por ex., a vida, a integridade física, a liberdade, os teres e haveres, enquanto a eles se não renuncia validamente. Ao lado dos bens jurídicos individuais encontram-se os bens jurídicos da coletividade, de titularidade supraindividual: os que, por ex., se identificam com a tutela da realização da justiça, ou o exercício de funções públicas. Registam-se igualmente situações concretas a que o legislador oferece uma proteção simultânea de bens jurídicos de orientação individual e coletiva, tipificando condutas que tutelam interesses com essa dupla natureza. Cf., entre outros casos, o que acontece com a infração de regras de construção (artigo 277º), a poluição (artigo 279º) ou a corrupção de substâncias alimentares ou medicinais (artigo 282º)[10].

---

[9] Figueiredo Dias, *O problema da consciência da ilicitude em direito penal*, 3ª ed., 1987, p. 472. Existem consequências em matéria de erro e repercussões sobre o efeito indiciário, que mesmo na ausência de causas de justificação não apontaria para a ilicitude.
[10] Quanto à **autonomia do bem jurídico ambiente** e os **critérios politico-criminais de necessidade** que deverão decidir da criminalização dos atentados ao ambiente, Anabela Miranda Rodrigues *Conimbricense* II, p. 950 e s.

O direito penal só deverá proteger bens jurídicos – e nada mais. Esta sua missão encontra, por parte dos penalistas, uma ampla adesão na sequência de um fecundo e dilatado período de reflexão. Ainda assim, e não obstante os esforços desenvolvidos, não se conseguiu chegar a uma definição aproximadamente clara do que seja o bem jurídico. Num primeiro momento histórico aparece o nome de Birnbaum. Dizia ele: "se queremos considerar o crime como lesão, teremos de relacionar o conceito não com um direito mas com um bem". Ao direito penal deveriam interessar somente bens com raízes diretas no mundo material, importantes para a pessoa e a coletividade e passíveis de lesão pela ação criminosa. Até lá, eram os *direitos* que estavam no centro da discussão suscitada pelo crime, a partir de então são os *bens* que passam a constituir o essencial.

Décadas depois, no começo do século vinte, o conceito de bem jurídico foi retomado por Binding que punha em relevo a ideia de caber ao Estado a escolha e a declaração de certas situações enquanto dignas de proteção a título de bens jurídicos. Nesta perspetiva, decidia o Estado *o que* queria castigar e *como* o queria fazer. Com isso, perdeu a noção de bem jurídico a sua função de intervenção legitimadora, passando o conceito a exprimir caracteristicamente a ofensa como um caso de "desobediência". Birnbaum partia da ideia de que a pena pressupunha uma lesão de um bem jurídico e que a reação se fazia em razão da violação de um interesse individual. Binding, pelo contrário, associava a pena a uma mera lesão do direito, reagindo o Estado a essa desobediência. Com isto, o Estado, à uma, dispõe de poderes ilimitados; à outra, é livre nas suas decisões de proibir formas de comportamento, com a ameaça de sanção. Entre estes dois polos se tem mantido a discussão.

O bem jurídico entendido como "interesse juridicamente protegido" (interesses da vida, do indivíduo ou da comunidade), ou "um bem do homem, reconhecido e protegido pelo direito", remonta a *von* Liszt[11], mas não esgota o leque das muitas definições propostas. Um contemporâneo como Wessels orienta-se para os bens vitais, os valores sociais e os interesses reconhecidos juridicamente aos indivíduos ou à comunidade, para quem são úteis, e por isso gozam da proteção do direito.

O nosso interesse encontra-se também nos novos bens jurídicos da comunidade (supraindividuais), seja a segurança das comunicações ou os crimes de poluição. Como diz Hassemer, e Augusto Silva Dias põe em destaque,[12] "a função do Direito Penal já não é apenas a reação contra lesões graves da liberdade dos

---

[11] Como deixámos escrito no livro sobre a Parte Geral, o sistema "clássico", impulsionado por Liszt-Binding, adotava o conceito de crime por referência a um comportamento humano dominado pela vontade, enquanto a tipicidade era um acontecer externo, descrito na Parte Especial, sem necessidade do acompanhamento de uma qualquer valoração. Imperava a causalidade, envolvendo a doutrina da equivalência.

[12] Augusto Silva Dias, *"Delicta in Se" e "Delicta Mere Prohibita"*, Coimbra, 2008, p. 236 e ss.

cidadãos ou a garantia de um 'mínimo ético', mas o apoio lateral a uma política de subvenções e de ambiente, da política de saúde e da política externa". Nalguns setores, "o chamado **direito penal do risco** é visto constitutivamente como um Direito Penal do perigo abstrato, da tutela de funções ou interesses de largo expetro, de tipos indeterminados e simbólicos, etc., tudo corruptelas de uma limpidez jurídico-penal liberal assente na tutela de um 'mínimo ético', mediante utilização de técnicas de tutela avançadas que garantem aos destinatários das normas jurídico-penais a maior previsibilidade acerca dos limites da liberdade e da reação do poder punitivo em caso de superação desses limites".

A aceitar-se sem rodeios este tipo de observações, concluiremos facilmente que a função sistemática do conceito de bem jurídico se encontra crescentemente ameaçada.

Em qualquer caso, vem a propósito acentuar que o direito penal não resiste às necessidades de uma contínua reformulação. Há inovações donde emergem novos bens jurídicos, por ex., os atinentes à regulamentação da vida económica ou à proteção do ambiente. O crime de branqueamento de capitais só passou a ter assento no Código (artigo 368º-A) com a Lei nº 11/2004, de 27 de março, que estabeleceu o regime de prevenção e repressão do branqueamento de vantagens de proveniência ilícita e procedeu à 16ª alteração ao Código Penal. Em 1995, na Comissão revisora, o "branqueamento de capitais" fora deixado para legislação extravagante. Entendeu-se que a questão fundamental não radicava tanto na fase da incriminação, "mas na articulação dos meios processuais dados os posicionamentos adquiridos pelos segredos de justiça, bancário e do advogado". Havia todo um conjunto de especialidades a considerar, ao nível do processo, da apreensão de bens e vantagens, etc.[13]. Atualmente, uma das zonas mais expostas é a dos crimes sexuais. O Código, depois das alterações introduzidas pela Lei nº 59/2007, de 4 de setembro, passou a integrar, no artigo 176º, um ilícito de "pornografia·de menores" e incriminou, no artigo 174.º, o "recurso à prostituição de menores". Passaram a ser crime várias condutas afins da comercialização de pornografia infantil real e *simulada*, assim como a sua aquisição ou posse, mesmo que sem o propósito de divulgar ou ceder. Pune-se nomeadamente a utilização de menor em fotografia, filme ou gravação pornográficos, *independentemente do seu suporte*. Por outro lado, uma decisão-quadro relativa à luta contra a exploração sexual de crianças e a pornografia infantil determina que cada Estado-Membro deve tomar as medidas necessárias para garantir que "sejam puníveis a prática de atividades sexuais com crianças quando o agente ofereça dinheiro ou outras formas de remuneração ou pagamento"; daí a tipificação constante do artigo 174º, que pune o *cliente* (sendo maior), havendo pagamento ou outra contrapartida.

---

[13] Atas e Projeto, p. 541.

Fala-se em novos tipos emergentes, nas áreas da clonagem e da seleção genética. Os mais solidários chamam a atenção para a subjetividade animal.

Em estreita conexão com a função de tutela do bem jurídico encontra-se o postulado da subsidiariedade do direito penal. É um direito de *tutela subsidiária* de bens jurídicos, devendo intervir o menos possível na vida, nos direitos e nas liberdades da pessoa: *princípio de intervenção mínima*. Só está autorizado a fazê-lo como *ultima ratio* da politica social. Segundo o artigo 18º, nº 2, da Constituição da República "a lei só pode restringir os direitos, liberdades e garantias nos casos expressamente previstos na Constituição, devendo as restrições limitar-se ao *necessário* para salvaguardar outros direitos ou interesses constitucionalmente protegidos".

O direito penal, enquanto direito protetor das condições indispensáveis à vida em comum, aplica-se apenas a certas parcelas definidas normativamente, a certos fragmentos *ilícitos* da vida social, "aqueles que, de uma perspetiva *teleológica*, representam um ilícito *digno* de uma sanção de natureza criminal"[14]. Tal intervenção só se justifica quando outros meios mais suaves se não mostrem disponíveis na área do direito civil ou do direito público para suficiente proteção do correspondente bem jurídico. O **princípio da necessidade** emerge na panóplia jurídico-penal quando a criminalização de formas de conduta passa a depender do reconhecimento de que determinado facto carece de pena.

O direito penal deverá intervir acima de um certo limiar de ofensividade. Corolário deste princípio, diz Mantovani,[15] é a não admissibilidade dos crimes sem bem jurídico ou sem ofensa. Só tipificando e punindo os comportamentos mais gravemente ofensivos desses bens jurídicos, o direito penal se afirma como última linha de defesa da sociedade, ou seja, por palavras já ditas, como ramo subsidiário do Direito.

Para tanto, recorre Roxin,[16] com toda a razão, ao princípio da proporcionalidade (*Übermassverbot*), cuja relevância se manifesta na incongruência e irrazoabilidade ou inadequação entre meios e fins:[17] onde se dispuser de um meio de reação mais suave, deve afastar-se qualquer outro mais grave, dos vários à disposição do aplicador do direito. A sua consagração constitucional como *princípio de*

---

[14] Figueiredo Dias, *DP/PG* I, 2007, p. 16

[15] Ferrando Mantovani, "Sobre a exigência perene da codificação", tradução do italiano de Cristina Líbano Monteiro, *RPCC* 5, 1995.

[16] Roxin, *AT* I, p. 45.

[17] O Código de Processo Penal também não prescinde das ideias de adequação e proporcionalidade, por ex., no artigo 193º, nº 1, sobre medidas de coação e de garantia patrimonial que em concreto têm de ser adequadas às exigências cautelares que o caso requerer e proporcionais à gravidade do crime e às sanções que previsivelmente venham a ser aplicadas. De modo semelhante, a apreensão de correspondência (artigo 179º) só deverá ser ordenada se não se dispuser de outra medida menos ofensiva, devendo em qualquer caso avaliar-se se a mesma é adequada face à gravidade do ilícito que se investiga.

proibição de arbítrio e *de proibição de excesso* deriva do artigo 18º, nº 2, que introduz igualmente a ideia de necessidade. Esta supõe, como se viu, "a existência de um bem juridicamente protegido e de uma circunstância que imponha intervenção ou decisão", de tal sorte que "a falta de necessidade ou de adequação traduz-se em arbítrio"[18]. Está igualmente presente nos artigos 30º, nº 5, sobre limites das penas e das medidas de segurança, 270º, sobre restrições ao exercício de direitos, e 272º, nº 2, sobre as medidas de polícia, que não devem ser utilizadas para além do *estritamente necessário*.

Ao conceito de bem jurídico é assinalada uma **função crítica** do sistema penal, amparando os movimentos de neocriminalização e descriminalização. Em palavras breves, o **processo de interpretação de uma norma** deverá fazer-se a partir do bem jurídico protegido por tal norma. Mezger[19] afirma que a interpretação (teleológica) "tem especial relevância no âmbito do direito penal no que se refere à interpretação dos tipos jurídico-penais; o fim de cada um deles orienta-se para a proteção de um determinado bem jurídico cujo descobrimento e emprego constitui, por isso, uma tarefa especialmente importante da interpretação". Por ex.; o valor acautelado nos crimes de falsificação é a *segurança* e a *credibilidade* dos documentos no **tráfico jurídico**, especialmente no **tráfico jurídico-probatório**. É a segurança e a fiabilidade do tráfico jurídico com documentos. Esta ideia do bem jurídico ajuda-nos a compreender que o emitente de um documento pode falsificar o *seu* próprio documento. A atividade do falsificador, na medida em que quebra a relação que se interpõe entre *aparência* e *realidade*, atenta contra o crédito de que goza o documento, *i. e.*, contra **a confiança que outras pessoas** depositam em que a sua aparência corresponde à realidade. Colhe-se outro exemplo sugestivo da noção de património escolhida para caracterizar o bem jurídico que preside aos artigos 217º e ss. A adoção de uma conceção económica, de uma conceção jurídica ou de uma conceção mista pode gerar soluções diferentes. Se pensarmos que o património não deve ser concebido unicamente como uma soma abstrata de dinheiro, poderemos garantir a tutela penal do "simples" valor afetivo ou apenas sentimental de uma coisa (por ex., da velha fotografia do avô). Do mesmo modo: até onde poderá ir a proteção do património por intermédio da incriminação da burla quando estão em causa **atividades ilícitas**? Farão parte do património os objetos que alguém obteve por forma criminalmente ilícita? Mas, como nota Augusto Silva Dias,[20] "se o bem jurídico constitui um recurso interpretativo importante, não é o único, nem sequer esgota a chamada interpretação teleológica, que tende à descoberta do fim do preceito incriminador. Na verdade,

---

[18] Jorge Miranda – Rui Medeiros, *Constituição Portuguesa anotada*, Tomo I, 2005, p. 16.
[19] Mezger, *Tratado de derecho penal*, I, 1955, p. 139.
[20] Augusto Silva Dias, *Crimes contra a vida e a integridade física*, AAFDL, 2007, p. 13.

a *ratio* da norma é mais abrangente". E dá o exemplo sugestivo do artigo 151º: "para saber se duas pessoas podem cometer participação em rixa ou de são necessários pelo menos três, não adianta apelar ao bem jurídico protegido, antes se torna necessário atender à finalidade político-criminal expressa no modelo de perigosidade subjacente à incriminação".

Delitos de criação relativamente recente são os de *indiscrição*, onde o bem jurídico instalado é o direito à privacidade. Insiste-se até num novo direito de autodeterminação sobre a informação e acentua-se uma relativa dependência do direito penal em face do direito administrativo, observando-se, como que a resumir todo um conjunto de dificuldades de construção de certos ilícitos penais, por a violação da norma penal não se bastar com a desobediência administrativa sem ter em conta os seus efeitos ecológicos, "antes estão em causa condutas com consequências danosas para o ambiente"; de modo que o preenchimento da norma penal dita "em branco" por prescrições administrativas "não é senão a consequência necessária da própria natureza mutável, alterável e específica do *direito do ambiente* e, deste modo, uma *condicio sine qua non* da eficácia da proteção do ambiente pela via penal"[21]. Um dos principais problemas é o de determinar qual o modelo de convivência a adotar em termos ambientais, não se podendo deixar de valorar os custos e os benefícios de conceitos tais como o de desenvolvimento sustentável e qualidade de vida.

A própria vida – o bem jurídico mais importante – não escapa a numerosas controvérsias, a respeito, por exemplo, da eutanásia e da manipulação de embriões. A propósito da interrupção voluntária da gravidez, vemos confrontarem-se conceções diferentes e nalguns casos antagónicas.

Acrescentemos que o objeto do direito penal não se confunde com a generalidade das ações socialmente desconformes ou ilicitamente violadoras de bens jurídicos: o chamado **caráter fragmentário** do direito penal, que poderá ilustrar-se com a quase generalidade das ações de furto de uso, não puníveis, com a única exceção do artigo 208º. De caso pensado, a lei deixa ações humanas fora da previsão penal, mesmo algumas que se assemelham a outras que declara merecedoras de pena. Uma limitação desta ordem harmoniza-se com a forma como na PE se procede à recolha jurídico-penal das condutas tidas por ilícitas. O direito civil (como outras parcelas do Direito) também protege bens jurídicos, chama a si uma função protetora. Há, consequentemente, sanções civis (nulidades, indemnização de perdas e danos, etc.). O que é eficaz jurídico-civilmente nunca deva abrir portas a uma reação penal.

---

[21] Anabela Miranda Rodrigues, *Conimbricense* II, p. 965. Cf. também, para a relação direito administrativo/direito penal, a anotação de José Miguel Prats Canut ao artigo 325 do cp espanhol, in Quintero Olivares (dir.), *Comentários a la parte especial del derecho penal*, 1996, p. 868.

À função de tutela subsidiária do direito penal (tutela de *ultima ratio*) de bens jurídicos anda ligada a ideia de **dignidade penal**. O facto ilícito-típico e culposo é também em regra facto digno de pena, mas pode suceder excecionalmente que o não seja: pode não coincidir na dignidade penal do facto. A partir destas considerações, estará aberto caminho para completar a ligação da **dignidade penal/falta de dignidade penal** ao binómio **punibilidade/não-punibilidade**, enumerando-se hipóteses tão diversas como "a impunidade da desistência da tentativa (porque o facto praticado não exige punição do ponto de vista preventivo), de factos bagatelares, do auxílio ao suicídio ou dos crimes falimentares, quando o suicídio ou a falência não vêm a ter lugar" – as quais, em função de exigências preventivas, serão remetidos para o denominador da **falta da dignidade penal**, não obstante tratar-se de factos típicos, ilícitos e culposos. Neste contexto, o crime traduz um comportamento ilícito-típico, culposo e digno ou merecedor de pena (e portanto punível).

II. Estrutura da Parte Especial

A PE do Código Penal (artigos 131º-386º) divide-se em cinco Títulos: Título I (dos crimes contra as pessoas; Título II (dos crimes contra o património); Título III (dos crimes contra a paz e a humanidade); Título IV (dos crimes contra a vida em sociedade); Título V (dos crimes contra o estado).

O que antes se deixou dito permite concluir que com a noção de bem jurídico se alcança uma melhor **sistematização** do conjunto das normas penais. É em torno do bem jurídico, como bem merecedor de proteção, que se distribui a lógica do ordenamento, erigindo o legislador os tipos penais com referência a essa noção nuclear, que lhe serve de critério orientador e ordenador. As Atas da Comissão Revisora[22] acentuam que o sistema de distribuição dos tipos legais de crime segundo os bens jurídicos protegidos reúne notórias vantagens em relação a todos os outros sistemas, por ex., sobre o sistema da gravidade das penas, o do meio utilizado pelo criminoso ou ainda o dos motivos do agente. A distribuição dos tipos segundo os bens jurídicos protegidos é muito menos artificial, o que significa que a violência às coisas é aqui muito menos evidente. Além disso, permite facilitar a interpretação teleológica. A PE começa pela descrição dos crimes contra as pessoas, seguindo-se a dos crimes contra o património, contra a comunidade e, por último, contra o estado. As razões que levam os legisladores modernos – dizem ainda as Atas – a colocar o ponto de partida da proteção penal na pessoa são de vária ordem e vão desde as razões filosóficas e culturais

---

[22] Atas da Comissão Revisora, 1979, p. 11.

até às pragmáticas e pedagógicas. Nem o Estado, nem a comunidade são pensáveis sem o homem. O homem há de ser o ponto de partida. A centralidade da pessoa humana constitui, na hierarquia personalista dos valores, acentua ainda Mantovani, "o bem primário". Daí que a PE comece pela descrição dos crimes contra as pessoas. Neste setor os bens pessoais devem ter a precedência sobre os bens patrimoniais,[23] comportando a distinção entre os *bens-fim*, que são os direitos fundamentais da pessoa humana, e os *bens-meio*, que consistem em bens patrimoniais e bens supraindividuais.

Na nossa exposição, privilegiaremos os crimes contra as pessoas – crimes contra a vida: artigos 131º-139º; crimes contra a integridade física: artigos 143º-152º; crimes contra a liberdade pessoal: artigos 153º-162º: crimes contra liberdade e a autodeterminação sexual: artigos 163º-179º; crimes contra a honra: artigos 180º-189º; crimes contra a reserva da vida privada: artigos 190º-198º. Virão depois os crimes contra o património: artigos 202º-235º, as falsificações e os crimes de perigo comum.

As questões em que os crimes contra a vida aparecem envolvidos são sobretudo da PG: a causalidade, a omissão, a justificação e as causas de desculpa, a comparticipação, a tentativa e a desistência da tentativa. Nesta área, o intérprete confronta-se frequentemente com a admissibilidade da figura da tentativa de homicídio em caso de dolo eventual e com a exata dimensão dos elementos que qualificam e privilegiam o homicídio. Por outro lado, nem sempre se distingue facilmente o dolo eventual da negligência consciente nem os casos de homicídio a pedido daqueles em que a atuação de outra pessoa consiste no incitamento ou ajuda ao suicídio.

À PE pertence a definição dos elementos objetivos e subjetivos do ilícito.

Se o agente não atua com dolo homicida, e mesmo assim ocorre a morte de uma pessoa, haverá que ter presente as diversas alternativas, que vão do preenchimento da norma do homicídio negligente às hipóteses de qualificação pelo resultado.

O direito penal médico, com relevantes especialidades, confronta-se com as intervenções e tratamentos arbitrários já no âmbito dos crimes contra a liberdade pessoal, donde emerge o ilícito da coação e os problemas que lhe estão associados, por ex., quando se utiliza um meio coativo para evitar suicídio ou a prática de facto ilícito típico. A sida, com os problemas dos testes, da confidencialidade e do segredo, é uma questão cuja importância só agora começa a vir à tona.

---

[23] Pelo menos em certos crimes de perigo comum, que protegem simultaneamente valores pessoais e patrimoniais, é bem difícil afirmar que a sua sistematização obedeceu ao critério do bem jurídico (são aliás tidos por delitos vagabundos e a respetiva secção alcunhada com o termo "despensa" do CP). Tenha-se presente, por exemplo, o artigo 272º quanto a incêndios e explosões, onde a ideia base será a da **potencialidade expansiva**, mais do que a de acautelar a vida, a integridade física ou o património.

Nos crimes contra o património em geral, do que sobretudo se trata é da causação de um prejuízo patrimonial como elemento do crime. A discussão em torno do conceito de património e do que seja esse prejuízo ocupa uma boa parte das nossas preocupações nessa matéria. Outra incide nos critérios de distinção da consumação e da tentativa no furto e nos que levam à boa compreensão dos elementos do abuso de confiança. O tipo de ilícito que levanta maiores dificuldades parece-nos ser, no entanto, o de burla e aí (só para dar um exemplo), a questão de saber se a burla pode ser cometida por omissão impõe um estudo detalhado e a boa compreensão das questões envolventes.

Um ponto essencial nos crimes de consolidação ou perpetuação é o das relações de comparticipação no facto prévio, igualmente típicas de outros crimes como o de branqueamento de capitais, enquanto impede ou frustra a realização do interesse legítimo da administração da justiça na deteção e perda de bens originados pela prática de crimes graves. Não poderá ser recetador, como logo se vê do texto legal (artigo 231º), quem tiver obtido coisa para outrem, o que igualmente significa que o coautor do furto não comete o crime de recetação quando fica com a sua parte no produto do crime ou quando vem a receber a parte que coube a outro coautor ou mesmo quando incita à recetação ou a promove, já que, em todos estes casos, se trata de coisa por ele obtida. Um seu cúmplice pode ser porém recetador. Pode sê-lo também o instigador do facto prévio. Não obstante o instigador ser punido como autor (artigo 26º), a coisa é obtida, não por ele, mas por outra pessoa.

Uma atenção especial deverá incidir no emprego de violência e subtração de coisa alheia/subtração de coisa alheia e emprego de violência; e no emprego de violência em conjugação com uma disposição patrimonial que acarreta prejuízo.

Feita a leitura, mesmo que só numa primeira abordagem, da parte especial do Código e das principais leis extravagantes que formam um **direito penal secundário**, facilmente se conclui que **o direito penal não protege todos os bens jurídicos**. Trata-se de um aspeto do direito penal liberal enquanto direito *fragmentário* e de *ultima ratio*, que só pode ser usado como medida extrema.

2 – BIBLIOGRAFIA SELECIONADA

Atas (1993) Código Penal, Atas e Projeto da Comissão de Revisão, Ministério da Justiça.
Atas das sessões da Comissão revisora do Código Penal, PE, ed. da AAFDL, 1979.
Aldo Franchini, Medicina legale in materia penale, Cedam, Padova.
Amadeu Ferreira, Homicídio Privilegiado, Almedina, 1991.
André Panchaud et al., Code pénal suisse annoté, 1989.
Arzt/Weber, Strafrecht BT, 3ª ed., 1988.
Augusto Silva Dias, "Delicta in se e "delicta mere prohibita", dissertação de doutoramento, Coimbra Editora, 2008.
Augusto Silva Dias, Crimes contra a vida e a integridade física, AAFDL, 2005.
Augusto Silva Dias, Crimes contra a vida e a integridade física, AAFDL, 2ª ed., 2007.
Bento de Faria, Código Penal Brasileiro (comentado), vol. IV.
Comentário Conimbricense I, Coimbra, 1999.
Costa Andrade, Consentimento e Acordo em Direito Penal.
Costa Andrade, Direito penal médico. Sida: testes arbitrários, confidencialidade e segredo, Coimbra. 2004.
Damásio E. de Jesus, Direito Penal: Parte Especial, 2º vol., São Paulo, Saraiva, 1999.
Dreher/Tröndle, Strafgesetzbuch und Nebengesetze, 1993.
E. Magalhães Noronha, Código Penal Brasileiro comentado, 5º vol., 1958.
Eberhard Schmidhäuser, Strafrecht, Besonderer Teil, Grundriss, 2ª ed., 1983.
Erich Samson, Strafrecht I, 4ª ed., 1980.
Fernando Silva, Direito penal especial. Crimes contra as pessoas, 2005.
Francesco Angioni, Il pericolo concreto come elemento della fattispecie penale. La struttura oggetiva. 2ª ed.
Frank Zieschang, Die Gefährdungsdelikte.
Frederico Lacerda Costa Pinto, Direito Penal II (1992/93).
Fritjof Haft, Strafrecht, BT, 5ª ed., 1995.

G. Stratenwerth, Schweizerisches Strafrecht, Besonderer Teil I, 4ª ed., 1993.
G. Stratenwerth, Schweizerisches Strafrecht, Besonderer Teil II, 4ª ed., 1995.
G. Stratenwerth e Guido Jenny, Schweizerisches Strafrecht BT I, 6ª ed., 2003.
Gonzalo Quintero Olivares (org.), Comentarios a la parte especial del derecho penal, Aranzadi, 1996.
Harro Otto, Grundkurs Strafrecht, BT, 3ª ed., 1991.
Helena Moniz, Agravação pelo resultado?, Coimbra, 2009.
Heleno Cláudio Fragoso, Lições de Direito Penal, 1º vol., Parte especial.
Hermann Blei, Strafrecht II, BT, 12ª ed., 1983.
J. J. Dumarez, Manuel de medicine legale a l'usage des juristes, PUF.
J. Pinto da Costa, Fundamentos da psiquiatria forense, in Ao sabor do tempo – crónicas médico-legais, volume I, edição IMLP, [2000].
J. Wessels, Strafrecht, BT, 1, 17ª ed., 1993.
J. Wessels, Strafrecht, BT, 2, 16ª ed., 1993.
Jean Gayet, Manuel de police scientifique, Payot, Paris, 1961.
Jean Larguier/Anne Marie Larguier, Droit pénal spécial, Mémentos Dalloz, 9ª ed., 1996.
Jean Planques, La médicine légale judiciaire, "Que sais-je?", PUF, 1967.
João Curado Neves, A Problemática da Culpa nos Crimes Passionais, Coimbra, 2008.
Jorge de Figueiredo Dias, Apontamentos sobre o crime de homicídio. Apontamentos de aulas [s/d] – exemplar datilografado.
Jorge de Figueiredo Dias, As "associações criminosas" no Código Penal Português de 1982 (artigos 287º e 288º), 1988.
Jorge de Figueiredo Dias, Crime preterintencional, causalidade adequada e questão-de-facto, Separata da Revista de Direito e de Estudos Sociais, Ano XVII, nos 2, 3 e 4, Coimbra, 1971.
Jorge de Figueiredo Dias, Temas básicos da doutrina penal, Coimbra Editora, 2001.
José Francisco de Faria Costa, O Perigo em Direito Penal, dissertação de doutoramento, 1991.
José Hurtado Pozo, Droit Penal, Partie spéciale I, 3ª ed., Zurique, 1997.
José Hurtado Pozo, Droit pénal, Partie spéciale II, Zurique, 1998.
Júlio Fabbrini Mirabete, Manual de Direito Penal. Parte Especial. Arts. 121 a 234 do CP. Volume 2. 17ª ed.
Kienapfel, Grundriss des österreichischen Strafrechts, Besonderer Teil, I, Delikte gegen Personenwerte, 3ª ed., 1990.
Küpper, Strafrecht, BT 1, !996.
Lackner/Kühl, StGB, Strafgesetzbuch, Kommentar, 27ª ed., 2011.
Luigio Delpino, Diritto Penale. Parte Speciale. 10ª ed., Simone, 1998.

M. Cobo del Rosal et al., Derecho Penal, Parte especial, 3ª ed., 1990.
M. Maia Gonçalves, Código Penal Português, 8ª ed., 1995.
M. Parodi Giusino, I reati de pericolo tra dogmatica e politica criminale, Milão, 1990.
Marc Bischoff, La police scientifique, Payot, Paris, 1938.
Maria Fernanda Palma, Direito Penal. Parte Especial. Crimes contra as pessoas, Lisboa, 1983.
Maria Margarida Silva Pereira, Direito Penal II, os homicídios, AAFDL, 1998.
Marta Felino Rodrigues, As incriminações de perigo e o juízo de perigo no crime de perigo concreto, Almedina, 2010.
Mirentxu Corcoy Bidasolo, El delito imprudente. Criterios de imputación del resultado, PPU, Barcelona, 1989.
Muñoz Conde, Derecho Penal, Parte especial, 11ª ed. revisada e puesta al día conforme al Código Penal de 1995, 1995.
Muñoz Conde, Derecho Penal, Parte especial, 8ª ed., 1990.
Paulo José da Costa Jr., Direito Penal Objetivo, Breves comentários ao Código, Forense Universitária, 1989.
Paulo José da Costa Jr., Comentários ao Código Penal, 6ª ed. atual. Saraiva, 2000.
Paulo Pinto de Albuquerque, Comentário do Código Penal à luz da Constituição da República e da Convenção Europeia dos Direitos do Homem, 1.ª ed., U. C.
Paulo Pinto de Albuquerque, "Crimes de perigo e contra a segurança das comunicações", Jornadas de direito criminal, vol. 2º, 1998.
Pierre-Fernand Ceccaldi, La criminalistique, 1969.
Reinhard Moos, Wiener Kommentar zum Strafgesetzbuch – StGB, 1.-79, Viena, 2005-2011.
Ricardo M. Mata y Martín, Bienes jurídicos intermedios y delitos de peligro, Granada, 1997.
Rudolf Rengier, Strafrecht BT II, 4ª ed., 2002.
Rui Carlos Pereira, Direito Penal 2 (1994-95), lições coligidas e organizadas por Maria Paula Figueiredo, exemplar datilografado.
Rui Carlos Pereira, O dolo de perigo, 1995.
Satzger. Schnitt. Widmaier, Strafgesetzbuch. Kommentar, Carl Heymanns Verlag, 2009.
Schönke/Schröder, Strafgesetzbuch, Kommentar, 25ª ed., 1997.
Schönke/Schröder, Strafgesetzbuch, Kommentar, 27ª ed., 2006.
Silva Ferrão, Theoria do Direito Penal applicada ao Código Penal Portuguez, vol. VIII, 1857.
Teresa Serra, Homicídio qualificado, tipo de culpa e medida da pena, 1992.
Tereza Rodriguez Montañes, Delitos de perigo, dolo e imprudencia, Centro de Estudios Judiciales, Ministerio de Justicia, Madrid, 1994.

Tröndle, Strafgesetzbuch, Leipziger Kommentar, Grosskommentar, §§ 267-282, 10ª ed., 1982.
Urs Kindhäuser, Lehrbuch des Strafrechts BT 1, Bonn, 2003.
Urs Kindhäuser, Strafgesetzbuch Lehr- und Praxiskommentar, 3ª ed., 2006.
Volker Krey, Strafrecht BT Band I, 9ª ed., 1994.
Wilfried Küper, Strafrecht. Besonderer Teil: Definitionen mit Erläuterungen, 7ª ed., 2008.
Yves Mayaud, Code Pénal. Nouveau Code Pénal, ancien Code Pénal, 93ª ed., Dalloz, 1995-96.

3 – CRIMES CONTRA A VIDA

I. Considerações de ordem sistemática

a) No horizonte dos crimes contra a vida, o Código Penal português conhece uma primeira classificação, conforme o agente tenha atuado dolosamente (artigos 14º e 131º) ou por negligência (artigos 15º e 137º). Releva também a distinção entre o modo de proteção da lesão da vida (131º) e as formas de proteção antecipada do bem jurídico, prevenindo a concretização de um perigo contra a vida (artigo 138º) e proibindo, especificamente, a "propaganda do suicídio" (artigo 139º).

b) Na forma dolosa, a proteção jurídico-penal conjuga um tipo de homicídio simples, que pode ser de comissão por ação (artigo 131º) ou de comissão por omissão (artigos 10º e 131º), com diversos casos especiais: um homicídio qualificado em razão da especial censurabilidade ou perversidade (artigo 132º), a que cabe a moldura penal mais pesada (o que *não* faz dele o crime fundamental); e situações de privilégio punidas com penas mais leves em consequência da adição ao tipo fundamental do artigo 131º de circunstâncias que refletem uma menor ilicitude e/ou uma menor culpa, configurando relações de *especialidade*: o chamado homicídio privilegiado do artigo 133ª, o homicídio a pedido da vítima do artigo 134º, e o infanticídio do artigo 136º.

Deste modo, o homicídio privilegiado, nas suas diversas cambiantes típicas, não é senão um homicídio atenuado; o homicídio qualificado do artigo 132º constitui o caso particular de homicídio doloso punido com moldura agravada[1].

Não há portanto diversos tipos criminais de crimes dolosos contra a vida, mas apenas um, o crime fundamental do artigo 131º, descrevendo a lei circunstâncias

---

[1] O homicídio privilegiado do artigo 133º pune-se com pena de prisão de 1 a 5 anos; por outro lado, é de 25 anos de prisão o máximo da pena do homicídio qualificado – à vista do que o homicídio doloso se pune numa moldura (fictícia, mas relevante para os agora pretendidos fins didáticos) de 1 ano de prisão a 25 anos de prisão. Não obstante, rejeita-se a ideia de que os artigos 132º e o artigo 133º sejam apenas *regras de variação da pena* em função da culpa do agente, como acontece noutros ordenamentos.

que especialmente o agravam (*crime qualificado*) e outras que especialmente o atenuam (*crime privilegiado*). Seria perfeitamente desajustado apontar o homicídio *simples* como uma forma atenuada daquele, embora possa ser esse o sistema adotado em outras legislações².

Quando consumados, refletem formas de lesão da vida.

Sendo a "proteção de bens jurídicos" a missão confiada ao Direito Penal (artigo 40º, nº 1), o legislador, na concreta tipificação do comportamento punível, pode fazê-la usando a técnica dos crimes de lesão ou simplesmente a de proibir a colocação em perigo de um bem, para o que não é preciso que o comportamento chegue a lesar o conteúdo próprio do objeto jurídico-penalmente tutelado. Dois crimes desta natureza são o do artigo 138º (exposição ou abandono) e do artigo 139º (propaganda do suicídio). Os crimes de perigo (quer sejam de perigo concreto quer de perigo abstrato ou presumido) pertencem àquele conjunto de ilícitos que oferecem uma forma de proteção antecipada para os bens jurídicos, sendo bem conhecida a importância das correspondentes normas incriminatórias³.

O incitamento ou ajuda ao suicídio (artigo 135º), em que o autor não provoca diretamente o resultado suicida, e a exposição ou abandono, do falado artigo 138º, que exige a concretização de um perigo para a vida, são habitualmente referidos como *delicta sui generis*.

Uma construção aberta a soluções específicas advém de o artigo 138º, nº 3, alínea *b*), contemplar o resultado morte (na forma negligente) resultante da exposição ou do abandono a que a vítima é dolosamente sujeita. Quem, voluntariamente, *mas sem dolo homicida*, se conduzir de acordo com o disposto no artigo 138º, nº 1, e por negligência produzir a *morte* (ou uma *lesão da integridade física grave*) da vítima comete um crime punido com as molduras resultantes da agravação das indicadas alíneas *a*) e *b*) do nº 3. Verificado um destes resultados, mas em consequência de uma outra fonte de perigos, "o princípio será o de afirmar um concurso entre este crime e o crime negligente produzido",⁴ o mesmo é dizer que o elemento mais grave se consuma como crime autónomo na ausência

---

² O código penal austríaco conhece uma solução de dois graus, em que a norma do § 76 (Totschlag) se apresenta como o privilegiamento do homicídio doloso simples, que o § 75 (Mord: "matar outra pessoa", *einen anderen Töten*) prevê. Noutros países a mesma matéria apresenta-se tipificada em infrações de base (Grundtatbestand), na forma agravada (qualifizierter Fall) e em diversos tipos privilegiados (privilegierte Fälle), como é o caso suíço (artigo 111 a 116). Na Alemanha, a doutrina – mas não a jurisprudência – entende o § 212 (Totschlag) como o tipo fundamental e o § 211 (Mord) como um caso qualificado de Totschlag (Maurach/Schroeder *BT* I, p. 40 e ss.).

³ Tradicionalmente, era à tentativa (tentativa dos crimes mais graves, excecionalmente de alguns menos graves) que se confiava a proteção antecipada dos bens jurídicos. Com a técnica dos crimes de perigo como que se alargou a área da proteção antecipada.

⁴ J. M. Damião da Cunha, *Conimbricense* I, p. 124.

de um nexo causal. As críticas que se fazem ao enquadramento desta específica figura nos crimes agravados pelo resultado (artigo 18º) consistem fundamentalmente em se estar em presença de um único e mesmo bem jurídico protegido pelo tipo.[5] Tratando-se de uma "conduta com uma lesão terminada", na expressão de Helena Moniz, o tipo é antes o qualificado (e não a construção preterintencional ou agravada pelo resultado), sendo punido com prisão de três a dez anos se do facto resultar a morte da pessoa cuja vida foi colocada em perigo, o que aponta para a negligência relativamente ao resultado letal,[6] que tem de ser comprovada nos termos gerais, sem ter de se passar pelo artigo 18º, aplicável à agravação pelo resultado. No artigo 138º existirá, nesta perspetiva, um crime "simples" de perigo (concreto) para a vida (nº 1, com duas modalidades típicas), uma primeira versão qualificada no nº 2, em face da relação próxima do agente com a vítima (ascendente, descendente, etc.), e uma outra, também qualificada, no nº 3.

O que acaba de dizer-se é apenas uma ligeira amostra de como se ordenam as regras gerais relativas ao tema de que tratamos no plano da causalidade e da imputação objetiva, do dolo ou do erro, da comissão por omissão, da tentativa e da comparticipação.

Vejamos, a propósito, o seguinte

Caso nº 1 A falta que faz o apuramento dum nexo de causalidade; ou: uma morte acontecida em circunstâncias não suficientemente esclarecidas, sabendo-se no entanto que houve agressões de *A* no corpo da vítima por ocasião de uma contenda em que também se envolveram outros clientes do "café" – acórdão do STJ de 10 de janeiro de 2008, no processo nº 4640/07, *relator*: Conselheiro Santos Carvalho.

1ª questão: crime do artigo 143º, nº 1? A ausência de um *nexo de causalidade* entre as ofensas à integridade física praticadas pelo *A* e as lesões corporais encontradas na vítima é um pressuposto da qualificação jurídica que o tribunal de 1.ª instância fez, pois, sabendo-se que houve *agressões* (não concretamente apuradas) daquele no corpo desta, só pela ignorância do nexo de causalidade o tribunal recorrido poderia ter imputado ao *A* a prática de um crime de ofensas à integridade física simples do artigo 143º, nºs 1 e 3, do CP.

2ª questão: Crime agravado pelo resultado morte – artigos 18º e 147º? O tribunal de julgamento devia ter considerado como provado *ou* como não provado

---

[5] Veja-se Helena Moniz, *Agravação pelo resultado?*, p. 732. Que se trata de uma agravação pelo resultado (embora com divergências para as constelações da tentativa) é a opção da doutrina alemã, I. Sternberg--Liben/Chr. Fisch, "Der neue Tatbestand der (Gefahr-)Aussetzung" *Jura* 1999, p. 50.

[6] A ter havido dolo (dolo homicida) quanto à produção do resultado morte, o crime seria necessariamente o do artigo 131º, enquanto crime fundamental dos crimes contra a vida.

se entre as agressões do *A* à vítima e as lesões que esta apresentava existe um nexo de causalidade. E, no caso afirmativo, se o *A* agiu com negligência no que respeita à previsibilidade do resultado "morte", isto é, se o representou como possível face à sua provada conduta, mas com ele não se conformou [se o resultado fosse desejado pelo arguido, ainda que a título de dolo eventual, o crime seria o de homicídio e não o "preterintencional" de que estava acusado].

3ª questão: Crime de participação em rixa do artigo 151º, nº 1? Ainda que se não prove um nexo de causalidade entre as agressões do *A* e as lesões sofridas pela vítima, tal nexo de causalidade pode, todavia – conforme acrescenta o acórdão –, verificar-se entre a "contenda, com agressões físicas entre vários dos clientes que se encontravam naquele estabelecimento" e as ditas lesões, caso em que, estando demonstrado que o *A* participou ativamente nessa "contenda" e que, inclusivamente, também agrediu a vítima, poderíamos estar perante os factos constitutivos do *crime de participação em rixa* do artigo 151º, n.º 1.

Pondere-se ainda o seguinte caso de concurso

Caso nº 2 Uma questão, pouco comum, de concurso: roubo seguido de homicídio doloso – acórdão do STJ de 16 de outubro de 2008, no processo nº 08P2811, *relator*: Conselheiro Santos Carvalho: *A*, *B* e *C* estavam a finalizar o furto (qualificado) no estabelecimento assaltado. Tinham acabado de colocar os objetos furtados no veículo quando *O* se fez notado no andar de cima. *C*, que se encontrava a uma distância não inferior a cinco metros, e empunhava uma arma de fogo, ao ver o *O* assomar à varanda, apontou-lhe a arma à parte superior do corpo e fez dois disparos. Os bagos de chumbo atingiram o vidro e a persiana da portada, partindo-os, e embateram no *O*, atingindo-o. Se os chumbos provenientes dos disparos tivessem atingido o coração ou outro órgão vital teriam provocado a morte do *O*, o que apenas não aconteceu por motivos alheios à vontade de *A*, *B* e *C*.

A violência aponta em primeira linha para um crime de *roubo impróprio* (artigo 211º): os disparos foram feitos com o propósito de *A*, *B* e *C* melhor poderem fugir do local e assim conservarem os objetos furtados, numa clara situação de flagrante delito – situação punível com as penas do *roubo* do artigo 210º.

Todavia, uma situação de roubo a que se siga um homicídio doloso originará um concurso de crimes, não um só crime, de natureza complexa, como o de *latrocínio*, que deixou de existir enquanto tal no código de 1982. Por outro lado, como esclarece o acórdão, os assaltantes não utilizaram com a ação violenta (os disparos contra uma pessoa) quaisquer dos meios constitutivos do crime de roubo ("próprio"), sabendo-se que as penas deste são, conforme os casos, aplicáveis ao chamado "roubo impróprio". E isto se diz porque o roubo consome algumas formas de violência, mas uma forma de absorção com a descrita está excluída quando a morte da vítima for intencionalmente desejada pelo agente. E foi isso que aconteceu, ainda que, como a morte não chegou a ocorrer, o crime não passe da tentativa (homicídio doloso tentado: artigos 22º, 23º e 131º).

c) Um ligeiro percurso normativo, mostra que o **resultado letal** nem sempre está ligado à execução de um crime contra a vida. Aparece, é certo, como elemento típico de uma norma incriminadora, por ex., o artigo 131º, sempre que se comprove o dolo homicida, ainda que na forma eventual, ou o artigo 137º (homicídio por negligência). Mas também se mostra como condição objetiva de punibilidade:[7] no artigo 151º (participação em rixa); e no artigo 135º, nº 1 (incitamento ou ajuda ao suicídio): o ato suicida – ou a sua expressão mínima, como simplesmente tentado. Atente-se igualmente no resultado letal nos crimes agravados pelo resultado: o artigo 147º (agravação pelo resultado); a morte de "outra pessoa", prevista no nº 3 do artigo 210º (roubo); a morte da mulher grávida resultante do aborto ou dos meios empregados para a fazer abortar (artigo 141º, nº 1); a morte do cônjuge ou de pessoa com quem o agente tenha um dos vínculos referidos no artigo 152º, nº 1, por via da aplicação do respetivo nº 3, alínea *b*); *idem*, no crime de maus tratos do artigo 152º-A, n°s 1 e 2, alínea *b*); *idem*, por aplicação do artigo 152-B, n°s 1 e 2, alínea *b*); a morte da vítima em resultado da privação da liberdade no sequestro (artigo 158º, nº 3); o suicídio como resultado da privação da liberdade no sequestro (artigo 158º, nº 2, alínea *d*)); o suicídio ou a morte da vítima como resultado dos comportamentos enumerados no artigo 177º, nº 4. Pode, aliás, acontecer que a morte se siga à concretização do perigo contra a vida por exposição ou abandono (artigo 138º, n°s 1 e 3, alínea *b*)). Outros casos em que o resultado morte estará envolvido são, por ex., os artigos 10º, nº 1; 18º; 22º, nº 2, alínea *b*); e 24º, n°s 1 e 2; e 25º.

---

[7] As chamadas *condições objetivas de punibilidade* são elementos do crime que se situam fora tanto da ilicitude como da culpa, "não se exigindo, para a sua relevância, que entre elas e o agente exista uma qualquer conexão psicológico-intelectual, podendo ainda serem fruto do mero acaso" (Taipa de Carvalho). Exemplos: no artigo 135º, nº 1 (incitamento ou ajuda ao suicídio), é necessário que se verifique a adequada influência, psíquica ou material, entre a ação de incitamento ou ajuda e o ato suicida, cuja expressão típica se reconduz, no mínimo, à tentativa, como condição objetiva de punibilidade; o participante em rixa (artigo 151º, nº 1) só é punido se ocorrer morte ou ofensa corporal grave, funcionando esta condição como limitadora da punibilidade – e é punido independentemente de ter previsto ou querido que uma pessoa pudesse morrer ou ser gravemente atingida na sua integridade física, quer dizer, é punido independentemente do seu dolo. As condições objetivas de punibilidade não fazem parte do tipo, embora se possa incluí-las num ficcionado modelo tipológico alargado, porquanto, na sua ausência, o crime (pense-se, a exemplificar, na participação em rixa) não chega a ocorrer.

d) O crime de **genocídio**[8] já teve assento no CP, no antigo artigo 239º, revogado pela Lei nº 31/2004 de 22 de julho, que adapta a lei portuguesa ao Estatuto do Tribunal Internacional de Justiça. A Lei nº 31/2004, além de conter no artigo 8º o tipo de genocídio, prevê entre o que designa de crimes contra a Humanidade, os homicídios praticados em ataque generalizado contra população civil, o extermínio e outras violações do direito penal humanitário, crimes de guerra contra as pessoas e métodos de guerra proibidos. O Código de Justiça Militar (Lei nº 100/2003, de 15 de novembro), contempla no artigo 41º os crimes de guerra contra as pessoas, entre outros: a) homicídio; b) tortura ou tratamentos cruéis, degradantes ou desumanos, incluindo as experiências biológicas; c) submissão de pessoas que se encontrem sob o domínio de uma parte beligerante a mutilações físicas ou a qualquer tipo de experiências médicas ou científicas que não sejam motivadas por um tratamento médico, dentário ou hospitalar nem sejam efetuadas no interesse dessas pessoas e que causem a morte ou façam perigar seriamente a sua saúde; d) atos que causem grande sofrimento ou ofensas à integridade física ou à saúde; e) homicídio ou provocar ferimentos a um combatente que tenha deposto armas ou que, não tendo meios para se defender, se tenha incondicionalmente rendido ou por qualquer modo colocado fora de combate.

II. Questões fundamentais da proteção da vida

1. Começo e fim da vida

a) A vida intrauterina goza de uma proteção penal, por assim dizer, débil, limitada aos artigos 140º e 141º (aborto e aborto agravado), ambos de natureza dolosa. Se a mãe, por recomendação médica, se esforça demasiado em práticas desportivas que originam a interrupção da gravidez, nem a mãe nem o médico são puníveis, atentas as condutas, quanto muito negligentes.

O início do ato de nascimento é o ponto crítico onde acaba a situação fetal e começa o ser humano. Esta é em geral a visão do direito penal. Desprende-se, aliás, expressamente, da redação do artigo 136º (infanticídio). A execução do crime de infanticídio – um homicídio privilegiado – pode ser anterior ao **nascimento**, uma vez que a norma prevê a comissão "durante o **parto**": "a mãe que matar o filho *durante* ou *logo após* o parto e estando ainda sob a sua influência perturbadora, é punida (...)". Este momento é anterior àquele que determina a

---

[8] Sobre o crime de genocídio: Ana Isabel Rosa Pais, *in* Manuel da Costa Andrade e Rita Castanheira Neves (org.), *Direito Penal hoje*, Coimbra, 2009. Sobre tortura e outros tratamento cruéis, degradantes e desumanos, veja-se agora os artigos 243º e 244º do CP, no Capítulo dos crimes contra a integridade cultural e integridade pessoal.

atribuição da personalidade jurídica, ou seja, o do nascimento completo e com vida (artigo 66º, nº 1, do Código Civil). Não há coincidência entre os dois ramos do direito, considerando os penalistas que o nascimento se verifica a partir do início dos trabalhos de parto. O início do ato de nascimento faz-se coincidir, no parto normal ou espontâneo ("natural"), com o começo das contrações ritmadas, intensas e frequentes que previsivelmente conduzirão à expulsão do feto[9]. No parto artificialmente provocado, leva-se em conta o processo cirúrgico correspondente (anestesia; incisão do útero). A partir do começo das **dores de abertura** já se deve admitir que existe uma pessoa, ainda que esta se encontre por completo dentro do corpo da mãe. "Isso é de grande importância para a tutela penal da vida e da saúde, porque a duração do **período de abertura** é bem mais longa que a do **período de expulsão**". Roxin considera correto este ponto de vista, adotado pela jurisprudência alemã, "pois justamente durante o nascimento, um período que, com frequência, não é isento de riscos, se mostra necessário conceder ao homem a proteção penal mais extensa possível"[10]. Até esse momento a tutela encontra-se confiada às normas que incriminam condutas contra a vida intrauterina. Um qualquer homicídio pode porém ser cometido a partir do início dos trabalhos de parto, portanto *antes do nascimento*: "o legislador penal perfilhou este critério atendendo à essencial identidade de valor entre a vida do "nascituro terminal" e a vida do recém-nascido"[11].

b) A tutela da vida exprime-se na previsão e sancionamento de condutas dolosas e negligentes. Os **crimes contra a vida intrauterina** são, como se começou por acentuar, do tipo exclusivamente doloso. A vida intrauterina termina no início do parto e começa no **momento da nidação** (momento da implantação do óvulo fecundado no útero). A questão de saber se esse começo coincide com a *nidação* ou antes com a *fecundação* repercute-se na hipótese da fecundação *in vitro* (se o óvulo fecundado é destruído antes da introdução no útero materno) e na dos inibidores da nidação, dado que esta ocorre já depois da primeira semana após a fecundação (por ex., a *pílula do dia seguinte*, que assim não será um procedimento abortivo).

c) Ponhamos agora o caso daquele que vem ao mundo antes do tempo. O decisivo estará em determinar, não a sua capacidade de sobrevivência (*Lebensfähigkeit*), pois não se trata de um pressuposto do artigo 131º, mas se no momento

---

[9] Nestes termos, Jorge de Figueiredo Dias, *Conimbricense* I, p. 7. Os escritores de língua alemã, por ex., o austríaco Kienapfel *BT* I, p. 2, referem-se ao começo das dores de abertura (*Beginn der Eröffnungswehen*) e à incisão sobre o útero (*Vornahme des Eingriffs*), no parto, artificialmente provocado. As dores do parto são divididas entre as dores de abertura (dores durante o período de abertura) e dores de pressão (dores durante o período do expulsão).
[10] Claus Roxin, "A proteção da vida humana através do Direito Penal". Conferência realizada no Congresso de Direito Penal em Homenagem a Claus Roxin, Rio de Janeiro, 2002.
[11] Rui Carlos Pereira, *O crime de aborto e a reforma penal*, 1995, p. 77.

do ataque de que é vítima ainda estava *vivo*. A capacidade de vida autónoma do feto não é pressuposto da qualidade de pessoa para efeito de integração do tipo objetivo de ilícito, explica o Prof. Figueiredo Dias: "suficiente é que a criança, no referido momento inicial do nascimento, esteja viva. Por isso o crime de homicídio é possível relativamente a crianças que, pelos mais variados motivos (idade, defeituosa conformação orgânica – incluída a microcefalia –, ferimentos, doença progressiva, etc.) não tenham nenhuma possibilidade de continuar a viver fora do ventre materno"[12]. Importa unicamente que o objeto da ação esteja vivo ao tempo da realização da conduta, sendo irrelevante um erro sobre a capacidade de sobrevivência.

Noutras situações, pode acontecer que a conduta tenha sido levada a cabo em momento anterior ao nascimento, mas os efeitos só são verificáveis depois do nascimento (condutas médicas pré-natais). Se o início da produção dos efeitos (como momento decisivo) da conduta pré-natal se verifica no período em que o nascimento ainda se não iniciou (o médico provoca um nascimento prematuro que leva à morte do feto) não haverá homicídio (nem doloso nem negligente) mas só o crime de aborto consumado, se a atuação for subjetivamente dolosa. Decisivo é o momento da ação, não o do resultado.

Caso nº 3 BGH 32, 194[13]. A conduz a mulher à maternidade, mas – de tão nervoso – num cruzamento choca violentamente com outro carro. Do acidente resultou a morte da mulher, grávida, e a perda do filho de ambos.

O início do nascimento ainda se não processara, pelo que *A* só pode ser responsabilizado pela conduta negligente que levou à morte da mulher. A perda do filho só constituiria crime se correspondesse a uma ação dolosa, que manifestamente não ocorreu.

Se numa hipótese de escola a ação dolosa do médico foi anterior ao nascimento – praticou atos abortivos – e a criança nasceu mas sem capacidade de continuar a viver, estaremos pelo menos perante crime de aborto tentado; se as manobras para acabar com a vida do recém-nascido, manifestamente incapaz

---

[12] Jorge de Figueiredo Dias, *Conimbricense* I, p. 8, que se refere ainda à **perfuração** (uma operação de auxílio ao nascimento, por redução da cabeça da criança, para facilitar a extração – rara e para casos em que a cesariana já se não revela viável), a qual "realiza o tipo objetivo do homicídio, não o do aborto", que já não é possível: para salvar a vida da mãe, dá-se a morte à criança na fase do nascimento. Não há que pôr em confronto a vida da mãe e da criança, parecendo pacífica a intervenção de um estado de necessidade defensivo (supra legal). Cf. também, Volker Krey, *Strafrecht* BT I, 9ª ed., 1994, p. 77; Moos, *Wiener Kommentar*, Vorbem zu §§ 75-79, nºs de margem 8 e 12; e Costa Andrade, *Consentimento e Acordo*, p. 255. A lesão que atinja só o feto (como terá acontecido nalguns casos com a ministração do *contergan*) não deve ser interpretada como atingindo também a mãe, por serem os dois bens jurídicos independentes.

[13] Vd. Hans Lüttger, "Geburtshilfe und Menschwerdung," *Festschrift für Ernst Heinitz*, p. 366.

de manter vida autónoma, continuarem pela mão do médico até à ocorrência da morte, o crime será o de homicídio, em concurso com o anteriormente cometido. O artigo 131º tutela a vida humana independentemente da capacidade de alguém manter vida autónoma. A vida de uma pessoa goza de proteção absoluta: a vida humana é inviolável (artigo 25º, nº 1, da Constituição) – nenhuma vida pode ser considerada indigna de ser vivida[14]. No caso verificou-se, com a atuação médica, um "encurtamento" da vida, embora se ignore em que medida.

d) A partir de que momento morre o ser humano? A proteção jurídico-penal da vida termina com a **morte** da pessoa, mas o Código não contém qualquer definição do exato ponto em que a morte ocorre.

A definição clássica de "morte" recorria à paragem do coração e da circulação. Deixou porém de ser seguida a partir do momento em que, através de técnicas artificiais, se pode, mesmo após a paragem cardíaca, fazer o organismo voltar a alguma capacidade de funcionamento.

Só há os vivos e os mortos. Nos tempos que correm, considera-se, por um lado, que a vida humana repousa sobre a vitalidade do cérebro do indivíduo; por outro, que a completa extinção de todas as funções cerebrais, com os seus efeitos irreversíveis (*apallishen syndrom*, *persistent vegetative state*: estado vegetativo persistente), representa o critério jurídico da morte. Privado do cérebro, como Paganini do seu violino, a pessoa perde toda a sua aptidão para levar uma vida que se possa chamar humana[15].

Para a verificação da morte do cérebro, recorre-se à situação atual dos conhecimentos da ciência médica, ligados tanto às técnicas de reanimação como às transplantações de órgãos[16]. Os especialistas fazem passar a ideia de que a diagnose da **morte encefálica** é provavelmente a mais segura. Ainda assim, a morte encefálica como o momento da morte não é, de modo algum, incontroversa. Uma vasta corrente, no mundo inteiro, considera que o homem vive também após a morte encefálica, e por tanto tempo quanto as demais funções vitais do corpo se conservarem através do *tratamento médico intensivo*. Uma pessoa encefalicamente morta pode ainda, por ex., apresentar uma temperatura corporal normal; o coração bate, os órgãos funcionam mais ou menos. Eventualmente, pode uma grávida manter um filho em gestação após a morte encefálica. Quando isso aconteceu na Alemanha e chegou ao conhecimento público deu azo a veementes discussões, que acompanharam uma desconfiança generalizada nos métodos de diagnosticar a

---

[14] Wessels/Hettinger, *BT* 1, p. 1.
[15] Citado por Bruno Py, *La mort et le droit*, p. 23.
[16] A extração prematura de órgãos pode configurar um crime de ofensa à integridade física ou mesmo ser punida como homicídio. A extração de órgãos só se efetua quando a morte foi verificada e não em pessoas em estado vegetativo crónico.

morte[17]. A ideia de que uma criança se pudesse desenvolver num cadáver parecia algo de absurdo. Se havia órgãos corporais que funcionavam, a morte só podia ser entendida como algo que não dizia respeito ao indivíduo enquanto unidade, pois não passaria de uma morte parcial ("Partialtod"). Roxin sustenta, com a opinião dominante na Ciência, que "nada disso basta para que se fale de uma pessoa viva nos casos de morte encefálica. Pois a vida vegetativa, que existe de forma variada também na natureza, não é o suficiente para fazer de algo um homem. A pessoa encefalicamente morta carece, de antemão, de qualquer possibilidade de pensar ou sentir; falta-lhe o centro de integração, que estruturará as diversas funções do corpo numa unidade. O critério da morte encefálica como o momento da morte é, assim, um dado prévio antropológico, e não como que uma construção para possibilitar transplantes de órgãos"[18]. Para a demonstração da ausência de fluxo sanguíneo cerebral, os especialistas procedem à constatação clínica e registo de coma profundo com exames complementares do tipo angiográfico. A morte encefálica encontra-se claramente definida e aceite pela comunidade científica. Produz-se quando se comprova por esses meios o estado irreversível das estruturas neurológicas intracranianas, quer dos hemisférios cerebrais quer do tronco encefálico. Esses mesmos métodos permitem distinguir claramente a morte encefálica de uma situação de coma ou de um estado vegetativo. Em Portugal, as leis n°s 141/99, de 28 de agosto, e 45/2004, de 19 de agosto, estabelecem respetivamente os princípios em que se baseia a verificação da morte, e o regime jurídico das perícias médico-legais e forenses[19].

Com a ocorrência da morte, as atuações dolosas sobre o corpo caem na previsão do artigo 254º (profanação de cadáver)[20].

---

[17] Em 1992, uma jovem de dezoito anos, grávida de quatro meses, foi vítima de um acidente automóvel de tal gravidade que, no dia a seguir, a morte encefálica sobreveio. Manteve-se, porém, artificialmente, com o coração a bater, incluindo outras funções corporais, com o fim de possibilitar o nascimento da criança (**"Erlanger Baby"**). Passadas quase seis semanas, deu-se um aborto espontâneo. Cf. Hilgendorf *JuS* 1993, p. 97.

[18] Claus Roxin, "A proteção da vida humana através do Direito Penal": conferência referida em nota anterior, disponível na *Internet*: <http://www.mundojuridico.adv.br>. Veja-se também Hans Georg Koch, "O princípio e o termo da vida como problemas do Direito (Penal) da medicina", *RPCC* 14 (2004), p. 151.

[19] J. Pinto da Costa, "Verificação da morte", *Responsabilidade médica*, p. 165. Sobre a verificação da morte e a Lei nº 141/99, de 28 de agosto: Luís Carvalho Fernandes, "A definição de morte – transplantes e outras utilizações do cadáver", *Direito e Justiça*, 2002, tomo 2.

[20] **Cadáver, despojos, decomposição, ossadas**. O que é afinal um cadáver? A propósito do *Discurso judiciário, Comunicação e Confiança*, lembra Maria da Conceição Carapinha Rodrigues (em publicação de 2008 do Conselho Superior da Magistratura) o argumento de um arguido de que "a vítima ainda estava viva, embora inconsciente, no momento em que havia sido enterrada, e como tal o crime de ocultação de cadáver não poderia ter ocorrido" (artigo 254º). Daí a pergunta: o que é um cadáver? Cadáver, enquanto objeto do facto tipificado na alínea *a*) do n.º 1 do artigo 254.º, é o corpo de uma pessoa falecida, enquanto se possa dizer que ele representa essa mesma pessoa – portanto quando não se tenha verificado o processo

2. A questão do suicídio

O direito já não faz distinção entre os mortos. Mas nem sempre foi assim. Proibia-se o enterramento dos suicidas nos lugares de culto, impunham-se penas aos parentes mais chegados, confiscava-se-lhes os bens e levava-se o "criminoso" a tribunal. Em França, acabaram-se os delitos dos suicidas em 1791, secularizaram--se os cemitérios em 1881. O suicídio não é um ato ilícito. Algumas vezes, a ação suicida é compreendida como "liberdade *negativa* do direito à vida", outras como " direito a pôr fim à vida"[21]. Pois "ainda ninguém demonstrou que o dever constitucional de proteção da vida se imponha ao próprio titular; constata-se uma "tolerância" pela ordem jurídica relativamente a tal ato desde que efetuado sem intervenções alheias que contribuam para a sua promoção"[22]. O suicídio consumado não é punível, "desde logo porque as penas são intransmissíveis – artigo 30º, nº 3, da Constituição". Punível é "matar *outra* pessoa"[23] (artigos 131º e 137º) bem como o "incitamento ou ajuda ao suicídio" (artigo 135º). "Apenas se pode discutir se há, na nossa ordem jurídica, um verdadeiro direito subjetivo ao suicídio, a que corresponderia, no plano passivo, um dever de respeitar a vontade do suicida, ou se, diferentemente, o suicídio se insere num espaço jurídico livre de direito, onde a ordem jurídica não entra"[24].

O suicida e o auto-ofendente não se podem prevalecer da legítima defesa, em geral, contra quem tenta evitar o suicídio ou uma automutilação grave. Apenas se podem defender, se, naturalmente, a tentativa de evitar o suicídio ou uma automutilação grave igualar ou superar, na sua eficácia, a intensidade de uma ofensa corporal perigosa ou com dolo de perigo. Seria dificilmente sustentável, do ponto de vista ético, que o suicida pudesse lesar a vida de quem tenta evitar a

---

total de decomposição ou quando não se tenha quebrado, por uma qualquer razão, a conexão simbólica entre os despojos e a pessoa falecida; o cadáver tem de ser uma espécie de representação do corpo – diz-se no acórdão do STJ de 21 de junho de 2006, proc. nº 06P1913. Veja-se ainda o artigo 2º, alínea *i*), do Decreto-Lei nº 411/98, de 30 de dezembro. Após a decomposição, ficam as ossadas. Quanto ao corpo de uma pessoa morta ou de um nascido morto, de que podem sobrar apenas as *cinzas*, havendo cremação – e às consequentes referências penais, cf. Carvalho Fernandes, "Cadáver", *Polis*-enciclopédia, tomo I; e "A definição de morte – transplantes e outras utilizações do cadáver", *Direito e Justiça*, p. 38. O artigo 254º prevê a profanação de cadáver ou de lugar fúnebre. O "descanso" e a lembrança dos mortos são praticamente as últimas coisas com algum significado religioso que o direito penal ainda protege.

[21] Cf. U. Fink, *Selbstimmung und Selbsttötung*, 1992, p. 82 e ss.

[22] M. M. Valadão e Silveira no trabalho a seguir referido; cf. também Horst Dreier, "Grenzen des Tötungsverbotes" *JZ* 2007, p. 319. Em certos setores, o discurso do "direito a morrer" não deixa de enfatizar que ele é "privilégio do ser humano": "Privileg des Humanen".

[23] Com outros pormenores, W. Bottke, *Suizid und Strafrecht*, 1982, p. 32 e ss.

[24] Cf., quanto a esta matéria, M. M. Valadão e Silveira, *Sobre o crime de incitamento ou ajuda ao suicídio*, AAFDL, 2ª reimp., 1995.

sua morte[25]. Interessará ter presente o artigo 154º, nº 3, alínea *b*), que se aplica à contra-conduta de qualquer particular ou mesmo de uma entidade policial.

3. Eutanásia e "ajuda à morte"

Com os avanços dos procedimentos e técnicas de reanimação assistiu-se, nos últimos anos, a um interesse crescente pela possibilidade de conservar ou prolongar a vida de doentes graves. A discussão, quanto a saber se o médico está obrigado a adotar todas as medidas para prolongar o tempo de vida do paciente, tornou-se entretanto muito rica e bastante controversa.

O tema não foge ao interesse dos penalistas que discutem as implicações pragmáticas da eutanásia e do auxílio médico à morte, enquanto, em muitos casos, aguardam a intervenção inovadora dos responsáveis legislativos.

a) Não levanta problemas para o direito o verdadeiro *auxílio*, aquele que não conduz ao encurtamento da vida (por ex., a ministração de medicamentos para alívio das dores) e que, por isso mesmo, não integra os momentos objetivos do tipo de ilícito de homicídio.

Mas já levanta problemas a eutanásia que envolve o *encurtamento do período natural da vida*.

b) A **eutanásia ativa**, por ação, isto é: como *ajuda ativa à morte*, portanto intencional e com encurtamento *ativo* da vida, é **proibida**. A eutanásia "homicida" ativa, que abrange aqueles casos em que o autor (geralmente um **médico**, que provoca a morte – *injeção letal* – ou apressa o momento da morte) é determinado pelo exclusivo propósito de poupar o paciente ao sofrimento físico cai na previsão do homicídio (eventualmente, homicídio a pedido da vítima: artigo 134º).

Deve atender-se a que "sem uma intervenção legislativa" (Figueiredo Dias) torna-se extremamente difícil alcançar a impunidade dos casos de *Gnadentode*, *mercykilling* (por ex., a falada injeção letal). Não se descortina qualquer causa de justificação, sendo de rejeitar apoios nas teorias do conflito de deveres ou da ponderação de bens que conduzam a um estado de necessidade justificante. Para situações extremas (doentes terminais sujeitos a sofrimentos cruelmente insuportáveis), o razoável será a dispensa de pena por via do estado de necessidade desculpante (artigo 35º, nº 2)[26]. O chamado "modelo holandês" é o do

---

[25] Rui Carlos Pereira, *O consumo e o tráfico de droga na lei portuguesa*; e Fernanda Palma, *A justificação por legítima defesa como problema de delimitação de direitos*, I vol. 1990, p. 557.

[26] Sobre tudo isto, Moos, *Wiener Kommentar, loc. cit.*, a partir do nº de margem 17; e Jorge de Figueiredo Dias, *Coimbricense* I, p. 14 e s. Atente-se também nas recentes considerações do Prof. Figueiredo Dias, na *RLJ* nº 3949, p. 214 e s. "Nos casos – que a medicina afirma serem hoje pouco frequentes – em que o mortalmente enfermo manifeste a sua vontade séria e esclarecida (ou ela se deva presumir, quando aquela manifestação não seja possível) de que ponham termo, por ação passiva direta, à sua vida, um

reconhecimento da ajuda ativa à morte quando exista desejo expresso de um doente grave. A forma como a eutanásia é praticada na Holanda[27] influenciou notavelmente o posterior desenvolvimento do debate na Europa, sem que isso signifique que idênticas soluções tenham sido adotadas.

c) Por constituir uma autêntica "Früheuthanasie" (*eutanásia precoce*), não pode deixar de se referir aqui a hipótese de deixar morrer um recém-nascido: sendo o comportamento doloso é de crime de homicídio (pode ser até um infanticídio, da responsabilidade da mãe) que se trata, mesmo em casos de malformação. Ninguém tem o direito de matar uma criança, embora se apontem limites ao dever de tratar recém-nascidos sem previsível capacidade de sobrevivência. Cf., em todo o caso, esta realidade com a não punibilidade da interrupção voluntária da gravidez efetuada por médico, nas situações descritas no artigo 142º, nomeadamente havendo seguros motivos para prever que o nascituro virá a sofrer, de forma incurável, de doença grave ou malformação congénita.

d) Ao contrário do que acontecia anos atrás, a doutrina tende atualmente a atribuir a primazia à **vontade do paciente** relativamente ao **dever de preservação da vida**[28].

A **eutanásia passiva** tem como pano de fundo os deveres de garante do médico (*Fürsorgepflicht*), de salvaguarda da vida e da integridade física do paciente: artigo 10º. O médico viola eventualmente os deveres de garante se se abstém de tomar as medidas ou de fornecer a medicação adequada a prolongar a vida do doente[29]. Cabe-lhe no entanto respeitar a decisão do paciente, tomada livremente depois de informado, de desistir ou de não ser submetido a terapia intensiva e de morrer de morte natural. Não há o dever de prolongar a vida de um moribundo a qualquer preço. Ao médico caberá, isso sim, a obrigação de prestar auxílio na morte (por ex., ministrando medicação para alívio das dores).

acompanhamento compreensivo e humano da morte, aliado a uma *terapia da dor* tão eficiente quanto possível (mesmo que atinja a natureza de ajuda à morte ativa indireta), confirma uma atuação que, devendo ainda ser considerada como "tratamento", cabe precipuamente na função do médico e tem vantagens de toda a ordem sobre a permissão jurídica, ainda que sob rigorosos pressupostos procedimentais, da ajuda à morte ativa direta".

[27] Para quem tiver interesse em ir à lei holandesa: Cleiren/Nijboer, *Strafrecht*, 3ª ed., 1997, anotação ao Artigo 293 (Levensberoving op verzoek/euthanasie), p. 871 ss. Veja-se ainda Peter J. P. Tak, *RPCC* 4 (1994), p. 135.

[28] Numa decisão muito conhecida (caso *Wittig*: BGHSt 32, 367, de 04.07.1984), o Tribunal Federal absolveu o médico que se limitou a ficar sentado à beira da cama da desesperada viúva, de 76 anos, vítima de uma sobredose, mas cujo coração ainda batia. Isso em nome do respeito pela vontade suicida da doente, expresso em escrito dirigido ao médico, e da preferência pela possibilidade de uma morte digna e livre de dores perante a eventualidade de um período de vida curto, na perspetiva do pior sofrimento. Opondo-se, como foi o caso, a paciente à ação salvadora do seu médico, cessa o dever de garantia e, naturalmente, o dever de tratamento. Cf. BGH *NJW* 1995, 204; e artigo em *Der Spiegel* 49/1996, p. 41.

[29] José Hurtado Pozo, *Droit Penal*, partie spéciale I, 3ª ed., p. 18.

Se o paciente recusa ser tratado, deverá dar-se relevo a essa vontade que, sendo pessoal e conscientemente formulada, há de ser igualmente marcada pelas suas características sérias e livres. Se o médico respeita a vontade do paciente que se opõe ao tratamento ou exige a interrupção do já iniciado, o médico o que faz é *não* praticar uma intervenção ou tratamento médico-cirúrgico arbitrário (artigo 156º), pelo que não será responsabilizado por comissão por omissão, uma vez que a oposição do paciente faz cessar o dever de garante do médico e, com ele, a sua obrigação de tratar[30].

Se, ao contrário, o médico, fazendo descaso da vontade do seu paciente, prosseguir a intervenção (mantendo, por ex., o sistema de reanimação que o doente proibiu ou recusou) compromete-se com a tipicidade do artigo 156º, que prevê a intervenção médica arbitrária[31].

Em casos em que o paciente, porventura em *coma*, não tem condições de se manifestar, está indicado recorrer à *vontade presumida*. Os índices de que se pode lançar mão são, a título de exemplo, certas conversas ou afirmações anteriores ou determinadas referências escritas. Mas não só: deve atender-se às convicções religiosas, aos valores pessoais e à capacidade de sofrimento de cada um[32].

Tem-se entendido que não existe o dever de continuar a ventilação artificial de um doente terminal se, no termo de uma doença prolongada e incurável, surgir incapacidade permanente de comunicação e o tratamento se revelar simplesmente um prolongamento da morte e não um prolongamento da vida[33]. O desfecho pode aliás considerar-se seguro com as indicações eventualmente deixadas no chamado "testamento do paciente"[34].

Escreve Helena Morão, em jeito de resumo, que "à luz dos princípios conformadores da Constituição Penal do sistema jurídico português, a **eutanásia passiva consentida** deve ser considerada *atípica* em face dos tipos penais de homicídio incriminados no Código Penal"[35]. A vontade do paciente põe limites

---

[30] Além do *Conimbricense* I, cf. a exposição de Helena Morão, RPCC 15 (2005), p. 53.

[31] Se o doente recusa ou proíbe o prosseguimento da intervenção médica, solicitação que o médico não atende, e manda o doente para os cuidados intensivos, mantendo-o ligado à máquina de manutenção da vida, entra-se no âmbito da **intervenção médica arbitrária** (artigo 156º). Um parte da doutrina encaminha-se para a justificação da conduta por **aplicação analógica** do disposto no artigo 154º, nº 3, alínea *b*), norma com características de autorização legal específica.

[32] Releva a vontade do paciente, nos termos expostos, não a dos parentes ou pessoas mais próximas.

[33] Veja-se Hans Georg Koch. RPCC 14 (2004), p. 164.

[34] O "testamento de paciente" consiste em declarações escritas em que o paciente declara, para a hipótese de vir a ser encontrado inconsciente, que se opõe a qualquer tratamento indicado para salvar a vida. O "testamento de vida" é uma disposição de vontade, feita por escrito, solicitando a morte, por ex., na previsão de determinado acontecimento.

[35] H. Morão a propósito da *atipicidade* da eutanásia passiva consentida diz que ela representa uma exceção ao **princípio da indisponibilidade do bem jurídico vida** em face de condutas (ativas ou omissivas) de

à responsabilização penal do médico e ao seu dever de garante, o mesmo é dizer que lhe não compete um dever de garantia *absoluto*. Manter artificialmente um doente vivo contra a sua vontade, depois de informado pelo médico de "maneira completa e exata", constituirá um atentado à sua liberdade como pessoa e uma ofensa à dignidade do paciente.

e) Nos chamados casos de **eutanásia ativa "indireta"** o médico utiliza meios destinados a poupar o moribundo a dores e sofrimentos, sendo previsível "um encurtamento eventual e não muito sensível do período de vida como *consequência lateral indesejada*" (Figueiredo Dias)[36]. Preenche-se eventualmente o tipo objetivo de ilícito do homicídio, mas será caso de justificar a conduta, porventura através da ideia do *risco permitido*:[37] a medicação prescrita vai ao encontro do desejo expresso ou presumível do paciente que quer o alívio das dores e do sofrimento: o médico atua consciente dos efeitos secundários da medicação (que podem apressar a morte), mas põe na sua administração o cuidado devido de acordo com as circunstâncias concretas. A vontade presumível deve ser entendida como aceitando o risco de o alívio das dores poder significar um encurtamento da vida.

4. Crimes de sangue e meios científicos de prova

Em técnica policial (técnica de investigação criminal) são designados por *crimes de sangue* o homicídio voluntário, a morte premeditada (o "assassínio"), o parricídio, o infanticídio, e o envenenamento. Crimes de sangue, neste sentido, serão ainda a amputação dum membro e a castração com efeitos mortais. O investigador procura logo fixar (com o concurso da medicina legal e da polícia científica) o *modus operandi* do criminoso: estrangulamento, morte por afogamento, por asfixia,

---

terceiros, independentemente do consentimento do seu titular, fundada nos valores fundamentais da autonomia e da dignidade da pessoa humana.

[36] Fala-se mais exatamente de *eutanásia indireta* nos casos, cada vez mais frequentes, em que o necessário recurso a doses cada vez maiores de analgésicos pode redundar num encurtamento da fase terminal da vida do paciente, dando origem a um *círculo vicioso* entre a acostumação e a intensificação das doses, em termos de não poder excluir-se a provocação, como efeito secundário, de lesões tóxicas. São práticas reconhecidas em geral como lícitas (Costa Andrade, *Consentimento e Acordo*, p. 411).

[37] Há quem adiante outras soluções, ainda que se reconheça a dificuldade de afastar o dolo eventual homicida (Küpper *BT* I, p. 7). A doutrina alemã parece apontar maioritariamente para a solução do estado de necessidade justificante (§ 34), ponderando a maior valia de um dos *interesses* opostos. O interesse no alívio de dores insuportáveis ultrapassa o risco de um ligeiro encurtamento da vida (Hirsch, *in* Lackner Festschrift, 1987, p. 609). O médico, que tem a obrigação de preservar a vida do paciente (*Lebenshaltungspflicht*) tem igualmente o dever de minorar os sofrimentos físicos e psíquicos do mesmo paciente (*Pflicht zur Leidensminderung*): Arzt, *JR* 1986, p. 312. Não se chega porém a preencher o ilícito típico, uma vez que o fim de proteção dos crimes contra a vida não chega a ser posto em causa, visto o conteúdo do seu significado social. A própria ação dolosa não contém qualquer risco socialmente desaprovado que se possa refletir no resultado.

pelo emprego de explosivos ou duma arma (de fogo, contundente, perfurante, cortante), por envenenamento, etc. O envenenamento, outrora chamado o crime dos fracos, constitui em certos casos uma arma sabiamente manejada por peritos (Le Clère). Pode empregar-se o arsénio, o fósforo, o mercúrio, a estricnina, ou outras substâncias, igualmente terríveis, como o vidro moído, misturado na sopa, ou o bacilo da febre tifoide, ministrado pacientemente por via oral justamente por um perito (caso Monin, dos anais dos envenenadores franceses)[38].

O crime doloso de homicídio é geralmente crime de estreita relação entre autor e vítima, circunstância que aparece associada aos motivos do crime. Uma boa parte acontece no seio das famílias, pais que matam os filhos, maridos que matam as mulheres com quem vivem ou com quem até há pouco tempo viveram. Na maior parte destes casos, deteta-se uma grave situação conflitiva.

Perante o cadáver, põe-se frequentemente o problema: crime, suicídio ou acidente. O legislador não se ocupa da técnica de recolha dos **vestígios** que possa ter deixado o crime ou dos **indícios** relativos ao modo como e ao lugar onde foi praticado. Com boas razões,[39] aproveitou no entanto a Lei nº 45/2004, de 19 de agosto, que estabelece o regime jurídico das perícias médico-legais e forenses, para impor à "autoridade policial" (*sic*) a inspeção e preservação do local de morte violenta ou de causa ignorada (artigo 16º, nº 1, alínea *a*)). O respetivo nº 13 dispõe que os cadáveres que derem entrada nos serviços médico-legais devem ser sujeitos a um exame pericial do hábito externo. Obtida a notícia da morte violenta de uma pessoa, a entidade policial deverá examinar os acessos e o próprio local do crime, com especial incidência nos objetos que aí se encontram, observando a pessoa da vítima, as testemunhas e os suspeitos, atuando permanentemente com a ideia de que o homicida deixa sempre uma ponta solta, que é possível ir desfiando[40].

---

[38] Outro caso de envenenamento provocado por germes de pneumonia, difteria e gripe e igualmente por aplicação de germes da febre tifoide pode ver-se no *Jornal de Medicina Legal*, nº 2, julho de 1986, p. 23. A toxicologia é a ciência que se ocupa dos venenos, das suas propriedades, do seu modo de ação, da sua pesquisa e dos processos que permitem combater a sua ação nociva, segundo René Fabre e René Truhaut, *Toxicologia*, em tradução publicada pela Fundação Calouste Gulbenkian, 1977.

[39] São ainda hoje corretas as palavras de Södermann e O'Connell, *Manuel d'enquête criminelle moderne*, Payot, Paris, 1953, p. 96: "A história da investigação criminal está cheia de casos em que a acusação fracassou por não estar suficientemente amparada por uma descrição exata da cena do crime – a fazer imediatamente". "As coisas falam", diz René Lechat, *La technique de l'enquête criminelle*, Bruxelas, 1959, p. 111, "mas é preciso saber olhar para elas, observá-las uma a uma e no seu conjunto, interrogá-las – até que digam tudo o que soubermos perguntar-lhes..."

[40] "Échange de Locard" é o princípio segundo o qual, no cometimento dum crime, qualquer pessoa deixa e leva consigo vestígios e indícios de natureza física, química ou biológica, que é possível examinar com vantagens para a investigação. Começando a desenredar-se a ponta da meada, cedo ou tarde se desenreda a meada toda. Edmond Locard (1877-1952) foi quem, em França, preconizou, desde os começos do século XX, a utilização das impressões digitais para a identificação dos "malfeitores", como se dizia na época. Além disso, impôs a dactiloscopia, utilizando trabalhos anteriores da cadeira de medicina-legal

O tratamento dos traços, marcas, impressões e sinais que ficaram duma ação passada e que informam sobre a realidade da sua existência é matéria reservada sobretudo à **técnica policial**, à **polícia científica** e à **criminalística**, que se contam entre as ciências auxiliares do processo penal, onde igualmente têm lugar destacado a **medicina legal**, a **toxicologia** e a **psiquiatria forense**. A criminalística, que usa os modernos métodos e tecnologias na aquisição de provas de tipo material, agrupa uma série de disciplinas que concorrem para a verificação dos elementos constitutivos da infração e para a identificação de quem nela participou. Hoje em dia é possível identificar um indivíduo a partir da cola do selo ou do envelope utilizado na expedição de correspondência, tendo-se chegado ao ponto de se pesquisar os próprios odores corporais, inaugurando novas perspetivas na luta contra a criminalidade. Há técnicas novas na deteção da alteração de documentos, aperfeiçoaram-se os métodos estatísticos aplicados à perícia de textos escritos, há novos avanços na identificação por técnicas fotográficas e de tratamento de imagem. As impressões digitais e os grupos sanguíneos serviram, durante décadas, para identificar pessoas, procedendo-se a uma comparação indireta. Mais distintivas do que as impressões digitais e mais aptas à verificação das responsabilidades em matéria criminal são as *marcas genéticas* de cada indivíduo. Os progressos da **biologia molecular** tornaram acessível à análise a molécula de *ADN*, sigla de ácido desoxirribonucleico – "cette signature biologique du vivant" (Paul Ricoeur) – um componente químico dentro do núcleo das células, portador das instruções genéticas, também dito, em inglês, DNA, molécula que é o suporte de toda a informação genética e hereditária e uma constante de todos os organismos vivos[41]. As recolhas no local do crime (ou na vítima) de ADN/DNA, a efetuar com o máximo cuidado, evitando-se o risco de contaminação,[42] permitem comparar os indivíduos ao nível do correspondente material genético, algumas vezes com êxito. As análises genéticas avançaram tanto no plano científico como na compreensão das vantagens da sua utilização, uma das quais incide precisamente na capacidade de inocentar suspeitos. "Não é exagerado afirmar que a tecnologia ligada ao DNA representa a mais radical contribuição para a

---

da cidade de Lyon, onde se fundou, em 1910, o primeiro laboratório ligado às pesquisas criminais. Entre outras obras, deve-se-lhe o célebre *Traité de criminalistique*, em 6 volumes.

[41] "A **genética** analisa o planeamento do organismo, planeamento contido numa série de genes transmitidos pela ascendência para definir a arquitetura do futuro organismo": François Jacob, *O ratinho, as mosca e o homem*, Gradiva, 1997, p. 135. Apontam-se três características importantes do código genético: é específico de cada indivíduo; é diferente em cada indivíduo; por fim, a informação genética é sempre a mesma em qualquer célula de cada indivíduo, permitindo a referência a uma "impressão genética" (*genetic fingerprint*).

[42] Ulrich Eisenberg, *Beweisrecht der StPO*, 4ª ed., 2002, p. 800, recomenda no local do crime o uso de vestuário que cubra a cabeça e a boca do operador para evitar o risco de contaminação, que de resto pode ocorrer também durante o transporte e a manipulação no laboratório. Veja-se a propósito o artigo 25º da Lei nº 45/2004, de 19 de agosto, sobre as perícias médico-legais e forenses.

investigação criminal desde que há cerca de cem anos se começou a trabalhar com as impressões digitais"[43-44].

A medicina legal concorre para a descoberta das causas da morte de uma pessoa, o momento em que a mesma se produziu, a arma empregada na perpetração do crime, a trajetória de uma bala no corpo, etc. Aos médicos legistas põem-se problemas derivados de mortes súbitas, por traumatismos, por certas asfixias, por anomalias ligadas à sexualidade, por envenenamentos e até mesmo questões de identificação de pessoas. A **autópsia** médico-legal tem lugar em situações de morte violenta (acidente, suicídio, homicídio) ou de causa ignorada, salvo se existirem informações clínicas suficientes que associadas aos demais elementos permitam concluir, com segurança, pela inexistência de suspeita de crime, admitindo-se, neste caso, a possibilidade de **dispensa de autópsia** (cf. o artigo 18º, nº 1, da Lei nº 45/2004, de 19 de agosto). Mas há mortes cuja causa permanece indeterminada mesmo depois da autópsia[45]. O caso particular das **impressões digitais** é essencialmente assunto da polícia científica. Por serem dotadas de uma individualidade própria, são imutáveis pelo decurso do tempo e permanecem um elemento de identificação absolutamente significativo. Os resultados dos exames dactiloscópicos oferecem plena garantia, sem necessidade de confirmação posterior, ainda que digam respeito a uma só impressão, desde que esta evidencie a existência de pelo menos 16 ou 17 pontos característicos iguais pela forma e pela posição[46]. Nestas hipóteses, a prova dos pontos característicos

---

[43] P. Roberts and A. Zuckerman, *Criminal evidence*, Oxford University Press, 2004, p. 291.

[44] Serve igualmente para outros fins. Alain Buquet conta que em 1985 cientistas da Universidade de Leicester, tendo analisado a informação genética contida na molécula de DNA de um imigrante ilegal ganês e o da mãe, já residente na Grã-Bretanha, conseguiram o estabelecimento da filiação sem ambiguidades, não obstante terem sido inconclusivos outros exames anteriores, nomeadamente de sangue. Informa o mesmo autor ter sido a primeira vez que a Scotland Yard lançou mão das modernas técnicas biológicas para identificar um indivíduo pelo seu **bilhete de identidade genético**. No Sri Lanka, depois do *tsunami* de 26 dezembro de 2004, que devastou o sudeste da Ásia, o "bebé nº 81", que era reclamado por vários casais, foi entregue aos pais, que foi possível identificar por testes de DNA. Entre nós, é a Lei nº 12/2005, de 26 de janeiro, que define o conceito de *informação genética* e de informação de saúde. A informação genética, segundo o nº 2 do artigo 6º, "pode ser resultado da realização de testes genéticos por meios de biologia molecular, mas também de testes citogenéticos, bioquímicos, fisiológicos ou imagiológicos, ou da simples recolha de informação familiar, registada sob a forma de uma árvore familiar ou outra, cada um dos quais pode, por si só, enunciar o estatuto genético de uma pessoa e seus familiares".

[45] Sobre o exame do cadáver e a autópsia veja-se Carlos Lopes, *Guia de perícias médico-legais*, 3ª ed., 1958; o guia, destinado a juristas, da autoria de D. Lecomte-Bonnet et G. F. Nicolas, *Guide pratique de thanatologie médico-légale à l'usage des professions judiciaires*, Ed. Le Léopard d'or, 1989; e, em geral, mas igualmente destinado a profissionais do foro, Jean Planques, *La médecine légale judiciaire*, Puf, 1967. O Parecer nº 30/2005 da PGR *DR* II série de 1 de setembro de 2005 aborda o conceito de *autópsia médico-legal* e a *condição jurídica do cadáver*.

[46] O número de **pontos de concordância** varia de país para país, mas em geral está compreendido entre 12 e 17. O cálculo mostra que para encontrar duas coincidências é preciso examinar 16 impressões, para encontrar três coincidências é preciso examinar 64 impressões", e assim por diante, até concluirmos que

poderá ser produzida por uma perícia que proceda à recolha das impressões, as identifique e compare. Contudo, a altíssima credibilidade destes e de outros *índices privilegiados*, como as impressões genéticas, diz unicamente respeito à identificação das pessoas e não à prova de que o indivíduo *A* ou *B* é o autor duma infração. Pode dar-se o caso de que provas absolutamente incontrovertíveis como essas sejam de classificar como provas *indiretas* ou mediatas se forem utilizadas para a demonstração de factos que constituem simples premissas do *factum probandum* objeto do processo. Tais provas só podem ser utilizadas depois de interpretadas e nisso têm os peritos um papel a que se não pode renunciar. De facto, se é uma verdade sem contestação que o aparecimento no local do crime de substâncias orgânicas ou de impressões pertencentes ao arguido fornece, desde logo, a prova da presença do mesmo nesse lugar e do **contacto** dele com certos objetos, também é verdade que tais provas não serão por si só idóneas para demonstrar a autoria do crime na falta de outros elementos que confirmem a hipótese acusatória. Uma impressão digital, se pode ser um indício de presença, não é forçosamente um indício de culpabilidade[47].

III. O crime de homicídio: artigo 131º

O homicídio consiste em o agente "matar outra pessoa" (*hominis caedes*)[48].
A Constituição impõe no artigo 24º, nº 1, que a vida humana é inviolável; e, no nº 2, que em caso algum haverá pena de morte. O nº 1 é entendido como o *pressuposto essencial* de todos os outros direitos fundamentais[49-50].

---

para encontrar dezassete coincidências é preciso examinar 17.179.869.184 impressões. Se considerarmos o número de habitantes da Terra conclui-se que "com 17 pontos idênticos, a identificação de duas impressões não apresenta, praticamente, nenhuma probabilidade de erro". Cf. Ed. Locard, *A investigação criminal e os métodos científicos*, Coimbra, 1939, p. 137.

[47] Sobre tudo isto há uma vasta bibliografia. Cf., ainda assim, Alain Buquet, *Manuel de criminalistique moderne*, Puf, 2001, p. 35; Marcel le Clère, *Manuel de police technique*, 2ª ed., p. 241; Pinto da Costa, *Impressões digitais – contribuição para o seu estudo médico-legal*, Porto, 1972; e M-C. Nagouas-Guérin, *Le doute en matière pénale*, 2002, p. 236.

[48] É a conhecida definição de Carmignani (*Elementa juris criminalis*): homicidium est hominis caedes ab homine injuste petrata (é a morte de um homem realizada injustamente por outro homem).

[49] Sobre o conceito constitucional de "vida humana", cf. Eduardo Maia Costa, "Despenalização da interrupção voluntária da gravidez", *RMP* nº 108 (2006). Pergunta: "Será mesmo a **vida pré-natal** um bem jurídico-constitucional, enquadrável no artigo 24º, nº 1, da CRP?". Veja-se, a propósito da suscitada inconstitucionalidade e ilegalidade da Lei nº 16/2007, de 17 de abril, que estabelece a "exclusão da ilicitude nos casos de interrupção voluntária da gravidez", a posição do TC no acórdão 75/2010, com numerosos elementos relativos aos processos nºˢ 733/07 e 1186/07.

[50] Os entes sociais também definham e morrem, mas o direito à vida consagrado no artigo 24.º da Constituição não é, manifestamente, um direito compatível com a natureza de uma sociedade comercial. Os

A Constituição não "impõe" a criminalização do homicídio, o que levanta algumas questões. A primeira é saber se há imposições de criminalização, mas a doutrina mais autorizada discorda das imposições absolutas de incriminação, em razão do *caráter fragmentário* do direito penal (não se protege, nem tem que proteger, todos os bens jurídicos). A segunda é que será inconstitucional qualquer solução que por hipótese pretenda inverter a supraordenação dos bens pessoais (vida; integridade física; honra) face aos outros, alterando as molduras penais de forma a abrandar as penas dos crimes contra a vida e recrudescer as dos restantes,[51] o que redundaria numa violação do princípio da proporcionalidade.

a) O **bem jurídico** protegido é a vida humana: a vida da pessoa *nascida*. Pessoa, como titular de bens jurídicos penalmente tutelados, é todo o ser nascido com vida de um ventre humano. É em vista do seu significado que o bem jurídico *vida* toma o primeiro lugar na parte especial dos códigos penais modernos. Cf. os artigos 111 e ss. do Código Penal suíço de 1937; os §§ 75 e ss. do Código Penal austríaco de 1974; e os artigos 131º e ss. do Código Penal português de 1982. "O ataque ao bem vida, na sua forma de dano/violação, é único e irrepetível, tal como também a vida é em si mesma única e irrepetível, enquanto que a violação do bem jurídico da dignidade e da honra é, em abstracto, 'infinitamente' repetível..."[52].

Acentua-se uma absoluta proteção da vida, sem que releve a idade da pessoa, a sua esperança de vida, a situação social ou familiar, etc. A consequência é não ser admissível qualquer relativização neste particular[53].

O homicídio do artigo 131º, como crime de homicídio doloso, punido com a moldura de 8 a 16 anos, representa o **tipo fundamental** da tutela penal da vida.

princípios ali consagrados são claramente inadequados como parâmetro aferidor da legitimidade constitucional das causas de dissolução das sociedades comerciais (sobre isto, o acórdão do *TC* nº 539/97). Para boa compreensão deste passo, tenha-se em conta o disposto no artigo 11º do CP, quanto à responsabilidade (penal) das pessoas singulares e coletivas, e que o Código não toma posição quanto à "morte" da pessoa coletiva ou equiparada, referindo apenas, no nº 8, que a *cisão* e a *fusão* não determinam a extinção da responsabilidade criminal da pessoa coletiva ou entidade equiparada. "A sociedade, como relação e como pessoa coletiva, não se extingue pela dissolução, sendo necessário que outros factos jurídicos se produzam para que a extinção se verifique" – Raul Ventura, *Dissolução e Liquidação de Sociedades*, p. 16 e ss. e acórdão do STJ de 19 de junho de 2008, processo nº 08B871. "A extinção das pessoas coletivas e a morte das pessoas singulares não assume a similitude suscetível de permitir a aplicação do regime da última à primeira (artigo 10º, nºs 1 e 2, do Código Civil). As sociedades não se extinguem automaticamente por via do ato de dissolução, conservando a sua personalidade jurídica até ao momento do registo comercial do encerramento da respetiva liquidação", disse o acórdão do STJ de 15 de novembro de 2007, no proc. nº 07B3960.

[51] Cf. M. M. Silva Pereira, *Direito Penal II. Os homicídios*, p. 16.
[52] Faria Costa, *O Perigo em Direito Penal*, p. 628.
[53] Ainda assim, a vida "perfila-se, conforme e na medida dos diferentes tipos penais, de modo substancialmente diverso", escreve Faria Costa, *O Perigo em Direito Penal*, p. 253. Outro aspeto da relativização da vida formada encontra-se, por ex., na aplicação concreta da legítima defesa (artigo 32º) e do estado de necessidade desculpante (artigo 35º), pois qualquer destes institutos permite o sacrifício, o aniquilamento do bem jurídico vida, sem que aquele que mata outra pessoa sofra qualquer reação por parte do Estado.

A ofensa à integridade física dolosa aparece, de modo necessário, como o *estádio intermédio* no cometimento do homicídio. A norma que pune a ofensa à integridade física é porém afastada pelo desenvolvimento posterior da lesão da vida.

b) **Objeto da ação** é uma "outra pessoa" *viva*[54]. Também um doente terminal é "pessoa"[55]. A aniquilação da vida pelo próprio (*suicídio*) não se encontra criminalmente tipificada, ao contrário do incitamento ou ajuda ao suicídio (artigo 135º). Mas a capacidade de vida autónoma do feto não é pressuposto da qualidade de pessoa para os efeitos agora em causa. Pessoa formada e feto são objeto, respetivamente, dos crimes contra a vida e do crime de aborto (artigos 140º e 141º). O **desvalor da conduta** assenta em qualquer ação dirigida à morte de outra pessoa. A conduta consiste objetivamente em "matar". Incluem-se quaisquer ações ou omissões que sejam causais da morte de outra pessoa. O homicídio pode ser cometido "seja de que maneira for": pela aplicação de uma descarga elétrica, com um tiro disparado por uma arma de fogo, por afogamento, por envenenamento, etc. É um crime de forma livre: a lei, que diz como se burla (enganando outra pessoa e produzindo prejuízo patrimonial, etc.), não diz como se mata. O **desvalor do resultado** assenta na morte objetivamente imputável de outra pessoa.

1. Tipicidade

O **tipo objetivo** consiste em matar outra pessoa, com o que se manifesta a importância da discussão sobre o início e o termo da vida. A morte dá-se com a lesão irreversível do tronco cerebral. Sobre o tema, ver o artigo 12º, nº 1, da Lei nº 12/93, de 22 de abril. A questão prende-se especialmente com a colheita de órgãos ou tecidos e com o Estatuto do não dador (Decreto-Lei nº 244/94, de 26 de setembro), uma vez que em termos médicos será decisivo escolher, para a recolha, o momento que medeia entre a **morte cardíaca** e **a morte cerebral** irreversível[56]. Por aqui se vê como se torna importante precisar o elemento típico "pessoa" *viva*.

a) Como vimos, o início do ato de nascimento é o ponto crítico onde acaba a situação fetal e começa o ser humano. Esta é em geral a visão do direito penal. Desprende-se, aliás, expressamente, da redação do artigo 136º (infanticídio).

---

[54] G. Stratenwerth *BT* I, p. 23: "*Tatobjekt ist nur der lebende Mensch*".

[55] "Até os condenados à morte [onde ainda vigora essa prática] têm direito (temporário, provisório) à vida. Veja você, os médicos lutam durante semanas, com denodo, para salvar da septicemia este condenado à pena capital, e no fim, serenamente, com a consciência de quem cumpre um dever, declaram-no em condição de servir – e vão presenciar a derradeira cabriola dele na cadeira elétrica. Verificam então que 'cessou de viver', do que dão fé solenemente", José Rodrigues Miguéis, *É proibido apontar*, Estúdios Cor, 1964.

[56] A merecer considerações algo diferentes são os casos de anencefalias (monstruosidade que consiste na falta de cérebro) de recém-nascidos.

Considera-se, por outro lado, a completa extinção de todas as funções cerebrais, com os seus efeitos irreversíveis como o momento da morte.

b) O tipo de ilícito do homicídio refere-se à morte de "outra" pessoa, diferente do autor ou de qualquer dos autores. Daí deriva desde logo que o suicídio tentado não preenche um tipo legal de crime, não constituindo uma conduta punível.

c) "Matar" significa provocar a morte de outra pessoa.

Como? Há sugestões por todo o lado. Diria a Susan Sontag: "bater, pisar, disparar, esganar, apedrejar, empalar, enforcar, desmembrar, afogar...". "Matar" é, como descrição, algo vazio de conteúdo quando cotejado com as concretas e precisas ações proibidas de, por exemplo, matar a tiro, estrangular, apunhalar e afogar. "Uma tal cláusula geral só é defensável quando se está em presença de importantes bens jurídicos"[57].

Vimos que o desvalor do resultado assenta na morte objetivamente imputável de outra pessoa. Para podermos afirmar que um concreto resultado é consequência de uma conduta proibida necessitamos estabelecer um **nexo causal** entre ambos. Não estará em causa unicamente a conexão naturalística entre ação e resultado, mas também uma valoração jurídica (artigo 10º, nº 1, no respeitante à ação *adequada* a produzir um certo resultado, o mesmo valendo quanto à omissão da ação *adequada* a evitá-lo). Excluem-se, naturalmente, os processos causais atípicos que só produzem o resultado típico devido a um encadeamento extraordinário e improvável de circunstâncias. Daí que se *A*, a um metro de distância, dispara à queima-roupa sobre *B* e o mata, é manifesto que aqui o juízo de imputação se deve fazer com base na causalidade adequada, não se contentando o intérprete, como é típico da jurisprudência alemã, em submeter o caso à doutrina da equivalência das condições. "Seria metodologicamente errado e mesmo absurdo querer introduzir outros critérios para se alcançar a determinação do nexo existente entre a ação e o resultado" (Faria Costa). Mas se *A* dá uma pancada em *B*, adequada a produzir-lhe a morte, e antes desta se verificar *C* desfecha um tiro sobre o *B* que o mata imediatamente, só restará concluir que a morte não foi concretamente produzida pelo primeiro agressor mas pelo disparo do *C*, "cuja atuação não se integrou no processo causal por aquele posto em marcha" (Figueiredo Dias).

Ao falarmos de "causalidade" estamos a pensar na ação (causa) que provoca um determinado evento ou resultado (efeito). A causalidade é a ligação entre dois momentos, é a conexão entre o comportamento humano e o resultado que se lhe segue. Quando falamos de "imputação" partimos do resultado para a ação. O resultado efetivamente produzido só será consequência da conduta perigosa do agente se puder ser-lhe imputado (=atribuído) como **obra sua**. A esta ligação entre essas duas situações chamamos **imputação objetiva** (do resultado à

---

[57] Faria Costa, *O Perigo em Direito Penal*, p. 645.

ação). Aquele primeiro caminho, o da causalidade, é conforme às leis naturais e corresponde à doutrina clássica. O segundo caminho tem características normativas e busca resolver insuficiências dos pontos de vista tradicionais. Causalidade e imputação objetiva não podem ser confundidas, sendo aquela, de qualquer modo, o primeiro pressuposto da imputação. Aqui perguntaremos: será a morte de *B* obra de *A*, devendo ser-lhe imputada?

O **tipo subjetivo** exige o dolo (dolo do tipo, enquanto conhecimento e vontade) em qualquer das suas formas. Uma vez que o **dolo homicida**, seja na forma de dolo direto, necessário ou eventual, importa a prova de um elemento do foro íntimo do agente, essa descoberta só é alcançável através de dados exteriores, designadamente:

– a violência da agressão;
– a natureza da arma utilizada;
– a parte do corpo da vítima atingida;
– a personalidade do agressor;
– a motivação do crime,

assim se chegando à verdade prático-jurídica que sirva de suporte à decisão (cf., por ex., o acórdão do STJ de 12 de novembro de 1986, *BMJ* 361, p. 244)[58].

O juízo técnico, científico ou artístico inerente à prova pericial *presume-se* subtraído à livre apreciação do julgador, diz o artigo 163º CPP – sempre que o julgador divergir do juízo contido no parecer dos peritos, deve aquele fundamentar a discordância, não o fazendo, viola a norma, com a consequente anulação do julgamento. A justificação pode resumir-se no "scientifica *scientifice* tratanda" (o que é científico deve ser cientificamente tratado: a solução encontra-se pericialmente). Apresentado o laudo pericial com as conclusões científicas ou técnicas, o juiz fica-lhes vinculado, sem espaço para a formação de uma convicção própria, a menos que veja razão para divergir dos peritos.

Mas o juízo sobre a "intenção de matar" não é um juízo técnico ou científico, nem tão pouco um juízo de técnica médica. A presunção de intenção de matar é apenas um juízo de probabilidade sobre aquela intenção, pelo que não se lhe aplica o disposto no artigo 163º do CPP (cf., por ex., acórdão do STJ de 3 de julho de 1996, processo nº 8/96).

---

[58] A atuação do agente que, utilizando um *x*-ato com lâmina de 9 cm, desfere alguns golpes superficiais na face e um golpe no flanco esquerdo do abdómen do ofendido (sem penetração na cavidade abdominal), provocando-lhe lesões que determinaram 10 dias de doença, com incapacidade para o trabalho, tendo tal ocorrido quando já estava em vias de pacificação um confronto físico entre um amigo seu e o ofendido, não permite inferir, sem margens para dúvidas, a intenção de matar; acórdão da Relação do Porto de 28 de março de 2007, proc. nº 0616808.

d) O dolo direto (nº 1 do artigo 14º) não é indispensável à condenação pela autoria do crime do artigo 131º, bastando o eventual previsto no nº 3 do mesmo artigo 14º. Deste modo, ao desfechar uma espingarda, a cerca de 1,35 metros de distância, sobre a vítima, embora *sem* intenção de lhe causar a morte, o réu comete o crime do artigo 131º, *com* dolo eventual, por, ao fazer o disparo, ter previsto a possibilidade de atingir aquela e de a matar e, não obstante isso, não ter deixado de praticar a ação, por lhe ser indiferente o resultado previsto e com este se ter conformado (acórdão do STJ, de 12 de dezembro de 1984, *BMJ* 342, p. 227). O Código, nos artigos 14º, nº 3, e 15º, alínea *b*), aponta para a **conformação ou não conformação do agente com o resultado típico** por aquele previsto como possível. Para se considerar existente essa conformação, torna-se necessário que, para além da previsão do resultado como possível, o agente tome a sério a possibilidade de violação dos bens jurídicos respetivos e, não obstante isso, se decida pela execução do facto. Comprovado que o *A* representou a morte do *B* como consequência possível dos disparos que efetuou, e que mesmo assim disparou, conformando-se com o resultado representado – a que se mostrou indiferente – não se duvida de que o *A* agiu com dolo eventual, afastando-se a atuação negligente.

Caso nº 4 Crime de homicídio, na forma *tentada*, praticado com dolo eventual – acórdão do STJ de 19 de janeiro de 1999, *BMJ* 483, p. 57, que negou a existência de legítima defesa: Quando o *A* se encontrava num café a jogar matraquilhos, chegou o *B* e apalpou-lhe as nádegas. Só decorridos dez minutos é que o *A*, já fora do café, veio pedir satisfações ao *B* e logo este lhe deu um soco na cara, agredindo-o a seguir com um cinto. Ato seguido, o *A* abriu uma navalha e desferiu com força um golpe no abdómen do outro, causando-lhe uma ferida perfurante e atingindo o fígado e a vesícula biliar. A morte só não ocorreu porque o agredido foi imediatamente hospitalizado. Ao dar a navalhada, o *A* previu que pudesse atingir órgãos vitais e causar lesões e a morte; não obstante isso, não se absteve de espetar a faca no *B*, por lhe ser indiferente o resultado previsto e com este se ter conformado.

O interesse científico de casos como este reside em a compatibilidade entre a comissão dolosa eventual e a tentativa não ser, no nosso direito, aceite incondicionalmente por todos. Será de seguir a posição do Prof. Figueiredo Dias:[59]

---

[59] Figueiredo Dias, *DP/PG* I, 2007, p. 695, com a exposição das razões que conduzem à conclusão. Igualmente, no sentido da "perfeita compatibilidade da tentativa com o dolo eventual", Taipa de Carvalho, *A legítima defesa*, p. 225.

"na tentativa o dolo pode assumir qualquer uma das suas formas: intencional, necessária ou eventual".

Uma vez que A espetou uma navalha no abdómen de B ("outra pessoa") com dolo homicida (ainda que eventual), fica desde logo preenchida a tipicidade do artigo 131º. Como o B não morreu (B continua vivo), o crime não passa da tentativa (artigos 22º e 23º, nº 2). Não releva no caso qualquer justificação, nomeadamente, não se verifica uma situação de legítima defesa. O A, ao agredir com a navalha o B, *não estava já* perante uma agressão ilícita e atual (artigo 32º). Também *não agiu com intenção de se defender*, mas, como igualmente se provou, com o único intuito de afastar de si o B. Não ocorrendo os pressupostos da legítima defesa, não se verifica excesso de legítima defesa[60].

Caso nº 5   Crime de homicídio: dolo eventual e *tentativa acabada*: "homicídio frustrado" – acórdão do STJ de 8 de março de 2006, no proc. nº 06P269, *relator*: Conselheiro João Bernardo: Movida por violento ciúme, e após conhecimento da infidelidade dele, a A disparou com uma carabina sobre o companheiro, atingindo-o no peito. Agiu com dolo eventual relativamente à morte deste, que não ocorreu.

"É segura a compatibilidade entre dolo eventual e tentativa", concluiu o acórdão. Alicerçado, de resto, na figura da tentativa acabada. A conformação subjetiva com o resultado "ficou completa, falhando só a verificação objetiva desse mesmo resultado, mas esta é estranha ao dolo". Se recorremos ao Código Penal de oitocentos, "entramos no domínio do que, então, se chamava 'homicídio frustrado' (artigo 10.º), a respeito do qual não se levantava a mínima dúvida sobre o acolhimento da figura do dolo eventual".

Caso nº 6   Com dolo eventual, A atinge B a tiro numa discoteca com centenas de pessoas, limitando-se o resultado a oito dias de doença sem afetação de qualquer órgão vital – acórdão de 13 de julho de 2005, *CJ* 2005, tomo II, p. 249, *relator*: Conselheiro Henriques Gaspar.

O A foi condenado na 1ª instância por crime de homicídio tentado com dolo eventual. O recurso confrontou-se com um **indisfarçável excesso** e a **"justiça do caso"**. A decisão de facto do Coletivo não fora posta em causa; ademais, não

---

[60] Qual a moldura penal aplicável a um caso destes? É a de 1 ano, 7 meses e 6 dias no limite mínimo e de 12 anos e 8 meses no limite máximo (artigos 131º, 22º, 23º, nº 2, e 73º, nº 1, alíneas *a*) e *b*)). É a moldura aplicável ao crime consumado (artigo 131ª: pena de prisão de 8 a 16 anos) especialmente atenuada (artigo 23º, nº 2), ou seja [artigo 73º, nº 1, alíneas a) e b)], 1/5 de 8 anos (=1 ano 7 meses e 6 dias) a 16 anos – 1/3 (=12 anos e 8 meses).

se terá notado insuficiência, nem contradição, nem erro notório na apreciação da prova (artigo 410º, nº 2, do CPP). Provado estava pois que o A, "ao empunhar a arma, que sabia que se encontrava municiada, e ao premir o gatilho e disparar, *teve consciência que os disparos que efetuava, atendendo ao local onde se encontravam, uma discoteca com 200 a 300 pessoas, e à distância, de poucos metros, que se encontrava das pessoas que atingiu, eram suscetíveis de lhes causar a morte*". Ora, o disparo não provocara senão lesões que determinaram oito dias de doença. Contrariando o ponto de vista que prevalecera na 1ª instância, o Supremo Tribunal entendeu que "a conformação do agente não pode ir além do resultado efetivo, não podendo, *em direito penal do facto*, ser outro diverso daquele cuja possibilidade também previu e que efetivamente se verificou". Daí a afirmação, por um lado, de que serem os factos provados " insuficientes para integrar o crime de homicídio tentado"; por outro, que o *A* só podia ser considerado autor de um crime do artigo 143º. O acórdão revogatório não chegou a analisar – nem tinha que o fazer – a natureza do dolo (enquanto dolo de ofensa à integridade física e não dolo homicida) por ter verificado que a ofensa à integridade física dependia de queixa (artigo 143º, nº 2). Dir-se-á no entanto, e a propósito, que no dolo homicida se contêm tanto o dolo de dano da integridade física alheia como o dolo de perigo para a vida ou para a produção de lesões mais graves do que as efetivamente produzidas na vítima da agressão, ou do perigo geralmente associado ao meio utilizado pelo agressor.

e) O **erro** segue a regra geral do artigo 16º. O dolo do agente tem de estender-se ao nexo causal entre a ação do agente e o resultado por ser elemento constitutivo da infração, mostrando-se irrelevante o erro sobre o decurso do processo causal. Um caso especial de *erro sobre o processo causal* dá-se quando o crime se executa em dois atos, julgando o agente que o resultado se deu com o primeiro, quando, na verdade, foi com o segundo que se produziu. A opinião geralmente seguida encara a hipótese como um processo unitário: o dolo do primeiro ato vale também para o segundo. Trata-se, nesta perspetiva, dum dolo "geral" (**doutrina do dolus generalis**) que cobre todo o processo e que não merece nenhuma valoração jurídica privilegiada. Se *A*, julgando que a sua vítima morreu quando lhe deitou as mãos ao pescoço, deita à água o suposto cadáver, vindo a morte a ocorrer por afogamento, deve ser castigado como autor material de um homicídio doloso consumado:[61] achou que matou por estrangulamento, mas acabou por matar por afogamento, facto sem relevo para o direito penal.

---

[61] Noutras situações o "erro" do sujeito é igualmente irrelevante, por exemplo, se o resultado querido realmente se produziu, mas com ligeiras variações. O erro é do mesmo modo irrelevante quando incide sobre a qualificação jurídica do ato: o autor pensa, por exemplo, que comete um furto quando na realidade o que os factos integram é um roubo, punido mais severamente. Outras situações merecem ser contabilizadas.

2. Ilicitude

Quanto às **causas de justificação** ganha especial relevo a legítima defesa (artigo 32º), ainda que se não deva esquecer o papel que pode desempenhar o direito de necessidade (artigo 34º). A vida humana integra um bem jurídico absolutamente indisponível. O consentimento não exclui a ilicitude do homicídio doloso. Mas não se pune o suicídio; o suicídio e a automutilação,[62] não sendo atitudes lícitas ou ilícitas, são manifestações de uma *"posse* natural", distintas do puro exercício de um direito[63].

Caso nº 7 *A*, que agiu com os *meios necessários* para afastar a agressão, acabou absolvido: atuou em legítima defesa – acórdão da Relação do Porto de 27 de setembro de 2006, proc. nº 0546987, *relator*: Desembargador Jorge Jacob. *A*, que se encontrava-se sozinho com a mãe em casa, foi por esta acordado durante a noite, após se terem ouvido ruídos indicadores de que estava em curso uma tentativa de introdução no local. Isso mesmo foi constatado pelo *A*, ao verificar ter sido aberta uma janela que ele próprio havia fechado. Foi assim que o *A* disparou dois tiros para o ar, mas a tentativa de intrusão prosseguiu, tendo então o *A* disparado, de novo, na direção de onde provinha o ruído e a uma distância de cerca de dois metros, atingindo um dos ladrões.

Em recurso, não pôde deixar de considerar-se que o *A* utilizou os **meios necessários** para afastar a agressão, não lhe sendo exigível, depois de já ter efetuado dois disparos para o ar, que utilizasse outros meios de defesa, suportando riscos para si e para a sua mãe, aguardando pelo esclarecimento global da situação, nomeadamente, pela entrada dos intrusos no interior da casa para então reagir, pois que nessa altura poderia ser tarde demais". O comportamento do *A* não foi considerado ilícito.

Caso nº 8 Homicídio executado com excesso de legítima defesa punível – acórdão do STJ de 11 de dezembro de 1996, *BMJ* 462, p. 207. *A* parou o carro que conduzia na Rua do Progresso para conversar com *X*, sua compa-

---

[62] A mutilação para isenção do serviço militar era punida no artigo 321º do Código Penal, redação originária, mas a incriminação desapareceu em 1998. Veja-se agora porém o que consta do Código de Justiça Militar. Os ferimentos autoinfligidos constituem um fenómeno produzido pela Primeira Guerra Mundial e estão relacionados com os avanços recentes da medicina. John Keegan, *O rosto da Batalha*, ed. Fragmentos, 1976, p. 208, revela que não encontrou exemplos de ferimentos autoinfligidos antes do desenvolvimento dos antissépticos. Sobre a excisão, Augusto Silva Dias, "Faz sentido punir o ritual do fanado?", *RPCC* 16 (2006), p. 204 e ss.

[63] Orlando de Carvalho, *Teoria Geral da Relação Jurídica (Bibliografia e Sumário desenvolvido*, polic., 1970, p. 50.

nheira. *B* aproximou-se do veículo e bateu na janela fechada. *A* abriu a janela e *B* pediu-lhe dinheiro, que *A* lhe negou, após o que arrancou. Mais tarde, no Bairro do Aleixo, quando *A* com a companheira e os filhos saía do carro, *B* dirigiu-se-lhe dizendo: "Agora, filho da puta, passa para cá o dinheiro; vou-te roubar, filho da puta, passa para cá o dinheiro". *A* e *B* ficaram frente a frente. *A* avançou então para *B* munido de um instrumento corto-perfurante, espetou-o no tórax, atingindo o coração. *A* representou a morte de *B* como consequência possível do seu ato de espetar, no corpo dele, o instrumento corto-perfurante, mas espetou-o, conformando-se com a morte, que veio a ocorrer.

Houve excesso de legítima defesa (artigo 33º, nº 1), por excesso dos meios empregados. *A*, quando desferiu o golpe, encontrava-se enervado e exaltado pelo comportamento de *B*: as circunstâncias recomendam a atenuação especial da pena, facultada no artigo 33º, nº 1 (artigo 73º). Pena concreta: 3 anos e 2 meses de prisão.

O acórdão do STJ de 12 de junho de 1997, *CJ*, 1997, p. 238, debruçou-se sobre um claro excesso de legítima defesa, acentuando que em casos tais se pressupõe a legítima defesa, pois se esta não existe, o crime será o do artigo 131º. Quando *A*, para pôr termo a uma agressão a soco e a pontapé, dispara três vezes uma pistola para uma zona vital do corpo do agressor, a uma distância não superior a um metro, não pratica o ato em legítima defesa nem com excesso de legítima defesa, mas sim um crime de homicídio voluntário simples do artigo 131º.

No caso em que o tribunal do júri condenou *A* pela prática de um crime de homicídio simples do artigo 131º, com a agravação ditada pelo artigo 86º, nº 3, da Lei das Armas, mas com o benefício da atenuação especial da pena, prevista nos artigos 72º e 73º, o acórdão do STJ de 27 de outubro de 2010, *relator*: Conselheiro Henriques Gaspar, manifestou-se a favor do excesso de legítima defesa e da atenuação especial que lhe é conexa, em razão do artigo 33º, nº 1[64].

3. Culpa

a) A propósito das **causas de exclusão da culpa**, diremos que o artigo 35º (estado de necessidade desculpante) contém elementos que, convergindo na situação concreta, levam à desculpação; igualmente podem levar à desculpação certos casos de excesso de legítima defesa (artigo 33º, nº 2): no artigo 33º

---

[64] Entre outros motivos de interesse, este acórdão recorda a ideia politico-criminal, em que se envolve a atenuação especial da pena prevista no artigo 72º, enquanto **válvula de segurança do sistema** para responder a casos ou situações especiais. Sobre o tema, assente na constatação de que "a capacidade de previsão do legislador é necessariamente ultrapassada pela riqueza e multiplicidade de situações reais da vida", Figueiredo Dias, *Direito Penal Português – As Consequências Jurídicas do Crime*, 1990, p. 302.

enquadram-se casos de excesso de legítima defesa não punível (excesso asténico e não censurável) e de excesso de legítima defesa punível.

Pode acontecer que *A* tenha atuado (veja-se, entre muitos outros, o acórdão do STJ de 5 de junho de 1991, *BMJ* 408, p. 180) com o propósito de defesa – com *animus defendendi* –, mas com **uso de meio excessivo**, injustificável, irracional, para se defender, através de meio letal. O excesso do meio usado pelo *A* ficou a dever-se ao medo que o *A* tinha da vítima, pessoa que, embora mais baixa de estatura, era mais encorpada e mais forte do que ele e tinha praticado luta greco-romana, de tal modo que já por diversas vezes o havia agredido e obrigado a tratamento hospitalar. Comprovando-se um excesso asténico e não censurável, o resultado será a não punição do *A*, uma vez que sem culpa não há punição criminal (artigo 33º, nº 2).

b) Nos casos em que o arguido é declarado inimputável, está arredada a **culpa** (artigo 20º, nº 1). Duas outras situações integram-se, ou em situações de inexigibilidade, dando eventualmente lugar à aplicação das regras do estado de necessidade desculpante (artigo 35º) ou a situações de excesso intensivo de legítima defesa, se encontrarem apoio no artigo 33º, nº 2 (efeito asténico).

O artigo 20º, nºs 1 e 2, contempla os pressupostos da inimputabilidade em razão de anomalia psíquica.

Exige-se:

– a existência de uma anomalia psíquica (*fator biopsicológico*);
– a incapacidade de o arguido, em consequência dessa anomalia, avaliar a ilicitude do facto ou de se determinar de acordo com essa avaliação (*fator normativo*).

É nos parâmetros do artigo 20º, nº 1, a partir desses pressupostos, que se pondera, por exemplo, a situação de **embriaguez**. O arguido será inimputável devido a embriaguez somente se esta provocar a aludida incapacidade de avaliação e de autodeterminação. Veja-se, a título de exemplo, o acórdão do STJ de 29 de março de 2000, *BMJ* 495, p. 120: "Provando-se que o arguido havia ingerido grande quantidade de bebidas alcoólicas, daí não se infere necessariamente que se encontrava em estado de embriaguez e, como tal, em situação de inimputabilidade, não sendo assim contraditório considerar-se que em tais circunstâncias o arguido agiu livre, voluntária e conscientemente".

Nos julgamentos de crimes de sangue aparece com alguma frequência a necessidade de averiguar se, *no momento da prática do facto*, o agente seria ou não portador de anomalia que lhe retirasse as capacidades de avaliação da ilicitude ou de se determinar de acordo com ela, relevando certos e determinados estados psicológicos, de curta ou longa duração, nos quais as relações normais entre a consciência de si mesmo e a do mundo exterior estão mais ou menos perturbadas.

Vejamos a seguinte situação, que surge na sequência de uma prolongada sessão de injúrias e ofensas e perante uma nova ameaça. Há como que um problema de dosagem: uns elementos apontam para a agravação, outros para a atenuação.

Caso nº 9 *A* matou *B*, seu marido, com quem vivia há mais de 30 anos. As relações entre ambos foram dominadas por ofensas de *B* sobre a mulher, injúrias, ameaças e humilhações. O marido tinha até ligações extraconjugais que não escondia da mulher. Uma noite, depois de longamente injuriar a mulher, *B* foi chamá-la já depois de ela se deitar, para que ela mesma levasse o carro a casa da amante do marido, o que a *A* recusou. Houve outras ameaças por parte dele, inclusive a de partir o automóvel, que era dela. A mulher acabou por se levantar, não para se dirigir à garagem, mas para procurar uma machada. Foi com ela que atingiu a cabeça do marido, em termos de lhe provocar a morte.

O Supremo Tribunal entendeu que o homicídio "cometido sob o domínio de emoção violenta não pré-ordenada, em estado de excitação, em situação de defesa, etc., não revela, da parte do agente, a especial censurabilidade ou perversidade exigida para a qualificação". O crime foi cometido "em estado de forte tensão crónica, provocada por todo um conjunto de atitudes anteriores da vítima, provocatórias da arguida, e praticamente durante mais de trinta anos" – situação que conduz a um estado de semi-imputabilidade (ou de imputabilidade diminuída). A *imagem global do facto*, incluindo o uso da machada, com cores particularmente insidiosas, é compatível com a recondução do caso ao crime matricial do artigo 131º, o que o Supremo acabou por fazer, para em seguida, num segundo salto "atenuativo" se fixar nos artigos 72º e 73º – o que exigirá um esforço de atenção para o princípio *da proibição de dupla valoração* (artigo 72º, nº 3). Esta morte aconteceu em 1990 e entretanto decorreu uma ampla discussão que veio "valorizar" a forma privilegiada do artigo 133º. Dir-se-á que se as condutas concretas nascem logo, do ponto de vista da culpa, simples, agravadas ou privilegiadas (Cristina Líbano Monteiro), a tendência seria hoje para remeter o caso para a esfera do artigo 133º, não sem que antes se questionasse a imputabilidade da autora, dando razão a Curado Neves. A inimputabilidade "não esgota a problemática da culpa nos estados emocionais", havendo estados emocionais que "não podem ser plenamente compreendidos sem o recurso à psicologia, enquanto ciência que estuda os comportamentos humanos, em particular os processos psíquicos que precedem qualquer ação"[65].

---

[65] O caso foi apreciado pelo acórdão do STJ de 5 de fevereiro de 1992, publicado e anotado na *RPCC* 6 (1996), p. 113, por Cristina Líbano Monteiro. É igualmente objeto da atenção de João Curado Neves,

No caso a seguir é de imputabilidade diminuída (*borderline*) que se trata.

Caso n.º 10   A, que era habitual frequentador da casa da B, foi a casa desta, observou onde se encontrava a sua mochila, e introduzindo uma das mãos no seu interior, sacou de lá a pistola, sabendo que esta ordinariamente era lá guardada e, com ela empunhada, aproximou-se de C, que estava sentado num sofá, premiu o gatilho e disparou contra ele, atingindo-o na cabeça e matando-o. A vítima ficou sensivelmente na posição em que se encontrava. De seguida, dirigiu-se ao quarto onde B se tinha recolhido, acabando por se deitar, e com a mesma arma empunhada, disparou contra aquela, atingindo-a na nuca e matando-a. Acórdão do STJ de 14 de julho de 2006, proc. 06P1926, *relator*: Conselheiro Rodrigues da Costa.

Começaremos por notar que nos casos ditos de **imputabilidade diminuída** ou de imputabilidade duvidosa[66] comprova-se a existência de uma anomalia psíquica (podendo ser uma psicopatia) mas sem que se tornem claras as consequências que daí devem fazer-se derivar relativamente ao elemento normativo-compreensivo exigido; casos pois em que é pouco clara ou simplesmente parcial a compreensibilidade das conexões objetivas de sentido que ligam o facto à pessoa do agente[67]. As consequências que desta ideia derivam para a determinação do grau de culpa e da medida da pena do imputável diminuído divergem assim radicalmente das que são (ou eram) pensadas dentro da visão tradicional. Se, nos casos de imputabilidade diminuída, as conexões objetivas de sentido são ainda compreensíveis e aquele deve, por isso, ser considerado imputável, então as **qualidades especiais do seu caráter** entram no objeto do juízo de culpa e por elas o agente tem de responder. Se essas qualidades (qualidades da pessoa) forem especialmente desvaliosas de um ponto de vista jurídico-penalmente relevante (pense-se na *crueldade* e *brutalidade* que em regra acompanha os psicopatas "insensíveis"; ou na *pertinácia* dos "fanáticos") elas fundamentarão (ao contrário da visão tradicional) **uma agravação da culpa e um aumento da pena**; se pelo contrário elas fizerem com que o facto se revele mais digno de tolerância e de aceitação jurídico-penal estará justificada uma atenuação da culpa e uma diminuição da pena[68].

A Problemática da Culpa nos Crimes Passionais, p. 15 e ss., por lhe parecer natural questionar a imputabilidade da autora, pois mal dá para perceber "como foi isto possível...".

[66] **Imputabilidade atenuada**, na expressão de Cristina Maria Costa Coelho, *A doença mental (des)culpada, um modelo de avaliação da responsabilidade criminal*, Coimbra, 2007, trabalho realizado nos quadros da psiquiatria e da saúde mental.

[67] Assim, Jorge de Figueiredo Dias, *DP/PG* I, p. 539.

[68] Sobre tudo isto, veja-se Figueiredo Dias, *local cit.*

4. Tentativa

Pode falar-se de tentativa propriamente dita quando o normal decurso do acontecimento é interrompido e o resultado não chega a ocorrer (artigos 22º e 23º). Numa ordem jurídica que admite a punibilidade da tentativa inidónea em determinadas circunstâncias (artigo 23º, nº 3), e uma delas é assentar na prática de atos de execução (artigo 22º, nº 2), pode certamente concluir-se que os elementos que fundamentam a punição das formas imperfeitas de execução (puníveis) residem tanto no pôr em perigo os bens jurídicos previstos na parte especial do Código (critério objetivo) como na vontade de conseguir a sua lesão típica (critério subjetivo). Deste modo, para todos os casos de tentativa punível (não consumação) mostra-se adequada a pena prevista para o crime consumado, mas obrigatoriamente atenuada, como manda o artigo 23º, nº 2, em perfeita correspondência com os diferentes graus de realização do facto punível.

Para a tentativa, valem as regras gerais. O artigo 23º, nº 1, contém a regra fundamental da punibilidade da tentativa: "salvo disposição em contrário, a tentativa só é punível se ao crime consumado respetivo corresponder pena superior a 3 anos de prisão". Quer isto significar que em princípio só se pune a tentativa dos crimes dolosos mais graves, como é o caso do homicídio doloso. Para a consumação do tipo base de homicídio, prevê-se pena de prisão de 8 a 16 anos. Pegando no critério do artigo 73º temos: 1º O limite máximo (16 anos) é reduzido de um terço = 5 anos e 4 meses de prisão; 2º O limite mínimo (8 anos) é reduzido a um quinto, por ser superior a 3 anos, e isto dá 1 ano 7 meses e 6 dias de prisão. O que se reconduz à moldura penal abstrata cabida à tentativa *de* 1 ano, 7 meses e 6 dias de prisão *a* 5 anos e 4 meses de prisão. Se nestes parâmetros a pena judicial não for fixada em medida superior a cinco anos, nada obsta, bem pelo contrário, à sua suspensão, supondo presentes todos os requisitos de que a lei a faz depender (artigo 50º).

Nos trabalhos práticos perfilharemos o seguinte *esquema*:

Verificação prévia:

a) Se o crime se não consumou; e
b) Se, no caso concreto, a tentativa é punível.

Elementos da tentativa:

a) Elementos subjetivos: a decisão de cometer um crime;
b) Elementos objetivos: a prática de atos de execução.

Inexistência de causas de justificação.
Inexistência de causas de desculpação.

Verificação posterior: desistência da tentativa, nos termos do artigo 24º, deixando a mesma de ser punível.

Quanto à desistência da tentativa e ao regime de privilégio do artigo 24º: é perfeitamente compreensível que se alguém intenta cometer um crime, punido por lei também na forma tentada, como acontece com o homicídio, sem que a infração chegue a consumar-se e sem convergir no caso uma qualquer justificação ou desculpação, torna-se inevitavelmente culpado da prática de um crime tentado. Ainda assim, e ao contrário do que sucede com a consumação,[69] comportamentos posteriores do autor da tentativa, em certas condições específicas, como as ligadas à desistência voluntária, ganham relevância isentadora: a tentativa deixa então de ser punível.

Consideremos de maneira breve o artigo 24º, que dá relevo à **desistência da tentativa** e ao **esforço sério**, estabelecendo os requisitos a que devem obedecer:[70]

- o nº 1 indica em alternativa a desistência voluntária de prosseguir na execução do crime e o impedimento voluntário da consumação do crime ou o impedimento da verificação do resultado não compreendido no tipo de crime;
- o nº 2 dispõe que quando a consumação ou a verificação do resultado forem impedidos por facto independente da conduta do desistente, a tentativa não é punível se este se esforçar seriamente por evitar uma ou outra.

Caso nº 11 "Tentativa qualificada". Durante uma discussão doméstica com sua mulher B, A pega numa faca de cozinha que estava logo ali à mão e, num golpe repentino, espeta-lha na região torácica, com intenção de a matar. B cai no chão e, numa grande aflição, sentindo que as forças começam a faltar-lhe, pede ao marido que a salve. A sabe que o golpe profundo provocado pela faca provocará a morte de B daí a pouco e arrepende-se do que fez. Imediatamente chama uma ambulância e B salva-se.

Pode acontecer que a morte da vítima não se chegue a produzir – que, por ex., a mulher de A, que a agrediu fisicamente, querendo matá-la, seja salva pelos médicos, após o A se ter esforçado seriamente por evitar a consumação. A contra-

---

[69] Mais exatamente: a **consumação material**, com a verificação do "resultado" em função do qual o legislador construiu a incriminação, mesmo quando ele não integra um elemento constitutivo do tipo.
[70] Nas situações de **comparticipação** do artigo 25º, bastará o **esforço sério do comparticipante desistente** no sentido de ser evitada a consumação material do facto. A isenção de pena tem lugar ainda que outros comparticipantes prossigam na execução do crime ou o consumam.

-atuação do A foi coroada de sucesso: o seu esforço sério evitou a consumação. Estão também presentes todos os necessários elementos subjetivos: o A quis, com a sua atividade esforçada, evitar a morte da mulher, prevendo que sem isso o evento mortal se consumaria[71].

A deixa de ser punível por tentativa de homicídio: n.ºs 1 e 2 do artigo 24.º.

A, no entanto, ofendeu o corpo de B, provocando-lhe perigo para a vida (artigo 144.º, alínea d). Trata-se de um crime de perigo concreto. Na hipótese, o perigo provocado pela atuação do agressor verificou-se, pois B, claramente, estava ferida de gravidade, perto de morrer, e só não morreu por causa do golpe desferido com a faca por ter sido imediatamente socorrida. Os elementos objetivos da incriminação encontram-se reunidos. A ofensa corporal é *subsidiária* relativamente ao homicídio. Duvidoso é o elemento subjetivo, na medida em que A agiu com dolo homicida.

Parte da doutrina entende que o dolo homicida exclui, por definição, a existência de um dolo de ofensa ao corpo ou à saúde, o qual supõe que quem sofre uma ofensa corporal continuará vivo: quem agride não pode querer ao mesmo tempo o dano do corpo ou da saúde e a morte de outrem. A teoria unitária entende porém que o dolo de ofensa corporal está contido no dolo homicida. O homicídio e os crimes contra a integridade física são em princípio compatíveis, salvo os casos de agravação pelo resultado; a lesão corporal é o estado intermédio por onde passa o homicídio, ficando portanto abrangida pela intenção de matar[72].

Aderindo a esta visão das coisas, dir-se-á que A, ao atuar, representou tanto a produção de lesões do tipo das descritas como a decorrente situação de perigo para a vida de B. O dolo de dano na saúde e no corpo da vítima (ofensa à integridade física) é manifesto, e com ele o preenchimento do ilícito do artigo 144.º, alínea d), face à representada situação de perigo, não havendo qualquer causa de justificação ou de desculpação.

Conclusão: A ofensa corporal, com as consequências apontadas, é irreversível para A: já não há lugar a uma contra atividade que pudesse evitá-la. A cometeu pois, em autoria material, uma ofensa à integridade física grave do artigo 144.º, alínea d). Poderá igualmente verificar-se a componente fáctica da violência doméstica (artigo 152.º, n.º 1), ficando para determinar qual a pena que deverá ser aplicável (última parte do n.º 1 do artigo 152.º).

Certos casos de *tentativa inidónea* são puníveis.

---

[71] Na tentativa acabada, para que se considere existente um esforço sério do agente para evitar a consumação, é necessário que haja um comportamento voluntário e ativo, idóneo para impedir que as forças da natureza por ele desencadeadas determinem o resultado.

[72] Küpper, *Strafrecht*, BT 1, 1996, p. 45; Eser, in S/S, § 212, n.º de margem 17 e ss. Ainda sobre a relação que intercede entre o homicídio e as ofensas corporais: Faria Costa, *O Perigo em Direito Penal*, p. 389.

Caso nº 12 Durante uma caçada, *A* dispara para uns arbustos, na convicção de que aí se encontra um outro caçador, seu inimigo, que pretende matar com o disparo. Afinal, não era uma pessoa que ali se encontrava, mas uma peça de caça.

Artigo 23º, nº 3: "A tentativa não é punível quando for manifesta a inaptidão do meio empregado pelo agente ou a inexistência do objeto essencial à consumação do crime".

A lei equipara em geral e em princípio a tentativa inidónea à tentativa idónea (*salvo* quando a inaptidão dos meios ou a carência do objeto sejam manifestas). Mas se acaso um observador (era, porventura, um médico) pudesse garantir que o objeto da ação já se encontrava *manifestamente* morto, não se imputa a terceiro que dispara sobre um cadáver a tentativa de homicídio. Se no início da ação, o observador objetivo (tal qual o agente) tivesse a impressão que o objeto da ação estava vivo, a ação será de imputar ao agente.

Se o agente, com dolo de matar, dispara sobre uma pessoa morta na cama, pensando ele que a pessoa está apenas a dormir, comete uma tentativa impossível (o objeto não existe mas ele pensa que existe (artigo 23º, nº 3: erro por excesso, de acordo com a teoria da impressão). Se o agente dispara sobre uma pessoa que está a dormir na cama, pensando ele que está morta, atua em erro nos termos do artigo 16º, nº 1, sendo punível nos termos do artigo 16º, nº 3. Se alguém na floresta dispara contra uma árvore no convencimento de que isso é punível pratica um crime impossível, a tentativa é *irreal*. Este último caso não é punível, por imperativo do princípio *nullum crimen sine lege*. Quando a descrição típica não existe, tanto a consumação como a tentativa são impossíveis: a atitude hostil ao direito não é só por si fundamento da punibilidade.

5. Comparticipação

Caso nº 13 *A* tem sido vítima de ameaças e atos de extorsão continuada de *X*. Após um largo perigo de silêncio, conta tudo ao marido, *B*, a quem pede que faça uma espera a *X* e o mate, nomeadamente para que o que estava por detrás de tudo isso "se não viesse a saber". Depois de muita hesitação, *B* decide-se por fazer a vontade à mulher. *B* atira sobre o primeiro vulto que lhe aparece, julgando que se trata de *X*. Para seu grande espanto, *B* concluiu que afinal não matou *X*, mas um terceiro, *T*, completamente desconhecido. Ainda assim, para cumprimento do plano traçado por *A*, acaba por, logo a seguir, matar *X* com outro tiro, quando o vê aproximar-se.

a) Um erro sobre o objeto da ação de qualquer crime (artigo 131º: pessoa; artigo 212º: coisa) é um erro sobre uma característica típica. Quem não sabe que dispara contra outro caçador, por julgar que no lugar dele estava escondido uma peça de caça, encontra-se em erro do tipo e só poderá vir a ser condenado por crime de homicídio negligente se o disparo for mortal (artigos 16º, nºs 1 e 2, e 137º).

Esta situação não tem porém a ver com o error in persona vel objeto, de que se pode rastrear, como mais conhecido (e discutido... por causa da punibilidade do comparticipante), o chamado Rose/Rosahl, de meados do século dezanove, que na Alemanha voltou a acontecer, em moldes semelhantes, em tempos mais chegados (o segundo Rose/Rosahl: BGHSt 37 (1992), p. 214)[73].

O agente do caso anterior sabe contra quem tem de disparar, para satisfazer o pedido da mulher mas, ao fim e ao cabo, não era o *T* o objeto de ação esperado. A modalidade seria estruturalmente idêntica se em lugar de visar uma pessoa, o pedido fosse para destruir o carro de marca de *C*, vindo o executante a destruir um carro semelhante dum vizinho de *C*, por pura *confusão*.

A pergunta coloca-se no plano da *imputação ao dolo*. Terá *B* atuado dolosamente ao matar *T*? *B* errou acerca da identidade da sua vítima, de modo que alguns tentam desatar os nós da situação adiantando que no exato momento de atuar deu-se a troca: a intenção do "matador" dirigia-se à "liquidação" de *T*, mas transformou-se e fixou-se no "atual" objeto de ação. Logo, o homicídio é mesmo o do artigo 131º.

Os objetores replicam que assim se constrói um dolo fictício. Para estes, a decisão correta passaria por considerar que a identidade da ação não se altera quando uma pessoa é "confundida" com outra. O "nome" e as características físicas e relacionais da pessoa não desempenham qualquer papel. O matador formou a intenção de matar uma pessoa e tirou a vida a uma pessoa. O homicídio será sem dúvida o do artigo 131º, mas com assento noutra sorte de explicações.

b) Podem suscitar-se algumas perplexidades quando o objeto da ação se não encontra "à vista" do agente. Suponha-se que para matar o concorrente, a *A* manda entregar-lhe uma garrafa de um "excelente" vinho envenenado, de que, já em sua casa, a mulher da esperada vítima é a primeira a servir-se e por isso morre. Apesar de não se tratar de um caso "normal", o erro sobre a identidade da vítima será também aqui irrelevante, uma vez que a garrafa foi entregue a quem a iria beber. A ideia do agente, de que a pessoa a morrer envenenada seria quem bebesse o vinho, acabou por se realizar[74].

c) Situações destas repercutem-se, naturalmente, na responsabilidade do instigador. Notar-se-á que o *se* e o *como* da decisão de matar a pessoa "errada"

---

[73] Sobre este caso, Claus Roxin, "Rose-Rosahl redivivus", *Festschrift für Günter Spendel*, 1992.
[74] Eser/Burkhardt, *Strafrecht* I, caso nº 9.

couberam ao executor. Não será fácil admitir, por isso, que o homicídio, na sua forma concreta, esteja coberto pelo dolo do instigador (de novo o problema da *imputação ao dolo*). Nesta base, alguns consideram que da parte deste se desenha uma instigação tentada (punível). Ou que o mandante tenha agido com negligência – por exemplo, mostrou uma fotografia desatualizada ao assassino profissional e o erro deste explica-se pela "pouco cuidado" do "interessado" na formação e preparação do plano.

Há uma última objeção a ser confrontada, elucidativa neste contexto, por dever considerar-se o "desvio" irrelevante na pessoa do instigador tratando-se, como se trata, de um caso limite, em que estará em jogo a vida de outra ou outras pessoas. O erro do instigado deverá imputar-se ao instigador naquelas situações em que seguramente foi como que *pré-programado* por este.

d) Para alguns, só haveria instigação no homicídio de T, pois o *error in persona* é irrelevante tanto para o homicida como para quem colabora. O argumento não resiste, porém, a uma simples observação: se como no caso concreto, o instigado, depois de descobrir o erro, mata a "verdadeira" vítima, não pode o "homem de trás" ser punido por uma segunda instigação, pois só teve um único dolo homicida. Dir-se-á contudo que o "homem de trás" já determinou quem seria a vítima: A já "resolveu" que a vítima seria X, é a morte desta que ele quer alcançar. É certo que, devido ao erro do instigado, foi morto T e não X. Do ponto de vista de A, há aqui um desvio do processo causal relativamente ao dolo na forma de uma *aberratio ictus* (não foi atingida a vítima que se esperava mas um outro). O *error in persona* é, na perspetiva de A, uma *aberratio ictus*, e a única solução correta estará em punir o agente por tentativa, em concurso eventual com um crime negligente consumado. E então, a responsabilidade de A seria como segue: se B, depois de matar T, nada mais empreendesse, A seria instigadora da tentativa de homicídio de X. Mas se B prosseguisse e viesse a matar X, A seria punida como instigadora deste homicídio consumado. Tudo isto significa, ao fim e ao cabo, partir de uma *perspetiva concreta*; o instigador determina a morte de uma pessoa concreta e não a de uma qualquer pessoa. E é por isso que pode ser punido pela participação na morte da vítima que escolheu. A seria instigadora unicamente da morte de X. Fica para ponderar se A deve ser punida como instigadora de homicídio qualificado na pessoa de X em razão do pretendido encobrimento da extorsão cometida por A (alínea *e*) do n.º 2 do artigo 132.º).

e) Todavia, não será sem razão que assim se volta a poder perguntar se o dolo se encontra rigorosamente delimitado, dado que a morte da pessoa por ele determinada não chegou a acontecer, o que só abre espaço para a tentativa de homicídio. A proximidade imediata da vítima também se não dava desta feita – a vítima, como no caso da garrafa envenenada, mais uma vez não estava "à vista" do instigador.

Caso nº 14 Tentativa de instigação de um homicídio – acórdão de 16 de outubro de 2008, no proc. nº 07P3867. *A* planeou matar a mulher e para isso resolveu contratar uma ou duas pessoas, mediante o pagamento de montante a combinar. Todos os pormenores, nomeadamente o modo, local e data, seriam determinados e ditados por si. O *A*, que tinha plena intenção de causar a morte da sua mulher, só não o conseguiu por circunstâncias completamente alheias à sua própria vontade, nomeadamente pelo facto da pessoa ou pessoas contratada(s) não ter(em) levado a efeito tal plano, abortando desta forma o plano criminoso.

Os executores desistiram sem nada fazer, não obstante terem "aceitado" a encomenda. O Supremo Tribunal confundiu autoria mediata com instigação e no caso era desta figura que se tratava. A lei portuguesa não pune a tentativa de instigação. Na autoria mediata o "homem da frente" é um mero instrumento não responsabilizável, sem domínio moral ou material do facto.

Idênticos argumentos vieram a ser utilizados no acórdão de fixação de jurisprudência n.º 11/2009, *DR* 1ª série de 21 de julho de 2009: "É autor de crime de homicídio na forma tentada, previsto e punido pelas disposições conjugadas dos artigos 22.º, nºˢ 1 e 2, alínea *c*), 23.º, 26.º e 131.º, todos do Código Penal, quem decidiu e planeou a morte de uma pessoa, contactando outrem para a sua concretização, que manifestou aceitar, mediante pagamento de determinada quantia, vindo em consequência o mandante a entregar-lhe parte dessa quantia e a dar-lhe indicações relacionadas com a prática do facto, na convicção e expectativa dessa efetivação, ainda que esse outro não viesse a praticar qualquer ato de execução do facto".

Haverá uma lacuna grave de punibilidade, mas a responsabilidade desta cabe ao legislador, não pode ser trabalho do juiz, atento, entre outros, o princípio da legalidade e o disposto no artigo 1º, nº 3, do CP.

f) No acórdão do STJ de 9 de fevereiro de 2000, *BMJ* 494, p. 106 suscitaram-se algumas questões no que respeita à **coautoria** (acordo tácito; suficiência, ou insuficiência, da consciência de colaboração). Contra o *A* foram disparados três tiros, os dois primeiros pelo *C*. O último, devido ao disparo do *I*, foi o que tirou a vida à vítima, esfacelando-lhe a cabeça. Tanto *C* como *I* atuaram com intenção homicida. "A **decisão conjunta**, visando a obtenção do resultado típico, pressupõe um acordo que pode ser tácito, mas que para alguns deverá ser necessariamente prévio" [opinião *discutível* para quem admite o acordo sucessivo]. Pode aliás bastar-se com a existência da **consciência** e **vontade** de colaboração dos vários agentes na realização de determinado tipo legal de crime. As circunstâncias em que os dois atuaram, inclusivamente nos momentos que antecederam o crime, podem ser indício suficiente, segundo as regras da experiência comum, desse acordo tácito. Já no que toca à **execução**, não é indispensável que cada um deles intervenha em todos os atos ou tarefas tendentes ao resultado final, basta que a atuação de cada um, embora parcial, se integre no todo e conduza à produção do resultado.

Caso nº 15 Coautoria. Um com uma arma de fogo, outro munido com uma corrente de metal – acórdão do STJ 19 de janeiro de 2011, processo nº 6034/08, *relator*: Conselheiro Oliveira Mendes. A e B atuaram em comunhão de intenções e de esforços, deslocando-se ambos ao local onde se encontrava a vítima, o primeiro munido de uma arma de fogo, o segundo de uma corrente de metal, determinados a tirar-lhe a vida. A disparou. A seguir, o B atingiu a vítima na cabeça com as correntes que empunhava.

A e B constituíram-se em coautoria material do crime de homicídio, sendo de imputar a cada um, como próprios, os contributos do outro para o facto, como se ambos os tivessem prestado.

Caso nº 16 Cumplicidade – acórdão da Relação de Évora de 20 de janeiro de 1987, *CJ* 1987, tomo 1, p. 321. Configura uma situação de dolo eventual, suscetível de conduzir à condenação do agente como cúmplice de homicídio, a conduta de quem, conhecedor de que um terceiro já cometeu crimes graves de homicídio e de que o mesmo se encontra em cumprimento da respetiva pena de prisão, lhe fornece uma arma de fogo para lhe possibilitar a fuga da cadeia, se o recluso, na fuga, usar tal arma e matar pessoa encarregada da sua vigilância, por, em tal caso, o referido agente ter de prever como possível o resultado morte de outrem e não se abster da sua referida conduta.

IV. Equivalência da omissão à ação: artigo 10º

Caso nº 17 Homicídio por omissão; posição de garante – acórdão da 2ª Vara Criminal do Porto. Querendo castigar a neta de dois anos, a avó deitou na banheira água a ferver e mergulhou nela a criança que, como era previsível, sofreu extensas queimaduras pelo corpo. A avó limitou-se a deixar a criança na cama, untando as partes atingidas com umas pomadas, e assim foram passando os dias, até que se tornou evidente que a criança, sem os convenientes cuidados médicos e hospitalares, acabaria por não sobreviver. Apesar disso, a avó nada fez, deixando que as coisas seguissem o seu rumo. A criança, infelizmente, também só pôde contar com a indiferença do pai, que a visitou por duas vezes, e que de tudo se apercebeu, inclusivamente do seu fim próximo. Acontece que nem a avó nem o pai da criança tinham qualquer dificuldade em socorrer a menina, por haver perto diversos estabelecimentos de saúde, alcançáveis em tempo útil. Se um e outro, ou qualquer deles, assim tivessem procedido, a criança, com elevada probabilidade tinha-se salvo, esclareceram os médicos na autópsia.

Caso nº 18 Homicídio por omissão; posição de garante – o acórdão do STJ de 9 de julho de 2003 *CJ* 2003, tomo II, p. 240, entendeu que pratica um crime de homicídio por **omissão** o *A* que vivendo com a vítima que é sua mãe, tem 80 anos de idade e está acamada, durante 12 dias não lhe deu qualquer tipo de alimento, nem providenciou para que alguém o fizesse; ausentou-se de casa, bem sabendo que a vítima não tinha possibilidade de se alimentar, desse modo aceitando e conformando-se com a ideia de que tal abstenção lhe poderia causar, como causou, a morte. A relação de proximidade existencial em que se encontrava o arguido (filho) com a vítima (mãe), colocando-a na sua própria e exclusiva dependência, criou no arguido o dever jurídico de proteção e assistência tornando-o pessoalmente responsável pela vida da vítima.

Todos os casos até aqui ventilados foram praticados por ação. Admite-se porém sem contestação relevante a eventualidade do **homicídio por omissão** (comissão por omissão; omissão imprópria). É certo que na PE, os desenhos típicos, tirando um ou outro caso, descrevem condutas ativas, como no artigo 131º, aplicável a quem dolosamente "matar outra pessoa". Mas tanto mata aquele que abate a tiros um vizinho por questões de águas como o que consciente e voluntariamente deixa morrer de fome a velhinha sua mãe, com quem vivia desde sempre. A conduta do que mata o vizinho (por ação) entra diretamente no artigo 131º, mas a daquele que dolosamente deixa a mãe morrer de fome, nada fazendo para impedir tal resultado, dificilmente se torna inteligível sem uma norma que estabeleça o correspondente dever de agir, alargando o âmbito de punibilidade da previsão do homicídio. A diferença está em que o dever de evitar que a senhora morra radica, não numa qualquer pessoa, mas naquele seu filho, ou seja: nas descritas circunstâncias, o indivíduo sobre quem recai um dever jurídico que *pessoalmente* o obriga a evitar esse resultado. Esta **posição de garantia** é por assim dizer o fator de legitimação da **equivalência da omissão à ação** e é afirmada em norma da PG, o artigo 10º, que, se por um lado alarga as margens de punibilidade, por outro faculta "uma razão de ser para que um *non facere* possa merecer o mesmo desvalor, quer de omissão, quer de resultado, que o próprio *facere*" (Faria Costa).

Nesta matéria, um pressuposto relevante reside no estado de perigo em que se encontra o bem jurídico vida. Se um processo causal se desencadeou e ninguém intervém ativamente para o interromper, a evolução da situação pode conduzir à lesão do bem jurídico ameaçado, se for o caso pode conduzir à morte da vítima.

Exige-se, no entanto, que o omitente tenha a *possibilidade de evitar o resultado*. Se ao sujeito falta a capacidade de intervir, não omite a evitação do resultado. A mais disso, deve apurar-se a *causalidade* da omissão.

Do lado subjetivo, o dolo deve abranger todos os elementos objetivos do ilícito, por ex., o omitente deve conhecer os elementos fácticos donde deriva a sua posição de garante: o marido deve saber que a pessoa que caiu à água e está prestes a afogar-se é a sua mulher, ou o seu filho, etc.

A vida da criança ficou em perigo quando (sem dolo homicida) foi mergulhada na água a ferver. Os lenitivos da avó (e, naturalmente, a indiferença do pai) não interromperam o processo causal assim iniciado, apesar de se ter tornado claro que a evolução da situação levaria à morte da criança e de ambos estarem em condições de impedir que isso viesse a acontecer.

A ação devida e omitida teria certamente evitado o resultado, não obstante as dificuldades inerentes à causalidade omissiva, formulada em termos de probabilidade muito elevada, uma probabilidade a raiar a certeza, de modo que não subsistam dúvidas suficientemente relevantes para impedir a condenação.

A morte da criança explica-se causalmente pela omissão da avó e do pai, que, dolosamente, com conhecimento das circunstâncias inerentes, deixaram andar as coisas até que a morte chegou. Deteta-se um primeiro arco de tempo em que o dolo da avó não passa de um dolo de ofensa à integridade física da criança; um segundo arco de tempo é dominado pela omissão relevante e por um dolo homicida, ainda que eventual. Um e outro sabiam que a criança iria morrer se o transporte ao hospital fosse omitido. Além disso, ambos sabiam a maneira como se poderia salvar a criança.

Sobre ambos incidia um dever especial (dever *pessoal*, como diz a lei: artigo 10º, nº 2) de evitar a morte da criança. Em geral, liga-se o dever de garantia à **proximidade** do agente **com certos bens jurídicos** e **determinadas fontes de perigo**, antes que diretamente à lei, ao contrato e à ingerência, conceção que tem a seu favor o advérbio "pessoalmente" do nº 2 do artigo 10º (Figueiredo Dias). A avó, que ilicitamente criara o perigo (**ingerência**), tinha o dever de impedir que este viesse a converter-se em lesão da vida. De qualquer forma, os **laços familiares** impõem deveres de garantia, em termos de explicarem também a responsabilidade criminal do pai. Cada um deles é autor (não há coautoria) dum crime de homicídio por omissão (imprópria): artigos 10º e 131º, sem cuidar agora da existência de circunstâncias qualificativas.

V. Homicídio qualificado: artigo 132º

O legislador previu um tipo simples de homicídio (artigo 131º), acompanhado de formas privilegiadas (onde ressalta o caso do artigo 133º) e de uma forma qualificada (artigo 132º). É na norma que incrimina o homicídio "simples", enquanto norma fundamental da tutela da vida, que se desenha a conduta proibida e se descrevem os elementos objetivos e subjetivos do ilícito. Nos casos privilegiado(s) e qualificado definem-se as circunstâncias conducentes a outros quadros punitivos, de pendor atenuativo ou qualificativo. Só a existência comprovada desses elementos de natureza atenuativa ou qualificativa autoriza que da pena do tipo simples se passe ao regime sancionatório privilegiado ou qualificado.

a) O crime de homicídio qualificado é punido mais severamente do que o homicídio simples exatamente porque a sua prática revela, por banda do seu autor, uma *especial censurabilidade ou perversidade*.

A norma combina um **critério generalizador** – a cláusula geral do nº 1, relativa a essa especial censurabilidade ou perversidade – com outro **especializado***r*, contido no nº 2, que concretiza a maior culpa através da técnica dos exemplos--padrão, também chamados exemplos-regra, constituídos por conceitos indeterminados, como seja o motivo torpe ou fútil (alínea *e*), ou por circunstâncias relacionais entre autor e vítima, como nos casos em que o agente é ascendente ou descendente desta (alínea *a*)).

Trata-se, no entanto, e apenas, de elementos indiciadores da ocorrência de uma culpa mais grave. Qualquer desses elementos foi definido pelo legislador a título exemplificativo – o nº 2 contém uma listagem não taxativa, admitindo-se *outras* circunstâncias (..."*entre outras*"..., diz o texto legal) suscetíveis de revelar aquela especial censurabilidade ou perversidade. A paleta pode ser ainda mais rica, por obra do legislador – que em 1998 mas também em 2007 se lembrou que havia acrescentos a fazer –, ou por obra do aplicador do direito que algumas vezes recorre a circunstâncias análogas a qualquer dos exemplos-padrão, já existentes, passando pela figura do chamado **homicídio qualificado atípico**.

Os padrões dessa censurabilidade ou perversidade não constituem elementos do tipo legal de crime – estes encontram-se no artigo 131º: "quem, dolosamente, matar outra pessoa..." – são antes elementos da culpa, ainda que alguns deles possam exprimir um complexo de ilicitude e culpa,[75] sendo este porém o aspeto

---

[75] Cf. Fernanda Palma, entendendo que não se pode fundamentar um tipo qualificado unicamente com base num critério de culpa, devendo considerar-se um misto de ilicitude e de culpa – *Direito penal, parte especial (crimes contra as pessoas)*, p. 44 e s. Para Figueiredo Dias são elementos constitutivos do tipo de culpa, *Conimbricense* I, p. 27, sendo todavia exato "que muitos dos elementos constantes das diversas alíneas do artigo 132º-2, em si mesmo tomados, não contendem diretamente com uma atitude mais desvaliosa do agente, mas sim com um acentuado desvalor da ação e da conduta, com a forma de *cometimento do crime*".

determinante da exclusão de uma qualquer tendência restritiva, nomeadamente quanto ao nível sancionatório, que pode ir até 25 anos de prisão, ou do aparecimento de dúvidas de inconstitucionalidade por ofensa do princípio da legalidade, do princípio da culpa ou das regras do estado de Direito.

b) Quando se afirma que tais circunstâncias não funcionam automaticamente, pretende-se com isto contestar que, uma vez verificada qualquer delas, logo se possa concluir pela censurabilidade ou perversidade do agente[76] – não pode. Mesmo que A tenha dolosamente matado B e se mostre preenchido algum ou alguns dos exemplos-regra previstos nesse nº 2, o juiz poderá chegar à conclusão – através da **valoração global do caso**: "Gesamtbewertung"[77] – que o conteúdo de culpa não é o qualificado por uma especial censurabilidade ou perversidade do agente, negando esse efeito indiciador, por a razão de ser da qualificação se não verificar em concreto[78]. Verificaremos alguns exemplos jurisprudenciais em que isso aconteceu. O conteúdo de qualquer das alíneas (*agora*: alíneas *a*) a *m*)), uma vez comprovado, apenas indicia a qualificação – podendo acontecer que, mesmo depois de considerar todos os aspetos de cuja importância estamos cientes, ainda assim não haja lugar para estabelecer, de modo inequívoco, uma especial censurabilidade ou perversidade.

De qualquer modo, faz ainda falta assinalar o seguinte: convenientemente entendidas, algumas dessas circunstâncias "aderem" muito mais facilmente do que outras à qualificação – seja a utilização do veneno[79] (atual alínea *i*)) comparada com o esforço interpretativo e justificador exigido ao juiz que se debruça sobre um caso onde vem invocada a morte determinada por ódio político (atual alínea *f*)). Há, por assim dizer, possibilidades *mais sérias* e possibilidades *menos sérias*. Uma ocasião homicida em que entra veneno "passa" muito mais facilmente pelo crivo do nº 1 (especial censurabilidade ou perversidade) do que aquela outra,

---

[76] Cf., com interesse, as *Atas das sessões da Comissão Revisora. Parte especial*, ed. de 1979, p. 21 e ss. e, entre muitos outros, o acórdão do STJ de 20 de março de 1991 *BMJ* 405, p. 220.

[77] Wessels/Beulke, *AT*, 32ª ed., 2002, p. 95.

[78] Cf. Figueiredo Dias, *Direito Penal Português, as consequências jurídicas do crime*, § 265.

[79] Tome-se esta afirmação em termos hábeis, pois também aqui a avaliação convoca a valoração global do facto. Mas há mais. Seria impensável dispensar a indagação dos elementos do tipo, em especial o dolo do agente. Nem se poderá passar por alto a intervenção laboratorial, se necessária, comprovativa, por ex., do uso de veneno; nem que a natureza do meio tenha dificultado em elevada medida a defesa da vítima. Pode acontecer que a vítima vá ao encontro da morte "sem aviso". Mas também pode ela já suspeitar de um ataque por banda do sujeito ativo, ideia que se estende a qualquer meio da mesma natureza, em termos de nos podermos interrogar se continua a ter marca insidiosa. No sistema alemão, o agente há de *saber* que a vítima de nada suspeita ou que se encontra completamente indefesa (Arg- und Wehrlosigkeit) e *querer* aproveitar-se da confiança existente (amizade, amor, união matrimonial ou de facto) para praticar o crime (questão relacionada com o dolo). Só que, matando o sujeito de surpresa para poupar a vítima à angústia e ao sofrimento da morte, a atitude manifestada no facto, para a sensibilidade de alguns autores, por ex., Harro Otto, *Grundkurs Strafrecht BT*, 3ª ed.,1991, p. 16, não se revelará insuportável em elevada medida.

sabido que o juiz não pode guiar-se pelos seus próprios critérios quando tem entre mãos a concreta definição de uma cláusula altamente indeterminada como é qualquer dos "ódios" condensados na falada alínea *f*): ódio racial, religioso, etc. Os critérios são os postos pelo legislador à disposição do intérprete no nº 2; essa enumeração (insiste-se: aceite como exemplificativa, mas sempre dependente da "descoberta", pelo legislador, de novos e diferentes exemplos) contém as indicações que o juiz não pode deixar de tomar em conta (diretamente ou através de uma circunstância *substancialmente análoga*) para afirmar a existência de uma especial censurabilidade ou perversidade.

Os exemplos-padrão são suficientes claros para que se perceba que emerge, de cada um deles, uma *forma apropriada*. Mesmo assim, não é raro depararmos com alguma incongruência conceitual. Um caso deveras especial – enlaçado em diferentes ramificações e desenvolvimentos da *violência de género* – prende-se com as implicações inscritas na alínea *b*) do nº 2: relações matrimoniais e "análogas", nestas se incluindo um vasto leque de situações, algumas das quais dificilmente acertarão o passo com um juízo de censura especial[80]. Em certos pontos de articulação, não se afigura fácil determinar a extensão do preceito. Noutras, concluímos que tal ou tal caso *não pode ser*. O recurso impositivo ao crivo do nº 1 do artigo 132º é a expressão acabada da inexistência de um campo invariável que acompanha a não-taxatividade dos elementos legais.

c) O esforço de compreensão não acaba aqui. Fica pendente saber se a ausência de qualquer das circunstâncias previstas nas alíneas *a*) a *m*) do n.º 2 constitui indício da inexistência de especial censurabilidade ou perversidade do agente, ou seja, se aponta para a subsunção no homicídio simples; ou se representa uma forma de homicídio privilegiado. Pode-se certamente perguntar se a qualificação do homicídio poderá verificar-se por **apelo direto** à cláusula da especial censurabilidade ou perversidade.

Torna-se tangível, pela leitura de meia dúzia de acórdãos (sejam os acórdãos do STJ de 16 de junho de 2005, no processo nº 553/05, e de 13 de julho de 2005, *CJ* 2005, p. 244, *entre outros*), que a jurisprudência atende aos dois indicados critérios enunciados no artigo 132ª – o critério generalizador: a cláusula geral do

---

[80] E isso foi já intuído pela jurisprudência, podendo ver-se as pertinentes considerações do acórdão do STJ de 16 de junho de 2011, no processo nº 600/09.3, 5ª, *relatora*: Conselheira Isabel Pais Martins: "pela amplitude com que foi construída, nem sempre será fácil encontrar nas relações previstas entre agente e vítima o verdadeiro fundamento de um tipo de culpa especialmente agravado, aparecendo, mais imediatamente, essas relações como indicadoras de que a agravação do homicídio tem mais a ver com um maior desvalor do tipo de ilícito do que com a verificação de um tipo de culpa especialmente agravado". A construção da alínea *b*) foi alargada pelas alterações de 2007, passando o legislador a considerar e a pôr no mesmo pé relações familiares remotas e há muito extintas e relações atuais. Do mesmo modo, consideram-se relações parentais não familiares, seja o caso do sogro e do seu genro.

nº 1, relativa à especial censurabilidade ou perversidade; e o critério especializador – entendidos como complementares e de mútua implicação.

Deste modo, comprova-se o homicídio qualificado, "sempre que do facto resulta uma *especial censurabilidade* ou *perversidade* que possa ser imputada ao arguido por força da ocorrência de qualquer dos *exemplos-padrão* enumerados no n.º 2, ou, tendo estes uma natureza exemplificativa, sem deixarem de ser elementos constitutivos de um *tipo de culpa*, qualquer outra circunstância *substancialmente análoga*" (veja-se, por ex., o acórdão do STJ de 29 de maio de 2008, no processo nº 08P827)[81]. Com esta formulação dual[82] pretende assinalar-se a interação recíproca que intercede entre ambos os critérios.

Estas palavras são uma antecipação rigorosa do que pensa a melhor doutrina, pois "ao juiz apenas é concedido integrar nas alíneas do nº 2 circunstâncias que, embora não estejam aí expressamente previstas, **correspondem à estrutura de sentido e ao conteúdo de desvalor de cada exemplo-padrão**"[83]. Essa especial censurabilidade ou perversidade pode decorrer da verificação de outras situações *valorativamente análogas* às descritas no texto legal. João Curado Neves[84] sufraga a ideia de não poder autonomizar-se o nº 1 em relação ao nº 2, de modo a, prescindindo dos exemplos-padrão ou circunstâncias valorativamente análogas, **se criarem *ad libitum* tipos qualificados de crime de homicídio**". Também a voz autorizada de Augusto Silva Dias vai – como de resto já pusemos em relevo – no sentido de que "a compatibilização da abertura possibilitada pela expressão '*entre outras*' com o princípio da legalidade só é assegurada se ela não conduzir à dissolução do vínculo do juiz à lei (...) e se os exemplos das diversas alíneas puderem funcionar como padrão ou regra e não como exemplificação avulsa. Para que isso suceda, ao juiz apenas é concedido integrar nas alíneas do nº 2 circunstâncias que, embora não estejam aí expressamente previstas, correspondem à estrutura

---

[81] O acórdão remete para Figueiredo Dias, *Conimbricense*, afirmando tratar-se de doutrina largamente seguida no STJ.

[82] Terminologia usada, *entre outros*, no indicado acórdão do STJ de 29 de maio de 2008, *relator*: Conselheiro Rodrigues da Costa.

[83] Augusto Silva Dias, *Crimes contra a vida e a integridade física*, 2007, p. 25; veja-se também o acórdão do STJ de 10 de julho de 2008, no processo nº 08P1785, refletindo a posição de Figueiredo Dias: perante a inexistência de qualquer uma das situações previstas no texto legal, só se deve ter por verificado o tipo de culpa perante circunstâncias extraordinárias ou um conjunto de circunstâncias especiais (reveladoras da especial censurabilidade ou perversidade do agente), que exprimam um grau de gravidade e possuam um estrutura valorativa correspondente à imagem de cada um dos exemplos-padrão enunciados no texto legal. O acórdão acolhe o entendimento de que "tais circunstâncias, não fazendo parte do tipo objetivo de ilícito, devem ter-se por verificadas a partir da situação tal qual ela foi representada pelo agente, perguntando se a situação, tal qual foi representada, corresponde a um exemplo-padrão ou a uma situação substancialmente análoga, e se, em caso afirmativo, se comprova uma especial censurabilidade ou perversidade do agente".

[84] João Curado Neves, "Indícios de culpa ou tipos de ilícito? – A difícil relação entre o n.º 1 e o n.º 2 do artigo 132.º do CP", *Liber Discipulorum para Jorge Figueiredo Dias*, 2003, p. 721 e ss.

de sentido e ao conteúdo de desvalor de cada exemplo-padrão. Nestes casos é absolutamente vedado o recurso ao chamado 'homicídio qualificado atípico', isto é, à qualificação do homicídio sem passar por nenhum dos exemplos-padrão do nº 2 (...)"[85].

Em resumido:

- Exige-se que a atitude ou aspectos da personalidade mais desvaliosos do agente se concretizem em qualquer dos exemplos-padrão ou em qualquer circunstância substancialmente análoga;
- Todavia, não será pelo facto de se verificar em concreto uma das circunstâncias referidas nos exemplos-padrão – ou outras substancialmente análogas – que fica preenchido o tipo (tipo de culpa). Torna-se necessário que, a mais da ocorrências de qualquer delas, se possa concluir em concreto por uma especial censurabilidade ou perversidade do agente.

d) Criando um campo de inesgotável debate, a jurisprudência do Supremo sente-se tentada a abrir as portas, com alguma "parcimónia", ao chamado homicídio qualificado "atípico".

Um exemplo dessa orientação é o acórdão do STJ de 5 de março de 2008, *CJ* 2008, tomo I, p. 243.

Tempo houve em que a importância prática da discussão incidia especialmente no chamado uxoricídio (ou, num sentido ainda mais abrangente, no conjugicídio).

Excurso. Em 1993, o Supremo Tribunal, por acórdão de 11 de novembro de 1993, *BMJ* 431, p. 214, debruçara-se sobre um caso de uxoricídio. Vendo no casamento uma fonte tão forte de laços jurídicos, morais e sentimentais da união conjugal, concluiu que o uxoricídio pode ser punido, em abstrato, não pelo artigo 131º, mas com a pena do artigo 132º, nºs 1 e 2, alínea *a*)[86]. Num outro caso de homicídio, o acórdão de 29 de março de 2007, no proc. nº 07P647, qualificou-o de forma **atípica**, levando-o na conta de "invulgar ou incomum". E isso por uma sequência de razões: porque cometido contra a pessoa com quem o arguido vivia em comunhão de vida, em situação análoga à dos cônjuges, há cerca de 25 anos; depois, porque cometido no interior da casa de morada do casal; em terceiro

---

[85] Veja-se agora também a dissertação de doutoramento "Delicta in se", sobretudo a nota (962), p. 419.
[86] Outro crime de uxoricídio foi tratado no acórdão do STJ de 30 de outubro de 2003, no processo nº 03P3252. O acórdão do STJ de 13 de julho de 2008, no processo nº 08P301, *relator*: Conselheiro Arménio Sottomayor, fez "um bosquejo pela jurisprudência do STJ", tendo rastreado vários casos em que se decidiu pela qualificação do homicídio apesar de os factos concretos não autorizarem a julgar verificada a subsunção em exemplos-padrão. É verdade que algumas das decisões encontradas sofreram duras críticas da doutrina, implicadas numa interpretação mais restritiva da norma dos artigos 131º e 132º.

lugar, levado a cabo com uso de arma, no caso arma de fogo, usada contra pessoa indefesa; consumado, de resto, com a vítima adormecida no quarto de dormir, e, assim, inteiramente à mercê do arguido, tanto mais que os factos tiveram lugar pela calada da noite, a hora em que naturalmente as defesas e cuidados de vigilância da vítima se encontravam esmorecidos... Disse o Supremo Tribunal: "cometido 'à queima-roupa', com a arma declaradamente dirigida à zona do corpo da vítima de onde era de esperar com a maior certeza o efeito pretendido e a eficácia do disparo: a zona do coração, então verifica-se um caso de qualificação por especial censurabilidade do agente, *embora não enquadrada em qualquer dos exemplos-padrão do artigo 132º do Código Penal*".

Entretanto, a Lei nº 59/2007, de 4 de setembro, alargou o catálogo dos exemplos-padrão, que passou a integrar a alínea *b*) do nº 2 do citado artigo 132º: "praticar o facto contra cônjuge, ex-cônjuge, pessoa de outro ou do mesmo sexo com quem o agente mantenha ou tenha mantido uma relação análoga à dos cônjuges, ainda que sem coabitação, ou contra progenitor de descendente comum em 1.º grau". O legislador, sensível às implicações da violência conjugal e doméstica e aos maus tratos no âmbito familiar consagrou, em paralelo, a autonomia do conjugicídio e situações análogas, dando uma renovada formulação à referida alínea *b*).

Fora do convívio simples e operoso do uxoricídio/conjugicídio, o STJ julgou um outro homicídio que entendeu dever tratar – de forma *atípica* – como qualificado:

Caso nº 19   Encontrando-se a vítima em estado de embriaguez, o *A* espetou os dentes da forquilha no corpo daquela, repetindo tal ação, pelo menos, três vezes; já com a vítima no chão, o *A* desferiu-lhe várias pancadas na cabeça e, quando aquela também já se encontrava imobilizada, espetou ainda a forquilha noutras partes do corpo; em seguida, o *A* decidiu desfazer-se do corpo da vítima, de modo a não ser descoberto. O *A* não se limitou a desferir uma multiplicidade de golpes com a forquilha em zonas vitais do corpo da vítima, mas ainda, numa insistência ausente de qualquer racionalidade, desferiu pancadas na cabeça, com os efeitos letais que se indicaram no relatório de autópsia.

O acórdão do STJ de 5 de março de 2008, *CJ* 2008, tomo I, p. 243, *relator*: Conselheiro Santos Cabral, em texto meticulosamente argumentado,[87] reconhe-

---

[87] Interessou-se Teresa Serra, *Jornadas de direito criminal*, vol. II, 1998, p. 150. por fazer acompanhar a admissão, "dentro de certo condicionalismo", de um homicídio qualificado atípico, da "fundamentação especialmente cuidada" – uma fundamentação muito exigente – por parte do juiz. O que Teresa Serra

ceu que as agravantes típicas constantes dos exemplos-padrão não se mostravam verificadas (a forquilha não será, neste contexto, e por si só, *meio particularmente perigoso*), mas que isso não impedia que o homicídio pudesse ser qualificado, "bastando que se configure em concreto uma especial censurabilidade ou perversidade". Ora, no caso, "ocorre uma ilicitude extrema, tendo em conta a realização dos factos provados, de forma especialmente desvaliosa e censurável". Concluiu por isso que a **atuação global** do A era merecedora de censura reforçada, ante a gravidade da ilicitude ou da culpa fora do comum: "a utilização repetida do instrumento do crime na concretização do homicídio constitui indício de um especial desvalor da ação quando, para além da finalidade de causar a morte, estiver presente, em tal utilização, uma outra motivação que concretize a especial censurabilidade (v.g., a procura de instrumento ou utilização deste por forma a que, para além da morte, cause um maior padecimento da vítima) ou, ainda, quando tal utilização revelar uma insistência anómala, ausente de qualquer racionalidade na consecução do objetivo de produzir a morte".

O acórdão – ponderando que o **recurso à analogia** para enquadrar uma circunstância no âmbito da qualificação do homicídio suscita problemas relativamente ao respeito do princípio da legalidade, pois que tal operação está vedada em sede de normas incriminadoras – relembra a posição de Figueiredo Dias no sentido de que a consideração da técnica dos exemplos-padrão, compatível com o princípio da legalidade, assenta no facto de as circunstâncias não enumeradas taxativamente não serem elementos do tipo, mas elementos da culpa, não necessitando de ser referidas expressamente pela lei uma vez que o grau de culpa depende da conduta do agente, ou seja, da sua atitude individual. A qualificação opera em sede de culpa, que "não necessita de estar tipificada como juízo de censura que é".

1. Homicídio simples ou qualificado? – casos práticos

Caso nº 20 Crime de homicídio qualificado: o demónio da perversidade; motivo fútil e frieza de ânimo – acórdão do STJ de 15 de dezembro de 1999, *BMJ* 492, p. 221. A, aproveitando-se da circunstância de B se encontrar diminuído fisicamente, em resultado de um acidente que sofrera, atacou-o pela retaguarda, de surpresa, arremessando-lhe às costas uma pedra com 5 quilos e após haver derrubado o infeliz B,

---

chama de homicídio qualificado atípico corresponderá, se bem percebemos, à estrutura valorativa análoga à descrita no texto de referência, uma estrutura valorativa correspondente ao *Leitbild*, ao quadro diretor, de um determinado exemplo-padrão. Não raro, porém, a designação "atípica" sugere a qualificação do homicídio *sem passar* por nenhum dos exemplos-padrão do nº 2. Os elementos definidores instalam-se, naturalmente, na fronteira conceitual.

desferiu-lhe múltiplas pancadas na cabeça, no pescoço e na face, só parando depois de se certificar da sua morte. A atuou com o propósito de tirar a vida ao B. Com as pancadas, A matou B, como era seu propósito. A agiu dolosamente, com conhecimento e vontade de realização do tipo de ilícito do artigo 131º. A sabia que matava B (outra pessoa) ao desferir-lhe múltiplas pancadas na cabeça, no pescoço e na face, e quis isso mesmo.

Mostram-se preenchidos os elementos típicos, objetivos e subjetivos do crime do indicado artigo 131º. Não se descortina qualquer causa de justificação ou de desculpação.

A conduta de A revela uma especial perversidade: agiu com frieza de ânimo e movido por motivo fútil (exemplos-regra das alíneas *j*) e *e*) do nº 2 do artigo 132º)[88]. Aproveitando-se da circunstância de a vítima se encontrar diminuída fisicamente, em resultado de um acidente que sofrera, atacou-a pelas costas, de surpresa, só parando depois de se ter certificado que o B morrera. O homicídio é o qualificado dos artigos 131º, e 132º, nºs 1 e 2, alíneas *e*) e *j*), na medida em que A agiu de forma notoriamente desproporcionada e com elevada insensibilidade, "com grande brutalidade e sem qualquer justificação ou perturbação de ânimo". O A agiu sem dúvida com frieza de ânimo: "A frieza de ânimo significa uma calma ou imperturbada reflexão no assumir o agente a intenção de matar", diz-se, por ex., no acórdão do STJ de 18 de junho de 1986, *BMJ* 357, p. 211.

Caso nº 21 Crime de homicídio qualificado: motivo fútil e frieza de ânimo – acórdão do STJ de 2 de março de 2000, *BMJ* 495, p. 100. A, jovem imputável de 17 anos de idade, não estando habilitado a conduzir veículos automóveis, após ocasionar um acidente de viação, ressentido e desagradado com o facto de não lhe ter sido permitido retirar a sua viatura do local sem que alguém se responsabilizasse pelos danos por si causados, já depois dos seus padrinhos terem resolvido pacífica e serenamente o problema, no espaço de uma hora, após abandonar o local do acidente, dirige-se a casa, mune-se de uma espingarda de caça, desloca-se a casa de B, o outro condutor acidentado, sai da viatura, e mesmo tendo-lhe sido recomendada calma, ao divisar o outro condutor, dispara em sua direção a uma distância de sete metros, visando-lhe a região do tórax, assim lhe causando a morte.

---

[88] As alterações ao Código introduzidas pela Lei nº 59/2007, de 4 de setembro, implicaram com as diferentes alíneas do nº 2 do artigo 132º, circunstância que deverá ser levada em conta.

Ao disparar com dolo homicida a espingarda na direção do B ("outra pessoa"), a uma distância de 7 metros, provocando-lhe a morte, A comprometeu-se desde logo com o ilícito do artigo 131º. Não se verificam quaisquer causas de justificação ou de desculpa. No plano da culpa, os elementos recolhidos demonstram que o A, tanto na preparação como na execução do crime, agiu de modo a revelar especial censurabilidade ou perversidade, movido por motivo fútil e frieza de ânimo, como considerou o acórdão, acrescentando que *motivo fútil* é o motivo de importância mínima e que, do ponto de vista do homem médio, se mostra manifestamente desproporcionado relativamente ao crime cometido[89]. Deste modo, A é autor material de um crime de homicídio qualificado dos artigos 131º e 132º, nºs 1 e 2, *e*) e *j*). O Tribunal entendeu ser justa e adequada à culpa do A, às exigências de prevenção e à idade do mesmo, a pena de 13 anos e 6 meses de prisão.

Numa outra ocasião, um homem matou a sua mulher, para encontrar no casamento com a amante o início de uma vida nova e mais feliz (BGH 3, 132). É torpe ou fútil o motivo que de acordo com as concepções morais generalizadas se situa no mais baixo da escala, o que é determinado por um egoísmo incontrolável e desprezível e, por isso, especialmente censurável.

Caso nº 22   Um caso de "tirania doméstica" – acórdão do STJ de 13 de janeiro de 1993, no *BMJ* 423, p. 222. A pretendia matar o pai, com quem vivia. No momento em que, sendo já meia-noite, este saía do automóvel, disparou três vezes a arma contra ele, a cerca de três metros de distância, tendo-o atingido no pescoço e na região esquerda do tórax, vindo por isso o pai a morrer. O A, que na altura era o comandante da esquadra local, já há cerca de dois anos vinha alimentando o propósito de matar o pai. Este não contribuía para as despesas domésticas, tratava a mulher e os filhos de forma prepotente e agressiva, proporcionava aos seus mais diretos familiares um clima de intensa conflitualidade e um tenso e pesado ambiente familiar – e tudo isso, que perdurou por largos anos, criou um sentimento de aversão e repulsa do A relativamente à vítima. Por seu turno, o A, é pessoa sensível, de esmerada educação e bom comportamento, habitualmente pacífica e cordata. Foi uns dois anos atrás que a ideia da morte do pai começou a surgir no pensamento do A e este tornou a tomar consciência de que não havia outra solução, tomando tal como uma missão a cumprir, no

---

[89] A jurisprudência do STJ tem vindo a entender que além da apontada desproporção deve acrescer a mais alta insensibilidade moral, manifestada na brutal malvadez do ente, que se traduz em motivos subjetivos ou antecedentes psicológicos que, pela sua insignificância ou frivolidade, sejam desproporcionadas com a ação (acórdão do STJ de 13 de julho de 2005, *CJ* 2005, p. 240).

sentido de "fazer justiça" e libertar a mãe do medo e do sofrimento. A morte do pai de A foi devida aos disparos feitos por este com intenção de matar e com conhecimento dos restantes elementos típicos, com o que fica preenchido o ilícito do artigo 131º, pois não se mostra presente qualquer causa de justificação.

Em princípio, tudo parece apontar para a qualificação. O A era, na data dos factos, comandante da esquadra da polícia local, estando indiciados no seu procedimento sinais demonstrativos de uma especial censurabilidade, a enquadrar nalgumas das circunstâncias qualificantes do nº 2 do artigo 132º. Matou dolosamente o próprio pai, desprezando os estreitos laços que a ambos ligavam, tanto mais que viviam juntos na mesma casa: exemplo-padrão da alínea *a*) do nº 2. Além disso, usou um meio traiçoeiro, insidioso, na medida em que esperou o pai, de noite, dentro de uma garagem, disparando sobre ele três tiros de revólver a cerca de três metros, sem lhe dar qualquer oportunidade de defesa (atual alínea *j*). Agiu, aliás, com premeditação, materializada no modo frio como operou – *frigido pacatoque animo* – na firmeza, tenacidade e irrevogabilidade da decisão de tirar a vida ao pai, na permanente reflexão dos meios empregados, bem como no protelamento da intenção de matar por cerca de dois anos antes da eclosão dos acontecimentos (alínea *j*). Cf., nesta parte, os considerandos do acórdão mencionado.

Feita a prova dos índices estabelecidos como exemplos-padrão, trata-se agora de averiguar se ocorrem circunstâncias com a capacidade bastante para *corromper* a imagem global do facto perpetrado pelo A.

Excurso. Na Alemanha, a jurisprudência admite a possibilidade de considerar revogada a qualificação, apoiando-se na **valoração global** ("Gesamtbewertung") do facto e do agente ("Lehre von der negativen Typenkorrektur"), não bastando, em geral, *circunstâncias atenuantes* como o bom comportamento anterior ou a confissão, mesmo quando espontânea[90]. Exemplo das circunstâncias especiais capazes de levar à negação do efeito indiciário é o do filho que mata o pai dominado pelo desespero de o ver sofrer de forma atroz no estádio terminal de uma doença incurável e dolorosa. Ou de o agente ter sido levado a matar por compreensível emoção violenta. Os fundamentos dessa **valoração global** assentam, como se disse, nas circunstâncias do facto e nas condições pessoais do agente, incluindo os traços da sua própria personalidade. Se a circunstância qualificativa fornece determinados indícios, impõe-se que se avance, num segundo momento, no sentido de esclarecer se o efeito correspondente poderá em concreto ser negado.

---

[90] Pormenorizadamente, Jörg Eisele, *Strafrecht* BT I, p. 30 e ss. O acórdão a que nos reportamos refere o estudo de Teresa Serra, *Homicídio Qualificado. Tipo de culpa e medida da pena*, Almedina, 1992.

No caso, se a inimputabilidade do A foi afastada, os peritos não deixaram também de sublinhar determinadas circunstâncias atenuantes, dados os traços paranoides da sua personalidade (conformadores de uma imputabilidade diminuída). Por outro lado, o A deu a morte a seu pai no quadro conflitual que caracterizava, de há muito, as relações familiares. Acontece até que o A tomou a morte do pai como uma missão a cumprir, no sentido de "fazer justiça" e libertar a mãe do medo e do sofrimento. Por isso mesmo, o tribunal considerou "**apagada**" a especial censurabilidade para que os elementos iniciais apontavam, reputando o A como autor de um crime de homicídio simples do artigo 131º – já que também se não comprovou que o A, ao matar o pai, o fizesse dominado ou por compreensível emoção violenta, desespero ou outro motivo de relevante valor social ou moral, e que diminuísse sensivelmente a sua culpa, rejeitando-se assim o enquadramento no artigo 133º[91].

Caso nº 23 Acórdão do STJ de 15 de maio de 2008, *relator*: Conselheiro Souto de Moura. Os gémeos dirigiram-se ao A quando estavam todos dentro do café. A resposta que este deu inculca uma intenção de evitar conflitos. O A saiu do café depois das vítimas. Entretanto, o A verificou que tendo saído depois dos outros dois, ele é que estava a ser seguido por eles, no caminho que levava às casas dos três. O A disparou com inequívoca intenção de matar, tendo em conta a sua experiência com armas, a distância de cerca de dois metros a que se encontrava das vítimas, e as partes do corpo destas para onde dirigiu os tiros. Não podia deixar de constatar, por outro lado, que os gémeos se encontravam numa posição de especial vulnerabilidade, atenta a surpresa, e, obviamente, o facto de estarem desarmados.

Da conjugação de todos os elementos disponíveis, conclui-se que se não deve dar por verificada uma censurabilidade global agravada do comportamento do A, que repousasse nomeadamente numa sua atuação com frieza de ânimo. Não ficou provado um projeto antecipado de matar, que tivesse sido maturado durante um tempo significativo. É legítimo pensar, como fez o acórdão recorrido, que a formulação da intenção de matar surgisse num momento de "precipitação" e "receio". A maneira como os crimes foram executados revela uma grande intensidade dolosa mas que se deve enquadrar ainda no âmbito do homicídio do artigo 131º.

Caso nº 24 Relação "amor/ódio". O A, não só foi interiorizando e exteriorizando a intenção de pôr termo à vida da vítima, sua mulher, como se foi preparando para a execução desse evento, primeiro pela aquisição de

---

[91] Sobre este caso, cf. a posição crítica de Curado Neves, *RPCC* 11 (2001), p. 198.

uma arma de fogo e recolha de informações sobre a movimentação da vítima, escolhendo depois a ocasião e o local onde mais facilmente consumaria o seu propósito, o qual deu a conhecer à própria vítima, por duas vezes, ameaçando-a e informando-a de que, para o efeito, já adquirira uma pistola. Acórdão do STJ de 18 de outubro de 2006, processo nº 06P2679, *relator*: Conselheiro Oliveira Mendes.

O caso agora em estudo tem os seus elementos típicos no artigo 131º, mas o tribunal não encontrou preenchida a circunstância prevista na atual alínea *j*) do artigo 132º. O quadro em que tudo se desenvolveu, com um arguido portador de neurose obsessiva-compulsiva e distúrbio de personalidade paranoide conduziu o Supremo Tribunal a negar um tipo de culpa agravado, sendo o crime cometido o previsto e punido no artigo 131º. Apesar de o *A* ter revelado um comportamento aparentemente calculado, reflexivo e insensível, de modo a considerar-se preenchida a circunstância prevista na primeira parte da alínea *j*) do nº 2 do artigo 132º – frieza de ânimo, as conclusões do relatório do exame às faculdades mentais mostram um quadro que lhe atenua a imputabilidade, designadamente para o homicídio doloso. Tal circunstância não pode deixar de influir no juízo de culpa sobre o comportamento do arguido, **neutralizando** a aparência calculista, reflexiva e insensível da conduta assumida, de forma a considerar-se não verificada a ocorrência de frieza de ânimo. Aliás, as patologias mentais de que enferma o *A* marcaram o relacionamento do casal, dando origem a uma relação de "amor e ódio", para além de que o conduziram ao alcoolismo, o que propiciou um sentimento de desconfiança em relação à vítima, designadamente de que esta o pretendia matar (propósito que efetivamente existiu), reforçando a conclusão de que não estamos perante um tipo de culpa agravado, sendo o crime cometido pelo *A* o previsto no artigo 131º.

2. O caso especial da tentativa de homicídio qualificado

Sendo o crime de homicídio qualificado tentado (tentativa impossível punível) – artigos 131º, 132º, nºˢ 1 e 2, alínea *f*), 22º e 23º do Código Penal – mais gravoso que o crime de homicídio por negligência previsto no artigo 137º, nº 1, do mesmo diploma legal, aquele consome este, como no caso a seguir.

Caso nº 25 Acórdão da Relação de Lisboa de 23 de junho de 2004, *relator*: Desembargador Santos Sousa. Homicídio qualificado tentado (tentativa impossível punível). O *A*, com uma arma de fogo, atingiu *B*, por não ter agido com a diligência necessária ao manuseamento da arma, de modo a evitar que a mesma se disparasse. Julgando ainda vivo o *B*, que acabara de atingir a tiro, o A, com o propósito de *encobrir o facto que acabara de cometer* (atual alínea g) do nº 2 do artigo 132º), tomou a resolução de lhe tirar a vida, resultado que certamente lograria alcançar (dada a zona atingida e a natureza das lesões causadas) se a morte não tivesse já sido desencadeada pelas lesões resultantes do disparo anterior. A resolução de tirar a vida foi tomada quando a vítima era já cadáver. No primeiro arco de tempo, o disparo fora acidental, por deficiência no manuseamento da arma (o A "não agira com a diligência necessária ao manuseamento da arma"), mas não era manifesto que a morte tivesse resultado das lesões causadas com o disparo.

Caso nº 25-A A misturou veneno na sopa de B, seu inimigo, iria comer, mas B foi imediatamente socorrido e sobreviveu.

O resultado mortal não chegou a verificar-se, o facto foi só parcialmente realizado, pelo que só de tentativa se poderá falar (artigos 22º, nºs 1 e 2, alínea b), 23º, nº 2, e 131º).

No caso 25-A, A queria por meio de veneno misturado na sopa matar B. Agiu com dolo homicida. Resta saber se se trata de crime de homicídio qualificado tentado, podendo muito bem chamar-se à colação a alínea i) do nº 2 do artigo 132º: utilizar veneno ou qualquer outro meio insidioso.

Teresa Serra[92] entende que só há tentativa do artigo 132º quando os atos de execução do homicídio são acompanhados da verificação efetiva da circunstância qualificadora. Seguindo um caminho semelhante ao trilhado por Wessels[93] com os exemplos radicados no crime de furto, que no código alemão é qualificado pelo método da enumeração de diversos exemplos-padrão, oferece por sua vez o exemplo do A que espanca e tortura B, figurando diversos *estádios* quanto à prática dos atos de homicídio, por um lado, e à circunstância qualificadora da alínea d) do nº 2 do artigo 132º – nem mais nem menos do que praticar o facto empregando tortura ou ato de crueldade para aumentar o sofrimento da vítima.

– Num primeiro caso as circunstâncias típicas do homicídio simples encontram-se por inteiro realizadas, bem assim o referido exemplo-padrão da alínea d) do nº 2 do artigo 132º. O crime será o de homicídio consumado,

---

[92] Teresa Serra, *Homicídio qualificado*, p. 89.
[93] J. Wessels, "Zur Indizwirkung der Regelbeispiegel", *Festschrift für Karl Lackner*, p. 423 e ss. A chamada "Regekbeispiels-Technik" vem exposta, em termos genéricos, por Baumann/Weber/Mitsch *AT*, 10ª ed., p. 116 e ss. Para o caso específico do furto, pode ver-se Maiwald *NStZ* 1984, 433, Zieschang, *Jura* 1999, p. 561 e ss., e Rengier *BT* 1, p. 53 e ss. Igualmente, de forma desenvolvida, Mitsch, *Strafrecht* BT 2, Teilband 1, 2ª ed., p. 98 e ss.; bem como Rolf-Peter Calliess, "Der Rechtscharakter der Regelbeispiele im Strafrecht", *NJW* 1998, p. 929 e ss.

com o exemplo-padrão a indiciar a especial censurabilidade prevista no nº 1 do artigo 132º, portanto homicídio qualificado, a menos que a consideração global dos elementos se encaminhe para considerar "apagada" a especial censurabilidade para que os elementos iniciais apontavam.
- Suponha-se agora que o caso é de tentativa dos artigos 22º, 23º e 131º, estando no entanto preenchido o exemplo-padrão indiciador de uma especial censurabilidade, que se tem por existente. Deverá punir-se por tentativa do artigo 132º (homicídio qualificado), dando, no entanto, lugar à aplicação da pena especialmente atenuada, de acordo com o previsto nos artigos 23º, nº 2, e 73º.
- Estando o homicídio completamente consumado, a circunstância qualificativa suposta pelo exemplo-padrão, mostra-se apenas tentada (no exemplo de Teresa Serra a vítima morreu logo com a primeira pancada recebida, embora o plano do agente abrangesse desde início a execução de atos continuados de tortura). Nesta hipótese, há de atender-se a que os exemplos-padrão não são elementos do tipo e que a norma do nº 2 do artigo 132º não considera nenhum deles na sua forma parcial, inacabada. Concluiremos que o ato de matar dolosamente outra pessoa acrescido de uma circunstância simplesmente tentada – e por isso, prevista e querida pelo agente, desde início, para ser integralmente executada – não é reconhecido pelo direito vigente como qualificado, logo o crime é o do artigo 131º.
- Considere-se, agora, a hipótese de nem o crime planeado nem o exemplo-padrão previsto pelo agente terem progredido para além do estádio da tentativa. O caso poderá coincidir unicamente com uma tentativa de homicídio simples.
- Por fim, a circunstância de não se ter passado do fabrico do aparelho de tortura ou da confeção de uma sopa envenenada. Ainda que se comprove a intenção homicida, não são atos de execução do homicídio (artigo 22º, nº 2, alínea c)). O 'mal' ainda 'não começou a ser feito'. Ou não se verifica ainda uma conexão com a esfera jurídica da vítima ou, uma vez que esta já se verifique, faltará a necessária conexão temporal com o resultado lesivo"[94].

Se *A* pensa que está a utilizar veneno para matar, quando na verdade utiliza sais de fruto sem disso se dar conta, entraremos no âmbito da tentativa impossível (punível) por inidoneidade do meio (inaptidão não manifesta: artigo 23º, nº 3, *a contrario*). Para Augusto Silva Dias, o caso configura uma tentativa impossível de homicídio qualificado; primeiro, por não ser manifesta a inexistência do meio; depois, por se ter comprovado a especial censurabilidade ou perversidade ("utilizar" veneno). Será, a nosso ver, solução sem apoio na lei, que exige a morte

---

[94] Conclusão a que chega Maria Fernanda Palma, *A Justificação por Legítima Defesa*, p. 326, com apoio em Roxin, em *Problemas Fundamentais do Direito Penal*, 1986, p. 314 e ss.

causada em circunstâncias que revelem a especial censurabilidade ou perversidade e aqui a utilização do veneno (alínea *i*) do nº 2 do artigo 132º) apenas existe na perspetiva inicial do autor. Não bastará a simples "atitude" do agente, ainda por cima ficcionada: torna-se necessário que esta se concretize em algo suscetível de indiciar uma culpa mais grave.

No caso do acórdão do STJ de 23 de novembro de 2006, *relator*: Conselheiro Santos Carvalho, provou-se o dolo homicida, mas só na forma eventual. Tendo o *A* desferido um golpe com o "olho" da sachola, por trás, no lado esquerdo, na cabeça do *B*, teve-se a forma enfraquecida do dolo como incompatível com um especial tipo de culpa, não obstante se ter igualmente provado que o golpe foi desferido sem que a vítima tivesse desconfiado dos intentos do agressor. Daí se ter afirmado que se já é difícil compatibilizar o dolo eventual com a especial censurabilidade ou perversidade do agente, muito mais difícil parece ser essa conjugação quando a especial censurabilidade não advém de uma qualquer circunstância facilmente objetivável (por ex., o uso de uma arma com um grande poder destruidor), mas da própria formação da vontade do agente. O crime só podia ser o do homicídio simples, tentado (artigos 131º, e 22º, 23º e 73º, nº 1, alíneas *a*) e *b*)) – solução que nos parece inteiramente de seguir.

3. Formas de realização e qualidades especialmente desvaliosas

Algumas das circunstâncias suscetíveis de integrarem um exemplo-padrão do artigo 132º merecem uma particular atenção:

– umas como formas de realização do crime especialmente desvaliosas;
– outras como qualidade especialmente desvaliosas do agente.

a) A utilização de veneno como exemplo-padrão da alínea *i*). No Código de 1886, o envenenamento desenhava-se como crime autónomo, de simples atividade (por assim dizer, o paradigma do que então se chamava *crime formal*); a pena do crime consumado era aplicável, mesmo que a vítima não morresse, bastando que o veneno tivesse sido ministrado com intenção de matar. "Recordemo-nos da sanha com que o Código anterior [de 1886] tratava o envenenador, aplicando-lhe a pena máxima de 20 a 24 anos, independentemente da quantidade de veneno e da morte do visado"[95]. Atualmente, a necessidade de o autonomizar é só a sombra

---

[95] Palavras do acórdão do STJ de 18 de fevereiro de 1986, *BMJ* 354, p. 329. No domínio do Código Penal oitocentista, o indivíduo que subministrava veneno a outro consumou o crime de envenenamento, nada mais sendo preciso para que ele fosse incriminado como envenenador. Veja-se Gomes da Silva, *Direito Penal, Teoria da Infração Criminal* (2º volume), p. 26.

de outrora, face aos modernos meios de deteção dos venenos. Na alínea *i*) está em causa toda e qualquer substância que possa dar a morte, "mesmo que essa circunstância só lhe possa provocar a morte por causa de certas características especiais da vítima" (Rui Carlos Pereira). O critério de aferição é o da causalidade adequada. Recorde-se o caso do vidro moído, objeto de decisão judicial de 1979 *BMJ* 290, p. 474, e o do açúcar dado a um diabético que o não pode tomar em grandes quantidades. O agente, de propósito, dá-lhe açúcar sem que a vítima se aperceba, sobrevindo em consequência a morte. O veneno é o paradigma do **meio insidioso**; com o emprego de veneno, a vítima, por regra, é apanhada desprevenida, nem sequer se apercebe que está a ser objeto de um atentado, o que torna quase impossível que se defenda[96]. Se o agente ministra o veneno à vítima para lhe minorar o sofrimento, não se poderá afirmar que concorre uma especial censurabilidade ou perversidade, e portanto está fora de questão fazer atuar o presente exemplo-padrão.

Caso nº 26   Acórdão do STJ de 8 de fevereiro de 1956, *BMJ* 54, p. 182: Em 1956, foi julgado o pai de um menino de 23 meses, que mandou acender dois fogareiros atulhados de carvão vegetal num pequeno quarto, com intenção de tirar a vida à criança. Exposta às emanações provenientes da combustão do produto, a morte ocorreu por intoxicação pelo óxido de carbono que se encontrava no aposento, de diminutas dimensões e sem ventilação apreciável. Tendo-se colocado a criança em termos de respirar o ar viciado, com as portas e as janelas do aposento fechadas, provocava-se-lhe a morte, já que a ténue e insignificante corrente de ar produzida pelas frinchas dessas portas e janelas não poderia evitar o seu envenenamento.

O conceito de *meio insidioso* abrange, como logo se vê, várias situações envolventes de meios ou expedientes com relevante carga de perfídia bem como os particularmente perigosos que tornam difícil ou impossível a defesa da vítima. Abrange a espera, a emboscada, o disfarce, a surpresa, a traição, a aleivosia, o excesso de poder, o abuso de confiança ou qualquer fraude (acórdão do STJ de 11 de junho de 1987 *BMJ* 368, p. 312; acórdão do STJ de 11 de dezembro de 1991 *BMJ* 412, p. 183). Entre os meios insidiosos conta-se a *traição*, entendida como ataque súbito e sorrateiro, atingindo a vítima descuidada ou confiante que, assim, fica praticamente impossibilitada de esboçar qualquer gesto de defesa, pois não se apercebe de que está a ser objeto de um atentado (acórdão do STJ de 31 de outubro de 1996 *BMJ* 460, p. 444). Quando a lei fala em meio insidioso

---

[96] Costa Pinto, *Direito Penal*, II, copiografado.

não quer necessariamente abarcar os instrumentos habituais de agressão (o pau, o ferro, a faca, a pistola, etc.), ainda que manejados de surpresa, mas sim aludir tanto às hipóteses de utilização de meios ou expedientes com uma relevante carga de perfídia, como aos que são particularmente perigosos e que, não pondo em risco o agente, do mesmo passo tornam difícil ou impossível a defesa da vítima (acórdão do STJ de13 de outubro de 1993 *BMJ* 430, p. 248; acórdão do STJ de 11 de janeiro de 1995 *BMJ* 443, p. 55).

Os tribunais alemães em certa altura julgaram um mecânico que, para matar o cliente, deliberadamente lhe desafinou os travões do carro. Em geral, entendem que age insidiosamente (Heimtücke setzt) aquele que logo no primeiro ataque à pessoa visada – portanto no início do estádio da tentativa – atuando dissimuladamente, com dolo homicida, apanha a vítima desprevenida. Esta circunstância radica no facto de os meios utilizados tornarem "difícil a defesa da vítima ou arrastarem consigo o perigo de lesão de uma série indeterminada de bens jurídicos"[97].

No caso tratado pelo acórdão do STJ de 13 de fevereiro de 2008, processo nº 07P4200, *relator*: Conselheiro Rodrigues da Costa, o *A*, munido de um machado, aproximou-se pela retaguarda do *B* "e sem que este se apercebesse da sua presença, desferiu-lhe golpes com o machado na parte de trás da cabeça, do pescoço e do ombro esquerdo, fazendo com que este caísse ao solo e aí ficasse prostrado e inconsciente". O Supremo considerou que esta ação sorrateira "não pode deixar de ser considerada como insidiosa, como tendo um sinal de perfídia e com efeito análogo ao do veneno, dado o seu caráter subreptício"; no mais, encontrou no caso concreto uma atitude especialmente desvaliosa para efeitos do critério generalizador do nº 1 do artigo 132º. Usou-se um meio capaz de retirar ao agredido qualquer capacidade de defesa, como é comum na perspetiva dos autores alemães, consideração que pode ser acrescentada, no caso português, à manifestação advinda da *atitude* do agente (o sinal da perfídia, própria de quem utiliza veneno).

b) O emprego de meios de perigo comum e a utilização de meio particularmente perigoso: alínea *h*). O conceito de *meio de perigo comum* é fácil de alcançar quando o agente, por ex., emprega uma bomba ou uma granada de mão dirigida a uma pessoa ou a um número limitado de vítimas. Trata-se daqueles casos em que a conduta é realizada com o emprego de meios que revelam uma enorme potencialidade expansiva, tornando difícil o controlo dos seus efeitos. Com o emprego de uma bomba, o agente não pode em geral determinar nem limitar os efeitos das forças que ele próprio desencadeia, não pode avaliar antecipadamente o número de pessoas que irão ser atingidas: a bomba é portanto um instrumento dessa natureza. *Meio de perigo comum* significa na alínea *h*) um meio tipificado no

---

[97] Fernanda Palma, *Direito Penal Especial – Crimes contra as Pessoas*, 1983, p. 65.

artigo 272º e ss., caracterizado sobretudo pela sua força expansiva (tantas vezes incontrolável) e que ameaça uma pluralidade de bens jurídicos de um número indeterminado de pessoas.

A *utilização de meio particularmente perigoso* é circunstância aditada em 1998.

Excurso. Na versão inicial do Código, a jurisprudência preocupou-se em definir o que fosse um meio particularmente perigoso, para aplicação ao crime de perigo do artigo 144º (ofensas corporais com dolo de perigo), entretanto desaparecido com esta configuração, entendendo-se que o conceito de "meios particularmente perigosos" tem de apurar-se casuisticamente (acórdão da Relação do Porto de 17 de fevereiro de 1988). Essa noção foi sendo dilucidada em razão de três coordenadas: perspetiva em concreto, aferição segundo critérios de normalidade e regras de experiência comum, idoneidade para pôr em grave risco a vida dos atingidos, ou causar-lhes lesões graves[98].

Quanto à utilização de meio particularmente perigoso, vejamos alguns exemplos da mais recente jurisprudência:

Um automóvel, usado na prática da agressão, agrega objetivamente a si uma perigosidade muito superior aos demais meios de agressão letal, normalmente usados, pela indefesa que causa a um peão, indefesa maior quando olhada a aceleração previamente imprimida ao automóvel de forma a embater violentamente na vítima por forma a que o processo letal em curso não falhasse, colocando em inevitável, iminente e previsível risco a vida humana: acórdão do STJ de 3 de março de 2010, 242/08[99].

---

[98] Cometia o crime de ofensas corporais com dolo de perigo (144º-2, do Código Penal de 1982), por ex., o agente que, segurando um ancinho pelo cabo, vibrou voluntariamente com a parte metálica uma pancada no antebraço esquerdo da ofendida, provocando-lhe fratura (acórdão do STJ de 11 de julho de 1990). Noutros casos, considerou-se meio particularmente perigoso: uma navalha ou um punhal, acórdão do STJ de 30 de novembro de 1983, *BMJ* 331 p. 356; uma tesoura de podar, cães, balde de água quente e automóvel, acórdão do STJ de 12 de abril de 1989, *CJ*, XIV, tomo 3, p. 6; uma arma de fogo, acórdão do STJ de 13 de dezembro de 1989, *BMJ* 392 p. 224; uma panela de sopa a ferver, acórdão da Relação do Porto de 16 de dezembro de 1987, *CJ*, XII, tomo 5, pág. 242; uma barra de ferro, um fueiro e uma enxada, acórdão da Relação do Porto de 17 de fevereiro de 1988, *CJ*, XIII, tomo 1, pág. 237; o arremesso de peso de dois quilogramas, acórdão da Relação de Coimbra de 28 de maio de 1986. *CJ*, XI, tomo 3, pág. 85. Cf. o acórdão do STJ de 11 de janeiro de 1995, *BMJ* 443, p. 44, quanto ao uso de navalha de ponta e mola.

[99] Quem assim persegue outro com um automóvel para o atropelar aplica um **método de matar**, mas quem lança o carro na direção do polícia que o mandou parar, deixando de antemão claro que não obedecerá a esse comando e que não está disposto a desviar-se ou a travar diante do polícia, cria, de facto, um risco não permitido para o guarda, mas não aplica um método de matar, embora possa cometer um crime do artigo 347º, nº 2, por desobedecer ao sinal de paragem e dirigir o veículo contra o guarda para se opor a que ele pratique ato relativo ao exercício das suas funções.

Uma espingarda caçadeira usada à queima-roupa, a cerca de um metro de distância da vítima, revela-se sem dúvida um meio perigoso de agressão. Sendo de uso frequente na prática do homicídio, não preenche, porém, a agravativa do crime, por não ser portadora de efeito mortífero mais gravoso do que as usadas naquela prática: acórdão do STJ de 4 de maio de 2011, no proc. nº 1702/09, 3ª secção – não será, em suma, um meio *particularmente* perigoso, como exige a circunstância apontada. Compreende-se e aceita-se que a simples utilização de um objeto adequado a matar alguém (por ex., uma pistola) não seja elemento bastante para, por si só, se poder concluir pela existência de especial perversidade ou censurabilidade, pois que, nesse caso, a censura e o desvalor da conduta – tirar a vida de outrem – já estão previstos na norma incriminadora-base (homicídio simples): acórdão do STJ de 14 de maio de 2009, no processo nº 221/08.8. O efeito do tiro de uma pistola é sempre limitado – não é um meio adequado para pôr um número elevado de pessoas em perigo, daí que se lhe negue a característica de meio *particularmente* perigoso.

Atentemos agora na forma como o acórdão do STJ de 3 de julho de 2008, no processo nº 08P1226, *relator*: Conselheiro Rodrigues da Costa, analisou a ação de A que se serviu de "uma adaga com duas linhas de corte, sendo uma delas em 'serra' e a outra, direita, com cerca de 21,5 cm de comprimento e 14,5 cm de punho em matéria plástica a imitar madeira" – o instrumento é um meio *particularmente perigoso* em relação aos normais meios procurados para agredir ou matar. Este tipo de instrumento, por ter duas linhas de corte, sendo uma delas em "serra" e com um comprimento assinalável, tem uma capacidade especialmente vulnerante, não só do ponto de vista da penetração, como também da sua ação duplicada, perfurando e rasgando/dilacerando, ao mesmo tempo, os tecidos onde penetra. Preencherá, por isso, o exemplo padrão da al. *h*) do nº 2 do artigo 132.º do CP.

A problemática das circunstâncias em que a arma é usada, tem sido muito mais frequentemente tratada pelo Supremo a propósito do "meio insidioso", podendo ver-se o acórdão do STJ de 10 de outubro de 2002, proc. n.º 2577/02-5.

O exemplo-padrão continuará a ter a sua área de aplicação justificada, sobretudo, no domínio dos crimes contra a integridade física (artigo 145º). Para o seu funcionamento no plano agravativo do homicídio, bom é que se busque um critério como o proposto pelo Prof. Figueiredo Dias[100]. Exigindo a lei que o meio seja *particularmente* perigoso, há que concluir ser desde logo necessário que o meio revele uma perigosidade *muito superior* à normal dos meios usados para matar. Doutro modo, passará efetivamente o homicídio agravado a constituir a forma-regra do homicídio doloso, já que todas as facas, navalhas, punhais, etc. são perigosos ou muito perigosos.

---

[100] Figueiredo Dias, *Conimbricense*, PE I, p. 37.

Excurso. Uma qualificação de raiz e efeitos distintos, também ela relacionada com o homicídio, resulta do n.º 3 do artigo 86º da Lei das Armas (Lei n.º 5/2006, de 23 de fevereiro). Projeta-se nos domínios da *ilicitude* e tem sempre lugar se o crime for cometido com arma. O acórdão do STJ de 31 de Março de 2011, proc. n.º 361/10.3GBLLE, *relator*: Conselheiro Manuel Braz, entendeu que "o n.º 3 do artigo 86º só afasta a agravação nele prevista nos casos em que o uso ou porte de arma seja elemento do respetivo tipo de crime ou dê lugar, por outra via, a uma agravação mais elevada. A agravação do artigo 86º, n.º 3, não é arredada ante a mera possibilidade de haver outra agravação, mas apenas se for de acionar efetivamente essa outra agravação. Como o uso de arma não é elemento do crime de homicídio, se no caso não levou ao preenchimento do tipo qualificado do artigo 132º, não haverá fundamento para afastar a agravação do artigo 86º, n.º 3. Enquanto que a agravação do n.º 3 do artigo 86º, encontrando fundamento num maior grau de ilicitude, tem sempre lugar se o crime for cometido com arma, a do artigo 132º só operará se o uso de arma ocorrer em circunstâncias reveladoras de uma especial maior culpa. Além, para haver agravação, basta o uso de arma no cometimento do crime, aqui não".

De modo diferente se comporta, pois, a agravação da *culpa* implicada em qualquer dos exemplos-padrão da alínea *h*) do n.º 2 do artigo 132º – *meio particularmente perigoso* ou prática de um *crime de perigo comum* – por qualquer deles dever concretizar-se numa especial censurabilidade ou perversidade (respetivo n.º 1). A culpa mais grave não se presume, por a enumeração ser exemplificativa: recorde-se a expressão "entre outras" do indicado n.º 2.

c) Ser determinado pelo *prazer de matar* é um dos exemplos da alínea *e*). Eis o ponto extremo a que a crueldade pode chegar, segundo Montaigne, *Essais*, Liv. II, Chap. II: "que um homem mate um homem, não por cólera, ou por medo, mas somente para o ver morrer", "ut homo hominem non iraturus, non timens, tantum spectaturus, occidat" (Séneca). Houve tempo em que se relacionava o prazer de matar (*Mordlust*) com a pura satisfação, o prazer desnaturado que o agente patenteava no facto de aniquilar uma vida humana, mas esta caracterização foi entendida como equívoca, por parecer relacionada com um qualquer distúrbio mental do agressor[101]. Aliás, sempre se poderia perguntar se realmente há um prazer "natural" no ato de matar. Para o BGH alemão, o ponto de vista decisivo passou a residir no facto de a morte da vítima, enquanto tal, ser o único objetivo do criminoso. Deste modo, é determinado pelo prazer de matar o indivíduo a quem só interessa ver uma pessoa morrer, aquele que mata por malvadez, por jactância,

---

[101] Cf. Jähnke, p. 43.

o que encara a morte do outro como um estímulo ou um prazer desportivo, enfim, o que mata por passatempo[102].

d) Para *excitação* ou para *satisfação* do *instinto sexual*, acrescenta-se na alínea *e*). É ainda uma forma de ser determinado pelo prazer de matar, buscando o criminoso a satisfação sexual no próprio ato de dar a morte, mas também quando mata para se satisfazer sexualmente no cadáver.

Caso nº 27 BGHSt 7, 353, de 8 de junho de 1955, prazer de matar. *A*, servente da construção civil, apreciador de um certo tipo de filmes, planeou atacar uma jovem em lugar propício, para a pôr inconsciente e com ela manter relações sexuais de cópula, uma vez que a noiva se lhe recusava, com medo de engravidar. No dia seguinte, ao fim da tarde, pôs em execução os seus propósitos. Levou consigo uma machada e ao ver chegar uma jovem de bicicleta aplicou-lhe um golpe que a deitou abaixo, ficando ela sem sentidos, devido à violência da pancada. O *A* arrastou a jovem para uma mata próxima, onde a matou, vibrando-lhe mais uma série de golpes, após o que se satisfez sexualmente no cadáver. Três meses antes, a jovem festejara os seus vinte anos.

É irrelevante apurar se o criminoso procede de antemão com esse objetivo, ou se planeia apenas violar a vítima e na execução do crime decide matá-la. A vítima do prazer de matar e a do comportamento homicida deverão ser uma e a mesma pessoa. Se o criminoso mata o acompanhante de uma mulher para com esta conseguir consumar o ato sexual, será caso a enquadrar na alínea *g*): ter em vista executar outro crime. Faltará no entanto o necessário nexo entre a satisfação do impulso e o homicídio, quanto se mata para conseguir levar a cabo ou prosseguir uma relação com um outro parceiro. Poderá então tratar-se simplesmente de motivo fútil. A hipótese do dolo eventual poderá compaginar-se com alguns destes casos. Assim, também mata para satisfazer impulsos sexuais quem durante uma violação se conforma com a morte da sua vítima.

e) A *avidez* com que abre a alínea *e*) significa um desejo de ganho "a qualquer preço", ainda que seja ao preço de uma vida humana. O criminoso atua por *avidez* quando, para ter o que quer, viola as mais elementares exigências de autodomínio. Estará em causa igualmente a mais grosseira ausência de valores refletida na atitude de imoderação desse querer-ter, que só com uma avaliação conjunta, envolvendo a vivência subjetiva da situação e os objetivos do comportamento do criminoso, poderá ser afinal confirmada. O homicida esforça-se então por alcançar bens materiais ou vantagens de um modo tão desenfreado e sem peias que

---

[102] Cf. W. Küpper, *Strafrecht* BT, p. 11.

ultrapassa largamente tudo o que é admissível. Ou o criminoso tem em vista ficar com os bens do cônjuge ou do tio rico, de quem é herdeiro, ou beneficiar dum seguro de vida, sem que aliás se torne necessário alcançar a vantagem patrimonial. A afirmação do dolo eventual seria porém contraditória com qualquer destas hipóteses. Ou naqueles casos em que o ladrão mata a vítima para a roubar, sendo então possível que o faça com dolo eventual. Há quem aqui inclua os casos em que o homicida mata para não ter que pagar uma dívida ou para se ver livre do pagamento de uma pensão, quando, em suma, pretende simplesmente evitar uma diminuição patrimonial ou poupar nas despesas[103]. Mas é uma opinião duvidosa, talvez seja preferível invocar "motivo fútil" se alguém mata uma criança para lhe não pagar a pensão decretada pelo tribunal; ou se, para alcançar o que "é seu" de direito, mata um devedor que se recusa a pagar-lhe, já que só assim se lhe adequa o específico caráter de uma especial censurabilidade.

f) *Ter em vista* preparar, facilitar, executar ou encobrir um outro crime, facilitar a fuga ou assegurar a impunidade: alínea *g*). O indivíduo que no caminho para a comissão dum crime se quer ver livre de uma pessoa, matando-a, atua com elevada censurabilidade. Se o agente mata tendo em vista, por ex., executar um outro crime, é patente o presente exemplo-padrão, mas se apenas tem em vista uma contraordenação o que poderá detetar-se é um motivo fútil. Como parecerá motivo fútil o homicídio para "encobrir" um crime já prescrito. É por outro lado irrelevante saber quem deverá ser agente ou vítima do outro crime; dá no mesmo se o criminoso com o homicídio tem em vista preparar ou facilitar um crime alheio. O homicídio será qualificado se o agente mata o acompanhante de uma jovem para ter relações de sexo com esta usando de violência. Olhando aos objetivos do criminoso, não é necessário que o homicídio anterior seja *condicio sine qua non* do crime posterior. Basta que este seja *facilitado* com o crime de morte. O ladrão que podia operar sem se fazer notar pelo vigilante mas que prefere matá-lo, atua com especial perversidade, porquanto sacrifica uma vida para se apropriar do que lhe interessa. Assentemos porém em que o homicídio deverá constituir sempre o crime-meio para a realização do outro crime, não podendo ser simplesmente um facto acompanhante ou uma sua consequência – o outro crime não terá contudo de ser realizado. Entre o homicídio e o "outro crime", aquele que se tem em vista preparar, facilitar, executar ou encobrir, poderão interceder **problemas de concurso**:

– se este outro crime for praticado quando o ladrão mata tendo em vista a subtração de dinheiro na posse da vítima (*avidez*), deverá ser punido com a

---

[103] Cf. o caso apreciado pelo BGH 10, 399, referido por Maurach-Schroeder-Maiwald, *Strafrecht*, BT, de um jovem que matou a mulher que engravidara, para não ter de pagar a pensão ao filho que ia nascer: um desejo de ganho brutal, como também é o daquele que mata o seu credor, para não ter que pagar.

pena do homicídio qualificado, que engloba o desvalor do roubo igualmente consumado;
- se o agente que praticou um roubo espontaneamente mata a vítima do roubo para o encobrir, o caso limita-se ao homicídio qualificado, que consome aquele;
- se o homicídio for duma testemunha incómoda (outra pessoa), haverá roubo e homicídio, em concurso.

g) Praticar o facto contra (...) agente das forças ou serviços de segurança (alínea *l*). Um automobilista foi mandado parar, tendo-se apurado que conduzia sob o efeito do álcool, pelo que começou por ser constituído arguido. Insistiu em vão com o agente policial para que "esquecesse" o caso, tendo na sequência da recusa alvejado o mesmo a tiro de pistola, querendo matá-lo. Tendo o ato ilícito sido praticado contra agente de força de segurança no exercício das suas funções, o Supremo Tribunal, por acórdão de 5 de setembro de 2007, *relator:* Conselheiro Santos Cabral, chamou a atenção para o facto de *não bastar a demonstração dessa mesma qualidade*. Como qualquer outra, também esta circunstância indicia simplesmente uma especial censurabilidade. O automobilista acabou condenado por homicídio qualificado na forma tentada por *também* se ter comprovado uma especial baixeza de motivação ligada à função desempenhada pela vítima: nas circunstâncias relatadas (condução sob o efeito do álcool) o A pretendia que o agente desrespeitasse os deveres inerentes à função que exercia e, perante a negativa e sem qualquer normalidade causal, disparou a matar, sem que a lesão da vida tivesse no entanto ocorrido.

h) Há autores alemães[104] para quem a "intenção de encobrir um outro crime" é, a vários títulos, uma característica problemática, já que este objetivo da conduta não envolve, de modo necessário, uma razão qualificativa (Schmidhäuser). A qualificação deverá certamente operar quando o agente planeia o homicídio já antes ou na fase inicial do crime que com ele pretende encobrir. Ou quando dispõe de uma fase de acalmia depois de cometer o crime que tem em vista encobrir com o homicídio. Já não será assim nos casos de *identidade da direção de ataque* – se por exemplo o crime anterior era, também ele, dirigido contra a vida, ou contra a integridade física, e os dois crimes surgem de uma situação conflitiva imprevista (*dupla espontaneidade*). Havendo uma estreita coincidência temporal, para além da coincidência dos bens jurídicos sacrificados, a qualificação não se justificaria,

---

[104] No § 211 II do StGB descreve-se a morte de outra pessoa levada a cabo dolosamente por motivo especialmente censurável (seja "o prazer de matar"), de um modo ou de uma forma especialmente censurável (como a utilização de meio que se traduza na "prática de crime de perigo comum") ou com um fim especialmente censurável ("*ter em vista* encobrir um outro crime"), Wessels, *Strafrecht* BT 1, 17ª ed., 1993, p. 21; e H. Blei, *Strafrecht* II, BT, 12ª ed., 1983, p. 22 e ss.

por não existir uma relevante intenção de encobrir um outro crime. Veja-se o seguinte exemplo de Küpper:[105] O empregado comercial com cadastro criminal *E* envolve-se em discussão com a cliente *C*, no decorrer da qual ele a agride com um murro que a projeta contra uma esquina do balcão, ficando *C* prostrada, sem sentidos. Para esconder o crime e livrar-se de responsabilidades, *E* mata a *C*. Não parece que haja homicídio qualificado se o criminoso atua em situação de pânico imediatamente depois de cometer o crime que tem em vista encobrir, por temer ser surpreendido.

O catálogo dos exemplos-padrão do nosso artigo 132º inclui ainda aquelas situações em que o agente *tem em vista facilitar a fuga ou assegurar a impunidade*, ficando nele envolvido o responsável por um acidente de viação que apenas quis "encobrir a sua identidade" – sem que se possa dizer que tinha em vista "encobrir o seu crime" – e que ao fugir atropela mortalmente um polícia. Para a jurisprudência suíça, entre as circunstâncias que podem indicar o caráter particularmente perverso *ou* perigoso do agente (*assim*, no artigo 112 do respetivo Código Penal) contam-se a eliminação de uma vida para impedir que se descubra outro crime ou para o agente se poupar a aborrecimentos, ou ainda para "castigar" quem se encontrava no local errado na hora do crime.

O acórdão do STJ de 11 de novembro de 1993, *BMJ* 431, p. 233, ocupou-se de um caso de homicídio qualificado em que o arguido matou a vítima para encobrir um crime que praticara e outro que estava praticando ao ver-se descoberto.

Quase seria desnecessário dizer que situações como as descritas por último não devem ser confundidas com o homicídio seguido da destruição do cadáver para ocultar crime próprio. O acórdão do STJ de 13 de maio de 1992, *BMJ* 417, p. 348, ocupou-se da morte de uma pessoa que ganhou foros de crueldade pela conduta posterior do agente, que depois de seccionar os membros inferiores do cadáver os colocou num saco e o tronco numa mala e os atirou ao rio. Aqui foi ofendido o sentimento de veneração e piedade que os mortos suscitam (artigo 254º), mas o homicídio já estava consumado como homicídio simples.

A expressão "ter em vista" identifica-se de algum modo com a *intenção* posta no agir dirigido a um certo fim. Mas não se afasta a coexistência com o dolo eventual. Se o agente tem em vista preparar um outro crime, o facto não terá que ser necessariamente meio para cometer o outro crime; pode muito bem acontecer que o agente se decida pelo comportamento criminoso porque simplesmente acredita que assim pode cometer o outro crime mais facilmente ou de forma mais rápida[106].

A frieza de ânimo tem sido definida como o agir "de forma calculada, com imperturbada calma, revelando indiferença e desprezo pela vida", um compor-

---

[105] Küpper, *Strafrecht* BT 1, p. 15.
[106] Cf. Schroeder, *JuS* 1994, p. 294.

tamento traduzido na "firmeza, tenacidade e irrevocabilidade da resolução criminosa" (acórdão do STJ de 6 de abril de 2006, proc. n.º 362/06-5). A jurisprudência do STJ tem afirmado que a frieza de ânimo é uma ação praticada a coberto de evidente sangue-frio, pressupondo um lento, reflexivo, cauteloso, deliberado, calmo e imperturbado processo na preparação e execução do crime, que maquinou, por forma a denotar insensibilidade e profundo desrespeito pela pessoa e vida humanas (acórdão do STJ de 26 de setembro de 2007, proc. nº 2591/07-3, *relator*: Conselheiro Armindo Monteiro). Traduz-se na formação da vontade de praticar o facto de modo frio, reflexivo, cauteloso, deliberado, calmo na preparação e execução, persistente na resolução; trata-se, assim, de uma circunstância agravante relacionada com o processo de formação da vontade de praticar o crime, devendo reconduzir-se às situações em que se verifica calma, reflexão ou sangue frio na preparação do ilícito, insensibilidade, indiferença e persistência na sua execução (acórdão do STJ de 21 de junho de 2006, proc. nº 913/06-3, *relator*: Conselheiro Souto de Moura).

Quem mata, tendo em vista encobrir um crime putativo (crime imaginário), é determinado por *motivo fútil* (alínea *e*))? Repare-se a propósito que é no subjetivismo do agente que deverá ser encontrada a natureza da motivação do crime para efeitos da futilidade do motivo.

Motivo fútil é o "notoriamente desproporcionado ou inadequado do ponto de vista do homem médio em relação ao crime praticado"; para além da desproporcionalidade, deve acrescer a insensibilidade moral, que tem a sua manifestação mais alta na brutal malvadez ou se traduz em motivos subjetivos ou antecedentes psicológicos que, pela sua insignificância ou frivolidade, sejam desproporcionados com a reação homicida" (cf. os acórdãos do STJ de 7 de dezembro de 1999, *BMJ* 492, p. 168; e de 11 de dezembro de 1997, *BMJ* 472, p. 163). O acórdão do STJ de 27 de maio de 2010, processo nº 58/08.4, *relator*: Conselheiro Santos Cabral, tem o conceito como de "difícil definição". Será o "motivo de importância mínima", mas também "o motivo frívolo, leviano, a ninharia" que leva o agente à prática de um grave crime, "na inteira desproporção entre o motivo e a extrema reação homicida (...)".

i) Em 1998 introduziram-se no artigo 132º circunstâncias novas, contemplando as hipóteses de o crime ser cometido contra vítima especialmente indefesa, por funcionário com grave abuso de autoridade ou através de meio particularmente perigoso. O acrescentamento de novas circunstâncias referentes a pessoas especialmente indefesas e a graves abusos de autoridade visa reforçar a tutela da vítima perante formas de exercício ilegítimo de poder. A agravação da responsabilidade penal, nestas hipóteses, estende-se a crimes contra a integridade física, contra a liberdade e contra a honra. Esta orientação já estava consagrada nos crimes de maus tratos e rapto (artigos 152º, nº 1, e 160º, nº 3), embora se não contemplasse ainda a situação de gravidez. Por outro lado, a inclusão de uma circunstância relativa à utilização de meios particularmente perigosos procura fornecer uma base de qualificação comum ao homicídio e às ofensas à integridade física, às quais se aplica, remissivamente, a técnica de qualificação do homicídio (artigo 145º, nº 2). Ainda no artigo 132º elimina-se a referência a docente ou examinador público, tendo em conta a equiparação vigente entre os ensino público, particular e cooperativo.

j) O legislador de 2007 (Lei nº 59/2007, de 4 de setembro) introduziu na alínea *b*) do nº 2 do artigo 132º o seguinte texto: "Praticar o facto contra cônjuge, ex-cônjuge, pessoa de outro ou do mesmo sexo com quem o agente mantenha ou tenha mantido uma relação análoga à dos cônjuges, ainda que sem coabitação, ou contra progenitor de descendente comum em 1.º grau"; introduziu na alínea *f*) a seguinte redação: "Ser determinado por ódio racial, religioso, político ou gerado pela cor, origem étnica ou nacional, pelo sexo ou pela orientação sexual da vítima"; a alínea *l*), por sua vez, passou a ter a seguinte redação: "Praticar o facto contra membro de órgão de soberania, do Conselho de Estado, Representante da República, magistrado, membro de órgão do governo próprio das Regiões Autónomas, Provedor de Justiça, governador civil, membro de órgão das autarquias locais ou de serviço ou organismo que exerça autoridade pública, comandante de força pública, jurado, testemunha, advogado, todos os que exerçam funções no âmbito de procedimentos de resolução extrajudicial de conflitos, agente das forças ou serviços de segurança, funcionário público, civil ou militar, agente de força pública ou cidadão encarregado de serviço público, docente, examinador ou membro de comunidade escolar, ou ministro de culto religioso, juiz ou árbitro desportivo sob a jurisdição das federações desportivas, no exercício das suas funções ou por causa delas". Manteve-se a alínea *m*): "Ser funcionário e praticar o facto com grave abuso de autoridade". Relevam aqui circunstâncias pessoais especiais (caso da profissão quanto aos funcionários na atual alínea *m*); a relação familiar ou outra de proximidade;[107] a animosidade proveniente de diferenças raciais ou semelhantes). Refletem, naturalmente, uma maior ilicitude do comportamento, mas não se dispensa, para que o correspondente exemplo-padrão funcione, que a culpa seja também acrescida, que se comprove a superior censurabilidade ou perversidade.

4. A comparticipação

Corresponde à situação em que dois ou mais agentes contribuem para o homicídio qualificado. O artigo 28º vem permitir que a punibilidade de qualquer

---

[107] O conteúdo da alínea b) do nº 2 do artigo 132º ("Praticar o facto contra cônjuge", etc.) deve aproximar-se de outras alterações igualmente de 2007, contidas agora no artigo 152º.

comparticipante portador de qualidades ou relações especiais se comunique aos restantes agentes da comparticipação. Mesmo que seja o partícipe (instigador ou cúmplice) a exibir a circunstância especial, a punição pode transmitir-se ao autor "leigo". Ou seja, a ligação centrípeta entre a gravidade do facto central (de autoria imediata, mediata ou de coautoria material) e a do facto periférico de participação (instigação ou cumplicidade) é aqui eliminada[108].

No entanto, para quem entende que o artigo 132º contém apenas um tipo de culpa este problema não se põe. Sendo a culpa intransmissível, nos termos do artigo 29º, a punição de cada comparticipante depende apenas do seu grau de culpa, o tipo de culpa não autoriza a comunicação do homicídio agravado. Trata--se, portanto, de saber como valorar a contribuição de cada um dos comparticipantes. Se se verificam circunstâncias do nº 2 do artigo 132º num dos agentes do crime podem elas ser imputadas num comparticipante? Responde Teresa Serra: "No artigo 132º, dada a existência de um tipo de culpa fundamental no seu nº 1, bem como a natureza jurídica de regra de determinação de uma moldura penal agravada, a contribuição de cada comparticipante para o facto deve ser valorada autonomamente, enquanto reveladora ou não de uma especial censurabilidade ou perversidade. A distinção de circunstâncias relativas à ilicitude importa na medida em que, no âmbito da referida valoração autónoma, permita, em certos casos, uma delimitação da punibilidade".

Hoje trataríamos em termos diferentes da solução dada pelo acórdão do STJ de 8 de junho de 1960, *BMJ* 98, p. 352, o caso da morte dum "tirano familiar", acontecida há mais de 50 anos em Serpa – de que ainda encontrámos os ecos perturbadores, uma década depois dos acontecimentos:

Caso nº 28 No dia 10 de dezembro de 1958, a vítima chegava a casa algo embriagada e, pegando na espingarda, sentou-se à lareira, vociferando as costumadas ameaças de matar a mulher e filhos e de suicidar-se, em seguida. Seriam 23 horas quando isto acontecia; passada uma hora, perto da meia noite, já quando o Serrano começava a dormitar, cansado de clamar impropérios e toldado pelo álcool, sua mulher, mais uma vez, incitou o filho de ambos a matar o pai, indicando-lhe a machada que devia ser utilizada e, acenando-lhe com as mãos, a maneira como ele devia atuar. Então, o Manuel (de 16 anos de idade), obedecendo a sua mãe, pois doutro modo não teria agido, vibrou sobre a cabeça de seu pai, com manifesta intenção de matar, nem mais nem menos do que nove violentas machadadas, das quais, apenas uma

---

[108] Cf. Maria Margarida Silva Pereira, "Da autonomia do facto de participação", *O Direito*, 126º (1994), p. 575.

não seria mortal. "Produzindo na vítima duas graves feridas incisas na cervical, uma na abóbada craniana (...), o monstruoso filho da Maria da Encarnação determinava, como consequências necessária de oito dessas lesões, a morte daquele que o procriara" – comentou o Supremo.

Suponhamos agora que *A* e *B* decidem matar *C* em comunhão de esforços e intenções. *A* encarrega-se do meio para o fazer. *B* pretende que seja uma pistola e não qualquer outro instrumento, mas *A*, sem nada revelar, leva para o local da "execução" uma granada de mão que lança na direção da vítima, a qual acaba por morrer atingida em cheio pelos estilhaços. Apenas *A* deverá ser condenado por homicídio qualificado em razão do meio de perigo comum que utilizou (alínea *h*) do nº 2 do artigo 132º). Na falta de dolo de *B* quanto à granada e a sua natureza de meio de perigo comum, apenas deverá ser-lhe imputado o homicídio simples do artigo 131º.

VI. Homicídio privilegiado: artigo 133º

Artigo 133º: "Quem matar outra pessoa dominado por compreensível emoção violenta, compaixão, desespero ou motivo de relevante valor social ou moral, que diminuam sensivelmente a sua culpa, é punido com pena de prisão de um a cinco anos.

Ideia-chave: Os fundamentos do privilégio assentam em motivos ligados ao agente, que contam unicamente para a culpa: o artigo 133º tem o seu lugar próprio em situação de **exigibilidade diminuída**: é este o fundamento único do privilégio. Daí que o *tipo* do homicídio doloso não se associe a este privilegiamento, essencialmente porque o bem jurídico protegido (a vida humana) recusa uma menor valoração e o próprio desvalor da ação é idêntico ao de qualquer outra forma de "matar outra pessoa, *dolosamente*" – o aspeto que se destaca é este, de os elementos típicos constarem, todos, do artigo 131º, enquanto crime fundamental da tutela da vida. Como dizia Kadecka nas discussões havidas para alteração do código austríaco, "entre matar e matar não há diferença alguma; a diferença reside apenas na culpa"[109].

Ideia-chave: Por regra, o afeto não influencia a capacidade de ação, uma vez que o agente, ainda que *dominado* (no artigo 133º não basta ter sido "influenciado") por uma violenta emoção (sujeita à cláusula da compreensibilidade), por desespero, etc., *pode orientar os seus movimentos de acordo com a vontade*.

---

[109] Embora, analisada a ação pelo prisma da ilicitude, se encontrem casos em que esta sai "reforçada" – trata-se de um conceito graduável que todavia não implica com o privilegiamento próprio do artigo 133º.

Ideia-chave: Por conseguinte, qualquer dos diversos fatores que comprovadamente tenha "dominado" aquele que mata outra pessoa há de convergir apenas numa situação de exigibilidade, diminuindo sensivelmente a culpa do agente, mas já não, por ex., a ilicitude do facto. Considerado o facto na sua integralidade, a diminuição "sensível" da culpa do agente não pode associar-se por ex. a uma imputabilidade diminuída, mas, como escreve o Prof. Figueiredo Dias,[110] "unicamente a uma exigibilidade diminuída de comportamento diferente". Como critério normativo, releva uma personalidade (uma atitude) fundamentalmente leal ao direito: "grundsätzlich rechtsloyaler Gesinung".

Não cabem no artigo 133º – ou não cabem sem mais – entre outras possíveis, as seguintes manifestações de afeto ou semelhantes:

- Os casos de excesso de legítima defesa resultante de perturbação, medo ou susto (artigo 33º);
- Quando a culpa é afastada por anomalia psíquica, nas condições referidas no artigo 20º (*inimputabilidade*);
- Como o privilegiamento do artigo 133º não tem na sua base uma qualquer anomalia psíquica – "a perturbação psíquica em que a emoção violenta se traduz não só é transitória como não tem origem patológica", observa Augusto Silva Dias – as situações de semi-imputabilidade ou de *imputabilidade diminuída* são-lhe igualmente alheias, encontrando guarida nos quadros dos artigos 20º e 131º;
- Quando não for de exigir ao agente, segundo as circunstâncias do caso, comportamento diferente (artigo 35º);
- Quando a integração se reconduz imediatamente aos artigos 131º e 72º, nº 2, alínea b), em resultado de *provocação injusta*, pois a mesma motivação não pode relevar simultaneamente para o homicídio privilegiado e para a atenuação especial (*proibição de dupla valoração*);
- Quando a mãe mata o filho durante ou logo após o parto sob a influência traumática deste (artigo 136º);
- Podem aliás enfileirar-se outras constelações de motivos, como os estímulos produzidos pelo consumo de álcool;
- Também os estados passionais como o ciúme não cabem sem mais na previsão do artigo 133º. Os estado passionais só relevam, no âmbito do artigo 133º, se se configurarem como casos de exigibilidade diminuída, o que exige do juiz um esforço no sentido de determinar "em que medidas

---

[110] Com uma precisão: a de se tratar da verificação no agente de um *estado de afeto*, que pode, naturalmente, ligar-se a uma diminuição da imputabilidade ou da consciência do ilícito, mas que, independentemente de uma tal ligação, opera sobre a culpa ao nível da exigibilidade.

as circunstâncias que deram origem à emoção violenta podem diminuir a culpa, e tal transcende a perspetiva pela qual os factos passionais têm sido abordados";[111]
- O privilégio não fica condicionado ao valor ético social das causas exteriores da emoção. Fernanda Palma entende que mesmo o socialmente desrazoável pode ser compreensível. E dá o caso de Otelo cujo comportamento se compreende, não pela razão do mesmo, mas em virtude da intensidade da emoção[112].

1. Emoções; dinâmica dos estados de afeto

a) A emoção é geralmente descrita como uma perturbação afetiva intensa e breve, que via de regra se desencadeia de modo imprevisto[113], provocada como reação a certos acontecimentos, acabando por predominar sobre as demais atividades psíquicas.

Catalogam-se como emoções o medo, a ira, a alegria, a aflição, a gratidão, o desgosto, a compaixão, a inveja, o desespero, o espanto, a surpresa, a vergonha, o prazer erótico, etc.[114] Umas são emoções asténicas (medo, desespero); outras esténicas (furor, cólera, irritação).

Ao tema aparece associada a designação de **estados de afeto**[115], quando as emoções – que exprimem afetos e normalmente têm caráter transitório – acabam por se prolongar no tempo. O agente em estado de afeto fica inescapavelmente amarrado a uma determinada reação. Entra num "túnel de afeto" de que só se

---

[111] Curado Neves, *RPCC* 2001, p. 192.
[112] Fernanda Palma, *Parte Especial*, nota 1, p. 84, referido por Teresa Quintela de Brito, *Homicídio privilegiado: algumas notas*, p. 902. Este passo refere-se a uma das obras dramáticas de Shakespeare. O pérfido Iago, com as suas intrigas, induz em Otelo um ciúme profundo e enlouquecedor. O bravo Otelo, vencedor de tantos combates, prostra-se vencido, possuído do mais mesquinho e virulento sentimento de ciúme em relação à bela Desdémona.
[113] Um autor alemão, K. A. Hall, *Fahrlässigkeit im Vorsatz*, p. 39, faz a seguinte aproximação, ao tratar do crime em estado de afeto e do crime negligente: "Der Affekttäter tötet unversehens, der Fahrlässige tötet aus Versehen". O efeito perde-se na tradução, que dá mais ou menos o seguinte: "O criminoso por afeto mata de improviso (*unversehens*); quem causa a morte por negligência age descuidadamente (*aus Versehen*).
[114] As emoções ditas universais são: alegria, tristeza, medo, ira, surpresa e aversão. Numa obra de Bitti/Zani, *A comunicação social como processo social*, p. 171, pode observar-se o *diagrama das emoções* elaborado por Schlossberg: determinação, medo, sofrimento, surpresa, felicidade, alegria, amor, desprezo, desgosto, ira. As polaridades são dadas por agrado/desagrado e rejeição/atenção: qualquer expressão facial pode ser representada por uma combinação destes fatores polares.
[115] O que chamamos de afetividade aproxima-nos do que sejam os "estados de alma": as emoções, os sentimentos, as paixões... Compaixão e desespero, presentes no artigo 133º, são sentimentos, "mas não necessariamente sentimentos intensos e breves como são as emoções", Curado Neves, *A Problemática da Culpa nos Crimes Passionais*, p. 700.

sai pela descarga, faltando-lhe a possibilidade de encontrar qualquer outra saída que não seja o crime[116].

b) Interessam-nos agora, apenas e só, determinados fatores, enumerados no artigo 133º, que operam sobre a culpa ao nível da exigibilidade.

O seu principal campo de aplicação oferece uma estreita perspetiva relacional entre autor e vítima, também esta implicada[117] na intensificação dos aspetos afetivos de que resulta essa diminuição da culpa. O privilegiamento supõe normalmente emoção e conflito: acontece sobretudo nas relações de vizinhança, parentais e familiares. Outra característica consiste em não ser o agente pessoa perigosa, mas um ser igual a tantos outros fiéis ao direito, que a pressão de circunstâncias exteriores, em certas situações da vida, acaba por sujeitar em elevada medida. A emoção e o afeto não transportam consigo um valor de doença. Ligam-se, de resto, a personalidades inteiramente sãs.

A fenomenologia e a estrutura dos fatores demarcados no artigo 133º mostram que as situações em que se envolvem ficam aquém das previstas no artigo 20º, nºs 1 e 2, quando o inimputável em razão de anomalia psíquica age *sem culpa* – por no momento do facto ser incapaz de avaliar a ilicitude do facto ou de se determinar de acordo com essa avaliação[118].

Age igualmente *sem culpa* quem pratica um facto nas circunstâncias referidas no artigo 35º (estado de necessidade desculpante) ou em excesso de legítima defesa resultante de perturbação, medo ou susto (todos eles reconduzíveis a um estado emocional asténico) não censuráveis (artigo 33º, nº 2).

c) O artigo 133º não representa um tipo de *des*culpa. O que a ele preside é a *diminuição da culpa*. Se os motivos diminuem de forma sensível a **exigibilidade** de outro comportamento (circunstâncias que terão de ser caracterizadas caso a caso, intervindo elementos normativos que terão associadas circunstâncias psicológicas), aplicar-se-á, desde que convirjam todos os fatores exigíveis, o privilegiamento do artigo 133º.

De modo diferente – e só em situações de **inexigibilidade**, capazes de *excluir* a culpa – se aplicará o artigo 35º: quando não for razoável exigir ao agente, *segundo as circunstâncias do caso*, comportamento diferente.

d) Não se confunda, já agora, o homicídio privilegiado de que tratamos com outras reações que também não gozam do privilégio da diminuição da culpa,

---

[116] Sobre este ponto, R. Moos, "Die Tötung in Affekt im neuen österreichischen Strafrecht", *ZStW* 89, p. 813.

[117] Embora essa implicação seja às vezes peculiar, como se verá mais adiante, no caso julgado pela Relação de Évora (a vítima não tinha a ver com o caso, foi nele "envolvida", por, à passagem da "amiga", se encontrar no local à hora errada).

[118] Interessará, porventura, proceder à comparação com situações que levam à diminuição da imputabilidade (artigo 20º).

como é o exemplo do ladrão que na fuga, para não ser apanhado, em estado de *pânico*, atira a matar contra quem o persegue; ou o do automobilista que, por *medo* das consequências, foge após ter provocado um acidente de trânsito com vítimas. Pode muito bem acontecer que nem o ladrão nem o causador do desastre estejam em condições de se orientar conforme à realidade, por no caminho se terem interposto os fatores de celeridade em que tudo decorreu. Deste modo, só podemos reconhecer que tanto a um como ao outro se impunha a escolha duma alternativa razoável na solução do conflito – a um impunha-se não reagir contra quem o perseguia; ao outro estava indicado que prestasse auxílio à vítima do acidente que eventualmente acabou por morrer. Trata-se de situações de afeto no contexto de diferentes normas,[119] podendo nós alinhar, ainda, o caso daquele que, por *medo*, mata depois de imprevistamente ter sido reconhecido pela vítima de um crime por ele cometido (caso da alínea *g*) do nº 2 do artigo 132º, que sempre terá de passar pelo crivo do respetivo nº 1).

e) Como fomos adiantando, qualquer dos fatores que comprovadamente tenha "dominado" aquele que mata outra pessoa há de convergir apenas numa situação de exigibilidade, diminuindo sensivelmente a culpa do agente, mas já não a ilicitude do facto. Considerado o facto na sua integralidade, a diminuição "sensível" da culpa do agente não pode associar-se por ex. a uma imputabilidade diminuída, mas, como escreve o Prof. Figueiredo Dias,[120] "unicamente a uma exigibilidade diminuída de comportamento diferente". Na emoção violenta (mas só neste caso, não assim quanto aos estados de compaixão ou desespero) a "compreensibilidade" da emoção representa uma exigência adicional (um autêntico juízo de valor) relativamente ao puro critério da menor exigibilidade subjacente a todo o preceito. Do que fica dito, podemos inferir que o *tipo* do homicídio doloso não se associa a este privilegiamento, essencialmente porque o bem jurídico protegido (a vida) recusa uma menor valoração e o próprio desvalor da ação é idêntico ao de qualquer outro homicídio: "matar outra pessoa, *dolosamente*". Por regra, a emoção não influencia a capacidade de ação, uma vez que o agente, ainda que *dominado* por uma violenta emoção, por desespero, etc., *pode orientar os seus movimentos de acordo com a vontade*. O afeto não pertence ao tipo – não se envolve na questão de saber o que é que o agente quis, mas apenas na maneira como o querer agir se materializou.

Anotam-se no entanto casos excecionais, de algum modo semelhantes à embriaguez, em que, devido a uma emoção extremamente violenta, pode já

---

[119] Sobre o assunto, Günter Blau, "Die Affekttat zwischen Empirie und normativer Bewertung", *Festschrift für Herbert Tröndle*, p. 110.
[120] Com uma precisão: a de se tratar da verificação no agente de um *estado de afeto*, que pode, naturalmente, ligar-se a uma diminuição da imputabilidade ou da consciência do ilícito, mas que, independentemente de uma tal ligação, opera sobre a culpa ao nível da exigibilidade.

excluir-se a capacidade de ação, por espasmo ou paroxismo corporal. Dá-se o exemplo daquele que vendo a sua mulher cair à água, "deixa" que a mesma se afogue dominado por violenta emoção que, de acordo com as circunstâncias envolventes, é afinal compreensível. O omitente deixa-se ficar, incapaz de reagir, pelo que dificilmente se verá aí o começo de uma relevante situação omissiva (artigo 10º).

2. Os elementos privilegiadores

a) A lei é expressa quanto à exigência de o agente atuar "dominado" por compreensível emoção violenta, compaixão, desespero, ou por um motivo de relevante valor social ou moral. Deparamos com algo semelhante a uma especial qualidade do agente, circunstância que (nesse sentido) imprime à norma dos artigos 131º e 133º a natureza de *crime específico*: qualquer comparticipante é punido segundo a sua culpa, independentemente da punição dos outros comparticipantes (artigo 29º).

Tanto Moos, no *Wiener Kommentar*, como Figueiredo Dias, no *Conimbricense*,[121] entendem que se o homicídio se torna privilegiado por força de circunstâncias que atuam ao nível da *culpa*, "então é perfeitamente possível que um *comparticipante* deva ser punido por homicídio privilegiado, outro por homicídio simples ou qualificado". Não se trata necessariamente de uma especificidade duradoura[122], mas de um autêntico e poderoso movimento emotivo que, se por um lado desencadeia o facto, permanece vivo enquanto dura a sua execução. Pode no entanto acontecer que a prolongada determinação de cometer o crime contribua para descaracterizar qualquer estado afetivo relevante.

b) Para o artigo 133º não se exclui que o agente, na sua exaltação, corra para casa e traga consigo uma arma: isto se durante a decisão de cometer o crime e a ação criminosa o agressor estiver dominado por um dos fatores que a lei enumera, em termos de exigibilidade diminuída; que portanto ambos os momentos estejam cobertos pela "tormenta" emotiva. Se a morte ocorre em momento posterior ao descrito, o crime não logra privilegiamento e pode até resultar qualificado. Isso acontece especialmente:

– Se o agente toma a decisão homicida definitiva ainda antes do desencadear da situação de afeto;

---

[121] Moos, *Wiener Kommentar*, p. 43; Figueiredo Dias, *Conimbricense* I, p. 53.
[122] Sendo certo que, tal como pretende Curado Neves, *A Problemática da Culpa nos Crimes Passionais*, p. 700, "compaixão e desespero são sentimentos, mas não necessariamente sentimentos intensos e breves como são as emoções".

– Se, não obstante a decisão definitivamente tomada, o agente "recupera" de algum dos motivos enumerados na lei antes de cometer o facto.

c) A norma do artigo 133º contém quatro elementos de natureza afetiva – onde especialmente releva a emoção violenta, acompanhada da compaixão e o desespero, bem como um motivo de relevante valor social ou moral – e além deles duas cláusulas de valoração dos casos de privilegiamento do homicídio doloso, cujas características típicas o artigo 131º descreve e que deverão encontrar-se comprovadas. A especial diminuição da culpa[123] – privilegiamento – tem:

– um primeiro fundamento na exigência de que a emoção violenta seja "compreensível" (circunstância que se não estende aos restantes três tipos);
– depois, que o efeito diminuidor da culpa seja, em todos os casos, "sensível";
– por fim, a comprovação de ter o agente atuado *dominado* por qualquer dos elementos referidos, incluindo a compaixão ou o desespero, ou por um motivo de relevante valor social ou moral.

Como reconhece o acórdão do STJ de 14 de julho de 2010, no processo nº 408/08.3, *relator*: Conselheiro Raul Borges,[124] as cláusulas previstas no artigo 133º "não funcionam automaticamente, por si mesmas e em si mesmas, não bastando para privilegiar o crime a verificação do elemento privilegiador, exigindo uma conexão com uma concreta situação de exigibilidade diminuída por eles determinada, por isso a lei é expressa ao exigir que o agente atue 'dominado' por aqueles estados ou motivos".

3. Compreensível emoção violenta

a) Uma primeira possibilidade de privilegiamento decorre de o agente matar outra pessoa dominado por emoção violenta, devendo *esta* ser compreensível.

Fala-se, a propósito, de "um estado de exaltação, de arrebato súbito, de ira ou fúria que limita a capacidade de o agente se motivar concretamente pela proibição"[125]. Ou de um *forte* estado emocional "provocado por uma situação pela

---

[123] Diminuição, mas nunca a exclusão da culpa, insiste-se. Como se deixou dito, a desculpa é própria do artigo 35º, nº 1, quando não seja razoável exigir do agente, segundo as circunstâncias do caso, comportamento diferente; também em caso de excesso de meios empregados em legítima defesa (artigo 33º, nº 2) a desculpa só opera se o excesso resultar de perturbação, medo ou susto "não censuráveis". No caso do artigo 133º estaremos perante uma exigibilidade diminuída; a exclusão da culpa determinada pelas situações previstas nos artigos 35º, nº 1, e 33º, nº 2, liga-se a autênticas situações de inexigibilidade.
[124] Por remissão para Figueiredo Dias, *Conimbricense* I, p. 48.
[125] Cf. Augusto Silva Dias, *Crimes contra a vida e a integridade física*, 2ª ed., 2007, p. 38.

qual o agente não pode ser censurado e à qual também o homem normalmente 'fiel ao direito' [o indivíduo respeitador da lei, ou, mais exatamente, conformado com a ordem jurídico-penal], não deixaria de ser sensível"[126].

A emoção violenta (diversamente do que acontece com as restantes cláusulas) submete-se àquilo que Teresa Serra[127] chama uma "dupla exigência que se configura como um duplo controlo": por um lado, tem de ser compreensível; a mais disso, tem de diminuir sensivelmente a culpa do agente.

Detenhamo-nos, por momentos, na exigência de compreensibilidade.

Fixando-se especialmente na "provocação injusta ou ofensa imerecida", da última parte da alínea *b*) do nº 2 do artigo 72º, procurou uma parte significativa da jurisprudência, desde o início da vigência do CP de 1982,[128] interpretar a nova lei à luz do disposto no direito anterior, entendendo que o privilegiamento do homicídio continuava a ter como pressuposto essencial a *provocação* da vítima. Nesta base, o Supremo, dando relevo à figura da *proporcionalidade*, entendia que, por ex., a mesma não se verificava quando os valores em confronto são a violação dos deveres conjugais e a vida da vítima, que o agente suprimiu, atribuindo a esta um valor de mais elevado grau. A emoção violenta só seria compreensível quando tivesse na sua base uma *provocação* proporcionada ao próprio crime de homicídio. Por outro lado – e este aspeto nem sempre foi objeto de suficiente atenção –, os tribunais, de um modo geral, lançavam as suas vistas apenas sobre a primeira alternativa do artigo 133º (compreensível emoção violenta), ignorando as segundas, terceira e quarta alternativas (compaixão, desespero e motivo de relevante valor social ou moral), "chegando a encontrar-se decisões que negam autonomia a estas", como – com inteira razão – acentua João Curado Neves[129].

Para a doutrina, "a procura de critérios concretos de compreensibilidade na resolução dos casos é o único caminho para a correta interpretação e aplicação" do artigo 133º, o qual "representa um elemento importante do caráter humanista e eticista do Código Penal"[130]. Daí o comentário de Curado Neves, de estar em causa não a gravidade da provocação, "mas a da situação que cria e que leva à diminuição da exigibilidade. A exigência de causalidade entre provocação e homicídio desvirtua as finalidades do privilegiamento". Teresa Serra, em sintonia com Costa Pinto, é por seu turno de opinião que a referência à provocação da vítima ou a

---

[126] Figueiredo Dias, *Conimbricense* I, p. 50; Kienapfel, *Grundriss* BT I, 3ª ed., 1990, p. 19, e Moos *Wiener Kommentar*, p. 30 e s.
[127] Teresa Serra, *Jornadas* 1998, p. 140
[128] O artigo 133º, ainda que levado ao código de 1982 como parte do "corte radical" – "altamente salutar", como se salienta na Introdução – "com o sistema tradicional", começou por ser entendido como concorrente do sistema de atenuação especial consagrado no artigo 72º.
[129] João Curado Neves, "O homicídio privilegiado na doutrina e na jurisprudência do Supremo Tribunal de Justiça", *RPCC* 11 (2001).
[130] Amadeu Ferreira, *Homicídio Privilegiado*, 1991, p. 146.

critérios de proporcionalidade não encontra no preceito do artigo 133º o mínimo de correspondência que permita fundar uma tal interpretação,[131] conclusão que nos parece inteiramente de aceitar.

Mais recentemente, o STJ *não exigiu* uma adequada proporcionalidade entre o facto injusto ("provocação") da vítima e o ilícito do agente "provocado". Diz-se por ex. no acórdão do STJ de 29 de março de 2000, proc. nº 00P027, *relator*: Conselheiro Armando Leandro: a compreensibilidade, *embora não exija uma adequada proporcionalidade* entre o facto injusto ("provocação") da vítima e o ilícito do agente "provocado", "pressupõe, sempre, uma relação entre a emoção violenta e as circunstâncias que a precederam e lhe deram causa, relação nem sempre demonstrável do ponto de vista objetivo mas que tem de se apresentar como não desvaliosa e com suficiente gravidade e intensidade para impedir ou limitar a expressão das intenções normais do agente, ou seja, estorvando o normal cumprimento dessas intenções, como pressuposto de redução de exigibilidade. A gravidade e intensidade das razões que ocasionaram a emoção violenta devem ser avaliadas por referência a um homem médio com determinadas características que o agente concreto possui, uma vez que a importância dos bens jurídicos em causa não aconselha a que se dispense um qualquer cunho objetivo da "compreensibilidade".

O acórdão, como se vê, remete para a figura do "homem médio", mas o recurso a este critério (mesmo quando não se limita a um ser prototípico ou ideal) levanta problemas e dificuldades, atenta a diversidade dos casos, dos factos que rodearam o evento e das pessoas envolvidas. Um critério impreciso e gerador de muitos mal entendidos – diz dele João Curado Neves. Certo que se leva em conta a personalidade do autor e nesse caso importará indagar como teria reagido uma pessoa de um meio, de uma educação e de uma mentalidade análogas. Logo se vê a necessidade de deslindar a que padrão de comunidade jurídica pertence o agente – qual a sua origem, idade, profissão e condições vivenciais.

No artigo 133º a emoção violenta é a causa determinante do crime. Poderá ter-se detetado uma provocação por parte da vítima (...foi a ofensa da vítima que gerou a emoção violenta...) que mesmo assim essa circunstância não concorre nem releva autonomamente. Nem sequer assume relevo, como expressamente escreve Figueiredo Dias,[132-133] "a questão de saber se na origem do estado emocional

---

[131] Teresa Serra, *Jornadas* 1998, p. 142.
[132] Figueiredo Dias, *Conimbricense* I, p. 51. A provocação em si foi arredada dos fundamentos do privilegiamento, observa Curado Neves, *ob. cit.*, p. 701 – "atualmente é apenas contemplada como fundamento possível da atenuação especial, na alínea b) do nº 2 do artigo 72º, Mas releva ainda para o artigo 133º, não como seu pressuposto objetivo mas como fator de surgimento de emoção violenta; é agora um fundamento indireto do privilegiamento, na medida em que permite tornar compreensível a emoção que desencadeou".
[133] Não aplicaremos o artigo 133º se o agente do homicídio preordenou a ofensa da vítima. Se o fez, se dessa forma propositadamente criou em si um estado emocional que lhe suavizasse o caminho para dar a morte ao outro, não pode beneficiar do disposto no artigo 133º

esteve um qualquer comportamento ilícito ou injusto do próprio agente, surgindo a 'provocação' como resposta ou retorsão". Consequentemente, compreensível emoção violenta será "um forte estado de afeto emocional provocado por uma situação pela qual o agente não pode ser censurado e à qual também o homem normalmente 'fiel ao direito' não deixaria de ser sensível". Não se trata aqui de qualquer valoração social[134] ou (muito menos) moral do estado de afeto, mas apenas a sua verificação. "O elemento da compreensibilidade tem de ser, além disso, apreendido nas suas *conexões objetivas de sentido*[135]. Também Stratenwerth diria que, para ser compreensível, a emoção violenta deverá ser uma tal que, nas mesmas circunstâncias excecionais, supostamente "poria fora de si" qualquer indivíduo respeitador das leis ou simplesmente "normal". A teoria ética ou objetiva supõe um juízo de valor favorável ao autor com respeito aos aspetos externos. Não basta, para que uma emoção seja compreensível, que a mesma seja psicologicamente explicável: ela deverá surgir como objetivamente justificada pelas circunstâncias externas[136].

Face à apontada exigência de a violenta emoção ser compreensível e ademais ter de diminuir sensivelmente a culpa do agente, não bastará uma qualquer emoção. A norma *pôs de pé* uma construção que obriga – até onde for possível, pois há fatores que "teimam" em ficar no escuro – as condições em que se manifestou a atitude.

A emoção violenta não garante efeito desculpante e o que pode diminuir a pena é só a compreensibilidade da emoção.

Quanto à génese da emoção, "tudo dependerá de, numa avaliação conjunta e global da situação, o julgador concluir que a emoção violenta compreensível diminuiu sensivelmente a culpa do agente"[137]. Imagine-se um caso de humilhação prolongada na base de uma reação espontânea: dominado pelo afeto, o agente "deixa-se levar".

Aceita-se pois a existência de emoções violentas compreensíveis e emoções violentas não compreensíveis – um homicídio enquadrável no artigo 131º pode muito bem ser cometido em estado de ardorosa emoção e sob a sua influência e muitas vezes isso acontece sem que a emoção diminua sensivelmente a culpa. O facto é sempre incompreensível – não obstante, a emoção pode ser compreensível, e é só disso que se trata.

---

[134] Desenvolvidamente, sobre o modelo social do agente e o afastamento do padrão do homem médio ou do papel, Augusto Silva Dias, *Crimes contra a vida e a integridade física*, 2ª ed., 2007, p. 40 e s.

[135] Importante é que, deste modo, ainda fica "espaço autónomo de funcionamento do critério de menor exigibilidade (sensível diminuição da culpa)", evitando-se a inutilização da cláusula da compreensibilidade".

[136] G. Stratenwerth, *Schweizerisches Strafrecht*, BT I, 4ª ed., 1993, p. 31; e Hurtado Pozo, *Droit pénal, Partie spéciale* I, 3ª ed., 1997, p. 45 e s.

[137] Figueiredo Dias, *Conimbricense* I, p. 51.

A **intensidade** da emoção é descrita na norma pelo termo "violenta", uma circunstância fáctica que obriga igualmente à sua comprovação, para o que poderão concorrer a energia com que se desenrola e a duração do afeto em confronto com as qualidades de caráter do agressor, que bem pode ser um exaltado colérico.

b) Entende-se geralmente que a compreensibilidade pode ser afastada se o estado de afeto for causado pelo próprio agente,[138] situação que não tem de coincidir com os casos de preordenação a que acima fizemos referência. Por outro lado, a compreensibilidade respeita apenas à emoção e não ao facto praticado – nem se deve confundir com a intensidade da mesma.

Caso nº 29   *A* foi informada por uma tal *M* que *F*, morador na mesma localidade, se andava a gabar de se pôr nela. Exaltada, *A* foi buscar a espingarda do marido e dirigiu-se a casa da mulher do *F*. No caminho, *A* encontrou Ana, a quem perguntou onde morava a mulher do *F*. Ana respondeu que esta não estava em casa e colocou-se à frente de *A*. *A* carregou a arma e disparou um tiro contra Ana que veio a falecer dois dias depois no hospital. Na altura dos acontecimentos, *A* encontrava-se extremamente exaltada e indignada, devido a ter-se sentido atingida na sua honra e dignidade pelos factos que lhe haviam sido contados pela *M*.

A Relação de Évora, por acórdão de 4 de fevereiro de 1997, *RPCC* 1998, p. 279, respondeu negativamente à questão da existência de uma compreensível emoção violenta e de um motivo de relevante valor social e moral. Entendeu-se que se a vítima tinha sido alheia ao desencadear da situação faltava um nexo de causalidade entre o estado emotivo e a prática do crime. Concluiu-se que a diminuição sensível da culpa só se verifica quando o agente mata *a pessoa causadora da emoção violenta*, e não qualquer outra pessoa.. *A* foi condenada pelo crime do artigo 131º, conjugado com o artigo 72º, nº 2 (atenuação especial: 4 anos e 10 meses de prisão).

---

[138] A propósito da reprovabilidade dos motivos do agente, pode citar-se o acórdão do STJ de 5 de fevereiro de 1986: um automobilista matou o camionista que anteriormente lhe dificultara a passagem, guinando o camião para a esquerda da faixa por onde o primeiro seguia. Houve depois outras peripécias, até que o camionista parou para descarregar a mercadoria, altura em que ambos discutiram de forma acesa. Concede Teresa Quintela de Brito que um homem do tipo social do agente certamente se sentiria profundamente exaltado ante este comportamento do camionista. No entanto, não aceita – não é de facto aceitável – uma sensível diminuição da culpa, dada a reprovabilidade da motivação do automobilista, "de pura retaliação". A partir daqui, a mesma autora conclui que a compreensibilidade da emoção "pressupõe a identificação de um observador do mesmo tipo social do agente coma emoção por este experimentada no momento do homicídio", identificação que "só se alcança por via do conhecimento das causas ou razões de tal emoção, nas concretas circunstâncias endógenas e exógenas em que se encontrava o autor" – assim se impede, em suma, que "emoções violentas devidas a motivos torpes ou fúteis desencadeiem o privilégio do artigo 133º". Neste sentido também Amadeu Ferreira e Curado Neves, este em *RPCC* 2001, p. 188.

No comentário de Costa Pinto pode ler-se que o tribunal devia ter atendido apenas à diminuição da culpa do agente e já não a qualquer "provocação" da vítima[139-140].

Não assume relevo a questão de saber se na origem do estado emocional esteve um qualquer comportamento ilícito ou injusto do próprio agente, surgindo a "provocação" como resposta ou retorsão. Na verdade, exige-se que além de compreensível, a emoção diminua sensivelmente a culpa. Em casos destes, tudo dependerá de uma avaliação conjunta e global da situação.

Caso nº 30   Acórdão do STJ de 27 de novembro de 1996 *BMJ* 461, p. 226.
A, homem casado, bem reputado no seu meio social e profissional, envolveu-se secretamente com uma mulher e começou a ser chantageado. Foi levado a entregar valores vultosos, em condições de autêntica extorsão. Em certa altura, A volta a ser procurado, com insistência pertinaz, por B, a pessoa que dele extorquira esses outros valores, que de novo lhe exigia muito dinheiro. A insistência deu-se através de súbita entrada no carro do A, de ameaça com exibição de pistola que lhe foi apontada e de telefonemas diversos, culminando numa ida a casa do A. Aí, B renovou as insistências por dinheiro, chegando ao ponto de até sobre a mulher de A exercer violência física. Em situação de pânico e desespero, A mune-se da pistola para com ela dominar B e entregá-lo à polícia, com quem já havia contactado. Mas B reage fisicamente, procurando dominá-lo. E o A mata-o a tiro.

[139] Começando também por colocar o acento tónico na *diminuição da culpa* para este efeito veja-se Figueiredo Dias, *Conimbricense*, p. 52. Pondera, além disso, que a exigência autónoma da diminuição sensível da culpa "tem sentido mesmo perante uma compreensível emoção violenta" sem provocação da vítima, o que pode acontecer em casos desta natureza, considerados na sua integralidade – da qual faz parte a pessoa da vítima. Também já a jurisprudência aceita que em qualquer dos motivos que amparam a solução do artigo 133º, **diminuição da culpa é o critério essencial** – a capacidade de determinação do agente encontra-se sensivelmente afetada, por estar a sua vontade condicionada por um dos estados ali elencados (veja-se o acórdão do STJ de 13 de outubro de 2010, processo nº 200/06.0 – 3ª secção, *relator*: Conselheiro Santos Cabral).

[140] Em "total desacordo" com Costa Pinto, posiciona-se João Curado Neves, *RPCC* 11 (2001). Quanto ao fundamento e natureza da atenuação, Curado Neves defende que a redução da culpa assenta numa menor exigibilidade do comportamento conforme a lei, e não na imputabilidade diminuída que nela vê a teoria dominante. "A lei tipifica as circunstâncias que podem levar à exclusão da culpa [artigos 33º e 35º], mas não faz o mesmo na atenuação da culpa, onde o legislador, por um lado, não restringe o quadro fático que justifica a motivação desculpante, por outro faz uma enumeração aberta dos motivos que reduzem a culpa, bastando-se com a exigência de que tenham relevante valor social ou moral". Diz mais: que "a lei controla apertadamente o tipo de circunstâncias que levam à isenção da responsabilidade penal, mas abre a possibilidade de reduzir a gravidade das sanções penais que não podem em si ser evitadas" (*A Problemática da Culpa nos Crimes Passionais*, p. 693). Compreende-se a possibilidade de leitura extensiva proporcionada por uma cláusula "aberta" na sua significação e alcance, como nos parecem todas as da série legal.

A disparou e *B* morreu. *A* agiu dolosamente. Dolo é decidir-se o agente pelo ilícito, é conhecimento e vontade de realização do tipo. *A* sabia que matava *B*, com a sua descrita atuação, e quis isso mesmo, ficando preenchido o ilícito-típico contido no artigo 131º. A mais disso, devemos considerar (ao nível da *culpa*) os elementos que contribuem para caracterizar de forma mais precisa a *atitude interna* do autor perante o direito, atualizada no facto. Foi nessa perspetiva que o tribunal condenou *A*, como autor de um crime de homicídio privilegiado do artigo 133º, na pena de dois anos de prisão. O STJ confirmou integralmente a decisão da 1ª instância, por se ter comprovado a *forte diminuição de culpabilidade* que se verifica quando o agente é dominado por emoção violenta, desde que esse estado de espírito seja compreensível. Tal circunstância levou-o à prática do ato criminoso traduzida na perturbação provocada por uma situação que exclui o controlo dos instintos normais da personalidade. O que está em questão não é uma eventual inimputabilidade, mas uma situação conflitiva (um forte estado de afeto emocional) que, *não chegando para legitimar a conduta do agente*, ainda assim, por diminuir sensivelmente a sua *culpa* – em face da reconhecida exigibilidade diminuída de conduta diferente – determina o privilégio sancionatório.

Caso nº 31   *A* suspeitava de que *B*, sua mulher, de quem estava separado de facto havia alguns meses, mantinha relações de sexo com um seu cunhado *C*. Certo dia, *A* verificou que *B* e *C* se encontravam juntos na mesma casa e foi procurar uma sua irmã, *D*, casada com *C*. Cerca de duas horas depois, *A* e a irmã acercaram-se daquela casa e levantando uma persiana, viram *B* e *C* na cama, mas sem estarem, concretamente, a ter relações de sexo. *A* partiu então o vidro da janela, e empunhando a pistola de que se munira previamente, e que carregara e mantinha pronta a disparar, disparou, pelo menos duas vezes, quando *B* e *C* se preparavam para fugir do quarto. Um desses disparos atingiu *C* na região fronto-parietal esquerda, o outro atingiu *B* na mama esquerda, introduzindo-se na parede abdominal. *A* decidiu-se a matar *B* e *C* quando verificou que ambos se encontravam deitados na cama do quarto onde os foi procurar. Atuou de modo livre, deliberado e consciente, pretendendo tirar a vida a *B* e a *C*. Estes, todavia, foram socorridos e sobreviveram.

O Supremo (acórdão de 18 de setembro de 1996, *BMJ* 459, p. 282) foi (ainda) sensível à inexistência de uma adequada relação de proporcionalidade entre o facto injusto do provocador e o facto ilícito do provocado, precisando que "verificada a desproporção entre o facto injusto e a reação de agressão, *nunca* a emoção pode ser compreensível"[141]. Teve igualmente por ajustado que para que se verifique a diminuição da culpa é necessária a existência de uma estrita contemporaneidade entre as circunstâncias e o ato praticado, pelo que o decurso de um grande lapso de tempo destrói o efeito atenuativo. De facto, em casos destes, a possibilidade de o homicídio ser produto de uma decisão refletida e amadurecida encontra-se mais perto da frieza de ânimo (com possível efeito indiciador da maior culpa) do que de qualquer das causas de atenuação elencadas no artigo 133º. Se o homicídio foi consumado a sangue-frio, a emoção violenta encontra-se completamente ausente. Se porém encararmos o desespero como tendo na sua base um "humilhação prolongada" a razão do cometimento do crime poderá, no limite, levar à diminuição da culpa do agente, se, além de "provocado", o agente tiver atuado "dominado" por um tal estado ou motivo.

4. A compaixão

É um estado de afeto ligado à solidariedade ou à comparticipação no sofrimento de outra pessoa. Com a sua introdução no Código pretendeu-se impedir que os tribunais deixem de punir a eutanásia ativa com recurso ao princípio da não exigibilidade (*Atas*). Cabem certamente aqui certas soluções de eutanásia, sempre que eles preencham o tipo de ilícito do artigo 133º, embora não o do artigo 134º, por faltar o "pedido da vítima", tal como ele aparece desenhado nesta última disposição. A compaixão está prevista como forma de privilegiamento por transportar um sentimento de altruísmo (efeito asténico) do agente em relação à vítima, o que torna o seu facto menos censurável. No acórdão do STJ de 13 de outubro de 2010, processo nº 200/06.0 – 3ª secção, *relator*: Conselheiro Santos Cabral, pressupõe-se uma certa proximidade e mesmo a intimidade entre o agente e a vítima, a que não será também alheia uma inteira confiança: "Ao contrário da primeira circunstância, a compaixão não surge como uma emoção, não advém de um estado de perturbação, mas como uma razão. Todo este contexto pressupõe uma certa proximidade e mesmo intimidade entre o agente e a vítima".

5. O desespero

No desespero despontam estados de afeto ligados à angústia, à depressão ou à revolta. Podem referir-se certos estados de humilhação prolongada (cf. o acórdão do STJ de 16 de janeiro de 1990, *BMJ* 393, p. 212); de suicídios da mãe que tenta matar-se com os filhos, para lhes poupar sofrimentos, mas que acaba por

---

[141] Itálico ausente do original.

sobreviver-lhes; ou da mãe que mata o filho para ocultar a desonra. Importará também distinguir estes casos dos que preenchem o tipo do artigo 134º ("homicídio a pedido da vítima").

O desespero, como o elemento que privilegia o crime, significa ausência total de esperança, e sentimento de absoluta incapacidade de superação das contingências exteriores que afetem negativamente o indivíduo, a falência irremediável das elementares condições para a manifestação da dignidade da pessoa. O desespero significa e traduz um estado subjetivo em que a angústia, a depressão ou as consequências de fatores não domináveis colocam o estado de afeto do sujeito no ponto em que nada mais das coisas da vida parece possível ou sequer minimamente positivo (acórdão do STJ de 28 de setembro de 2005, no proc. nº 05P2537; assim também o acórdão do STJ de 14 de julho de 2010, processo nº 408/08.3, 3ª secção, *relator*: Conselheiro Raul Borges).

6. O motivo de relevante valor social ou moral

Há na literatura listas mais ou menos extensas de situações deste tipo. Será o duelo para desafronta da honra (Atas, 1979, p. 30), em caso de adultério; o tiranicídio, executado por alguém de fora em favor da vítima; o abater de um louco, ou que se porta como tal – os casos que os alemães atribuem a um *Amok*, ou o homicídio da filha pelo pai, para a libertar da devassidão da droga ou da prostituição, como exemplifica Amadeu Ferreira. Segundo este autor, o motivo deverá configurar-se subjetivamente como "uma fonte de intensa pressão psicológica" que leva ao homicídio, diminuindo a censurabilidade do facto (menor exigibilidade de um comportamento diferente), sem que a situação contudo resvale para a imputabilidade diminuída.

7. A questão do ciúme

Caso nº 32   O *A* agrediu mortalmente *B*, sua mulher, após uma discussão resultante da recusa desta última em manter com ele relações sexuais. Cerca de uma hora depois da agressão (após ter lavado e guardado o punhal com que golpeara a vítima), e depois de constatar a morte da *B*, o *A* tentou suicidar-se na Ponte 25 de abril, sendo impedido disso por agentes policiais. O *A* suspeitava que a *B* tinha um envolvimento amoroso com outro homem, suspeitas que aumentaram, no dia dos factos, com a receção de mensagens constantes no telemóvel daquela e após ela lhe ter comunicado que tinha intenção de se divorciar, hipótese que era para ele inaceitável. O *A* amava a mulher e sente muito a sua falta.

O acórdão do STJ de 3 de outubro de 2007, proc. nº 2791/07, rejeitando a existência de uma compreensível emoção violenta, aceitou que os factos pudessem ser analisados no contexto do "desespero", "pois que configuram um 'crime passional', em que o agente mata o objeto da sua paixão por não poder conservá-lo só para si, quadro típico completado pela tentativa de suicídio subsequente (que, pela leitura da matéria de facto, deve ser entendida como autêntica, não simulada ou encenada)". Acrescentou, no entanto, que a verificação da causa específica de diminuição da culpa não basta para privilegiar o crime: "os estados ou motivos assinalados pela lei não funcionam por si e em si mesmos, mas só quando conexionados com uma concreta situação de exigibilidade diminuída por eles determinada".

Curado Neves[142] faz uma extensa análise do artigo 133º para concluir que os estados passionais não cabem sem mais na sua previsão. "O estado passional, em si, não é fonte de inexigibilidade na prática do facto homicida. Em contrapartida pode constituir um fator desculpante no caso de o agente passional, ao praticar o facto, procurar realizar uma finalidade que o direito considera legítima, como seja a libertação de uma relação pessoal da qual resulta a impossibilidade de levar uma vida digna e autónoma" (o agente não consegue encontrar outra forma de se libertar da situação de opressão, podendo aqui conjugar-se uma realidade condizente com a saída proporcionada pelo nº 2 do artigo 33º, mas só por via analógica). "Caso o ato de libertação seja provocado pela conduta intoleravelmente opressora da vítima, mas não lhe possa ser atribuída a incapacidade do agente para se libertar da situação de opressão, abre-se a possibilidade de aplicação do artigo 133º, na alternativa do desespero (se outra não resultar das circunstâncias específicas do facto)".

Esta solução para hipóteses residuais de factos passionais remete para um direito penal eticista, nos pressupostos de um estado de Direito.

Caso nº 33   A conduta do *A* seguiu-se a uma discussão entre ele e a vítima *B*, provocada pela manifestação de intenção por parte desta (e não era a primeira vez que o fazia) de se divorciar e deixar de residir com ele. No desenrolar dessa discussão, e vendo que não conseguia demover a vítima das suas intenções, o *A* agrediu-a com uma faca, dando-lhe seis golpes.

O acórdão do STJ de 17 de setembro de 2009, no processo nº 434/09, *relator*: Conselheiro Maia Costa, não encontrou os pressupostos de uma emoção violenta, a qual, mesmo a existir, nunca poderia ser "compreensível", já que lhe era exigível

---

[142] Curado Neves, *A Problemática da Culpa nos Crimes Passionais*, p. 694 e ss.

outro comportamento perante a atitude da B. Resumidamente: a ação homicida do A não foi provocada pelo comportamento, absolutamente compreensível, da vítima, ou de terceiros. Terá resultado da "incapacidade" do arguido em aceitar a decisão da vítima de pôr termo à relação conjugal. Nem um estado de "desespero" se pode aceitar, pois nenhuma circunstância se provou que diminua acentuadamente a sua culpa. Pelo contrário, a sua conduta encerra uma censurabilidade agravada e bem integrada foi no homicídio qualificado.

Caso nº 34 Não se configura um homicídio privilegiado se em face do facto praticado – no âmbito de uma relação de namoro com cerca de quatro meses, o arguido, ato imediato a ter mantido relação sexual com a namorada, exibe uma arma de fogo, pergunta-lhe se gostaria de a experimentar, questiona-a sobre se havia combinado encontrar-se com outro homem, dispara sobre ela a curta distância dois tiros, o primeiro com a vítima de costas, finalizando o intuito criminoso com o arremesso de várias pedras, visando preferencialmente a cabeça e mãos, depois de a ver prostrada no chão, onde a deixou abandonada – não é possível conceber que um homem normalmente fiel ao direito, por ciúmes, teria provavelmente agido de igual modo. Acórdão da Relação do Porto de 17 de março de 2010, *relatora*: Desembargadora Maria Deolinda Dionísio.

O acórdão do STJ de 17 de maio de 1995, *CJ* 1995, II, p. 201 (vd., também o acórdão do STJ de 5 de maio de 2005, *CJ* 2005, II, p. 189), ocupou-se do ciúme: este não é incompatível com a *frieza de ânimo* (atual alínea *j*) do nº 2 do artigo 132º), salvo no caso de flagrante delito de infidelidade[143]. Uma atuação eivada de sangue-frio, insensibilidade e desrespeito pela vida alheia preenche o requisito da "frieza de ânimo" (acórdão do STJ de 22 de março de 1995, *BMJ* 445, p. 123). Pode até integrar um "motivo fútil" (alínea *e*) do nº 2), como no caso daquele que matou o antigo companheiro de escola da mulher, quando soube que ambos tinham ido juntos ao cinema[144].

8. A pena

Para Augusto Silva Dias,[145] a moldura mais benigna do artigo 133º tem duas implicações. "À uma, a diminuição da culpa no homicídio privilegiado tem de ser

---

[143] Cf. Couto Soares Pacheco, *O ciúme*, Edições Afrontamento, 1998.
[144] Schütz, *JA* 2007, p. 23.
[145] Augusto Silva Dias, *Crimes contra a vida e a integridade física*, 2ª edição, p. 37.

mais acentuada do que no âmbito da atenuação especial do artigo 72º. À outra, a mesma motivação compreensível não pode ser ponderada simultaneamente no quadro do homicídio privilegiado e no da atenuação especial devendo funcionar aqui a proibição de dupla valoração prevista no artigo 72º, nº 3".

Mas nada impede que, determinada a medida da pena face ao artigo 133º, a pena seja depois especialmente atenuada face às regras especiais de determinação da pena contidas nos artigos 72º e 73º, solução que não implica com o princípio geral de proibição de dupla valoração, dado que o no artigo 71º, nº 2, se proíbe é que *o mesmo substrato* considerado para integração do artigo 133º seja de novo valorado para efeito de atenuação especial da pena[146]. Provocação injusta não se confunde com agressão ilícita que funciona como pressuposto de uma causa de justificação, a legítima defesa (artigo 32º). Mesmo a simples provocação não contém a carga valorativa da provocação injusta pelo que com ela não deverá ser confundida.

9. Problemas de concurso

Premeditação e privilegiamento. Admite-se, tanto no direito nacional,[147] como no direito penal suíço,[148] que a emoção violenta compreensível se compatibilize com um comportamento premeditado (indiciário de uma especial censurabilidade: artigo 132º, nºˢ 1 e 2, alínea *j*)). Decisivo é o facto de o autor, no momento de agir, se encontrar dominado por emoção violenta compreensível, em termos de diminuir a culpa. O Prof. Figueiredo Dias tem como perfeitamente possível que uma mãe solteira, dominada por compreensível emoção violenta, mate o seu filho – fora do caso previsto no artigo 136º – depois de ter refletido sobre os meios ou mesmo de ter persistido na intenção por mais de 24 horas. O que não pode acontecer é, no mesmo caso, coincidir uma especial censurabilidade ou perversidade com uma diminuição sensível da culpa do agente.

VII. Homicídio com provocação: artigos 72º, nºˢ 1 e 2, alínea *b*), e 131º

Caso nº 35 Por questões de trânsito, A travou-se de razões com M e N. Após insultos recíprocos, M e N dirigem-se na direção de A, brandindo os capacetes, tentando agredi-lo, quando este recuava, o que o levou

---

[146] Cf. *Conimbricense* I, p. 49 e Anabela Rodrigues, *A determinação da Medida da Pena*, p. 594 e ss., bem como Cristina Líbano Monteiro, *RPCC* 1996, p. 123.
[147] Figueiredo Dias, *Conimbricense* I, p. 54.
[148] Stratenwerth, *BT* I, e Hurtado Pozo, *Droit Pénal*, PE I, p. 48.

a ficar exaltado e enervado, *mas não deixando nunca de se aperceber das consequências dos seus atos* – como mais tarde o tribunal veio a averiguar – e a disparar três tiros na direção daqueles, com um dos quais atingiu *M*, a quem provocou lesões necessariamente determinantes da sua morte.

A disparou e *M* morreu. A morte foi produzida pelo tiro disparado por *A*, que agiu dolosamente. *A* sabia que matava *M*, com a sua descrita atuação, e quis isso mesmo. Não se mostram presentes quaisquer causas de justificação ou de desculpação. *A* cometeu, como autor material, um crime do artigo 131º. A moldura penal abstrata aponta pena de prisão de 8 a 16 anos. Tendo, porém, em atenção o comportamento de *M*, pode perguntar-se se não será caso de aplicar a **atenuação especial** do artigo 72º, nºˢ 1 e 2, alínea *b*), com o estatuto, geralmente reconhecido, de **válvula de segurança do sistema** para responder a casos ou situações realmente especiais: o tribunal atenua especialmente a pena quando existirem *circunstâncias anteriores ou posteriores ao crime, ou contemporâneas dele, que diminuam por forma acentuada a ilicitude do facto, a culpa do agente ou a necessidade da pena*. A **provocação** é uma circunstância atenuante inerente à culpa, baseada num estado de emoção, excitação e enervamento que, já os praxistas afirmavam e repetem os modernos códigos, é causado no agente por facto injusto de outrem, podendo diminuir mais ou menos fortemente a liberdade de avaliação e de determinação do provocado e conduzi-lo a usurpar e não esperar pelo exercício da função punitiva do Estado, vingando e castigando por suas mãos a ofensa. Se a provocação teoricamente não exclui, pelo menos diminui a liberdade e deve portanto, nessa medida, atenuar a pena[149].

Neste caso porém não se provou que *A* tenha agido em qualquer estado emotivo, de excitação, cólera ou dor, com as suas condições normais de determinação alteradas.

Não é aplicável a *circunstância modificativa* do artigo 72º.

O estado de exaltação e nervosismo em que *A* atuou não pode, no entanto, deixar de ser tomado na devida conta, mas só como **atenuante geral** da sua responsabilidade, no quadro do artigo 71º (medida da pena).

Caso nº 36   Acórdão do STJ de 7 de dezembro de 1999, *BMJ* 492, p. 159: Num café duma vila beirã, houve uma escaramuça inicial entre *A* e *B*, provocada por este; logo após a entrada do *A* no café, o *B* insistiu em humilhar e agredir o seu antagonista, dizendo-lhe, inclusivamente,

---

[149] Cf. Eduardo Correia, *Crime de ofensas corporais voluntárias*, parecer, *CJ*, ano VII (1982), tomo 1. A mais disso, veja-se, por ex., o acórdão do STJ de 11 de dezembro de 1996, *BMJ* 462, p. 207.

"Ah, ladrão, que te hei de matar", ao que o outro respondeu: "Se queres matar-me, mata-me". Pouco depois, o A voltou ao café, pediu água quente para descongelar o para-brisas do carro, regressou ali para devolver a garrafa vazia e pediu uma cerveja, tendo permanecido no interior do café até que este fechou e todos saíram. O A foi à frente, o B atrás e, saindo quase ao mesmo tempo, dirigiram-se cada um para os respetivos carros, estacionados do outro lado da rua. O B, que se encontrava manifestamente embriagado, foi ao seu carro donde retirou uma bengala. O A retirou, por sua vez, um revólver do seu carro. O B então desferiu uma bengalada na cabeça do outro e o A, cambaleante, em resposta, efetuou um disparou com o revólver, atingindo o B numa parte não apurada do corpo. Por causa da bengalada, o A veio a cair do outro lado da estrada, tendo sido seguido pelo B, que o pretendia agredir pela segunda vez com a bengala. Receando ser de novo atingido, o A efetuou mais quatro disparos. Os cinco tiros atingiram o B, designadamente no tórax e no abdómen, tendo um deles atingido órgãos vitais, provocando a morte do B como causa direta e necessária. O A agiu voluntária, livre e conscientemente, com o propósito de matar o B.

A disparou e B morreu. Não se coloca qualquer problema relevante de causalidade: a morte foi produzida pelos tiros disparados por A. Este agiu dolosamente, com conhecimento e vontade de realização do tipo de ilícito indicado. Em recurso, a justificação por legítima defesa foi negada. Ainda assim, o Supremo Tribunal, por ser a conduta determinada por *provocação injusta* da vítima, confirmou a decisão do tribunal de Trancoso, que puniu A como autor material de um crime de *homicídio com atenuação especial da pena* (artigos 72º, nºs 1 e 2, alínea b), 73º, nº 1, alíneas a) e b), e 131º) com a pena de cinco anos de prisão. Admitiu-se que o A agiu exaltado e que a sua conduta foi determinada por *provocação injusta* da vítima.

VIII. Homicídio a pedido da vítima: artigo 134º

a) A razão da pena privilegiada com que se sanciona o homicídio a pedido da vítima (artigo 134º do CP) ancora numa *diminuição da ilicitude*, mas também num *menor grau de culpa do agente*. O tipo é caracterizado pelo "pedido" – e a vítima exprime-o de duas maneiras: "Quero morrer!" e "Mata-me!". A primeira expressão tem a ver com o bem jurídico protegido e diminui o ilícito, a segunda dirige-se à motivação do agente e diminui-lhe a culpa. Mas para alguns autores a razão da pena mais leve está somente na diminuição da culpa: só é decisiva a representação do agente face ao pedido sério, instante e expresso que lhe é feito pela vítima.

No artigo 134º, ao contrário do anterior, é a própria vítima que renuncia à proteção penal, convertendo-se no objeto da conduta criminosa com o "pedido" que fez. A lesão consentida castiga-se com uma pena privilegiada que coincide com a pressuposta redução do ilícito: o agente não segue os seus próprios impulsos mas **é motivado** por um pedido sério e instante que está para além de qualquer inibição natural em relação à morte. Exclui-se o simples consentimento, por se tratar de crime contra a vida. A vítima tem de "determinar" o outro, intervindo ativamente na formação da vontade deste[150]. O pedido tem de existir e tem de manter-se enquanto faz sentido.

As afinidades com a norma que proíbe o "incitamento ou ajuda ao suicídio", que lhe vem a seguir, suscitam também problemas de difícil demarcação, a ponto de um autor austríaco[151] nela encontrar semelhanças com a cabeça de Janus ("Das Wesen dieses Delikts ist janusköpfig"), um deus romano com duas faces: para a vítima, o homicídio a pedido é uma espécie de "suicídio" por mão alheia; para o agente, só se pode falar da morte de outra pessoa[152].

O tipo de homicídio a pedido da vítima tem, como elemento negativo, a não existência de suicídio em sentido literal (Gimbernat Ordeig). É a vítima quem decide a execução por um outro, por ela determinado, que passa a ser seu "instrumento" (*hoc sensu*) – por não poder, ou por não querer, executar o facto por si mesmo[153]. Não haverá intermediários.

Nalguns arestos ainda se concretiza a autoria pela via do domínio do facto, mas o que tem de prevalecer é a ideia do *domínio sobre a própria morte* e a este só se chega adequadamente através da doutrina da compartipação. Veremos isso mesmo ao tratar do caso Gisela, um "clássico" do direito alemão, que passou a interessar a generalidade dos penalistas.

A cominação de uma pena é uma contramotivação relativamente ao provocar da morte, não obstante o **pedido qualificado** em que se gera e desenvolve a ação. Ao pedido concede-se pelo menos o **papel de filtro** no contexto dos crimes contra a vida. O "homicídio a pedido da vítima" é um homicídio-suicídio, mas nele estão contempladas unicamente situações de homicídio propriamente dito, embora "a pedido" – ainda aqui, o agente mata outra pessoa **dolosamente** em situação de **imputabilidade**.

---

[150] Maurach-Schroeder-Maiwald, *Strafrecht*, BT. p. 160.
[151] Moos, § 77 (Tötung auf Verlangen), nº de margem 5.
[152] As duas cabeças, uma virada para a frente a outra para trás, apontavam para a importância do Passado e do Futuro no caminho dos homens. Jano era o deus tutelar de todos os começos e presidia a todos os finais.
[153] Alguns ordenamentos admitem que o pedido se dirija a um conjunto de pessoas, por ex., os familiares do doente.

b) Neste crime, o agente deve ter sido determinado por um pedido sério, instante e expresso, transmitido por palavras, por atitudes ou por gestos inequívocos. A lei quer que a atividade que se vai exercer sobre a vítima resulte do pedido desta, exigindo-se algo mais do que a sua simples concordância. Há até quem imponha que o pedido daquele que está "farto da vida" vá para além do "se", abrangendo o "como", o "quando" e o "quem" da pessoa do autor, assim se pondo ao mesmo nível as condições de tempo e do modo da ação homicida[154]. Trata-se, no entanto, de um modo de interpretar a norma que não encontra guarida inequívoca entre nós.

Caso nº 37   *B*, doente incurável e em fase terminal, convencera *A* a ministrar-lhe determinada droga capaz de lhe dar uma morte suave, sendo assim que pretendia morrer. Oito horas depois, porém, *B* ainda respirava. *A*, de cabeça perdida e incapaz de por si só se desembaraçar do terrível dilema em que se envolvera, pediu a *C* que acabasse com a vida de *B*, o que *C* fez calmamente, dando-lhe repetidas pancadas na cabeça com uma barra de ferro, que produziram o efeito letal.

Quem acabou por dar a morte atuou em situação de intermediação, mas não em razão de um pedido sério, instante e expresso que a vítima lhe "tenha feito"[155]. Será autor de um crime do artigo 131º. *A* foi além do pedido que a vítima lhe fez, instigando o outro, constitui-se na razão da intervenção deste. Se tivesse ficado pela ministração da droga poderia imputar-se-lhe uma tentativa de homicídio a pedido, parecendo que todos os ingredientes do artigo 134º, nº 2, se encontram presentes.

c) Diz o artigo 134º: 1. Quem matar outra pessoa determinado[156] por pedido sério, instante e expresso que ela lhe tenha feito é punido com pena de prisão até 3 anos. 2. A tentativa é punível.

1. Tipo objetivo

   a) Matar outra pessoa
   b) Ação determinada por pedido sério, instante e expresso que a vítima "tenha feito" ao agente
   c) Determinação da causalidade entre a ação com a indicada envolvência e a morte do autor do pedido

---

[154] Kienapfel, p. 25.
[155] A expressão é colhida no próprio texto legal: "que ela lhe tenha feito".
[156] Cf. o termo "determinado" com a expressão "determinar" que o Código usa nos artigos 26º, última parte, e 217º, nº 1, (burla comum). *Determinar* outra pessoa à prática do facto significa criar nela a decisão de o cometer.

2. Tipo subjetivo
   a) Dolo do tipo
   b) Hipóteses de erro

3. Ilicitude
4. Culpa

Pedido **instante** é um pedido convincente, mas não necessariamente insistente, de quem quer morrer, para que o matem. É uma "quase exigência" de quem pede. Tem a ver com a ilicitude; por esta via, acentua e complementa a seriedade do pedido, aproximando-o do termo "Verlangen",[157] próprio do texto em língua alemã, conferindo-lhe uma determinada intensidade e capacidade persuasiva. Pedido **sério** é o pedido consciente e livre, aquele que assenta numa decisão de vontade responsável e isenta de qualquer coação, engano ou erro – é o que corresponde à verdadeira vontade da vítima, aquela que não sofreu influências – o que significa uma total consciência do significado e do alcance da decisão livremente tomada. Deve exigir-se que o autor do pedido compreenda o alcance da sua decisão e se determine em conformidade, tanto no que respeita às razões que a ele presidem, como às consequências, que têm a ver com a irremediável lesão da vida. Uma tal capacidade de valoração e de determinação pode faltar em pessoas jovens ou em pessoas afetadas por determinadas anomalias psíquicas ou em situação de profunda depressão (Wessels; Kienapfel).

Perante a nossa lei, devem valer as regras gerais sobre o consentimento: a imputabilidade e a maioridade são restrições injustificáveis, pois as exigências essenciais já se encontram na qualificação do pedido (Atas, 21, 198). O pedido deve subsistir no momento da ação e poderá a todo o tempo ser eficazmente retirado (revogado). Como dissemos, noutros ordenamentos aceita-se que tanto pode ser dirigido a uma pessoa determinada como a um conjunto determinado de pessoas (médicos de uma clínica, pessoal de enfermagem de uma casa de saúde) para que uma dentre elas o execute. O que então especialmente releva é que o

---

[157] "Verlangen" traduz também uma ânsia, uma manifestação de ansiedade... às vezes quase uma ordem. A morte tem de ser bem-vinda, vinda precisamente das mãos do agente. Moos explica que o pedido ("das Verlangen") implica que a energia decisiva que ativamente leva a matar (o impulso) procede da vítima. O pedido como que se comunica ao agente, em termos de o envolver. Torna-se necessário, a exemplo da determinação na instigação, um agir ativo junto da vítima, não bastando, portanto, um acompanhamento omissivo. As palavras "auf ... Verlangen" (a pedido) significam que o agente, sem o pedido, não teria cometido o crime. No que respeita à decisão, deverá esta revelar-se como a causa desencadeante do impulso. A seriedade do pedido e a correspondente compreensão referem-se apenas à situação psíquica do outro. Na sequência disso deverá entre vítima e agente criar-se como que uma "ponte interna" que permita "agarrar" a situação.

agente tenha sido determinado pelo pedido, e não que a motivação se alcance por forma mais ou menos direta. A questão pode relacionar-se com o pedido por "testamento de vida", que é uma disposição de vontade, feita por escrito, solicitando a morte, por ex., na previsão de determinado acontecimento[158].

Portanto, só goza do regime privilegiado do artigo 134º quem conhecia o pedido e foi por ele determinado. Mas se o fundamento jurídico do privilegiamento passa pela situação conflitiva, pela pressão psicológica que diminui a culpa, ainda haverá razão para o conceder se o agente tem como bem vinda uma recompensa, não assim se o faz por simples avidez, por ex., na expectativa do recebimento de uma herança. O que então move o agente é exclusivamente o egoísmo. Neste caso a norma a aplicar poderá ser a dos artigos 131º e 132º, "podendo caber – eventualmente – a atenuação especial do artigo 72º, alinea b), na parte em que se refere à forte tentação ou solicitação da vítima"[159].

Caso nº 38   Erro no âmbito do artigo 134º. A está junto ao leito de B, doente terminal, e supõe erradamente que este lhe pede que lhe acabe com a vida, por estar farto de viver. Por isso, ministra-lhe uma droga em dose letal que produz o seu efeito. Todavia, B limitara-se a lamentar-se da sua triste sorte.

Existe aqui um erro sobre a própria existência do pedido.

Mas o erro no artigo 134º também pode incidir sobre as características do pedido, que tem de ser "instante", "sério" e "expresso".

d) Aquele que, de algum modo ainda no âmbito do artigo 134º, mata em situação de **erro**, pode supor erroneamente que foi A, maior e imputável, quem formulou o pedido, quando na realidade fora outra pessoa que meia hora antes ainda ocupava o mesmo quarto da clínica. Ou mata B, porque pensa que o pedido deste é livre, quando na realidade não é. Ou porque pensa que a solicitação foi feita conscientemente: B formulou o pedido porque pensava sofrer de doença incurável mas está de perfeita saúde (o que ambos desconhecem: exemplo colhido em M. P. Gouveia Andrade). Recorde-se que a pena do artigo 134º é privilegiada em função tanto duma menor ilicitude como duma menor culpa. Daí a pergunta: havendo erro sobre o pedido, continuaremos a aplicar o artigo 134º? Ou aplicaremos a pena do artigo 131º, como crime fundamental? Ou a pena do crime negligente do artigo 137º, reconhecendo a

---

[158] Ao contrário, o "testamento de paciente" consiste em declarações escritas em que o paciente declara, para a hipótese de vir a ser encontrado inconsciente, que se opõe a qualquer tratamento indicado para salvar a vida.

[159] M. P. Gouveia Andrade; Kienapfel.

relevância do erro e conjugando-a com o regime do artigo 16º, nºˢ 1 e 3 (erro sobre as circunstâncias de facto)?

Parece-nos de acolher a opinião do Prof. Costa Andrade quando entende que o erro releva, de modo que se deverá aplicar o tipo privilegiado que o agente supõe realizar (artigo 134º)[160]. Aliás, em caso de erro sobre elementos privilegiantes do homicídio, a doutrina alemã pronuncia-se pela aplicação no caso concreto da norma do crime privilegiado. No caso acima, A seria punido como autor de um crime do artigo 134º com pena de prisão até 3 anos, ainda que lhe nenhum pedido lhe tivesse sido dirigido. Mas a solução não logra unanimidade. Outra é a opinião da Prof. Teresa Beleza: o erro deverá projetar a sua influência dirimente apenas no desvalor da ação e não no desvalor do resultado do facto; quem mata outrem em erro sobre o pedido, e é o que acontece no caso anterior, *tem intenção de matar uma pessoa*, i. é, *tem dolo de homicídio*, mas erra sobre uma circunstância desse facto, sobre a existência do pedido. O agente deverá ser punido por tentativa de um homicídio privilegiado (artigos 134º, 22º e 23º) em concurso efetivo com um crime de homicídio negligente (artigo 137º), desde que concorram os correspondentes pressupostos. Se não houver negligência, o resultado não poderá ser imputado ao agente. Afasta-se igualmente a aplicação do artigo 16º[161].

Caso nº 39 O caso Gisela: BGHSt 19, 135[162]. Jürgen e Gisela, uma jovem de 16 anos, mantinham uma relação amorosa. Os pais dela todavia implicavam com o namoro e decidiram proibir terminantemente Gisela de se encontrar com o amor da sua vida. Gisela resolveu por isso suicidar-se. Jürgen não conseguiu dissuadi-la até que se resolveu a acompanhá-la na viagem desta para melhor. Na tarde do dia seguinte, estacionaram o carro em sítio propício e fizeram uma ligação dos gases do escape ao interior do veículo. Cada um fechou a porta do seu lado. Recostaram-se nos seus bancos, com Jürgen a carregar no acelerador para manter o motor em rotação elevada. Quando chegaram os socorros Jürgen foi encontrado com vida, embora inconsciente. Gisela estava morta.

A acusação entendeu que, perante um *duplo suicídio, fracassado quanto a um dos intervenientes* ("einseitig fehlgeschlagenen Doppelselbstmordes"), ao sobrevivente deverá ser imputada a morte do parceiro, desde que se tenha apurado que em

---

[160] Cf. Costa Andrade, *Conimbricense* I, p. 69.
[161] Cf. Teresa P. Beleza e Frederico de Lacerda da Costa Pinto, *O Regime Legal do Erro*, p. 15 e ss.
[162] Cf. Braunschneider, *Die wichtigsten Entscheidungen für Ausbildung und Praxis*, Strafrecht BT, Köln, 2001. Também Volker Krey, *Strafrecht* BT I, 9ª ed., 1994, p. 43; e J. Wessels, *Strafrecht* BT 1, 17ª ed., 1993, p. 37. Os traços mais importantes da decisão podem colher-se em Blei, *Strafrecht* BT 1, 10ª ed., 1996, p. 35.

qualquer momento podia tê-lo socorrido (domínio do facto). Na distinção entre o homicídio a pedido e a ajuda ao suicídio (não punida no direito alemão), optou-se por rejeitar a chamada doutrina subjetiva, a qual reconhece que, invariavelmente, o agente se submete à vontade da vítima do homicídio a pedido.

Os juízes mantiveram-se fiéis ao "domínio do facto", considerando que nestes casos "é decisivo o modo como a pessoa morta dispôs do seu futuro"; encontrando-se este nas mãos de outrem, "seria este outrem quem dispunha do domínio do facto". Se pelo contrário, a pessoa morta teve desde o início e manteve até ao fim as rédeas do seu destino, então só de suicídio se poderá falar.

O tribunal, no desenvolvimento daqueles pressupostos ("autor" do crime é quem tem o "domínio do facto"), não excluiu, sempre em termos puramente doutrinários, que o sobrevivente se tivesse constituído autor do crime de homicídio a pedido da vítima. Estava nas mãos do sobrevivente, desde o princípio, a possibilidade de salvar a vida da outra pessoa. Também é verdade que Gisela podia ter-se livrado, por si só, da situação, até ao momento em que caiu desmaiada por efeito do gás inalado. As coisas complicam-se, por um lado, porque, *no caso concreto,* não se terá averiguado se (e quando) Jürgen se apercebeu da perda dos sentidos da companheira; por outro, porque tudo pode subsumir-se a uma corresponsabilidade no desencadear e na manutenção do processo, pelo menos até que um deles, à escolha do acaso, fique incapaz de reagir.

No crime de homicídio a pedido, o comportamento tem de ser um comportamento tipicamente de autor. Uma simples "ajuda" não se encontra contemplada neste artigo. Por parte daquele(s) que "livremente" quer(em) morrer há como que uma (recíproca) ação de instigação, de tal modo que agente e vítima tornam-se coportadores do domínio do facto[163].

Dado o melindre da questão, bom é que se repare num pormenor corretivo, tomado de Harro Otto, para quem o decisivo nos casos de duplo suicídio, fracassado quanto a um dos interveniente, será antes o *domínio sobre o ato que imediatamente põe termo à vida* ("Tatherrschaft über den unmittelbar lebensbeendenden Akt"). No caso, os dois amantes queriam, em conjunto, morrer. Jürgen sobreviveu, Gisela não. Em tese, ao sobrevivente, apesar de ter unicamente o domínio sobre aquela ponta final (sobre o momento que traz a morte),[164] poderia imputar-se

---

[163] Diz Otto, "Eigenverwortliche Selbstschädigung und -gefärdung", *Fest. für Herbert Tröndle*, p. 159, que, apesar disso, e vistas as coisas em abstrato, não existe uma diferença suficientemente clara entre as duas formas de agir – nos casos concretos, a distinção entre o homicídio a pedido e a ajuda ou incitamento ao suicídio levanta alguns problemas. Sobre a distinção, vd., por último, Anne Christin Fischer, *Straflose Mitwirkung am Suizid oder strafbare Fremdtötung?*, Kovac, 2011.

[164] Sch./Sch.-*Eser*, 25ª ed., p. 1527, R. Rengier, *Strafrecht* BT II, 4ª ed., p. 48, e Costa Andrade, *Conimbricense* I, p. 62.

a autoria de um crime de homicídio a pedido da vítima[165]. Esta já não tinha a possibilidade de livremente decidir livrar-se da situação, escolhendo entre a vida e a morte (por exemplo, rodando a chave de ignição de modo a desligar o motor ou saindo para o ar livre).

Quanto ao "**pacto suicida**", veja-se, na jurisprudência nacional, o acórdão do STJ, *BMJ* 413, p. 161). Escreve-se no acórdão: "Não há que considerar como verificada a existência de um "pacto de suicídio". Isso seria sempre irrelevante, à luz do nosso direito (tal como à luz de outros direitos estrangeiros, nomeadamente o britânico – cfr. *Suicide Act*, de 1961, segundo o qual o interveniente num pacto de suicídio que sobreviva é culpado de *manslaughter* e punível com prisão até 14 anos), porque a **intervenção ativa e exclusiva**, causadora da morte de outrem, ainda que em resultado de um pacto dessa natureza, não é enquadrável na figura do incitamento ou ajuda ao suicídio, do artigo 135º do Código Penal, como parece óbvio, mas, segundo as circunstâncias concretas do caso, em qualquer das situações do homicídio voluntário dos artigos 131º a 134º do mesmo diploma, e isso porque os conceitos de incitamento ou ajuda só podem corresponder às figuras da autoria mediata ou da cumplicidade, mas nunca às da autoria imediata, como se pode ver pela simples análise dos artigos 26º e 27º do Código Penal" (cf. o desenvolvimento do mesmo acórdão).

IX. Incitamento ou ajuda ao suicídio: artigo 135º

Diz o artigo 135º (Incitamento ou ajuda ao suicídio): 1. Quem incitar outra pessoa a suicidar-se, ou lhe prestar ajuda para esse fim, é punido com pena de prisão até 3 anos, se o suicídio vier efetivamente a ser tentado ou a consumar-se. 2. Se a pessoa incitada ou a quem se presta ajuda for menor de 16 anos ou tiver, por qualquer motivo, a sua capacidade de valoração ou de determinação sensivelmente diminuída, o agente é punido com pena de prisão de 1 a 5 anos.

a) O **incitamento** abrange a *instigação* e o *estímulo* (*Atas*). É mais do que simples instigação, mas não pode ser de molde a aniquilar a vontade da vítima. Pode configurar intervenções com gradações distintas na potenciação de condições subjetivas, na vítima, para a prática do ato. Por outro lado, significa a determinação de outrem ao cometimento do suicídio, o que se traduz numa atitude dirigida à formação da resolução da vítima (num sentido paralelo ao da palavra "determina" usada no artigo 26º do CP). Quem incita, neste contexto, determina outrem a

---

[165] Tudo indica que a solução seria diferente se os dois amantes, em vez de ocuparem os bancos da frente, se tivessem recolhido na traseira do carro, sem acesso imediato à chave da ignição e sem facilidades de sair para o ar livre.

querer, o que pressupõe formar, na respetiva vontade, um certo propósito, neste caso o de autodestruição (M. M. Silveira). Mas pode já existir na vítima uma *voluntas occisiva*, que irá ser encorajada, reforçada ou estimulada.

Prestar ajuda, enquanto colaboração material ou moral na prática de uma decisão já tomada pela vítima (veja-se a fórmula do artigo 27º), é fornecer a arma, o veneno – autêntica participação material; mas também pode haver ajuda mediante informações ou conselhos que se prestam ou se dão. Ponto é que se verifique a necessária e adequada influência, psíquica ou material, entre a ação de incitamento ou ajuda e o ato suicida, cuja expressão típica se reconduz, no mínimo, à tentativa, como condição objetiva de punibilidade. Havendo "excesso de auxílio" – uma ajuda para além do desejado pela vítima – o agente pratica um crime de homicídio do artigo 131º[166].

O incitamento (que em alguns casos poderá corresponder a uma "**eutanásia por sugestão**") e a ajuda típicos são modalidades de conduta estruturalmente análogas a certas formas de participação (instigação e cumplicidade). Mas não são formas autónomas de comparticipação na medida em que o suicídio não é em si punível, **o suicídio não é um crime**. Se não se incriminasse o incitamento e a ajuda ao suicídio na forma autónoma do artigo 135º, no caso de suicídio provocado por erro, o intérprete ficaria perante o "dilema de ter de optar entre o tudo que representa a qualificação como homicídio (ex vi autoria mediata) e o nada da mais absoluta impunidade". Tudo com reflexos não despiciendos a nível, v. g., da doutrina da autoria[167].

"Prestar auxílio" será entregar a pistola ou pôr à disposição do candidato ao suicídio a porção de veneno letal. Pertinente é a questão das **condutas aptas**, pois se A entrega a B um veneno para este se suicidar e na execução o B se serve unicamente de uma pistola, que nada tem a ver com a ação do A, este não será autor do crime do artigo 135º. Também não presta auxílio quem dá dinheiro a outrem, sabendo que este vai comprar drogas, podendo morrer de uma *overdose*, o que vem a acontecer. A questão deverá ser analisada de acordo com os critérios próprios da causalidade e da autoresponsabilidade.

Na ajuda existe uma contribuição não imediatamente decisiva, paralela às formas de cumplicidade, material e moral, que se exprimem num auxílio material e moral (artigo 27º).

Se a vítima não chegar a tentar o suicídio o agente não pode ser punido pelo incitamento ou a ajuda – qualquer deles "fracassado", inútil, sem relevância penal. Perante um suicídio simplesmente tentado, quando o facto não vai além

---

[166] Cf. Paulo Pinto de Albuquerque, Comentário, p. 366, e Costa Andrade, *Conimbricense* I, em anotação ao artigo 135.
[167] Costa Andrade, *Sobre a reforma*, p. 459.

da tentativa, o crime de incitamento ou ajuda ao suicídio encontra-se consumado. Ajusta-se a estas hipóteses o caso da *desistência* do agente que chegou a incitar ou a prestar auxílio, aplicando-se a regra do artigo 24º (de modo diferente, porém, Silva Dias, para quem basta a neutralização pelo agente do efeito do seu contributo, aplicando-se analogicamente a parte final do artigo 25º).

A tentativa de suicídio, como **exigência mínima** do desencadear dos efeitos da incriminação, correspondente a uma *condição objetiva de punibilidade*. Rui Carlos Pereira,[168] reconhecendo que no âmbito da descrição típica contida no nº 1 do artigo 135º o suicídio tentado ou consumado deverá qualificar-se como **condição objetiva de punibilidade**, identifica o crime como de **perigo concreto**: "crime de perigo concreto com resultado naturalístico e dolo de dano": o perigo é descrito naturalisticamente, como sendo o suicídio tentado ou consumado. A previsão do suicídio pelo menos tentado assume, diz o autor, um carácter necessariamente causal em relação à conduta típica. O que nele há de peculiar é a própria descrição do "evento" perigo, através da exigência mínima da tentativa de suicídio.

A nível de fundamentação do privilegiamento, dúvidas não restam que esta assenta, no auxílio ao suicídio, **exclusivamente** numa menor ilicitude que decorre do facto de a ação do agente não ser tão desvaliosa para o Direito, na medida em que só indiretamente é que a mesma é lesiva de um bem jurídico: o crime de auxílio ao suicídio é um crime de perigo e não de resultado ou de dano; já o crime de homicídio a pedido da vítima é um crime de lesão (M. P. Gouveia Andrade).

Caso nº 40 *A* faz com que *B*, que de nada suspeita, toque num condutor de eletricidade de alta tensão. *B* não quer de forma nenhuma suicidar-se, mas acaba por morrer.

Nos termos da atual redação será a subsistência ou não da capacidade de valoração e determinação a decidir, em concreto, sobre se a pessoa incitada detém ainda o domínio do facto ou, pelo contrário, ela deve ser já tratada como um mero "instrumento" nas mãos do agente do incitamento. "E, por vias disso, a dividir as águas, extremando as **situações de ajuda ao suicídio face às hipóteses de verdadeiro homicídio**, em autoria mediata. Uma compreensão das coisas que, aplicada à área problemática do suicídio provocado mediante erro, fará, a nosso ver, avultar o acerto da tese segundo a qual, só a provocação de um **erro** sobre a *qualidade letal da ação*, ou sobre o *próprio facto da morte*, pode fundamentar uma autoria mediata de quem provoca esse tipo de erro e, com isso, um homicídio"[169]. O suicida tem que querer a sua própria morte.

---

[168] Rui Carlos Pereira, *O dolo de perigo*, p. 27 e *passim*,
[169] Cf. Costa Andrade, *Sobre a reforma* ..., p. 460.

Caso nº 41   Homicídio a pedido; incitamento ou ajuda ao suicídio. *A*, que sofre de doença incurável e está farto da vida, pede a sua mulher, *B*, que abra a torneira de gás na cozinha, o que ela faz e onde *A* se instala por seu próprio pé, aguardando que a morte chegue, o que acaba por acontecer.

Punibilidade de *B*?

A circunstância de não se punir o suicídio faz com que o correspondente incitamento ou ajuda se ligue de forma por vezes aguda a diversas questões dogmáticas e de política criminal que as legislações estão longe de uniformizar. Para o direito alemão, quem entrega a arma ao suicida fica impune, mas quem dispara a pedido da vítima é punido por homicídio. A solução é a única compatível com o princípio da irrelevância penal (formal) da participação em facto não punível, geradora de inúmeros casos sentidos como "lacunas" de punibilidade que se tenta integrar no § 216, correspondente ao nosso homicídio a pedido, ou na omissão própria do § 216, ou imprópria dos §§ 13 e 212 do StGB. Uma outra conceção parte da ideia da ilicitude material de qualquer forma de intervenção num suicídio, já que a proteção da vida se impõe à generalidade das pessoas. Mas também esta posição é sujeita a críticas. De um ponto de vista de política criminal, nem todos os casos de colaboração num suicídio serão dignos de pena. Por outro lado, a moderna doutrina da imputação objetiva oferece formas de limitação da punibilidade que simplesmente não podemos ignorar. Assim, não haverá certamente ajuda ao suicídio quando o familiar dum doente em estado terminal que está farto de viver interrompe o tratamento prescrito pelo médico. Aliás, não deixa de ser duvidosa a interpretação da ajuda psíquica ou física a um grevista da fome que está disposto a ir até às últimas consequências e que acaba por morrer.

Quem assiste passivamente a um suicídio não comete qualquer crime, mas, em certas situações, poderá haver ajuda ao suicídio por omissão? No caso de **preso em greve de fome** haverá um dever jurídico de impedir a morte? O artigo 135º exige uma ação positiva. O crime é essencialmente doloso. Não serão admissíveis processos violentos ou dolosos de alimentação forçada que ponham em causa a dignidade da pessoa do preso quando haja uma radical vontade do preso em prosseguir a greve de fome até às suas últimas consequências[170]. No âmbito prisional, desde pelo menos o artigo 127º do Decreto-Lei nº 265/79, de 1 de agosto, só podem impor-se coercivamente aos **reclusos** exames médicos, tratamento ou alimentação em caso de perigo para a vida ou grave perigo para a saúde[171].

---

[170] R. Capelo de Sousa, *O Direito geral de personalidade*, Coimbra, 1995, p. 207.

[171] É por isso que "como ao cidadão em liberdade, também ao cidadão *intra muros* assiste o direito fundamental de autonomia e autodeterminação, não podendo, *só pelo simples facto de ser recluso*, ser submetido, contra a sua vontade, ao teste da sida" (Manuel da Costa Andrade, *Direito penal médico*, Coimbra Editora, 2004, p. 157).

Aponta-se até o caso do cônjuge que ameaça matar-se se o outro o abandonar, e que passa ao ato quando a ameaça não surte efeito. Faltará aqui a possibilidade de imputar o resultado ao abandono: a ameaça de suicídio é ilegítima e não pode conduzir à punição de acordo com o artigo 135º, ainda que, eventualmente, se possa invocar uma omissão relevante se se inicia o ato suicida e o garante da evitação do resultado nada faz. Poderá até haver casos de aparente auxílio ao suicídio que devam ser tratados como de homicídio com autoria mediata, dependendo se ocorre ou não um domínio do facto por parte do "suicida". A questão prende-se com a comissão por omissão se a vitima desconhece o significado do suicídio (por ex., devido a inimputabilidade por anomalia psíquica) e o agente for, também aqui, garante da evitação do resultado. Ainda assim, pode discutir-se se de um verdadeiro *resultado* se trata (cf. o artigo 10º, nº 1), pois não parece desacertado fazer corresponder a exigência típica do suicídio, tentado ou consumado, a uma mera condição objetiva de punibilidade, como de resto já fomos expondo. Finalmente, como toda a participação num suicídio é de seu natural dolosa, ficam excluídos os casos simplesmente negligentes de "incitamento" a uma ação responsável do suicida[172]. Não atua tipicamente o cônjuge que sabendo das inclinações do outro para o suicídio inadvertidamente deixa ficar ao alcance deste uma caixa de barbitúricos ou uma pistola carregada. Esta passagem deverá ser entendida em termos hábeis, a partir da ideia da antiga *proibição de regresso* (atualmente prevalece a ideia da autoresponsabilidade), que no estudo sobre a Parte Geral já expusemos. Pode a pistola servir para matar um terceiro, mas neste caso o domínio da produção do resultado cabe inteiramente ao autor doloso, sendo o papel do outro simplesmente marginal e sem relevo penal. É possível, ainda assim, objetar-se com a existência de alguma norma de cuidado como será aquela que, no casos das armas, tem por finalidade impedir factos ilícitos dessa natureza cometidos por terceiros (o artigo 41º da Lei das Armas dispõe que os portadores de armas são permanentemente responsáveis pela segurança das mesmas, no domicílio ou fora dele, e devem tomar todas as precauções necessárias para prevenir o seu extravio, furto ou roubo, *bem como a ocorrência de acidentes*). Se a norma for infringida, dir-se-á que o descuido não afasta a imputação ao primeiro autor do resultado produzido pelo segundo autor que actuou na sequência da situação criada por aquele. Teremos então que *o fim de protecção da norma de cuidado* infringida será determinante para a solução, pelo que o princípio não adquire uma feição de generalidade. Em princípio, poder-se-á confiar em que as pessoas não cometam crimes dolosos – ou que se suicidem.

O nº 2 do artigo 135º é dominado tanto pela idade da pessoa incitada ou à qual se presta auxílio, quanto pela circunstância de a sua capacidade de valoração ou de

---

[172] Cf. Kienapfel, p. 30 e ss.

determinação se encontrar sensivelmente diminuída, seja qual for o motivo. Uma corrente entende que o incitamento ou ajuda ao suicídio só entra no artigo 135º, nº 2, quando o menor de 16 anos tenha o "domínio natural do facto": quando tome a decisão de suicidar-se de modo livre e voluntário, de modo a controlar a ponta final da vida ou, como se diz nas Atas (1993), o último ato adequado a produzir a morte. Se o menor não tiver esse "domínio natural", o agente que incita ou ajuda comete um crime do artigo 131º, por ser o menor como que um "instrumento" (autoria mediata). Cabe porém uma advertência, acompanhando Paulo Pinto de Albuquerque:[173] "quanto mais tenra for a idade do menor, menos seguro é o domínio natural do facto pelo menor. Portanto se um menor de 16 mostrar maturidade suficiente para entender o significado do suicídio e pedir ajuda a um terceiro, o terceiro que presta essa ajuda comete o crime previsto no artigo 135º, nº 2. Mas na falta de maturidade suficiente para entender o significado do suicídio e pedir a ajuda a um terceiro, o terceiro que presta esta ajuda comete o crime de homicídio, como se adiantou. Vale o mesmo para a pessoa com valoração ou determinação diminuídas, a qual pode ainda manter o "domínio natural do facto". Ponto será fazer a prova destes requisitos.

b) A incriminação constante do artigo 139º, sobre a **propaganda do suicídio**, foi inicialmente criticada com o argumento de que nada acrescenta ao tipo legal do artigo 135º (incitamento ou ajuda ao suicídio)[174]. Contudo, "poderá pensar--se que com ela se evitará o sempre perigoso recurso à interpretação extensiva dos seus particulares elementos típicos",[175] os quais, para evitar uma inadmissível ingerência na liberdade de expressão, deverão ser convenientemente interpretados no que entra na definição dos termos *propaganda* e *publicidade*. Lopes Rocha entende que deverão excluir-se do âmbito do tipo, além de outros, as simples informações sobre os métodos conhecidos de suicídio, as referências críticas a obras literárias que hajam versado sobre esses métodos ou referentes a casos

---

[173] Paulo Pinto de Albuquerque, *Comentário*, p. 364.
[174] Teresa Beleza: "Alargar as incriminações? A Revisão da Parte Especial: o exemplo da propaganda do suicídio", *Rev. do Ministério Público*, cadernos (7), p. 41: "Esta tipificação penal da propaganda do suicídio não deverá ser vista como *um resquício do poder de vida e morte sobre os cidadãos que os Estados querem preservar?* Se afinal devemos ser esclarecidos e capazes de escolher em tudo, até quanto aos mais idiotas programas de TV, até no uso da pornografia (somos adultos, diz-se...), então porque não temos o direito de escolher a nossa própria morte, de preferência sem dor, o que pode incluir a necessidade de esclarecimento e auxílio, sobretudo nos casos dramáticos em que o suicida não tem capacidade de o fazer sozinho, porque está fisicamente paralisado? Não é esse o acto em que podemos exercer da forma mais absoluta e decisiva a nossa autonomia de seres humanos, já que para nascermos ninguém nos pergunta a vontade?"
[175] Lopes Rocha, "Soluções de neocriminalização", *Jornadas de Direito Criminal*, I vol, 1996, p. 82 e s., onde parece estar de acordo com a opinião do Tribunal Europeu dos Direitos do Homem ao pronunciar-se pela não justificação da ingerência do Estado, através de decisões judiciárias de interdição de publicidade em domínios semelhantes ao que agora nos ocupa, "inclusive pela imprensa".

de suicidas célebres ou simples notícias sobre casos reais de suicídio e meios empregados – quando desacompanhados de quaisquer sugestões, conselhos ou incitamentos a virtuais fenómenos de imitação. Na dúvida, prevalecerá a liberdade de expressão. Por arrastamento, podem suscitar-se problemas de **concordância prática** entre normas que consagram, mesmo a nível constitucional, direitos fundamentais nalguns casos conflituantes. Nas palavras de Konrad Hesse, os bens jurídicos constitucionalmente protegidos "devem poder coordenar-se entre si, de tal sorte que cada um alcance a sua efetividade", traduzindo-se numa "otimização" de ambos: "ambos os bens devem ser limitados para que possam gozar todos eles de uma virtualidade ótima", de modo que, no resultado, todos possam contribuir para a manutenção da decisão"[176].

No homicídio a pedido da vítima, a iniciativa será sempre desta, mas é o homicida quem pratica a ação para que foi motivado (caso de "instigação" por parte da vítima): em caso de **desistência**, esta é sempre de atribuir ao agente, a menos que o candidato a morrer "retire" o pedido. No crime de auxílio ao suicídio, o facto é dominado pelo próprio suicida: o autor do crime simplesmente "incita" ou "ajuda"; em caso de **desistência**, esta é sempre do candidato ao suicídio. O legislador não quer que a impunidade do suicídio beneficie outras pessoas para além do suicida. Por isso tipificou condutas de participação no suicídio que, de outra forma, ficariam impunes por via do princípio da acessoriedade da participação. Problema suscitado por alguns autores é se se justifica a equiparação entre a forma mitigada da ajuda, com que se reforça a decisão do suicida, e qualquer forma de fornecimento de meios. O próprio incitamento corresponde à instigação, que a lei geral pune de forma mais grave do que a simples cumplicidade, a que se pode referir a ajuda. A questão pode ser resolvida na fase da concreta fixação da pena, face à suficiente elasticidade da moldura penal.

A conduta de oposição ao suicídio de outra pessoa não é punível (artigo 154º, nº 3, alínea *b*). "Talvez deva igualmente concluir-se pela não punibilidade, a título de *Intervenção e tratamento médico-cirúrgico arbitrário*, do médico que cura o autor de uma tentativa falhada de suicídio, mesmo contra a vontade expressa do paciente. Seja como for quanto a este ponto, temos por seguro que as inovações legislativas assinaladas não alteram o quadro normativo vigente no que respeita à *eutanásia passiva*. Isto é, que elas não impõem a responsabilização penal (homicídio por omissão) do médico que, respeitando a vontade do paciente, o deixa morrer. Mesmo em caso de tentativa de suicídio" (Costa Andrade).

---

[176] Cf. Cristina Queiroz, p. 275; e Konrad Hesse, Escritos de derecho constitucional, p. 45. Cf., ainda, J. Wolter, Derechos humanos y protección de bienes, *in* Fundamentos de un sistema europeo de Derecho Penal, Libro-Homenaje a Claus Roxin, 1995; Cardoso da Costa, "A hierarquia das normas constitucionais e a sua função na proteção dos direitos fundamentais", *BMJ* 396 p. 15; e J. Carlos Vieira Andrade, *Os direitos fundamentais na Constituição da República Portuguesa de 1976*, 1987, p. 220.

X. Infanticídio: artigo 136º

Artigo 136º: A mãe que matar o filho durante ou logo após o parto e estando ainda sob a sua influência perturbadora, é punida com prisão de 1 a 5 anos.

As normas que nos diversos códigos penais punem a mãe que matar o filho durante ou logo após o parto (*crime de infanticídio; Kindestötung*) têm atrás de si uma história de séculos, desde logo, porque o homicídio do próprio filho pode constituir uma circunstância especialmente censurável. Mas as pessoas não deixaram de se impressionar, já no decorrer do século vinte, com a grande perturbação com que a mãe se deparava em certos casos. Com o nascimento do filho, ficava patente perante a sociedade a vergonha da gravidez da mãe solteira. No Código de 1886, que vigorou até 1982, no § único do artigo 356º ainda se previa uma situação privilegiada para o infanticídio cometido pela mãe para ocultar a sua desonra, ou pelos avós maternos para ocultar a desonra da mãe. A atitude da sociedade modificou-se em tempos mais recentes. Foi só em 1995 que se eliminou o infanticídio privilegiado da mãe que mata o filho acabado de nascer ou durante o parto *para ocultar a desonra* – as chamadas "razões de honra" foram então desvalorizadas, deixando o legislador de atribuir relevo penal expresso a esse facto. Ter um filho não pode ser uma desonra para ninguém: o sentido tradicional da referência perde-se hoje em dia. Hoje, o crime de infanticídio, para além de corresponder a um homicídio privilegiado, fundamenta-se numa culpa sensivelmente diminuída.

A execução do crime de infanticídio (artigo 136º) pode ser anterior ao nascimento, uma vez que a norma prevê a comissão "durante o parto": "a mãe que matar o filho durante ou logo após o parto e estando ainda sob a sua influência perturbadora, é punida (...). Esse momento é anterior ao momento que determina a atribuição da personalidade jurídica, ou seja, o do nascimento completo e com vida (artigo 66º, nº 1, do Código Civil). Não há coincidência entre os dois ramos do direito, considerando os penalistas que o nascimento se inicia a partir do início dos trabalhos de parto, havendo que distinguir entre o parto normal e o parto por cesariana. Um qualquer homicídio pode assim ser cometido a partir do início dos trabalhos de parto, portanto antes do nascimento: "o legislador penal perfilhou este critério atendendo à essencial identidade de valor entre a vida do "nascituro terminal" e a vida do recém-nascido[177].

Embora se trate de crime especialmente privilegiado em razão da "perturbação da mãe" (que se encontra ou se encontra ainda sob a influência perturbadora do parto[178]), não se põe de parte que situações *honoris causa* determinem, ainda

---

[177] Rui Carlos Pereira, *O crime de aborto e a reforma penal*, 1995, p. 77.
[178] Importa a perturbação da mãe ancorada na referida forma de a influenciar. Mas não se exclui que se lhe associem fatores tanto de natureza endógena (a mãe encontra-se numa crise depressiva) ou exógena (seja a manifesta falta de recursos).

hoje, a mãe a matar o filho infante. Se não estiverem presentes os pressupostos do artigo 136º, o homicídio só poderá ser o do artigo 131º – eventualmente qualificado pelo artigo 132º ou privilegiado segundo o artigo 133º, conforme as situações determinantes de uma maior culpa ou de uma diminuição sensível da culpa. A atuação para ocultar a desonra será decerto atendível na fixação concreta da pena. É de crime doloso que se trata, em todos estes casos, não ficando prejudicada a hipótese do homicídio negligente (artigo 137º) se a mãe causar a morte do filho por descuido. Considere-se ainda o caso da mãe que durante um sono profundo, com as faculdades anímicas inteiramente "desligadas", esmaga com o seu corpo o filho que dorme a seu lado. Não poderá ser penalmente responsabilizada por uma morte causada nesse estado de inconsciência. Nem o seria em caso de *sonambulismo* ou de *hipnose*. São casos de *não*-ação. Dir-se-á que a mãe tinha a obrigação de não criar uma situação de risco para a vida ou a integridade física do filho. Mas aqui a "ação" não está no esmagamento do filho, mas sim "na **conduta precedente** que criou uma situação de perigo para determinados bens jurídicos, ao impossibilitar o cumprimento do dever de não lesar, ou de salvar, bens jurídicos alheios" (Prof. Taipa de Carvalho[179]). Nesse sentido, terá havido imprudência da parte da mãe, quando colocou o filho a dormir, podendo prever que durante o sono o seu corpo abafaria o do menino. Impõe-se, tudo o indica, diferente solução quando a morte da criança ocorrer porque um terceiro a depôs ao lado da mãe, enquanto esta dormia, em termos de a isentar de qualquer implicação no facto.

Haverá algum limite temporal rígido para este crime? A resposta está no fundamento da atenuação. O Supremo Tribunal, por acórdão de 27 de Maio de 1992, considerou que não integra o crime de infanticídio privilegiado do artigo 137º do Código Penal de 1982 a conduta da mulher que, passados 7 dias após o parto que decorreu normalmente e depois de ter tido alta do hospital, por ser considerada em estado físico normal, mata o filho com inseticida, por verificar que ele é de raça negra, quando ela e o homem com quem vivia eram de raça branca. As considerações do Supremo encontraram um ser verdadeiramente autonomizado, pelo que já não poderia haver infanticídio. Decisivo é a mãe estar *ainda* sob a influência perturbadora do parto. Problemas podem surgir com a premeditação de uma tal situação, a qual podendo envolver um cálculo criminoso, deixa de fora a influência perturbadora *do parto*, deixando de cair na previsão do crime de infanticídio.

Caso nº 42   Infanticídio. Acórdão do STJ de 12 de março de 1997: *A*, mulher casada e residente na ilha de Porto Santo, encetou uma relação amorosa com outro homem, na sequência da qual ficou grávida.

---

[179] Taipa de Carvalho, *A Legítima Defesa*, p. 92.

Nessa altura pretendeu abortar, mas o amante opôs-se, declarando, nomeadamente, que iria viver com ela. A mulher, acreditando nessa promessa, nada fez para interromper a gravidez; ele, porém, alguns meses depois, deixou a ilha, e não voltou a dar notícias. Tendo conseguido ocultar a gravidez até ao momento do parto, a agente matou a criança logo após o nascimento[180].

Verificaram-se divergências acentuadas no tratamento a dar a um homicídio (infanticídio), em que a critica principal se reconduz à possível verificação de uma situação de desespero que o Supremo terá ignorado. Curado Neves criticou a decisão do Supremo Tribunal, por este ter ignorado "a possível verificação de uma situação de desespero"; acrescentando que "as circunstâncias do caso relatadas no acórdão fazem supor que este se verificava: não desespero como uma emoção que toldasse a capacidade de motivação da autora, mas como impressão, baseada num quadro fáctico objetivamente percetível para um observador externo, de se encontrar perante um obstáculo dificilmente contornável à manutenção de um modo de vida tolerável".

Quem comparticipa no crime privilegiado da mãe, agindo conjuntamente com esta, só poderá ser punido pelo artigo 131º (tendo ainda em atenção os artigos 132º e 133º), independentemente da sua culpa (artigo 29º). Como apenas a mãe poderá beneficiar da atenuação típica da "influência perturbadora do parto", o artigo 136º é, em matéria de autoria, um *crime específico*, **só a mãe o pode cometer** – ao contrário dos restantes crimes contra a vida, o preceito não começa com o "quem" anónimo da generalidade dos crimes comuns. Sendo sujeito ativo do crime apenas a "mãe" que matar o filho, **a situação não chama a si o mecanismo de comunicação das circunstâncias** do artigo 28º, mas unicamente o regime do artigo 29º, por se tratar no artigo 136º de um tipo de culpa – o artigo 28º só se aplicaria se estivesse em causa a própria graduação da ilicitude. Mesmo que a mãe cometa o crime através de outra pessoa, a punição faz-se pelo artigo 136º (supondo no caso todos os correspondentes pressupostos), em vista da diminuição da culpa da mãe que atua sob a influência perturbadora do parto, mas esta circunstância não é extensível a outras pessoas que devam ser punidas como autoras.

Caso nº 43 Dúvida insanável – acórdão do STJ de 26 de fevereiro de 2009, no processo nº 08P3547, *relator*: Conselheiro Arménio Sottomayor: Houve, ao menos, um acordo tácito entre os arguidos e também um auxílio, senão mesmo uma atuação conjunta, pois a *A*, que deu à luz na casa de banho, quis abandonar a bebé caída no interior da sanita

---

[180] Resumo devido a Curado Neves, *RPCC* 11 (2001), p. 209.

para assim lhe provocar a morte por omissão de assistência [estava-se em fevereiro, isto é, no inverno e, portanto, a morte ocorreria mais tarde ou mais cedo por algidez] e, depois, quando o seu companheiro, passados 10 minutos, pegou no corpo da bebé, e envolveu-o completamente com uma toalha, impedindo-a de respirar, de forma a abreviar a morte, pela asfixia da bebé, a *A* não se opôs, por qualquer forma, à execução do ato, tendo, pelo contrário, ajudado o seu coarguido a afastar a testemunha LF, que queria intervir em socorro da recém-nascida.

A, através duma conduta omissiva, deu acordo, ainda que tácito, a que o seu companheiro agisse duma forma tal que levou a que a recém-nascida viesse a sufocar, querendo ambos tirar-lhe a vida, pelo que se constituiu autora do homicídio. As instâncias condenaram a recorrente pelo crime de homicídio qualificado p. e p. pelos arts. 131.º e 132.º, n.ºs 1 e 2, als. *a)*, *b)* e *i)*, do CP, mas a recorrente reclama que cometeu o crime de infanticídio, com previsão legal no artigo 136.º do CP. "Embora se tenha apurado desde o início da investigação policial que a morte da recém-nascida ocorrera de imediato após o parto, o tribunal de 1.ª instância sempre ignorou em absoluto a possibilidade de estar perante esse tipo privilegiado de crime, criando com essa omissão uma situação de **insuficiência da matéria de facto** provada para a decisão, o que constitui o vício da al. *a)* do n.º 1 do artigo 410.º do CPP. Se o tribunal não conseguir obter certezas suscetíveis de considerar verificada, ou de afastar com segurança, aquela influência perturbadora, restar-lhe-á fazer uso do princípio *in dubio pro reo* nos termos indicados por Figueiredo Dias (*Conimbricense*, p. 103: "verificado que a conduta teve lugar logo após o parto, se o juiz, depois de produzida toda a prova possível, ficar em dúvida insanável sobre se a mãe atuou sob a influência perturbadora daquele, ele deve considerar verificada a tipicidade do artigo 136.º e não deve, em alternativa, punir pelos arts. 131.º ou 132.º)".

XI. Homicídio por negligência: artigo 137º

1. Introdução

Quem matar outra pessoa por negligência (*i. e*, quem *causar* a morte de outra pessoa por negligência) é punido nos termos do artigo 137º. Prevê-se, em alternativa, a pena de multa, ao contrário dos outros crimes contra a vida.

A questão da imputação do resultado, nomeadamente os contornos do nexo de violação do dever e do âmbito de proteção da norma de cuidado são tratados na parte geral. Sempre se dirá, no entanto, que a comprovação da negligência tem que se fazer tanto no tipo de ilícito como no tipo de culpa: é um exame de dois graus – cf. o artigo 15º que, ao referir o cuidado a que o agente "está obrigado" e de que é "capaz", num caso e noutro "segundo as circunstâncias", aponta para a consideração de um dever de cuidado objetivo, situado ao nível da ilicitude, a par de um dever subjetivo, situado ao nível da culpa. São momentos típicos a causação do resultado e a violação do dever de cuidado que todavia, só por si, não preenchem o correspondente ilícito típico. Acresce a necessidade da imputação objetiva do evento mortal. Este critério normativo pressupõe uma determinada *conexão de ilicitude*: não basta para a imputação de um evento a alguém que o resultado tenha surgido em consequência da conduta descuidada do agente, sendo ainda necessário que tenha sido precisamente em virtude do caráter ilícito dessa conduta que o resultado se verificou; por outro lado, a produção do resultado assenta precisamente na realização dos perigos que deve ser salvaguardada de acordo com o fim ou esfera de proteção da norma. O risco desaprovado pela ordem jurídica, criado ou potenciado pela conduta descuidada do agente, e cuja ocorrência se pretendia evitar, deve concretizar-se no resultado mortal, acompanhando um processo causal tipicamente adequado. No âmbito da culpa deve comprovar-se se o autor, de acordo com a sua capacidade individual, estava em condições de satisfazer as exigências objetivas de cuidado.

2. Bem jurídico protegido e natureza do tipo de crime

Ainda aqui encontramos a vida humana como objeto de proteção. O artigo 137º pode ver-se como o protótipo dos crimes negligentes. A negligência, sobretudo a negligência médica, pode ocorrer por altura do parto, integrando os elementos do artigo 137º, por já se não tratar de um nascituro, mas de um recém-nascido, independentemente da sua capacidade autónoma de sobrevivência. Basta,, unicamente que o objeto da ação esteja vivo ao tempo da realização da conduta, sendo irrelevante um erro sobre essa mesma capacidade.

3. Ação e resultado

a) Começaremos por recordar a existência de reações devidas a um estímulo fisiológico ou corporal, sem intervenção da consciência, por ato reflexo ou em curto circuito. Atos reflexos consistem em movimentos corporais que surgem de um estímulo sensorial a uma ação motora, à margem do sistema nervoso central. Pode por isso acontecer que à atuação de alguém não possa atribuir-se o significado de uma ação normativamente controlável. Sendo manifesto que é a vontade que separa a ação humana do simples facto causal, compreende-se que a responsabilidade penal não deva incidir em acontecimentos ligados a *atos reflexos* ou a *comportamentos inconscientes*. Estes não têm a ver nem com factos cobertos por dolo nem representam comportamentos negligentes.

Em noutros casos, como os *automatismos*, a solução deverá ser idêntica? Os automatismos são produto da aprendizagem, por ex., o andar, ou o exercício continuado da condução automóvel: meter as mudanças, dar gás, guinar a direção para a esquerda ou para a direita, fazer sinais de luzes, meter o pé ao travão. A doutrina atual, mesmo quando se inclina para a não ação nos atos reflexos, afirma-a em geral ao nível dos automatismos, que se desenvolvem sem a intervenção da consciência ativa.

b) A negligência pode andar associada a formas de comissão por **omissão impura** (artigo 10º). Um dos casos mais interessantes e manifestos do crime de comissão por omissão negligente é o da *baby-sitter* encarregada de cuidar da criança na ausência dos pais e que em vez de ligar ao pequeno se deixa entusiasmar pelos episódios da telenovela. Resultado: a criança despenha-se da mesa para onde subira sem reação de quem a devia vigiar e sofre lesões graves ou até a morte. Um outro exemplo é o do banheiro que *por descuido* não tem à mão a boia que lhe permitiria salvar quem se afoga na praia que conta com a sua vigilância. Tanto a *baby-sitter* como o banheiro se encontravam, ao tempo da omissão e da violação do dever de cuidado, em posição de garantes da evitação do resultado. Só nestes casos de omissão imprópria se desenha um dever de garantia, dando-se relevo à equivalência da omissão à ação (artigo 10º). Ainda que associando-se um simples *non facere* a um erro de conduta, a pena pode ser especialmente atenuada (artigo 10º, nº 3, e 73º).

c) Como vimos, a opinião dominante, a exemplo do crime doloso, vê na negligência uma conduta punível que reúne elementos de ilicitude e de culpa. O artigo 15º exprime esse juízo de dois graus, na medida em que se dirige a quem não proceder com o cuidado a que, segundo as circunstâncias, está obrigado e de que é capaz.

O **tipo de ilícito negligente** supõe, no plano do desvalor da ação, a violação do dever objetivo de cuidado (=violação do cuidado objetivamente devido) e a previsibilidade objetiva da realização típica. Além da violação do dever de cuidado e da previsibilidade objetiva, concorre o resultado como elemento dos crimes negligentes de resultado. Quem conduz um automóvel e, por seguir distraído, não se detém num sinal vermelho, age com manifesta falta de cuidado, mas se nada aconteceu, se o condutor não provocou mortos nem feridos, falta a concorrência dum evento típico – consequentemente, não preenche a conduta o crime do artigo 137º, nem o do 148º, quanto muito uma contraordenação estradal, ou o crime do artigo 291º, se estiverem presentes os restantes pressupostos. Em muitos domínios, a negligência começa quando se ultrapassam os limites do

risco permitido. As condutas realizadas ao abrigo do risco permitido não são negligentes, não chegam a preencher o tipo de ilícito negligente. Se o agente não criou ou incrementou qualquer perigo juridicamente relevante não existe sequer a violação de um dever de cuidado. O exemplo discutido de há muito é o do jovem que marca um encontro com a namorada e esta vem a morrer, no local do encontro, na queda de um meteorito (ou na queda dum raio, ou por outro fenómeno natural, tanto dá): a conduta do rapaz não criou um risco juridicamente relevante e não existe qualquer violação duma norma de cuidado, portanto, não se lhe poderá imputar a morte da namorada. Por outro lado, se alguém conduz uma viatura com observância das regras estradais e mesmo assim provoca lesões noutra pessoa que se atravessa inopinadamente na frente do carro – também se não verifica uma violação do dever de cuidado. Como se disse, a negligência exclui-se se o agente se contém nos limites do risco permitido, se não criou nem potenciou um risco para a vida ou para a integridade física da vítima do atropelamento.

Caso nº 44   Imaginemos que *A* dá a *B*, seu amigo, uma porção de heroína e que este se injeta com a substância, vindo a morrer na sequência disso. Será *A* responsável pela morte de *B*, mesmo só a título negligente?

Na medida em que *A* deu a heroína a *B*, pôs-se uma condição para a morte deste. A morte de *B* é, do mesmo modo, uma consequência adequada da ação de *A*. Com a entrega da heroína, *A* aumentou, de forma relevante, o risco da morte de *B*. Dir-se-á que a morte de *B* é assim de imputar a *A*. O BGH E 32, 262 decidiu, porém, em sentido contrário – uma vez que *B* ainda era capaz de, por si, tomar decisões, por ex., a de conscientemente se injetar com heroína, e como *A* não tinha deveres especiais para com *B*, não era, por ex., médico deste, a morte de *B* não pode ser imputada a *A*. *B* é o responsável pela sua própria morte – *princípio da autorresponsabilização*.

4. Causalidade

A jurisprudência aplica normalmente a doutrina da causalidade adequada ao nexo entre ação e resultado. Pressupõe-se uma condição do resultado que não se possa eliminar mentalmente, mas *só a consideramos causal se for adequada* para produzir o resultado segundo a *experiência geral*. Só é *adequada* – portanto, "idónea" e juridicamente significativa – uma causa que de acordo com o curso normal das coisas e a experiência da vida, tenda a produzir um resultado idêntico ao efetivamente produzido. Deverão excluir-se todos os **processos causais atípicos** que só produzem o resultado devido a um encadeamento extraordinário e improvável de circunstâncias. Nesse sentido, constituem circunstâncias extraordinárias a imprudência concorrente de um terceiro ou da própria vítima – muito embora a não previsibilidade de uma condição dessa natureza não seja, em todos os casos, suficiente para interromper o nexo de adequação.

5. A diligência devida

Lembra Kienapfel que o número de normas jurídicas endereçadas à proteção da integridade física e da vida representa autêntica legião. Muitos preceitos e regras concorrem com indicações para a determinação da medida de cuidado; uma boa parte consta do Código da Estrada e do correspondente Regulamento, mas também existem regras de cuidado não escritas, basta pensar em atividades como a caça, os desportos mais variados, incluindo a prática do esqui. Pensemos, além disso, nas *leges artis* da medicina, a que o Código se refere de forma expressa no artigo 150º, nº 1, e nas incontáveis normas técnicas. Além do trânsito por terra, mar e ar, podemos contabilizar atividades como a indústria, o comércio, os tratamentos médicos em geral, a caça e as incursões nas terras altas ou nos desertos. A sua violação **indicia**, em medida elevada, uma falta de cuidado. Contudo, trata-se unicamente de indícios. O conteúdo do dever de cuidado depende das "circunstâncias" (artigo 15º), embora tais circunstâncias só sejam relevantes se forem cognoscíveis *ex ante*. Se numa emergência, para evitar atropelar uma criança que surge na via de forma inopinada, o automobilista invade a faixa esquerda, violando a norma que o manda circular pela direita, e vem a embater numa pessoa que na paragem aguarda o autocarro, causando-lhe ferimentos, compreende-se que esta violação é necessária para preservar o bem jurídico da vida da criança – não será essa circunstância que fundamenta uma conduta ilícita. Para evitar uma colisão, o condutor de um dos veículos pode – e deve – imprimir à sua viatura uma velocidade bem acima dos limites permitidos se essa for a forma de evitar embater no carro que vem em sentido contrário. Mas a observância de tais regras não exclui necessariamente a negligência.

Para precisar os contornos do dever de diligência, dir-se-á que, sendo o caso do automobilista, este deverá renunciar pura e simplesmente a conduzir se não estiver na disposição de não respeitar as regras da circulação, porque, por exemplo, "ama a velocidade".

Caso nº 45   Em risco de perder o comboio, *A* promete uma boa gorjeta ao taxista se este o puser a tempo na gare. O passageiro não será responsável por homicídio involuntário se, por falta de cuidado *do motorista*, um peão for colhido mortalmente quando o carro seguia a velocidade superior à permitida.

Mas *A* já será responsável se puser ao volante do carro, para que o conduza, uma pessoa notoriamente embriagada que vem a causar a morte do peão. Neste caso, *A* atua com manifesta falta de cuidado. Nos crimes negligentes, que se caracterizam pela perda do domínio final do facto, não se pode distinguir a autoria da participação: é autor quem causa o facto por forma negligente – é um conceito unitário.

6. Graus de violação do dever objetivo de cuidado; negligência grosseira

Caso nº 46   *A* e *B* vão juntos à caça para os lados da Idanha e resolvem ocupar o mesmo *bungalow* no parque de campismo junto da barragem. Antes de se deitarem, fazem o que em tais circunstâncias já se tornou um hábito, verificam mais uma vez que as respetivas armas estão descarregadas. *A* desperta cedo, na manhã seguinte, pega na arma e aponta-a ao amigo, que ainda na cama se esforça por dormir "só mais um bocadinho". Ao mesmo tempo grita-lhe, com ar divertido – ó Zé!, se não te levantas já daí, levas um tiro. Então, para enorme surpresa de *A*, da espingarda sai o tiro que inesperadamente atinge o amigo e o mata. *A* não quis, seguramente, tal desfecho.

Do comportamento de *A* bem se pode dizer que violou intensamente, de forma extremamente grosseira, o dever objetivo de cuidado. Ninguém negará que se trata de um comportamento particularmente perigoso. O resultado era igualmente de verificação altamente provável à luz da conduta adotada. Não omitindo a conduta, o *A* revelou uma atitude particularmente censurável de leviandade perante o comando jurídico-penal, mostrando com isso insensatez e irresponsabilidade[181].

O próprio Código separa a negligência consciente da inconsciente, mas esta distinção não tem a ver com a noção de negligência grosseira.

Existem normas estradais cuja violação apresenta um grau de perigo potencial superior ao de outras: são aquelas cuja violação o Código da Estrada classifica como contraordenações muito graves e cuja prática indicia uma conduta grosseiramente negligente (acórdão da Relação de Coimbra de 5 de março de 1997, *BMJ* 465, p. 657). A negligência grosseira a que alude o nº 2 do artigo 137º do Código Penal abrange casos em que, de forma mais flagrante e notória, se omitem os cuidados mais elementares (básicos) que devem ser observados ou aquelas situações em que o agente se comporta com elevado grau de imprudência, revelando grande

---

[181] Sobre isto: Roxin *AT*, p. 918; e Figueiredo Dias, *Temas básicos da doutrina penal*, p. 381, referindo o acórdão da Relação de Évora de 19 de novembro de 1991 *CJ* 1991, tomo V, p. 260. "O conceito [de negligência grosseira] implica uma especial **intensificação** da negligência não só ao nível da culpa mas também ao nível do tipo de ilícito; "a negligêncoa grosseira constitui um **grau essencialmente aumentado ou expandido de negligência**" (Figueiredo Dias, *Conimbricense* I, p. 113).

irreflexão e insensatez (acórdão da Relação de Coimbra de 6 de março de 1997, *BMJ* 465, p. 657). Agiu com negligência grosseira o condutor de um automóvel que imprimia ao mesmo mais do dobro da velocidade permitida no local onde transitava, circunstância que lhe fez perder o controlo sobre a viatura, o que, por sua vez, deu lugar a que aquela saísse da faixa de rodagem da via e passasse a circular pela berma da estrada (acórdão da Relação de Coimbra de 13 de janeiro de 1999, *CJ* 1999, tomo I, p. 43).

7. O tipo-de-culpa nos crimes negligentes

Tendo-se verificado a violação de uma regra de prudência, torna-se necessário determinar a questão da imputação, atendendo às circunstâncias pessoais do agente.

Só age negligentemente quem estava em condições de satisfazer as exigências objetivas de cuidado – podendo então ser-lhe censurada a conduta violadora do dever de diligência e o facto de ter agido não obstante a previsibilidade do resultado. Dizendo por outras palavras: para que exista culpa negligente é necessário que o agente possa, de acordo com as suas capacidades pessoais, cumprir o dever de cuidado a que estava obrigado; deve portanto comprovar-se se o autor, de acordo com as suas qualidades e capacidade individual, estava em condições de satisfazer as correspondentes exigências objetivas. Para tanto, deve ter-se em atenção a sua inteligência, formação, experiência de vida; deve olhar-se também às especialidades da situação em que se atua (medo, perturbação, fadiga). Se o agente, por uma deficiência mental ou física, ao tempo da sua atuação não estava em condições de corresponder às exigências de cuidado, não poderá ser censurado pela sua conduta.

Ao tipo de culpa dos crimes negligentes pertence assim a previsibilidade individual (subjetiva). A previsibilidade do resultado típico e do processo causal nos seus elementos essenciais deverá verificar-se não só no plano objetivo, mas igualmente no plano subjetivo, de acordo com a capacidade individual do agente. Na *negligência consciente* o agente representa sempre como possível a realização de um facto que preenche um tipo de crime. Na *negligência inconsciente* o agente não chega sequer a representar a possibilidade de realização do facto, ficando excluída a previsibilidade individual, especialmente por falhas de inteligência ou de experiência.

8. Autorias paralelas e "comportamento negligente conjunto"

Caso nº 47   O excesso de velocidade do condutor levou à morte de uma criança que, inadvertidamente, atravessava a estrada por manifesta falta de cuidado da mãe.

Detetamos aqui duas causas que convergem no evento, mas "o atropelamento explica apenas parcialmente a morte da criança, tal como o próprio comportamento negligente da mãe"[182].

As autorias paralelas aparecem ligadas ao cometimento de crimes de dever, como vimos acontecer nos casos de omissão imprópria com pluralidade de "intervenientes", mais exatamente, omitentes.

Num outro exemplo, por ocasião de um encontro no campo, José deixa ficar a espingarda carregada, sem acionar a patilha de segurança. Uma amiga pergunta-lhe se está carregada e José, despreocupadamente, responde-lhe que não. A jovem aponta a arma a um terceiro, dizendo-lhe, em tom de brincadeira: "Tony, vou-te matar!", apertando o gatilho e produzindo a morte instantânea deste. Neste caso, o resultado produz-se pela soma das intervenções do dono da arma e da jovem que a manejou. A solução, na ausência de dolo, pode ser a de fazer responder cada um deles por crime negligente, portanto consumado. A questão está relacionada com a da autoria nos crimes negligentes (**autorias paralelas**), onde todo aquele que infringe o cuidado devido em relação a um resultado lesivo deve responder como autor[183].

Caso nº 48   *A* e *B* trabalham no último andar dum prédio em construção. Quando ambos se movimentavam no transporte duma pesada barra metálica, por pura imprevidência, deixaram-na precipitar-se na rua onde um transeunte foi atingido gravemente.

Só depois de se averiguar se cada um deles agiu com falta de cuidado nos será afirmar a autoria paralela de *A* e *B*. O caso evoca, de algum modo, o das *pedras rolantes* (rollende Steine-Fall; rolling stones)[184]. Um pescador é atingido por uma de duas pedras que *A* e *B* puseram a rolar num plano superior. O pescador morreu sem que se pudesse determinar se foi a pedra empurrada por *A* ou a pedra empurrada por *B* a causadora da morte. Dá-se por comprovado que cada um deles empurrou a "sua" pedra e que tudo foi feito por decisão de ambos, assim se desenvolvendo uma **atividade negligente conjunta** que criou um risco não permitido. Deve consequentemente imputar-se a *A* e *B* um homicídio negligente.

---

[182] F. Palma, *RPCC* 9 (1999), p. 549.
[183] Seria diferente (e de diferente solução), o caso de *A* que matou *B* dolosamente quando este, dirigindo-se, depois de ameaçado, a uma saída de emergência que segundo os regulamentos deveria manter-se aberta, não pôde escapar, uma vez que a porta, por negligência, fora deixada trancada por *C*: nada há que obste em princípio à afirmação de um homicídio doloso cometido por *A* e um homicídio por negligência cometido por *B* em autoria paralela, Figueiredo Dias, *Conimbricense* I, p. 114.
[184] Veja-se, sobretudo, K. Kühl, *Strafrecht AT*, 4ª ed., 2002, p. 814 e ss.; e Jorge de Figueiredo Dias, *Formas Especiais do Crime, Textos de Apoio à disciplina de Direito Penal*, Coimbra, 2004, p. 33 e 38.

Caso nº 49   *A*, sem sequer ter olhado, diz ao condutor do camião que pode fazer marcha-atrás; o condutor, apesar de ter reparado que o outro nem sequer olhara para trás, faz a manobra e colhe uma pessoa que por ali atravessava.

Autor de um **crime negligente** pode ser não apenas o autor imediato, como o autor atrás do autor, desde logo, o mandante ou o incitador de um comportamento que, por ex., vem a terminar por um homicídio negligente: o patrão que manda o motorista circular a velocidade excessiva em virtude da qual ocorre a morte de um peão, ou aquele que dá droga a um dependente que com ela vem a morrer de *overdose*. Frequentes são na verdade os casos de autoria paralela, em que o resultado é produzido imediatamente por um, mas só porque outro anteriormente violou um dever objetivo de cuidado ou o risco permitido. Por ex., *A* mata *B* com uma manobra do seu automóvel absolutamente proibida e perigosa, porque obteve a carta de condução com os favores de *C*, que o aprovou no exame de condução, apesar de se ter apercebido da sua inaptidão. E se *A* vem a morrer por ter sido atropelado no momento em que *B*, com falta de cuidado, dirige a manobra do condutor dum camião que faz marcha atrás sem ter visibilidade? A negligência será unicamente de quem dirige a manobra, embora não conduzisse o camião. É a atuação de *A* que no caso se encontra vinculada ao *risco* como critério de referência da imputação – e que, consequentemente, é a conduta típica[185-186].

XII. Crime de exposição ou abandono: artigo 138º

1. Generalidades

a) O artigo 138º (exposição ou abandono) configura-se como crime contra a vida, em que o elemento típico por assim dizer mais significativo é o **colocar em**

---

[185] Sobre toda esta matéria, Jorge de Figueiredo Dias, *Conimbricense*, p. 113; e *Formas Especiais do Crime, Textos de Apoio à disciplina de Direito Penal*, Coimbra, 2004, p. 33 e 38, que, sobre a questão da **coautoria negligente** entende que "esta deverá ser admitida, se bem que não, todavia, sob a forma que assume nos delitos dolosos, isto é, como decisão conjunta *dirigida* à realização do tipo objetivo; antes sim como criação (ou potenciação) *conjunta* de um risco não permitido que se exprime na realização típica". Poderá então falar-se de um **comportamento negligente conjunto**.

[186] Uma nota final para assinalar outras matérias complicadas, que podem igualmente ser férteis em **concurso de causas** (causas preexistentes, causas simultâneas, causas supervenientes), havendo que cuidar da rigorosa determinação da causalidade, procurando estabelecer o *ubi consistam* (o fundamento, o ponto de apoio). Pense-se no médico que omitiu a aplicação de soro antitetânico ao paciente hospitalizado por ferimentos decorrentes de esfaqueamento, resultando a morte deste por processo infecioso. Não se exclui que a conduta do médico tenha sido *concausa* do facto. Sobre estas questões parece sobremaneira útil a leitura de Ferrando Mantovani, *Diritto penale*, parte generale, 3ª ed., 1992, p. 185.

perigo a vida de outra pessoa. É neste sentido um crime de perigo concreto. A norma desenha-se ademais como **crime de perigo singular** (por oposição a *perigo comum*):[187] só a pessoa abandonada ou exposta é desde início visada pelo perigo.

Sendo um crime de perigo (concreto), o artigo 138º não será aplicado quando se comprove o dolo homicida, pois se o agente representa a morte da vítima e, pelo menos, se conforma com esse resultado, o crime será o de homicídio do artigo 131º.

Por outro lado, sem a concretização do perigo para a vida o crime não se consuma. O autor da exposição ou abandono só será punido se estiver comprovada a existência do perigo para a vida de outra pessoa. Não bastará um perigo de menor grau, por ex., para o corpo ou para a saúde, mesmo quando grave; à semelhança do que acontece na Áustria (§ 82), mas diferentemente dos códigos alemão e suíço, o artigo 138º não contempla o simples "pôr em perigo" a saúde (*Gesundheitsgefährdung*) de outra pessoa. A tutela do perigo para a vida e a integridade física de outrem é deixada preferencialmente para certos crimes de **perigo comum** (por ex., o artigo 277º) e para a maior parte dos crimes contra a segurança das comunicações (artigos 288º a 291º).

b) O preceito está historicamente relacionado com o abandono de crianças e recém-nascidos, como se comprova com a situação de privilegiamento do nº 4 do anterior artigo 138º, aplicável à mãe que expusesse ou abandonasse a criança para ocultar a sua desonra. A par do que se fez com o crime de infanticídio, o privilegiamento assente nessa circunstância foi eliminado, embora se possa continuar a considerar a via da atenuação especial da pena para situações dessa natureza.

2. As condutas típicas: exposição e abandono

a) Na alínea *a*) do nº 1, a atuação (por ação ou omissão) consiste em alguém colocar em perigo outra pessoa, desde logo, através da exposição em lugar que a sujeite a uma situação de que ela, só por si, não possa defender-se. Supõe-se, naturalmente, que a pessoa é deslocada de um lugar até aí seguro, onde não sofria os constrangimentos supostos pela norma, para outro que o não é. Torna-se necessária a mudança para outro lugar. Há, contudo, situações que não entram, a nosso ver, no âmbito de proteção da norma. Se um tratorista encontra, numa altura de tempestade, um ébrio estendido na borda da estrada e o carrega na caixa aberta da máquina que conduz, não o expõe, no sentido normativo se, uns quilómetros mais à frente, depois de uma discussão com reação agressiva do ajudado, o motorista o convida a descer de novo ao nível do solo, onde o sujeito continua

---

[187] "A primeira projeção indicadora do sentido interpretativo [do perigo comum] deve ser a de surpreender a distinção entre o perigo que ameaça **singularmente** a vida de A, B. ou C e o perigo que ameace **simultaneamente** a vida de A, B e C", Faria Costa, *O Perigo em Direito Penal*, p. 533.

a curtir a sua bebedeira em circunstâncias idênticas às iniciais. O condutor não agravou a situação de o ébrio apanhar um resfriamento e em razão dele sofrer um perigo para a vida.

Todavia, se a vítima já se encontra sujeita a uma situação de que ela, só por si, não possa defender-se, aceita-se como possível que com a sua deslocação física se produza uma nova situação da mesma ordem, mas mais intensa. Com a deslocação física para uma "nova" situação assim definida, expõe-se a vítima a perigo para a vida desde que o agente, com a sua conduta, produza um desses perigos *ou* o incremente. O aumento do perigo terá que estar relacionado com situação de "desamparo" em que a vítima anteriormente já estava colocada[188].

Por outro lado, se o sujeito reconduz a vítima ao seu lugar de origem, antes de o perigo para a vida acontecer, não se mostra preenchido o ilícito-típico.

O ato de **exposição** sempre foi entendido como a **deslocação física da vítima**, que é levada para um lugar de acesso difícil, por ex., uma montanha escarpada, ou deixada no telhado da casa[189].

Como resulta das Atas, foi proposto que na alínea *a*) se recolhesse a perigosidade do lugar em que a vítima é exposta, quer dizer, a **perigosidade objetiva**, que naturalmente tem a ver com os perigos desse mesmo lugar face à incapacidade de a vítima se defender. Se, por ex., a pessoa se deslocou pelos seus próprios meios, releva a omissão de quem tinha o dever de impedir essa deslocação e o violou, não atuando no sentido de a impedir. Há portanto que atender ao local onde a vítima é exposta ou colocada e às características da pessoa.

Caso nº 50   Poucos dias depois do filho nascer, a mãe vai colocá-lo na margem dum ribeiro a cerca de 500 metros da povoação, por onde passam algumas pessoas, na esperança de que alguma delas possa vir a encontrar e recolher a criança.

Caso nº 51   O carrinho do bebé começa a deslizar e, como era previsível, acabou por se despenhar no abismo. Os pais porém nada fizeram, embora estivessem em condições de acudir à situação e dela se tivessem apercebido.

Objetivamente, o caso cabe na alínea *a*) do nº 1, uma vez que houve mudança de lugar (do lugar relativamente seguro onde estava, a criança passou para um

---

[188] Wilfried Küper, *Strafrecht*, BT: Definitionen mit Erläuterungen, p. 36.
[189] Na Suíça, esta noção foi alargada, de tal modo que se pode "expor" uma criança deixando ao seu alcance, no lugar das brincadeiras, uma panela de água a ferver. Também se "expõe" um doente abrindo as janelas do quarto numa noite de inverno. Cf. Stratenwerth, *BT* I, p. 87. Essa ideia de deslocação de um lugar para outro não é necessária para os mais representativos autores austríacos; o critério decisivo, nesta forma de cometimento do crime, é que vítima que se encontra numa situação relativamente segura passa a ficar numa situação relativamente insegura, Kienapfel, *BT* I, 3ª ed., 1990, p. 103.

lugar inseguro, não podendo aí defender-se por si só). A deslocação espacial teve causas acidentais. Os pais, como garantes, não impediram essa deslocação e a consequente colocação do filho em perigo. Comprovado que esteja o elemento subjetivo (dolo) e a violação do dever de evitar o perigo para a vida da criança, releva a comissão por omissão nos termos gerais (artigo 10º) se o perigo realmente se concretizou.

b) Na alínea *b*) a estrutura típica assenta numa atividade delineada sobre a violação de **deveres específicos** e um resultado autónomo que se tem de relacionar com esses deveres. É da violação deste dever – e não da debilidade da vítima – que resulta o caráter desvalioso e censurável da conduta. Não se configura, todavia, uma omissão "pura", cujo conteúdo se dirija a um dever de auxílio.

Caso nº 52   *A*, montanhista, guiando uma expedição, abandona um turista, criando um perigo para a sua vida.

A conduta consiste em o agente abandonar a vítima sem defesa sempre que tenha um dever de a guardar, vigiar ou assistir. Este dever tem de ser pré-existente à situação de abandono e deve estar diretamente referido à ausência de defesa da vítima, tornando-se necessário que o dever que sobre o agente impende tenha por finalidade garantir o auxílio para situações de risco em cujo círculo a vítima se encontra. O perigo é centrado na qualidade da pessoa. Pode até acontecer que o agente se mantenha junto à vítima, omitindo, porém, qualquer ato de auxílio.

Caso nº 53   *A* ausentou-se da casa onde vivia com a mãe *B*, de quem era o único amparo, tendo permanecido com uma brasileira que conhecera num bar em casa de um conhecido. Durante 12 dias, e apesar de conhecer o estado da sua mãe, de 80 anos, que se encontrava acamada e incapacitada de se movimentar e de, por si só, prover à sua alimentação, nunca se deslocou a casa, apesar de ter permanecido na localidade. A ausência de alimentos e de prestação de cuidados de saúde, durante o tempo em que esteve acamada, foram a causa da morte da *B* por inanição.

O acórdão do STJ de 9 de julho de 2003, *CJ* 2003, p. 240, entendeu que o caso integrava a prática de um crime de homicídio por omissão. A relação de proximidade existencial em que se encontrava o *A* (filho) com a *B* (mãe), colocando-a na sua própria e exclusiva dependência, criou no *A* o dever jurídico de proteção e assistência tornando-o pessoalmente responsável pela vida da vítima. Houve no entanto um *voto de vencido*, que merece ser ponderado. Com efeito, a ausência, altamente censurável, do *A* – numa palavra, o abandono da mãe – saindo de casa e não regressando durante doze dias, sem providenciar pelo auxílio, social, médico, familiar ou mesmo de solidariedade vicinal que a sua mãe necessitava e que o *A* estaria em condições de prestar, traduz um comportamento ativo, a caber, sem dificuldade, em todos os seus elementos, na previsão do artigo 138º, nᵒˢ 1, alínea *b*), sem tratar agora de verificar a existência de qualquer agravação.

O filho sabia que tinha de providenciar pela assistência à mãe, como de resto vinha fazendo, uma vez que ambos viviam na mesma casa. Isto se realça para pôr de manifesto que o dever tem de ser pré-existente à situação de abandono e à colocação em perigo.

c) Por outro lado, e à semelhança do que sucede nos crimes materiais de lesão, o destacamento do evento é uma exigência normativa no âmbito destes crimes, dos crimes materiais de perigo. A imputação objetiva deve obedecer a regras comuns às que vigoram nos crimes materiais de dano: ao relacionamento entre a conduta do agente e a situação perigosa são aplicáveis pelo menos os critérios restritivos da causalidade adequada[190] [191].

d) Se foi a vítima a colocar-se numa situação de perigo, pode pôr-se a questão de saber se esse comportamento será de molde a afastar a tipicidade.

Caso nº 54   O turista *T*, contra as recomendações que lhe foram feitas, incluindo do guia, *G*, ingere bebidas alcoólicas que claramente vão influenciar a sua capacidade de, em plena montanha, se orientar.

Havendo um acidente, qual a responsabilidade do guia de montanha? caber-lhe-á um dever de auxílio? Que a resposta deverá depender de um duplo requisito é a opinião de Damião da Cunha:[192] "por um lado, é necessário que a vítima fique sem defesa em direta decorrência da violação dos deveres que impendem sobre o agente; por outro, é necessário que a criação do perigo seja consequência dos riscos que se queiram prevenir pela existência daqueles deveres". Deve portanto ter-se sempre em atenção as características da vítima.

e) O abandono é uma conduta positiva (por ação). Pode configurar-se um caso de comissão por omissão (artigos 10º e 138º), dando-se o exemplo daquele

---

[190] Cf., sobretudo, Rui Carlos Pereira, *O Dolo de Perigo*, p. 97.
[191] Cf., porém, Faria Costa, *O Perigo*, p. 511: "por mais maleabilidade ou elasticidade que se empreste à causalidade adequada, dificilmente esta permite que se consiga estabelecer um juízo de causação entre a ação e, por ex., um resultado de perigo. O perigo deve ou tem de ser objetivamente imputado ao agente. Todavia, o perigo não é um estádio que pertença ao mundo do ser causal. O perigo é intencional e estruturalmente um categoria normativa, sem que com isso perca a qualidade de se poder apreender de maneira objectivável. Nesta perspetiva, por conseguinte, o perigo não é tanto causado pelo agente, antes o perigo é 'obra' intencionada do agente, não se concretiza, como acontece no dano/violação, em uma alteração do real verdadeiro, configura antes uma situação com um pequeno, quantas vezes pequeníssimo arco de tempo".
[192] Damião da Cunha, *Conimbricense* I, p. 121.

que abandonou a vítima, sem perigo para a vida desta, e que não regressa a tempo ao local, colocando assim a vítima em perigo.

f) O crime é exclusivamente doloso, pressupondo o conhecimento do perigo para a vítima (o que, como vimos atrás, exclui um dolo homicida). Trata-se de um dolo de pôr em perigo a vida de outra pessoa: *dolo de perigo*. O agente admite o perigo mas não se conforma com a lesão. Tem além disso consciência do abandono ou da exposição, e de que daí deriva a concretização de um perigo para a vida da vítima.

3. O perigo para a vida como elemento típico

O resultado típico consiste em causar ou aumentar um concreto perigo para a vida. O **perigo concreto**, já o expusemos noutro lugar, caracteriza-se por uma situação crítica aguda que tende para a produção do resultado danoso. A segurança dum determinado bem jurídico tem de ser tão fortemente afetada que a circunstância de se dar ou não a lesão do bem jurídico depende inteiramente do acaso.

Faltará certamente um concreto perigo para a vida se a mãe expõe o filho à porta da esquadra da policia, ou nas escadas de acesso do prédio onde mora um número elevado de famílias, ou mesmo numa praça, onde as gentes da terra se costumam reunir – acabando tudo por "correr bem".

I. Tipo objetivo – artigo 138º, nº 1, **alínea *a*)**

1. Exposição em lugar que sujeite a vítima a uma situação de que ela, só por si, não possa defender-se, ou
2. Deslocação física da vítima como fator causal
3. Concretização de um perigo para a vida (perigo singular)
4. Causalidade entre o ato de exposição e o perigo concreto

II. Tipo subjetivo: dolo do tipo

I. Tipo objetivo – artigo 138º, nº 1, **alínea *b*)**

1. Abandono da vítima sem defesa
2. Dever de guardar a vítima, de a vigiar ou assistir
3. Concretização de um perigo para a vida (perigo singular)
4. Causalidade entre o ato de abandono e o perigo concreto

II. Tipo subjetivo

1. Dolo do tipo
2. Conhecimento das circunstâncias típicas, nomeadamente e criação de perigo para a vida

Caso nº 55 RG 7, 111, 31, 165[193]. Uma mãe solteira e desamparada sabe de um mosteiro, donde sempre viu sair e entrarem freiras. Já tinha decidido desembaraçar-se do filho. Com esse objetivo vai colocá-lo, ainda com poucos dias de vida, na porta principal, na esperança de que alguma das freiras possa recolher a criança, e tratar dela. O edifício fechara no entanto para obras e não havia ali atividade, mas uns trabalhadores encontraram a criança que foi levada provisoriamente para a casa de um deles.

A criança foi deslocada do aconchego da mãe para a porta do mosteiro, mas não chegou a ser exposta, no sentido normativo, a ponto de ficar sujeita a perigos. Um perigo para a vida não chegou a ser criado nem estava no consciente da mãe, que agiu na esperança de que alguma das freiras recolhesse e tratasse da criança. Nem ex ante nem ex post existem elementos para formular um juízo da existência do perigo para a vida. De resto, não se vislumbra o dolo por parte da mãe, de a sujeitar a uma situação de que ela, só por si, não pudesse defender-se. A criança livrou-se do perigo ao ser deixada em lugar que afinal contava com gente no ir e vir do trabalho. Ainda que as mãos que a recolheram não fossem as das freiras, essa circunstância não entra na definição da criação do perigo.

4. As formas especiais do crime (concurso)

Como já se deixou nota, se a conduta é acompanhada de dolo relativamente ao dano, já não haverá lugar para esta incriminação, que previne situações de perigo para a vida, mas do crime de homicídio (artigo 131º) ou, especificamente, de infanticídio (artigo 136º), conforme os casos.

Podem igualmente suscitar-se problemas de concurso com situações de omissão de auxílio (artigo 200º). A solução é a dada pelo Conimbricense: "a correta destrinça deve ser realizada em função do facto de o dever de auxílio (vigilância e guarda), no caso de abandono, ser pré-existente à criação do risco, enquanto no crime de omissão o dever de auxílio é exatamente consequência da situação de risco". Poderá, contudo, adverte-se, "verificar-se uma situação de concurso entre omissão de auxílio e exposição ou abandono. Assim, no caso de, estando a vítima numa situação descrita no artigo 200º CP, o agente, além de não prestar auxílio, deslocar a vítima para outro local, criando ou agravando o perigo para a vida da vítima".

---

[193] *Apud* Hermann Blei, *Strafrecht* BT/1, 10ª ed., 1996, p. 45.

5. As situações de agravação

Um primeiro caso (nº 2 do artigo 138º) envolve o ascendente, descendente, adotante ou adotado.

A segunda situação agravativa remete para os crimes agravados pelo resultado. O resultado produzido é a morte ou uma ofensa à integridade física grave (artigo 144º). Quem voluntariamente mas sem dolo homicida se conduzir de acordo com o disposto no artigo 138º, nº 1, e por negligência produzir a *morte* (ou uma *lesão da integridade física grave*) da vítima comete um crime qualificado pelo evento, punido com as molduras resultantes da agravação (alíneas a) e b) do nº 3). Entra, naturalmente, em consideração, a norma do artigo 18º, mas não só: há de atender-se a que o evento agravante (morte ou ofensa grave) seja "imputável à situação de perigo criada e diretamente conexionada com a ausência de capacidade de defesa por parte da vítima", de tal modo que, verificado um destes resultados, mas em consequência de uma outra fonte de perigos, "o princípio será o de afirmar um concurso entre este crime e o crime negligente produzido"[194]. Não são frequentes os crimes de perigo (singular) agravados pelo resultado. Já não assim quanto aos crimes de perigo comum, como se pode ver do artigo 285º.

Caso nº 56   BGHSt 21, 44. Amélia, uma viúva com três filhos pequenos, um deles ainda bebé, deixou-os em casa, numa tarde de inverno, para poder "aproveitar" a noite algures. Embora com o propósito de estar em casa na manhã do dia seguinte, Amélia só regressou no quarto dia, consciente de que podia ter havido "encrencas". E assim aconteceu, infelizmente. O bebé estava morto, os gémeos encontrou-os numa amálgama de porcaria, fraquíssimos e com evidentes sinais de resfriamento.

Relativamente aos mais velhos, Amélia praticou dois crimes do artigo 138º, nos 1, alínea *b*), e 2. Abandonou os gémeos, seus filhos, sem defesa, sabendo que lhe cabia o dever de os guardar, vigiar e assistir. Fazendo uso de um prognóstico anterior objetivo, alcançam-se os elementos de um **juízo de perigo** positivo para a vida das duas crianças, de que a mãe passou a estar consciente pelo menos a partir da manhã do dia seguinte ao da partida, que ela mesma encarara como limite possível e razoável da "vadiagem". O perigo para a vida concretizou-se. Os mesmos elementos e idênticas conclusões convergem no caso do bebé, mas aqui a morte aconteceu e é-lhe imputável tanto no plano causal como nos seus aspetos subjetivos, por manifesta falta de cuidado. Não se sabe se Amélia representou a

---

[194] *Conimbricense* II, p. 124.

morte do filho como possível, pelo que nos contentaremos em apontar para a negligência inconsciente (artigo 15º, alínea b)). O resultado mais grave, a morte da criança abandonada, aconteceu, pelo que o crime é o do artigo 138º, n.ºs 1, alínea b), e 3, alínea b), integrando uma forma de qualificação ou um crime agravado pelo resultado (artigo 18º), conforme as opções a que se chegue.

Como já fomos adiantando, o abandono é uma conduta positiva (por ação). O caso em exame contém os ingredientes da comissão por omissão (artigos 10º e 138º): a mãe abandonou os filhos, sem perigo para a vida destes, mas como não regressou a tempo ao local, colocou a vida deles em perigo, acontecendo até uma morte.

A factualidade apurada aponta igualmente para o homicídio negligente do artigo 137º, n.ºs 1 e 2, por negligência grosseira, mas a norma recua, por ser a do artigo 138º, n.ºs 1, alínea b), e 3, alínea b), que mais adequadamente tutela a situação.

XIII. Indicações de leitura

Artigo 351º do CPP: perícia sobre o estado psíquico do arguido.
Decreto-Lei nº 411/98, de 30 de dezembro; Decreto-Lei nº 5/2000, de 29 de janeiro; e Decreto-Lei n.º 138/2000, de 13 de julho: estabelecem o regime jurídico da remoção, transporte, inumação, exumação, transladação e cremação de cadáveres.
O Conselho Nacional de Ética para as Ciências da Vida, abreviadamente designado por CNECV, é um órgão consultivo independente que funciona junto da Assembleia da República e que tem por missão analisar os problemas éticos suscitados pelos progressos científicos nos domínios da biologia, da medicina ou da saúde em geral e das ciências da vida (artigo 2º da Lei nº 24/09, de 29 de maio).
O Decreto-Lei nº 274/99, de 22 de julho, regula a dissecação de cadáveres e extração de peças, tecidos ou órgãos para fins de ensino e de investigação científica.
Acórdão da Relação de Lisboa de 11 de março de 2010, *CJ* 2010, Tomo II, p. 139: mãe que mata o filho infante em estado de imputabilidade diminuída.
Acórdão de 1 de junho de 1995, *CJ*, ano III (1995), tomo III, p. 178: **crime passional**; não é crime passional o homicídio do amante da arguida, que ela e o seu marido planearam previamente.
Acórdão do STJ de 10 de dezembro de 1997, *BMJ* 472 p. 142: o arguido continuou a desferir golpes na vítima depois de esta ter caído ao chão e, indiferente aos seus gritos e gemidos de dor, colocou-se em cima dela, sentando-se sobre as pernas e continuando a anavalhá-la pelas costas, o que tudo traduz só por

si um acentuadíssimo desvalor da personalidade do agente concretizado no facto, suficientemente caracterizador de especial perversidade e significante de um grau de gravidade equivalente à estrutura valorativa do Leitbild dos exemplos padrão do nº 2 do artigo 132º do Código Penal.

Acórdão do STJ de 10 de dezembro de 2009, proc. nº 36/08.3, *relatora*: Conselheira Isabel Pais Martins: homicídio qualificado. O que, predominantemente, se valoriza, para efeitos de atenuação especial da pena, é a causa que origina a ação homicida do recorrente na medida em que ela conforma um circunstancialismo adequado a fornecer uma imagem global do facto de que resulta uma diminuição sensível da sua culpa. "Ao contrário, o artigo 133.º constitui um tipo de culpa em que atende prioritariamente, não à causa do facto ou à sua consideração global, mas ao estado do agente, ao grau de afetação da sua vontade" – cf. Amadeu Ferreira, in Homicídio Privilegiado, p. 89.

Acórdão do STJ de 10 de novembro de 1989, *BMJ* 391, p. 224. A emoção é um estado de perturbação maior que o de excitado, pois contém a ideia de choque profundo e descontrolador. Excitado significa simplesmente exaltado, irritado (em alto grau); emoção significa comoção, perturbação moral, abalo.

Acórdão do STJ de 11 de fevereiro de 2010, proc. nº 1610/08.3, *relator*: Conselheiro Rodrigues da Costa. *A* visava a prática de um crime de roubo num estabelecimento de ourivesaria, mas no seu decurso comete um crime de homicídio – situação que era designada no CP anterior por *latrocínio*.

Acórdão do STJ de 12 de abril de 2000, *CJ* ano VIII (2000), tomo 2, p. 172: **medidas de segurança; pressupostos da duração mínima do internamento**; crime de homicídio voluntário qualificado, com uma anotação na RPCC 10 (2000). Considerou-se incorreta a decisão do tribunal *a quo* em integrar os factos na previsão do artigo 132º do Código Penal, para o qual relevam somente questões atinentes à culpa – o ilícito típico em questão para efeitos de aplicação da medida de segurança seria o do artigo 131º.

Acórdão do STJ de 12 de novembro de 1998, *BMJ* 481, p. 326: homicídio e profanação de cadáver; *crime do posto da GNR de Sacavém*.

Acórdão do STJ de 13 de janeiro de 1993, *BMJ* 423, p. 222: aprecia-se o modo de execução do homicídio cometido por um filho na pessoa de seu pai; *contra*provada a especial censurabilidade, o crime é o de homicídio simples do artigo 131º.

Acórdão do STJ de 13 de março de 1996, *BMJ* 455, p. 269. *A*, em estado de profundo desalento e angústia pela insuportável situação económica e familiar criada pelo seu filho toxicodependente, dispara contra este, com intenção de o matar, o que conseguiu, quando a vítima avançava em sua direção, empunhando uma faca de mato.

Acórdão do STJ de 14 de abril de 1999, *CJ*, acórdãos do STJ, ano VII, tomo 2, p. 174: verifica-se **concurso real de um crime** de homicídio e de dois de roubo quando os arguidos, para se apoderarem do dinheiro que levava, matam o motorista do taxi e depois o conduzem para local ermo, onde lhe retiram o dinheiro.

Acórdão do STJ de 14 de outubro de 2010, proc. nº 494/09.9, *relator*: Conselheiro Manuel Braz: A frieza de ânimo remete para um estado de serenidade e calma, aberto à ponderação, um estado de espírito que, usando palavras de Eduardo Correia, mostre que o agente teve oportunidade "para se deixar penetrar pelos contra-motivos sociais e ético-jurídicos de forma a (...) desistir do seu desígnio" (Direito Criminal, II, p. 301), residindo a justificação da agravação na insensibilidade a essas contra-motivações, reveladora de uma vontade criminosa particularmente intensa e, portanto, de especial perigosidade.

Acórdão do STJ de 16 de janeiro de 1990, *CJ*, 1990, tomo I, p. 11: mulher que mata o marido que viola os deveres conjugais, mas sem que tenha agido com emoção violenta: artigo 131º, sendo a pena especialmente atenuada.

Acórdão do STJ de 16 de Janeiro de 2008, proc. 07P4637, *relator*: Conselheiro Armindo Monteiro. Parentesco. Regime especial para jovens. Imputabilidade diminuída. "No processo executivo do crime avulta o modo de execução, traiçoeiro, em forma reiterada, um persistente dolo homicida pelo desferir de golpes, em número de 13, em zonas corporais distintas e em forma sucessiva, com um instrumento de que se desfaria, arremessando-o ao mar, depois de o embrulhar com uma toalha, a absoluta indiferença com que encarou a morte do pai, ao abandonar o local do crime para se reunir à namorada, com a qual tomou o pequeno almoço, manifestando uma personalidade violenta, absolutamente avessa ao respeito, desde logo, pelo valor da vida humana em geral, e em particular, pelos laços de sangue com a vítima, que não funcionaram como normal contramotivação ética do homicídio, os factos provados, globalmente ponderados, espelham um juízo de censurabilidade e perversidade a fundamentar uma carga de maior exasperação do juízo de culpa do que no homicídio simples".

Acórdão do STJ de 16 de junho de 2011, proc. nº 600/09, *relatora*: Conselheira Isabel Pais Martins: homicídio qualificado; violência doméstica.

Acórdão do STJ de 17 de abril de 1991, *CJ* 1991, tomo II, p. 23: a circunstância de o agente ter atuado com **dolo eventual** não é suficiente para afastar a qualificação do homicídio quando o motivo é fútil.

Acórdão do STJ de 17 de janeiro de 2008, processo nº 607/07, *relator*: Conselheiro Simas Santos: Não age em *desespero de fuga* o caçador furtivo que, de noite, de automóvel, holofotes laterais, com uma espingarda caçadeira, se dedica à caça furtiva em associativa de caça a que não pertence e, surpreendido por guardas florestais auxiliares, retrocede em marcha atrás e vem a atingir e a matar com tiros de zagalote um desses guardas.

Acórdão do STJ de 19 de novembro de 1997, *BMJ* 471 p. 134: o arguido agiu em **estado de irritação** por a vítima estar a urinar contra a parede da discoteca, quando nesta existia casa de banho e porque acontecimentos anteriores, distúrbios e desacatos, o haviam excitado e enervado: não se verifica o condicionalismo da al. *g*) do nº 2 do artigo 132º. Provado o estado de excitação ou irritação, é lógico deduzir que o arguido estivesse de algum modo perturbado nas suas faculdades de autodomínio e ponderação, situação adversa a uma reflexão calma, fria e ponderada, conatural à categoria da "frieza de ânimo". Mas a reação foi desproporcionada em face do eminente valor da vida humana que foi violado. A futilidade do ato é assim inquestionável.

Acórdão do STJ de 20 de maio de 1999, *BMJ* 487 p. 221: **premeditação**, meio insidioso, uso de pistola sacada de repente do porta-luvas do carro e apontada na direção da cabeça da pessoa que vai ao lado do condutor, que é atingida e morre imediatamente.

Acórdão do STJ de 21 de junho de 2006, 06P1913: **homicídio** e **profanação de cadáver**.

Acórdão do STJ de 22 de fevereiro de 1995, *BMJ* 444, p. 221: Injustificada agressão praticada na altura pela vítima, à bofetada, a pontapé e com manifesta superioridade física, na sequência de outras gravíssimas provocações anteriores.

Acórdão do STJ de 23 de novembro de 2006, proc. 06P3770, *relator*: Conselheiro Henriques Gaspar. Homicídio tentado com dolo eventual. Circunstância qualificativa não facilmente objetivável

Acórdão do STJ de 25 de fevereiro de 2010, proc. 108/08.4, *relator*: Conselheiro Arménio Sottomayor. A relação conjugal entre o homicida e a vítima, mesmo que pudesse encontrar-se em vias de cessar, confere ao crime uma especial censurabilidade, determinante para qualificar o homicídio, tanto mais que as agressões mortais tiveram origem na vontade legítima, manifestada pela vítima, de se querer separar do arguido, isto é, na própria natureza da relação.

Acórdão do STJ de 25 de junho de 1997, *BMJ* 468 p. 159: **homicídio de advogado no exercício de funções**.

Acórdão do STJ de 26 de fevereiro de 2004, *CJ* 2004, p. 206: arguida portadora de ligeira deficiência mental que após ter tido um bebé regressa a casa descontrolada, assustada e angustiada, e nesse estado enterra o recém-nascido, matando-o. O acórdão optou pelo homicídio simples.

Acórdão do STJ de 27 de Maio de 2010, proc. nº 6/09.4, *relator*: Conselheiro Maia Costa. *A* fora acusado da prática de um crime de homicídio qualificado do artigo 132º, nºs 1 e 2, alíneas *b*), *c*) e *d*). Realizado o julgamento, o tribunal de 1ª instância, admitindo embora a verificação das situações objetivas descritas nesses preceitos, condenou A, não por esse crime, mas por um crime de homicídio simples do artigo 131º, por considerar que a **imputabilidade diminuída** de que o A é portador é incompatível com a especial censurabilidade ou perversidade exigida pelo artigo 132º do CP. Mais decidiu o tribunal de 1ª instância que, uma vez que a imputabilidade diminuída fundamentara a desqualificação do crime, não podia servir para fundamentar a atenuação especial da pena no quadro do homicídio simples, tendo este entendimento sido confirmado pela Relação.

Acórdão do STJ de 29 de março de 2000, proc. nº 00P027. Nada impede, em abstrato, que o arguido, para além da atenuação especial resultante da forma tentada que o crime assumiu, beneficie de uma **segunda atenuante especial** nos termos do artigo 72º, nº 1. O que o nº 3, do mesmo artigo, proíbe, é a *dupla valoração* da mesma circunstância que, por si mesma ou em conjunto com outras, der lugar a uma atenuação especialmente prevista na lei e à prevista nos ns. 1 e 2, ainda do citado artigo 72º.

Acórdão do STJ de 3 de junho de 1987, *BMJ* 368, p. 295: Afirmações relativas à vida íntima de uma mulher que a deixaram irada e a levaram a praticar o crime; a autora procurou a vítima na manhã seguinte, esperando-a num local onde passaria a caminho de casa, e disparou sobre ela, provocando-lhe a morte.

Acórdão do STJ de 3 de março de 2010, processo nº 242/08, *relator*: Conselheiro Armindo Monteiro: A **situação de desespero** configura outro dos fundamentos do homicídio privilegiado e que é concebido como fruto de uma situação que se arrasta no tempo, com origem em pequenos ou grandes conflitos, que acabam por levar o agente a considerar-se numa situação sem saída, deixando de acreditar, de ter esperança, arrancando da limitação psicológica do agente desesperado, nele se englobando os casos de suicídios alargados ou de humilhações reiteradas. Deste modo, enquanto estado de afeto, cria uma situação de impotência, em que resta como única alternativa possível ao agente o homicídio.

Acórdão do STJ de 31 de março de 2011, proc. nº 361/01.3, *relator*: Conselheiro Manuel Braz: questiona-se a agravação prevista no nº 3 do artigo 86º da Lei nº 5/2006, de 23 de Fevereiro de 2002, em relação à pena do crime de homicídio, sendo certo que a agravação ali estabelecida só não terá lugar quando "o porte ou uso de arma for elemento do respectivo tipo de crime ou a lei já prever agravação mais elevada para o crime, em função do uso ou porte de arma.

Acórdão do STJ de 4 de fevereiro de 2004, *CJ* 2004, tomo I, p. 189: crime de homicídio privilegiado, atuação em **desespero** do arguido.

Acórdão do STJ de 4 de julho de 1996, *CJ*, ano IV (1996), tomo II, p. 222: trata--se de **tentativa de um crime de homicídio qualificado**, praticado com meio insidioso, em que a pena de 3 anos de prisão foi declarada suspensa por 4 anos; arguido de 65 anos, sem antecedentes, cujo crime, praticado sob o efeito do álcool – cujo consumo logo abandonou – aparece como um ato isolado, sendo desconforme à sua personalidade, tanto mais que continuou a viver em harmonia na companhia da ofendida, que de imediato lhe perdoou.

Acórdão do STJ de 4 de maio de 1994, *CJ*, ano II (1994), tomo II, p. 201: crime de homicídio qualificado por a conduta do arguido se mostrar dominada por um **motivo torpe**: o homicídio foi realizado com a finalidade de regularização forçada de contas de um negócio imoral e penalmente proibido como é o tráfico de estupefacientes.

Acórdão do STJ de 7 de dezembro de 1998: **interrupção do nexo causal**; **comparticipação**; causa adequada; imputação objetiva. Os arguidos agiram em conjunto com vista à captura de *P*, tendo formado uma "**linha de caça**" para o apanharem. Vd. o resumo dos factos e um comentário breve de Carlota Pizarro de Almeida à solução dada ao caso *in* Fernanda Palma (coord.), Casos e Materiais de Direito Penal.

Acórdão do STJ de 7 de dezembro de 1999, *BMJ* 492, p. 159: não se pode considerar agindo em legítima defesa aquele que **provoca deliberadamente uma situação objetiva de legítima defesa** para alcançar, por esse meio ínvio, a impunidade de um ataque desencadeado propositadamente já com intenção de matar o agressor.

Acórdão do STJ de 8 de maio de 1997, *BMJ* 467, p. 287: arguida que dispara por duas vezes com uma caçadeira contra o ofendido, após ter sido violada por este, passando a partir daí a viver desgostosa, tendo crises de desespero e sentido grande revolta contra o ofendido; não é exigível que a reação do agente se desenvolva imediatamente.

Acórdão do STJ de 9 de julho de 2003, *CJ* 2003, tomo II, p. 240: compatibilização da qualificação do homicídio e da produção do evento com base na mesma relação de parentesco; prevalência da regra *in dubio pro reo*.

Acórdão do STJ de 9 de maio de 1990, *BMJ* 397, p. 156: Parricídio punido nos termos do artigo 133º.

Amadeu Ferreira, Homicídio Privilegiado, 1991.

Américo Taipa de Carvalho, A Legítima Defesa, p. 445.

António R. Damásio, O Erro de Descartes. Emoção, razão e cérebro humano. PEA, Lisboa, 1995.

Augusto Silva Dias, Crimes contra a vida e a integridade física, AAFDL, 2005.

Augusto Silva Dias, Crimes contra a vida e a integridade física, AAFDL, 2ª ed., 2007.

Beleza dos Santos, Lições ao 5º ano de 1949; e RLJ, ano 90º, p. 97.

Bruno Py, La mort et le droit, "Que sais-je", PUF, 1997.

Comentário Conimbricense I, artigos 131º a 201º, Coimbra, 1999.

Dan M. Kahan and Martha C. Nussbaum, Two Conceptions of Emotion in Criminal Law, Columbia Law Review, vol. 96, March 1996, nº 2.

Detlev Sternberg-Lieben, Tod und Strafrecht, JA 1997, p. 80 e ss.

E. Gimbernat Ordeig, El ocasionamiento de muerte, Estudios de Derecho Penal, 3ª ed., 1990, p. [266].

E. Gimbernat Ordeig, Eutanasia y Derecho Penal, Estudios de Derecho Penal, 3ª ed., 1990, p. [51].

Eduardo Correia, Direito Criminal, II, p. 287 e ss.

Eduardo Vasquez Límon da Silva Cavaco, Homicídio qualificado: motivo fútil: encobrimento de outro crime, Rev. do Ministério Público, ano 14 (1993), nº 55. São as alegações do MP junto do STJ no caso do Padre Frederico, condenado por acórdão do Tribunal do júri da comarca de Santa Cruz.

Elizabeth Price Foley, The Law of Life and Death, Harvard University Press.

Fermín Morales Prats, *in* Quintero Olivares (dir.), Comentarios a la Parte Especial del Derecho Penal, Aranzadi, 1996.

François Jacob, La logique du vivant, Gallimard, 1970.

Giovanni Cimbalo, Eutanasia, cure palliative e diritto ad una vita dignitosa nella recente legislazione di Dinamarca, Olanda e Belgio, Il Foro Italiano 2003, p. 33.

J. A. da Silva Soares, Eutanásia, Polis, 2º vol.

J. J. Dumarez, Manuel de medicine legale a l'usage des juristes, PUF.

J. Pinto da Costa, Intoxicação pelo monóxido de carbono, Revista de Investigação Criminal, nº 11 (1983).

J. Pinto da Costa, Introdução ao estudo da morte súbita, Revista de Investigação Criminal, nº 14 (1984).

J. Pinto da Costa, Responsabilidade médica, Porto, 1996.

J. Pinto da Costa, Toxicologia forense, Ao sabor do tempo – crónicas médico--legais, volume I, edição IMLP, [2000].

J. Pinto da Costa, Verificação da morte, Ao sabor do tempo – crónicas médico--legais, volume I, edição IMLP, [2000].

J. Pinto da Costa, Vontade de matar, Ao sabor do tempo – crónicas médico-legais, volume I, edição IMLP, [2000].

Jähnke, Strafgesetzbuch, Leipziger Kommentar, Großkommentar, 10ª ed., §§ 211-217, 1980.

João Curado Neves, A Problemática da Culpa nos Crimes Passionais, Coimbra, 2008.

João Curado Neves, Indícios de culpa ou tipos de ilícito?, Liber Discipulorum para Jorge de Figueiredo Dias, Coimbra, 2003.

João Curado Neves, O homicídio privilegiado na doutrina e na jurisprudência do Supremo Tribunal de Justiça, RPCC 11 (2001), p. 175.

João Curado Neves, O homicídio privilegiado na doutrina e na jurisprudência do Supremo Tribunal de Justiça, Direito Penal. Parte Especial, Lições, Estudos e Casos, Coimbra, 2007.

Jorge de Figueiredo Dias, "A *ajuda à morte*: uma consideração jurídico-penal, RLJ ano 137º (2008), nº 3949.

Jorge de Figueiredo Dias, Apontamentos sobre o crime de homicídio. Apontamentos de aulas [s/d] – exemplar datilografado.

Jorge de Figueiredo Dias, Crime preterintencional, causalidade adequada e questão-de-facto, Separata da Revista de Direito e de Estudos Sociais, Ano XVII, nos 2, 3 e 4, Coimbra, 1971.

Jorge de Figueiredo Dias, Direito Penal 2 – Parte Geral. As consequências jurídicas do crime (Lições ao 5º ano).

Jorge de Figueiredo Dias, Direito Penal Português, as consequências jurídicas do crime.

Jorge de Figueiredo Dias, Liberdade, culpa, direito penal, 1976, p. 92.

Laura Ferreira dos Santos, Ajudas-me a morrer?, Sextante, 2009.

Lisa Lieberman, Romanticism and the Culture of Suicid in Nineteenth-Century France, in Comparative Studies in Society and History, 33/9, 1991.

Luís Carvalho Fernandes, A definição de morte – transplantes e outras utilizações do cadáver. Direito e Justiça, 2002, tomo 2.

M. Cobo del Rosal-J. C. Carbonell Mateu, Delitos contra las personas, auxilio e induccion al suicidio, *in* M. Cobo del Rosal *et al.*, Derecho Penal, Parte especial, 3ª ed., 1990.

M. M. Valadão e Silveira, Sobre o crime de incitamento ou ajuda ao suicídio, AAFDL, 2ª reimp., 1995.

Manuel da Costa Andrade, Consentimento e Acordo em Direito Penal, dissertação de doutoramento, 1991.

Manuel da Costa Andrade, Direito Penal e modernas técnicas biomédicas, Revista de Direito e Economia, 12 (1986), p. 99 e ss.

Manuel da Costa Andrade, Direito penal médico. Sida: testes arbitrários, confidencialidade e segredo, Coimbra. 2004.

Manuel da Costa Andrade, Sobre a reforma do Código Penal Português – Dos crimes contra as pessoas, em geral, e das gravações e fotografias ilícitas, em particular, RPCC 3 (1993), p. 427 e ss.

Maria Fernanda Palma, Direito Penal. Parte Especial. Crimes contra as pessoas, Lisboa, 1983.

Maria Fernanda Palma, O homicídio qualificado no novo Código Penal, Revista do Ministério Público, vol. 15 (1983), p. 59.

Maria Fernanda Palma, O princípio da desculpa em direito penal, 2005.

Maria Luísa Couto Soares, A intencionalidade do sentir, A Dor e o Sofrimento – Abordagens, Campo das Letras, 2001.
Maria Margarida Silva Pereira, Direito Penal II, os homicídios, AAFDL, 1998.
Maria Margarida Silva Pereira, Direito Penal II, os homicídios, AAFDL, 2008.
Maria Paula Gouveia Andrade, Algumas considerações sobre o regime jurídico do artigo 134º do Código Penal, Usus editora, Lisboa, s/d.
Nuno Gonçalves da Costa, Infanticídio privilegiado (Contributo para o estudo dos crimes contra a vida no Código Penal), RFDUL, vol. XXX.
Raul Soares da Veiga, Sobre o homicídio no novo Código Penal – Do concurso aparente entre homicídio qualificado e homicídio privilegiado, Rev. Jurídica, nº 4 (1985), p. 15 e ss.
Reinhard Moos, Die Tötung in Affekt in neuen österreichischen Strafrecht, ZStWiss. LXXXIX.
Reinhard Moos, Wiener Kommentar zum Strafgesetzbuch – StGB, 1.-79, Viena, 2005-2011.
Reinhard Moos, Wiener Kommentar zum Strafgesetzbuch, §§ 75-79 StGB, Viena, 1984.
Rui Carlos Pereira, Direito Penal 2 (1994-95), lições coligidas e organizadas por Maria Paula Figueiredo, exemplar datilografado.
Rui Carlos Pereira, O consentimento do ofendido e as intervenções e tratamentos médico-cirúrgicos arbitrários, Textos de apoio ao curso de medicina legal, t. I, Lisboa, Instituto de Medicina Legal, 1990.
Scientific American, January 30, 2009. Can a person be scared to death? A 79-year--old woman dies in North Carolina after a heart attack brought on by terror,
Teresa Quintela de Brito, Homicídio Privilegiado: Algumas Notas, Liber Discipulorum para Jorge Figueiredo Dias, 2003, p. 903.
Teresa Quintela de Brito, Responsabilidade penal dos médicos, RPCC 12 (2002).
Teresa Serra, Homicídio qualificado, tipo de culpa e medida da pena, 1992.
Teresa Serra, Homicídios em Série, Jornadas de Direito Criminal. Revisão do Código Penal, II, CEJ, 1998, p. 137; publicado igualmente em Jornadas sobre a revisão do Código Penal, FDUL, 1998, p. 119.

4 – CRIMES CONTRA A VIDA INTRAUTERINA

I. A criminalização do aborto e a interrupção da gravidez

A forma dada aos crimes contra a vida intrauterina (artigos 140º e 141º) tem vindo a acompanhar tanto a discussão como as soluções surgidas, pelo menos desde 1974, na Alemanha e em outros países europeus[1]. Não será insensato observar que o Código, instintivamente, perceciona essa extensa linha de ação: primeiro, descreve os dois tipos de crime de aborto; num segundo signo temático (artigo 142º), trata da interrupção da gravidez não punível, fazendo descaso da designação "aborto não punível", com o que se geram pontos de acesso ao estudo das interações sociais, culturais e jurídicas[2].

Nas preocupações político-criminais e dogmáticas, avulta o modelo das indicações ("Indikationslösung") associado ao modelo dos prazos ("Fristenlösung")[3]. A lei permite o sacrifício da vida intrauterina em situações expressamente reguladas e objetivamente controláveis, sem necessidade de justificação por parte da grávida ou do seu controlo por terceiro, dentro de certos prazos. Nalguns casos, a solução legal exige não só um período de reflexão, como impõe o aconselhamento meramente informativo ou orientado para a salvaguarda da vida. Chega-se assim a um conceito de prazos com dever de aconselhamento, alargando o modelo das indicações. No caso específico da Alemanha, a discussão renovou-se depois da reunificação, no começo da década de noventa. O B*VerfG* ocupou-se e concorreu para o esclarecimento de algumas questões de ordem constitucional.

---

[1] A discussão na Suíça tem uma história fértil e sempre renovada, que pode ser apreendida nos seus traços mais importantes em José Hurtado Pozo, *Droit pénal, partie spéciale* I, 3ª ed., 1997, p. 71 e ss.

[2] Numa típica contradição, o legislador não se esquivou porém a usar a expressão "aborto punível" no nº 2 do artigo 141º. Outras distinções, como a de aborto espontâneo, natural ou acidental, e aborto provocado, não tinham que figurar no Código.

[3] Sobre o "modelo das indicações" e o "modelo dos prazos", Costa Andrade, *Revista da Ordem dos Advogados*, 39, 1979, p. 313.

Foi na sequência dessa intervenção (B*VerfGE* 88, 203) que se veio a estabelecer a possibilidade de prática de aborto nas primeiras 12 semanas, a pedido da mulher, na dependência de aconselhamento obrigatório, especificamente dirigido à proteção da vida embrionária e fetal (§ 219 1 do StGB).

1. Súmula do modelo vigente

A Constituição dispõe no artigo 24º, nº 1, que a vida humana é inviolável.

Para alguns, decorre da proteção da inviolabilidade da vida humana que todas as suas fases devem ser protegidas de igual modo. Se a Constituição, no aludido preceito, protege, sem exceção, a vida humana, é necessário concluir que esse dever de proteção legal se estende a todas as formas de vida humana e, portanto, à vida intrauterina. Existiria um verdadeiro direito subjetivo à vida de que o feto seria titular. Ainda assim, com uma limitação, a de que se não deverá necessariamente impor um grau de intensidade igual na proteção de todas as formas de vida. O valor relativiza-se[4]. Como se escreve no acórdão do *TC* 617/2006, o facto de o feto ser tutelado em nome da dignidade da vida humana não significa que haja título idêntico ao reconhecido a partir do nascimento. "Ser humano" não será o mesmo que "pessoa humana". Em suma, nem a inviolabilidade da vida humana nem sequer a necessidade de proteção da vida intrauterina impõem especificamente uma tutela penal idêntica em todas as fases da vida, tal como concluiu o acórdão do *TC* nº 288/98. Com outras digressões, o Parecer nº 31/82 da Procuradoria-Geral da República, *BMJ* 320, p. 22, manifesta a dúvida quanto a estar abrangido no artigo 24º da Constituição a proteção da vida intrauterina.

No Código, prevê-se a punição do aborto nas circunstâncias dos artigos 140º e 141º, aqui como aborto agravado, mas sempre na forma dolosa.

Uma terceira norma ocupa-se da interrupção da gravidez não punível (artigo 142º). A interrupção da gravidez pode ser efetuada por médico, ou sob a sua direção, em estabelecimento de saúde oficial reconhecido e com o consentimento da mulher, não sendo punível quando for realizada por opção da mulher, nas primeiras 10 semanas de gravidez (alínea *e*)). Valoriza-se em elevada medida um direito à autodeterminação da mulher neste contexto. Passadas as dez semanas, o regime das indicações varia com fixação de prazos de 12, 16 e 24 semanas, passando-se a um regime livre de prazo por razões terapêuticas, quando a interrupção constituir o *único* meio de remover perigo de morte ou de grave e

---

[4] Um aspeto da relativização da vida formada encontra-se, por ex., na aplicação concreta da legítima defesa (artigo 32º) e do estado de necessidade desculpante (artigo 35º), pois qualquer destes institutos permite o sacrifício, o aniquilamento do bem jurídico vida, sem que aquele que mata outra pessoa sofra qualquer reação por parte do Estado. Aliás, a vida "perfila-se, conforme e na medida dos diferentes tipos penais, de modo substancialmente diverso", escreve Faria Costa, *O Perigo em Direito Penal*, p. 253.

irreversível lesão para o corpo ou para a saúde física da mulher grávida; ou em situações de fetos inviáveis.

Objeto de proteção é a vida intrauterina e em segunda linha interesses da mulher grávida, incluindo a sua integridade física. **Objeto da ação** é o *fructus*, o embrião vivo, implantado no útero.

A vida intrauterina começa no **momento da nidação**: o momento da implantação do óvulo fecundado no útero. Após a nidação começam a formar-se as estruturas embrionárias: a placenta, o cordão umbilical e o saco amniótico que vai conter o líquido com o mesmo nome, que serve de proteção ao novo ser.

A questão de saber se o começo da vida intrauterina coincide com a **nidação** ou antes com a **fecundação**[5] repercute-se na hipótese da fecundação *in vitro* (se o óvulo fecundado é destruído antes da introdução no útero materno) e na dos *inibidores da nidação*, dado que esta ocorre a partir do 13º dia após a fecundação[6]. Entre os inibidores de nidação conta-se a **pílula do dia seguinte** ("Pille danach"), que não constitui um procedimento abortivo.

A vida intrauterina termina no início do parto, no transcurso da vida pré-natal para a da pessoa formada. Saber se o objeto da ação é um feto ou uma pessoa formada determina-se pelo momento da ação. Um qualquer homicídio pode ser cometido a partir do início dos trabalhos de parto, portanto *antes do nascimento*: "o legislador penal perfilhou este critério atendendo à essencial identidade de valor entre a vida do "nascituro terminal" e a vida do recém-nascido"[7].

2. Aborto com ou sem o consentimento da mulher grávida

a) O consentimento

Basta que a mulher dê o seu livre assentimento (acordo) à morte do feto. Faltando este elemento típico, o crime do artigo 142º, nº 2, passa a ser punido com pena de prisão de dois a oito anos (artigo 142º, nº 1), aplicável a quem a fizer abortar contra a vontade dela ou sem o seu assentimento. O consentimento da

---

[5] "O programa genético prescreve a morte do indivíduo desde a fecundação do óvulo", François Jacob, *La logique du vivant*, Gallimard, 1970, p. 331. A lei, que determina, ainda que indiretamente (artigo 136º), quando um comportamento passa a ser homicida, não se ocupa do momento em que começa a vida intrauterina. De acordo com a doutrina dominante, que se apoia sobretudo em razões pragmáticas, o limite não deverá ser fixado no estádio da conceção (*fecundação* do óvulo pelo espermatozoide), mas no momento da *nidação*, quando o óvulo fecundado passa a estar implantado na mucosa uterina da mulher. Cf. Hurtado Pozo, *ob. e loc. cit.*, p. 82, e G. Stratenwerth, *Schweizerisches Strafrecht*, BT I, 4ª ed., 1993, p. 47.

[6] A aceitação do 13º dia após a fecundação não está generalizada, havendo quem encurte tal prazo. Não se protege o embrião ainda não implantado no útero, como não se protege o sémen, etc.

[7] Rui Carlos Pereira, *O crime de aborto e a reforma penal*, 1995, p. 77.

mulher grávida como que menoriza a gravidade do ilícito. Não se tratando de uma causa de justificação, mas de um elemento do ilícito, não se aplica o artigo 38º.

O consentimento/assentimento é obra da própria mulher grávida.

A mulher grávida que der consentimento ao aborto praticado por terceiro (ou que, por facto próprio ou alheio, se fizer abortar) é sancionada de modo idêntico a esse terceiro (artigo 142º, nº 3).

Este nº 3 toma a forma de crime específico: a pena quadra unicamente à mulher grávida que ou se faz abortar ou dá o seu consentimento fora das hipóteses em que o mesmo releva para a não punição. O aborto punível, feito, promovido ou consensualizado pela mulher grávida fora das situações de interrupção prescritas no artigo 142º, representa por parte desta uma forma de autoria que pode emergir como autoria singular ou mesmo coautoria.

Não é punível a tentativa de aborto praticado pela mulher grávida ou praticado com o seu consentimento.

b) Outros elementos típicos

"Fazer abortar mulher grávida" é elemento objetivo do ilícito. Para a doutrina tradicional, faz-se abortar provocando a separação, antes do tempo, do embrião do corpo da mãe, mas se com isso ocorrer um nascimento prematuro, a criança pode nascer com vida, o que conduz apenas à possibilidade da tentativa, que nem sempre é punível, como se viu. Para haver consumação, a atividade sobre a vida fetal deve provocar a morte do feto. É como se a norma dissesse: "Quem matar um feto...". Por isso se diz que o aborto consiste em destruir a vida embrionária, a qual aparece como o objeto de proteção[8]. A morte do feto pode fazer-se "por qualquer meio", seja por meio químico ou mecânico. A sua natureza é indiferente, a não ser para a tentativa, na medida em que não se exclui a tentativa impossível punível.

O crime de aborto é crime de resultado sempre que a gravidez seja interrompida dolosamente nas demais condições tipificadas. Provoca-se a morte do embrião "por qualquer meio". Não há aborto sem a gravidez atual da mulher, nem depois de iniciados os trabalhos de parto.

Além disso, é crime doloso, o que arrasta o conhecimento do estado de gravidez e que, com as manobras abortivas, a mesma se interrompe, de acordo com a vontade do autor ou autores.

c) Outras distinções

A tutela da vida formada exprime-se na previsão e sancionamento de condutas dolosas e negligentes (por ex., artigos 131º e 137º).

---

[8] Não se cuida de aspetos demográficos nem da proteção familiar.

A tutela da vida intrauterina apenas conhece proteção contra atos dolosos. Os artigos 140º e 141º descrevem crimes de tipo exclusivamente dolosos.

3. O círculo de autores e o âmbito de punibilidade

a) Elemento significativo na distinção entre os nos 1, 2 e 3 do artigo 140º advém de o terceiro atuar **sem consentimento** (elemento negativo na formulação típica) da mulher grávida, situação sancionada com prisão de dois a oito anos; ou atuar **com consentimento**, situação que se pune com pena de prisão até três anos. Idêntica pena cabe, como se viu, à mulher grávida que der o consentimento ao aborto praticado por terceiro, ou se, por facto próprio ou alheio, se fizer abortar.

Intervém ativamente qualquer pessoa, médico, parteira ou um leigo, a qual, havendo consentimento da mulher grávida, é punida com pena idêntica à desta, quando em posição de autora (nº 3). A mulher grávida que der consentimento ao aborto praticado por terceiro responde com este, em princípio no mesmo processo, aquele nos termos do nº 2, a mulher grávida nos termos do nº 3.

b) No artigo 141º preveem-se dois casos de **agravação**, o primeiro quando do aborto ou dos meios empregados resultar a morte ou uma ofensa à integridade física grave da mulher grávida (agravação pelo resultado: artigo 18º), sendo a segunda agravação conotada com a habitualidade ou a realização lucrativa do aborto. Se a consequência mais grave (morte ou ofensa à integridade física grave) dever ser imputada a título doloso, a agravação desaparece e em seu lugar o crime de aborto, tentado ou consumado, passa a concorrer com o outro crime também cometido.

Caso nº 1 Aida, sabendo que se encontra grávida, por ter feito os exames determinados pelo seu médico assistente, resolve abortar, aceitando um meio abortivo recomendado por *B* posto à disposição deste por *C*. Acontece que Aida não abortou, nem em consequência disso lhe adveio qualquer ofensa. De resto, nenhum dos intervenientes se dedicava habitualmente à prática do aborto punível nem atuou com intenção lucrativa.

c) Tendo em atenção as molduras respetivas, por regra, só o nº 1 do artigo 140º é suscetível de punição por tentativa, levando-se em conta o artigo 23º, nº 3. Nos outros dois casos, para dilucidação da questão da tentativa, haverá que atender à presença de alguma das causas de agravação. De qualquer forma, as formas de aborto agravado só se aplicam "àquele que" fizer abortar mulher grávida ou "ao agente que se dedicar habitualmente à prática do aborto punível" "ou o realizar com intenção lucrativa" (artigo 141º, nos 1 e 2).

4. Concurso

a) **Com o crime de homicídio.** Se a criança, no momento inicial do nascimento, estiver viva, só de homicídio se poderá falar. Como já explicámos ao tratar do crime de homicídio, este é possível relativamente a crianças que, pelos mais variados motivos não tenham nenhuma possibilidade de continuar a viver fora do ventre materno. Importa unicamente que o objeto da ação esteja vivo ao tempo da realização da conduta, sendo irrelevante um erro sobre a capacidade de sobrevivência. A **perfuração**, uma operação de auxílio ao nascimento, por redução da cabeça da criança, para facilitar a extração, realiza o tipo objetivo do homicídio, não sendo o aborto possível. Para salvar a vida da mãe, dá-se a morte à criança na fase do nascimento. Como noutro lugar fomos adiantando, não há que pôr em confronto a vida da mãe e da criança, parecendo pacífica a intervenção de um estado de necessidade defensivo (supra legal).

Noutras situações, pode acontecer que a conduta tenha sido levada a efeito em momento anterior ao nascimento, mas os efeitos só são verificáveis já depois do nascimento (condutas médicas pré-natais). Se o início da produção dos efeitos (como momento decisivo) da conduta pré-natal se verifica no período em que o nascimento ainda se não iniciou (o médico provoca um nascimento prematuro que leva à morte do feto) não haverá homicídio (nem doloso nem negligente) mas só o crime de aborto consumado, se a atuação for subjetivamente dolosa.

O aborto só releva em conexão com a morte do feto – mesmo quando o aborto tentado ou consumado conduz à morte da mãe. Se a mulher grávida morre num acidente de viação provocado por terceiro e por isso perde o filho, a situação não configura um crime de aborto, embora possa concluir-se por um crime negligente relativamente à mãe.

Do mesmo modo, se a interrupção ocorre por ocasião de uma agressão sofrida pela mulher grávida, o autor que desconheça esse estado só pode ser penalmente responsabilizado por ofensas à integridade física.

Ainda assim, se do aborto ou dos meios empregados ocorrer a morte da mulher grávida a hipótese pode conduzir ao concurso de crimes, se a morte for querida pelo terceiro, autor do aborto. Deste modo, quem dolosamente matar ou tentar matar mulher que sabe encontrar-se grávida é também punível por crime de aborto do artigo 140º, nº 1 (BGHSt 11, 15)

b) **Com os crimes de ofensa à integridade física.** A lesão que atinja só o feto (como terá acontecido nalguns casos com a ministração do *contergan*) não deve ser interpretada como atingindo também a mãe, por serem os dois bens jurídicos independentes.

Não se afasta a existência de concurso de crimes se do aborto ou dos meios empregados tiver resultado ofensa à integridade física grave da mãe coberta pelo dolo do terceiro interveniente.

Serão de consunção as situações que envolvam lesões simples relacionadas diretamente com o aborto ou com os meios empregados para a interrupção da gravidez.

II. Não punibilidade da interrupção da gravidez: artigo 142º

1. Artigo 142º, nº 1

A interrupção da gravidez pode ser efetuada por médico, ou sob a sua direção, em estabelecimento de saúde oficial reconhecido e com o consentimento da mulher, não sendo punível quando for realizada por opção da mulher, nas primeiras 10 semanas de gravidez (alínea e)). Não se trata de uma causa de justificação propriamente dita[9], mas de uma figura específica de não-punibilidade. O mesmo vale para as restantes indicações das alíneas a) a d)), onde seguramente se afastam situações de conflito de deveres:

- constituir a interrupção da gravidez o único meio de remover perigo de morte ou de grave e irreversível lesão para o corpo ou para a saúde física ou psíquica da mulher grávida;
- mostrar-se indicada para evitar perigo de morte ou de grave e duradoura lesão do corpo ou para a saúde física ou psíquica da mulher grávida e for realizada nas primeiras 12 semanas de gravidez;
- houver seguros motivos para prever que o nascituro virá a sofrer, de forma incurável, de grave doença ou malformação congénita, e for realizada nas primeiras 24 semanas de gravidez, excecionando-se as situações de fetos inviáveis, caso em que a interrupção poderá ser praticada a todo o tempo;
- a gravidez tenha resultado de crime contra a liberdade e autodeterminação sexual e a interrupção for realizada nas primeiras 16 semanas.

Não se optou por uma cláusula geral, mas por um modelo de indicações de ordem terapêutica (alíneas a) e b)), embriopática, em casos de grave doença ou

---

[9] Solução que não é aceite de forma generalizada, nomeadamente por aqueles que pretendam pôr-se a coberto de dúvidas de constitucionalidade. Sobre este ponto, Figueiredo Dias, *Conimbricense* I, p. 177. Segundo uma decisão do B*VerfG*, de 28 de maio de 1993, o legislador, construindo determinados tipos de exceção, permite considerar a interrupção da gravidez como "autorizada", desde que se mostrem assegurados os pressupostos desta **causa de justificação** (§ 218a II), implicando a sua realização por uma pessoa de confiança (um médico) num estabelecimento de saúde oficialmente reconhecido, Johannes Wessels, *Strafrecht* BT 1, 17ª ed., 1993, p. 52, e Braunschneider, *Die wichtigsten Entscheidungen für Ausbildung und Praxis*, Strafrecht BT.

malformação congénita do nascituro, e criminológica ou ética, no caso da alínea *d*). Só um médico, e não por exemplo uma parteira, um estagiário ou uma enfermeira, está legitimado para efetuar uma interrupção da gravidez não punível, ou assumir a sua direção em equipa. Daí que não possa ser a mulher grávida a fazê-lo, embora possa ocupar-se, sozinha, do próprio parto. De qualquer modo, se nestas circunstâncias o feto morre, a situação não será punível, faltando o dolo.

Se estas outras **indicações**, quanto à sua génese, são independentes da vontade de quem quer que seja, não deixa a lei de exigir, sempre, o consentimento da mulher grávida para a interrupção da gravidez.

Na hipótese da alínea *c*), os motivos respeitam ao nascituro e não dependem do controlo da mulher grávida. Exigindo-se o seu consentimento para interromper a gravidez, implicitamente reconhecesse à mãe a liberdade de aceitar o ónus que representa trazer ao mundo uma criança altamente deficiente.

2. Artigo 142º, nº 2

A verificação das circunstâncias que tornam não punível a interrupção da gravidez é certificada em atestado médico, escrito e assinado antes da intervenção por médico diferente daquele por quem, ou sob cuja direção, a interrupção é realizada, sem prejuízo do disposto no número seguinte.

3. Artigo 142º, nº 3

Na situação prevista na alínea e) do nº 1, a certificação referida no número anterior circunscreve-se à comprovação de que a gravidez não excede as dez semanas.

4. Artigo 142º, nº 4

Regula-se a forma como o consentimento deverá ser prestado, distinguindo-se entre as indicações das alíneas *a*) a *d*), em que basta um documento assinado pela mulher grávida ou a seu rogo; e a alínea *e*) em que o documento assinado pela mulher grávida é acompanhado de formalidades e prazos.

5. Artigo 142º, nºˢ 5 a 7

No nº 5 exige-se uma certa forma de consentimento para o caso de a mulher grávida ser menor de 16 anos ou psiquicamente incapaz; não intervém o artigo 38º, mas a norma especial deste nº 5, o que condiz com a opinião de não se tratar, no caso do artigo 142º, de autênticas situações de justificação. No nº 6 prevê-se a falta de consentimento se a interrupção da gravidez se mostrar urgente, decidindo o médico em consciência face à situação, socorrendo-se, sempre que possível, do parecer de outro ou outros médicos; no nº 7 dispõe-se que para efeitos do presente artigo o número de semanas de gravidez é comprovado ecograficamente ou por outro meio adequado de acordo com as *leges artis*.

5 – CRIMES CONTRA A INTEGRIDADE FÍSICA

I. Generalidades

a) No feixe dos direitos fundamentais, a integridade pessoal liga-se de forma estreita à essencial dignidade da pessoa humana (artigo 1º da Constituição), a par da vida, da liberdade e da segurança. De acordo com o respetivo artigo 25º, nº 1, a integridade moral e física das pessoas é inviolável. Foi a partir destas premissas que o Tribunal Constitucional, por acórdão nº 226/00, julgou inconstitucional a norma constante do artigo 9º, nº 2, alínea *b*), da Lei nº 14/94, de 11 de maio, por violação do mesmo artigo 25º, quando interpretada em termos de considerar que uma agressão voluntária e consciente, consubstanciada em atos de violência física, não traduz uma violação de direitos, liberdades ou garantias pessoais dos cidadãos quando daí não resulte qualquer lesão.

A tutela constitucional estende-se a quaisquer ofensas à integridade física, independentemente da sua gravidade: *existe um direito a não sofrer ofensas corporais*. No espaço assim delineado, o mesmo *TC*, no acórdão nº 616/98, aceitou que "o exame de sangue, contra a vontade do examinado, possa constituir, nos limites da proteção constitucional, uma ofensa à integridade física da pessoa".

b) As ofensas corporais podem revestir gravidade muito diversa, como logo se intui. Um caso de ofensa mínima será a bofetada que não provoca lesão. No Código, o Capítulo dos crimes contra a integridade física inicia-se com o artigo 143º, nº 1, que contém o tipo fundamental doloso, na forma de ofensa à integridade física *simples*. A referência aí contida à **"ofensa ao corpo ou à saúde de outra pessoa"** é o elemento que o liga às formas de incriminação "agravadas" previstas no artigo 144º e às qualificações/agravações dos artigos 145º e 147º. É igualmente comum à forma "privilegiada" do artigo 146º e à ofensa à integridade física *por* "negligência" do artigo 148º. A negligência intervém ainda nos artigos 147º e 152º, nº 3, 152º-A, nº 2, e 152º-B, nº 2, levando-se nestas hipóteses em conta o disposto no artigo 18º (imputação... *pelo menos a título de negligência*), para quem veja aí a figura da agravação pelo resultado.

No caso do artigo 143º, nºˢ 1, o **procedimento criminal** depende de queixa, salvo quando a ofensa for cometida contra agentes das forças e serviços de segurança, no exercício das suas funções ou por causa delas (nº 2). Sendo a ofensa por negligência, o crime é sempre dependente de queixa (nº 4 do artigo 148º), mesmo quando se apresente como "grave" (respetivo nº 3).

Como decorre da análise dos artigos 23º, nº 1, e 143º, não é punível a tentativa de ofensa à integridade física *simples*.

c) Especial atenção merecem as formas de construir os tipos de ilícito que integram este capítulo. Assim:

- **No sentido da qualificação/agravação**: I – O artigo 144º, como ofensa à integridade física grave, atendendo ao grau de afetação danosa produzido ao bem jurídico, incluindo a alínea d), onde a gravidade coincide com a produção de perigo para a vida da vítima. II – O artigo 145º, conjugado com o artigo 132º, nºˢ 1 e 2, enquanto ofensa à integridade física qualificada por especial censurabilidade ou perversidade. III – O artigo 147º, em atenção ao resultado, que pode ser a morte da vítima ou alguma das ofensas (graves) previstas no artigo 144º. IV – Os artigos 152º, 152º-A e 152º-B, por maus-tratos que integram crime de violência doméstica, crime de maus tratos, propriamente dito, e violação de regras de segurança.
- **No sentido da relevância do perigo**: I – A alínea d) do artigo 144º, em atenção à concretização de perigo para a vida, por via de ofensa à integridade física consumada. A disposição do artigo 144º, alínea d) merece ser confrontada com a do artigo 138º, constituindo ambas crimes de perigo (concreto) singular, assentando a primeira numa ofensa à integridade física dolosa na forma consumada e a segunda na exposição ou abandono da vítima, também dolosos. II – O nº 2 do artigo 150º, por intervenção e tratamento médico-cirúrgico com violação das leges artis e criação de um perigo para a vida ou perigo de grave ofensa. III – O artigo 151º, por participação em rixa (perigo simplesmente presumido). IV – O artigo 152º-B, por inobservância de disposições legais ou regulamentares, sujeitando trabalhador a perigo para a vida ou a perigo de grave ofensa para o corpo ou a saúde. No que respeita ao crime de violação de regras de segurança (artigo 152º-B), enquanto crime de perigo singular, será útil confrontá-lo com o modo como se constrói a norma do artigo 277º, nº 1, enquanto crime de perigo comum (para a vida e a integridade física de outrem, etc.), por infração de regras de construção, dano em instalações e perturbação de serviços.
- **No sentido do privilegiamento**: O artigo 146º, com remissão para as circunstâncias previstas no artigo 133º (diminuição sensível da culpa), com as duas novidades das alíneas *a*) e *b*), introduzidas pelas alterações de 2007.

Fora deste capítulo, encontram-se outros tipos penais com algumas semelhanças, por ex., o de resistência e coação sobre funcionário (artigo 347º), enquanto prevê o emprego de violência[1].

d) O **bem jurídico** acautelado é a integridade física de outra pessoa, o que significa proteger simultaneamente o bem-estar do corpo e da saúde, as duas variantes que a própria lei estabelece. Mas em domínios como a "violência doméstica" haverá elementos adicionais que convergem em abono duma definição mais precisa.

e) Na medida em que a ofensa é ao corpo ou à saúde de *outra pessoa*, não cabem aqui as **automutilações**,[2] as quais (a par do suicídio), não sendo atitudes lícitas ou ilícitas, são manifestações de uma *"posse* natural", distintas do puro exercício de um direito[3]. As **lesões pré-natais** sofridas durante a gravidez (lesão do feto por negligência devida à administração de certos medicamentos, fala-se, por ex., no contergan-talidomida) não contam com a proteção jurídico-penal dispensada à integridade física, que apenas tem lugar a partir do nascimento[4]. Pode é haver lesão da mãe.

f) Na redação originária do Código (1982) previa-se, no artigo 173º, o **crime de injúrias**[5] através de ofensas corporais, castigando-se quem cometia contra outrem uma ofensa corporal que, pela sua natureza, meio empregado ou outras circunstâncias, revela intenção de injuriar. Não obstante ter sido eliminada a falada disposição, atualmente, os artigos 181º e 182º equiparam à injúria verbal "qualquer outro meio de expressão", pelo que mesmo uma ligeira bofetada pode ser valorada como ofensa à honra, dependendo do contexto em que tenha acontecido.

g) As alterações de 2007 implicaram a rearrumação dos artigos 145º a 147º e 152º, e a ampliação do disposto na alínea *b*) do artigo 144º quanto às capacidades

---

[1] Sobre o conceito de **violência**, cf. a nossa exposição sobre os crimes contra a liberdade pessoal. Nas ofensas à integridade física o exercício da *vis corporalis* sobre a vítima pode caracterizar-se dum modo geral como uma violência "cega". Noutras ocasiões, seja, por ex., para levar a efeito um crime de sequestro, já se poderá concluir por uma violência "direcionada".

[2] A **mutilação para isenção de serviço militar** era punida no artigo 321º do Código Penal, redação originária, mas a incriminação desapareceu do CP em 1998, constando do Código de Justiça Militar (artigo 78º) o **crime de mutilação para isenção do serviço militar em tempo de guerra**, punindo-se aquele que, para se subtrair às suas obrigações militares, se mutilar ou por qualquer forma se inabilitar, ainda que só parcial ou temporariamente. Os ferimentos autoinfligidos constituem um fenómeno produzido pela Primeira Guerra Mundial e estão relacionados com os avanços recentes da medicina. John Keegan (*O rosto da Batalha*, ed. Fragmentos, 1976, p. 208) revela que não encontrou exemplos de ferimentos autoinfligidos antes do desenvolvimento dos antissépticos.

[3] Orlando de Carvalho, *Teoria Geral da Relação Jurídica (Bibliografia e Sumário desenvolvido)*, polic., 1970, p. 50

[4] O início do nascimento é o ponto crítico onde acaba a situação fetal e começa o ser humano. Consideram os penalistas que o nascimento se inicia a partir do início dos trabalhos de parto, havendo que distinguir entre o parto normal e o parto por cesariana.

[5] Assim, no plural. Atualmente, usa-se a forma singular na epígrafe do artigo 181º.

de procriação "ou de fruição sexual". Deve ser prestada uma especial atenção à diferente articulação dos crimes de *maus-tratos* dos artigos 152º, 152º-A e 152º-B.

II. Os tipos de ilícito contra a integridade física

1. Crime de ofensa à integridade física: artigo 143º, nº 1

O crime do artigo 143º, nº 1, consuma-se com qualquer ofensa do corpo ou da saúde.

a) A **ofensa do corpo** associa-se a um ataque à integridade corporal, que tanto pode consistir no prejuízo ou perda da substância corporal, como (na opinião de alguns) o corte ou arranque do cabelo ou da barba que não seja insignificante. Com frequência, a ofensa corporal constituirá uma lesão, mas pode não se chegar a infligir dor ou sofrimento. Haverá dano da integridade corporal, por ex., quando o agressor provoca equimoses, arranhadelas, ferimentos, fraturas, mutilações ou outras lesões do mesmo género na vítima. Mas nem o derramamento de sangue (hemorragia) nem a solução de continuidade dos tecidos são indispensáveis à existência de uma ofensa no corpo. Como já fomos adiantando, uma simples bofetada pode constituir ataque à integridade pessoal ainda que não produza lesão.

Uma parte significativa da doutrina não inclui as lesões psíquicas, como as provocadas por medo ou repugnância, entre as ofensas ao corpo. Ser alvo de uma cuspidela não representará portanto uma ofensa corporal. Pode porém representar uma injúria. Ainda assim, um choque psíquico pode bastar para provocar um dano físico, dependendo então da intensidade com que se produz, pelo que, para lograr inclusão no correspondente elemento típico, não poderá, também ele, ser insignificante. Deste modo, integra uma ofensa no corpo da vítima todo o mau-trato através do qual o ofendido é prejudicado no seu bem estar físico de forma não insignificante.

b) A **lesão da saúde**[6] consiste em criar ou intensificar uma situação patológica, enquanto desvio das funções corporais normais. É a perturbação do equilíbrio fisiológico ou psicológico da vítima. Tanto pode tratar-se de uma infeção, capaz

---

[6] **O conceito de saúde**: "bem-estar físico, psíquico e social". Para a Organização Mundial da Saúde, "a saúde é um estado de completo bem-estar físico, mental e social, que não consiste somente numa ausência de doença ou de enfermidade". Seria dar azo a um alargamento abusivo acolher uma tal definição nos quadros do direito penal; ela serve, ainda assim, para descrever o contexto ideal ao desenvolvimento otimizado da personalidade. A saúde é, na realidade, a capacidade de o organismo humano funcionar, mas pode preencher-se o ilícito de ofensa à integridade física mesmo que a pessoa atingida não esteja necessariamente de boa saúde. Trata-se, portanto, de uma noção relativa. **O critério de base não é um estado de saúde absoluto, mas o estado de saúde em que se encontrava a vítima antes da ofensa**. Protege-se, pois, a saúde concreta. Cf. H. Pozo, p. 106.

de criar um estado de doença, como a criação dum estado de embriaguez ou a ministração de uma droga que provoca no organismo uma alteração desfavorável das funções biológicas. Nos contágios com o vírus da sida há uma diferença entre o estado de saúde da pessoa infetada e o de outra pessoa não atingida pelo vírus e isso tem certamente um significado patológico; por outro lado, o desencadear da imunodeficiência fica como que pré-programado, em termos de se poder afirmar uma ofensa à saúde. De notar que uma ofensa no corpo provoca frequentemente um prejuízo para a saúde. Mesmo as ofensas ao bem-estar passageiras e benignas constituem igualmente lesões corporais simples quando puderem assimilar-se a uma enfermidade, por ex., se acompanhadas de dores importantes, um choque nervoso, dificuldades respiratórias ou uma perda do conhecimento[7].

Caso nº 1 Stalking. Nachstellung, § 238 StGB. *A* persegue *B* dia e noite, durante semanas, fazendo sentir a sua presença constante. *B* cai em depressão profunda provocada pela vivência de um pânico intenso (exemplo de Augusto Silva Dias). Um caso destes aconteceu na Califórnia com uma jovem atriz, Rebecca Shaeffer, que um fanático admirador perseguia de forma obsessiva durante dois anos. A pessoa *stalked* acabou por morrer.

Trata-se de um caso de **lesão da saúde física e psíquica**, um caso claro daquilo que dá pelo nome de **stalking**[8]. No horizonte da perceção jurídica aparecem comportamentos complexos, impertinentes e desrazoáveis, dirigidos a uma outra pessoa, que o agente aprecia e com a qual aspira a manter uma relação mais ou menos íntima. A pessoa visada, todavia, resiste ou rejeita essa pronunciada inclinação, acabando, nos avanços mais extremados, por se sentir oprimida e amedrontada, mesmo em situação de autêntico pânico – chegando não raras vezes

---

[7] **O conceito médico-legal de doença**. "Entende-se por doença uma alteração anatómica ou funcional do organismo, geral ou local, com carácter evolutivo, seja para a cura, seja para a consolidação ou para a morte. [Entende-se por consolidação a estabilização com sequelas]. Não importa que esta alteração incida ou não sobre a capacidade de trabalho, nomeadamente aquela de atender às ocupações ordinárias, que requeira ou não intervenção terapêutica, que comporte ou não um rebate geral apreciável do organismo. É por isso que se reconhece doença mesmo nas equimoses, escoriações, epistaxes, no "abalo" psíquico e em tantas outras condições de escasso relevo médico" (cf. Fernando Oliveira Sá, *RPCC* 3, citando Franchini, *Medicina Legal*, 9ª ed., Cedam Padova, p. 441 e s.). O conceito de doença é um conceito puramente médico, podendo existir ofensa corporal sem haver doença, diz-se no indicado estudo.

[8] Sobre o conceito e a oportunidade político-criminal do *Stalking*, Frank Neubacher, *An den Grenzen des Strafrechts – Stalking, Graffiti, Weisungsverstösse*. Sobre o *Cyberstalking*, Hoffmann, *Stalking*, 2006, p. 197 e ss. Apontam-se semelhanças com o *bullying*. A caracterização das condutas de *bullying* e a diferenciação de outras formas de violência e das brincadeiras próprias da idade: ações repetidas contra a mesma vítima num período prolongado de tempo; desequilíbrio de poder, o que dificulta a defesa da vítima; ausência de motivos que justifiquem os ataques, Lélio Braga Calhau, "Bullying, criminologia e a contribuição de Albert Bandura", *De Jure – Revista jurídica do Ministério Público de Minas Gerais*.

a sofrer intensos abalos psíquicos. O agente persegue a sua vítima, serpenteia e aflora de contínuo; teimoso e pertinaz, sai-lhe ao caminho, buscando maneira de estabelecer contacto, mesmo sabendo da sua recusa frontal. O incómodo e a pressão vão-se agravando, tanto física como psiquicamente. Há quem veja nisso um feixe de comportamentos atrás dos quais se escondem os mais diversos motivos, transtornos psíquicos e emoções. Estas motivações, e o relacionamento tão afincadamente procurado, encontram uma firme negativa por parte da vítima. A despeito dos muitos reveses, ou espicaçado por eles, segue-se, em jeito de resposta, um crescendo nos métodos de abordagem, a perseguição obsessiva, através do telefone ou do telemóvel, a aparição súbita nas situações e nos locais mais inesperados, as ameaças contra a pessoa perseguida ou os membros da sua família. Não afrouxa a marcha nem mostra intenção de parar. À vítima chegam as primeiras cartas, faxes, SMS, e-mails, incluindo os endereçados aos locais de trabalho. Há quem se sirva de um terceiro para dar uma ajuda. Aparecem "gentis" oferendas e ramos de flores. Manda-se uma ambulância ou o táxi a casa. Às vezes vai o próprio forçar a entrada, sem o consentimento da pessoa perseguida. Constroem-se as primeiras difamações, boatos; escreve-se o número de telefone nas casas de banho públicas, acompanhado de certas recomendações ou alvitres. Revelam-se segredos, publicamente, nas redes sociais. Aparece o carro riscado ou com os pneus furados. O perseguidor saboreia vitórias. Insensível ao sofrimento alheio, interrompe e recomeça, numa dinâmica espiralada, numa teia inextricável. Obcecado, investe com novas e renovadas inventivas.

Pode ser uma forma de **violência doméstica**, ou um crime de **maus tratos**, quando a vítima é uma das pessoas mencionadas nos artigos 152º e 152º-A. Às vezes juntam-se **agressões físicas e psíquicas, ameaças graves, episódios coativos, sequestros** mais ou menos prolongados e até raptos, tudo com implicações mais ou menos graves na saúde e no corpo da vítima[9].

"Sendo percetível uma interpenetração psicossomática, pode haver **ofensas corporais**"[10]. Mas também pode redundar em **crime contra a privacidade**. Pense-se na perturbação repetida da paz e do sossego, com telefonemas para a habitação da pessoa perseguida ou para o seu telemóvel (artigo 190º, nº 2).

Em 2007 entrou em vigor no ordenamento jurídico penal alemão o § 238 Nachstellung, sancionando como crime esse fenómeno social que em inglês se vem denominando como lei anti*stalking*, comum a vários estados americanos desde os finais do século dezanove.

---

[9] Em sentido menos alargado, *stalking* é uma outra dimensão da violência conjugal: "intrusões persistentes, indesejadas e indutoras de medo"; "perseguição e assédio de alguém, de forma intencional, maldosa e repetitiva, colocando em risco a sua segurança", Cláudia Coelho/Rui Abrunhosa Gonçalves, *RPCC* 17 (2007), p. 269. Vd. também Martin Bugelmüller, *Stalking: Wie helfe ich mir richtig!?*, Steyr, 2011.
[10] Augusto da Silva Dias, *Crimes contra a vida e a integridade física*, p. 88.

§ 238 Nachstellung:

(1) Quem, sem consentimento ou autorização de quem de direito, perseguir outra pessoa, por forma tenaz e persistente: 1. Procurando entrar na sua proximidade ou no seu espaço; 2. Procurando chegar ao contacto com ela utilizando meios de comunicação, incluindo o telefone, ou recorrendo a um terceiro; 3. Empregando, com vista a contactar com essa pessoa, dados relativos à mesma, obtidos de forma abusiva por ocasião de encomendas ou de prestação de serviços que ao agente tenham sido feitas ou prestados, ou lhe tenham sido cedidos por terceiro; 4. Ameaçando-a, ou uma pessoa do seu círculo pessoal, com atentado à vida, agressões à integridade física; à saúde ou à liberdade; ou 5. Levando a efeito ações semelhantes ou equiparadas, por forma a afeta-la gravemente na sua forma de vida, é punido com pena de prisão até três anos ou multa.

(2) Se o agente provocar, por qualquer das formas mencionadas, perigo para a vida ou um dano grave na saúde da vítima ou de alguém do seu entorno é punido com pena de prisão de três meses a cinco anos.

(3) Causando o agente com o seu facto a morte da vítima ou de um familiar desta, ou de outrem do círculo próximo da vítima, é punido com a pena de prisão de um a dez anos.

Embora não se registe unanimidade quanto à natureza do crime, a opinião mais consentânea parece-nos ser a que rejeita a classificação de crime duradouro: cada uma das ações do agente concorre para um todo e para a necessária unidade típica, pelo menos desde que conformem uma suficiente homogeneidade de tempo e espaço e contem com um contínuo e unitário querer do agente[11].

Caso nº 2 Ofensa no corpo. Lesão da saúde. Crimes semipúblicos. Queixa. Princípio da indivisibilidade. Consentimento justificante. *A* faz a limpeza das janelas da casa de *B*. Às tantas, este aparece na rua, acompanhado da mulher, *C*, e ambos a discutirem vivamente um com o outro. No calor da discussão, *B* grita para a mulher das limpezas dizendo-lhe que atire a água do balde para cima de *C* e que se não acertar será despedida. Com medo de que a mandem embora, *A* atira a água suja do balde para cima de *C*. À polícia, que entretanto surgiu, *C* declarou que compreendia o comportamento de *A*, nada querendo dela, mas apresentou queixa contra o marido, por ofensas corporais.

---

[11] Veja-se, por exemplo, a anotação de W. Mitsch à decisão do BGH de 19 de novembro de 2009, *NStZ* 2010, p. 515 e s.

Punibilidade de *A* e *B*?

A primeira questão é a de determinar se houve uma ofensa **no corpo** ou **na saúde** de *C*. Não se deteta, é evidente, um prejuízo para a substância corporal da vítima. Mas o facto de se atingir outra pessoa com um balde de água suja representará um prejuízo no bem estar físico de uma forma não insignificante? Uma vez que a *A* teve que ficar algum tempo com a roupa no corpo, molhada com água suja, e que dessa forma se verifica uma **perturbação de funções físicas**, parece estar assegurado que o tipo de ilícito do artigo 143º, nº 1, se encontra preenchido. Já seria diferente, não se podendo falar em maus tratos corporais, se no verão, em plena praia, alguém, intencionalmente, atira um jarro de água limpa e à temperatura normal contra outra pessoa[12].

No que toca aos elementos subjetivos do crime de ofensa à integridade física simples, é manifesto que *A* atuou com *conhecimento* e *vontade* da realização típica, isto é, dolosamente.

C, todavia, não apresentou **queixa** contra *A*. Como o crime tem natureza semipública (artigo 143º, nº 2), não tem o Ministério Público legitimidade para o procedimento criminal[13-14].

Acontece que o não exercício do direito de queixa relativamente a um dos comparticipantes dentro do prazo de seis meses aproveita aos restantes, nos casos em que estes não puderem ser perseguidos sem queixa (artigo 115º, nº 3, do CP), pretendendo-se assim retirar da disponibilidade do ofendido o direito de escolha de um ou mais participantes, com exclusão de outros, visto que o que essencialmente está em causa é a perseguição do crime praticado e não apenas a satisfação de interesses de natureza pessoal. *C*, titular dos interesses que a lei quis proteger

---

[12] Assim, Jürgen Baumann, *Strafrechtsfälle und Lösungen*, 5ª ed., 1981, p. 9.

[13] O CPP edita regras especiais para os crimes particulares *lato sensu* (crimes semipúblicos) em que a legitimidade do Ministério Público para acusar necessita de ser integrada por um requerimento, feito segundo a forma e no prazo prescritos, através do qual o titular do respetivo direito (em regra, o ofendido) exprime a sua vontade de que se verifique procedimento criminal por um crime cometido contra ele ou contra pessoa com ele relacionada (artigo 113º do CP e artigo 49º do CPP (cf. Jorge de Figueiredo Dias, *Direito Penal Português — As Consequências Jurídicas do Crime*, 1993, p. 665.) O direito de queixa é assim uma declaração inequívoca de vontade de proceder contra determinada pessoa (cf. José Damião da Cunha, *RPCC* 8 (1998), p. 601).

[14] O fundamento da existência de crimes particulares reside, por um lado, em que tais infrações não se relacionam com bens jurídicos fundamentais da comunidade de modo tão direto e imediato que aquela sinta, em todas as circunstâncias da lesão, – v. g. atenta a sua insignificância – necessidade de reagir automaticamente contra o infrator (cf. Figueiredo Dias, *Direito Processual Penal*, vol. 1, p. 121.) Se o ofendido entende não fazer valer a exigência de retribuição, a comunidade considera que o assunto não merece ser apreciado em processo penal. Em certas infrações, a promoção processual contra ou sem a vontade do ofendido pode ser inconveniente ou mesmo prejudicial para interesses seus, dignos de toda a consideração, porque estritamente relacionados com a sua esfera íntima ou familiar; perante um tal conflito de interesses juridicamente relevantes o legislador dá prevalência ao interesse particular.

com a incriminação (artigo 113º, nº 1), dirigiu a queixa apenas contra o marido, mas indicou *A* como sendo comparticipante nos factos que integravam o crime de ofensa à integridade física, sem que agora tenhamos que determinar se se trata de autoria ou de cumplicidade. Considerando o **princípio da indivisibilidade** consagrado no nº 3 do artigo 115º ("o não exercício tempestivo do direito de queixa relativamente a um dos comparticipantes no crime aproveita aos restantes, nos casos em que também estes não puderem ser perseguidos sem queixa"), é inquestionável que o não exercício do direito de queixa contra *A* aproveita ao *B*.

Vamos agora supor que *C* também apresentara queixa contra *A* – que, apesar de compreender o gesto de *A*, ainda assim queria que esta respondesse em juízo. Põe-se então o problema de saber se o facto de ter declarado que até compreendia a conduta de *A* representa uma causa de justificação, concretamente, na forma de consentimento. A resposta só poderá ser negativa, uma vez que o consentimento justificante precede necessariamente a conduta típica, como mostra a circunstância de poder ser livremente revogado até à execução do facto (nº 2 do artigo 38º). Por conseguinte, o crime não se encontra justificado pelo consentimento da ofendida. Também não convergem os pressupostos do artigo 34º. A conservação de um emprego "apetecível" por parte de *A* não representa um interesse sensivelmente superior à integridade física de *C*. Como, por último, não havia por parte de *B* um perigo atual para a vida, a integridade física, a honra ou a liberdade de *A*, a culpa também se não mostra excluída por aplicação dos critérios do artigo 35º (estado de necessidade desculpante). *A* praticou um crime consumado do artigo 143º, nº 1, na pessoa de *C*. Quanto muito, a pena de *A* poderá ser especialmente atenuada. Excecionalmente, poderá até *A* ser dispensada de pena, tudo nos termos do nº 2 do artigo 35º.

Ao atingir as roupas de *C* com a água do balde podem ter sido provocados danos ligados à utilidade dessas coisas, de acordo com a sua função (o *tornar não utilizável* coisa alheia). O crime em causa tem igualmente natureza semipública, é necessária queixa prévia para que o procedimento criminal possa ser exercido (nº 3 do artigo 212º). De qualquer forma, trata-se de um facto *copunido*, em razão do concurso aparente de normas – entre o preceito do artigo 143º, nº 1, e o do artigo 212º, nº 1, só se aplicará o primeiro, recuando o segundo: a pena daquele já engloba o desvalor da utilização dos meios escolhidos para ofender corporalmente.

Estarão igualmente presentes as circunstâncias, objetivas e subjetivas, do crime de injúria dos artigos 181º, nº 1, e 182º? São inúmeros, como se sabe, os modos como pode cometer-se o crime (artigo 182º)[15].

---

[15] Para além da ofensa verbal, onde as palavras têm um inequívoco significado ofensivo da consideração ("ladrão", "gatuno", etc.), o crime pode cometer-se metendo a ridículo o ofendido, de maneira simbólica, mediante atos, imagens ou objetos que pelo seu significado, facilmente compreendido pelos outros,

Atentas as circunstâncias, parece que não será caso de sustentar uma ofensa da honra.

E qual a posição de *B* em tudo isto? *B* também agiu dolosamente, sem qualquer causa de justificação ou de desculpação. Mas será coautor ou instigador de *A*? E será *B* autor de um crime de ameaça (artigo 153º, nº 1) relativamente a *A*?

Caso nº 3 Dar uma bofetada, apertar o pescoço. *P* é professora do ensino básico. Na sala de aulas, *P* escreve no quadro, de costas viradas para os alunos, com idades que andam pelos nove, dez anos. Às tantas, *P* dá-se conta do arremesso de uma bola de papel, e volta-se rapidamente, agarrando *A* por um braço, e aplicando-lhe um tabefe na cara. Na tarde desse mesmo dia, os pais de *A* fazem queixa contra a professora por crime de ofensa à integridade física e por injúria, informando da sua intenção de se constituírem assistentes. No dia seguinte de manhã, a mãe de *A* apresenta-se com este na sala de aulas, para ter uma conversa com a professora, e às tantas agarra-lhe o pescoço com ambas as mãos, seguindo-se a queixa desta na polícia. Nas averiguações que se seguiram, provou-se que não fora o aluno *A* quem atirou a bola de papel à professora[16].

Punibilidade da professora e da mãe do aluno?

a) Ao agarrar *A* por um braço, aplicando-lhe um tabefe na cara, *P* pode ter cometido um crime doloso de ofensa à integridade física simples. O ilícito do artigo 143º, nº 1, consumou-se. Quem dá uma bofetada noutra pessoa agride-a fisicamente, ofendendo-a no corpo (eventualmente na saúde), mesmo que não ocorram lesões, incapacidade para o trabalho ou, mesmo só, dor. Anote-se o direito à integridade física na Constituição (artigo 25º, nº 1).

O direito dos pais corrigirem os (seus) filhos deverá ser considerado uma causa de justificação. A legitimação dos pais deduz-se do **direito de educar**. Cf. os artigos 1877º, 1878º e 1885º do Código Civil[17]. Mas não existe uma norma

---

ofendem a honra – gesto de mão com o indicador e o mínimo espetados; colocação de uns chifres à porta do vizinho; mostrar o "traseiro", ostensivamente, em postura ofensiva; o expelir de ventosidades anais, igualmente em postura ofensiva e com desprezo do visado; atirar um balde de água suja contra uma pessoa com o propósito de a molhar, como no caso anterior; e outros exemplos que têm corrido nos tribunais. Fazer troça de alguém, mesmo em jeito de brincadeira, pode ofender se for expressão de um desvalor: por ex., tratar por "tu" de forma impertinente. Ofende quem cospe no outro ou lhe lança imundícies. Ofende o puxão de orelha ou a bofetada que se dá, não para magoar fisicamente mas para rebaixar o adversário.

[16] Cf. Wessels/Beulke, *AT*, p. 157; Claus Roxin *et al.*, *Strafrechtliche Klausurenlehre mit Fallrepetitorium*, 2ª ed., p. 75 e ss.

[17] Tenha-se presente outra norma do CC, o artigo 1907º, relativo a filho confiado a terceira pessoa ou a estabelecimento de educação ou assistência (donde o termo "**criança institucionalizada**"), a quem passam a caber os poderes e deveres dos pais que forem exigidos pelo adequado desempenho das suas funções.

escrita a conferir aos professores um direito de castigo na escola. Nega-se, aliás, um *direito de castigo* do professor relativamente aos seus alunos, mesmo que este pretenda que à sua atuação preside uma finalidade pedagógica e se guarda uma relação adequada com a falta cometida e a idade do jovem. Também por isso mesmo se não poderia prevalecer o professor da *adequação social* da ofensa, não pode pretender que o facto se revela como socialmente aceite e reconhecido[18-19-20].

O ato de atirar uma bola de papel não representa, certamente, uma agressão que justifique a adoção de uma ação de defesa, pelo que estará do mesmo modo excluída a legítima defesa (artigo 32º). Pode-se assim assegurar que o comportamento da professora é ilícito, por não se encontrar coberto por qualquer causa de justificação (artigo 31º).

Vamos contudo ver se a punibilidade de *P* poderá eventualmente ser afastada pela circunstância de esta, no momento de atuar, estar convencida de que tinha um *direito ao castigo* (veja-se, de novo, o artigo 31º, n°s 1 e 2, alínea *b*)) e que, no caso, estavam reunidos os pressupostos fácticos dessa presumida causa de justificação (hipótese de **duplo erro**). Dir-se-á existir aqui um erro sobre o tipo permissivo (admissão errónea de uma situação que, a existir, seria de molde a justificar o facto concreto), a resolver de acordo com os critérios do artigo 16º, n°s 1 a 3, excluindo-se o dolo, mas possibilitando a punibilidade do agente por ofensa à integridade física negligente (artigo 148º), tanto mais que, sendo o crime de natureza semipública, houve queixa de quem de direito, os pais do aluno.

Esta forma de pensar é errada porque a lei não reconhece um direito ao castigo por parte da professora, que teria cometido um ilícito mesmo que tivesse castigado o aluno que a desrespeitou, e se assim é não releva a aceitação errónea dos correspondentes pressupostos. O dolo não é afastado. "A razão está, como é claro, em que o erro sobre os pressupostos só releva (ou mesmo só existe em sentido próprio) quando conduz o agente a aceitar um estado de coisas que, a

---

[18] No que toca à **adequação social**, "a ideia básica é a de que não pode constituir um ilícito jurídico-penal uma conduta que *ab initio* e em geral se revela como socialmente aceite e reconhecida" (Figueiredo Dias, *RPCC* 1991, p. 48). Ficam excluídas do tipo de injusto aquelas condutas que embora estejam nele formalmente incluídas se mantêm dentro da ordem social histórica "normal" da comunidade, afirma Welzel, que menciona, entre outras, as ofensas corporais insignificantes, as privações da liberdade irrelevantes, a entrega de presentes aos funcionários por altura do Natal, as condutas meramente indecorosas ou impertinentes no âmbito sexual. Mas o critério da adequação social como causa de *exclusão da tipicidade* da conduta é, para alguns autores, sumamente impreciso e afetaria, por isso, gravemente a segurança jurídica. O mesmo se afirma do chamado princípio da insignificância, formulado por Roxin.

[19] Por último, sobre a adequação social, Paula Ribeiro de Faria, *A adequação social da conduta*, ed. da Universidade Católica, 2005; e Augusto Silva Dias, "Faz sentido punir o ritual do fanado?", *RPCC* 16 (2006), p. 205.

[20] Ainda sobre o direito de correção, Figueiredo Dias, *DP/PG* I, 2ª ed., 2007, p. 506: "um direito de correção do **professor** sobre os seus alunos que implique a prática, por aquele, de factos criminalmente típicos não parece poder hoje sufragar-se, também entre nós". Igualmente, Claus Roxin, "Gesetz zur Achtung der Gewalt in der Familie", *JuS* 3/2004, p. 177.

existir, excluiria *efetivamente* a ilicitude do facto, mas já não quando, mesmo a existir, só na conceção do agente a excluiria". Ora, o agente "aceitou erroneamente os pressupostos, não de um obstáculo à ilicitude existente, mas de um que o direito não reconhece"[21].

b) O passo seguinte consiste em desvendar se apertar o pescoço constitui ofensa à integridade física para efeitos de preenchimento do tipo legal fundamental de ofensa à integridade física do artigo 143º, nº 1. Um caso destes foi tratado, ainda que só para efeitos de pronúncia, no acórdão da Relação de Lisboa de 19 de junho de 2001, *CJ* 2001, p. 150, *relatora*: Isabel Pais Martins. Aí se recorda que o bem jurídico protegido é a integridade física e que esta pode ser atingida por uma ofensa no corpo ou na saúde independentemente da dor ou sofrimento causados, da gravidade dos efeitos ou da sua duração. "O ato de apertar o pescoço de outra pessoa não constitui uma forma de atuação suscetível de se enquadrar numa via de facto e, face ao nosso ordenamento penal, deve ser considerada como ofensa corporal, não sendo de recorrer à figura da adequação social para o excluir, em princípio, do tipo legal fundamental de ofensa à integridade física simples. Entendimento que se mantém na linha definida pela jurisprudência. Começando pelo acórdão de fixação de jurisprudência de 28.11.1991 que considerou integrar o crime do artigo 142º do CP, versão primitiva, a agressão voluntária e consciente, cometida à bofetada, sobre outra pessoa, ainda que esta não sofra por via disso, de lesão, dor ou incapacidade para o trabalho, e citando-se, a título exemplificativo, os acórdãos da RC de 6.10.88 (integra a materialidade correspondente ao crime de ofensas corporais voluntárias a conduta daquele que agarra a ofendida pelas roupas, junto ao pescoço, dando-lhe fortes abanões) e de 5.4.89 (crime previsto e punido no artigo 142º, nº 1 do CP, versão primitiva, pode ser cometido através de uma conduta, nomeadamente um empurrão, que não deixe marcas ou consequências no corpo do ofendido). Neste entendimento, consideramos que a indiciada conduta da arguida de apertar o pescoço da ofendida integra o crime de ofensa à integridade física e que, sendo a assistente professora e tendo o facto sido cometido no exercício das suas funções, está desencadeado o exemplo padrão contido na alínea l) do nº 2 do artigo 132º do CP, indiciando um especial tipo de culpa agravado, conformado através da verificação da especial censurabilidade ou perversidade do agente, determinando a aplicação do artigo 146º do CP, por referência ao artigo 143º do mesmo diploma, na subsunção jurídica dos factos que suficientemente se indiciam". Citado acórdão de 19 de junho de 2001".

Caso nº 4 *A*, com intenção de ofender *B*, empurra *B*, provocando a sua queda e em consequência dores.

---

[21] Figueiredo Dias, *O Problema*, p. 444, nota 59.

O crime é o de ofensa à integridade física simples, disse o acórdão da Relação do Porto de 29 de outubro de 2008, CJ 2008, p. 227, que se negou a qualificar a conduta como *bagatela penal*, e nessa medida *não punível*.

Caso nº 5 Um corte de cabelo à escovinha. *A*, enquanto *B*, seu companheiro de quarto, dormia, depois de uma noitada que meteu copos em abundância, conseguiu pacientemente e sem que a vítima de tal se fosse apercebendo, cortar-lhe a farta cabeleira que era o orgulho de *B*. Quando *B* acordou e se sentiu "espoliado daquilo que melhor convivia com os seus pensamentos", foi fazer queixa à esquadra por ofensa voluntária à sua integridade física, o que deixou os polícias muito espantados e perplexos. *A* defendeu-se, dizendo que ambos eram estudantes universitários e se estava no auge da temporada da praxe académica.

Punibilidade de *A*?

1. O direito italiano estabelece a diferença entre "lesões pessoais", quando se produz uma alteração, ainda que levíssima, da integridade física pessoal (ex.: as equimoses, que levam à rotura dos vasos sanguíneos com infiltração do sangue no tecido celular), e o delito de **percosse** (artigo 581 do código), para o qual basta a produção de sensações dolorosas. A diferença depende exclusivamente das consequências produzidas pela ação do agente: configura-se delito de *percosse* se do facto deriva para o sujeito passivo apenas uma sensação física de dor; ocorrendo doença, haverá delito de lesões, ainda que a intenção do agente seja apenas a de agredir. A "percossa" (*percussão*), para poder apresentar caráter de injúria, deverá ser expressão de uma violência puramente formal, que revele a intenção de evitar o mínimo sofrimento físico no ofendido, antes evidenciando o exclusivo propósito de ofender moralmente[22].

Excurso. No direito suíço, as **vias de facto** (artigo 126: *voies de fait; Tätlichkeiten*) constituem o limite inferior das lesões corporais simples, mas os critérios que permitem decidir-se o juiz por umas ou outras são pouco precisos, exigindo-se a colaboração do perito médico para qualificar o prejuízo sofrido. Para o Tribunal Federal haverá lesão corporal simples (artigo 123) se o incómodo, mesmo passageiro, equivaler a um estado mórbido, por se verificar um choque nervoso ou dores importantes. As vias de facto são definidas como ataques físicos que, mesmo sem causarem dor, excedem o que é comum suportar-se segundo os usos correntes e os hábitos sociais, e que, por definição legal, não provocam lesões corporais nem prejuízo para a saúde. São ações que sem lesão corporal nem prejuízo para a saúde

---

[22] Cf. Luigi Delpino, p. 764.

geram, ainda assim, algum mal. Bastará causar a outra pessoa uma perturbação do bem-estar para se poder falar de vias de facto. São vias de facto o corte parcial do cabelo ou a pintura do corpo da vítima, com tinta ou com excrementos. São ainda de integrar entre as vias de facto as modificações de ordem patológica no corpo da pessoa, as quais portanto atingem a saúde, mas de tal modo insignificantes que normalmente as pessoas as não qualificam como provocando doença, como serão certas contusões sem gravidade. De modo que se alguém corta um pedaço de cabelo a outrem estamos perante vias de facto; pelo contrário, se consegue rapar-lhe o cabelo todo, o ilícito será o de ofensas corporais simples[23]. No nosso Código Penal de 1886 distinguia-se entre as ofensas corporais voluntárias simples (artigo 359º), as de que resultavam doença ou impossibilidade para o trabalho (artigo 360º), as de que resultava privação da razão ou impossibilidade para o trabalho permanente (artigo 361º) e as de que resultava morte por circunstância acidental (artigo 362º). Nas ofensas corporais voluntárias simples não concorria qualquer das circunstâncias enunciadas nos artigos seguintes. "E sempre essas ofensas corporais simples foram havidas como as que não produziam lesões externas ou internas ou qualquer tipo de doença, isto é, estado mórbido da saúde". O acórdão de 18 de dezembro de 1991 *DR* I Série-A, de 18 de fevereiro de 1992, firmou jurisprudência com caráter obrigatório (agressão voluntária e consciente cometida à bofetada, sem que tivesse resultado lesão). Aí se recorda que a Constituição da República reconhece, sem quaisquer limitações ou graduações, o direito à integridade física [artigo 25º, nº 1] e considera-o inviolável, não fazendo sentido que o legislador penal, ao incriminar e fazer punir os atos violadores de tal direito, com vista a assegurar a sua defesa, o fizesse por forma limitada.

Caso nº 6   Lesões recíprocas e retorsão. Dispensa de pena do nº 3 do artigo 143º.
A e *B* agrediram-se mutuamente, tendo havido lesões recíprocas, mas não se provou qual dos contendores agrediu primeiro.

Tendo-se provado a existência de lesões recíprocas, sem se saber, *por dificuldade de prova*, qual dos contendores agrediu primeiro, poderá o juiz decretar dispensa de pena (artigo 143º, nº 3, alínea *a*)). Na alínea *b*) do nº 3, em caso de *retorsão*, o juiz pode igualmente dispensar de pena – que é figura distinta da isenção de pena. A **isenção de pena** compreende-se em face de razões ligadas com os elementos essenciais do crime (diminuição substancial da ilicitude e da culpa do agente). De modo diferente, a **dispensa de pena** é pena tida por desnecessária em face das finalidades preventivas. A dispensa de pena é ainda uma pena e como tal supõe a culpa do agente, não é por isso compatível com a absolvição.

---

[23] Pozo, p. 121.

Caso nº 7 Agressões mútuas e legítima defesa por parte de um dos contendores. Houve agressões recíprocas, mas um dos contendores invoca legítima defesa.

Provando-se a LD, o defendente deverá ser absolvido. A solução será idêntica se for caso de *non liquet* sobre o exercício da LD pelo agente.

Caso nº 8 Atipicidade. *A* vai para dar um bofetada em *B* mas falha o alvo.

Trata-se uma situação **atípica**, por não ser punível a tentativa de ofensa à integridade física simples (artigos 23º, nº 1, e 143º)[24].

b) Um caso de **concurso**. As relações entre o crime de ofensa à integridade física *simples* (artigo 143º, nº 1) e o crime de roubo (artigo 210º, nos 1 e 2, alínea *a*), última parte); as relações entre o mesmo crime e o de violação do artigo 164º, nº 1. Como veremos no lugar próprio, no artigo 210º, nº 2, alínea *a*), incluem-se, como suporte da agravação, apenas as *ofensas graves à integridade física*, sendo as ofensas simples abrangidas na valoração contida no nº 1 do artigo 210º (roubo simples). O crime de violação pode ser agravado se resultar ofensa à integridade física grave (artigo 164º, nº 1, e 177º, nº 4). Consequentemente, não havendo *excesso de meios*, a realização dos indicados tipos de crime absorve o conteúdo de desvalor da ofensa à integridade física.

2. Crime de ofensa à integridade física grave: artigo 144º

O tipo de ofensa à integridade física grave (artigo 144º) contempla um ilícito qualificado pelo resultado[25]. Nas alíneas *a*), *b*) e *c*), **a ofensa deve ser produzida dolosamente**, bastando o dolo eventual. O fundamento da agravação está na **causação do resultado mais grave**, que a vítima passa a sentir (na qualidade da sua vida) de forma permanente e relevante. Está sempre em causa uma ofensa ao corpo ou à saúde de outra pessoa, importando, também aqui, resolver eventuais problemas de causalidade.

A agravação resulta: a) de privá-la de importante órgão ou membro, ou de desfigurá-la grave e permanentemente; b) tirar-lhe ou afetar-lhe, de maneira grave, a capacidade de trabalho, as capacidades intelectuais, de procriação ou de fruição sexual, ou a possibilidade de utilizar o corpo, os sentidos ou a linguagem;

---

[24] Cf. ainda o casos previsto nos artigos 151º, nos 1 e 2 (participação em rixa não punível) e a atipicidade contemplada no artigo 150º, nº 1, para as intervenções e tratamentos médico-cirúrgicos.

[25] Resultado que deverá estar abrangido pelo dolo do agente, pois se o **resultado mais grave associado à ação** for simplesmente negligente o crime não poderá ser o deste artigo mas o dos artigos 18º e 147º.

c) provocar-lhe doença particularmente dolorosa ou permanente, ou anomalia psíquica grave ou incurável. A alínea *d*), provocar-lhe perigo para a vida, contempla um crime de perigo concreto, singular.

Tais situações incluem

- um direito à incolumidade, na forma de privação de um **importante**[26] órgão ou membro, na alínea *a*): pode ser o *órgão* visual ou auditivo, enquanto parte do corpo, delimitada, que desempenha uma função[27]; como pode ser um *membro*, um braço ou uma perna, enquanto apêndices do corpo da pessoa, dispostos aos pares e destinados à locomoção ou à preensão;
- um direito à funcionalidade, nas alíneas *b*) e *c*): doença e incapacidade; novidade é a perda ou a afetação grave de fruição sexual, citando-se como exemplo a excisão. Quanto à capacidade de reprodução, deverá atender-se a que ela acompanha o estatuto biológico do sujeito – a vítima há de encontrar-se em idade ativa. A incapacidade de a vítima utilizar a linguagem parece dever restringir-se à linguagem oral, embora haja quem inclua a impossibilidade de o sujeito se exprimir por escrito;
- um direito ao bem-estar e a não ter que suportar a dor (alínea *c*));
- e até uma dimensão estética da integridade: caso da desfiguração, na alínea *a*). A desfiguração, que tem a ver com a aparência física da vítima, só pode ser grave e permanente, doutro modo não encontra apoio na norma.

Caso nº 9 O dedo do pianista. Logo após um concerto, o pianista *A* lança-se, armado, ao colega *B*, ofendendo-o seriamente. *B* perdeu o dedo mínimo da mão direita.

A lei fala em **privação** ("privação de importante órgão ou membro"). Põe-se a questão de saber se a importância do membro ou órgão se mede objetivamente, segundo regras e funções gerais da vida de todos os dias (solução adotada, por ex., por Augusto Silva Dias), ou segundo critérios subjetivos que atendem à situação individual da vítima[28]. Claro que, para um cozinheiro, o dedo mínimo[29] não é indispensável, mas já o será para o pianista. A solução proposta por Augusto da Silva Dias leva em conta a circunstância de "a preservação de funções sociais específicas, como a profissão da vítima, relevar no âmbito da alínea *b*), "nomea-

---

[26] Veja-se a seguir o caso do pianista e do seu dedo.
[27] O corpo animado sempre foi dito "orgânico.
[28] Pois, como bem se compreende, *subjetivo* é o discurso onde se marca, explicitamente ou não, a presença, ou a referência, ao *eu*.
[29] Ao contrário, talvez, do polegar, mas então terá que arranjar alguém que lhe descasque as batatas, circunstância que o põe bem longe das exigências requeridas pelas artes pianísticas.

damente na parte em que se refere à afetação da capacidade de trabalho". O pianista lesado estaria protegido penalmente por a ação do colega lhe ter afetado, de maneira grave, a capacidade de trabalho (alínea *b*)) e não diretamente por ter perdido o dedo (alínea *a*)).

Já não será lícito falar em privação se com uma intervenção médica o membro importante for imediatamente recolocado. O caso corresponderá então à figura da **tentativa de ofensa corporal grave** se estiverem presentes todos os restantes elementos. Mas a privação continua a existir mesmo que se adote uma prótese adequada.

Caso nº 10 Privar outrem de importante órgão ou membro. Privação do baço. *M* dispara uma arma de fogo, sem intenção homicida, no baixo ventre de *E*, sua mulher, de tal modo que esta acaba por perder o baço.

O caso da privação do baço foi tratado pelo acórdão da Relação do Porto de 26 de abril de 2006, proc. nº 0516984, *relator*: Desembargador Augusto de Carvalho: "Sendo verdade que, na ausência do baço, outros órgãos passam a desempenhar as funções dele, nomeadamente o fígado, a medula óssea e certas células retículo-endoteliais, sendo correto afirmar-se que do ponto de vista médico o baço não é um órgão essencial do corpo humano, no sentido de imprescindível, todavia, não pode deixar de considerar-se como um órgão muito importante. O paciente sem baço deve fazer exames médicos periódicos, sujeitar-se a vacinação anual contra a gripe e, nomeadamente, a antibioticoterapia profilática, precisamente porque se encontra exposto e suscetível a infeções (graves) perante eventuais agressões do meio ambiente por agentes patológicos. (...). É, pois, manifesto que o baço, não sendo essencial, no sentido de imprescindível, todavia, é um órgão muito importante, qualificando o crime – artigo 144º, alínea *a*), do CP. Neste sentido, também o acórdão do STJ de 14 de novembro de 1984, *BMJ* 341, pág. 218".

O caso apresenta ainda os contornos do atual crime de violência doméstica (artigo 152º), mas a agravação do nº 3 não se compagina com o dolo quanto ao resultado agravante, mas só com a negligência (artigo 18º). O nº 3 do artigo 152º identifica-se com o crime de violência doméstica "agravado pelo resultado" (artigos 18º, 152º, nºs 1 e 2, alínea *a*)).

Caso nº 11 Castigo com soda cáustica. Aplicação de leis penais no tempo. Em 20 de março de 1991, *A*, *B* e *C*, convencidas de que *D* "andava metida" com o pai da primeira e marido da segunda, atraíram-na ao automóvel da *C* e conduziram-na para local ermo, onde a arrastaram para junto de um pinheiro, ao qual a amarraram com uma corda, atando-lhe um lenço à volta da boca, para a impedirem de gritar. Agrediram-na depois, repetidamente, com uma mangueira e uma corrente de ferro. A seguir, a *A* tirou uma garrafa de vidro do carro, a qual continha um líquido em cuja composição existia soda cáustica, produto com ação corrosiva, e enquanto a *B* levantava as saias da *D*, a *C* derramou tal líquido sobre o corpo da vítima da cintura para baixo, após o que todas a abandonaram, desamarrada. Conseguindo chegar à estrada próxima, a *D* foi socorrida e submetida a três intervenções cirúrgicas, tendo sofrido mais de 220 dias de doença com impossibilidade para o trabalho e ainda desfiguração grave e permanente, afetação grave da capacidade de trabalho e doença particularmente dolorosa.

O acórdão do STJ de 31 de janeiro de 1996 *BMJ* 453, p. 192, entendeu que *A*, *B* e *C* praticaram o crime de sequestro qualificado do artigo 160º, n°s 1 e 2, alíneas *f*) e *g*), na primitiva redação do Código, por terem atuado com artifício para atraírem a vítima ao carro, dizendo-lhe que a levavam para trabalhar nas vindimas, e haver o concurso de duas ou mais pessoas – além do crime de ofensas corporais graves do artigo 143º, alíneas *a*), *b*) e *c*), na mesma redação do código. Ao acórdão colocou-se um problema de aplicação de leis penais no tempo. À luz das alterações introduzidas pelo Decreto-Lei nº 48/95, de 1 de outubro de 1995, o crime de sequestro praticado pelas arguidas era o do artigo 158º, n°s 1 e 2, alínea *b*); e o de ofensas corporais graves previsto no artigo 144º, alíneas *a*), *b*) e *c*). Tendo-se concluído ser da mesma gravidade a punição de cada uma das arguidas, segundo o velho e o novo regime legal, o Tribunal aplicou a *lex temporis*, em obediência ao disposto no artigo 2º, nº 2. Atente-se em que na data deste acórdão não se encontrava ainda em vigor uma norma como a do atual artigo 145º (ofensa à integridade física qualificada por especial censurabilidade ou perversidade).

Caso nº 12 Desfiguração grave e permanente. Acórdão da Relação do Porto de 18 de dezembro de 2002, *relator*: Desembargador Costa Mortágua. Com uma navalha de barbeiro, *A* desferiu vários golpes na pessoa de *B*, que lhe provocaram ferimentos, apresentando o ofendido, sem qualquer possibilidade de melhoria: a) parestesia do lábio inferior esquerdo; b) deformidade nasal, que consiste num desvio da ponta do nariz para a esquerda, detetável facilmente por qualquer pessoa que olhe para a sua face; c) dismorfia entre a face direita e a face esquerda, detetável facilmente por qualquer pessoa que olhe para a sua face. Tais lesões provocam no ofendido, considerando a sua idade e a profissão de delegado de informação médica que exerce, um dano estético de grau 6, na escala de 1 a 7.

A **desfiguração** a que se refere a alínea *a*) do artigo 144º, consiste numa alteração substancial da **aparência** do lesado. Se a posterior intervenção médica for de molde a eliminar (ou de praticamente eliminar) a "desfiguração" inicial, esta deixa de ser grave em termos de poder preencher o ilícito qualificado. Faltando à desfiguração caráter duradouro, haverá **tentativa de ofensa à integridade física grave**, se concorrer o correspondente dolo (o agente quis alcançar a desfiguração grave e permanente), bastando porém o dolo eventual.

Caso nº 13   *A* atropelou *B* voluntariamente com o seu carro, que propositadamente desviou para a berma. A *B* foi projetada para o ar, tendo caído em cima do para-brisas, acabando por se estatelar na berma da estrada, onde ficou imobilizada, após ter batido com a cabeça. Sofreu extensas feridas, com correção cirúrgica da ferida crânio cerebral. Como lesões permanentes, adveio-lhe epilepsia pós-traumática, cicatrizes lineares resultantes de intervenção cirúrgica situadas no hemicranio esquerdo e área de depressão fronto-parietal de 6 por 8 centímetros. Em virtude dessas lesões, a *B* ficou a padecer de uma incapacidade parcial permanente para o trabalho não inferior a 60%. Apesar de se ter apercebido do estado de saúde em que se encontrava a vítima e do **perigo de vida que a mesma corria**, o *A* prosseguiu a sua viagem sem lhe prestar qualquer auxílio ou promover o respetivo socorro.

Decidiu o acórdão do STJ de 12 de fevereiro de 2004, *relator*: Conselheiro Rodrigues da Costa, no proc. nº 03P3202, que o facto é suscetível de integrar a alínea *d*) do artigo 144º, para além das alíneas *b*) e *c*). Explicou o Supremo: o *A* agiu com a intenção alcançada de utilizar a sua viatura automóvel, que sabia ser um meio capaz de colocar a vida das pessoas em perigo e do qual as mesmas não se podiam defender quando caminhavam pelos seus próprios meios, para ofender gravemente a *B* no seu corpo e saúde, retirar-lhe parte da sua capacidade de trabalho e provocar-lhe doença permanente. Além disso, provocou-lhe perigo para a vida e apesar de se ter apercebido perfeitamente do estado de saúde em que se encontrava a vítima e do perigo de vida que a mesma corria, o *A* prosseguiu a sua viagem sem lhe prestar qualquer auxílio ou promover o respetivo socorro. Esse perigo estava abrangido pelo dolo do agente, uma vez que o recorrente praticou todos os factos dados como provados consciente e voluntariamente, e constitui a circunstância qualificativa da alínea *d*) do artigo 144º.

Caso nº 14   Num café, *A* partiu uma garrafa de vidro e dirigiu-se a *B*. Segurando a garrafa pelo gargalo, atingiu de seguida o *B* na garganta com o lado partido da garrafa. *A* estava consciente de que punha em perigo a vida do antagonista e de que a região atingida é das que contêm órgãos vitais, sendo suscetível de produzir lesões mortais com o tipo de instrumento utilizado. *A* representou a possibilidade de colocar em perigo a vida do *B*, resultado este com cuja verificação se conformou.

O tribunal de Mação condenou o *A* por crime de ofensa à integridade física grave, na forma tentada, dos artigos 144º alínea *d*), 22º nºˢ 1 e 2, alíneas *a*) e *b*), e 23º nº 1.

Caso nº 15   *A* disparou para as partes genitais de *B*, conformando-se com a eventualidade de lhe tirar, de maneira grave, as capacidades de procriação e fruição sexual, o que só não veio a acontecer por motivos alheios ao agressor, que agiu com dolo eventual relativamente a esse resultado mais grave.

A tentativa do crime de ofensa à integridade física grave (artigo 144º, alínea *b*)) é conceitual e normativamente possível e punível nos termos do artigo 23º. No caso, resulta consumado o crime fundamental (artigo 143º, nº 1). A hipótese só seria subsumível no artigo 147º (agravação pelo resultado: artigo 18º) se em relação ao resultado mais grave se comprovasse a negligência.

Caso nº 16   *A* disparou para as partes genitais de *B*, conformando-se com a eventualidade de lhe tirar, de maneira grave, como veio a acontecer, as capacidades de procriação e fruição sexual.

Consumou-se a ofensa à integridade física de *B*, tendo o *A* agido com dolo eventual relativamente ao resultado mais grave. O crime é o do artigo 144º, alínea *b*).

Caso nº 17   BGHSt 36, 1. *A* sabia, desde que fizera exames médicos, que estava infetado com o HIV. Fora, aliás, pormenorizadamente instruído sobre a forma como deveria comportar-se nos seus contactos sexuais. Apesar disso, uns meses depois, manteve sexo anal com um outro indivíduo sem os cuidados que lhe tinham sido recomendados. Posteriormente, teve idênticos contactos frequentes com *C*. Em todos os caos, *A* conformou-se com a possibilidade, que representou, de infetar qualquer dos seus parceiros. Verificou-se porém que *C* não chegou a ser infetado.

Se um indivíduo infetado mantém contactos com outrem sem os cuidados próprios do sexo seguro, pode ser punido pelo crime do artigo 144º, alínea *d*), desde que criado perigo para a vida. Não se chegando a comprovar a transmissão do HIV para o parceiro, a sanção poderá operar, segundo alguns, na forma tentada (artigos 22º e 23º). Parece-nos esta solução muito duvidosa no ordenamento penal português, que começa por exigir uma ofensa consumada (artigo 144º), que no caso se não vislumbra, não se prevendo, por outro lado, o sancionamento de uma conduta perigosa, como é a prática do sexo nas apontadas condições, conformando um tipo de perigo abstrato.

Caso nº 18 *Crime de ofensa à integridade física de outra pessoa provocando-lhe perigo para a vida.* A empunhou um pau de cerca de 3,45 m de comprimento e de 6 cm de espessura na parte mais grossa. Aproveitando-se de B estar a olhar para outro lado, desferiu-lhe energicamente uma pancada certeira na cabeça, provocando-lhe uma fratura craniana e um hematoma subdural agudo, com entrada quase imediata em estado de coma, antevendo e querendo provocar no B uma lesão grave, também no seu resultado. Das lesões resultou ainda, e em concreto, perigo para a vida.

O Supremo (acórdão de 17 de maio de 2000 *BMJ* 497, p. 150) confirmou a condenação de *A* pela prática de um crime dos artigos 144º, alínea *d*), e 145º, nºs 1 e 2, com referência ao artigo 132º, nº 2, alínea *f*). Observa o Dr. Oliveira e Sá que nesta alínea [artigo 144º, alínea *d*)], se integram apenas "aquelas situações *críticas e de prognóstico reservado*, isto é, situações de perigo de vida real e concretamente experimentado. Em relação àqueles casos em que o perigo de vida é apenas uma expectativa, ainda que razoavelmente possível ou mesmo provável (prognóstico reservado), falta a sua concretização (o estado crítico real) para configurar" a indicada previsão.

O **dolo** tem que abranger nestes casos não só o delito fundamental, como as consequências que o qualificam, mas basta o dolo eventual. Relativamente à alínea *d*), exige-se o conhecimento das circunstâncias que tornam o comportamento perigoso sob o ponto de vista do bem jurídico protegido (neste caso, a vida), não se tornando necessária a vontade da lesão efetiva do mesmo bem jurídico. Entre tais comportamentos, estão o empurrão pelo qual uma pessoa cai de uma motorizada em movimento, ou, como no caso, o desferir de uma pancada violenta na cabeça da vítima, supondo-se sempre que dessa forma veio a criar-se um perigo concreto.

Outros comportamentos igualmente perigosos sob o ponto de vista da proteção da vida são, por ex., a ministração de um veneno ou a aplicação de outras substâncias, como a água a ferver, no corpo da vítima. Entre os venenos há substâncias orgânicas e inorgânicas que atuam quimicamente ou têm efeitos físico-químicos. Ex., o arsénio e o ácido sulfúrico, mas também entre nós se classificou já como veneno o vidro moído, que o delinquente misturou na sopa que deu a comer à vítima. Podem atuar como venenos certas bactérias e vírus, como o da sida. Pense-se também num automóvel em aceleração, que pode ser efetivamente um instrumento de agressão perigoso, capaz de ocasionar ofensas corporais graves, incluindo um perigo para a vida (ou mesmo a morte), ao embater em alguém. Mas é sempre necessário, para poder aplicar-se a alínea d) do artigo 144º, tanto um concreto perigo para a vida, como o dolo do sujeito, nos termos anteriormente referidos, o que igualmente afasta um dolo homicida, já que então o caso seria de crime contra a vida, ainda que só tentado. Recorde-se, de resto, a possibilidade de fazer intervir a qualificação pela especial perversidade decorrente dos conjugados artigos 132º, nº 2, alínea i), 144º e 145º, n°s 1 e 2, com a agravação de um terço da pena, nos seus limites máximo e mínimo.

Nestes últimos três casos tem lugar destacado a figura do "perigo" (mais exatamente a figura do perigo *concreto*, diferente do chamado *perigo abstrato* ou *presumido*).

Excurso. *Perigo* é a probabilidade séria de dano, é o dano, a lesão, em potência. O *A* deu, violentamente, com o varapau no condutor da motorizada, quando este seguia a trinta ou quarenta quilómetros por hora. O condutor da motorizada caiu por efeito da pancada (vibrada, obviamente, sem dolo de matar),[30] foi levado ao hospital com ferimentos graves e imediatamente intervencionado. Passados oito dias, comentou o cirurgião que "o homem só se tinha salvo por milagre", o que significa, por um lado, que em algum ou em alguns momentos anteriores a vítima esteve realmente "entre a vida e a morte", que não se tratou apenas de uma expectativa; por outro, que entretanto já estaria "livre de perigo". Quer isto significar que a conduta do *A* (conduta geradora de perigos) criou um perigo para a vida do condutor da motorizada, mas mais: esse perigo assim criado concretizou--se num resultado, o resultado típico correspondente à previsão da alínea d) do artigo 144º. Por "milagre" ou por "um puro acaso", a vítima não morreu. No entanto, a morte esteve "à espreita", *ao menos durante um instante*. Trata-se seguramente duma daquelas situações *críticas e de prognóstico reservado*, isto é, situações de perigo de vida real e concretamente experimentado, como dizem os médicos. Concluímos portanto por um resultado, não um resultado de lesão da vida, porque o condutor não morreu (continua vivo), mas um resultado de "perigo para a

---

[30] Como já se advertiu, se tivesse havido dolo de matar, a situação transitava para a região do homicídio, como crime contra a vida, ainda que porventura só na forma tentada.

vida" (na formulação da alínea *d*) do artigo 144º). A conduta continha um risco implícito (um perigo para o bem jurídico vida) que posteriormente se realizou nesse indicado resultado e com o correspondente *desvalor*.

Como puro exercício, compare esta forma de "construir" ou "modelar" o perigo com a do nº 1 do artigo 138º: "Quem colocar em perigo a vida de outra pessoa", já não por via de uma ofensa no corpo ou na saúde, mas expondo-a ou abandonando-a nas condições ditas na norma. Repare-se agora no crime de violação da obrigação de alimentos do artigo 250º, nº 1, crime contra a família. Construído igualmente segundo o modelo dos crimes de perigo concreto, começa com o "pôr em perigo" a satisfação das necessidades fundamentais de quem tem direito à prestação e termina com o "cumprimento da obrigação". Queremos com isto significar que, para a avaliação do perigo, se torna indispensável atender à estrutura das infrações de perigo que abundam no Código e ao caso da vida (à factualidade) que estamos a analisar.

Nalguns casos, para fazer nascer a pretensão punitiva, basta a prática de uma conduta considerada tipicamente perigosa, segundo a avaliação do legislador (W. Hassemer), tornando-se inútil o estabelecimento de uma ameaça efetiva a bens jurídicos para cominar uma pena ao infrator, uma vez que o perigo é inerente à sua conduta. Um preceito desta natureza, de mera atividade e perigo simplesmente presumido, contenta-se com a descrição do desvalor da ação, acrescentando-lhe a consequência (sanção). Já noutra altura aludimos à desvantagem desta técnica legislativa, que se associa às presunções da existência do perigo, o que priva esta noção de perigo de qualquer função no recorte fáctico duma norma como, por ex., a do artigo 86º, nº 1, da Lei das Armas, onde o legislador se limita a descrever, ainda que ao pormenor, as características típicas de que resulta a perigosidade típica da ação, pretendendo-se evitar os perigos que para as pessoas podem derivar de alguém se passear na rua com uma arma de guerra. O preceito respetivo fica preenchido mesmo que no caso concreto se não verifique uma ameaça para a vida ou para a integridade física de outrem, caso em que a atividade desenvolvida se revela perfeitamente inócua. Noutro crime de perigo presumido, como é o do artigo 292º, pune-se a condução de veículo em estado de embriaguez pelos perigos que advêm para os participantes no trânsito de alguém conduzir excedendo os limites toleráveis de álcool no sangue. Os crimes de perigo abstrato são hoje uma realidade indesmentível – as normas que os preveem são constitucionalmente legítimas, não obstante as observações que por vezes igualmente se adiantam de se punirem factos inofensivos e de se não respeitar a presunção de inocência[31].

---

[31] Veja-se agora, depois das alterações de 2007, como crime de perigo abstrato ou presumido, o nº 2 do artigo 291º.

Mas se o legislador prevê a criação de um perigo para determinados bens jurídicos como elemento típico da incriminação, não bastará fazer a prova de que o comportamento do agente é em si mesmo perigoso. Vimos isso, ainda agora, com as normas da alínea *d*) do artigo 144º e com o nº 1 do artigo 138º. No artigo 291º, nº 1, exige-se igualmente que se produza um **perigo real** para o objeto protegido pelo correspondente tipo; a norma, para além da maneira perigosa de conduzir, nela descrita, exige ainda que se ponha em perigo a vida ou a integridade física de outrem ou bens patrimoniais alheios de valor elevado. Se simplesmente ficarem expostos a perigo bens patrimoniais alheios que não sejam de valor elevado, a incriminação não se aplica. Em julgamento deverá comprovar-se *em concreto* que a conduta pôs efetivamente em perigo os bens jurídicos em questão (ou só um deles), que se verificou realmente um desvalor de resultado (de resultado de perigo).

Interessará, porventura aludir nesta altura, embora só de passagem, a uma outra classificação no domínio dos crimes de perigo. Retornemos ao crime de violação da obrigação de alimentos (artigo 250º), à exposição ou abandono (artigo 138º) e ao incitamento ou ajuda ao suicídio (artigo 135º). Em todos estes casos desenha-se um **crime de perigo singular** (por oposição a **perigo comum**): é desde logo evidente que só uma pessoa – a pessoa que é exposta – pode ser posta em perigo, só esta é objeto do perigo. À noção de **perigo comum** (é o que sucede com os incêndios e explosões ou o desmoronamento ou desabamento de prédio ou construção, no artigo 272º) pode ligar-se um critério quantitativo: o facto ameaça não apenas certas pessoas mas uma comunidade, servindo-se o agente de meios aptos à criação de um perigo coletivo, por ex., desencadeando forças naturais, a água, o fogo, etc. A queda dum prédio afeta quem estiver dentro dele ou for a passar na rua fronteira no momento do desabamento. Se a queda se desse vinte minutos mais tarde, outras teriam sido certamente as vítimas. O perigo comum afeta (para não dizer "escolhe") vítimas inteiramente "inocentes" ou de "puro acaso". Quando o terrorista fez rebentar a bomba no mercado, a deflagração já não apanhou nem X nem Z, que tinham acabado de fazer as suas compras e já estavam a mais de dois quilómetros do local. É este **caráter indeterminado** que mais geralmente se associa à definição de crime de perigo comum: objeto do perigo não será um indivíduo preciso, mas uma qualquer pessoa, bastando que uma só se encontre por acaso no círculo de perigo e aí fique exposta à situação crítica. Ameaçada "por pura coincidência" (Stratenwerth), essa pessoa representa a **comunidade** (estamos a falar de perigo **comum**...), sendo o bem jurídico afetado em medida que não pode ser determinada nem delimitada *a priori*. No Código, boa parte dos crimes de perigo comum e dos crimes contra a segurança das comunicações incluem a criação de um perigo entre os seus elementos típicos, pressupondo o perigo para uma pessoa, enquanto "representante da comunidade", "o que significa que, independentemente do número de vítimas, existe apenas um crime (que preclude toda a consideração do "real" número de vítimas)[32].

Se temporal e espacialmente o bem jurídico esteve numa relação imediata de perigo, registando-se um efetivo evento de perigo, será ainda necessário comprovar a existência de um **nexo causal** entre o comportamento típico do sujeito e esse resultado. À semelhança do que sucede nos crimes materiais de lesão, o destacamento do evento é uma exigência normativa no âmbito destes crimes, dos crimes materiais de perigo. A imputação objetiva deve obedecer a regras comuns às que vigoram nos crimes materiais de dano: ao relacionamento entre a conduta do agente e a situação perigosa são aplicáveis pelo menos os critérios restritivos da causalidade adequada. No caso do indivíduo que empunhou um varapau de mais de 3 metros de comprimento e com ele desferiu uma pancada enérgica na cabeça de B, com as consequências que ficaram assinaladas, é mais do que evidente o laço de causalidade entre o comportamento incriminado, a concreta ofensa à integridade física, e o resultado de perigo para a vida, mas nem sempre as coisas revelam uma simplicidade assim imediata para produzir ou favorecer um resultado. Por outro lado, o A, apesar de saber que o seu comportamento podia colocar em risco a vida do B, foi buscar o pau e vibrou-lhe energicamente uma pancada na cabeça, pelo que necessariamente quis pôr a vida do B em perigo. Em geral admite-se que quem quer uma ação perigosa quer o pôr em perigo, ou pelo menos conforma-se com o resultado que lhe anda associado.

Caso nº 19 Excisão. Num caso de excisão com um golpe ou corte de uma pequena parte do clítoris seguiu-se hemorragia (podia ter sido infeção) que pôs em perigo a vida da vítima.
Variante Nos arredores de Lisboa, numa família de origem guineense residente há pouco em Portugal, A e B praticaram a amputação da totalidade do clítoris de C, de 10 anos de idade, sem oposição dos pais desta.

Neste caso de clitoridectomia suposto por Augusto Silva Dias, *RPCC* 16 (2006), p. 204, "poderá haver ofensa corporal grave (a título autónomo: artigo 144º, alínea a), ofensa corporal grave); ou como resultado agravante; artigo 147º), consoante haja dolo ou negligência em relação ao resultado[33].

---

[32] Cf. José Damião da Cunha, *O Caso Julgado Parcial*, p. 481, sobre a dimensão "processual" da configuração destes tipos legais que "contêm elementos 'exoneradores' do âmbito de relevância da prova no que toca a 'resultados' – e no que toca à imputação de todo um conjunto de resultados". Haverá um só crime do artigo 291º, nº 1, se o desvalor do evento próprio do crime de condução perigosa como resultado de perigo se mostrar individualizado numa vítima, ou mesmo num conjunto delas, ou num bem.

[33] Questão ventilada igualmente na dissertação publicada em 2008: "Delicta in se", p. 382.

Veja-se agora, quanto à variante, o aditamento de 2007 à alínea *b*) do artigo 144º no que respeita às capacidades de procriação ou de fruição sexual. Tendo sido produzida uma ofensa à integridade física grave do artigo 144º, alínea *d*), poderá invocar-se de forma relevante um consentimento ou um "direito à cultura ("direito de minorias")" para justificar a prática da excisão? Tratar-se-á porventura de um caso de adequação social da ação? A solução poderá enquadrar-se no plano da exclusão da culpa?, nomeadamente por falta de consciência da ilicitude não censurável? Cf. sobre tudo isto Augusto Silva Dias[34] e a nossa exposição relativa à Parte Geral.

O conceito de ofensas corporais graves releva também para efeitos de indemnização pública às vítimas de crimes violentos. O **regime jurídico de proteção às vítimas de crimes violentos** consta do Decreto-Lei nº 423/91, de 30 de outubro, alterado pelas Leis nºs 10/96, de 23 de março, e 136/99, de 28 de agosto, e pelo Decreto-Lei n.º 62/2004, de 22 de março, e regulamentado pelo Decreto Regulamentar n.º 4/93, de 22 de fevereiro, alterado pelo Decreto Regulamentar n.º 1/99, de 15 de fevereiro.

3. Agravação pelo resultado: artigos 18º e 147º

As alterações de 2007 alargaram o âmbito deste tipo de crime, passando a incluir-se na previsão (nº 1 do artigo 147º) a ofensa à integridade física qualificada e a integridade física e psíquica.

Caso nº 20   Numa esquadra de polícia, *A* saca da pistola, que em serviço tem sempre carregada, e com ela golpeia *B* na cabeça, porque este o insultara na véspera. Ao bater na cabeça de *B*, a pistola dispara-se, provocando a morte deste.

Os factos integram um crime de ofensa à integridade física do artigo 143º, nº 1. Mas como *B* morreu com o disparo da pistola e este evento não pode ser envolvido no dolo do agente, que manifestamente não o quis – ainda que eventualmente o tivesse representado sem no entanto se conformar com o risco da sua produção – o crime será o do artigo 147º (agravação pelo resultado), se pudermos imputar-lhe tal resultado a título de negligência (artigo 18º). O que, por outro lado, significa também que se o disparo mortal tivesse sido doloso, acompanhado da intenção de matar, o crime seria o do artigo 131º (homicídio).

No artigo 147º consta um dos vários crimes qualificados pelo resultado previstos no Código. Quem voluntariamente mas sem dolo homicida ofender outra

---

[34] Augusto Silva Dias, "Faz sentido punir o ritual do fanado?", *RPCC* 16 (2006), p. 204 e ss.

pessoa corporalmente e por negligência lhe produzir a morte (ou uma lesão da integridade física grave: nº 2 do artigo 147º) comete um só crime, um crime qualificado pelo evento, embora o facto seja subsumível a duas normas incriminadoras (no caso, a do artigo 143º, nº 1, e a do artigo 137º, nº 1).

O artigo 147º é um crime contra a integridade física, ainda que o resultado agravativo seja a morte de outra pessoa. Para alguns autores porém o crime consiste, estruturalmente, num homicídio negligente cometido através duma ofensa corporal dolosa, o que permite incluí-lo entre os crimes contra a vida,[35] significado que face à lei portuguesa se rejeita por inteiro.

A praticou – tudo o indica – um crime do artigo 147º, nº 1, alínea a). Foi a ofensa à integridade física (ofensa **consumada**), na forma da pancada voluntariamente dada na cabeça de B, a causa da morte deste. Não basta porém que a ação do agressor apareça como simples condição do resultado, a aplicação do artigo 147º supõe ainda um específico nexo de perigo entre o comportamento agressivo e o evento mais grave (morte ou ofensa à integridade física grave). Exige uma boa parte dos autores, por outro lado, que à realização dolosa do crime fundamental esteja diretamente ligado o perigo específico que venha a cristalizar no evento mortal. Só então existe o especial conteúdo do ilícito que justificará a pena realmente mais grave, correspondente ao crime agravado pelo resultado[36]. Mas o resultado mais grave também pode ocorrer, repete-se, por simples acidente ou derivar de um processo causal de tal modo anómalo e imprevisto que nunca poderá ser posto a cargo do agente. Daí que, se por um lado deva acrescentar-se a necessidade de um nexo de adequação entre a ação fundamental dolosa e o evento agravante, a consequência lesiva – a morte ou a ofensa à integridade física grave – deverá, por outro, surgir *diretamente* do crime fundamental, portanto, sem a mediação do comportamento imputável da vítima ou de terceiro.

A desferiu contra B, numa altura em que este se encontrava fortemente embriagado, dois murros que o atingiram na boca, em termos, todavia, de lhe causar apenas lesões ligeiras. Aliás, o atingido nem sequer chegou a cair. Não se poderá afirmar que os dois murros foram a causa da morte de B, por falta do

---

[35] Cf. Schmidhäuser, *BT* 2/47.

[36] Como bem se compreende, uma lesão corporal dolosa pode revelar o perigo que lhe é característico não só pela natureza do resultado lesivo mas também pela concreta maneira de atuar do agressor. Muito frequentemente, a própria lesão corporal espelha, de forma imediata e em si mesma, o risco específico que pode conduzir à morte da vítima ("**vulnus letale**"), reproduzindo a estreita "relação de afinidade" que intercede entre o crime fundamental doloso e o evento agravante. Este específico nexo de risco pode detetar-se, por ex., nestes outros casos, que seguramente se incluem no artigo 147º: A espeta B com uma faca pontiaguda – a ferida conduz imediatamente à morte, por ter sido atingido o coração; ou a morte ocorre logo a seguir, devido a uma grave hemorragia ou uma infeção ou através duma infeção imediatamente a seguir à hospitalização. Em qualquer dos casos tenha-se presente que A atua unicamente com intenção de ofender corporalmente, por conseguinte fora de dolo homicida.

específico nexo de adequação, já que, de acordo com a experiência geral da vida, é completamente improvável que a morte aconteça diretamente em tais circunstâncias. A só poderá ser castigado pelo crime do artigo 143º, nº 1. Se A dá uma bofetada em B e esta, num berreiro injustificado, corre ao encontro do marido, mas sem adotar as mais elementares cautelas inicia a travessia da rua com o sinal vermelho para os peões e vem a ser colhida por um automóvel, sofrendo lesões causais da morte, A só poderá ser responsabilizado pela agressão física inicial à bofetada.

No caso prático, A atuou dolosamente, mas o evento agravante (a morte) não foi dolosamente causado nem acidentalmente produzido. Fazendo apelo ao princípio da normalidade ou da regra geral, ou às chamadas máximas da vida ou regras da experiência, não é possível excluir a responsabilidade de A na morte de B por negligência, já que, ao bater na cabeça da vítima com uma pistola carregada que por efeito da pancada logo se disparou, agindo portanto com flagrante violação dos mais elementares cuidados, A estava em condições de prever o infausto acontecimento. A morte de B é obra de A, que por isso cometeu um crime dos artigos 18º e 145º, nº 1, alínea a), se não houver, como julgamos que não há, qualquer causa de justificação ou de desculpa.

Caso nº 21 Numa esquadra de polícia, A saca da pistola, que em serviço tem sempre carregada, e vai para bater com ela na cabeça de B, que o insultara na véspera. Sem que, porém, tenha chegado a tocar no B, a pistola dispara-se, provocando a morte deste.

A não chegou a agredir B com uma pancada da pistola, como pretendia, **não se consumou**, nesse sentido, a ofensa do corpo ou da saúde. A arma disparou-se antes de atingir a cabeça de B, dando-se o evento mortal, que não estava nos planos de A e só poderá ser-lhe assacado se comprovados os pressupostos da negligência. Teoricamente, teremos então preenchidas em concurso efetivo (concurso ideal) uma "tentativa de ofensa à integridade física simples" (atenção: *não punível no nosso direito*) e 15º e 137º, nº 1 (homicídio por negligência).

No artigo 147º é elemento típico uma ofensa corporal dolosa (**consumada**): "Se das ofensas previstas nos artigos 143º a 146º... diz o nº 1; "Se das ofensas previstas no artigo 143º, na alínea a) do artigo 145º e na alínea a) do artigo 146º...", diz o nº 2, e isso só acontece no primeiro caso. No segundo caso, a ofensa corporal não chegou a concretizar-se, daí que só possa aplicar-se-lhe o concurso de crimes (com a indicada limitação de não ser punível, no nosso direito, a tentativa de ofensa corporal simples).

Caso nº 22 Hochsitzfall: BGHSt 31, 96 – 30 de junho de 1982: A empurrou B dolosamente, fazendo-o despenhar-se duma altura de 3,5 metros, o que lhe provocou diversas fraturas e um longo internamento hospitalar. *B* morreu devido a complicações associadas a uma embolia pulmonar, derivada da permanente imobilização a que esteve sujeito.

O artigo 147º exige um específico nexo de risco entre o comportamento agressivo e o resultado mais grave (morte ou ofensa à integridade física grave) – e que à realização dolosa do crime fundamental esteja diretamente ligado o perigo específico que venha a cristalizar no evento agravante. Neste caso, o crime fundamental doloso mostra-se consumado: *A*, atuando dolosamente, fez com que *B* se precipitasse duma altura de 3,5 metros. Mas como não parece existir aqui uma estreita conexão entre a lesão corporal e a morte de *B*, que só veio a ocorrer na sequência de um prolongado internamento, haverá quem recuse em hipóteses como esta a aplicação do artigo 147º.

Pode fazer-se o confronto com o caso de *A*, que podendo prever a morte de *B*, empurra-o com violência para trás, quando ambos se encontravam sobre um patamar em cimento, sem gradeamento ou qualquer outra proteção, situado a cerca de 2 metros do solo, fazendo cair a vítima de costas e bater com a cabeça no pavimento alcatroado da rua, em resultado do que sofreu fraturas necessariamente determinantes da morte. O acórdão do STJ de 5 de julho de 1989 *BMJ* 389, p. 304, não hesitou em integrar a situação nos artigos 144º, nº 1, e 147º, nº 1, e condenou *A*.

4. A agravação por especial censurabilidade ou perversidade: artigo 145º

Caso nº 23 Crime de ofensa à integridade física com utilização de seringa. *A* decidiu entrar na residência de *B*, para aí se apoderar de bens e valores que encontrasse. No interior, começou a revolver os móveis mas foi surpreendida por *B*, que ia acompanhada pela filha, *C*, a quem disse que chamasse a polícia. Quando esta levantava o auscultador do telefone, *A* dirigiu-se-lhe e sacando de uma seringa com a agulha desprotegida, disse: "poisa o telefone, se não pico-te". Como a visada não desistisse de chamar a polícia, *A* picou-a com a seringa na mão que segurava o auscultador e quando *B* se adiantou para socorrer a filha, foi também picada pela *A*, com a seringa, no braço direito.

O acórdão da Relação de Lisboa de 3 de dezembro de 2003, *CJ* 2003, p. 145, *relator*: Desembargador Clemente Lima, confirmou o acerto da decisão da 1ª instância, que enquadrou os factos (tirando agora o atentado à propriedade alheia) nos artigos 143º, nº 1, e 145º. Foi usada uma seringa que, além de ser um "instrumento de perigosidade muito superior à normal nos meios usados para ofender a integridade física, dificulta a defesa das vítimas e tem potencialidade para provocar, como consequência direta e necessária da sua utilização, doenças muito graves ou mortais (hepatite, sida), o que tudo é suscetível de ser especialmente censurado". Em sede de culpa confirma-se o juízo de especial censurabilidade prevista na norma (artigo 132º, nᵒˢ 1 e 2, alínea *h*).

A referência feita no nº 2 do artigo 145º às circunstâncias qualificativas previstas no artigo 132º exige o afastamento de menções como o "prazer de matar", contido na correspondente alínea *e*), visto já se não tratar de crime contra a vida.

O dolo é dolo de ofender, naturalmente.

A tentativa de ofensa à integridade física qualificada conexiona-se com a prática de atos de execução, como é de regra (artigos 22º e 23º). Hão de os mesmos revelar a especial censurabilidade do agente. Se é caso de tentativa dos artigos 22º, 23º e 144º, estando preenchido o exemplo-padrão indiciador de uma especial censurabilidade, que se tem por existente, deverá punir-se por tentativa do artigo 145º, dando, no entanto, lugar à aplicação da pena especialmente atenuada, de acordo com o previsto nos artigos 23º, nº 2, e 73º. Se a ofensa não for grave (artigo 143º), mas se mostrarem preenchidos os elementos do artigo 22º e a especial censurabilidade do agente, a ofensa tentada é punível, por se mostrar qualificada (artigo 145º).

5. Crime de violação das *leges artis* médicas: artigo 150º, nº 2

O **ato terapêutico** levanta alguns problemas que se torna necessário esclarecer. Por força do disposto no artigo 150º, nº 1, as intervenções medicamente indicadas e levadas a efeito segundo *as leges artis* são **atípica**s na perspetiva das ofensas à integridade física,[37-38] mas punidas como crime autónomo contra a liberdade quando realizadas arbitrariamente (artigos 156º e 157º). A vontade do agente ("médico ou pessoa legalmente autorizada") tem de estar dirigida para a terapia, para a cura da doença ou de qualquer estado patológico. Na expressão legal, as intervenções e tratamentos têm de ser levados a cabo com intenção de **prevenir, diagnosticar, debelar** ou **minorar** doença, sofrimento, lesão ou fadiga corporal, ou perturbação mental. Ocorre, por isso, concluir o seguinte:

A norma do artigo 150º lê-se no confronto dos artigos 143º e ss., por um lado, e do artigo 156º, por outro.

---

[37] Ou da perda da vida: mesmo quando uma operação não tem êxito ou o paciente não logra curar-se e, no limite, acaba por morrer.

[38] Também *não é punível* a interrupção da gravidez efetuada por médico, ou sob a sua direção, em estabelecimento de saúde oficial ou oficialmente reconhecido e com o consentimento da mulher grávida, nos casos das alíneas a) a e) do nº 1 do artigo 142º. O **consentimento** é geralmente prestado **por escrito**, em documento assinado pela mulher grávida ou a seu rogo.

O artigo 150º, nº 1, que no contexto das infrações contra a integridade física não inclui o consentimento do paciente, contém uma *cláusula de exclusão da tipicidade*.

Antes do Código de 1982, a doutrina e a jurisprudência nacionais viam geralmente na intervenção médico-cirúrgica uma lesão corporal típica, cuja ilicitude só poderia afastar-se invocando o "exercício de um direito",[39] ficando este dependente do consentimento do paciente, que o vigente artigo 38º, nº 2, exige que corresponda a uma vontade séria, livre e esclarecida. Nas preocupações dos juristas inscrevia-se a ideia da "justificação", de que o cirurgião, para poder "fazer sangue" sem que o equiparassem ao ladrão que retalha a cara da vítima por bem menos que o custo duma operação bem sucedida, tinha que se munir do consentimento do paciente ou de poder invocar uma dirimente que valesse o mesmo. Todavia, na prática, logo se compreendeu o alcance limitado do consentimento, uma vez que (e isso é realçado por Curado Neves) o paciente "confia, simplesmente, na qualificação profissional do médico que lhe explica em termos simplificados em que consiste a operação [ou o tratamento] e quais os seus objetivos. O que o leva a consentir na operação não são tanto as explicações do médico como a sua reconhecida autoridade profissional".

Daí o regime atual, que a seguir se intenta delinear nos seus traços principais:

O tratamento é tratamento "médico", executado por um médico ou outro agente qualificado. Se um estudante de medicina, que não é (ainda) médico nem está autorizado a exercer como tal, efetuar uma operação, ocultando essa circunstância ao doente, será punido por ofensa à integridade física do artigo 143º, nº 1 (ou do artigo 144º, alínea *d*), se ocorrer um perigo para a vida), ainda que revele aptidão para o desempenho do ato. Fernando Silva é de opinião que quem não seja médico nem esteja habilitado para intervir pode não ser responsabilizado, "mas por via da inexistência de nexo de causalidade, por força da diminuição do risco, ou pela exclusão da sua ilicitude"[40].

As indicações são exclusivamente médicas e os atos de natureza curativa, levados, portanto, a cabo segundo o estado dos conhecimentos **atuais** da medicina e com intenção de **prevenção** e de **diagnóstico**. Haverá que filtrar as situações de ofensas corporais dolosas em que a intervenção se realiza não para curar, mas outro fim, por ex., de experimentação pura. O mesmo sucede, geralmente, nas intervenções cirúrgicas que se esgotam numa finalidade estética ou de embelezamento (técnicas de rejuvenescimento: "lifting"). No mesmo plano estará a ministração de substâncias dopantes em atletas, a castração, ou os "métodos de

---

[39] Jorge de Figueiredo Dias, *O problema da consciência da ilicitude*, p. 405 ss.
[40] Fernando Silva, *Direito penal especial, crimes contra as pessoas*, 2005, p. 249.

terapia excêntricos em relação à *medicina académica* ou institucionalizada (*maxime* os chamados métodos naturalistas, homeopáticos)"[41].

O respeito pelas *leges artis* é necessário ao funcionamento do clausulado no artigo 150º, nº 1. Havendo violação das *leges artis*, a concreta intervenção médico-cirúrgica terá que ser considerada um facto típico de ofensas corporais. É difícil no entanto precisar com nitidez quando há ou não violação do dever de diligência na atuação médica. Na síntese conclusiva de Deutsch, acentuada por Costa Andrade, **o cuidado exigido no tráfego** "é um elemento móvel: não só não define nenhumas regras rígidas como não recebe da ciência quaisquer critérios inflexíveis. Antes terá sempre de se questionar como, na situação concreta, se teria comportado um experimentado e cuidadoso clínico geral ou um médico especialista"[42].

A atipicidade das ofensas corporais define-se à margem do consentimento ou acordo do paciente. Um médico que opera seguindo o pressupostos do artigo 150º não pratica um crime de ofensa à integridade física, mesmo que o faça contra a vontade do paciente, embora possa vir a ser punido, nesse caso, por tratamentos arbitrários (artigos 156º e 157º).

O respetivo bem jurídico é demarcado pela livre decisão sobre a autorização ou a realização de um tratamento, mas não a integridade física enquanto tal[43].

A norma do artigo 150º, nº 2, tem, também ela, em vista os médicos e pessoas igualmente qualificadas. Só estes agentes, ao realizarem intervenções ou tratamentos com violação das *leges artis*, podem cometer o crime em apreço. A pena aplicável exige a criação de um perigo para a vida ou perigo de grave ofensa para o corpo ou para a saúde, no modelo dos crimes de *perigo concreto*, até certo ponto em paridade com o artigo 144º, alínea *d*), aplicável a todo aquele que ofender o corpo ou a saúde de outra pessoa de forma a "provocar-lhe perigo para a vida".

Quando este artigo 150º, nº 2, apareceu, em 1998, logo se lhe apontou *natureza subsidiária*, ao procurar determinar-se o seu âmbito de aplicação para tutela

---

[41] Costa Andrade, *Conimbricense* I, p, 307. As regras da arte de curar são geralmente entendidas como as devidas aos ensinamentos das escolas oficiais de medicina, afastando-se as chamadas medicinas alternativas, que são ainda incapazes de estabelecer um consenso. A conclusão estará de acordo com o inciso contido no nº 1 do artigo 150º, que se refere expressamente ao "estado dos conhecimentos e da experiência *da medicina*", e com a circunstância de os respetivos agentes não estarem habilitados "legalmente" a atuar. Veja-se ainda José de Faria Costa, "Em redor da noção de ato médico", *RLJ* ano 138º, nº 3954, p. 126 e ss.

[42] Viola as *leges artis* médicas o tratamento que, à luz dos conhecimentos da ciência médica e tendo em conta as circunstâncias do caso concreto, não é objetivamente indicado para a obtenção da finalidade terapêutica pretendida, ou não é aplicado segundo as regras do tratamento médico (Costa Andrade, *Consentimento e Acordo*, p. 482; 187, 400, 450).

[43] Kienapfel, *Grundriss*, BT I, 3ª ed., 1990, p. 312: "§ 110 schützt das Selbatbestimmungrecht iS freier Entscheidung über die Vornahme bzw Zulassung einer Behandlung, nicht aber die körperliche Integrität als solche".

da vida e da integridade física. Quando o médico não cumpre rigorosamente as regras da ciência médica, e isso pode acontecer com a violação dolosa das *leges artis* da profissão, a conduta, como logo se intui, pode caber noutro tipo de crime. Na medida em que provoca um perigo para a vida o facto é já punido pelo artigo 144º alínea *d)* – face ao qual o nº 2 do artigo 150º parece emergir como norma *subsidiária*, escreve o Prof. Costa Andrade. Daí a conclusão de que, "só na parte em que provoca um perigo para o *corpo ou para a saúde* terá o preceito conteúdo normativo próprio e novo"[44]. Chega-se a uma opinião clara sobre esta questão quando se atenta em que a própria norma se aplica ao médico que desrespeita dolosamente critérios de intervenção estabelecidos no artigo 150º, nº 1, apenas se a matéria fáctica não couber noutro tipo de crime mais grave. O crime é mais exatamente um crime de *ofensas corporais com dolo de perigo* de que é sujeito ativo um médico que desrespeita dolosamente regras da ciência médica. Se a violação das *leges artis* é de tal modo grave que deixa de ser compatível com a finalidade de curar e nessa violação se deteta um dolo de dano, o agente será necessariamente responsabilizado por outro crime que não o do artigo 150º, nº 2[45].

6. Crime de participação em rixa: artigo 151º

a) A conduta que o artigo 151º incrimina consiste em intervir ou tomar parte, dolosamente, em rixa de duas ou mais pessoas. A consequência da rixa é a morte duma pessoa ou a lesão da integridade física grave. O ato incriminado não se confunde com o facto de provocar a morte ou as lesões corporais graves. Esta consequência não faz parte dos elementos constitutivos do crime de rixa. O ponto nevrálgico da incriminação é mais exatamente a intervenção ou participação em rixa.

Trata-se – pelo menos para uma certa visão das coisas – de um crime de perigo abstrato. O perigo não se encontra expressamente individualizado como um dos elementos da infração. Mostra a experiência, contudo, que intervir numa rixa, onde vulgarmente se usam armas, pode ter consequências como as indicadas, sempre graves. É esta situação perigosa criada pela intervenção em rixa que,

---

[44] Costa Andrade, *Conimbricense*, p. 312.
[45] Teresa Quintela de Brito, *RPCC* 12 (2002), p. 379, não exclui que a gravidade do desrespeito médico das *leges artis* possa retirar ao ato toda a finalidade terapêutica, passando a conduta a coabitar "com um dolo necessário ou eventual de dano ou de perigo para a integridade física ou para a vida do paciente". A favor da sua conclusão aponta a autora o próprio artigo 150º, nº 2, ao estabelecer que "a violação das *leges artis* deve ser compatível com a finalidade terapêutica"; e que "a gravidade da inobservância das regras da medicina pode inviabilizar qualquer identificação —ainda que só parcial— da atuação do agente com uma intervenção médico-cirúrgica, impondo antes a sua qualificação em bloco como uma lesão típica da integridade física do doente".

quando acontece, justifica a incriminação. Outros motivos a que o legislador terá sido sensível têm a ver com as dificuldades probatórias. A condição objetiva de punibilidade (sem ela não nos encontramos com um crime de participação em rixa,[46] o que lhe confere uma função restritiva) empresta à infração o que a doutrina suíça costuma apelidar de *sintoma* da natureza perigosa que a rixa comporta, de tal modo que qualquer interveniente deverá ser punido sem que se mostre comprovado o seu dolo[47] ou a culpa relativamente à morte ou à provocação de ofensa corporal grave. Uma das razões, porventura a principal, que tem sido adiantada para justificar a rixa reside na dificuldade – ou até mesmo a impossibilidade – de determinar o responsável pela consequência causada pela rixa. Com o crime previsto no artigo 151º visa-se punir os que intervêm numa rixa só pelo simples facto de nela intervirem, caso se não prove a sua responsabilidade em crime de homicídio ou de ofensa à integridade física. Mas a explicação não logra unanimidade, longe disso.

Para a orientação contrária, a principal objeção encontra-se na ausência de culpa que os seguidores da tese do perigo abstrato parece não notarem nos mesmos termos. Como escreve Costa Pinto, "para se respeitar o princípio da culpa seria então de exigir um elemento subjetivo especificamente configurado, que consistiria numa combinação de dolo em relação à conduta proibida com 'falta de cuidado' em relação à consequência grave. O perigo (concreto) seria então um elemento *implícito* do tipo. Roxin, por sua vez, faz incidir o **dolo** do agente **sobre os fatores constitutivos da perigosidade da rixa**, ideia que nos parece de todo aceitável quando se queira salvar a infração das suspeitas de oposição ao princípio da culpa[48].

Saber se a identificação da autoria da morte ou da ofensa grave impede, ou não, a aplicação do artigo 151º é outro problema que, como se poderá ver no caso do acórdão do STJ de 3 de novembro de 1994, *CJ*, 1994, a seguir mencionado, tem adeptos dos dois lados.

São necessárias três pessoas, o que não supõe, naturalmente equilíbrio de forças, não podendo haver rixa se um dos adversários se limita à ação de defesa ou a separar os restantes (artigo 151º, nº 2).

Um outro problema que agita a doutrina é o do abandono de um dos que participaram na desordem antes de se verificar a condição objetiva de punibilidade. A inversa, isto é, a retirada de um dos rixantes já depois de verificada tal condição, também é matéria controvertida.

---

[46] Mas com algo a que se nega dignidade penal.
[47] E com isso a ausência de questões próprias do erro.
[48] Costa Pinto, *Ilícito e punibilidade no crime de participação em rixa*, p. 874, e Roxin, *AT* 1, p. 899, respetivamente.

Caso nº 24   Durante uma festa ao ar livre, grupos de rapazes de aldeias vizinhas envolvem-se em acesa pancadaria. Quando *A*, um dos participantes, verificou que já havia facas desembainhadas, afastou-se. Com a chegada da polícia, pôs-se termo ao conflito e ao mesmo tempo apurou-se que *E*, uma das pessoas que por ali estavam e que se chegara para apartar alguns dos contendores, tinha sido apunhalado. Não se conseguiu apurar quem apunhalou esse indivíduo. Durante o inquérito, *A* sustentou que tinha deixado o local antes de *E* ter sido ferido. Um outro indivíduo, *R*, defendeu-se dizendo que interviera na contenda já quando *E* se encontrava ferido e caído no chão. Não se conseguiu apurar se isso correspondia à verdade.

Punibilidade de *A* e de *R*.

Na rixa, qualquer dos contendores pode às tantas ficar "cansado" e retirar-se, desistindo de continuar. Também pode acontecer que um novo interveniente se entusiasme e adira à pancadaria. A doutrina alemã ocupa-se de casos como estes acentuando que é punível como participante aquele que *desiste* antes de se dar a morte ou a ofensa à integridade física grave de algum dos contendores. A razão está na sua contribuição para a perigosidade da rixa que em regra se estende para além do momento da desistência. Mas se ficam só dois, então já não haverá rixa. Ao contrário, já não será punido quem entrar depois de ocorrer a condição de punibilidade, para a qual não contribuiu. A presunção de perigo é deduzida de uma **condição objetiva de punibilidade** (morte ou ofensa corporal grave). A qualificação destes elementos como condições objetivas de punibilidade (impróprias) constitui uma cedência à responsabilidade objetiva e é de evitar, embora se compreendam as dificuldades processuais de prova que a determinam[49].

b) Vejamos, esquematicamente, a maneira como se constrói a infração

I. Tipicidade

1. Tipo objetivo
2. Tipo subjetivo

II. Anexo ao tipo: verificação da condição objetiva de punibilidade
III. Ilicitude
IV. Culpa

---

[49] Cf. Rui Carlos Pereira, *O dolo de perigo*, p. 151; Figueiredo Dias, *Direito Processual Penal*, 1988/89; Volker Krey, *Strafrecht*, BT, Band 1, 9ª ed., 1993, p. 124.

c) Segundo uma opinião, o artigo 151º pretende punir as denominadas **vias de facto**, isto é, incriminando a participação em rixa para além dos casos em que se verifique lesão corporal grave ou a morte, pois as pessoas não devem participar em rixas. É uma visão das coisas que acompanha a necessidade de estabelecer uma proteção antecipada. Note-se porém o argumento da posição contrária: ao que se atende na punição é a gravidade do resultado, isto é, à existência de ofensas corporais graves ou a morte[50].

Caso nº 25 No acórdão do STJ de 3 de novembro de 1994, *CJ*, 1994, entendeu-se, por maioria, que não houve crime de rixa do artigo 151º. Houve de facto um acordo inicial e a conjugação de esforços de *X*, *Y* e *Z* para agredirem *A*, o que fizeram, sendo a sua ação complementada pela adesão de *V* àqueles acordo e conjugação de esforços.

Z foi condenado por homicídio voluntário na forma tentada (artigos 22º, 23º, 74º, nº 1, e 131º). *V*, *X* e *Y* por coautoria de um crime de ofensas corporais do artigo 144º. *Q* pela prática de um crime de favorecimento pessoal (artigo 367º). Para a posição que fez vencimento, trata-se de um vulgar caso de coautoria material de quatro agressores, perfeitamente identificados, de um crime contra as pessoas, em que o ofendido se limitou a defender-se da agressão.

Sustentou-se em recurso que se verificara (também) a comissão do crime de participação em rixa e que devia haver condenação de *Q* e *P* por cumplicidade no crime de ofensas corporais.

A posição maioritária: no caso, não houve rixa; houve simples comparticipação, na forma de coautoria. O Supremo entendeu, por maioria, que não houve rixa. O que houve foi um acordo inicial e conjugação de esforços de *X*, *Y* e *Z* para agredirem *A*, o que fizeram, sendo a sua ação complementada pela adesão de *V* àqueles acordo e conjugação de esforços. Aqui existe simples comparticipação criminosa: trata-se do vulgar caso de coautoria material de quatro agressores, perfeitamente identificados, de um crime contra as pessoas, em que o ofendido se limitou a defender-se da agressão.

Não existindo rixa, não podem *Q* e *P* ser condenados pelo crime do artigo 151º, nem pode falar-se de cumplicidade neste crime. A rixa pressupõe que não há acordo ou pacto prévio entre os intervenientes. Se houver esse acordo, entramos no campo da comparticipação nos crimes de ofensas corporais ou de homicídio. Deixa de haver aí o acontecimento mútuo e confuso entre diversas pessoas que são simultaneamente ofensoras e ofendidas, o que é o sinal característico da rixa. É uma posição que coincide, no essencial, com a acolhida no acórdão do STJ de 4 de

---

[50] Cf. as Atas, *Ata* nº 45, p. 499 e 502.

fevereiro de 1993, *CJ* 1993, tomo 1, p. 187: os intervenientes numa rixa são punidos pelo simples facto de nela intervirem. Provando-se a responsabilidade de algum deles em crime de homicídio ou de ofensas corporais, responderá por estes crimes, já que a punição pela participação em rixa fica consumida pela punição deles.

A posição minoritária: nada impede o concurso entre o homicídio e a rixa. O objeto da incriminação não é o pretender-se punir apenas a conduta de um agente nos casos em que se não consiga determinar quem, no calor de uma luta, cometeu determinadas ofensas corporais ou homicídio, mas o pretender-se conseguir a punição autónoma da atuação de quem, independentemente de produzir ou não ofensas corporais ou de praticar um homicídio no decurso da mencionada refrega, nela intervém, pois que, através dessa sua intervenção, toma uma atitude potenciadora, coadjuvante, e exacerbadora da prática de tais ilícitos. Daí entender-se que a individualização (no sentido de se determinar a autoria dos crimes de ofensas corporais ou de homicídio que sejam cometidos durante a luta) da autoria desses crimes não impede que cada um dos intervenientes na briga cometa, em acumulação real, também o crime do artigo 151º, já que o conceito de "intervenção" a que o artigo se refere se contenta e fica perfeito logo que o agente "intervém" na desordem, isto é, nela tome parte ativa, quer cometa quer não crimes, autónomos dos atrás indicados.

Desta forma, dar-se-ia como assente que *V*, *X* e *Y* cometeram igualmente o crime do artigo 151º. As condutas voluntárias de *Q* de trancar a porta de emergência e impedir o acesso da mesma a clientes e de *P* de negar o estabelecimento de relações telefónicas com o exterior, foram de manifesto e querido auxílio aos agressores e permitiram que estes mais facilmente pudessem desenvolver e prosseguir na luta com *A*, mas não foram indispensáveis para a realização dos atos por estes praticados. São perfeitamente enquadráveis no conceito de cumplicidade do artigo 27.º (prestação de auxílio material à prática por outrem de um facto ilícito doloso), cumplicidade esta que se verifica em relação ao crime de participação em rixa.

Em resumo:

Verifica-se, como se vê, a existência de dois sentidos antagónicos para o termo *rixa* – o de corresponder a uma luta grave, com armas, entre pessoas determinadas, e – o de corresponder a uma desordem, da qual resultam consequências graves, sem se conseguir determinar adequadamente quem terá sido o respetivo causador. A **crítica** que se faz à posição maioritária – insiste-se – é a de se traduzir numa imputação objetiva, solidária, destinada a ficcionar e a presumir um culpado nos casos em que a investigação não conseguiu apurar a autoria das ofensas graves produzidas, o que pode parecer insustentável perante o claro princípio da presunção de inocência constante do nº 2 do artigo 32º da Constituição.

e) Atenta a redação adotada ("Quem intervier ou tomar parte em rixa de duas ou mais pessoas...") só haverá crime de participação em rixa com a participação de pelo menos *três* pessoas, e a participação de qualquer delas deverá ser *ativa* – uns contra os outros. Uma luta de duas pessoas não integra o crime de participação em rixa.

f) O nº 2 do artigo 151º dispõe para os casos em que a rixa não é punível: quando for determinada por motivo não censurável (um quarto individuo chega-se unicamente para apartar os contendores; ou para defender outrem; ou reagir contra um ataque, podendo aqui ser caso de legítima defesa).

g) Participação em rixa? Figuras afins.

Caso nº 26   Acórdão do STJ de 10 de janeiro de 2008, no processo nº 07P4640, *relator*: Conselheiro Santos Carvalho. Num snack-bar, a dada altura, por razões não apuradas, verificou-se uma contenda, com agressões físicas entre "vários dos clientes". Na sequência dessa contenda, *A* colocou as mãos no peito do *C* e empurrou-o. O *C* saiu do bar e dirigiu-se à sua residência, a poucos metros do local. O *A* encaminhou-se na direção do *C*, logrando alcançá-lo já no exterior, tendo-se agarrado e agredido mutuamente, de forma não apurada, até que foram separados por *D*. No momento em que foram separados, o *C* encontrava-se no chão, de joelhos, agarrado à cintura do *A*, com as costas encostadas a uma viatura automóvel estacionada a poucos metros da porta da sua residência. *C* deslocou-se de seguida para a sua residência. *C* foi encontrado já cadáver, na sua residência na manhã do dia seguinte, apresentando lesões que foram causa direta e necessária da morte. O *A* agiu livre, voluntária e conscientemente, com o propósito de molestar fisicamente *C*.

A ausência de um nexo de causalidade entre as ofensas à integridade física praticadas pelo *A* e as lesões corporais encontradas na vítima é um pressuposto da qualificação jurídica que o tribunal de 1ª instância fez, pois, *sabendo-se que houve agressões* (não concretamente apuradas) daquele no corpo desta, só pela ignorância do nexo de causalidade o tribunal recorrido poderia ter imputado ao *A* a prática de um crime de ofensas à integridade física simples, p. e p. no artigo 143.º, nºs 1 e 3, do CP.

Por isso, o tribunal recorrido devia ter considerado como provado ou como não provado se entre as agressões do *A* à vítima e as lesões que esta apresentava existe um nexo de causalidade.

E, no caso afirmativo, se o *A* agiu com negligência no que respeita à previsibilidade do resultado "morte", isto é, se o representou como possível face à sua provada conduta, mas com ele não se conformou [se o resultado fosse desejado pelo *A*, ainda que a título de dolo eventual, o crime seria o de homicídio e não o preterintencional de que estava acusado].

Mas, ainda que não venha a ser possível provar um nexo de causalidade entre as agressões do A e as lesões sofridas pelo C, tal nexo de causalidade pode, todavia, verificar-se entre a "contenda, com agressões físicas entre vários dos clientes que se encontravam naquele estabelecimento" e as ditas lesões, caso em que, estando demonstrado que o A participou ativamente nessa "contenda" e, inclusivamente, também o C, poderíamos estar perante os factos constitutivos do crime de participação em rixa do artigo 151.º, n.º 1.

Conflito recíproco e não rixa:

Caso n.º 27   A e B andaram durante bastante tempo em acesa pancadaria um com o outro, até que B caiu, gravemente ferido.

Responsabilidade penal do A também por rixa?

Responde o acórdão do STJ de 3 de abril de 2008, no processo n.º 07P4827; e *CJ* 2008, p. 188, *relator*: Conselheiro Simas Santos: "deve definir-se rixa como a situação de conflito ou de desordem em que intervêm obrigatoriamente mais de duas pessoas, e que é caracterizada pela oposição dos contendores sem que seja possível individualizar ou distinguir a atividade de cada um, não pode, pois, restringir-se a duas pessoas, como crime coletivo que é, ou de concurso necessário, porquanto nesse caso haverá apenas um **conflito recíproco** e não rixa.

Do mesmo acórdão colhe-se a seguinte opinião de Júlio F. Mirabete:[51] "a rixa é um crime plurissubjetivo (de concurso necessário), só existindo se houver pluralidade de participantes. Exige-se, no caso, três ou mais pessoas, pois um desforço entre duas pessoas configurará vias de facto ou lesões corporais recíprocas. A opinião de Valdir Sznick, da possibilidade de rixa com duas pessoas, embora amparada em Carrara e Manzini, entre outros, não se sustenta, já que seus exemplos são casos de lesões corporais em que se impõe a absolvição de provas sobre quem iniciou a agressão ou coautoria e outros crimes ou contravenções. Pune-se, aliás, a participação e não a autoria; com apenas duas pessoas só impropriamente se poderia falar em participação".

7. Crimes de violência doméstica: artigo 152º

As duas normas resultam do desdobramento operado pela reforma penal de 2007[52]. Anteriormente, o crime de maus tratos estava contido no artigo 152º.

---

[51] Júlio F. Mirabete, *Manual de Direito Penal*, 18ª ed., p. 146.
[52] A Lei n.º 112/2009, de 16 de setembro, estabelece o regime jurídico aplicável à prevenção da violência doméstica, à proteção e à assistência das suas vítimas e revoga a Lei n.º 107/99, de 3 de agosto, e o Decreto-Lei n.º 323/2000, de 19 de dezembro.

Descreve-se:

- uma forma "simples", punida com pena de prisão de 1 a 5 anos, *se pena mais grave não resultar de outra disposição legal*;
- uma primeira forma "agravada" pela circunstância de o agente praticar o facto contra ou na presença de menor (de 18 anos), ou no domicílio comum ou no domicílio da vítima nos casos de ex-cônjuges ou agente que tenha mantido relação análoga à dos cônjuges, a que cabe pena de prisão de 2 a 5 anos; e
- uma outra forma duplamente "agravada", se dos factos previstos no n.º 1 resultar *a*) ofensa à integridade física grave (pena de prisão de 2 a 8 anos), ou *b*) resultar a morte (pena de prisão de 3 a 10 anos).

A agravação explica-se, quando envolva vítimas menores, pelo facto de a violência doméstica praticada perante eles representar uma situação de violência "indireta", que ao fim e ao cabo os abrange. Releva também o reconhecimento de um espaço confinado, vedado a olhares alheios e por vezes aos ouvidos dos outros membros do grupo social.

Trata-se de um **crime de relação**: cônjuge ou ex-cônjuge; pessoa particularmente indefesa que coabita com o autor, etc., relação que nalguns casos é longínqua (pretérita: um(a) ex- ou um(a) "já não") ou inclui apenas relações parentais não familiares, não se supondo um vínculo afetivo estável[53]. Relevará, por conseguinte, um certo grau de proximidade e uma estreita comunidade de vida que instituem certas normas éticas de conduta, cuja violação fundamenta ou agrava a ilicitude do facto[54]. Estará em causa a proteção da dignidade e da integridade da pessoa enquanto membro de uma relação conjugal, e enquanto participante de

---

[53] No que respeita ao sujeito passivo, faça-se o confronto com o artigo 152.º-A: pessoa menor ou particularmente indefesa, em razão de idade, deficiência, doença ou gravidez, que esteja ao cuidado do agente, à sua guarda, sob responsabilidade da sua direção ou educação ou a trabalhar ao seu serviço. A norma do artigo 152.º-A inclui o emprego em atividades perigosas, desumanas ou proibidas, bem como a sobrecarga com trabalhos excessivos. No caso tratado pelo acórdão do STJ de 5 de abril de 2006, a encarregada de um lar deu uma bofetada num menor inimputável por este lhe ter atirado com uma faca. Há quem, em casos destes, invoque a figura da retorsão. Cf. o comentário de Paula Ribeiro de Faria na *RPCC* 16 (2006), p. 317, acerca da fronteira entre o castigo legítimo de um menor e o crime de maus tratos do (então) artigo 152.º do CP.

[54] Recorda Augusto da Silva Dias, "*Delicta in se*", p. 359, nota 838, que "a comunidade de vida institui certos deveres ético-sociais de assistência e entre-ajuda que a ordem jurídica reconhece. A violação desses deveres fundamenta a ilicitude do facto nos casos de comissão por omissão como fonte de garante, integrando desse modo o 'dever que pessoalmente o obrigue do artigo 10.º, n.º 2, do CP'. (...) A violação de tais deveres gerados pela comunidade de vida pode também agravar a ilicitude do facto, como acontece no homicídio e nas ofensas corporais qualificadas (artigo 132.º, n.º 2, al. *a*), e artigo 146.º do CP), em que a qualidade de ascendente ou descendente natural ou adotivo da vítima constitui indício de especial censurabilidade ou perversidade do agente".

uma realidade familiar ou "análoga". A norma inclui no âmbito de proteção pessoas particularmente indefesas, que coabitem com o agressor, desde que sofram de especial fragilidade, pelos motivos legalmente enumerados, que vão desde a idade até à dependência económica.

Trata-se pois de um bem jurídico complexo que abrange a saúde física, psíquica e mental, a liberdade, nas suas expressões sexual e de natureza pessoal[55]. Veja-se, a propósito, os artigos 1º e 67º, nº 1, da Constituição.

É um dos crimes contra a integridade física, mas não se exige a lesão corporal, sendo por isso, mais exatamente, um atentado à integridade moral. A agressão verbal anda muitas vezes associada à agressão física. Os "maus tratos físicos ou psíquicos" persistem enquanto durarem os atos lesivos da saúde física (que podem ser simples ofensas corporais) ou psíquica e mental da vítima (por ex., humilhando-a)[56]. Podem consistir em castigos corporais, privações da liberdade e ofensas sexuais, que a própria lei se encarrega de enumerar. O ilícito, embora a gravidade inerente das agressões se possa assumir como suficiente, na generalidade dos casos exigirá a repetição de condutas, exprimindo-se numa pluralidade indeterminada de atos parciais. Daí a formulação inicial, que põe o acento tónico nos "maus tratos" infligidos: "quem, de modo **reiterado ou não**, infligir maus tratos", de que são exemplo os falados "castigos corporais, privações da liberdade e ofensas sexuais". Maus tratos identificam-se com violência, podendo esta consistir em qualquer atentado contra a vida, a integridade física ou psíquica ou a liberdade de uma pessoa ou qualquer comportamento (pode ser por omissão) que comprometa gravemente o desenvolvimento da personalidade da pessoa atingida.

A mutilação sexual feminina (artigo 144º, alínea *b*)) ou a exploração sexual (artigos 169º, 174º e 175º) e económica (por ex., o artigo 226º) são também eles exemplo de violência que pode entrar no domínio da chamada "violência doméstica", não refletindo natureza taxativa.

---

[55] Sobre este ponto, *Conimbricense*, p. 332. Pormenorizada e desenvolvidamente, o acórdão do STJ de 2 de julho de 2008, Proc. n.º 3861/07 -3.ª Secção, Cons. Raul Borges.

[56] A expressão "maus tratos" constante do n.º 2 do referido artigo 152.º do CP, segundo Ricardo Bragança de Matos, "Dos maus tratos a cônjuge à violência doméstica: um passo na tutela da vítima", *RMP*, 2006, n.º 107, p. 102, procura "traduzir uma específica realidade sociológica que pode ser caracterizada pelo exercício de inúmeras formas de violência, que ocorre num específico espaço social, em que surgem como agressor e vítima os membros de uma relação conjugal (ou de uma relação a esta análoga, ou de uma relação familiar de âmbito mais alargado) e que visa, a maior parte das vezes, a manutenção na prática de conceções estereotipadas dos papéis atribuídos ao homem e à mulher, conceções essas fundamentadas numa visão ainda patriarcal da sociedade, Mas, em termos práticos, maus tratos significa, antes de mais, o exercício de violência". A "prática de maus tratos entre cônjuges parece então poder analisar-se na perpetração de qualquer ato de violência que afete, por alguma forma, a saúde física, psíquica e emocional do cônjuge vítima, diminuindo ou afetando, do mesmo modo, a sua dignidade enquanto pessoa inserida numa realidade conjugal igualitária".

Tanto releva a **reiteração** como a **intensidade**, o que significa que a conduta daquele que maltrata deve ser especialmente grave. Mas reiteração não é o mesmo que a continuação ou continuidade criminosa, tal como até há pouco figurava no artigo 30º, nº 2, bastando para preencher o conceito de reiteração uma ação plúrima e repetida. Nalgumas situações será suficiente que o sujeito dê uma sova na vítima[57].

O crime de violência doméstica é uma forma especial do crime de maus tratos. Faltando os aspetos conformadores de uma maior ilicitude,[58] os respetivos factos serão elementos de ofensa à integridade física simples, ameaça, crime contra a honra, ofensa sexual ou privação da liberdade, constituindo, em si mesmos, estes mesmos crimes. Quer isto dizer, em palavras breves, que o desenho típico da "violência doméstica" se não conexiona descritivamente com o apontado grupo de infrações, mas a lesão do bem jurídico que suporta a agravação da pena de prisão de 1 a 5 anos só se dá com a inflição de "maus tratos físicos ou psíquicos", justificando a existência de uma norma jurídica autónoma com o seu próprio conteúdo de desvalor. Significa, por outro lado, que a "violência doméstica" chama a terreiro (diríamos: "necessariamente") situações de *especialidade* (ofensas corporais simples ou qualificadas; ameaça; coação, sequestro nas suas diversas modalidades; o crime de violação do artigo 164º; e mesmo o crime de injúria) *e subsidiariedade* (subsidiariedade expressa com os crimes de ofensas à integridade física graves; contra a liberdade pessoal e contra a liberdade e autodeterminação sexual, puníveis com pena superior à do artigo 152º, nº 1). Dizendo como no acórdão da Relação de Coimbra de 15 de dezembro de 2010, *relator*: Desembargador Alberto Mira: "de acordo com a razão de ser da estrutura normativa do crime do artigo 152º, do CP [versão do Decreto-Lei n.º 48/95, de 15 de março, com as alterações que sucessivamente foram introduzidas pelas Leis n.os 65/98, de 2 de setembro, 7/2000, de 27 de maio, e 59/2007, de 4 de setembro], as condutas que integram os respetivos tipos-norma não são autonomamente consideradas enquanto, eventualmente, integradoras de um ou diversos tipos de crime; são, antes, valoradas globalmente na definição e integração de um comportamento repetido revelador de um crime de maus tratos (lei antiga)

---

[57] A reiteração é, na maior parte das vezes, elemento integrante destes requisitos, mas o crime pode verificar-se sem ela. Por outro lado, um tempo longo entre dois ou mais dos referidos atos afastará o elemento reiteração ou habitualidade pressuposto, implicitamente, por este tipo de crime. Manuela Valadão e Silveira, citando o acórdão do STJ de 14 de novembro de1997, defende igualmente que os maus tratos, enquanto tal, não implicam repetições reiteradas de ofensas, podendo o crime ser preenchido com uma única conduta agressiva. O acórdão do STJ de 8 de janeiro de 1997, no proc. n.º 934/96, pronunciou-se no sentido de que para a verificação do crime não se exigia uma habitualidade. Veja-se ainda o acórdão do STJ de 2 de julho de 2008, no proc. n.º 3861/07.

[58] A lei não exige (expressamente) uma *atitude* conformadora de uma maior culpa do agente, mas esta como que acompanha ou faz companhia àquela.

ou violência doméstica (lei nova). Neste contexto, entre o crime do artigo 152.º e os crimes que atomisticamente correspondem à realização repetida de atos parciais estabelece-se uma relação de concurso aparente, deixando de ter relevância jurídico-penal autónoma os comportamentos que integram a prática do crime de maus tratos/violência doméstica. Tratando-se de um crime único, embora de execução reiterada, a consumação do crime de maus tratos/violência doméstica ocorre com a prática do último ato de execução.

Também por isso, "integra, tão só, a prática de um crime de ofensa à integridade física simples do artigo 143º, nº 1 do CP, e não um crime de violência doméstica do artigo 152º, nº 1, a agressão com duas bofetadas na cara, presenciada por uma testemunha que ia a passar, não se evidenciando que o arguido tivesse procurado agredir perante terceiros, de forma a sujeitar a ofendida a vexame e humilhação pública, não sendo comportamento reiterado, e não revelando uma intensidade, ao nível do desvalor, da ação e do resultado, que seja suficiente para lesar o bem jurídico protegido – mediante ofensa da saúde psíquica, emocional ou moral, de modo incompatível com a dignidade da pessoa humana", segundo o acórdão da Relação de Coimbra de 17 de novembro de 2010, proc. nº 638/09, *relatora*: Desembargadora Elisa Sales.

Caso nº 28   *A*, na casa onde mora com sua mulher *B*, exerce sobre ela vários atos de violação, levando-a a práticas sexuais por meio de violência. Além disso, obriga-a a permanecer num anexo, de que só a liberta quando regressa do trabalho, "para a impedir de comunicar com outras pessoas".

No caso, a pena seria a do artigo 164º, nº 1 (3 a 10 anos de prisão), que é mais grave do que a do artigo 152º, nºˢ 1 e 2. Ponto é saber se ainda assim se poderão aplicar as penas acessórias previstas no artigo 152º. Não aparecendo descaracterizada a figura da "violência doméstica" a resposta só pode ser pela positiva.

O nº 4 permite que ao arguido sejam aplicadas a pena acessória de proibição de contacto com a vítima e de proibição de uso e porte de armas, podendo a pena acessória de proibição de contacto incluir o afastamento da residência ou local de trabalho (nº 5). O nº 6 respeita à inibição do poder paternal.

Verificado o crime de "violência doméstica", a desistência de queixa não está autorizada, atenta a sua natureza pública, ainda que pudesse ter relevado relativamente a cada uma das condutas parcelares que o integram, as quais, desinseridas e atomisticamente consideradas, e porventura submetidas à disciplina dos crimes de natureza semipública, ficariam expostas aos efeitos da renúncia e da desistência da queixa, nos termos do artigo 116º.

Caso nº 29   A, na casa onde mora com sua mulher B, agride-a ao longo de semanas a murro, até que em cada um dos dias 3, 4 e 5 de dezembro de 2009, ao sair para o trabalho, a deixou dentro de casa, fechada à chave, dizendo-lhe solenemente que se dali se atrevesse a sair a mataria.

Há aqui repetição de condutas que representam uma pluralidade indeterminada de atos parciais (agressão a murro, privações da liberdade, ameaça). Tratando-se da mulher do agente justifica-se o apelo a uma norma jurídica autónoma com o seu próprio conteúdo de desvalor que no caso é a do artigo 152º, nº 1, cuja moldura penal prevê prisão de um a cinco anos, *se pena mais grave não couber ao caso por força de outra disposição legal.*

Entendendo-se que no caso o sequestro se verificou por três vezes (e, portanto, que os atos parciais representariam um concurso efetivo se não ingressassem no conceito de maus-tratos reiterados, próprio da violência doméstica), a pena será a de prisão de um a cinco anos (artigo 152º, nº 1). Se, de modo diferente, se concluir por uma só ação de sequestro – que necessariamente terá durado por mais de dois dias – a pena será a de prisão de dois a dez anos, em razão dos indicados artigos 152º, nº 1, e 158º, nº 2, alínea *a*), pois ao caso caberá a *pena mais grave* imposta por esta última disposição legal.

A circunstância de o A ter ameaçado a mulher nas indicadas condições aponta para uma privação da liberdade por mais de dois dias e portanto para a pena mais grave indicada. Com efeito, a ameaça do segundo e do terceiro dia só confirma a proferida no primeiro dia – nada lhe acrescentando, por ser idêntico o sentido da frase repetidamente proferida. A ameaça de morte não variou, e com essa dimensão esteve sempre pendente enquanto durou a privação da liberdade.

Caso nº 30   A, na casa onde mora com sua mulher B, tem vindo a exercer sobre ela vários atos contra a integridade física e moral (pontapés, socos, dirigindo-lhe expressões humilhantes). Além disso, obriga-a frequentemente a permanecer num anexo, de que só a liberta quando regressa do trabalho, "para a impedir de comunicar com outras pessoas". Nisso foi, por diversas vezes, auxiliado pelo seu amigo C, que o ajudava a arrastar a mulher para o cubículo, pegando-lhe pelas pernas, "para que não esperneasse", enquanto o marido a sujeitava pelos braços.

O crime de violência doméstica é, como se disse, crime de relação e os maus tratos são dirigidos ao "cônjuge", etc. Só o A se encontra nessa indispensável relação, por ser casado com B. Não assim o C, cuja "posição" é unicamente a de amigo do marido. Um dos aspetos próprios do crime de "violência doméstica" reside na gravidade de pena, relativamente à que caberia a cada uma das condutas parcelares. Acresce poderem subsumir-se ao tipo penal condutas que em si mesmas não possuem gravidade especial. Deverá a conduta do C punir-se com a pena "agravada" do artigo 152º, que cabe, sem dúvida ao marido? Para tanto, seria necessário lançar mão do artigo 28º, nº 1, segundo o qual, em situações de comparticipação em factos cuja ilicitude ou grau de ilicitude dependa de qualidades ou relações especiais do agente, basta que um deles as detenha para que essa característica se estenda a todos os outros. O Prof. Taipa de Carvalho[59] entende (em face da gravidade da pena e por as condutas em si mesmas poderem não ter gravidade especial) dever concluir-se pela **incomunicabilidade das relações especiais**, funcionando a exceção prevista na parte final do nº 1 do artigo 28º: "autor ou cúmplice deste crime só pode ser, pois, quem estiver, para com o sujeito passivo, na relação prevista pelo tipo legal"[60]. Nesta perspetiva, C seria punido com a pena correspondente aos crimes por ele praticados, de sequestro, ofensa à integridade física, etc. Augusto Silva Dias[61] dá outro exemplo: "se o filho auxilia o pai a sovar a mãe, ele será cúmplice, não de uma ofensa corporal simples eventualmente qualificada (artigos 27º, 145º, 132º, nº 2, alínea a)), mas de um crime de violência doméstica infligido pelo cônjuge".

Caso nº 31   Acórdão do STJ de 19 de junho de 2008, *CJ* 2008, tomo II, p. 255, *relator*: Conselheiro Simas Santos. Concurso efetivo: violência doméstica e homicídio doloso[62]. A foi casado com B durante cerca de 27 anos e durante essa convivência agredia-a fisicamente no interior da residência onde ambos coabitavam. No dia 21 de abril de 2005, no interior de uns anexos da casa, o A, por sua mulher lhe não fazer o jantar, passou a desferir-lhe diversos pontapés, socos e bofetadas. Apesar de a mulher ter caído ao chão, o A continuou a desferir-lhe diversos pontapés, atingindo-a por todo o corpo. Depois o A levou-a até ao quarto do casal e deitou-a na cama, onde a mesma veio a ser

---

[59] *Conimbricense* I, p. 336. A opinião maioritária parece-nos, no entanto, convergir em que a relação familiar, parental ou de dependência entre o agente e a vítima é comunicável aos comparticipantes que a não possuam, nos termos do artigo 28º, como informa Paulo Pinto de Albuquerque, *Comentário*, p. 406.
[60] Veja-se um lugar paralelo no crime de infidelidade (artigo 224º), crime específico próprio, em que a *qualidade* de administrador do agente fundamenta a ilicitude da conduta. Chama-se à colação, sendo caso disso, o artigo 28º, nº 1, que estabelece a regra da **comunicabilidade** dos inerentes poderes-deveres de administração, mas há quem nestas situações se incline para a exclusão da punibilidade do comparticipante não administrador, atenta a forma significativamente restritiva como o ilícito foi elaborado.
[61] Augusto Silva Dias, *Crimes contra a vida e a integridade física*, 2007, p. 112.
[62] Um outro caso de violência doméstica e homicídio doloso foi tratado no acórdão do STJ de 16 de junho de 2011, no processo nº 600/09.3, 5ª, *relatora*: Conselheira Isabel Pais Martins.

encontrada já cadáver. Agiu sempre dolosamente. Em relação ao acontecido em 21 de abril, o A sabia que da sua atuação podia resultar a morte, não se coibindo no entanto de levar a efeito a sua conduta, conformando-se com tal.

O crime de homicídio ocorreu em conjugação e no processo de desenvolvimento dos maus tratos à mulher praticados pelo A, encontrando-se assim numa relação de **concurso** com o crime de maus tratos (agora *violência doméstica*), ambos cometidos pelo A na pessoa do seu cônjuge.

8. Crime de maus tratos: artigo 152º-A

O crime de maus tratos tem natureza de *crime específico*, por dever ser imputado a quem, tendo ao seu cuidado, à sua guarda, sob a responsabilidade da sua direção ou educação ou a trabalhar ao seu serviço,

– pessoa menor *ou*
– particularmente indefesa, em razão da idade, deficiência, doença ou gravidez,

lhe infligir, de modo reiterado ou não, maus tratos físicos ou psíquicos, privações da liberdade e ofensas sexuais, ou a tratar cruelmente.

O **tratamento cruel** encontra-se em conexão com as formas qualificadas de ofensas à integridade física (artigo 145º, nº 1, alínea *a*)) e a especial censurabilidade emergente do artigo 132º, nº 2, alínea *d*), aumentando o sofrimento da vítima. Tratamento cruel é, por ex., empregar crianças no manuseamento de substâncias explosivas. Outro exemplo (de Augusto da Silva Dias): explorar crianças obrigando-as a pedir esmola ao frio e à chuva ou em outras condições adversas ou utilizar menores ou incapazes como correios de droga[63].

Além de cruel, o emprego de crianças no manuseamento de substâncias explosivas cai igualmente na previsão da alínea *b*): empregar uma daquelas pessoas em atividades perigosas, desumanas ou proibidas – a atividade há de no entanto ser apta a causar ofensa, pelo que o crime é crime de aptidão.

A norma prevê ainda a sobrecarga com trabalhos excessivos.

Algumas destas circunstâncias podem ser praticadas por omissão, como quando se deixa um filho menor sem comer durante dias. Não intervirá o

---

[63] Veja-se, com proveito, "Maus Tratos em Crianças e Jovens – Intervenção da Saúde, Documento Técnico", de novembro de 2008, disponível no *site* da Direção-Geral da Saúde (informação veiculada pelo *blog* Vexata Quaestio, em 4 de dezembro de 2008).

artigo 10º, porque, como nota Taipa de Carvalho,[64] "o próprio conceito de maus tratos inclui condutas omissivas".

O nº 2 deste artigo configura hipóteses de agravação pelo resultado.

9. Crime de violação de regras de segurança: artigo 152º-B

É uma das diversas normas penais em branco, dispersas pelo Código, em que o legislador estabelece a ameaça penal (norma sancionatória: "Sanktionsnorm"), relegando parte da proibição para regulamento ou outra disposição legal que o juiz deverá identificar, enquanto norma complementar.

Aplica-se a quem, *não observando disposições legais ou regulamentares*, sujeitar trabalhador a perigo para a vida ou a perigo de grave ofensa para o corpo ou a saúde.

Desenha-se como crime de perigo concreto, na forma de crime específico, que só certas pessoas podem praticar. Basta a sujeição a perigo, independentemente de um resultado, por exemplo, de ofensa à integridade física.

O artigo 152º-B segue, parcialmente, o **esquema subjetivo** adotado pela técnica própria dos crimes de perigo comum, embora se trate de crime de perigo singular; a moldura penal acompanha os correspondentes pressupostos subjetivos:

- no nº 1: sujeição a perigo por forma dolosa: dolo de perigo (pena de prisão de um a cinco anos);
- no nº 2: criação de perigo negligente: negligência associada ao perigo (pena de prisão até três anos);
- no nº 3: resultando dos factos anteriores ofensa à integridade física grave o agente é punido com pena de prisão de dois a oito anos no caso do nº 1; e com pena de prisão de um a cinco anos no caso do nº 2. Dolo de perigo a cobrir a ação e negligência relativamente ao resultado agravante.
- no nº 4 domina a ocorrência da morte por negligência, agravando a pena, com referência ao nº 1 e ao nº 2. Trata-se de uma modalidade de crime agravado pelo resultado: artigo 18º.

10. Crime de ofensa à integridade física por negligência: artigo 148º

Caso nº 32   A, uma jovem dos seus 23 anos de idade, faz de *baby-sitter* de B, de 2 anos e meio de idade, em casa dos pais da criança. Por volta das cinco da tarde, A distrai-se com um programa de televisão e não impede que a criança caia da cama, para cima da qual tinha trepado também sem que A tivesse reparado. Na queda, a criança sofreu fratura da cabeça e por via dela acabou por morrer.

---

[64] Taipa de Carvalho, *Conimbricense* I, p. 334.

A *baby-sitter* encarregou-se de substituir os pais, que estão vinculados ao portador do bem jurídico por um vínculo natural. Ainda assim, a A assume deveres de *garante* para com a criança. Consequência: crime de homicídio negligente por omissão dos artigos 10º e 137º.

Segundo o artigo 148º, nº 1, *quem, por negligência, ofender o corpo ou a saúde de outra pessoa é punido com pena de prisão até um ano ou com pena de multa até 120 dias*. O nº 2 contém um duplo regime de **dispensa de pena** quando: a) O agente for médico no exercício da sua profissão e do ato médico não resultar doença ou incapacidade para o trabalho por mais de oito dias, ou b) Da ofensa não resultar doença ou incapacidade para o trabalho por mais de três dias. O nº 3 dispõe que se do facto resultar ofensa à integridade física grave o agente é punido com pena de prisão até dois anos ou com pena de multa até 240 dias.

O artigo 148º tem muitos pontos de contacto com o artigo 137º (homicídio negligente): causalidade, elementos do facto negligente; os problemas médicos e a responsabilidade dos condutores no plano rodoviário; a própria previsibilidade do resultado.

Como logo de início fomos adiantando, o elemento ofensa ao corpo ou à saúde de outra pessoa é o elemento de ligação às formas de incriminação "agravadas" previstas no artigo 144º e às qualificações/agravações dos artigos 145º e 147º. É igualmente comum à forma "privilegiada" do artigo 146º.

Este artigo 148º contém ainda uma referência à ofensa à integridade física grave, tal como aparece definida nas alíneas *a*) a *c*) do artigo 144º, constituindo uma modalidade agravada, relativamente ao nº 1.

Se da ofensa à integridade física negligente acabar por resultar a morte, o crime será então o do artigo 137º, desde que comprovado o nexo de causalidade e a previsão deste resultado mais grave. Se este evento não tiver estado nas previsões do agente, a infração por que pode ser responsabilizado é unicamente a que provocou as ofensas negligentes. Por outro lado, uma atuação dolosa pode vir a ser punida por negligência, em caso de erro que exclua o dolo do tipo (artigos 16º, nºs 1 e 3). Idênticas especialidades podem envolver situações como a aberratio ictus ou o error in persona.

A responsabilidade penal do médico *por negligência* conta, como já demos conta, com um regime especial no artigo 148º, no domínio das ofensas à integridade física negligente. Fora desse recorte específico, envolvendo de resto um regime sancionatório de danos de pouca monta, o ato médico continua ligado à diligência devida e à sua realização conforme as *leges artis* no artigo 150º, nº 1, com extensão ao artigo 156º – que ao equacionar atividades médicas *arbitrárias* funciona como uma espécie de "coação" médica no capítulo dos crimes contra a liberdade pessoal – e no artigo 150º, nº 2, que pune a criação por um médico *de* um perigo *"para a vida"* ou de *"grave ofensa para o corpo ou para a saúde"* como consequência de violação das *leges artis*.

Normalmente, o tratamento médico realizado conforme as *leges artis*, com a diligência devida e com a intenção de curar, exclui a tipicidade da conduta, ainda que, como acontece com os cirurgiões, realize o tipo de ofensa à integridade física. Fica por isso um largo espectro para a responsabilidade penal do médico por negligência.

Haverá nomeadamente que atender:

- À rigorosa determinação da causalidade, procurando estabelecer o *ubi consistam* (o fundamento, o ponto de apoio) numa matéria fértil em **concurso de causas** (causas preexistentes, causas simultâneas, causas supervenientes)[65].
- À própria capacidade profissional do médico, à sua preparação e experiência. Atua de forma incorreta o médico que inicia e prossegue um tratamento para que lhe falta a necessária especialização. Ao médico competia abster-se de tal tratamento, ou então impunha-se-lhe que adquirisse os necessários conhecimentos ou que solicitasse a assistência de um colega especializado.
- Às circunstâncias de tempo e lugar, porque uma coisa é fazer medicina numa zona rural remota, outra num bom hospital e contando com uma boa e experimentada equipa. Um médico trabalha certamente de maneira diferente quando acode a uma catástrofe ou em circunstâncias anormais de tempo, sem o equipamento de que dispõe num hospital moderno.
- A valoração médica depende também da fase em que se produz. Os erros de diagnóstico não costumam ser, só por si, causa adequada do resultado lesivo. Importa sobretudo atentar na intervenção cirúrgica, levando em conta a atividade operatória, enquanto tal, mas também a fase anterior e o pós-operatório. É importante a anestesia e o controlo de possíveis problemas cardíacos e alérgicos, os procedimentos que acompanham a transfusão sanguínea e as condições de desinfeção e de assepsia. A maior parte dos casos negligentes dão-se nestas fases, quando não se adotam as precauções mínimas.
- À circunstância de frequentemente se trabalhar em equipa. O princípio da confiança não vale apenas para o trânsito rodoviário, mas em todos os casos em que muitos são "responsáveis" por um perigo"[66]. Na colaboração em operações, define-se a diligência de cada um e o risco permitido mediante

---

[65] Para o caso italiano: Ferrando Mantovani, *Diritto penale*, parte generale, 3ª ed., 1992, p. 185. No exemplo referido por Maria de Fátima Galhardas a propósito da disciplina extraída do artigo 41 cp italiano, omitiu-se a aplicação de soro antitetânico ao paciente hospitalizado por ferimentos decorrentes de esfaqueamento, resultando a morte deste por processo infecioso. A conduta do médico foi *concausa* do facto.
[66] Jakobs, *El delito imprudente*, p. 176.

a compartimentação do círculo de responsabilidades, a exemplo do que é feito em experiências científicas, ações de salvamento e semelhantes. O BGH reconheceu que, numa operação, os médicos que nela participam podem, em princípio, confiar numa colaboração isenta de erros dos colegas das outras especialidades. Se não confiássemos nos outros não só seria impossível repartir tarefas como teríamos que omitir as condutas suscetíveis de serem influenciadas por uma conduta alheia.

Sobre o **dever de diligência médica** é elucidativo o texto de Costa Andrade:[67] "o espetro dos deveres de cuidado varia (na direção, sentido, expressividade, intensidade e significado prático-jurídico) tanto com as condições físicas, psíquicas, sociais e culturais do paciente como com os recursos disponíveis e a pletora de variedades ambientais. (...) Tudo – tensões intrínsecas e complexidade emergente do ambiente – se conjuga, condicionando e limitando o desempenho funcional que o artigo 150º adscreve ao conceito de violação das *leges artis*: o papel de um operador hermenêutico ao serviço da identificação e delimitação dos tratamentos médico-cirúrgicos".

Erro médico será, pois, e em resumo, o tratamento que, à luz dos conhecimentos da ciência médica e tendo em conta as circunstâncias do caso concreto, não é objetivamente indicado para a obtenção da finalidade terapêutica pretendida, ou não é aplicado segundo a regras do tratamento médico[68].

Ocorre ainda chamar a atenção para a impossibilidade da punição por negligência de ofensas pré-natais (artigos 14º e 141º).

Consideremos a condução automóvel, que, como outras atividades próprias das sociedades modernas – e como tal imprescindíveis – comportam riscos que, em certas ocasiões, nem mesmo com o maior cuidado se podem evitar. Põe-se em relação a tais atividades a questão da sua necessidade social ou da sua utilidade social e, por isso mesmo, o Direito aceita-as, não as proíbe, não obstante os perigos que lhes estão associados. Os elementos decisivos são a **violação do dever de cuidado** e a **previsibilidade do resultado**, tanto no tráfego rodoviário como em muitas outras atividades: na indústria, no comércio e em atividades similares; na proteção de trabalhadores; nos tratamentos médicos; na vigilância de crianças; nas atividades venatórias; nas deslocações por água; na utilização de elevadores; nas competições desportivas; no manejo de armas; etc. São hoje em número quase inabarcável as decisões sobre a velocidade em geral prescrita na circulação automóvel, particularizando-se casos de condução com mau tempo, em situações de invernia, ou com deficiente visibilidade; de acidentes por falta

---

[67] Costa Andrade, *Consentimento e Acordo*, p. 483.
[68] Costa Andrade, *Consentimento e Acordo*, p. 482.

de segurança do próprio veículo; ou em cruzamentos de pouca visibilidade; de condução em estado de cansaço ou fadiga ou de condutor com pouca experiência; de encandeamento por outro veículo que circula em sentido contrário; de golpe de direção na sequência da introdução de um inseto na cabine, etc.

11. Consentimento do lesado: artigo 149º

a) **Limite das ofensas corporais consentidas.** O **consentimento** como causa de justificação:[69-70] o artigo 149º, nº 1, dispõe que para efeito de consentimento a integridade física considera-se livremente disponível, mas exige-se logo a seguir que o facto no qual se consente não contrarie os bons costumes, parecendo que deverá ser "o caráter grave e irreversível da lesão que deve servir para integrar, essencialmente embora não só, a cláusula dos bons costumes"[71]. A importância do consentimento já suscitou afirmações como a de Noll[72] de ser a liberdade de disposição mais valiosa neste campo do que o próprio bem jurídico. Tenha-se em conta especialmente os seguintes grupos de casos: **colaboração na autocolocação em risco dolosa** (*A* e *B*, para ganharem uma aposta, lançam-se em corrida de motos na estrada, onde *B*, por erro de condução, perde o domínio da moto e sofre lesões físicas graves); **heterocolocação em perigo livremente aceite** (a pedido do passageiro, o condutor do táxi aumenta de forma proibida a velocidade do automóvel que em consequência se despista, sofrendo o passageiro lesões físicas graves); e **imputação a um âmbito de responsabilidade alheio** (*E* provoca um incêndio a sua habitação e *F*, um dos bombeiros, para salvar outro habitante da casa sofre lesões graves)[73].

b) Como já vimos, por força do disposto no artigo 150º, nº 1, as intervenções medicamente indicadas e levadas a efeito segundo *as leges artis* são **atípicas** na perspetiva das ofensas à integridade física[74], mas punidas como crime autónomo contra a liberdade quando realizadas arbitrariamente (artigos 156º e 157º). A vontade do médico ou pessoa legalmente autorizada tem de estar dirigida para a terapia, para a cura da doença ou de qualquer estado patológico. Na expressão legal as intervenções e tratamentos têm de ser levados a cabo com intenção de

---

[69] Veja-se, a propósito, Augusto Silva Dias, *RPCC* 16 (2006), p. 207.
[70] O nosso ordenamento jurídico erige o *consentimento* "à categoria de causa geral de justificação" ("consentimento-justificação"), permitindo distingui-lo do *acordo que exclui o tipo* (por ex., no crime do artigo 190º). É a chamada tese *dualista*. O acordo depende do contexto típico e não é limitado pelo artigo 38º.
[71] Figueiredo Dias, *Jornadas*, p. 60.
[72] Citado por Arzt/Weber, *Strafrecht* BT, 3ª ed., 1988, p. 111.
[73] Cf., sobre isto, Manuel da Costa Andrade, *Conimbricense* I, p. 278 e ss; e Figueiredo Dias, *DP/PG*, 2ª ed., 2007.
[74] Ou da perda da vida: mesmo quando uma operação não tem êxito ou o paciente não logra curar-se e, no limite, acaba por morrer.

prevenir, diagnosticar, debelar ou **minorar** doença, sofrimento, lesão ou fadiga corporal, ou perturbação mental. O artigo 150º, nº 1, que no contexto das infrações contra a integridade física não inclui o consentimento do paciente, contém uma *cláusula de exclusão da tipicidade*.

Há intervenções médicas que caem fora do círculo da ação médica (artigo 150º). São, por exemplo, as realizadas com finalidade cosmética, de investigação científica, para doação de tecidos ou órgãos e esterilização não terapêutica. Essas intervenções médicas são, em princípio, atentatórias da integridade física. Só que a sua eficácia indiciadora da ilicitude pode ser neutralizada por concorrência de causa de justificação bastante. A começar pelo **consentimento-justificação**, a verificarem-se os seus pressupostos e respeitadas as suas limitações normativas, nomeadamente as decorrentes da cláusula dos **bons costumes**. Pois se o regime dos tratamentos arbitrários (artigo 156º) se circunscreve à ação terapêutica em sentido estrito, então todas as demais formas de intervenção médica que não se reconduzem a este figurino terão forçosamente de suscitar o problema da existência ou não da lesão corporal, suscetível de justificação mediante consentimento[75].

c) **Ofensas corporais socialmente adequadas**. Cabem aqui as ofensas corporais provocadas no exercício do poder de correção dos pais, na festa do S. João do Porto, no carnaval, em certas praxes (cortes de cabelo). Cf. desde logo Maria Paula Ribeiro de Faria,[76] com a observação de que "o direito não deve ser completamente permeável em relação às valorações sociais, nomeadamente, não deve sofrer reflexões axiológicas em função das práticas sociais, mas também não pode ter uma relação ostensiva e real realidade e na vida social". No mesmo local, podem ainda encontrar-se elementos sobre o **cumprimento das regras do jogo nas competições desportivas**; as **condutas de agressão íntima** (empurrões, beliscões, pisadelas, "que não têm dignidade lesiva para merecerem ou justificarem a intervenção penal").

d) O princípio da autorresponsabilidade tem tido acentuado relevo nos últimos anos no âmbito da imputação – embora haja quem tenha intentado resolver casos destes na base do consentimento[77] – defendendo-se a necessidade de exigir de todos os membros da comunidade uma autoproteção, por exemplo, no tráfego rodoviário, dentro dos limites possíveis. Porque cada um deve proteger os seus próprios interesses, a conduta descuidada da vítima, em certas alturas, pode

---

[75] Costa Andrade, *Consentimento e Acordo*, p. 464.
[76] Maria Paula Ribeiro de Faria, *A lesão da integridade física e o direito de educar*.
[77] Não poderá haver consentimento justificante numa ação de matar, como mostra a relevância penal do homicídio cometido a pedido da vítima (artigo 134º do Cp português; 216º do Cp alemão, e Roxin *AT* 1, p. 343). Igualmente são despropositadas quaisquer considerações do tipo jurídico-contratual. Estará em causa a própria autonomia da pessoa.

CRIMES CONTRA A INTEGRIDADE FÍSICA

excluir a imputação objetiva, seguindo-se aqui os critérios gerais, mas numa boa parte dos casos a responsabilidade da vítima poderá coexistir com a sua atribuição ao agente.

III. Outras indicação de leituras

Sobre a prática da circuncisão: G. Bettiol, Direito Penal. Parte Geral. Tomo II, Coimbra, 1970, p. 203.

Os limites entre o castigo legítimo de um menor e os crimes (de maus tratos) dos artigos 152º, nº 1, alínea d), e 152º-A; cf, especialmente, o acórdão do STJ de 5 de abril de 2006, com anotação de Maria Paula Ribeiro de Faria *RPCC* 16 (2006).

A infeção pelo HIV Sida e a possibilidade de integração na alínea d) do artigo 144º. Cf., a propósito, o que se diz sobre o dolo no nosso estudo sobre a parte geral.

Retorsão. Acórdão da Relação de Lisboa de 13 de janeiro de 1999, proc. nº 0070293. Não se tratando de retorsão, mas de desforço ou desforra, não poderá o arguido beneficiar da dispensa de pena do artigo 143º, nº 3, alínea b).

Assento de 18 de dezembro de 1991, publicado no DR I-A de 8 de fevereiro de 1992 (*BMJ* 412, p. 65): integra o crime do artigo 142º do Código Penal a agressão voluntária e consciente, cometida à bofetada, sobre uma pessoa, ainda que esta não sofra, por via disso, lesão, dor ou incapacidade para o trabalho.

Acórdão do STJ de 19 de junho de 2008, no processo nº 438/08. Confronta os enunciados das disposições dos anteriores maus tratos e da atual violência doméstica, bem como as correspondentes punições, em matéria de aplicação da lei penal no tempo, no âmbito do artigo 2º, n.º 4.

Acórdão da Relação de Coimbra de 15 de janeiro de 2003, *CJ* 2003, tomo I, p. 38: o uso de um revólver, independentemente da ocorrência de outras circunstâncias acompanhantes, é em princípio **revelador de especial censurabilidade** ou perversidade do agente, para efeitos de qualificação do crime de ofensa à integridade física nos termos do artigo 146º, nºs 1 e 2, com referência ao artigo 132º, nº 2, alínea g), do Código Penal.

Acórdão da Relação de Évora de 16 de abril de 2002; *CJ* 2002, tomo III, p. 263: ofensa à integridade física; **danos emocionais** e psíquicos.

Acórdão da Relação de Coimbra de 6 de abril de 2005, *CJ* 2005, tomo II, p. 46: é de reputar **meio particularmente perigoso** um copo partido empunhado persistentemente pelo arguido contra o rosto e outras partes da cabeça do ofendido, por forma a causar-lhe inúmeros ferimentos, um deles com 15 cms de comprimento.

Acórdão da Relação do Porto de 3 de outubro de 2007, proc. nº 0743137. Não é meio particularmente perigoso para o efeito de qualificação do crime de ofensa à integridade física um "stick" de hóquei, sendo a ofensa concretizada através de pancadas nas mãos, braços e pescoço.

Acórdão do STJ de 25 de setembro de 2002, *CJ* 2002, tomo III, p. 182: crimes de resistência e de ofensas corporais qualificadas. Bens jurídicos protegidos, concurso de crimes.

Acórdão do STJ de 6 de julho de 1994, *BMJ* 439, p. 396: para o preenchimento do tipo legal do crime de ofensa à integridade física é necessária a existência de dolo, não só quanto à ofensa corporal, mas também quanto ao resultado.

Acórdão da Relação de Coimbra de 8 de dezembro de 1995, *CJ* 1995, tomo V, p. 74: Motim armado.

Acórdão da Relação de Coimbra de 8 de janeiro de 1997, *CJ* 1997, tomo I, p. 52: **Motim** é o tumulto ou desorganização ocasional da paz pública que leva coletivamente a cometimento de violência contra as pessoas ou propriedades, com desprezo da autoridade pública.

Acórdão da Relação de Lisboa de 13 de janeiro de 1999, proc. nº 0070293. Comete um crime de ofensas corporais e não um crime de participação em rixa quem, após uma primeira agressão de que seja vítima, desfira vários murros na cara do opositor, seu pai, mesmo que dele receba em troca outros tantos e ambos caiam ao chão agarrados um ao outro.

Acórdão da Relação de Lisboa de 4 de julho de 2000, proc. nº 69435. Na participação em **rixa** em que cada um dos participantes é, simultaneamente, agressor e agredido, dificilmente se poderá pensar em legitima defesa enquanto o participante (defendente?) não abandonar manifestamente a rixa.

Acórdão do STJ de 16 de outubro de 1996, *BMJ* 460, p. 381 e *CJ* 1996, tomo III, p. 166: a punição de um interveniente numa **rixa** por autoria do crime de homicídio então por ele cometido não obsta à punição dos restantes pela prática do crime de participação em rixa.

Acórdão de 3 de novembro de 1994 *BMJ* 441, p. 18: acordo inicial e conjugação de esforços de A e B para agredirem C, o que fizeram, sendo a sua ação complementada pela adesão de outros dois.

Acórdão do STJ de 11 de abril de 2002, *CJ* 2002, tomo II, p. 166: crime de participação em **rixa**; crime coletivo; crime de homicídio.

Acórdão do STJ de 12 de novembro de 1997 *BMJ* 471, p. 48: No crime de participação em **rixa** a morte e a ofensa corporal grave são meras condições objetivas de punibilidade. Assim, aquele crime consuma-se independentemente da ocorrência de algum dos referidos eventos, mas, não se verificando algum deles, o crime não é punível.

Acórdão do STJ de 22 de junho de 1989: Não ficou provado que tenha sido o arguido a disparar os tiros por ato voluntário seu; nem tão-pouco que ele tenha querido provocar a morte do P. O que sucedeu é que a pistola disparou duas vezes seguidas com os movimentos de todos eles (isto é, dos envolvidos na desordem), tendo ido atingir o X, que se encontrava sentado num muro. Perante esta factualidade, não resulta que o arguido tenha previsto a morte de X, como consequência dos seus atos, e muito menos que se tenha conformado com a realização desse resultado, pelo que fica afastado o dolo quanto ao crime de homicídio. Quanto ao crime de participação em rixa, ficou provado que o arguido tomou parte numa violenta desordem com outras pessoas, tendo, além de outros resultados, como consequência a morte de uma pessoa – artigo 151º.

Acórdão do STJ de 29 de janeiro de 1992, *BMJ* 413, p. 268: na comparticipação criminosa, sob a forma de **coautoria**, é essencial uma decisão conjunta e uma execução igualmente conjunta. O artigo 151º contém disposições residuais em relação aos crimes de ofensas corporais e de homicídio, havendo sempre que indagar em vista de saber se não existirá qualquer desses crimes, caso em que o da participação em rixa fica consumido.

Acórdão do STJ de 4 de fevereiro de 1993 *BMJ* 424, p. 360: A razão da previsão do crime de participação em **rixa** do artigo 151º é a de assim poder acudir àqueles casos de desordem em que, resultando a morte ou ofensas corporais, não se conseguia apurar o autor desses crimes. Os intervenientes numa rixa são punidos pelo simples facto de nela intervirem.

Acórdão do STJ de 5 de julho de 2001, *CJ* 2001, tomo II, p. 248: não existe uma situação de participação em **rixa** que possa ser enquadrada no artigo 151º, nº 1, quando seja possível determinar quem matou ou quem ofendeu a integridade física de modo grave.

André Panchaud et al., Code pénal suisse annoté, 1989.

Ângela Filipa Sampaio Batista, Ofensa à integridade física no desporto, in Manuel da Costa Andrade e Rita Castanheira Neves, Direito Penal hoje, Coimbra, 2009.

Angela Salas Holgado, El delito de homicidio y lesiones en riña tumultuaria, Anuário de Derecho Penal y Ciencias Penales, tomo XL, fasc. II, Madrid, Set./Dez., 1987.

Arzt/Weber, Strafrecht BT, 3ª ed., 1988.

Augusto Silva Dias, Crimes contra a vida e a integridade física, AAFDL, 2005.

Augusto Silva Dias, Crimes contra a vida e a integridade física, 2007.

Augusto Silva Dias, Faz sentido punir o ritual do fanado?, RPCC 16 (2006), especialmente sobre a punibilidade da excisão e da infibulação.

Código Penal, Atas e Projetos da Comissão de Revisão (ata nº 24).

Brian Valerius, Stalking, *JuS* 2007, p. 319.
Cristina Dias, "A criança como sujeito de direitos e o poder de correção", Julgar, nº 4 (2008), p. 87.
Felipe Silva Monteiro, O direito de castigo, Livraria do Minho, Braga, 2002.
Fernando Oliveira Sá, As ofensas corporais no Código Penal: uma perspetiva médico-legal, *RPCC* 3 (1991).
Frederico Isasca, Da participação em rixa, 1985.
J. Wessels, Strafrecht, BT-1, 17ª ed., 1993, p. 71 e ss.
Jean Planques, La médicine légale judiciaire, "Que sais-je?", PUF, 1967.
José de Faria Costa, Direito Penal Especial, Coimbra, 2004, p. 114.
José Hurtado Pozo, Droit pénal. Partie spécial I, 3ª ed., Zurich, 1997.
Küpper, Strafrecht, BT 1, 1996.
Luigi Delpino, Diritto penale, Parte speciale, 10ª ed., 1998.
Manuel da Costa Andrade, "As lesões corporais e a morte no desporto", Liber Discipulorum Figueiredo Dias.
Manuel da Costa Andrade, Consentimento e Acordo em Direito Penal, dissertação de doutoramento, 1991.
Manuel da Costa Andrade, Direito penal médico. Sida: testes arbitrários, confidencialidade e segredo, Coimbra. 2004.
Manuel da Costa Andrade, Sobre a reforma do Código Penal Português – Dos crimes contra as pessoas, em geral, e das gravações e fotografias ilícitas, em particular, RPCC 3 (1993), p. 427 e ss.
Maria Paula Ribeiro de Faria, A lesão da integridade física e o direito de educar – uma questão "também" jurídica, in Júris et de Jure Nos 20 anos da Faculdade de Direito da UCP Porto.
Maria Paula Ribeiro de Faria, Acerca da fronteira entre o castigo legítimo de um menor e o crime de maus tratos do artigo 152º do Código Penal. Acórdão do STJ de 5 de abril de 2006, RPCC 16 (2006).
Ricardo Jorge Bragança de Matos, Dos maus tratos a cônjuge à violência doméstica, *RMP* nº 107 (2006).
Rui Carlos Pereira, Os crimes contra a integridade física na revisão do Código Penal, Jornadas sobre a revisão do Código Penal, *FDUL*, 1998.
Santiago Mir Puig, Derecho Penal, PG., 3ª ed., 1990, p. 466 e ss.
Susana Huerta Tocildo, El nuevo delito de participación con medios peligrosos en una riña confusa y tumultuaria, Anuário de Derecho Penal y Ciencias Penales, tomo XLIII, fasc. I, Madrid, Jan./abril, 1990.

6 – EPÍLOGO: CRIMES CONTRA A VIDA E CONTRA A INTEGRIDADE FÍSICA

I. Crime de ofensa à integridade física; homicídio voluntário; negligência; omissão

Caso nº 1 BGH, NStZ 1997, 485 (Heizungsfall)[1]. *A* vivia na mesma casa com a sua companheira, *B*, mas tinham discussões frequentes. Certo dia, por volta das 19 horas, quando *A* se encontrava já "bem bebido", ambos voltaram a desentender-se e *B*, com medo do *A*, acabou por se refugiar na casa de banho. *A*, porém, seguiu-a e obrigou-a, à força, a meter-se num cubículo, provido de uma porta metálica, que ali servia para guardar objetos de limpeza e onde estava instalado o aparelho de calefação, ligado ao sistema de aquecimento central do prédio, então em pleno funcionamento, por ser inverno. Quase se poderia dizer que *B* ficou emparedada, sem se poder mexer e, pior ainda, com partes do corpo encostadas ao aquecedor. *A* fechou a porta do cubículo, impedindo *B* de se libertar, e do exterior pôs o termostato a 80 graus. Logo a seguir, deitou-se e adormeceu. Por volta das 22 horas, *A* ainda tentou libertar a companheira, mas em vão, porque não a conseguiu ver no sítio onde a deixara. Foram também em vão os esforços que empreendeu para desligar o termostato. Não ligou mais à companheira e meteu-se na cama. Como *A* se encontrava fortemente alcoolizado e as coisas se desenrolaram duma forma rápida, *A* nem chegou a dar-se conta de que a sua descrita conduta punha a vida de *B* em perigo. Por volta das 7 horas da manhã seguinte, *A* levantou-se e foi espreitar *B*, que continuava imobilizada, no sítio onde *A* a obrigara a recolher-se. *B* já

---

[1] A decisão do BGH é de 15 de maio de 1997. Foi comentada por Georg Küpper, "Rücktritt vom Versuch eines Unterlassungsdelikts", *JuS* 2000, p. 225; veja-se também Brand/Fett, StR 127/97; e Kundlich/Hannich, NStZ 1998, p. 507.

não gritava, como fizera nos primeiros momentos em que ficou presa. Por causa do calor libertado pelo aquecedor, B estava **já nessa altura ferida de morte**. Sem se importar com B, A saiu de casa, certo de que a companheira iria morrer. Foi só por volta das dez e meia que B foi finalmente tirada da terrível situação em que se encontrava, depois de um vizinho, que de algo se apercebera, ter pedido insistentemente a A que o acompanhasse a casa e o ajudasse a libertar a mulher. B acabou por morrer dois dias depois devido às lesões mortais sofridas no contacto do seu corpo com o aquecedor.

Punibilidade de A?

Vamos dividir a matéria de facto em duas partes. Na primeira, apreciaremos o **comportamento ativo** de A na tarde do primeiro dia. O que especialmente haverá a destacar é o facto de, encontrando-se A alcoolizado e tudo ter acontecido num curto lapso de tempo, não ter este representado o perigo de a sua atuação poder provocar a morte da mulher. Na segunda parte analisaremos o **comportamento omissivo** de A na manhã do dia seguinte, tratando especialmente de saber se da parte deste houve desistência da tentativa com o relevo que lhe é conferido pelo artigo 24º.

1. O confinamento de B no cubículo

a) Crime de homicídio voluntário, eventualmente qualificado (artigos 131º e 132º, nos 1 e 2, alínea b))?

A reteve B no cubículo, donde esta não pôde libertar-se, em termos de o contacto do corpo com o sistema de aquecimento a 80 graus centígrados lhe provocar lesões de tal modo graves que a morte acabou por ser inevitável. A descrita atuação de A foi a causa direta e necessária da morte de B. Mas se assim a causalidade pode ser afirmada, já será de excluir o dolo homicida. Certo é que, ao tempo da ação, A não tinha a consciência do risco para a vida de B e das possíveis consequências da sua atuação, faltando assim o elemento intelectual do dolo, pelo que também se não chegará ao seu lado volitivo.

b) Crime de exposição ou abandono (artigo 138º, nos 1, b), e 3, alínea b))?

No artigo 138º desenha-se um crime de perigo concreto: com a sua atuação, o agente põe em perigo a vida de outra pessoa. Na alínea b) do nº 1, que aqui nos interessa em primeira linha, a estrutura típica assenta numa atividade delineada sobre a violação de deveres específicos e um resultado autónomo que se tem de relacionar com esses deveres: *"Quem colocar em perigo a vida de outra pessoa, abandonando-a sem defesa, sempre que ao agente coubesse o dever de a guardar, vigiar ou assistir..."*.

No plano subjetivo, tem que haver dolo quanto à situação de exposição ou abandono. O próprio perigo tem de ser objeto do dolo (ou, pelo menos, tem de envolver-se na referência subjetiva do agente), pois é um elemento do tipo de ilícito. No artigo 138º, enquanto crime de perigo concreto, o perigo desempenha a função de "evento". Trata-se então de um crime de resultado, em que o resultado causado pela ação é a situação de perigo para um concreto bem jurídico, de perigo para a vida de outra pessoa. À semelhança do que sucede nos crimes materiais de lesão, a imputação objetiva obedece a regras comuns às que vigoram nos crimes materiais de dano: ao relacionamento entre a conduta do agente e a situação perigosa são aplicáveis pelo menos os critérios restritivos da causalidade adequada[2].

A vítima foi "empurrada" para o cubículo e colocada em situação de não se poder defender, ficando incapaz de, unicamente pelas suas próprias forças, se proteger dos perigos que lhe ameaçavam a vida. Esses perigos resultavam do aquecimento àquela temperatura de 80 graus, a que a mulher, confinada em espaço sobremaneira exíguo, não podia escapar-se, ficando dependente de uma outra pessoa que a ajudasse de fora. Consequência desse abandono consistiu no perigo para a vida da vítima. O abandono é de imputar a *A*, sobre quem impendia um especial dever de assistir *B*, posto que foi *A* quem, com a sua conduta anterior (ingerência), a colocou em perigo – além de que ambos viviam como se de um casal se tratasse, numa relação análoga à dos cônjuges. A norma, como se disse, exige que o perigo se concretize. O perigo concreto caracteriza-se por uma situação crítica aguda que tende para a produção do resultado danoso. Na nossa hipótese, tendo-se realizado a lesão da vida (*B* morreu), também não há dúvida de que o perigo para a vida de *B* se concretizou. Acontece no entanto que o dolo de *A* tem que incidir não só sobre a situação de abandono (conhecimento e vontade), mas igualmente sobre a produção de um perigo para a vida (dolo de pôr em perigo). Não deixa de ser duvidoso, contudo, que *A* tivesse atuado com dolo de perigo. *A* conhecia certamente as circunstâncias que envolviam a perigosidade da sua atuação, uma vez que conscientemente manipulou o termostato, que por se situar no exterior do cubículo ficava fora do alcance da vítima. Sabia, por isso mesmo, que esta ficaria exposta, de forma intensa, aos efeitos do aparelho de calefação. Mas *A*, como se viu, nem sequer se consciencializou de que daí poderia advir um perigo para a vida de *B*. Faltará assim, ao nível do agente, a representação da possibilidade próxima da produção dum correspondente dano da vida. Na ausência deste elemento subjetivo, o crime de exposição ou abandono (artigo 138º) não se verifica.

---

[2] Cf. Rui Carlos Pereira, *O Dolo de Perigo*, p. 97.

c) Ofensas à integridade física graves qualificadas em razão de especial censurabilidade ou perversidade (artigos 144º, alínea d), 145º, nºs 1, alínea b), e 2, e 132º, nºs 1 e 2, alínea b))?

Com o contacto, impossível de evitar, do corpo de B com o aparelho de calefação, produziram-se lesões que, como resultado, podem ser objetivamente imputadas à conduta de A (artigo 143º, nº 1). Não haverá porém elementos decisivos no sentido de que, a acompanhar uma séria lesão da capacidade de movimentação de uma parte do corpo (aspeto *funcional*), B ficou *impossibilitada de utilizar o seu corpo*, no sentido do artigo 144º, alínea b), *última parte*.

Mas a questão que especialmente nos interessa é se no caso convergem os elementos, objetivos e subjetivos, do crime de perigo concreto (crime de perigo singular) da correspondente alínea d): *"Quem ofender o corpo ou a saúde de outra pessoa de forma a provocar-lhe perigo para a vida..."*. Como já se observou, as lesões produzidas podem ser objetivamente imputadas a A. Ignoramos em que altura se terão produzido perturbações de funções orgânicas vitais para B, mas uma coisa é certa: "só existe perigo para a vida quando os sintomas apresentados pelo ofendido, segundo a experiência médica de casos similares, forem suscetíveis de determinar com elevado grau de probabilidade e iminência a sua morte". Como escreve Paula Ribeiro de Faria,[3] "não é suficiente a mera possibilidade de um desenlace fatal para se poder falar de perigo para a vida, ainda que seja suficiente que esse perigo só perdure por um curto espaço de tempo"[4] [5].

No que toca à vertente subjetiva, a aplicação desta alínea supõe que o agente conheça as circunstâncias que tornam o comportamento perigoso na perspetiva da proteção da vida da vítima. E assim sendo, A teve certamente a possibilidade de saber que a sua conduta era perigosa para a vida de B, o que será compatível, não com um dolo de pôr em perigo, mas mais exatamente com uma situação de negligência (inconsciente).

Para acabar, decisivo é que atentemos em que o resultado morte veio a concretizar-se, e isso basta – supondo que convergem os necessários elementos – para "transferir" o caso para o âmbito do artigo 147º (agravação pelo resultado).

---

[3] Paula Ribeiro de Faria, *Conimbricense*, I, p. 232.

[4] Palavras que correspondem justamente à ideia do penalista austríaco Triffterer, *Österreichisches Strafrecht, AT*, 2ª ed., 1985, p. 63: em comparação com o dano, o perigo é o resultado menos grave. Ao contrário do dano, o perigo não se revê no próprio objeto típico. Ameaça-o todavia de lesão pelo menos durante um instante. Nisto consiste a sua concretização.

[5] O perigo para a vida referido na alínea d) do artigo 144.º deve ser entendido em concreto, fundado no aparecimento de sinais e sintomas de morte próxima, relacionados diretamente com a lesão resultante da ofensa, e não em abstrato, designadamente medido através da probabilidade estatística. Para que se verifique o crime do artigo 144º é necessária a existência de dolo não só quanto à ofensa corporal em si como também quanto ao resultado. Acórdão do STJ de 17 de maio de 2000, proc. n.º 150/2000 – 3.ª Secção.

O artigo 144º, alínea *d*) só interviria se a morte não tivesse ocorrido, se a situação agravante se ficasse "apenas" pela produção dum perigo para a vida.

d) Ofensa ao corpo ou à saúde de outra pessoa com agravação pelo resultado morte (artigo 147º)?

Vamos ver se no caso estão presentes os elementos do artigo 147º. A qualificação pelo resultado exige desde logo a causalidade entre a lesão corporal dolosa (que no caso se consumou) e o evento mortal. No plano objetivo, o evento agravante tem de ser em concreto consequência adequada do crime fundamental de ofensa à integridade física, devendo averiguar-se se neste se continha um perigo típico de concretização do resultado morte.

A agravação exige a imputação do evento ao agente sob os dois aspectos da imputação objetiva e da imputação subjetiva: artigo 18º. A par do desvalor do resultado (no exemplo, a morte), "terá que se afirmar um desvalor da ação que se traduz na previsibilidade subjetiva e na consequente violação de um dever objetivo de cuidado (*negligência*)"[6]. A previsibilidade deverá incluir também o específico nexo de risco, mas basta que o agente se encontre em posição de saber que a lesão corporal que provoca era tipicamente idónea para arrastar consigo o evento agravante.

No caso de *A*, que se encontrava embriagado, não é de crer que estivesse consciente de que as coisas iriam desembocar na morte da vítima – a negligência, a existir, será *inconsciente*. Segundo o artigo 15º, age com negligência quem, por não proceder com o cuidado a que, conforme as circunstâncias, está obrigado e de que é capaz, não chega sequer a representar a possibilidade da realização típica (negligência inconsciente). Podemos, no entanto, perguntar-nos, acompanhando ainda o artigo 15º, enquanto se dirige a um dever subjetivo, situado ao nível da culpa (ao referir o cuidado a que o agente está obrigado e de que **é capaz**) se *A* estava em condições de atentar e reconhecer que *B* não podia escapar-se, por si só, da situação em que se encontrava, e que *B* ficaria exposta tanto tempo aos efeitos do calor. E mais: que *B* estava em contacto corporal com a fonte de aquecimento, de forma a poder concluir que a morte nessas condições era possível. Cremos no entanto que bastará para afirmar a negligência inconsciente o facto de sabermos que *A* era habitual utilizador do aquecimento e que bem podia ter previsto o desenlace mortal, mesmo sem um contacto intenso do corpo com a fonte de calor, mas só por efeito da temperatura a 80º graus, estando a vítima confinada, pela sua atuação, no pequeno cubículo, sem poder libertar-se nem acionar o termostato. *A* cometeu, por isso, um crime do artigo 147º, tudo apontando para a penalidade do nº 1.

e) Sequestro com privação da liberdade de que resulta a morte da vítima (artigo 158º, nºs 1, 2, alínea *b*), e 3)?

---

[6] Cf. Paula Ribeiro de Faria, *cit.*, p. 245.

No sequestro (artigo 158º), o sujeito passivo é tolhido na sua determinação de mudar de lugar, por ter sido detido ou preso, a arbítrio do delinquente. Impede-se-lhe a liberdade de movimentos. Qualquer meio é possível para impedir essa potencial liberdade de movimentos que o artigo 158º protege. Pode ser o uso da força, como fez A, ao empurrar a B para dentro do cubículo, fechando-lhe a porta em seguida. Tal como se fez para o artigo 147º, a agravação pelo resultado requer aqui os mesmos requisitos e o mesmo cuidado. A previsibilidade deverá incluir igualmente o específico nexo de risco, sendo certo que não se poderá negar a perigosidade da conduta que colocou a vítima em situação de não poder valer-se a si própria – as consequências típicas conducentes ao evento mortal envolvem-se aqui no abandono da vítima à sua sorte e nas próprias características do local, onde esta foi confinada contra a sua vontade, e propositadamente posto à temperatura de 80º. No que toca à aplicação do artigo 18º e à questão da negligência renova-se o que se disse a propósito do artigo 145º. A cometeu um crime do artigo 158º, n°s 1, 2, alínea b), e 3.

f) Violência doméstica por privação da liberdade de que resulta a morte (artigos 152º, n°s 1 e 2, alínea b), e 18º)? recorde-se o que se disse a propósito deste crime, na indicada forma agravada. Tal como se configura atualmente o crime de maus tratos, na descrição correspondente à "violência domestica", não se excluem razões para aplicação de leis no tempo (artigos 1º a 3º).

2. O que aconteceu no dia seguinte (atividade omissiva do *A*)

a) Homicídio por omissão imprópria na forma de tentativa (artigos 10º, 22º, n°s 1 e 2, 23º, n°s 1, 2 e 3, e 131º)?

Recordemos que no caso de anterior intervenção geradora de perigos (ingerência) o sujeito é obrigado, como garante, a impedir a produção do correspondente dano. Quem cria o perigo tem o dever de evitar que este venha a converter-se em dano. Isso vale, muito especialmente, para os casos em que alguém, com a sua conduta, pôs a vida de outrem em perigo. A nossa atenção irá, por isso, incidir especialmente no que se dispõe nos artigos 10º e 131º. Mas porque de tentativa se trata, como a seguir melhor se dirá, fica também para averiguar a compatibilidade da norma do artigo 22º com os comportamentos omissivos. "Com efeito, se o elenco dos atos de execução, apresentado pelo nº 2 do artigo 22º, apenas for compatível com o desempenho de uma certa atividade corporal, nem sequer se verificará a primeira condição necessária à discussão do problema da punibilidade da tentativa comissiva por omissão", como pertinentemente adverte Teresa Quintela de Brito, fazendo-se eco de uma parte da doutrina[7].

---

[7] Teresa Quintela de Brito, *A tentativa nos crimes comissivos por omissão*, p. 160 e ss.; cf. também Thomas Exner, "Versuch und Rücktritt vom Versuch eines Unterlassensdelikts", *Jura* 32, p. 276.

Nesta área, um dos elementos objetivos a averiguar é o da causalidade (causalidade *hipotética*, própria das hipóteses omissivas). Justifica-se a imputação do resultado ao omitente e, consequentemente, a causalidade quando se puder afirmar que a ação (salvadora) devida e omitida teria, com uma probabilidade rasante da certeza, evitado o resultado.

Segundo a matéria de facto, foi o mais tardar por volta das 7 horas da manhã seguinte que *A* se deu conta que o seu comportamento do dia anterior poderia provocar a morte de *B*. Nesta altura, porém, ela já não estava em condições de ser salva, de forma que a omissão de *A*, que nada fez e simplesmente se retirou de casa, já não poderá considerar-se causal da morte – a causa do evento mortal só poderá radicar no comportamento ativo do primeiro dia. De qualquer forma, *A*, na manhã do segundo dia, inteirou-se, por um lado, das consequências do seu comportamento do dia anterior e pôde concluir, por outro, que *B* iria morrer. Ainda assim, ausentou-se, sem nada fazer, podendo ver-se nisso a expressão de um dolo homicida, ao menos eventual.

Na ausência de causalidade entre a omissão e o evento mortal, a punição só poderá ocorrer por tentativa – no caso, por tentativa impossível de um crime de homicídio em comissão por omissão. Na verdade, nunca se poderia vir a consumar um crime de homicídio por omissão, pois **a vítima já estava ferida de morte**, daí que se trate de tentativa impossível, por *inidoneidade* do objeto. Mas tentativa impossível punível, nos termos do artigo 23º, nº 3, por não ser manifesto o estado da *B*, que nessa altura continuava sem ser observada por um médico.

Para alguns autores, esta tentativa impossível associada aos crimes de omissão imprópria não pode ser punida por corresponder simplesmente a uma atitude interior, no caso à simples intenção criminosa de *A* e só a isso.

Repare-se, no entanto, que de acordo com o critério legal, à tentativa possível é equiparada a tentativa impossível não manifesta (artigos 23º, nº 3), e que, por outro lado, o fundamento da punição da tentativa não reside somente no risco objetivo para a vítima, mas também na confirmação do plano do agente dirigido contra o direito, *i. é*, numa atitude hostil ao direito.

Poderemos acaso sustentar que *A decidiu* cometer (artigo 22º, nº 1) um crime de homicídio que – como se viu – não chegou a consumar-se, nem poderia consumar-se na forma omissiva?

Nas omissões, a decisão de quem omite uma ação é dirigida à não evitação do resultado. Quem omite espera, por um lado, que o resultado se produza; por outro, tem a consciência de que a produção do resultado é evitável com a ação salvadora que está ao seu alcance. Na perspetiva de quem omite, a execução da ação salvadora deverá também evitar a produção do resultado com uma probabilidade rasante da certeza. A prova da decisão de cometer um crime por omissão é assim bem mais complexa do que nos crimes tentados de comissão por ação, exigindo-se, a mais do que se assinalou, que o omitente tenha a posição de garante e conheça as correspondentes circunstâncias fundamentadoras.

Ainda assim, o omitente que é garante da não produção do resultado e tem a real possibilidade de o evitar só entra no âmbito da punição (por tentativa) se "praticar" atos de execução (artigo 22º, nº 2, alíneas *a*), *b*) e *c*), o que traz para a discussão o problema da compatibilidade da solução legal aplicada às omissões com o desempenho de uma certa atividade corporal, como anteriormente se observou. A doutrina pronuncia-se correntemente por essa compatibilidade, sustentando-se que **a tentativa dos delitos omissivos se inicia no momento em que a ordem jurídica exige de alguém que não viole o seu dever de garante permanecendo inativo**. Mas quando é que poderemos dizer que a situação para o bem jurídico em perigo é de tal modo ameaçadora que o garante tem que atuar, cumprindo o seu dever?

Suponha-se o caso da mãe que vê o filho prestes a cair da janela do 5º andar onde residem. A mãe, que é garante, terá que intervir imediatamente, deitando-lhe a mão, agarrando-o por um braço não lhe é dada uma segunda possibilidade de evitar a morte do filho. Mas se o guarda da linha vê um ébrio sentado nos carris e sabe que o próximo comboio passará só daí a uma hora não terá que intervir imediatamente. Em caso de perigo distante e faltando a proximidade do resultado a tentativa começa no momento em que o perigo entra numa fase aguda e o garante continua inativo ou no momento em que este renuncia à possibilidade de intervir e deixa que as coisas sigam o seu rumo[8]. Pode, com efeito, o garante partir do princípio de que a ação salvadora do bem ameaçado ainda poderá impedir *mais tarde* o resultado desvalioso sem que entretanto se incremente o risco para o bem jurídico. Tome-se ainda o exemplo da mãe que quer deixar morrer o filho à fome e renuncia a dar-lhe a primeira refeição, ou o da enfermeira que não dá a injeção necessária para que o doente terminal se conserve vivo: uma e outra sabem que, *só por isso*, não surge um perigo para a vida do filho ou do paciente. De forma que, para a mãe que quer deixar morrer o filho, a tentativa só se inicia quando a privação de o alimentar prejudica, de forma relevante, o bem estar corporal da criança, quando haja um prejuízo para a saúde – consequentemente, um perigo concreto. Pode é acontecer que a mãe se alheie totalmente do filho e o abandone, desde logo e completamente, à sua (má) sorte, distanciando-se da situação de perigo, ficando o filho à mercê do seu destino. Num caso destes, a tentativa inicia-se logo que a mãe se afasta, mesmo sabendo que a vida do filho não fica imediatamente ameaçada. Considere-se ainda o caso do empregado da padaria que aplica uma rasteira ao colega, não se importando de o ver morto. Este, com a rasteira, cai e fica preso de tal forma que, em dois minutos, o mais tardar, será alcançado por

---

[8] Wessels, *AT*, p. 229.

uma máquina que, inevitavelmente, lhe esmagará a cabeça. O causador de tudo isto não intervém, podendo fazê-lo, e olha para o outro, consciente de que a cada instante o perigo se incrementa, até que, no instante decisivo, vem o patrão e liberta o ameaçado[9] [10].

No caso, terá havido um perigo concreto para o bem jurídico garantido, na medida em que da omissão de *A* surgiu realmente um aumento do perigo para a vida de *B*. E uma vez que o *A* estava perfeitamente consciente da correspondente situação de perigo e do mesmo passo nada fez para lhe pôr termo, por estar decidido a não intervir, podendo fazê-lo, e porque, por outro lado, como garante, sabia que lhe competia o dever jurídico de pessoalmente evitar esse incremento do risco, demonstrou, claramente, com a sua consciente não intervenção, a materialização do seu plano – e deverá ser punido. Estas afirmações não serão incompatíveis com a solução que adotámos, ligada à tentativa impossível (vulgarmente identificada com o perigo *abstrato* para o bem jurídico), já que o fundamento da tentativa reside tanto no perigo objetivo para a vítima, como numa atitude hostil ao direito, que no caso de *A* se não pode negar. Não nos podemos, por fim, alhear de que foi com os olhos de um leigo que o *A* se apercebeu do estado crítico da *B*, e de que esta não poderia salvar-se. Cumpria-lhe, por isso mesmo – no desenvolvimento do seu dever de garantia – não prescindir da opinião médica, conduzindo logo a mulher a um hospital, o que *A* não fez. Terá sido nesse momento que se iniciou a tentativa de homicídio por omissão imputável ao *A*.

É certo que, umas três horas e meia mais tarde, *A* colaborou nos esforços de um vizinho para levar *B* ao hospital. Este "esforço" de nada valeu e não tem o "peso" suficiente para produzir os efeitos previstos no artigo 24º, nº 2.

b) Omissão de auxílio (artigo 200º, n°s 1 e 2)?

O dever de auxílio obriga qualquer pessoa (o artigo 200º começa com o "Quem" anónimo dos crimes comuns); isso o distingue do dever de garante que no artigo 10º, nº 2, recai *pessoalmente* sobre o omitente. A situação típica que desencadeia um dever de auxílio é um caso de grave necessidade. A grave necessidade significa uma situação, por ex., de desastre ou acidente, com risco iminente de lesão relevante para a vida, a integridade física ou a liberdade de alguém.

---

[9] Escreve a Prof. Fernanda Palma, *Da "tentativa possível" em Direito Penal*, 2006, p. 73, que "a execução do facto inicia-se (...) quando fatores objetivos, conhecidos e controláveis pelo agente puderem agravar a situação da vítima [será também neste momento que a própria mãe pode ser considerada suspeita de uma tentativa de homicídio] que o tipo legal de crime visa proteger. Nessa base, poder-se-á admitir que a omissão corresponde à prática de atos idóneos a produzir o resultado típico ou, pelo menos, de atos de natureza a fazer esperar que eles se sucedam (artigo 22º, nº 2, alíneas *b*) e *c*))".

[10] O caso da mãe pode ter expressão no da portuguesa presa há anos na Suíça por razões que nada tinham a ver com o filho, deixado sozinho em casa, situação que a mãe não relatou às autoridades que a detiveram. Há de facto, como diz a Prof. Fernanda Palma, "uma restrição significativa das possibilidades de sobrevivência da criança", como o primeiro passo que conduz ao homicídio por violação do dever de assistência.

Discute-se, no entanto, quais são esses perigos para a vida ou para a integridade física. Uma doença ou uma gravidez só serão de atender quando justamente se envolvam em caso de grave necessidade, isto é, quando estejam sob a ameaça de perigo iminente para a vida ou a integridade física.

No caso, não há dúvida que B estava em situação de grave necessidade, refletindo-se esta, inclusivamente, na sua própria liberdade de movimentos.

A conduta que a lei descreve como ilícita é a não prestação (omissão) do auxílio necessário ao afastamento do perigo. O auxílio é o necessário ou adequado ao afastamento do perigo e o critério ou juízo da necessidade é o do observador avisado. Uma boa parte da doutrina entende que a prestação do auxílio já não é necessária se a vítima entretanto morreu; e que o dever cessa naqueles casos em que a vítima é socorrida por outros meios. Mas não tem sido esse o entendimento dos nossos tribunais. Sustenta-se, por ex., no acórdão do STJ de 10 de fevereiro de 1999, *CJ*, ano VII, tomo 1 (1999), p. 207, que comete o crime de omissão de auxílio do artigo 200º, nos 1 e 2, do CP, o condutor que se afasta do local do acidente sem providenciar socorro à vítima – apesar de haver aí pessoas, uma delas haver mesmo chamado uma ambulância – e ter regressado mais de 10 minutos depois, já que ele, como causador do acidente, continua obrigado a comportamento positivo no sentido da prestação de auxílio.

Neste caso, mesmo que B estivesse irremediavelmente às portas da morte, o auxílio justificava-se e era exigido a A, que de tudo se deu conta.

O auxílio deve ser prestado em tempo oportuno, mas a correspondente atuação não tem que ser pessoal, basta que o obrigado promova o socorro, por ex., chamando um médico, o 112, etc. Se a prestação de auxílio logra êxito ou não é irrelevante, a lei apenas exige que se preste o auxílio. Aliás, tudo depende das circunstâncias, inclusivamente, das capacidades pessoais de quem tem o dever de agir.

A nada fez, podendo prestar o auxílio por diversas formas. Sabia não só que B se encontrava perante uma situação de grave necessidade por si próprio provocada, como conhecia os restantes fatores típicos, nomeadamente que a prestação do auxílio era necessária e lhe era exigível. Tendo A procedido dolosamente, cometeu o crime do artigo 200º, nº 2 (agravação por ingerência).

3. Como punir A?

Os problemas gerados pelo concurso entre o crime de ofensa ao corpo ou à saúde de outra pessoa com agravação pelo resultado morte (artigo 147º) e o crime de sequestro com privação da liberdade de que resulta a morte da vítima (artigo 158º, nos 1, 2, alínea *b*), e 3), decorrentes de uma mesma atuação de A, deverão resolver-se dando relevância à punição pelo sequestro de que resulta a morte da vítima e cuja moldura penal (pena de prisão de 3 a 15 anos) melhor tutela a situação. De resto, foi a privação da liberdade que deu azo às ofensas corporais e, por fim, à morte de B. Acontece, por outro lado, que a tentativa de homicídio em comissão por omissão (artigos 10º, 22º, 23º, nº 3, e 131º, que fazem recuar a norma do artigo 200º, nºˢ 1 e 2, por via do concurso aparente) se deu ainda na ocorrência do sequestro, que é crime permanente – a punição pelo sequestro na forma agravada é, assim, a que melhor se adapta ao desenho do caso e que melhor tutela a situação do ponto de vista penal.

Nota: Era esta a nossa posição antes do aparecimento do crime de violência doméstica (atual artigo 152º), que contém idêntica agravação ditada pela morte da vítima (nº 3, alínea b)). Será este crime o que *agora* melhor tutela a situação, partindo da constatação de estarem presentes os necessários elementos objetivos e subjetivos e as razões que ditam a agravação? Outras razões convergem, aliás, na aplicação, ou não, deste normativo, como anteriormente se observou.

II. Considere o caso anterior, com a seguinte *variante*:

Caso nº 1 (*variante*) Por volta das 7 horas da manhã seguinte, A levantou-se e foi espreitar B, que continuava imobilizada e completamente prostrada, no sítio onde A a obrigara a recolher-se. Manifestamente, sofrera queimaduras de algum vulto. A toma imediatamente consciência do estado crítico em que ela se encontra, da possibilidade de não sobreviver se não for imediatamente socorrida, mas afasta-se, sai para a rua, sem tomar quaisquer providências. Foi só por volta do meio-dia que B foi finalmente tirada da terrível situação em que se encontrava, por um vizinho, e conduzida ao hospital que distava seus 500 metros da casa. B acabou por morrer dois dias depois devido às lesões sofridas no contacto do seu corpo com o aparelho de calefação. Se lhe tivesse sido prestada prontamente a assistência médica de que carecia, e o hospital tinha meios para isso, ter-se-ia salvo.

À vista do que fica expendido, o principal problema que agora nos ocupa relaciona-se com a determinação da causa da morte que, se antes estaria implicada com o momento ativo da conduta, agora parece residir na omissão, identificando-se esta, eventualmente, com um homicídio doloso (artigos 10º e 131º).

7 – CRIMES CONTRA A LIBERDADE PESSOAL

I. Generalidades

a) A existência humana e a liberdade são desde o início inseparáveis. Mas a liberdade é um dom ambíguo: começamos por depender dos nossos pais, sem o equipamento para agir que têm os animais. Em breve estaremos face a face com diferentes linhas de ação, de tal modo que, no nosso quotidiano, raramente podemos decidir o que *realmente* quereríamos fazer. A liberdade, sendo inseparável da existência humana, estende-se a todas as áreas da vida social, mas de forma necessariamente vinculada; doutro modo, as relações sociais mergulhariam no caos[1].

A vida social carece da inserção do indivíduo numa ordenação de vínculos recíprocos. "Ela só pode funcionar quando qualquer indivíduo possa, através de formas mais ou menos suaves de pressão, ser compelido a uma certa orientação contrária aos seus apetites e que se articula com o todo. A coação (*Nötigung*), aqui em primeira linha compreendida em sentido social, anterior ao direito penal, constitui, à margem de qualquer relação de regra e exceção, um elemento fundamental da convivência humana"[2]. Ela é conatural às relações entre as pessoas. "É por isso que a permissão de influenciar a vontade de outrem constitui a regra, sendo a sua proibição a exceção".

b) Um conjunto de normas incriminadoras define no Código as correspondentes infrações, indicando na sua parte puramente descritiva (*tipo*) os pressupostos da responsabilidade penal e disciplinando a natureza das sanções.

---

[1] Uma representação particularmente eloquente da relação fundamental entre o homem e a liberdade é a oferecida pelo mito bíblico da expulsão do homem do Paraíso. O mito identifica a origem da história humana com um ato de escolha, porém ressalta a natureza pecaminosa deste primeiro ato de liberdade e o sofrimento daí resultante. No Paraíso não há necessidade de trabalhar; não há escolhas a fazer, nem a liberdade. Quando o homem come da árvore do conhecimento rompe o estado de harmonia com a Natureza: inicia-se aí a liberdade humana: "agir contra as ordens de Deus significa libertar-se da coação" (E. Fromm).
[2] Costa Andrade, *Consentimento e Acordo*, p. 514.

Há tipos penais em que a liberdade é protegida de forma preferencial. Noutros, a ofensa à liberdade é apenas um *meio* de lesar um outro bem jurídico. Mas nenhum ordenamento penal conhece um sistema fechado de normas que organizem de forma exaustiva um programa de criminalização da afronta à liberdade.

No Código Penal português, o Capítulo IV abrange os casos em que se protege apenas ou em primeira linha a liberdade pessoal. Nesta ordenação sistemática, qualquer agressão à liberdade pessoal do sujeito projeta-se no âmago da lesão do respetivo bem jurídico, e isto é manifesto na coação, no sequestro ou na escravidão, que por esta ordem vêm no Código; ou, de preferência, para seguir um caminho de ordem hierárquica, a escravidão, o sequestro e a coação.

Noutros crimes, como o roubo e a extorsão, a agressão à liberdade é apenas o *meio* de lesar a propriedade ou o património. A coação e a ameaça são, neste sentido, *crimes subsidiários*: "desde que o fim delituoso não seja a lesão da liberdade, outro crime surgirá, ainda que esse interesse jurídico também tenha sido lesado" (Magalhães Noronha).

c) O bem jurídico protegido nos *crimes contra a liberdade pessoal* não é, pura e simplesmente, a liberdade, mas a **liberdade de ação**. Haverá no entanto que atentar em que nem todo o prejuízo da liberdade de ação será coação. Melhor seria concluir que o bem jurídico protegido é a liberdade de realização da vontade (não a afetação da liberdade de formação da vontade, porque então, como escreve Hruschka, a vítima seria "simplesmente" vítima de violência). Nalguns dos crimes incluídos naquele capítulo do Código, como a ameaça, a proteção materializa-se também no *sentimento de segurança*: a ameaça é um crime de perigo[3] contra a paz interior. Noutros, salta à vista o impedimento da *liberdade de movimentos*. Veja-se o sequestro (artigo 158º), em que o sujeito passivo é tolhido na sua determinação de mudar de lugar, por ter sido detido ou preso, a arbítrio do agente, e isso acontece de forma mais ou menos duradoura (pondere-se a circunstância de a privação da liberdade "*durar* por mais de dois dias," na alínea *a*) do nº 2)). A coação (artigo 154º) protege a *liberdade de atuar*. Os meios típicos são a *violência* ou a *ameaça com mal importante*,[4] que moldam as formas de constrangimento: ao

---

[3] Crime de **aptidão**, para ser mais preciso. As duas formas tradicionais da estrutura delitual do perigo contêm-se nas formas abstrata e concreta. Esta estrutura não esgota a matéria, sobressaindo a possibilidade de a forma concreta aparecer aliada à forma abstrata, como nos chamados crimes de aptidão – com alguns requisitos típicos do perigo concreto e outros do perigo abstrato. "Em tais situações, embora não seja requerida a verificação casuística da criação de um perigo, há lugar à determinação (judicial) da genérica perigosidade da conduta, com base em critérios de experiência" (Rui Pereira). Com efeito, o perigo não está abstratamente contido na razão de ser da norma – nem surge tipicamente exposto como evento, mas apresenta-se como uma qualidade intrínseca à ação. "Produz-se desta forma uma combinação na ação de elementos abstratos e concretos de perigo, concentrados na ação" (Augusto Silva Dias).

[4] Noutras ocasiões, o Código também não dispensou estas alternativas de comportamento. O *par* típico "violência/ameaça" é elemento doutras incriminações, embora com *nuances* significativas.

chamamento da coação não respondem nem o engano que aparece na burla, nem a fraude que provoca o erro com que se pode obter o mesmo efeito[5]. A violência e a ameaça são **elementos redutores**, vagos e difusos, na linha do tipo "aberto"[6] com que se crisma a matéria proibida, e da compreensão do bem jurídico na sua contingência e relatividade: a liberdade não é uma grandeza absoluta, que se proteja contra todas as lesões, nem tem contornos perfeitos[7]. A ideia da *redução* do ilícito acompanha assim a da *fragmentariedade* da respetiva tutela penal. Há ainda uma outra ideia a partilhar, relacionada com o crime de escravidão previsto no artigo 159º, pois reduzir outra pessoa a esse estado ou condição é certamente a forma mais severa de ataque à liberdade pessoal, pela *supressão de toda a independência pessoal*, acontecendo até que um homem é capaz de vender, alienar, ceder ou adquirir outra pessoa ou dela se apossar com a intenção de a manter na situação de escravo. Uma clara dimensão da liberdade, como *liberdade politica*, deriva da redação assumida pelo crime de tomada de reféns (artigo 162º, nº 2), podendo fazer-se alguma sorte de aproximação ao artigo 240º, designado como de discriminação racial, religiosa ou sexual, mas que não deixa de conter uma referência à negação de crimes de guerra ou contra a paz e a humanidade. A tomada de reféns envolve-se na *intenção* de realizar finalidades políticas e outras e no sequestro ou rapto de pessoa, *ameaçando* matá-la, infligir-lhe ofensas à integridade física graves ou mantê-la detida, visando desta forma constranger um Estado, ou outras entidades que a norma descreve, a uma ação ou omissão. A par da liberdade politica, pode igualmente inventariar-se a "perseguição por motivos políticos".

---

[5] F. Haft exemplifica as três situações com a garrafa de água suja. Fraude: A leva O a beber o conteúdo da garrafa, dizendo-lhe que é uma bebida exótica de grande valor. Ameaça: A diz que o despede se O não beber a água da garrafa. Violência: A agride O a murro e obriga-o com isso a beber.

[6] **Tipos abertos** são aqueles "em que o juiz teria de alcançar a matéria da proibição – não esgotantemente descrita na definição legal da conduta, mas de determinação necessária para integral preenchimento do tipo – por recurso imediato a uma valoração autónoma que, como tal, se encontraria já fora do tipo e constituiria antes uma pura regra de ilicitude" (Figueiredo Dias, *O problema da consciência da ilicitude em direito penal*, 3ª ed., 1987, p. 472). Exemplos caraterísticos são os tipos de omissão impróprios e os tipos negligentes, além do tipo da coação. Explica o Prof. Costa Andrade que "uma incriminação como a da Coação confronta-nos com um tipo que 'nem identifica um bem jurídico suscetível de delimitação descritiva, nem referencia uma conduta suficientemente concretizável, e cuja área de aplicação possível se estende tendencialmente a todos os setores da vida social, sem demarcar as fronteiras entre o permitido e o proibido".

[7] É a esta "redução" da liberdade que se vai buscar a ideia de que, como veremos adiante, o preenchimento do tipo legal da coação não indicia, só por si, a ilicitude. Nem mesmo naqueles casos em que a liberdade está exposta à forma de constrangimento menos débil, como é a violência física, a que cada um pode sentir diretamente na sua pele.

Excurso. Friedrich-Christian Schroeder, em escrito recente, discorre sobre os fundamentos históricos de alguns dos crimes contra a liberdade pessoal[8]. Preocupa-se com a remissão do tipo de crime de "escravidão" para lugar secundário. O mesmo acontece no nosso Código, vindo logo após o crime de sequestro, as mais das vezes de consequências bem menos relevantes. Não deixam de ser significativas duas outras observações: a primeira, porque no código alemão, para a descrição típica, chega um número reduzido de palavras (no português quarenta e quatro, se não nos enganamos, como aconteceu ao autor que nos serve de guia, que teria contado por baixo num artigo anterior, *GA* 2005, p. 307, e disso se penitencia); a segunda, para pôr em relevo o *ganho* alcançado pelo "novo" crime de tráfico de pessoas, no nosso artigo 160º, que "absorve" autênticas situações de escravatura, como a exploração sexual, a exploração do trabalho e até a "moderna" modalidade de extração de órgãos. Nem mais: além, a escravatura na forma tradicional, secular; aqui, a escravatura desenroupada de atavios antiquados, mais requintada, enfim, bem mais moderna; mas num caso e noutra praticada como causa honrada, sem desdouro para netos e bisnetos – o embrutecimento cultivado na busca de lucros incalculáveis. Já agora: nem só Schroeder desperta a nossa atenção. Da globalização e tráfico de seres humanos ocupou-se Faria Costa, em erudita publicação na *RLJ*[9]. Entre outras reflexões, por exemplo, que hoje "o tráfico de pessoas se faz por motivação exclusiva baseada no lucro", reconhece que a escravatura "continuou a fazer estrada, se bem que procurando sempre formas mais subtis e disfarçadas. Com um problema adicional. Porque manifestação hedionda do comportamento humano, havia como que o pudor de o esconder. O que, como se sabe, é meio caminho andado para que os comportamentos ilícitos proliferem". Lembra também Luís Osório que, em 1924, a propósito do crime de escravatura, escrevia que "no nosso meio não se compreende a realização do presente crime". Hoje, Faria Costa, associa-lhe o fenómeno da migração por várias razões: fome, guerra, seca, entre outras. "Ora, quando se verificam movimentos de massas migratórias de milhares ou de milhões de pessoas, a fronteira entre esse movimento e o tráfico de pessoas começa a ser difícil, não difícil de distinguir as coisas sob um ponto de vista teórico, frise-se, começa a ser difícil, repete-se, perceber onde acaba um e começa outro. Nessas circunstâncias tudo se confunde".

---

[8] Friedrich-Christian Schroeder *JuS* 1/2009, p. 14.
[9] José de Faria Costa, "A globalização e o tráfico de seres humanos (o pêndulo trágico da história do direito penal)", *RLJ* ano 136, 2007, nº 3944, p. 258.

d) Tomam aqui lugar, nos artigos 153º a 162º, os crimes de

- ameaça, incluindo na forma agravada;
- coação, incluindo formas de coação agravada;
- intervenções e tratamentos médico-cirúrgicos arbitrários, que arrastam questões como o consentimento e o dever de esclarecimento;
- sequestro;
- escravidão;
- tráfico de pessoas, que anteriormente tinha lugar entre os crimes sexuais;
- rapto e tomada de reféns, que contam com um regime de privilegiamento.

II. Os tipos de ilícito contra a liberdade pessoal

1. Ameaça: artigo 153º

a) O problema semântico

A palavra **ameaça** surge como portadora de significados múltiplos. Na coação (artigo 154º), meio típico é a **ameaça com mal importante**, na coação sexual (artigo 163º) e na violação (artigo 164º) acolhe-se a **ameaça grave**; no roubo (artigo 210º, a ameaça é **com perigo iminente para a vida ou para a integridade física**; na extorsão (artigo 223º), que contém os exatos meios da coação, a ameaça é, outra vez, **com mal importante**. A **ameaça de morte** é alternativa típica do crime de tomada de reféns (artigo 161º). No artigo 305º haverá **ameaça com prática de crime**; no artigo 160º (tráfico de pessoas) **ameaça grave**. No artigo 72º, nº 2, alínea *a*), a circunstância de o agente ter atuado sob a influência de **ameaça grave** é considerada para efeito de atenuação especial da pena.

Outras vezes, ameaça é mais exatamente a violência moral que se destina a perturbar a liberdade psíquica e a tranquilidade da vítima, por intimidação; consiste na revelação do propósito de causar um **mal futuro**, cuja superveniência dependerá da vontade do agente[10]. No artigo 153º, o legislador (ao contrário do que acontece noutros ordenamentos) erigiu a ameaça de um mal futuro em crime autónomo, na medida em que 1 – Quem ameaçar outra pessoa com a prática de crime contra a vida, a integridade física, a liberdade pessoal, a liberdade e autodeterminação sexual ou bens patrimoniais de considerável valor, de forma adequada a provocar-lhe medo ou inquietação ou a prejudicar a sua liberdade

---

[10] Heleno Fragoso, *BMJ* 420, p. 259.

de determinação, é punido com pena de prisão até 1 ano ou com pena de multa até 120 dias.

Caso n.º 1 "... detém-se e diz-me: 'Mostra a língua!'. Eu deito a língua de fora, ele vai ao bolso, tira um canivete, abre-o e põe-me a lâmina mesmo juntinho da língua. Diz ele: 'Agora vamos cortar-lhe a língua'. Eu não tenho coragem de meter a língua para dentro, ele aproxima-se cada vez mais, está quase a tocar nela com a lâmina, diz: 'Hoje ainda não, amanhã'"[11].

"Hoje ainda não, amanhã". Há aqui a ideia de um tempo que parece suspenso – um tempo suspenso, um tempo de expectativa, que bem poderá corresponder a uma longa espera...

b) Bem jurídico protegido

Como já tivemos oportunidade de observar, o bem jurídico protegido nos *crimes contra a liberdade pessoal* não é, pura e simplesmente, a liberdade, mas a liberdade de decidir e de atuar: *liberdade de decisão (formação) e de realização da vontade*. No crime de ameaça, a proteção materializa-se também no *sentimento de segurança*: a ameaça é um crime de perigo contra a paz interior.

c) Elementos típicos

Caso n.º 2 Crime de ameaça. Numa troca azeda de palavras, *A* diz para *B*, com quem andava de relações tensas por causa de umas partilhas: "quem te vai tratar da saúde sou eu".

O crime de ameaça consiste na revelação do propósito de causar um **mal futuro** – identificado com a prática de crime contra a vida, a integridade física, a liberdade pessoal, a liberdade de autodeterminação sexual ou bens patrimoniais de considerável valor. O mal, objeto da ameaça, não pode ser iminente, pois que, neste caso, estar-se-á perante uma tentativa de execução do respetivo ato violento, isto é, do respetivo mal. Esta característica temporal da ameaça é um dos critérios para distinguir, no campo dos crimes de coação, entre ameaça (de violência) e violência, acórdão da Relação de Guimarães de 26 de maio de 2008, Processo n.º 2186/07.

É **idónea** a constituir ameaça a expressão "quem lhe vai tratar da saúde sou eu" com o significado corrente, comum e inequívoco de anúncio de uma lesão

---

[11] Elias Canetti, *A língua posta a salvo*, Campo das Letras, 2008, p. 9.

de saúde (quando não do corpo), conformando, por isso, o objeto da ameaça um crime contra a integridade física. Tal ameaça, proferida com foros de seriedade, é, de acordo com a experiência comum, adequada a provocar medo ou inquietação ou a prejudicar a liberdade de determinação.

Mas *não comete* o crime de ameaça o arguido que, pretendendo agredir o assistente com uma enxada que trazia na altura, ao mesmo tempo dizia "eu hei de matar-te" e "vais ficar com as tripas de fora", pois tais palavras, contemporâneas da ação, foram, no contexto exposto, o acompanhamento e o complemento verbal de uma ação física presente e não a ameaça de um mal futuro. Do mesmo modo, um gesto com a mão direita apontada na direção da assistente, simulando uma pistola, tendo para o efeito esticado o indicador e polegar e dobrado para a palma os restantes três dedos, desacompanhado de qualquer palavra, apesar de ela ficar perturbada, **carece de idoneidade objetiva** para ser considerado uma ameaça penalmente relevante[12].

No artigo 153º o que se exige para o preenchimento do tipo é que a ação reúna certos requisitos, não sendo necessário que em concreto se chegue a provocar o medo ou a inquietação. A lesão efetiva do bem jurídico, materializado no *sentimento de segurança*, não faz parte do desenho típico destes crimes, consumando-se o crime sem a ocorrência dessa lesão[13]. Deste modo, preenche o tipo o indivíduo que ameaça outro com uma arma, embora este último esteja no interior de uma casa perfeitamente defendido da ação, pois tal ação é normalmente adequada quer do ponto de vista do agente quer do que é geralmente reconhecido[14].

O crime de ameaça é portanto um **crime de mera ação e de perigo**, em que se exige apenas que a ameaça seja suscetível de afetar a *paz individual* ou a liberdade de determinação, não sendo necessário que, em concreto, se tenha provocado medo ou inquietação. O legislador apoia-se numa genérica **aptidão da ação** para produzir o evento danoso. "Em tais situações, embora não seja requerida a verificação casuística da criação de um perigo, há lugar à determinação (judicial) da genérica perigosidade da conduta, com base em critérios de experiência"[15]. O perigo

---

[12] Cf. os acórdãos da Relação de Guimarães de 26 de maio de 2008, processo n.º 2186/07; da Relação do Porto de 28 de maio de 2003; da Relação do Porto de 8 de outubro de 2008, no processo nº 0813605; e o acórdão do STJ de 24 de março de 1999, *CJ* 1999, tomo I, p. 250.

[13] Tenha-se presente o contratipo constante do artigo 305º (ameaça com prática de crime), que protege a *paz pública*. Neste outro caso, o que releva e marca o tipo de crime é o resultado de dano ou de lesão. A ameaça é com "a prática de crime", sem a exigência de uma especial gravidade. Mas se como sujeito passivo da ameaça aparece uma população e não pessoa determinada, como no artigo 153º, "dificilmente poderá apresentar escassa gravidade um crime cuja ameaça é adequada a provocar alarme numa generalidade de pessoas", Cristina Líbano Monteiro, *Conimbricense* II, p. 1218, ainda que seja prudente reconhecer que "a inquietação coletiva tem por vezes algo de irracional".

[14] *Atas*, nº 45, p. 500.

[15] Cf., neste sentido, Rui Carlos Pereira, *O dolo de perigo*, p. 25.

não está abstratamente contido na razão de ser da norma – nem surge tipicamente exposto como evento, mas apresenta-se como uma qualidade intrínseca à ação – o ilícito não se constrói segundo o modelo dos crimes de perigo abstrato nem é de perigo concreto, mas uma construção intermédia, digamos, de **aptidão** ou **adequação** (...de forma *adequada* a provocar-lhe medo ou inquietação...)[16].

O **tipo subjetivo** requer o dolo que exige a consciência (representação e conformação) da adequação da ameaça a provocar medo ou intranquilidade no ameaçado.

2. Coação: artigo 154º

a) O tipo legal da coação

Protege-se no preceito a liberdade de atuar, estando igualmente em causa a *realização da vontade*, embora não a sua formação por impedimento *violento*, porque então se trataria de uma violência "cega", própria dos crimes como o de roubo.

Com a revisão de 1995, o tipo legal da coação (artigo 154º) ficou com a redação que a seguir se transcreve, diretamente influenciada pelo § 240 do código penal alemão. No artigo 155º estão contidos os casos de agravação.

1. Quem, por meio de violência ou ameaça com mal importante, constranger outra pessoa a uma ação ou omissão, ou a suportar uma atividade, é punido com pena de prisão até 3 anos ou com pena de multa. 2. A tentativa é punível. 3. O facto não é punível: a) Se a utilização do meio para atingir o fim visado não for censurável; ou b) Se visar evitar suicídio ou a prática de facto ilícito típico. 4. Casos em que o *procedimento criminal depende de queixa*.

Assume o tipo reflexos multissignificativos na dogmática criminal, com alguns dos seus mais discutidos conceitos, com destaque para a cláusula de (não-)censurabilidade ("Verwerflichtkeitsklausel") contida no nº 3, alínea *a*), e para o conceito de "violência", relativamente ao qual continua por dizer a última palavra.

Caso nº 3 Coação: artigo 154º. *A* encerra *B* num quarto, impedindo-o com isso de sair. *B* não se pode movimentar (embora o queira fazer; ou mesmo não o querendo fazer) e está consciente de que está fechado.

Variante: *B* não se dá conta de que está confinado naquele espaço.

---

[16] O requisito da "idoneidade" (para lesar), "adequação", "susceptíbilidade para prejudicar" ou expressão semelhante, é também empregado em outros tipos de ilícito, por exemplo, no artigo 251º (ultraje por motivo de crença religiosa): pune-se quem publicamente ofender outra pessoa (...), *por forma adequada* a perturbar a paz pública.

O tipo objetivo supõe que o agente utiliza um *meio* coativo (violência ou ameaça com mal importante) para constranger outra pessoa a uma ação ou omissão, ou a suportar uma atividade (*resultado* da coação). Poderá existir uma causa de justificação. Na falta dela levar-se-á em conta que o facto não é punível se a utilização do meio para atingir o fim visado não for censurável; ou se visar evitar suicídio ou a prática de facto ilícito típico.

Daí poder elaborar-se o seguinte esquema: o ato de alguém dolosamente constranger outra pessoa (objeto da ação), com um meio determinado ("violência" ou "ameaça com mal importante"), a um resultado (ação ou omissão, ou a suportar uma atividade). Para se chegar a um juízo de ilicitude do facto, é necessário estabelecer, positivamente, a censurabilidade do ato. Podemos assim assentar em que o nº 1 não é portador de qualquer especialidade: o tipo de coação é crime de resultado. As dificuldades surgem na descrição e na utilização de determinadas noções típicas, bem como nas sua relações internas. Como escreve Arndt Sinn,[17] o legislador introduziu, com a fórmula do nº 3, um "travão". A função deste consiste em impedir, mesmo quando não ocorre uma qualquer cláusula de justificação mas concorrem todos os elementos típicos do nº 1, que o facto se assuma como típico e ilícito. Este preciso ponto de articulação é peculiar, exclusivo – um autêntico "corpo estranho"[18] – do tipo de coação. Em termos igualmente sucintos, poderemos acrescentar com Welzel,[19] ao tratar do crime de coação (*Nötigung*), que "A lei apenas descreve uma parte dos elementos do tipo; a outra parte vê-se remetida para a integração judicial do tipo, sendo dado ao juiz só o ponto de vista segundo o qual ele tem de proceder a essa integração". Na vida social existem casos de coação mediante ameaça de um mal *importante* ("sensível") que se revelam totalmente conformes ao direito, mesmo quando não se encontram justificados por uma norma permissiva especial. O tipo não contém uma descrição objetiva da ação de constrangimento, contentando-se em dizer ao juiz quando é que a ação descrita na norma-incriminadora é ilícita. É, por assim dizer, o delito contra a liberdade de *maior amplitude*.

---

[17] Arndt Sinn, "Die Nötigung" *JuS* 7/2009, p. 577 e ss.
[18] Ein "Fremdkörper", assim lhe chama Roxin, *AT* 1 p. 241.
[19] Welzel, *Das Deutsche Strafrecht*, 11ª ed., 1969, p. 82 e 326. Explica o Prof. Costa Andrade que "uma incriminação como a da Coação confronta-nos com um tipo que nem identifica um bem jurídico suscetível de delimitação descritiva, nem referencia uma conduta suficientemente concretizável, e cuja área de aplicação possível se estende tendencialmente a todos os setores da vida social, sem demarcar as fronteiras entre o permitido e o proibido".

I. Tipicidade

   1. Tipo objetivo

      a) Meio coativo: violência ou ameaça com mal importante
      b) Resultado da coação
      c) Nexo causal entre os anteriores elementos a) e b)

   2. Tipo subjetivo: dolo

II. Ilicitude:

   1. Ausência de causas de causas de justificação
   2. Cláusula de censurabilidade

III. Culpa

Violência é, desde logo, a *vis corporalis,* é o emprego da força física para vencer a resistência da vítima. Tanto pode ser exercida *diretamente* contra esta, tendo o corpo como objeto, *v. g.,* amarrá-la, amordaçá-la, como pode recair sobre outra pessoa ou em coisas que vinculam o sujeito passivo, atingindo-o *indiretamente,* citando em regra os autores como exemplos o privar um cego do seu guia ou arrancar as portas e janelas de uma casa para obrigar os moradores a abandoná--la. Mas também se admite outra forma de violência, a da **violência imprópria**, que predominantemente se exerce no espírito, com a *cominação de um mal atual,* que de acordo com a intensidade, a direção e o modo de tornar efetivo esse mal é apropriada para cercear a liberdade de decidir e agir.

Excurso. Antigamente, fazia-se uso duma noção de violência correspondente ao sentido natural (linguístico) da palavra (noção clássica). O *Reichsgericht* começou por defender um conceito dinâmico de *vis corporalis,* a violência como meio coativo era a aplicação da força física para superar a oposição, para vencer a resistência da vítima,[20] mas havia casos, como o tiro de intimidação, que apesar de não "encaixarem" diretamente neste esquema eram aceites com o mesmo valor. Em vez da atuação física – "auf den Körper" – passou-se então simplesmente a referir a "pessoa de outrem", o que permitiu que se alargasse o conceito à **violência sobre coisas**, a violência "real", como forma indireta de violência contra a pessoa: usa de violência o senhorio que manda pela janela as coisas do

---

[20] Repare-se na importância deste elemento subjetivo que nega a violência "cega". É de violência direcionada que se trata, doutro modo, haveria, por ex., ofensas contra a integridade física, mas não o ilícito da coação.

inquilino para o obrigar a sair, ou que corta a energia com que funciona o elevador de que se não prescinde[21]. A partir daí, bastava qualquer ação dirigida à pessoa da vítima de forma direta ou indireta, que fosse sentida não só como constrangimento psíquico mas também físico. Na jurisprudência do BGH foi-se acentuando a **desmaterialização** do conceito. Podia haver violência contra a pessoa, mesmo que não fosse *sentida* como tal (caso do indivíduo inconsciente). Também é violência o emprego de hipnose ou de narcóticos, por ex., alguém aplica clorofórmio na vítima, sem se fazer notar, e subtrai-lhe a capacidade de resistência. Por fim, chegou-se à conclusão de que a violência não depende da força que o agente tem que empregar, mas do *resultado*, o objetivo que se pretende – o "efeito coativo" passou a ser o critério decisivo para caracterizar uma discutível "dissolução" da noção de violência. Com contornos tão fluidos, que colocam no mesmo plano o constrangimento físico e moral, não é difícil sustentar que há violência quando um grupo contestatário se senta em ponto nevrálgico da estrada cortando o trânsito. As objeções a um alargamento assim desmesurado já começaram a surtir efeito, desenvolvendo-se na doutrina uma corrente contrária que, em maior ou menor medida, exige o retorno à noção clássica de violência.

Na Suíça sempre se rejeitaram os critérios assentes no "efeito coativo", tão longe nunca chegou a "desmaterialização" da noção de violência. Por isso, não será coação a interposição do automobilista que, tomando a esquerda na autoestrada, intencionalmente impede a ultrapassagem do mais apressado. Ou então, quando alguém, que "reserva" para um amigo a última vaga num parque de estacionamento, impede a progressão do condutor recém-chegado de tal forma que este tem que se deter, se não atropela-o.

Um caso específico é o crime de violação (artigo 164º), no capítulo dos crimes contra a liberdade sexual – haverá violência sempre que o ato seja praticado *contra ou sem vontade* da vítima sendo até irrelevante o consentimento para a cópula quando este não for livre diz-se, por ex., no acórdão da Relação do Porto de 6 de março de 1991, *CJ* 1991, tomo II, p. 287. Certa jurisprudência utiliza este critério restritivo, conhecido na América por "narrow understanding", pondo-se o acento tónico da violação ("rape") na falta de consentimento, de tal forma que a relação sexual sem o acordo do parceiro passa a ser interpretada como uma parte da definição legal, embora, do ponto de vista típico, a lei americana requeira o

---

[21] Há situações em que a desvantagem para a vítima é, por assim, dizer definitiva: a noiva que não pode ir "de branco" à igreja, porque o vestido lhe foi subtraído; o poço de água que já se não pode utilizar por ter sido intencionalmente conspurcado. Em ambos os casos há um resultado que se concretiza numa coisa: os interessados não podem beber a água do poço; a noiva não pode ir à igreja com o vestido encomendado, o que significa que a vítima é obrigada a reagir em determinado sentido. Mas se o facto se esgota no ataque à propriedade alheia, não se desenha um resultado "suficiente" para se falar de coação, doutro modo, aliás, descaracterizava-se o tipo de ilícito do furto ou do dano. Cf. Wessels, p. 82.

emprego da força ou a ameaça da força. Deste modo, se uma mulher diz "não" e o homem não se detém (*doesn't stop*) poderá vir a ser condenado por violação. Alguns setores, no entanto, exigem para a ausência de consentimento um enérgico (*firm*) Stop!, não bastando um simples e porventura dúbio (ou que assim possa ser interpretado por os atos entrarem em contradição com as palavras) "talvez devêssemos parar"![22].

Entre nós, a noção de violência também foi conhecendo aspetos de "desmaterialização". Por ex., no roubo (artigo 210º), os meios coativos típicos acabaram por ficar no mesmo nível, desde que se equiparou à violência o emprego de qualquer meio que ponha a vítima "na impossibilidade de resistir" – veja-se, a título de exemplo, o acórdão do STJ de 5 de abril de 1995 *BMJ* 446, p. 38, onde se concluiu "que a '**ambiência de violência**' provocada pelos arguidos constituiu uma causa necessária e adequada de um estado emocional de medo, na pessoa da vítima".

O outro meio coativo é a **ameaça com mal importante**. *Ameaça* é a *vis compulsiva*, a forma típica da violência moral, que é também violência simbólica. É a promessa de um mal a alguém, algo que uma pessoa pode sentir como desvantagem e que se exerce mediante a intervenção de sinais. A anunciada inevitabilidade dependerá em regra da vontade do agente. Isso a distingue do simples **aviso**: se alguém tenta paralisar a vontade de outrem anunciando-lhe perigos ou cominando algum mal que não depende do seu querer, não se passa dum aviso. Pode-se ameaçar por gestos, por palavras ou por escritos, a roupagem é indiferente. Se o mal padecer de vaguidade, poderão faltar-lhe os efeitos coativos, mas por detrás dum aparente aviso pode morar uma ameaça, tudo vai do sentido que se empreste à exigência do delinquente, da sua capacidade para motivar o visado (aptidão coativa). Via de regra, será indiferente que a ameaça possa ou não realizar-se. Ainda assim, deve ser despistada a mera fanfarronice ou bravata. Também não interessa desvendar se o agente pretende torná-la efetiva, o que conta é a aparência de seriedade que desperta no ânimo da vítima, se lhe paralisa a vontade e a impede de opor resistência à ação do delinquente. O mal deverá estar suspenso sobre o ofendido: nem em passado nem em futuro longínquo, quando, respetivamente, não teria força coatora, ou esta seria destituída do vigor necessário, explica o penalista brasileiro Magalhães Noronha. Se o mal for destinado a terceiro, bastará que o seu aparecimento seja sentido pelo ameaçado como um mal importante. Fazendo um balanço, o que verdadeiramente se requer é que a ameaça haja constrangido a vítima, que tenha a suficiente idoneidade para a motivar. O **mal** deve então ser importante ("sensível" – "empfindlich" – no § 240 do StGB). Pode ser importante por estar ligado à perda de um valor relevante. A ameaça da perda deverá ser idónea para

---

[22] Cf., por ex., Cathy Young, "Julian Assange, Feminism, and Rape", *Reason*, December 22, 2010.

determinar uma pessoa sensata ao comportamento que se lhe exige, de acordo com um juízo objetivo, onde deverão incorporar-se as relações pessoais da vítima.

b) Conclusão

Podemos assim identificar a violência com os casos em que a ameaça com um mal importante (que acompanha qualquer forma de coação) se encontra apoiada mediante o emprego da força física para superar um obstáculo físico. Os restantes casos de coação reconduzem-se à ameaça com um mal importante, desde que a ação do sujeito possa realmente subsumir-se no conceito de ameaça. O verdadeiro protótipo de uma ameaça é o da ameaça com uma pistola. Não pode por isso ser em absoluto correto falar, num caso destes, de violência. É certo que também a ameaça com uma pistola é "violência", quando "violência" significa, em sentido geral, *vis compulsiva*, que é um meio coativo (por oposição à *vis absoluta*, aquela em que o violentado já não pode resistir a ela por mais que se esforce).

c) O resultado da coação; tentativa

Acionada uma das formas de conduta alternativa, a violência ou a ameaça com mal importante, a vítima é com isso constrangida a um comportamento – ação ou omissão, ou a suportar uma atividade. É o **resultado** da coação. Entre este resultado e os meios empregados deverá interceder uma determinada **conexão**.

Se o resultado se não produzir, haverá apenas **tentativa**, a apreciar nos termos gerais, e nos especiais do nº 2 do artigo 154º: com efeito, a tentativa é punível. Não se põem particulares problemas quando o resultado corresponde a uma ação, mas na omissão deve averiguar-se se a vítima era pelo menos capaz de realizar a ação. Se falta essa capacidade, diz-se, será de novo caso de tentativa, mas a conclusão é contestável. Veja-se o caso a seguir.

Caso nº 4 *A* encerra *B* num quarto, impedindo-o com isso de sair. *B* não se pode movimentar (porque verdadeiramente o quer, ou porque não o quer), mas está consciente de que está fechado, há coação consumada. Mas se *B* não se dá conta de que está confinado naquele espaço, há quem se pronuncie pela tentativa de coação.

Diferentes são os casos em que o patrão anuncia que não renovará um contrato de trabalho, ou do segurado que alerta para a mudança de seguradora, desde que o trabalhador ou a outra parte não cumpram certas condições que se lhes quer impor. Trata-se sem dúvida de ameaça com mal importante, mas não existe um dever jurídico de renovar o contrato, ainda que o cumprimento da ameaça esteja na disponibilidade de quem a faz. A circunstância de o artigo 154º referir igualmente como elemento típico o "suportar uma atividade" também não decide definitivamente casos como o que se passa a relatar.

Caso nº 5   Contra uma finalista do liceu (F), de 16 anos, corria um processo por furto em supermercado. O funcionário A, dos competentes serviços do MP, fazendo-se passar junto de F pelo respetivo procurador-adjunto, inculcou nela a falsa ideia de que poderia pôr termo ao processo com os conhecimentos que possuía na firma queixosa. Para tanto, contava com os favores sexuais dela.

O tribunal de Hamburgo, em cuja região o caso de passou, considerou que não houve ameaça, no sentido do § 240: o que o acusado deixara transparecer é que nada faria, sem que fosse recompensado, deixaria correr as coisas – e não estava juridicamente obrigado a agir de modo diferente.

d) A importância da cláusula de censurabilidade do nº 3, alínea *a*): relação meio-fim

A boa compreensão da **cláusula de censurabilidade**[23] da alínea *a*) do nº 3 ("o facto não é punível se a utilização do meio para atingir o fim visado não for censurável"), onde se acentua a **relação meio-fim**, ajuda a compreender como a solução do caso por último indicado, julgado no tribunal de Hamburgo, poderá ser diferente.

Como se sabe, o artigo 154º foi diretamente inspirado no § 240 já várias vezes citado, o qual levantou, e continua a suscitar, problemas de monta.

Excurso. A ideia de um delito autónomo que tutelasse a liberdade foi sendo cientificamente desenvolvida no século dezanove e recebida em numerosos ordenamentos estrangeiros, com exceção da França[24]. Tudo começou, explica F. Haft,[25]

---

[23] "Corretor normativo de um conteúdo típico descritivo", na expressão da Prof. Fernanda Palma, *Legítima defesa*, I, p. 558. Já se viu que "liberdade não é protegida, absolutamente, contra todas as lesões: uma lógica ponderativa, assente no princípio da adequação, restringe, no crime de coação, a proteção penal à restrição da liberdade por meio censurável para o fim visado e a censurabilidade do meio não é crível onde se protege um elevado valor social, da única forma possível".

[24] O novo *Code pénal*, que entrou em vigor em 1 de março de 1994, no capítulo das "infrações contra a segurança da pessoa" prevê os atentados à liberdade física da pessoa ("arrestation" ou "enlèvement" e "détention" ou "séquestration"), o desvio de aviões ou outro meio de transporte e os atentados à segurança moral, que são as ameaças, Jean Larguier – Anne Marie Larguier, *Droit pénal spécial*, Mémentos Dalloz, 9ª ed., 1996, p. 80.

[25] Fritjof Haft, *Strafrecht* BT, 5ª ed., 1995, p. 124 e ss.

em 1794, na Prússia, quando o legislador criminalizou a "Nötigung" (coação), em ligação com outro crime, a "Freiheitsberaubung". Antes disso, conheciam-se apenas alguns crimes de violência, como o roubo e a extorsão.

Até 1943, os meios típicos de constrangimento eram a "violência" (concebida como a violência clássica, a **violência "hard"**) e "a ameaça com um crime ou delito". Não havia uma regra de censurabilidade, como existe hoje, nem se sentia a necessidade de descrever mais amplamente os meios coativos típicos. Na Alemanha, em 1943, a variante "ameaça" foi alargada e ficou a constar na sua fórmula atual: "ameaça com um mal sensível". Só que, para se pôr um limite a este alargamento desmesurado, introduziu-se ao mesmo tempo a regra da censurabilidade que hoje consta do nº 2 do preceito. A regra da censurabilidade não se aplicava, porém, à variante "violência", que não sofrera alterações. Daí que, onde houvesse "violência", estava "indiciada" a ilicitude (ou a censurabilidade), nos termos do nº 2. Nas décadas seguintes, a jurisprudência, como já se viu, foi "desmaterializando" a noção de violência e adotou também, por fim, a **violência "soft"**, continuou porém aferrada à fórmula "violência indicia a ilicitude". Em 1987, o *TC* alemão pronunciou-se favoravelmente quanto à violência "soft", mas considerou insustentável a ideia de que violência indicia a ilicitude.

Não admira que ao legislador alemão de 1943 se apresentasse o problema de afastar do âmbito de aplicação do preceito as numerosas situações coativas penalmente irrelevantes. Repare-se, porém, em que a adoção da expressão "ameaça com um mal sensível" não era compatível com o normal procedimento do legislador, o de conseguir uma descrição do comportamento punível perfeitamente adequado às situações da vida. Na vida social existem casos de coação mediante ameaça com um mal sensível que são completamente conformes ao direito, mesmo não estando justificadas por uma norma permissiva específica. Se a mulher ameaça o marido de lhe retirar o seu amor caso ele continue a chegar tarde a casa, ou se o patrão ameaça o empregado de o despedir se ele não for mais diligente, ou se o professor ameaça os alunos dizendo-lhes que lhes dará o dobro dos trabalhos de casa se eles não estiverem sossegados, qualquer destas pessoas é ameaçada com um mal "sensível" ("importante"), mas nenhum dos casos deverá ser sancionado com uma pena. Para resolver isto, o legislador trilhou um caminho especial. Arranjou um "corretivo" no nº 2, uma regra própria para a "ilicitude". Meio e fim da coação devem estar em relação um com o outro e deve ser apurado se há então censurabilidade. São estes os problemas cimeiros da coação.

Caso nº 6   A cláusula da censurabilidade – artigo 154º, nº 3, alínea *a*): se não existir qualquer causa de justificação (por ex., a legítima defesa, artigo 32º), o facto só será punível se a utilização da violência ou da ameaça com mal importante para atingir o fim visado for censurável. A empregada

E deitou a mão, de forma repetida, às coisas do patrão. Foi tudo descoberto e *E* confessou. O patrão informou-a que faria queixa se ela não pagasse os prejuízos dentro de duas semanas.

Variante: O patrão pôs *E* perante a seguinte alternativa: ir com ele para a casa de campo, para passarem juntos o fim de semana – ir para detrás das grades durante algum tempo[26].

Podemos agora compreender que o § 240 (e de modo semelhante o artigo 154º) se constrói da seguinte maneira: é acionado um *meio* determinado (violência ou ameaça com mal importante). A vítima é, com isso, coagida a uma ação, omissão ou tolerância – é o *resultado* da coação. Este resultado é idêntico ao fim visado da 2ª parte do preceito. Uma outra eventual finalidade, mais distante, não releva para estes efeitos, segundo a opinião dominante. Uma vez que o fim (próximo) visado deve estar em relação com o meio, será aí que se vai buscar resposta para a *censurabilidade*. Se a resposta for afirmativa há coação típica.

Caso nº 7 *A* discute com *O*. *O* quer afastar-se. *A* quer impedir que ele se afaste, pois pretende que ele ouça as suas razões. Então agarra-o (violência) ou ameaça-o com uns socos se *O* se afastar. *O* fica, devido a isso (omissão como resultado do constrangimento).

Meio e fim estão em relação um com o outro. Há censurabilidade.
No caso da empregada, *E* deitou a mão, de forma repetida, às coisas do patrão. Foi tudo descoberto. *E* confessou. O patrão informou-a de que faria queixa se ela não pagasse os prejuízos dentro de duas semanas. Não se exclui que haja aqui coação. O meio (ameaça de se queixar em juízo) e o fim da atuação (pagamento dos prejuízos) são em si legítimos. Aqui, a relação meio-fim é não só não censurável, mas também legalmente incontestável. Qualquer pessoa pode instaurar um processo crime para recuperar coisas furtadas ou para se fazer pagar pelo seu valor. Nada há a dizer contra o facto de alguém, para tanto, informar o ladrão de que fará a queixa se ele não pagar o que é devido.

Se, porém, o patrão puser *E* perante a seguinte alternativa: ir com ele para a casa de campo, para passarem juntos o fim de semana ou ir para detrás das grades durante algum tempo, ela pode iniciar um processo por tentativa de coação. Uma queixa é também um mal sensível ("importante") para os efeitos do preceito, caso corresponda à verdade, mas para a apreciação do comportamento do patrão é irrelevante que ele possa fazer, legitimamente, queixa por furto. Decisivo para

---

[26] Exemplos de Blei, p. 109.

a legitimidade de influenciar a vontade é unicamente a avaliação da ligação de um meio determinado com o fim da **atuação**. Se essa ligação for "censurável", então a própria aplicação de um meio em si inobjetável para conseguir um fim que em si não é ilícito fundamenta uma coação ilícita. Faltando um qualquer nexo interno entre os furtos e o comportamento exigido pelo patrão então trata-se precisamente de um caso exemplar de uma **ligação censurável de meio e fim**.

Excurso. A ameaça de queixa criminal era um dos meios típicos da coação na redação primitiva do Código. O artigo 156º do Código Penal de 1982, ao definir o crime de coação, enunciava os vários meios (ilícitos) suscetíveis de levar ao constrangimento de outrem. E, ao contrário do que agora acontece, dentro desses meios aparecia-nos claramente autonomizado a "queixa criminal". A "ameaça de queixa criminal", inserida nos contextos factual e normativo-intencional definidos no artigo 156º, constituía, sem dúvida alguma, um elemento do tipo legal de crime. O Prof. Faria Costa comentava, começando por perguntar:[27] "no entanto, todo aquele que apresenta uma queixa criminal está ou não a exercer um direito de queixa? Sem dúvida que aquele que exerce a queixa criminal o faz no exercício de um direito, aliás, minuciosamente regulamentado no próprio Código Penal (...) e, evidentemente, também com reflexos normativos do atual Código de Processo Penal (...). Todavia o legislador, pressuposto o contexto normativo do artigo 156.º do CP, cujo segmento essencial se pode detetar na intenção de ameaçar, determina que um tal 'exercício do direito' é elemento constitutivo do preenchimento do tipo legal. A conduta que está, em princípio, coberta formalmente por manto de licitude permite que se verifique que, ao contrário, ela arrasta consigo um claro desvalor objetivo. De certa maneira, podemos ajuizar que o Estado considera que, nestas circunstâncias, nas hipóteses de crimes semipúblicos, o interesse na prossecução da aplicação da sanção ao delinquente culpado, a prossecução do valor da justiça, não pode ser legitimado por uma conduta que viola um valor mais intenso, qual seja: o da liberdade de decisão. Donde, se a queixa criminal, meio legítimo de se exercer um direito de participação na res publica iustitiae, visar o fim da justiça, a ordem penal aceita a queixa criminal como uma condição de procedibilidade; porém, se o meio visar o fim ilícito, definido no artigo 156º, então o direito de queixa decai por manifesta utilização abusiva e a ameaça de queixa é um puro *factum*, despojado da primitiva intencionalidade de prossecução da justiça. Um *factum* envolvido agora pela intenção de constranger outrem a uma ação ou omissão. O que demonstra, cabalmente, que nem tudo o que arranca do formalmente lícito desencadeia atos lícitos".

---

[27] Faria Costa, *O Perigo*, p. 627.

Consequentemente, para se saber se uma conduta é censurável não se deve apreciar isoladamente o meio acionado ou o fim visado, mas estabelecer a relação meio-fim, ou seja, partir da conjunção do meio coativo e do fim coativo. Ao juízo de ilicitude acresce o corretivo limitador da punibilidade, presente na alínea a) do nº 3. Deste modo, se não existir qualquer causa de justificação (por ex., a legítima defesa, artigo 32º), o facto só será punível se a utilização da violência ou da ameaça com mal importante para atingir o fim visado for censurável. O critério a utilizar não tem natureza "subjetiva". Trata-se de um juízo ético-social de desvalor em que se pondera a conduta do agente de acordo com critérios objetivos. É juridicamente censurável o que for socialmente insuportável e desaprovado em medida especialmente elevada, por revestir características ético-sociais grosseiras. A censurabilidade do meio não é crível onde se protege um elevado valor social, da única forma possível[28].

e) Coação agravada: artigos 154º e 155º

Corporiza o crime de **coação grave** dos artigos 154º, nº 1 e 155º, nº 1, alínea b), a conduta daquele que, depois de cometer crimes de abuso sexual de crianças, entre os 10 e os 11 anos, por várias vezes, disse às menores que lhes partia a boca e desfazia a cara se contassem o sucedido a alguém: acórdão do STJ de 5 de julho de 2007, no processo nº 07P1788.

f) A agravação ditada pelo artigo 155º, comum aos artigos 153º e 154º

Caso nº 8 A, B e C, depois de manterem M e N sequestrados durante várias horas e de os roubarem, ameaçaram os mesmos com ofensas graves da integridade física e morte, com vista a que os mesmos não participassem às autoridades os crimes anteriormente cometidos.

A agravação ocorre nos termos do artigo 155º, quando os factos previstos nos artigos 153º e 154º forem realizados: a) Por meio de ameaça com a prática de crime punível com pena de prisão superior a três anos; ou b) contra pessoa particularmente indefesa, em razão de idade, deficiência, doença ou gravidez; c) Contra uma das pessoas referidas na alínea l) do nº 2 do artigo 132º, no exercício das suas funções ou por causa delas; d) Por funcionário com grave abuso de autoridade. As penas correspondentes são aplicadas se, por força da ameaça, a vítima ou a pessoa sobre a qual o mal deve recair se suicidar ou tentar suicidar.

---

[28] Fernanda Palma, p. 558

A agravação contida neste artigo 155º é portanto comum aos factos previstos nos indicados artigos 153º (ameaça) e 154º (coação). O primeiro é de natureza semipública, o segundo de natureza pública, ainda que, se a coação tiver lugar entre cônjuges, ascendentes e descendentes, adotantes e adotados, ou entre pessoas, do outro ou do mesmo sexo, que vivam em situação análoga à dos cônjuges, o procedimento criminal dependa de queixa (nº 4 do artigo 154º).

O artigo 155º nada diz quanto à natureza do crime agravado, seja de ameaça, de coação, ou de coação entre cônjuges, ascendentes e descendentes, etc. Não vemos razão para enveredar por outro caminho que não seja manter o regime aplicável aos artigos 153º e 154º (incluindo o nº 4) quanto à relevância da vontade da vítima: crime semipúblico no respeitante à ameaça (artigo 153º) e aos factos coativos de que tiverem como protagonistas qualquer das relações especiais contidas no nº 4 do artigo 154º. Crime público será o crime matricial da coação (artigo 154º, nº 1) e o agravado nos termos do artigo 155º[29].

3. Sequestro: artigo 158º

Caso nº 9 *A* procurou *B*, que ele sabia exercer a prostituição, para se apoderar das quantias que a *B* tivesse em seu poder, empregando, se para tanto fosse necessário, a violência. Após terem combinado deslocar-se para uma pensão da Baixa, *B* entrou no veículo do *A*. Tendo-se às tantas apercebido de que o *A* trancara as portas do carro, *B* deu-se conta de que ao mesmo tempo que o fazia tomava direção diferente da que antes se falara. Assustada e porque na altura se vivia uma vaga de terror na zona devido a um indivíduo que estripava mulheres que exerciam a prostituição, perguntou-lhe para onde ia tendo este de imediato puxado de uma arma que apontou à cabeça da *B* dizendo-lhe, repetidamente, que se calasse, senão "fazia-lhe o que tinha feito às outras". Agiu o *A* da forma descrita por saber perfeitamente que a *B* não o queria acompanhar para local diferente do combinado e com o intuito de impossibilitar a mesma de abandonar o veículo e de a aterrorizar para que não opusesse qualquer resistência. A *B* não ofereceu qualquer resistência pedindo-lhe apenas que não a matasse. Em zona deserta para onde se dirigiu o *A* procurou dinheiro nas roupas da *B* e na sua mala. Nada encontrando por a *B* ter o dinheiro escondido num dos sapatos, o *A* começou a agredi-la dando-lhe socos e pontapés. Voltou

---

[29] No bom sentido, desfiando sobretudo o argumento histórico e razões sistemáticas e de política criminal, Pedro Frias, *Julgar*, nº 10, 2010, p. 39. Em contrário, o acórdão da Relação do Porto de 6 de janeiro de 2010, *CJ* 2010, I, p. 198.

a perguntar-lhe pelo dinheiro e como esta negasse ter algum consigo, agrediu-a novamente a soco e pontapé tendo, no decurso da agressão encontrado, no sapato da B, cem euros que fez seus dizendo-lhe "minha grande puta, então não tinhas dinheiro!". Em seguida, conduziu de novo a B ao primitivo local de encontro, onde a largou. Cf. o acórdão do STJ de 4 de Março de 2002, proc. nº 03P170, *relator*: Conselheiro Borges de Pinho.

Dispõe o artigo 158º: 1 – Quem detiver, prender, mantiver presa ou detida outra pessoa ou de qualquer forma a privar da liberdade é punido com pena de prisão até 3 anos ou com pena de multa. 2 – O agente é punido com pena de prisão de 2 a 10 anos se a privação da liberdade: a) Durar por mais de 2 dias; b) For precedida ou acompanhada de ofensa à integridade física grave, tortura ou outro tratamento cruel, degradante ou desumano; c) For praticada com o falso pretexto de que a vítima sofria de anomalia psíquica; d) Tiver como resultado suicídio ou ofensa à integridade física grave da vítima; e) For praticada contra pessoa particularmente indefesa, em razão de idade, deficiência, doença ou gravidez; f) For praticada contra uma das pessoas referidas na alínea j) do nº 2 do artigo 132º, no exercício das suas funções ou por causa delas; g) For praticada mediante simulação de autoridade pública ou por funcionário com grave abuso de autoridade. 3 – Se da privação da liberdade resultar a morte da vítima o agente é punido com pena de prisão de 3 a 15 anos. 4 – Se a pessoa sequestrada for uma das referidas na alínea *h*) do nº 2 do artigo 132º, no exercício das suas funções ou por causa delas, as penas referidas nos números anteriores são agravadas de um terço nos seus limites mínimos e máximos.

a) Bem jurídico protegido

O crime de **sequestro** tem a ver com o *jus ambulandi*, a chamada liberdade ambulatória, em que se tutela a capacidade de cada um se fixar ou movimentar livremente no espaço físico contra a ilícita restrição, por qualquer forma ou medida temporal, desse direito. Nestes termos, o acórdão do STJ de 1 de abril de 1987, *BMJ* 366, p. 245. O preceito protege a liberdade pessoal de movimentos (liberdade potencial), isto é, a possibilidade de mudança de lugar[30]. A impossibilidade da vítima abandonar o local não tem de se apresentar, em abstrato, como inultrapassável; basta existir um efetivo impedimento a que o faça. A liberdade aqui contemplada "é a liberdade física, a liberdade de movimentos, ou seja, direito de não ser detido, aprisionado, ou de qualquer modo fisicamente confinado a um

---

[30] Rengier, *Strafrecht BT II*, 4ª ed., 2002, p. 115.

determinado espaço, ou impedido de se movimentar" Neste sentido, o acórdão do STJ de 21 de junho de 1995 *BMJ* 448, p. 152.

Nos casos de sequestro, se a vítima não puder exprimir a sua vontade, bastará a vontade presumida de se opor à atuação do delinquente. Se um recém-nascido, que nem sabe o que lhe está a acontecer, for levado dolosamente para longe dos pais, haverá certamente um crime de rapto ou de sequestro, conforme a envolvência factual do caso. O acórdão do STJ de 2 de janeiro de 2006, processo nº 3127/05, entendeu, e bem, que "a circunstância de a vítima do sequestro ser um menor não obsta à verificação do crime, por razões de proteção da sua dignidade de pessoa humana, que não pode ser instrumentalizada e tratada como coisa. Assim, é de presumir que o incapaz, se já possuísse a capacidade de efetivar a sua liberdade de deslocação, se oporia ao ato de impedimento da sua locomoção por terceiro".

Estes casos, todavia, não deverão confundir-se com os do artigo 249º, que pune a **subtração ou a recusa de entrega de menor** à pessoa que sobre ele exercer poder paternal ou tutela, ou a quem ele esteja legitimamente confiado, e que igualmente prevê o uso da violência ou da ameaça com mal importante para determinar menor a fugir (alínea b)), mas que tem o sua compreensão envolvida nos problemas gerados por relações familiares[31].

Caso nº 10 A dirigiu-se a Câmara de Lobos, onde encontrou a *B* e a sua filha *C* em casa da avó materna desta, e, após ter brincado com a filha cerca de cinco a dez minutos, sem nada que o fizesse prever, agarrou-a nos braços e pôs-se em fuga daquele local, em correria, sem o consentimento e contra a vontade da *B* que, em pânico, viu o *A* desaparecer, perdendo o rasto dela até hoje, ignorando onde se encontra, se viva ou morta, temendo o pior para sua filha já que o *A* lhe disse e tem reafirmado que ela nunca mais a veria. Desde esse dia, a menor *C* nunca mais foi vista encontrando-se, atualmente, em local que só o arguido conhece: acórdão do STJ de 1 de fevereiro de 2006, no proc. nº 05P3127, *relator*: Conselheiro Silva Flor.

O *A* levou a menor consigo, contra a vontade presumida dela, e manteve-a consigo. A circunstância de o *A* ser pai da ofendida não lhe conferia o direito de a levar e de a conservar consigo nas circunstâncias em que o fez. Tratando-se de progenitores não unidos pelo matrimónio e que tinham deixado de viver

---

[31] Com duvidosos fundamentos, o STJ, por acórdão de 10 de janeiro de 2007, no processo nº 07P3227, transformou um caso de sequestro agravado de menor em crime de subtração de menor. O próprio acórdão reconhece que nenhuma realidade familiar existia no caso. Encontrando-se comprovados todos os elementos do crime de sequestro, jamais se aplicaria a norma do artigo 249º, em vista das suas características subsidiárias.

maritalmente, verifica-se a presunção legal de que a mãe tinha a guarda da menor – artigo 1911.º, n.º 2, do Código Civil. Por outro, a menor, que perfizera poucos dias antes dois anos de idade, estava efetivamente à guarda da mãe, sendo ainda amamentada por ela, não constituindo a conduta do A um ato de afeto ou de proteção da menor. Pelo contrário, ao agir contra a vontade presumida da C, que seria de oposição à sua deslocação, procedeu como se ela fosse uma coisa, que levou para local desconhecido, com o propósito de exercer a referida coação sobre a mãe. E a circunstância de o A se encontrar preso não acarreta a impossibilidade de manter a C sequestrada, já que a manutenção dessa situação pode ter ocorrido com a comparticipação de outras pessoas. O A cometeu o crime de sequestro do artigo 158º, nºs 1 e 2, alíneas a) e e). Segundo o acórdão, "o mal importante objeto da ameaça no crime de coação (artigo 150º, nº 1) não tem de constituir um ilícito, nem sequer um mal ilegítimo".

b) Tipo de ilícito

"Deter", "prender", "manter presa" *outra pessoa*; são modos de atuação do sequestrador, que a norma incriminatória generaliza na expressão "qualquer forma de a privar da liberdade". É o que acontece quando alguém é impedido de se deslocar de um lugar para outro, por ficar confinado num imóvel ou mesmo num móvel, por exemplo, numa caravana ou num automóvel, não lhe sendo permitido sair. "Manter" uma pessoa detida ou presa é um comportamento típico de feição omissiva, e releva quando alguém, por ex., o diretor dum estabelecimento prisional a quem cabe o dever jurídico (artigo 10º) de restituir um preso à liberdade, não cumpre a ordem de libertação e deixa que a situação perdure. Compreende-se que assim seja porque o ilícito é de duração, por o facto se prolongar no tempo,[32] perdurando do mesmo modo a conduta ofensiva (privação da liberdade). Com o seu comportamento, o sequestrador não só cria a situação típica antijurídica como a deixa voluntariamente subsistir por mais ou menos tempo.

O Código usa a expressão "qualquer forma" de privar "outra pessoa" da liberdade, havendo métodos de o fazer que não levantam qualquer problema, o uso de drogas ou o ato de amarrar outrem com o emprego da força. Será meio adequado a própria ameaça ou mesmo só a astúcia, que reconhecidamente impeça a vítima de se deslocar. Emprega astúcia aquele que se faz passar por agente da Policia Judiciária para conseguir os seus intentos de atrair alguém a um lugar

---

[32] O sequestro está, por isso, "nos antípodas dos crimes de realização instantânea", permanecendo o dever, "que se renova a cada instante, porque não cumprido, de libertar a pessoa sequestrada". "A permanência deste dever é que vai determinar que o crime de sequestro se consume no preciso momento – e só nesse – em que, por qualquer razão, esse mesmo dever já não possa ser cumprido (o sequestrado libertou-se ou foi libertado; o sequestrado faleceu)". Cf. Faria Costa, *RLJ* ano 134º, p. 255.

donde não pode por si só sair. O acórdão da Relação de Évora de 19 de março de 2002, *CJ* 2002, tomo II, p. 280, tratou de um caso em que a vítima do crime (de sequestro) se viu privada da sua roupa, num recinto público, por força de uma atuação dolosa do arguido. Há quem entenda que nestes casos do que se trata é de coação, mas a tese do sequestro é de seguir se a privação da roupa impõe uma absoluta privação da liberdade.

O crime exige dolo, bastando, no entanto, o dolo eventual.

O acordo (consentimento) da pessoa confinada a um espaço exclui naturalmente a atuação típica, dado que a norma supõe a oposição de outra pessoa ou uma atuação sem a sua vontade. O acordo pode aliás ser dado quando alguém que é levado, contra sua vontade, para um qualquer lugar, no trajeto acaba livremente por concordar. Tenha-se em qualquer caso presente o disposto no artigo 38º, especialmente, nºs 2 e 3.

c) **Outros casos**

Nos trabalhos práticos podem surgir casos de coação ou de sequestro/rapto,[33] mesmo na forma tentada, relacionados, entre outras, com as seguintes realidades:

- O sequestro ocorreu já depois de o roubo estar consumado: verifica-se a autonomia dos dois referidos crimes.
- É manifesto que no caso da prostituta (supra) se verifica o indicado crime de sequestro, além do de roubo, numa ordem inversa ao sequestro ocorrido já depois da consumação do roubo.
- Rapto de uma prostituta, para a violar.
- Marido ciumento que fecha todas as portas da casa onde se encontra a mulher e leva as chaves (lesão da liberdade de movimentos, pelo menos, potencial).
- Sequestro seguido da morte da vítima quando esta fugia do local onde estivera sequestrada.
- Sequestro e violação da vítima seguidos da morte desta para encobrir a violação.
- Subtração de roupas a quem está na praia.
- Segurar uma pessoa para que não se retire e continue a conversa que iniciara.
- Submeter a vítima a extorsão; obter resgate ou recompensa.
- Cortes de estradas por altura de manifestações.

---

[33] Adiantemos que o **rapto** representa no fundo um especial sequestro: contém um elemento finalístico, uma determinada intenção (*Atas*, 24, 24) ligada ao modo de realização típica que as diversas alíneas do nº 1 do artigo 160º enumeram.

- Privações insignificantes da liberdade: a privação da liberdade, para que possa ser sequestro, não deverá ter uma duração tão diminuta que, verdadeiramente, não afete a liberdade de locomoção.
- Mostrando-se preenchidos os crimes de subtração de menor (artigo 249º) e de sequestro, verifica-se concurso aparente, recuando a norma que prevê o primeiro dos crimes indicados.
- O crime de rapto constitui um tipo de crime conta a liberdade pessoal e de intenção específica – a privação da liberdade tem de ser determinada com a finalidade de exercer sobre a vítima alguma das ações que a norma descreve, por ex., uma ofensa contra a autodeterminação sexual da vítima – artigo 160º, nº 2, alínea b). A atuação há de ser finalisticamente direcionada, assim se demarcando o rapto do crime de sequestro. Concorrendo o crime de rapto com o crime sexual, configura-se um concurso efetivo de crimes, sendo diversos os bens jurídicos tutelados.
- Punibilidade do sequestro simples tentado como tentativa de coação? A tentativa de sequestro não é punível, dado o nº 1 do artigo 158º prever pena de prisão até 3 anos ou multa (artigo 23º, nº 1); a tentativa de coação é punível (artigo 154º, nº 2), podendo acontecer que os meios do sequestro tenham sido acionados em termos de relevarem como meios coativos e serem nessa medida puníveis, não obstante nenhum dos crimes se ter consumado[34].

d) A duração da privação da liberdade

A duração da privação da liberdade desempenha um papel na definição do que seja um crime de sequestro. O sequestro é um crime de execução não vinculado. O agente não precisa de praticar atos de uma espécie determinada, "bastando que leve a cabo uma atividade que possa considerar-se meio adequado para privar outrem do seu *jus ambulandi*; a consumação do sequestro, não obstante se inserir na categoria dos crimes de execução continuada, não depende do preenchimento de um específico lapso de tempo, mas, atenta a particular gravidade da ofensa à liberdade da pessoa, a doutrina tende a remeter os **casos de diminuta duração e importância** para o âmbito da coação"[35].

Deste modo, a privação da liberdade do *jus ambulandi*, para que possa constituir elemento essencial do crime, não deverá ter uma duração tão diminuta que,

---

[34] Mitsch *JuS* 1993, p. 475; Dreher/Tröndle, p. 1182. Contra: Volker Krey, p. 133.

[35] Figueiredo Dias, em parecer junto ao processo a que se refere o acórdão de 3 de outubro de 1990, *CJ*, ano XV, tomo IV, p. 21. A detenção por uns momentos não chega para afirmar que houve sequestro, decidiram já em 1964 os tribunais alemães (OLG Hamm JMBINW 1964, 31). O lugar da detenção tanto pode ser um quarto, ou um edifício ou um espaço até maior, como o de uma cidade (Dreher/Tröndler, *StGB* 47ª ed., 1995, p. 1153).

verdadeiramente, não afete a liberdade de locomoção: acórdão do STJ de 3 de outubro de 1990, *BMJ* 400, p. 240, podendo sustentar-se que comete um crime de sequestro o arguido que aprisionou a ofendida na sua própria casa, durante cerca de uma hora, fechando-a à chave e impedindo-a, contra a sua vontade, de sair: acórdão do STJ de 21 de junho de 1995, *BMJ* 448, p. 152.

e) Necessidade da duração da privação da liberdade para determinados fins

Noutras ocasiões importa determinar se a duração da privação da liberdade foi a necessária para a realização do crime/fim (por ex., um roubo).

Caso nº 11 A duração da privação da liberdade do guarda da pilha de cortiça roubada foi, precisa e justamente, a necessária para o carregamento da mesma cortiça (à volta de uma hora) e para que o agente delitivo se pusesse em fuga (cerca de meia hora) e entretanto alcançasse, pelo menos, aquele mínimo de permanência do objeto da subtração no domínio daquela disponibilidade inerente e indispensável à realização plena do roubo.

A conclusão a retirar é a de que o arguido se constituiu tão somente como autor de um crime de roubo: acórdão do STJ de 13 de dezembro de 2001, proc. n.º 3071/01-5. Tem-se seguido a regra de que "sempre que a duração da privação da liberdade de locomoção não ultrapasse aquela medida naturalmente associada à prática do crime/fim e, como tal, já considerada pelo próprio legislador na descrição típica e na estatuição da pena, deve concluir-se pela existência de concurso aparente (relação de subsidiariedade) entre o sequestro (crime/meio) e o crime/fim – respondendo o agente somente por um destes crimes[36]. Na verdade, o STJ vem entendendo *uniformemente* (acórdão do STJ de 2 de outubro de

---

[36] Taipa de Carvalho, *Comentário Conimbricense*, I, pág. 415. Sempre que a privação se englobe num desígnio de roubo, apresentando-se proporcionada e necessária a limitação, a conduta do agente atualiza somente um crime de roubo, acórdão do STJ de 5 de dezembro de 2007, no processo nº 07P3864. O roubo, enquanto crime pluriofensivo, nos termos do artigo 210.º do CP, que põe em crise tanto bens patrimoniais, como bens jurídicos pessoais, nos domínios da integridade física, liberdade individual de decisão e da própria vida, sob a forma de violência, ameaça e impossibilidade de resistir, consome os crimes de furto, de sequestro, em condições limitadas de perduração, de coação e ameaça, este já consumido pelo de coação, sendo esta vertente pessoal que introduz uma tipologia destacada do crime de furto e uma maior necessidade de punição: acórdão do STJ de 25 de outubro de 2006, no processo nº 06P3042, *relator*: Conselheiro Armindo Monteiro. Daí que nos casos em que o sequestro se prolongue muito para além do tempo de violação da liberdade ambulatória necessário para que o agente, através da violência, se aproprie ou faça com que lhe seja entregue determinado bem, verifica-se existência de um concurso real de infrações de 12 de fevereiro de 2009, no processo nº 09P0110, *relator*: Conselheiro Arménio Sottomayor.

2003, publicado na *RPCC* 15 (2005)) que a violência empregada na subtração "deve ser adequada e proporcionada à obtenção do resultado 'subtração'; se ela for excessiva, o agente cometerá, para além do crime de roubo e, em acumulação com este, o crime correspondente ao enquadramento penal do excesso da violência utilizada". Pode assim existir em acumulação os crimes de roubo e de sequestro quando o agente, para subtrair diversos bens ao lesado, para além da agressão física, se socorre de violenta privação da sua liberdade. Haverá concurso efetivo quando se podia roubar sem tanta violência.

Na "anotação" (Cristina Líbano Monteiro) ao anterior acórdão coloca-se o *problema* nos seguintes moldes: "em que momento se ultrapassa a fronteira do crime complexo de roubo e se torna necessário convocar outro tipo legal para acautelar um bem jurídico que a norma incriminadora do roubo também protege?". "Não será suficiente a moldura penal do roubo para nela encontrar a medida da pena adequada a este tipo de comportamento? Precisamente por ela própria ser já, de algum modo, uma moldura de concurso, a penalidade do roubo oferece uma **amplitude** bastante para distinguir não só entre bens jurídicos atingidos (penso agora sobretudo nos pessoais, que podem variar), como também entre lesões mais e menos profundas ou extensas de cada um deles. (Para além de permitir ainda avaliar a gravidade da 'parte' patrimonial do delito)". De qualquer forma, para lá dos "casos normais", a anotação não põe de parte a possibilidade de encontrar casos de concurso efetivo entre roubo e sequestro: "Além das hipóteses de claro desfasamento contextual e daquelas em que há vítimas diferentes", outras porventura existirão (roubo praticado durante um sequestro prolongado e já em curso...).

Na indicada linha jurisprudencial se move o seguinte

Caso nº 12   *A* convenceu os menores *B* e *C* a acompanharem-no até sítio isolado com ameaça de uma faca o que eles receosos fizeram. *B* e *C* pediram ao *A* que os libertasse, dizendo-lhe que lhe entregavam o que ele quisesse, o que este não aceitou, dando um estalo a um deles. Percorreram cerca de 500 metros, durante alguns minutos e chegados à parte inferior da linha dos caminhos de ferro, o *A* exigiu-lhes que lhe entregassem dinheiro e telemóveis, ao mesmo tempo que lhes dizia que os cortava, o que eles satisfizeram e só regressados à escola que o *A* finalmente deixou os menores em paz.

Diz-se no acórdão do STJ de 18 de abril de 2002, proc. nº 02P629, *relator*: Conselheiro Simas Santos: O *A* sequestrou os dois menores para lhes impor a deslocação até um ponto mais isolado para aí os poder roubar com mais segurança. E no momento em que entendeu estarem reunidas as condições que teve por adequadas ao seu projeto inicial, exigiu então a entrega das coisas móveis de que veio a apoderar-se. A privação da liberdade de circulação que antecedeu o roubo não se conteve no mínimo necessário à execução do roubo, tanto mais que no percurso imposto os menores pediram-lhe que os deixasse partir pois que lhe dariam imediatamente tudo o que ele pretendia, o que ele não aceitou como foi seguido de uma ofensa à integridade física de um dos menores. Todo o percurso não era necessário ao roubo, mas seguramente teria deixado de o ser a partir do momento em que os menores quiseram entregar os valores pretendidos. E o mesmo se diga quanto à privação da liberdade de circulação que se seguiu ao roubo e que nem sequer serviu à fuga em segurança do arguido, pois esteve manteve, seguro a sua impunidade, o regresso dos menores à escola na sua companhia. Verifica-se assim concurso real entre os crimes de sequestro e de roubo.

f) Agravação

O sequestro é qualificado por qualquer das circunstâncias do nº 2 do artigo 158º e pelo nº 3.

Em geral (mas não sempre, como se mostra a seguir) tem de haver dolo em relação à correspondente circunstância para que a qualificação opere: é o caso das alíneas a), b), c), f) e g) do nº 2.

Se a privação da liberdade for precedida ou acompanhada de ofensa à integridade física grave, tortura ou outro tratamento cruel, degradante ou desumano (alínea b) do nº 2), exige-se igualmente o dolo quanto à circunstância qualificativa, não obstante a incongruência quanto à pena aplicável no caso de ofensa à integridade física grave (prisão de 2 a 10 anos), pois a mesma moldura já resultaria da aplicação pura e simples do artigo 144º.

O nº 3 ("se da privação da liberdade resultar a morte da vítima") e a alínea d) do nº 2 ("se a privação da liberdade tiver como resultado suicídio ou ofensa à integridade física grave da vítima") contêm hipóteses de qualificação pelo resultado. Num caso e noutro, a construção exige um nexo causal e, a mais disso, que o resultado possa ser imputado ao sequestrador a título de negligência (artigos 15º e 18º). É por isso que se houver dolo homicida, se durante o cativeiro o sequestrador dolosamente mata o sequestrado, a situação já não conforma uma simples qualificação, mas é elemento do crime de homicídio do artigo 131º, a concorrer efetivamente com o crime de sequestro.

Um caso especial tem a ver com a alínea b) do nº 2 ("se a privação da liberdade durar por mais de dois dias"). O crime atinge a perfeição com a privação da liberdade de outra pessoa (artigo 158º, nº 1), não dependendo do preenchimento de um determinado lapso de tempo,[37] mas se a detenção se mantiver por mais

---

[37] Ainda assim, deve ficar claro que pode ser por aí que o sequestro se distinga da coação.

de dois dias, a pena passa a ser a agravada do nº 2 do artigo 158º. Não obstante a consumação já ter ocorrido, a circunstância temporal agravante entra em cena. Como noutra ocasião explicámos, com o seu comportamento, o sequestrador não só cria a situação típica antijurídica como a deixa voluntariamente subsistir. Deste modo, os crimes permanentes consumam-se com a realização típica, mas só ficam exauridos quando por vontade do agente ou por intervenção de terceiro (ou até porque o sequestrado faleceu no cativeiro...), se põe termo à situação antijurídica.

Acontece que se alguém sequestrar outrem de modo a privá-lo da liberdade, para que não possa estar presente num julgamento que terá lugar daí a três dias (artigo 158º, nº 2, alínea a)), mas a vítima vier a ser libertada ao fim de poucas horas de cárcere, a punição justifica-se por **tentativa** (de sequestro qualificado) e não por crime consumado – o agente não logra a verificação do evento agravante, embora tente ou consuma o delito fundamental[38].

4. Tráfico de pessoas: artigo 160º

A Constituição, no artigo 34º, nº 3, alude ao tráfico de pessoas, colocando-o ao lado do terrorismo, do tráfico de armas e de estupefacientes para efeitos de se poder entrar durante a noite no domicílio de qualquer pessoa havendo flagrante delito ou autorização judicial. É um tipo de criminalidade que por vezes se assume como especialmente violenta ou altamente organizada[39]. A aplicação da norma (nos seus aspectos plurais) não exige porém uma organização, deixando espaço para a atuação de apenas um indivíduo como também decorre do texto legal, implicando *qualquer pessoa* (crime comum: "quem oferecer..."). Certo é que a qualificação como **criminalidade altamente organizada** permite a adoção de medidas excecionais a nível processual, por ex., nos artigos 174º, nº 5, alínea a), 177º, nº 2, alínea a), e 202º, nº 1, alínea b), do CPP.

As alterações de 2007 (Lei nº 59/2007, de 4 de setembro) trouxeram para esta área a incriminação até então constante do artigo 169º, agora profundamente alterado. Perdura a preocupação com a exploração sexual, mas vale também para a exploração do trabalho e a extração de órgãos. Importa sobremaneira, pela sua atualidade, a novidade do nº 4, a punir quem, mediante pagamento ou outra contrapartida, oferecer, entregar, solicitar ou aceitar menor, ou obtiver ou prestar consentimento na sua adoção, sendo punido com pena de prisão de um a cinco anos.

---

[38] Figueiredo Dias, "Formas especiais do crime" – *Textos de apoio*, 2004, p. 18. Cf. também Wessels/Beulke, *AT*, p. 204.

[39] Sobre estas noções, as alíneas *l*) e *m*) do artigo 1º do CPP.

É crime que deve ser entendido e estudado a par do **lenocínio**, que se manteve na área sexual, tendo a ver apenas com o exercício da prostituição, incluindo de menores (artigos 169º e 175º)[40]. Há igualmente razões para o envolver no **auxílio à imigração ilegal**, previsto na Lei nº 23/2007, de 4 de julho. Já agora faça-se a aproximação à **utilização de menor na mendicidade** (artigo 296º) e à **burla relativa a trabalho ou emprego** (artigo 222º). E ao **branqueamento de capitais** (artigo 368º-A), de que é uma das infrações-suporte.

O tráfico de pessoas é de expressão múltipla. Nos nºˢ 1 e 2, as atividades são típicas de quem trafica (oferece, entrega, alicia, etc.), com a agravação ditada pelo nº 3. O nº 5 traduz a consequência de no tráfico de pessoas se incluir a extração de órgãos ou a utilização de serviços por quem já se encontra no outro extremo da traficância e colhe dela as "utilidades". O nº 4 releva no "negócio" da adoção e da "venda" de seres humanos. Por último, o nº 6 procura evitar a destruição de elementos probatórios, identificativos da pessoa vítima do tráfico nos múltiplos aspetos da idade, proveniência, nacionalidade, etc. O tráfico voluntário de **adultos** "gira em torno de comerciar com pessoas, como se de coisas ou objetos de tratasse, o que supõe que quem as atrai ou conduz atue contra ou sem a sua vontade[41]. Mas a pena para quem oferecer, entregar, aliciar, etc., pessoa para os indicados fins é aplicada a quem, *por qualquer meio*, aliciar, transportar, proceder ao alojamento ou acolhimento de **menor**, ou o entregar, oferecer ou aceitar, para os mesmos fins: de exploração sexual, exploração do trabalho ou extração de órgãos (nº 2). Neste caso, como já observámos, se o agente utilizar violência, rapto, ameaça grave, ardil ou manobra fraudulenta ou outro dos meios indicados nas diversas alíneas do nº 1, ou atuar profissionalmente ou com intenção lucrativa, é punido de forma agravada.

a) Os elementos do ilícito: nºˢ 1 e 2

A **atuação** prevista no nº 1 consiste em oferecer, entregar, aliciar, aceitar, transportar, alojar ou acolher pessoa para determinados fins.

---

[40] José Luís Guzmán Dalbora, "O tráfico de pessoas e o problema do seu bem jurídico", *RPCC* 2008, nº 4, lembra que o *tráfico de pessoas* tem o seu parentesco mais distante no *tráfico de negros* e o mais próximo no *tráfico de brancas*. Era crime de tratante, o mesmo que negociante. Tratante é hoje um estigma. A degradação dos vocábulos retrata a nossa própria degradação, diz o Torga no *Diário* (Diário IX a XVI, p. 1607). E diz mais, quanto ao negociante: que "A carga negativa que o substantivo já tem, um dia será igual à de tratante". Tudo a propósito da moral e da linguagem; e de como se vertem uma na outra, "ora sujando-se, ora limpando-se mutuamente". Veja-se também Euclides Dâmaso Simões, "Tráfico de seres humanos: prevenção e repressão à luz do protocolo adicional à Convenção de Palermo", *Julgar* on line, 2009.

[41] José Luís Guzmán Dalbora, O tráfico de pessoas e o problema do seu bem jurídico, *RPCC* 2008, nº 4.

Esses **fins** são a exploração sexual, a exploração do trabalho ou a extração de órgãos.

Os **meios** são constituídos pela violência, rapto ou ameaça grave; ardil ou manobra fraudulenta; abuso de autoridade resultante de uma relação de dependência hierárquica, económica, de trabalho ou familiar; ou ainda o aproveitamento da incapacidade psíquica ou de situação de especial vulnerabilidade da vítima;[42-43] ou mediante a obtenção do consentimento da pessoa que tem o controlo sobre a vítima.

O nº 2 alarga o âmbito de aplicação do tráfico de pessoas a quem, **por qualquer meio**, aliciar, transportar, proceder ao alojamento ou acolhimento de **menor**, ou o entregar, oferecer ou aceitar, para os indicados **fins** de exploração sexual, exploração do trabalho ou extração de órgãos.

Em ambos os casos, a pena é de prisão de três a dez anos. O nº 2, que visa a proteção de menores, é agravado, passando a pena de prisão para três a doze anos, se o agente utilizar qualquer dos meios previstos no nº 1 (violência, rapto ou ameaça grave; ardil ou manobra fraudulenta, etc.) ou atuar profissionalmente ou com intenção lucrativa.

b) Os elementos do ilícito: nº 4

Aplica-se a quem, mediante pagamento ou outra contrapartida, oferecer, entregar, solicitar ou aceitar menor, ou obtiver ou prestar consentimento na sua **adoção**. Recorde-se de novo, e a propósito, o crime de subtração de menor do artigo 249º.

c) Os elementos do ilícito: nº 5

O nº 5 aplica-se a quem utilizar os serviços ou órgãos da vítima, sendo todavia necessário que tenha conhecimento (mas não que esteja implicado) na prática de crime de tráfico de pessoas dos nºs 1 e 2. Tem portanto na sua origem um ou mais atos básicos de tráfico. A pena é a de prisão de um a cinco anos, se pena mais grave não couber por força de outra disposição legal.

---

[42] Euclides Dâmaso Simões informa que dos trabalhos preparatórios da Convenção de Palermo consta o esclarecimento de que por "**abuso de uma situação de vulnerabilidade** deverá entender-se toda a situação em que a pessoa visada não tenha outra escolha real nem aceitável senão a de submeter-se ao abuso"; e que "nalguns Estados que já adotaram os standards do Protocolo consideram-se abrangidos pelo conceito de **vulnerabilidade** situações como a emigração illegal, doença, gravidez ou deficiência física ou mental".

[43] Na linha, entre outras iniciativas de organismos internacionais, do Protocolo para prevenir, reprimir e sancionar o tráfico de pessoas, especialmente mulheres e crianças, anexo à Convenção das Nações Unidas contra a criminalidade organizada transnacional, de 15 de novembro de 2000.

d) Os elementos do ilícito: nº 6

O nº 6 aplica-se a quem retiver, ocultar, danificar ou destruir documentos de identificação ou de viagem de pessoa vítima de tráfico de pessoas (nos 1 e 2). Recorde-se o crime de **danificação de documento** do artigo 259º, no capítulo das falsificações. Nada impede que se utilize também aqui a noção dada para o capítulo das falsificações pela alínea c) do artigo 255º relativamente aos documentos de identificação ou de viagem. O artigo 261º contém o desenho típico do crime de uso de documento de identificação ou viagem alheio.

5. O crime de rapto: artigo 161º

Caso nº 13   Sequestro/rapto. Uma pessoa inconsciente poderá ser sequestrada/ raptada? Dois amigos encontraram num bar, já bem bebida, uma jovem de 15 anos, vagamente conhecida de um deles. Como a rapariga se revelasse incapaz de acertar com o caminho de regresso, os dois, amparando-a, propuseram-se levá-la a casa, no carro em que se deslocavam. A meio do caminho, seguindo a jovem deitada no banco de trás da viatura, inconsciente e sem se dar conta do que se passava à sua volta, por causa das bebidas que tinha ingerido, um dos amigos sugeriu que fizessem um desvio e a levassem para uma mata a uns cinco quilómetros, para com ela manterem relações de cópula, o que acabaram por fazer, sempre com a rapariga inconsciente.

Dispõe o artigo 160º: 1 – Quem, por meio de violência, ameaça ou astúcia, raptar outra pessoa com a intenção de: a) Submeter a vítima a extorsão; b) Cometer crime contra a liberdade e autodeterminação sexual da vítima; c) Obter resgate ou recompensa; ou d) Constranger a autoridade pública ou um terceiro a uma ação ou omissão, ou a suportar uma atividade; é punido com pena de prisão de 2 a 8 anos. 2 – Se no caso se verificarem as situações previstas: a) No nº 2 do artigo 158º, o agente é punido com pena de prisão de 3 a 15 anos; b) No nº 3 do artigo 158º, o agente é punido com pena de prisão de 8 a 16 anos.

a) O rapto representa no fundo um especial sequestro: contém um **elemento finalístico**, uma determinada intenção (*Atas*, 24, 24) ligada ao modo de realização típica que as diversas alíneas do nº 1 do artigo 160º enumeram. A privação da liberdade tem de ser determinada com a finalidade de exercer sobre a vítima alguma das ações especificamente referidas na lei, entre as quais uma ofensa contra a autodeterminação sexual da vítima – artigo 160º, nº 2, alínea *b*). O rapto realiza-se através de violência, ameaça ou astúcia. O sujeito atua para atingir um fim determinado – um ou vários dos enunciados nas alíneas *a*) a *d*), do nº 1. Da sua inclusão no capítulo dos crimes contra a liberdade pessoal retira-se que, no rapto, a agressão da liberdade de movimento pessoal do sujeito passivo é, em última análise, a base fundamental da incriminação.

No caso anterior, os dois amigos privaram a jovem da sua liberdade – em lugar de a levarem a casa, como se tinham proposto, acabaram por transportá-la para uma mata, tencionando manter com ela relações de sexo. Esta forma de atuação constitui **violência**, que é um dos meios típicos de raptar outra pessoa (artigo 160º). Podem, no entanto, surgir outros problemas porque, estando a vítima inconsciente, não se manifestou contra nem estava em condições de o fazer. Todavia, a vontade não tem que ser atual, a norma não a exige, bastará a vontade presumida da rapariga – se esta não estivesse inconsciente, presumivelmente, ter-se-ia oposto aos desígnios dos dois amigos.

Caso nº 14 A, B e C transportaram a vítima e mantiveram-na, durante dez dias, em três habitações diferentes, presa com correntes de aço que amarravam as pernas e pulsos entre si e entre estes e uma cama, onde as fecharam com cadeados. Enquanto era mantida acorrentadas sofreu intimidação, pressão psicológica e foi agredida em várias partes do corpo, o que lhe provocou debilitação física, escoriações, equimoses e dores. Foi, além disso, impedida de mudar de roupa, de se mexer ou sair da divisão em que foi colocada e durante todo o período em que esteve retida contra vontade esteve sempre sob a vigilância de, pelo menos, um dos arguidos, só tendo sido libertada por intervenção policial. A, B e C agiram de modo livre e consciente com o intuito de obterem, em troca da libertação daquela, quantia monetária não inferior a cinco mil euro.

A matéria de facto retrata o que se passou no caso do acórdão do STJ de 11 de janeiro de 2007, no processo nº 06P3843, *relator*: Conselheiro Rodrigues da Costa. O crime é o de rapto agravado dos artigos 160º, nºs 1, alíneas *a*) e *c*), e 2, alínea *a*), e 158º, nº 2, alíneas *a*) e *b*)

Caso nº 15 Tentativa de rapto. O A parou o carro que conduzia ao lado da E e abriu a porta da frente do lado direito. Em seguida agarrou-a pelo cabelo e puxou-a violentamente para o interior da viatura, dizendo-lhe "ou entras ou mato-te". E começou a gritar e o A largou-a e disse-lhe para se ir embora. O A agiu com o propósito de raptar a E para, desta forma, praticar crime contra a autodeterminação sexual da menor, só não conseguindo por a E ter começado a gritar. Acórdão do STJ de 13 de julho de 2005, processo 05P2109, *relator*: Conselheiro Henriques Gaspar.

Encontram-se preenchidos os elementos do crime de rapto na **forma tentada**: prática de atos que já são idóneos a começar a produzir o resultado típico, e que se seguiriam atos que segundo a normalidade das coisas produziriam o resultado (a privação da liberdade da vítima), com a intenção, especificamente provada, exigida como elemento determinante, só não se desenvolvendo os atos sequentes e suscetíveis de conduzir à consumação (privação da liberdade e transferência de um lugar para outro) por circunstâncias exteriores ao agente – o facto de a vítima ter começado a gritar, que determinou o recorrente a largá-la. O A praticou o crime de rapto (e não apenas o de sequestro), na forma tentada, relativamente à menor E: artigos 160º, nºs 1 e 2, alínea b), e 22º.

Caso nº 16 A raptou uma menor, com oito anos de idade, prendendo-a na bagageira do carro, onde foi levada para longe de casa, num percurso de cerca de oito quilómetros. Por parte de A deu-se a prática de atos sexuais sobre a menor, nomeadamente a repetida apalpação da vulva.

Existindo um crime contra a autodeterminação sexual imediatamente antecedido de um crime de rapto, coloca-se a questão de saber se este estará consumido por aquele ou se deverá ser objeto de uma punição autónoma. A razão do problema reside em o rapto ser crime de intenção, podendo pensar-se que, quando se comete crime contra a autodeterminação sexual da vítima (alínea b) do nº 1 do artigo 161º), o ilícito será único. O acórdão do STJ de 25 de março de 2010, 544/08.6, *relator*: Conselheiro Souto de Moura, entendeu porém que, a partir do momento em que se autonomizou o crime de rapto do de coação sexual, procedem as circunstâncias típicas qualificativas que a lei preveja para cada um. O cometimento do crime de rapto corresponde a um momento da atuação do A, em que a superioridade física em razão da idade foi um facto. A circunstância da vítima ser menor de 14 anos, torna-a por si só merecedora de maior proteção relativamente à coação sexual ou à violação. Daí a qualificação separada dos dois crimes: um crime de rapto agravado dos artigos 161º, nºs 1, alínea b), e 2, alínea a), e 158º, nº 2, alínea e), e um crime de coação sexual agravada dos artigos 163º, nº 1, e 177º, nº 6.

6. Tomada de reféns: artigo 162º

O crime de **tomada de reféns** (artigo 162º) tem a ver com exigências do Direito Internacional (como de resto o tráfico de pessoas) e já fora objeto de convenções internacionais. Exige-se um dolo específico e complexo: a intenção de realizar finalidades políticas, ideológicas, filosóficas ou confessionais e ainda de, por essa forma, constranger um Estado, uma organização internacional, uma pessoa coletiva, um agrupamento de pessoas ou uma pessoa singular, a uma ação ou omissão ou a suportar uma atividade. A figura típica aqui subjacente é a do sequestro; o artigo pretende dar resposta a duas necessidades: – objetivos de política criminal da ONU, de acordo com uma dogmática penal que não abunda nos documentos internacionais; – criar um tipo legal que, dentro do nosso sistema, aparece com alguma autonomia. Situação de facto exemplificativa do nº 3 do artigo 161º: sequestro de avião como forma de obrigar à libertação de determinado indivíduo; o avião é no entanto obrigado a fazer uma escala em determinado aeroporto, aproveitando-se dessa circunstância uma outra organização criminosa para prosseguir finalidades do tipo das enunciadas no nº 1.

7. Intervenções e tratamentos médico-cirúrgicos arbitrários: artigo 156º

Bem jurídico protegido, quando se fala de intervenções e tratamentos médico--cirúrgicos arbitrários, só pode ser a *liberdade de dispor do corpo e da própria vida*. Estará então em causa a livre decisão sobre a realização ou a permissão de um tratamento, e não a integridade física como tal. No exercício da sua profissão, o médico está vinculado à autodeterminação do paciente. Este direito de autodeterminação tem que ser simultaneamente protegido e respeitado. Protegido contra intervenções levadas a cabo em contrário da vontade do paciente. Por outro lado, as intervenções consentidas ou mesmo pedidas pelo paciente devem ficar impunes também para o médico; há de respeitar-se a vontade do paciente como causa de exclusão da punibilidade[44].

O legislador decidiu-se pela legitimidade de princípio do tratamento, salvo nos casos em que se pode "concluir com segurança que o consentimento seria recusado". Para se punir o médico não será bastante poder supor-se razoavelmente (artigo 39º, nº 2) que o consentimento seria recusado, antes terá de se produzir prova que permita concluir com segurança que o consentimento seria recusado[45].

Nesta área problemática, o legislador optou por definir expressamente os tópicos a que o esclarecimento do médico deve estender-se, enquanto pressuposto de consentimento válido e eficaz. Além disso, no artigo 157º o legislador respondeu à questão do chamado *privilégio terapêutico*, já que o médico poderá omitir o esclarecimento sempre que ele implique circunstâncias que a serem conhecidas pelo paciente seriam suscetíveis de lhe provocar perturbações comprometedoras da finalidade visada.

Há intervenções médicas que caem fora do círculo da ação médica (artigo 150º). São, por exemplo, as realizadas com finalidade cosmética, de investigação

---

[44] C. Andrade, *Consentimento e Acordo*, p. 453.
[45] C. Andrade, *Consentimento e Acordo*, p. 457.

científica, para doação de tecidos ou órgãos e esterilização não terapêutica. Essas intervenções médicas são, em princípio, atentatórias da integridade física. Só que a sua eficácia indiciadora da ilicitude pode ser neutralizada por concorrência de causa de justificação bastante. A começar pelo **consentimento-justificação**, a verificarem-se os seus pressupostos e respeitadas as suas limitações normativas, nomeadamente as decorrentes da cláusula dos **bons costumes**. Pois se o regime dos tratamentos arbitrários se circunscreve à ação terapêutica em sentido estrito, então todas as demais formas de intervenção médica que não se reconduzam a este figurino terão forçosamente de suscitar o problema da existência ou não da lesão corporal, suscetível de justificação mediante consentimento[46].

III. Situações de privilegiamento: artigo 161º, nº 3, e 162º, nº 4

No caso dos artigos 161º e 162º, se o agente voluntariamente renunciar à sua pretensão e libertar a vítima, ou se esforçar seriamente por o conseguir, pode a pena ser especialmente atenuada. É um modo de consagrar o chamado *direito penal premial*. A justificação do privilegiamento vem do exemplo italiano. O artigo 25º (desistência em caso de comparticipação) não dá resposta às exigências deste direito. Recorde-se que nalguns ordenamentos, nos casos de terrorismo, a responsabilidade substantiva do arrependido é geralmente afastada (a pena pode ser especialmente atenuada ou não ter lugar a punição), dada a sua colaboração processual com as autoridades. *Atas*, nº 45, p. 501: razão do não privilegiamento do sequestro (cf. o artigo 162º) – aí não encontramos uma intenção determinada (que vá além da simples privação da liberdade) como no rapto ou na tomada de reféns.

IV. Outros casos

Caso nº 17 Sequestro? Prisão ilegal? Coação grave? – artigos 158º, 369º, nº 4, 155º, nº 1, alínea *d*)? *A*, guarda da PSP, patrulha, em uniforme, uma das artérias dum bairro periférico da cidade, onde às tantas repara em *B*, que por ali transita de bicicleta, vestido com uns calções sem bolsos, umas sapatilhas e uma *t-shirt*. Em certa altura, *B* tira as mãos do guiador e *A* dirige-se-lhe nos seguintes termos: "Ei, chefe, você não sabe que não pode guiar sem mãos?" À resposta negativa de *B*, *A* insiste: "chefe", "você, encoste aí". Solicitado a exibir os seus documentos de identificação, *B* responde que não os levava consigo.

---

[46] Cf. C. Andrade, *Consentimento e Acordo*, p. 464.

Perguntado sobre a sua identificação disse o nome e morada e que era médico num dos hospitais da cidade. *A* mandou então que *B* metesse a bicicleta num carro da polícia que entretanto acorrera com reforços e que entrasse na viatura. A seguir foi conduzido à esquadra. Foi aí elaborado um auto de identificação e um auto de contraordenação em virtude de *B* conduzir sem as mãos no guiador (artigo 11º, nº 2, do Código da Estrada). *B* saiu da esquadra cerca de duas horas depois de ali ter dado entrada. Apresentou queixa contra *A*, que se defendeu, dizendo que estava convencido de que a bicicleta teria sido "apanhada algures".

Os tribunais enfrentam-se frequentemente com casos que envolvem medidas processuais de caráter coativo e cautelar. Por seu turno, as polícias enfrentam situações de algum melindre quando tratam de deter para identificação ou quando detêm em flagrante delito. A seguir, referem-se alguns casos jurisprudenciais, onde se debateu a existência de sequestro ou de prisão ilegal – cf. o artigo 369º, nº 4, e o nº 5, que pune a *negligência grosseira*. Repare-se ainda no artigo 155º, nº 1, alínea *d*), que trata como coação grave a realizada por funcionário com *grave abuso de autoridade*.

Caso nº 18 *J* seguia conduzindo o seu automóvel por uma das ruas da cidade, tendo parado ao reparar que um outro automobilista fazia menção de deixar um lugar onde podia estacionar. Estando a ficar demorada a manobra de saída do carro estacionado, formou-se uma fila de cerca de 15 carros atrás do carro de *J*, que lhes impedia a passagem. A impaciência dos que esperavam passou às tantas a exprimir-se em sonoras buzinadelas, tendo aparecido *G*, guarda da PSP em uniforme, que mandou que *J* avançasse por estar a estorvar o trânsito. *J* retorquiu que o que queria era estacionar e não prosseguir a marcha, mas o guarda insistiu e de novo mandou que *J* retirasse dali o carro e parasse, mais à frente, em lugar que lhe indicou, o que acabou por ser feito. *G* deu voz de prisão a *J* por desobediência. Em julgamento, *J* foi absolvido. Queixou-se de *G* por detenção ilegal.

Caso nº 19 *F*, juiz de direito, manobra para estacionar o seu automóvel numa das vagas que, finalmente!, encontra num dos parques de estacionamento da cidade. *H* antecipa-se-lhe e aproveita a vaga que para ele também é bem-vinda, o que gera imediata troca de palavras, com o juiz a identificar-se nessa qualidade e a mandar que o outro retire o carro que, diz, estacionou abusivamente, sob pena de desobediência, não o fazendo. *H* não retira o carro e *F* dá-lhe voz de prisão, invocando ter sido desobedecido. *H* é conduzido nessa situação até ao tribunal de instrução criminal, mas logo que ali chegam *F* diz ao outro que se vá embora e que "está perdoado". *H* apresenta queixa contra *F* por detenção ilegal.

A atuação no exercício de um cargo público envolve, por vezes, nas relações com os outros, a utilização de instrumentos de coação, relativamente aos quais se invocam **autorizações legais**, que no processo penal justificam a prática pelos agentes da autoridade de intromissões nos direitos fundamentais dos cidadãos que constituem ações criminalmente típicas, por ex., coação ou violação de domicílio[47]. Os pressupostos de caráter geral dessa atuação passam pela aplicação do princípio da *proporcionalidade*, no *seu sentido de proibição de excesso*. Enquanto princípio que deriva imediatamente das mais profundas conceções de justiça e que aparece ligado à ideia de "moderação" e de "justa medida" ele reclama o exercício equilibrado do poder nessa esfera relacional[48]. Tanto o princípio da *proibição de excesso* como o da *proporcionalidade* na atividade coativa do Estado estão conexionados com o princípio do Estado de direito ou mesmo com os direitos fundamentais. Por exemplo, de acordo com o artigo 272º, nº 2, da Constituição da República, as medidas de polícia são as previstas na lei, isto é, têm nela um fundamento necessário e só na estrita medida do necessário é que devem ser utilizadas[49]. "Trata-se de reafirmar, de forma enfáctica, o princípio constitucional fundamental em matéria de atos públicos potencialmente lesivos de direitos fundamentais e que consiste em que eles só devem ir até onde seja imprescindível para assegurar o interesse público em causa, sacrificando no mínimo os direitos dos cidadãos"[50].

---

[47] Tenha-se presente, de modo especial, as apreensões, que são autorizadas, ordenadas ou validadas por despacho da autoridade judiciária (artigo 178º, nºˢ 3 e 4, do CPP, interessando ainda os respetivos artigos 174º, nº 4, alínea *c*), e 256º, nº 2, última parte). O CPP contém igualmente regras atinentes a formas especiais de apreensão nos artigos 179º (apreensão de cartas, encomendas, valores, telegramas ou qualquer outra correspondência), 180º (apreensão em escritório de advogado ou em consultório médico), 181º (apreensão em estabelecimento bancário) e 182º (segredo profissional ou de funcionário e segredo de Estado).
[48] Na verdade, o Estado democrático não pode deixar de ter relações de supra e de subordinação, havendo situações em que, autorizando-se o mando de uns, se impõem deveres de obediências a outros (cf. Karl Larenz, *Derecho Justo, Fundamentos de etica juridica*, reimp., 1993, p. 145).
[49] Cf. J.J.Gomes Canotilho, *Direito Constitucional*, 5ª ed., p. 386. O princípio da *adequação de meios* tem insistente expressão a nível da lei ordinária. Veja-se o regime instituído pelo Decreto-Lei nº 457/99, de 5 de novembro, sobre o recurso a arma de fogo em ação policial. Só é de admitir o uso de arma de fogo contra pessoas quando tal se revelar necessário para repelir agressões que constituam um perigo iminente de morte ou ofensa grave que ameace vidas humanas. Na Resolução 34/169, de 17 de dezembro de 1978 (Assembleia Geral das Nações Unidas) recomenda-se que em geral se não utilizem armas de fogo, exceto quando um suspeito ofereça resistência armada ou quando, de qualquer forma, coloque em perigo vidas alheias e não haja, com caráter de suficiência, medidas menos gravosas para o dominar ou deter.
[50] J. J. Gomes Canotilho – Vital Moreira, *Constituição da República Portuguesa*.

Com efeito, perante "estruturas de dominação" produz-se sempre o perigo do abuso, perigo que tem os seus fundamentos no mais profundo da natureza humana. A conduta de um funcionário pode, desde logo, integrar objetivamente um ilícito penal, se dela tiver resultado, por exemplo, a morte de uma pessoa, a produção de uma ofensa corporal, a revelação do segredo da correspondência, a privação da liberdade de alguém ou se consistir na entrada em domicílio alheio. Havendo abuso, fica prejudicada, como bem se compreende, a justificação destes comportamentos, que passam a poder ser rotulados de ilícitos. O que se disse, se por um lado revela a tensão entre **coação/equilíbrio** e **coação/abuso**, ajuda por outro a distinguir o plano mais vasto do exercício de um cargo público, com os seus peculiares resultados ao nível das circunstâncias eximentes e o consequente enquadramento na parte geral do Código Penal, do desenho típico dos "crimes especiais dos funcionários públicos" ou "crimes cometidos no exercício de funções públicas", ou outros, previstos na parte especial.

Caso nº 20   Dois agentes da Polícia Judiciária, perante a resistência de B que queriam ouvir como testemunha e que tinham convidado a acompanhá-los às instalações dessa polícia, introduzem B contra a sua vontade na viatura policial, depois de o agredirem a soco e a pontapé e o terem agarrado pelos braços. Uma vez aí chegados mantiveram B detido durante algum tempo até ser ouvido.

O emprego de medidas de polícia deve ser sempre justificado pela estrita necessidade; não podem utilizar-se medidas gravosas quando medidas mais brandas sejam suficientes; não é legítimo o recurso a procedimentos limitativos da liberdade e segurança das pessoas fora dos casos expressamente admitidos pela Constituição e pela lei. É censurável e integra a autoria do **crime de sequestro** a conduta dos dois agentes da PJ: acórdão do STJ de 18 de dezembro de 1996 *BMJ* 462, p. 310.

Caso nº 21   A e B, graduados da PSP, levaram o C, de quem suspeitavam ter praticado um crime de roubo, para uma cela da esquadra onde prestavam serviço e aí o mantiveram durante 1 hora e 45 minutos, contra a vontade do mesmo, assim o privando da sua liberdade.

A e B preencheram os elementos típicos do **crime de sequestro** do artigo 158º. Não se justificando legalmente a detenção ou privação da liberdade a que o ofendido foi sujeito, não pode verificar-se o **crime de prisão ilegal**, mesmo que em cumulação aparente com o de sequestro. O crime de sequestro aqui em causa sofre de agravação qualificativa—privação de liberdade acompanhada de tortura, tratamento cruel e desumano e abuso grosseiro dos poderes inerentes às funções públicas dos agentes. O crime de **sequestro agravado**, dada a pena que lhe cabe, está, por isso, sujeito quanto ao respetivo procedimento criminal, ao prazo de prescrição de 10 anos. A conduta dos arguidos, violadora da integridade física do ofendido, não integra o crime de ofensas corporais, que já está valorada nas circunstâncias qualificativas do crime de sequestro (acórdão do STJ de 9 de janeiro de 1997 *CJ*, ano V (1997), tomo 1, p. 167).

Caso n.º 22   *A* algemou *B* dentro de uma esquadra de polícia que estava a comandar na altura, mantendo-a sem ela poder fruir de liberdade, durante cerca de uma hora no interior dessa esquadra. Depois de algemada a *B*, foi esclarecido que ela não podia ser detida, por não se verificar a prática de qualquer crime em flagrante delito punível com pena de prisão superior a 3 anos. *A* ouviu insistências no sentido de soltar *B*, mas continuou indiferente a tais protestos e, pelo contrário, ainda apertou mais as algemas.

Com a sua conduta o *A* cometeu o crime de **prisão ilegal**. O artigo 191.º do Código de Processo Penal é expresso em estatuir que "a liberdade das pessoas só pode ser limitada, total ou parcialmente, em função de exigências processuais de natureza cautelar..."; e, neste caso, a liberdade da ofendida foi limitada, quando ficou algemada dentro de uma esquadra de polícia, em situação em que nunca o poderia ser. Nenhuma pessoa, nas circunstâncias em que a *B* se encontrava podia ter sido presa da forma como a *B* o foi; ela, especialmente, muito menos o poderia ter sido, dada a sua qualidade de juiz de direito, por força do disposto no artigo 1.º, n.º 1, do Estatuto dos Magistrados Judiciais, acórdão do STJ de 30 de junho de 1993, *BMJ* 428, p. 357.

O "convite" ou a "ordem" de deslocação acompanhada de um cidadão à esquadra, dada por quem tem competência para o fazer, mas baseada em factos não verídicos, por razões meramente pessoais e de vingança, integra a prática pelo respetivo agente de um **crime de prisão ilegal**, acórdão do STJ de 19 de dezembro de 1996, Processo n.º 951/96.

V. Outras indicações de leitura

Eduardo Correia, Unidade e Pluralidade de Infrações, p. 23: Na estrutura dos crimes permanentes [como o sequestro] distinguem-se "duas fases: uma, que se analisa na produção de um estado antijurídico, que não tem aliás nada de característico em relação a qualquer outro crime; outra, e esta propriamente típica, que corresponde à permanência ou, vistas as coisas de outro lado, à manutenção desse evento e que para alguns escritores consiste no não cumprimento do comando que impõe a remoção pelo agente dessa compressão de bens ou interesses jurídicos, em que a lesão produzida pela primeira conduta se traduz".

O chamado síndroma de Estocolmo: atividades terroristas, com rapto ou sequestro de vítimas, que se tornam simpatizantes das suas causas mediante técnicas de controlo. Em 1973 três mulheres e um homem foram mantidos reféns, durante vários dias, num assalto a um banco de Estocolmo. Os reféns acabaram por desenvolver uma relação especial com os raptores.

Ortega y Gasset, La ideia de principio en Leibniz, p. 355: notório é que "ameaçar" vem de minari, um termo da vida pastoril que entrou na língua clássica de Roma e significa "atirar pedradas, lançar de longe o garrote, fazer o pastor gestos ríspidos ao gado".

Decreto-Lei nº 254/2003, de 18 de outubro, alterado pelo Decreto-Lei nº 208/2004, de 19 de agosto: Aprova o regime da prevenção e repressão de atos ilícitos praticados a bordo de aeronaves civis, em voos comerciais.

Acórdão da Relação de Évora de 14 de março de 1995, *CJ*, ano XX (1995), t. II, p. 274: crime de prisão ilegal; erro sobre a proibição e erro sobre a factualidade típica; crime negligente.

Acórdão da Relação de Lisboa de 9 de abril de 2002, *CJ* 2002, tomo II, p. 142: ameaça de "partir os cornos".

Acórdão da Relação de Lisboa de 9 de fevereiro de 2000, *CJ* ano XXV (2000), tomo I, p. 149: crime de ameaça; disparo de tiro para o ar.

Acórdão da Relação do Porto de 10 de novembro de 2010, *CJ* 2010, tomo IV, p. 229, *relator*: Desembargador Artur Oliveira: não comete o crime de rapto, mas um crime de sequestro, aquele que agarra outrem e o leva para um local distante com o propósito de o obrigar a pagar-lhe uma dívida que tinha consigo.

Acórdão da Relação do Porto de 19 de julho de 2006. O agente que atravessa na estrada o automóvel que conduz, com vista a impedir a passagem de outro que circula em sentido contrário, o que consegue, compelindo o condutor deste a imobilizá-lo, comete o crime de coação.

Acórdão da Relação do Porto de 25 de janeiro de 2006. Se, numa situação de confronto entre duas pessoas, uma diz à outra: "eu mato-te", não se está perante um anúncio de mal futuro, indispensável à verificação do crime de ameaça.

Acórdão da Relação do Porto de 7 de fevereiro de 2007. Crime de coação; consumação. Não integra o tipo objetivo do crime de coação a conduta do presidente de um clube de futebol que, no intervalo de um jogo em que participava a equipa desse clube, diz ao árbitro: "O senhor já nos roubou dois penaltis; olhe que o pessoal daqui é muito mau; eu não me responsabilizo pelo que vier a acontecer".

Acórdão do STJ de 15 de maio de 2002, *CJ* 2002, tomo II, p. 199: crime de coação grave na forma tentada.

Acórdão do STJ de 2 de maio de 2002, *CJ* 2002, tomo II, p. 184: crime de ameaça como crime de mera ação e perigo.

Acórdão do STJ de 29 de maio de 1998, *BMJ* 477 p. 147: crime de sequestro qualificado, tratamento cruel; abuso grosseiro.

Acórdão do STJ de 5 de abril de 2000, *BMJ* 496 p. 39: crime de sequestro, bem jurídico protegido. Crime de coação. Crime de coação sobre funcionário.

Acórdão do Tribunal Constitucional nº 479/94 *BMJ* 439 p. 69: medidas de polícia; obrigatoriedade de porte de documento de identificação; privação da liberdade.

Parecer nº 52/93 da Procuradoria-Geral da República, publicado no *BMJ* 433, p. 6: "autoridade policial", "medidas de polícia", "meios coercivos", "processo sumário", "flagrante delito", "detenção".

Bento de Faria, Código Penal Brasileiro (comentado), vol. IV.

Costa Andrade, Consentimento e Acordo em Direito Penal, p. 514 e passim.

E. Magalhães Noronha, Código Penal Brasileiro comentado, 5º vol., 1958.

Eduardo Maia Costa, Comentário ao Ac. do STJ de 5 de março de 1992, Revista do Ministério Público, nº 52 (1992), especialmente sobre limites das medidas de polícia.

Erich Fromm, O medo à liberdade, Zahar Editores, Rio, 1960.

Euclides Dâmaso Simões, Tráfico de Seres Humanos, JULGAR on line – 2009.

H. Blei, Strafrecht, II, BT, 12ª ed., 1983.

Hannah Arendt, Condition de l'homme moderne, Pocket, Calmann-Lévy, 1983.

J. J. Gomes Canotilho – Vital Moreira, Constituição da República Portuguesa anotada, 3ª ed. revista, 1993.

Jan Philipp Reemtsma, Um Buraco fora do Mundo. Memórias de um sequestro, Quetzal, 1998.

Joachim Hruschka, Die Nötigung im System des Strafrechts, JZ 1995, p. 737; publicado em tradução espanhola, "Imputación y derecho penal", La coacción en el sistema del derecho penal, 2005.

Johannes Wessels, Strafrecht, BT 1, 17ª ed., 1993.

John Stuart Mill, Sobre a liberdade, tradução portuguesa de "On liberty", por Isabel Sequeira, PEA.

José Cerezo Mir, Delitos de atentado, resistencia y desobediencia, Problemas fundamentales del derecho penal, 1982.

José de Faria Costa, O Perigo em Direito Penal, p. 524 e ss.

M. Cobo del Rosal-J. C. Carbonell Mateu, Delitos contra la liberdad y seguridad, cuestiones generales, coacciones, amenazas, in M. Cobo del Rosal *et al.*, Derecho Penal, Parte especial, 3ª ed., 1990.
Rudolf Rengier, Strafrecht BT II, 4ª ed., 2002.
Volker Krey, Liberdade de manifestação e direito penal, Revista de Direito e Economia, 8 (1982), p. 25 e ss.
Volker Krey, Strafrecht BT Band I, 9ª ed., 1994.

8 – CRIMES SEXUAIS

I. Generalidades

Caso nº 1 Liberdade sexual e *blue-jeans*. As declarações da vítima de violência sexual devem ser alvo de uma análise rigorosa por parte do julgador, nomeadamente, quando não são conciliáveis com a versão do arguido. Um bom exemplo disso é o caso da queixosa que envergava *jeans*, os quais, todavia, não apresentavam sinais reveladores de uma vigorosa resistência da vítima ao seu agressor. A experiência comum mostra que é quase impossível abrir os *jeans* sem a efetiva colaboração de quem os veste, acontecendo até que se trata de uma operação difícil mesmo para essa pessoa. Cf. a Cassazione penale de 6 de novembro de 1998, *Riv. ital. dir. proc. penale*, 1999. O arguido protestara a sua inocência, sustentando que a jovem tinha consentido nas relações sexuais no intervalo de uma aula de condução automóvel. O tribunal de 1ª instância dera crédito à queixosa, argumentando que não havia qualquer motivo para crer numa acusação falsa e caluniosa.

O tribunal coletivo aprecia livremente a prova, ainda que com algumas limitações: artigo 127º do Código de Processo Penal. Não está porém inibido de socorrer-se das declarações dos ofendidos, desde que credíveis e coerentes. Tratando-se de crimes sexuais, essas declarações têm especial valor, dado o ambiente de secretismo que rodeia o seu cometimento. Tenha-se presente que no crime de violação a vítima não necessita de lutar até ao esgotamento, para que a violência, característica típica, possa ser afirmada. Há **violência** sempre que o ato seja praticado *contra ou sem a sua vontade*, sendo até irrelevante o consentimento para a cópula quando este não for livre diz-se, por ex., no acórdão da Relação do Porto de 6 de março de 1991, *CJ* 1991, tomo II, p. 287. Certa jurisprudência utiliza este critério restritivo, conhecido na América por "narrow understanding", pondo-se o acento tónico da violação ("rape") na falta de consentimento, de tal forma que a relação sexual sem o acordo do parceiro passa a ser interpretada como uma parte da definição legal, embora, do ponto de vista típico, a lei americana requeira o emprego da força ou a ameaça da força. Deste modo, se uma mulher diz "não" e o homem não se detém (*doesn't stop*) poderá vir a ser condenado por violação. Alguns setores, no entanto, exigem para a ausência de consentimento um enérgico (*firm*) Stop! E não um simples e porventura dúbio (ou que assim possa ser interpretado por os atos entrarem em contradição com as palavras) "talvez devêssemos parar"![1].

No sentido imposto pelo correspondente tipo de ilícito, nomearemos, por ex., o acórdão do STJ de 27 de novembro de 1991, *BMJ* 411, p. 303: acha-se preenchido o conceito de **violência física** para os fins do artigo [164º] do CP, quando a ofendida, menor de quinze anos de idade, foi coagida à prática de cópula pela mãe e por um homem de 32 anos de idade, agindo concertadamente e não hesitando em *recorrer à força* para lhe anularem a vontade, não podendo exigir-se ou esperar-se da ofendida mais defesa contra um ato que não queria.

1. A criminalidade sexual, a moral e os bons costumes

Caso nº 2 No avião para Paris, *A*, indivíduo dos seus cinquenta anos conhece *B*, secretária de empresa, de trinta e cinco anos. Combinam jantar e encontrar-se no mesmo quarto de hotel. Durante as práticas sexuais a que se dedicam, *A* amarra a *B* e golpeia-a várias vezes com um chicote que costumava trazer consigo quando se deslocava em serviço da firma. *B* consentiu nesse tipo de relações.

O movimento liberal e progressista iniciado nos anos sessenta do século passado trouxe consigo um modelo descriminalizador que levou à desaparição dos códigos penais de condutas como a homossexualidade e a prostituição entre adultos, o adultério ou o suicídio tentado, entre outras.

A República Federal Alemã pôs de pé, entre 1969 e 1973, uma vasta reforma do direito criminal sexual, que veio a ganhar novo fôlego no período de 1998-2003. Nas discussões havidas nos anos sessenta e setenta, para além das exigências de liberalização e reforma da politica social e criminal, apareceram propostas no sentido de esvaziar o direito penal sexual de representações moralizadoras, orientando-o para a proteção de bens jurídicos em detrimento da tutela dos sen-

---

[1] Cf., por ex., Cathy Young, "Julian Assange, Feminism, and Rape", *Reason*, December 22, 2010. Com estas posições é possível concluir, embora com um toque de exagero, que existem tantas noções de violência quantos os tipos de crime que têm a violência contra a pessoa entre os seus elementos típicos.

timentos coletivos, dos conceitos da moral sexual então dominante. A questão mais debatida durante os trabalhos preparatórios terá sido a de saber se e em que medida deveria o legislador intervir com proibições de natureza criminal nas condutas sexuais de adultos. As intervenções deslocaram-se da esfera de um direito penal intrinsecamente ligado à ideia dominante da "moralidade", para se fixar na da liberdade sexual do indivíduo como fundamento da incriminação dos comportamentos[2]. Na Áustria, porém, o movimento reformista só veio a ganhar definitiva expressão com as alterações em vigor desde 1 de maio de 2004. Desconsideraram-se conceitos, como o de *Unzucht* ou "ato contrário ao pudor", que ainda ostentava uma forte carga de imoralidade, e apareceram designações novas, como a de "ato contra a integridade e a autodeterminação sexual". Elaborou-se um tipo de crime de coação sexual e passou a tutelar-se efetivamente a integridade de pessoas carecidas de especial proteção e a exploração de certas atividades sexuais.

O nosso Código Penal de 1982 tinha-se já desligado do conceito de *crime contra a honestidade*, que prevalecera no código de 1886[3]. Manteve-se no entanto fiel a noções como o atentado ao pudor, o ultraje público ao pudor e o ultraje ao pudor de outrem.

Mas ao legislador – insistia Roxin – "falta em absoluto a legitimidade para punir condutas não lesivas de bens jurídicos, apenas em nome da sua imoralidade". Essa é hoje uma ideia geralmente aceite, incluindo na Áustria, que terá sido o último país do ocidente da Europa a mudar de paradigma quanto aos crimes sexuais (StRÄG 2004). Entende-se modernamente que não há lugar à incriminação

---

[2] Veja-se, extensamente, sobre o tema, Karl Heinz Gössel, *Das neue Sexualstrafrecht: eine systematische Darstellung für die Praxis*, De Gruyter, Berlim, 2005; Detleft Schläfke et al., *Sexualstraftaten: forensische Begutachtung, Diagnostik und Therapie*, Schattauer, 2005; e Hans-Jörg Albrecht, "Die Determinanten der Sexualstrafrechtsreform", ZStW 111 (1999).

[3] Nas Ordenações, o "travesti" era castigado com açoites ou com degredo, a sodomia e o incesto com a morte pela fogueira. No Código Penal de 1852 havia os chamados crimes contra a honestidade, mas não se punia o incesto, a homossexualidade e a prostituição. Atente-se nas posteriores mudanças de rubrica: dos **crimes contra os costumes**, aos **crimes sexuais** e por fim aos **crimes contra a liberdade e autodeterminação sexual**. O Código de 1982 também não pune o incesto, o homossexualismo, nem o adultério, embora atualmente puna o que chama de "recurso à prostituição de menores" no artigo 174º. "Se pedíssemos a dez antropólogos modernos que designassem uma instituição humana universal, é provável que nove deles escolhessem a proibição do incesto; na realidade, muitos deles já a qualificaram expressamente como a única universal", escreveu Alfred Kroeber. Veja-se igualmente George P. Fletcher, "The Relevance of Law to the Incest Taboo", *Fest. für W. Hassemer*, 2010, p. 321 e ss. Para explicar a proibição do **incesto**, alguns invocaram causas exclusivamente naturais. Outros veem nela apenas um fenómeno de origem puramente cultural. Para a maior parte dos antropólogos, esta proibição pode ser considerada como fazendo parte tanto da natureza como da cultura, escreve François Jacob, *O ratinho, a mosca e o homem*, Gradiva, 1997; cf. também Faria Costa, *O Perigo em Direito Penal*, p. 190 (26). Não se pune o incesto, mas certos crimes sexuais nele previstos são agravados se a vítima for ascendente, descendente, etc., do agente (cf. o artigo 177º, nº 1, alinea *a*)).

pelo simples facto de certas condutas serem consideradas moralmente repreensíveis. Não entra na missão do direito penal a prevenção da ilegitimidade moral sem caráter socialmente danoso. Os factos que não causam dano, mesmo que possam ser sentidos como imorais, não devem ser sancionados. Melhor dizendo (com Rudolphi): as puras imoralidades ficam fora do objeto das ameaças penais.

2. Aspetos da Reforma de 1995

Em Portugal, o passo decisivo deu-se com a revisão de 1995, aprovada pelo Decreto-Lei nº 48/95, de 15 de março, que expressamente encontrou na **liberdade sexual** o bem fundamental tutelado. A criminalidade sexual afastou-se assim quer da ideia dos *crimes contra os costumes*, que era a preferida no primeiro projeto do Prof. Eduardo Correia, quer da que assentava nos *crimes contra a honestidade*. Por outras palavras: abandonou-se a tutela de sentimentos coletivos da moral sexual dominante. É agora a liberdade sexual do indivíduo na esfera sexual – seja ou não adulto – que importa salvaguardar com a tutela penal.

Outra faceta do bem jurídico assenta no **desenvolvimento da personalidade do menor** na esfera sexual. Quando crianças e jovens são deixados à mercê de atividades sexuais específicas de outras idades, ou nelas se envolvem, o desenvolvimento da sua personalidade fica, potencialmente, sujeito a riscos, traumas e choques psicológicos impostos por terceiros. Por isso mesmo, os correspondentes tipos penais, acompanhando a ideia de que a prática de atos sexuais em menor, com menor ou por menor de certa idade, prejudica o seu desenvolvimento global, orientam-se para a *autodeterminação sexual*, protegendo de abusos uma vontade individual ainda insuficientemente acautelada nas épocas de formação. Sustenta-se que nestes casos, o bem jurídico protegido é mais exatamente a liberdade sexual *potencial – in fieri*.

Em resumo: com a reforma de 1995 passou a considerar-se unicamente legítima a incriminação de condutas do foro sexual se e na medida em que atentem contra um específico bem jurídico eminentemente pessoal, correspondente à liberdade de expressão sexual. Neste sentido, eliminou-se a referência ao *atentado ao pudor, ato contrário ao pudor ou ato que viola em grau elevado os sentimentos gerais de moralidade sexual*, que figuravam nos artigos 205º, 206º, 207º, 209º, 213º e 217º da redação originária do Código Penal de 1982.

Em lugar dessas expressões, apareceram outras como o *ato sexual de relevo*,[4] que a Lei nº 65/98 manteve.

---

[4] Acompanhadas de algumas observações pertinentes, como se pode observar da passagem que a seguir se transcreve, devida a Maria Margarida Silva Pereira, "Rever o Código Penal, Relatório e parecer da Comissão de assuntos constitucionais", *Sub judice/ideias*, 11, 1996, p. 7: "O espartilho do bem jurídico,

Foi com as posteriores alterações de 2007 (Lei nº 59/2007, de 4 de setembro) que o **crime de tráfico de pessoas**, constante do artigo 169º, "passou", com a mesma epígrafe mas com abundantes alterações de redação, para o artigo 160º, no capítulo dos crimes contra a liberdade pessoal. Tais alterações, repercutindo-se na abrangência do tipo de violação (artigo 164º), passaram a ocupar-se de novos ou renovados conceitos, por forma a cunhar como "**atos sexuais de relevo qualificados**" a cópula, o coito anal, o coito oral e a introdução vaginal ou anal de partes do corpo ou objetos (por ex., no artigo 166º, nº 2). Condensam modalidades típicas equiparadas entre si, mas diferentes de outras, como o "**ato sexual de relevo**" (artigo 163º, nº 1), conservado num escalão de gravidade "menor". O Código integrou nessa altura, no artigo 176º, um ilícito de "pornografia de menores" e incriminou, no artigo 174.º, o "recurso à prostituição de menores". Passaram a ser crime várias condutas afins da comercialização de pornografia infantil real e *simulada*, assim como a sua aquisição ou posse, mesmo que sem o propósito de divulgar ou ceder (nº 4 do artigo 176º, no respeitante aos materiais previsto na alínea *b*) do nº 1). Pune-se agora, provavelmente como maior novidade, a utilização de menor em fotografia, filme ou gravação pornográficos, *independentemente do seu suporte*. Uma decisão-quadro relativa à luta contra a exploração sexual de crianças e a pornografia infantil determinava que cada Estado-Membro deve tomar as medidas necessárias para garantir que "sejam puníveis a prática de atividades sexuais com crianças quando o agente ofereça dinheiro ou outras formas de remuneração ou pagamento"; daí a tipificação constante do artigo 174º, que tem em vista o *cliente* (sendo maior), havendo pagamento ou outra contrapartida.

Como ideia geral, pode continuar a sustentar-se que não é crime uma atividade sexual (qualquer que seja a espécie) praticada por adultos, em privado e com consentimento (acordo) mútuo. Corresponde às grandes linhas do paradigma liberal, uma vez que "só o caráter **coagido**, ou a **publicidade** com incómodo [veja-se agora o termo "**importunação**": artigos 170º, 171º, nº 3, alínea a), e 172º, nº 3] de terceiros, ou a **imaturidade** do parceiro poderão ser campos de atuação legítima da dissuasão penal em matéria de sexo"). Permitir o exercício da liberdade sexual sob a capa da proteção dos bons costumes, da corrupção sexual ou da decadência sexual, "supõe precisamente a incapacidade para conceber uma sociedade pluralista e tolerante, em que coexistem diferentes comportamentos,

tão eficaz e prestável noutras sedes, afrouxa aqui um tanto. Pois não é tão indiscutível proteger a vida, a integridade física ou o património como será decidir da incriminação da pornografia (delimitando com rigor o conceito) ou mesmo da prostituição. O bem jurídico é aqui mais volátil, e por isso se reconduz muitas vezes a uma não bem definida "moral pública" ou a um enigmático "sentimento geral de decência" sempre suscetíveis de comportar vários conteúdos. E acresce a essa teia de significados a circunstância de ser o mundo da moral sexual um mundo de tendencial insinceridade, uma terra com zonas de penumbra que não é simples, nem porventura possível, identificar em muitos dos seus aspetos", atitudes e valorações face à sexualidade, bem como uma profunda desconfiança pelo cidadão adulto, enquanto ser crítico e responsável, e por uma ordem social baseada na liberdade e autonomia dos cidadãos"[5].

É em nome da própria moral que deve exigir-se que o direito penal só intervenha na medida reclamada pela proteção dos bens jurídicos. "Perdidas as matrizes de legitimação teocráticas ou jusnaturalistas clássicas, a *necessidade terrena de proteção de bens jurídicos* desenhados por sobre a ordem jurídico-constitucional dos direitos, liberdades e garantias – torna-se em critério único e inarredável de legitimação do direito de punir. Sem que com isto, acentue-se, se menospreze ou muito menos se negue a existência de uma ordem metafísica ou moral de determinação e de julgamento da conduta humana. Bem ao contrário, é precisamente em nome de uma tal ordem – é em nome da própria "moral", como já em seu tempo proclamou S. Tomás – que deve exigir-se que o direito penal e os seus instrumentos punitivos só intervenham na medida reclamada pela proteção de bens jurídicos"[6].

II. O atual sistema do Código

a) No Código, os crimes sexuais aparecem divididos em duas secções:

– crimes contra a liberdade sexual (artigos 163º a 170º); e
– crimes contra a autodeterminação sexual (práticas sexuais com menores: artigos 171º a 176º).

A primeira destas duas secções aplica-se a todos (crianças e menores vítimas, adultos vítimas), sem exceção de idade ou de sexo, salvo o artigo 168º, que se refere à procriação artificial *em mulher.*

A segunda secção protege aqueles casos que *ou* não seriam crime se praticados entre adultos *ou* o seriam mas com outros limites (seriam, por ex., menos graves); a vítima ou é uma **criança** (menor de 14 anos) ou em todo o caso um **menor** (vítima "menor" de 16 anos ou vítima "menor" de 14 anos, para efeitos de agravação do artigo 176º; menor entre 14 e 16 anos (artigo 173º); menor entre 14 e 18 anos (artigos 172º e 174º); ou simplesmente um "menor", como acontece no lenocínio de menores (artigo 175º). Estará presente a liberdade e a autodeterminação sexual, mas acresce um outro bem jurídico que é do **livre**

---

[5] Karl P. Natscheradetz, *O Direito Penal Sexual*, Coimbra, 1985, p. 144.
[6] As palavras são de Jorge de Figueiredo Dias, "Carrara e o paradigma penal atual", *Revista de Direito e Economia* 14 (1988), p. 12.

desenvolvimento da personalidade do menor no plano sexual. Presume-se que a prática de atos sexuais *em* menor, *com* menor ou *por* menor de certa idade, prejudica o seu desenvolvimento global, convertendo-os em condutas merecedoras de pena, atenta a sua dignidade penal. No artigo 171º – só para dar o exemplo provavelmente mais relevante – pune-se a prática (sem violência) de ato sexual de relevo (que pode ser qualificado) com menor de 14 anos ("criança"), considerando-se por conseguinte irrelevante para o afastamento da ilicitude o seu "consentimento". Acautela-se o direito do menor a um desenvolvimento físico e psíquico harmonioso. A norma contém os traços identificadores de um *crime de perigo presumido*.

Disposições comuns pertinentes à "agravação" e à "queixa", constam, por sua vez, dos artigos 177º e 178º.

b) O tipo fundamental é atualmente o **abuso/coação sexual** (cf. os artigos 163º, "coação sexual", com duas modalidades, 165º e 166º "abuso sexual" de pessoa incapaz de resistência e de pessoa internada, e 171º "abuso sexual de crianças"). Materialmente, a violação é um caso especial de coação sexual, é aliás a forma mais grave de coação sexual, com as suas características específicas (comissão mediante cópula, coito anal, coito oral, e outras que agora expressamente se lhes equiparam, mas nem sempre). Pune-se o constrangimento à cópula, coito anal ou coito oral, quer sob a forma passiva (*obrigar a sofrer*), quer ativa (*obrigar a praticar*), mas *só* se pune o constrangimento *a sofrer* introdução vaginal ou anal de partes do corpo ou objetos.

c) A distinção entre crimes comuns e específicos desempenha aqui um papel, nomeadamente quanto à **comparticipação** (artigos 26º e 27º). Exemplo são os *crimes de mão própria* (*délits personalissimes, eigenhändige Delikte*) que requerem uma intervenção pessoal do autor (melhor dito:[7] "os que pressupõem uma certa disposição pessoal, como na condução de veículo em estado de embriaguez; ou que pressupõem um certo envolvimento pessoal, tais como os atos exibicionistas, a bigamia ou o falso testemunho"). Exigindo-se uma execução pessoal imediata do facto descrito na norma, não se podem cometer através de outra pessoa. Trata-se de tipos legais que não admitem a autoria mediata, como o de abuso sexual de pessoa internada (artigo 166º), pois só quem se aproveitar das funções ou do lugar que, a qualquer título exerce ou detém, por ex., em hospital, asilo, hospício, clínica, pode ser sujeito ativo do crime. Uma qualquer dessas pessoas pode cometer um desses crimes, não pode é cometê-lo *por intermédio de outrem*.

---

[7] Veja-se Sousa Mendes, *O torto intrinsecamente culposo*, 2007, p. 420.

III. As condutas sexuais

1. As categorias legais

Vejamos as categorias de atos com significado sexual, para os efeitos que temos vindo a analisar:

- o **ato sexual de relevo qualificado**: cópula, coito anal e coito oral, introdução vaginal ou anal de partes do corpo ou objetos, sendo irrelevante a sua natureza hetero ou homossexual – levado a efeito com *violência* (coação e violação: artigos 163º, nº1, e 164º, nº 1); *abuso* (artigos 165º, nº 2, 166º, nº 2; 171º, nº 2, e 172º, nº 1); *fraude* (artigo 167º, nº 2); *aproveitamento da idade* (artigos 173º, nº 2; e 174º, nº 2);
- o **ato sexual de relevo** (para além daqueles qualificados), sendo igualmente irrelevante a sua natureza hetero ou homossexual, de que serão exemplo os artigos 163º, nº 2, e 164º, nº 2, referidos ao *abuso* ou ao *aproveitamento*;
- os **atos de caráter exibicionista** (praticados *perante* outra pessoa) e de **importunação sexual** (com constrangimento ao *contacto* corporal: artigos 170º, 171º, nº 3, alínea *a*), e 172º, nº 2);
- a procriação artificial não consentida, com *inseminação* contra vontade (artigo 168º);
- as práticas (profissionais ou lucrativas) de **lenocínio**, as práticas de lenocínio envolvendo menores, e o recurso à **prostituição de menores** e à **pornografia de menores**, relacionadas com episódios de *exploração* e *corrupção* (artigos 169º, 174º, 175º, 176º);
- a atuação por conversa, escrito, espetáculo ou objeto pornográfico.

Nem sempre a norma se refere a um ato sexual de relevo. Veja-se, por ex., o lenocínio ou o lenocínio de menores (artigos 169º e 175º), onde está "apenas" em causa o exercício por outra pessoa da prostituição rodeada de certos condicionalismos ou de prostituição de menores. O artigo 176º é um caso de pornografia de menores; os atos são os descritos nas diversas alíneas do nº 1: utilizar menor em espetáculo pornográfico, utilizar menor em fotografia, filme ou gravação pornográficos, etc.

Vem das alterações de 1995 a expressão **ato sexual de relevo**, que agora domina boa parte dos tipos penais, ainda que algumas vezes na **forma qualificada** já referida (cópula, coito anal, coito oral e introdução vaginal ou anal de partes do corpo ou objetos). Estes quatro últimos são agora os atos sexuais de relevo mais graves nas diversas incriminações, mas na "violação" eles **não estão sempre equiparados**. Veja-se, para boa compreensão, a redação da alínea *a*) do nº 1 do artigo 164º (e o inciso: "a sofrer ou a praticar consigo ou com outrem") e compare-se com a do nº 2 (*simplesmente*, "a sofrer").

Um **ato é sexual** (em regra por ação, mais raramente por omissão, como o continuar nu à aproximação de alguém) quando tem por objeto direto o sexo humano e pelo menos envolve o próprio corpo ou o corpo de outrem; são desde logo todas as ações que de acordo com a sua aparência externa permitem reconhecer a sua relação com o sexo. Associado a esta expressão externa, exige-se um elemento subjetivo na forma de uma tendência sexual do agente, que deve estar consciente dessa relação, não sendo, porém, necessária a intenção de conseguir prazer. Excluem-se assim, e desde logo, as conversas[8] ou as cantigas cujo tema seja o sexo, bem como o ato de as escutar, e também a representação e a contemplação de exposições que envolvam temas sexuais[9]. Há, porém, ações de natureza complexa, de significação múltipla, como seja um soco no peito de uma mulher, uma palmada no "rabinho" de uma criança, ou a execução de exames ginecológicos.

Quanto à definição de "**relevo**", tratando-se de uma designação indeterminada de quantidade (*unbestimmten Mengenbezeichnungen*), ela está em geral associada à quantificação de um resultado. No caso dos atos sexuais, a quantificação que se lhes pode associar permite pôr de lado, qualificando-os como impertinências (*Aufdringlichkeiten*) ou atuações de mau gosto (*Geschmacklosigkeiten*), certos atos que ainda não se incluem no âmbito do tolerável[10]. Deste modo, serão atos sexuais de relevo os que, não sendo insignificantes, se revelam, quando encarados na sua globalidade e de acordo com o modo e a intensidade (incluindo a duração) do agir, perigosos para o bem jurídico protegido com a incriminação[11].

Doutrinária e jurisprudencialmente tem-se considerado "ato sexual de relevo" toda a conduta que ofenda bens jurídicos fundamentais ou valores essenciais das pessoas quanto à sua livre expressão do sexo. A conduta, para ser de relevo, terá de ser intensa, objetivamente grave e traduzir intuitos e desígnios sexuais que frontalmente sejam atentatórios da autodeterminação sexual da vítima (acórdão do STJ de 15 de junho de 2000, *CJ* 2000, p. 226). Os atos de masturbação, os beijos procurados nas zonas erógenas do corpo, como os seios, a púbis, o sexo, etc.[12]

---

[8] Ainda assim, a conversa "pornográfica" é um dos meios de atuação sobre menor de 14 anos no artigo 171º, nº 3, alínea *b*).

[9] Veja-se porém o artigo 171º, nº 3, alínea *b*).

[10] G.Jakobs, *Strafrecht, AT*, 2ª ed., 1993, p. 81.

[11] Otto, *Grundkurs, Strafrecht*, p. 309; Dreher/Tröndle, *Strafgesetzbuch und Nebengesetze*,1995, p. 946.

[12] Veremos mais adiante que o *Conimbricense* I, p. 449, exclui do ato sexual de relevo não apenas os atos "insignificantes ou bagatelares", mas também aqueles que não representem "entrave com importância para a liberdade de determinação sexual da vítima" (por ex., "atos que, embora 'pesados' ou em si 'significantes' por impróprios, desonestos, de mau gosto ou despudorados, todavia, pela sua pequena quantidade, ocasionalidade ou instantaneidade, não entravem de forma importante a livre determinação sexual da vítima".

O **género da vítima** releva no crime de procriação artificial não consentida (artigo 168º).

Falando agora dos **escalões etários** e de crianças, menores dependentes e adolescentes, a previsão legal é a seguinte:

- menor de 14 anos: criança (artigo 171º, nos 1, 2 e 3);
- menor (artigos175ª e 176º);
- menor entre 14 e 16 anos: adolescentes (artigo 173º);
- menor entre 14 e 18 anos (artigos 172º, nº 1, e 174º).

2. Práticas sexuais com contacto corporal; atuações sem contacto corporal

Há formas de comissão que não envolvem o mútuo contacto corporal. Se este é exigido pela "violação", como ela necessariamente se configura para ser consumada (como crime de penetração), já o crime do artigo 170º (importunação sexual) é de dupla natureza, comportando um ato que se pratica sem contacto ("perante" outra pessoa), sendo no mais igualmente crime de contacto, e sempre de natureza sexual. A pessoa importunada é, no caso do artigo 172º, nº 3, alínea *a*), mais especificamente um "menor de 14 anos". Por outro lado, o desenho típico do artigo 172º, nº 3, na alínea *b*), reconduz-se a "atuar sobre menor de 14 anos, por meio de *conversa* obscena ou de escrito, espetáculo ou objeto pornográfico". A pornografia de menores tem igualmente o seu modo de produção próprio. Basta adquirir ou deter materiais, ainda que com o propósito de os distribuir, etc. De qualquer forma, é autor quem, por ex., na violação, leva a vítima a praticar cópula, etc., "com outrem", *sem contacto corporal* com o primeiro.

IV. Os crimes contra a liberdade sexual

1. Coação sexual e violação (enquanto coação qualificada)

O crime de violação tem vindo a sofrer mutações notáveis na sua expressão típica. A violação é agora um caso especial de coação sexual, é uma coação sexual qualificada. O agente constrange a vítima, seja criança, menor ou adulta, a sofrer ou praticar, consigo ou com outrem, cópula, coito anal ou coito oral; ou a sofrer introdução vaginal ou anal de partes do corpo ou objetos. Os atos coativos, o constrangimento da vítima, são como que o aspeto central dos dois crimes do nº 1, atenta a sua identidade; o abuso e o aproveitamento estão presentes nº 2 do artigo 163º e no nº 2 do artigo 164º.

No crime de coação sexual, o resultado conforma um aspeto "menos grave", por na ordem hierárquica das condutas sexuais o ato sexual de relevo comportar uma menor intensidade de ataque do que o incorporado no ato sexual de relevo qualificado (cópula, coito anal, etc.), próprio do crime de violação.

A melhor forma de distinguir a "simples" coação sexual (artigo 163º, n°s 1 e 2) da coação sexual "qualificada" que é a violação (artigo 164º, n°s 1 e 2) consiste em ser esta concebida como crime de penetração (através de cópula, coito anal ou oral, etc.). A norma do artigo 163º, nº 1, refere "apenas" a prática de ato sexual de relevo (o que excluirá a cópula, o coito anal, o coito oral e os atos equivalentes), daí que o intérprete deva procurar determinar, primeiro, o que é um *ato sexual*, depois, o que é um ato sexual de *relevo*. Para os efeitos de coação sexual é, por ex., ato sexual de relevo o toque com as mãos na vagina, desde que o ato contenha uma carga ou um conteúdo sexual. Excluído fica pois, na coação sexual, qualquer forma de "penetração".

Estes tópicos permitem entender as identidades e os elementos comuns ao crime de coação sexual e ao crime de violação.

Qualquer deles conhece agora uma forma fundamental, construída em torno do nº 1, e uma forma por assim dizer "secundária", descrita no nº 2.

O nº 2 do artigo 177º expressamente declara não aplicáveis as agravações no número anterior nos casos do nº 2 do artigo 163º e do nº 2 do artigo 164º. Mas os tipos penais básicos da coação e da violação podem ligar-se a formas agravadas, por força do disposto nesse artigo 177º.

A tentativa do crime de violação previsto no nº 2 do artigo 164º não é punível. No exemplo de Paulo Pinto de Albuquerque[13] se um empregador sugerir a uma candidata a emprego que ela não conseguirá o emprego se não aceder a ter cópula consigo e a candidata recusar, a conduta não é punível a título de violação tentada, podendo quando muito imputar-se ao empregador um crime contra a honra.

Artigo 163.º (Coação sexual) 1 – Quem, por meio de violência, ameaça grave, ou depois de, para esse fim, a ter tornado inconsciente ou posto na impossibilidade de resistir, constranger outra pessoa a sofrer ou a praticar, consigo ou com outrem, ato sexual de relevo é punido com pena de prisão de um a oito anos. 2 – Quem, por meio não compreendido no número anterior e abusando de autoridade resultante de uma relação familiar, de tutela ou curatela, ou de dependência hierárquica, económica ou de trabalho, ou aproveitando-se de temor que causou, constranger outra pessoa a sofrer ou a praticar ato sexual de relevo, consigo ou com outrem, é punido com pena de prisão até dois anos.

Artigo 164.º (Violação) 1 – Quem, por meio de violência, ameaça grave, ou depois de, para esse fim, a ter tornado inconsciente ou posto na impossibilidade

---

[13] Paulo Pinto de Albuquerque, *Comentário*, p. 450.

de resistir, constranger outra pessoa: *a*) A sofrer ou a praticar, consigo ou com outrem, cópula, coito anal ou coito oral; ou *b*) A sofrer introdução vaginal ou anal de partes do corpo ou objetos; é punido com pena de prisão de três a dez anos. 2 – Quem, por meio não compreendido no número anterior e abusando de autoridade resultante de uma relação familiar, de tutela ou curatela, ou de dependência hierárquica, económica ou de trabalho, ou aproveitando-se de temor que causou, constranger outra pessoa: *a*) A sofrer ou a praticar, consigo ou com outrem, cópula, coito anal ou coito oral; ou *b*) A sofrer introdução vaginal ou anal de partes do corpo ou objetos; é punido com pena de prisão até três anos.

a) Elementos comuns ao crime de coação sexual e ao crime de violação

aa) Elementos estruturais

a) Tanto o crime de coação sexual como o de violação conhecem duas formas primárias – não contando agora com os aspetos que ditam as diversas formas de "agravação".

O artigo 163º apresenta o mesmo resultado em cada um dos seus dois números: "constranger outra pessoa a sofrer ou a praticar, consigo ou com outrem, ato sexual de relevo". O nº 2 não é porém um crime comum, por estar subjacente ao abuso ou à situação de aproveitamento um determinado tipo de relação entre o autor e a vítima. É o impropriamente dito "assédio sexual". O agente atua com poderes fáticos em relação à vítima (por ex., o médico e a sua paciente), sendo nesse sentido que se deverá entender a relação hierárquica (posição de autoridade ou análoga). Não se aplica a agravação dessas relações especiais entre agente e vítima, por figurarem entre os elementos que concorrem para a tipicidade (artigo 177º, nº 2).

Essa estrutura repete-se no artigo 164º, cujo nº 2 se afasta dos meios descritos no nº 1 ("por meio não compreendido no número anterior") e que pelos mesmos motivos ditados para o nº 2 do artigo anterior também passa a ser crime de relação, só podendo ser cometido por qualquer pessoa o descrito no nº 1.

Existe assim um resultado comum ao crime de coação e ao crime de violação, consistente em "sofrer" ou "praticar, consigo ou com outrem", determinada atividade sexual.

É sintomático o ato que leva à quebra da vontade da vítima, a qual poderá ser documentada por um determinado comportamento, com duas vertentes, a do agente e a do sujeito passivo.

b) Os quatro tipos de ilícito (artigo 163º, nºs 1 e 2; artigo 164º, nºs 1 e 2) são neutrais, no sentido de não estabelecerem diferenças de género: tanto o autor como a vítima podem ser de qualquer sexo. Vítima de qualquer destes crimes pode ser qualquer pessoa, incluindo uma criança ou um menor, sendo que as penas previstas tanto para a coação como para a violação são agravadas de metade, nos seus limites mínimo e máximo, se a vítima for menor de 14 anos (artigo 177º, nº 6), e de um terço se for menor de dezasseis.

É idêntico o tratamento penal da violação no casamento ou fora dele.

A mais disso, é evidente que uma prostituta – que também tem direito à sua liberdade sexual – pode ser violada.

c) O bem jurídico protegido assenta na liberdade sexual. É agora a liberdade sexual do indivíduo na esfera sexual – seja ou não adulto – que importa salvaguardar com a tutela penal. No caso do menor está sobremaneira em causa o desenvolvimento da sua personalidade na esfera sexual; tutela-se a liberdade sexual *potencial*. No chamado "assédio sexual", tutela-se "a pureza e incolumidade das relações de dependência hierárquica, económica ou de trabalho com influência na esfera sexual" (Figueiredo Dias).

bb) Formas de execução

a) Vejamos agora os **meios** de constrangimento, o abuso e o aproveitamento.

Nos artigos 163º, nº 1, e 164º, nº 1, os **meios típicos** são idênticos, fazendo deles crimes de execução vinculada; tanto a coação sexual como a violação supõem

– o emprego da violência;
– a ameaça grave; ou
– o constrangimento que ponha a vítima na impossibilidade de resistir.

Neste contexto, interessa definir corretamente o que seja "violência". Nos artigos 163º, nº 2, e 164º, nº 2, as expressões voltam a coincidir e detetam-se elementos "novos", introduzidos em 2007 ("abusando de autoridade resultante de uma relação familiar", "aproveitando-se de temor"...). Nestes nºˢ 2, não cabe nem a violência física, nem a ameaça, nem o constrangimento que ponha a vítima na impossibilidade de resistir: os meios de atuação são aqueles outros, qualquer deles, por assim dizer, mais *suave*. Confira-se, já agora, a repercussão que as diversas modalidades têm na contabilização da pena. Por outras palavras, os meios típicos são idênticos na coação sexual (163º, nº 1) e na violação (164º, nº 1): violência física, ameaça grave, ou depois de, para esse fim, a ter tornado inconsciente, etc. Mas tanto o nº 2 do artigo 163º como o nº 2 do artigo 164º são novos ("Quem, por meio não compreendido no número anterior e abusando de autoridade (...) ou aproveitando-se de temor que causou"). O abuso de autoridade ampliou-se e respeita agora também à relação familiar, de tutela ou curatela (artigos 163º, 164º, abrangendo a previsão do artigo 169º).

Caso nº 3 *A*, que exerce autoridade de facto sobre a vítima, resultante de uma relação de trabalho, envia a *B*, de forma repetida, insistente e continuada, sucessivas mensagens de conteúdo intimidatório, assim conseguindo afetar a sua tranquilidade e afetá-la para, dessa forma, aproveitando-se do temor que lhe causou, constrangê-la à prática do pretendido ato sexual de relevo, que de outra forma não alcançaria (hipótese referida por M. C. Silva Dias).

Poderá configurar-se crime do nº 2 do artigo 163º, impropriamente conhecido por *assédio sexual*, por meio de "violência" psíquica que não represente ameaça "grave", por ser esta própria do artigo 155º, nº 1, alínea *a*).

Com as alterações de 2007, ampliou-se a área de tutela dos crimes de coação sexual (com os meios de execução do nº 2 do artigo 163º); e da violação (também no que respeita aos meios de execução do nº 2 do artigo 164º, mas igualmente no alargamento dos atos sexuais de relevo qualificados)[14].

2. Crime de coação sexual: artigo 163º, nº 1

Como atrás escrevemos, o tipo fundamental é atualmente o **abuso/coação sexual** (cf. os artigos 163º, "coação sexual", 165º e 166º "abuso sexual" de pessoa incapaz de resistência e de pessoa internada, e 171º "abuso sexual de crianças").

No artigo 163º, nº 1, a ação típica consiste em, por um dos meios apontados, violência, ameaça grave, ou de ter tornado a vítima inconsciente ou posto na impossibilidade de resistir, o sujeito constranger outra pessoa a sofrer *ou* praticar (alternativas do constrangimento), consigo ou com outrem, ato sexual de relevo. É o **resultado** do constrangimento.

No que toca à **"violência"** tem de concorrer algo de corpóreo (tem de "assistir uma qualquer corporalidade": Figueiredo Dias). Mas não tem certamente de corresponder a um "espetáculo de luta livre", bastando a idoneidade da atuação para vencer, segundo as circunstâncias do caso, a resistência efetiva ou esperada. Não bastará o "aproveitamento" de uma oportunidade, embora possa existir abuso (pelo menos) nas relações de certas pessoas que disponham de autoridade sobre uma criança pequena, que sempre terá tendência a concordar ou, passivamente, a não se opor.

A lei dispõe quanto à necessidade de "constranger outra pessoa a sofrer ou praticar (...) ato sexual de relevo (levando a vítima a sofrer o ato com o seu corpo; ou levando-a a praticá-lo com outrem, que pode ser quem constrangeu); formulação que exclui o constrangimento a ato sexual de relevo praticado **perante** a vítima (dando eventualmente lugar a um ato exibicionista, que pode remeter a

[14] E no lenocínio do artigo 169º, nº 2, que agora abrange como meio de execução o "abuso de autoridade".

conduta para uma das modalidades típicas do artigo 170º ou para a "coação propriamente dita" do artigo 154º). Não bastará a prática de um ato sexual da vítima em si mesma; nem bastará a prática de ato sexual de relevo perante a vítima (ato exibicionista): é necessário um contacto da vítima com o agente constrangedor ou com outra pessoa, o que igualmente significa não ser exigível o contacto corporal mútuo. Na ausência de contacto, se *A* se masturba perante a vítima, pratica não este crime mas eventualmente o de importunação sexual do artigo 170º. Se o autor constrange outra pessoa a desnudar-se e assim permanecer à sua frente, não havendo contacto de tipo sexual, o crime é ainda de coação, mas a que emerge do artigo 154º.

Caso nº 4 Encontrando-se ambos num amplo salão de baile, *A*, no meio da confusão, reparou que a jovem *B* se preparava para se dirigir a um recanto privado das instalações. De um salto, pôs-se na retaguarda dela e no momento azado, quando ninguém se encontrava por ali, agarrou-a por trás, impedindo-a de gesticular, arrastando-a para o *toillete*, onde lhe percorreu com a mão livre a zona vulvar.

Houve violência, com contacto físico, com o objetivo de praticar ato sexual de relevo (já anteriormente definido no seu recorte essencial), pelo que o crime de coação sexual se encontra consumado, mesmo que a vítima, num repentino golpe no peito do seu agressor, dele se liberte, correndo de volta à sala de baile. Teria do mesmo modo havido violência, com a *B* na impossibilidade de resistir se acaso, em segredo, lhe tivesse sido ministrada uma droga.

Estes casos são claramente de uso de violência física. As hesitações surgem no respeitante aos limites da adequada intensidade e duração dos atos coativos e aos objetivos da coação. Excluídos ficam, seguramente, aqueles atos sexuais típicos da violação (cópula, coito anal, etc.), que constituem atos sexuais de relevo mas qualificados. Tocar de raspão, de forma insignificante (embora não casual), não constitui um ato sexual típico, por lhe faltar o "relevo" imposto por lei. Também não entram aqui, mas eventualmente no artigo 190º, nº 2, os simples "contactos" telefónicos.

Ainda que a coação deva estar ligada finalisticamente a uma ação sexual e que o autor inicie o constrangimento com o propósito de levar outra pessoa a sofrer ou praticar consigo ou com outrem ato sexual de relevo, não exige a lei a compreensão por parte da vítima do significado sexual do ato. Por outro lado, um simples murro no peito de uma mulher, ainda que representando uma violência de porte sexual, não constitui necessariamente um ato sexual de relevo se lhe faltar a indicada ligação finalística.

O direito português acentua quais os meios típicos de coação, de forma que "atos sexuais súbitos e inesperados praticados sem ou contra a vontade da vítima, mas aos quais não preexistiu a utilização de um daqueles meios de coação, não integram o tipo objetivo do ilícito", na opinião de Figueiredo Dias,[15] o que igualmente quer significar que "não basta **nunca**" que a vítima tenha sido constrangida a sofrer ato sexual de relevo sem ou contra a sua vontade. Também já deixámos acentuado que não se torna indispensável uma resistência efetiva – uma espécie de espetáculo de luta livre, ainda que em situações do maior recato.

A **ameaça grave** como meio coativo deverá corresponder à manifestação de um propósito de causar um mal ou um perigo se a pessoa ameaçada não consentir no ato sexual. Por ex., a ameaça de divulgar fotografias em que se via a vítima com outrem em inocente nudez (acórdão do STJ de 15 de Maio de 1999, *BMJ* 487, p. 146, onde se esclarece que a *ameaça grave* para estes efeitos "não tem de ser aferida pelo quantitativo da penalidade que lhe caberia mas antes pela sua natureza e grande intensidade").

Um terceiro meio típico consiste em **tornar inconsciente ou pôr a vítima na impossibilidade de resistir**, o que pode gerar confusão com o abuso sexual de pessoa que *já está* incapaz de resistir (artigo 165º) quando é abusada, circunstância que dá lugar à averiguação da congruência com o dolo, dado ser o crime deste último artigo de mero aproveitamento de uma situação que pode ter sido anteriormente causada ou concausada pelo próprio abusador, sem dolo de aproveitamento sexual, o qual só surge num segundo arco de tempo, quando a vítima já não se encontra em situação de não oferecer resistência. Para se avaliar se a vítima se encontra, no momento em que é abusada, na impossibilidade de resistir, recorre-se à figura de um observador objetivo. Será irrelevante a forma como esta situação de inconsciência ou de impossibilidade de resistir se concretiza. Duvidosa pode no entanto mostrar-se a situação quando a pessoa posta na impossibilidade de resistir se destina, nos propósitos de quem atua, à prática com outra pessoa de ato sexual de relevo – na verdade, pode não estar assegurado o concurso desse terceiro. Parece-nos de excluir a integração da atividade desenvolvida no crime de coação do artigo 154º por não se descortinar um resultado. Tendo ocorrido violência física, a hipótese poderá encaixar no artigo 143º, nº 1, ou, quanto muito, na tentativa de coação sexual. O objeto da ação daquele que constrange a vítima é de natureza sexual. Sem um contacto corporal com essa outra pessoa, o crime do artigo 163º não se consuma.

Qual o **objetivo** para que concorre o emprego de qualquer dos indicados meios? No artigo 163º, nºs 1 e 2, o de constranger outra pessoa a sofrer ou a praticar, consigo ou com outrem, ato sexual de relevo.

O dolo pode ser simplesmente na forma eventual. Terá de abranger a finalidade da coação e a natureza sexual ligada à ação.

---

[15] Figueiredo Dias, *Conimbricense* I, p. 453.

O acordo da vítima (que não seja excluído pelo direito) para a prática do ato sexual de relevo faz com que o crime de coação deixe de subsistir, por atípico.

A consumação verifica-se com a realização de um ato sexual de relevo. A **tentativa** começa com o início da prática do meio coativo dirigido ao conseguimento do ato sexual de relevo, se esse ato se dirige diretamente contra a vítima, não assim se é dirigido contra terceiro (o namorado, um familiar ou uma pessoa próxima: "Sympatihepersonen").

A tentativa do crime de coação é punível, atenta a moldura penal estabelecida e o disposto no artigo 23º, nº 1. Se o plano do agente incluía uma série de atos sexuais de relevo, a desistência relativamente ao último da série (artigo 24º) deixa intocados os restantes já praticados, completando-se o crime.

Sendo a vítima um menor, releva a idade na moldura da pena e para efeitos de procedimento criminal, como se esclarece mais à frente

3. Crime de violação: artigo 164º, nº 1

Como já dissemos, o artigo 164º, nº 1, descreve a violação como um caso especial de coação sexual – é uma coação sexual qualificada. O agente constrange a vítima, seja menor ou adulta, a sofrer ou praticar, consigo ou com outrem, cópula, coito anal ou coito oral; ou a sofrer introdução vaginal ou anal de partes do corpo ou objetos.

Os atos coativos, o constrangimento da vítima, são como que o aspeto central do nº 1 e idênticos aos que o tipo legal da coação (artigo 163º, nº 1) emprega: violência, ameaça grave ou pondo a vítima na impossibilidade de resistir.

Numa recolha jurisprudencial diremos, com o acórdão da Relação de Évora de 2 de julho de 1991, *CJ*, 1991, p. 318. que, é obtido sob coação o consentimento para a prática de relações sexuais de uma menor de 12 anos, a quem o arguido, para o conseguir, ameaça revelar ao pai desta um seu relacionamento sexual anterior, bem como o conteúdo de conversas telefónicas sobre o mesmo assunto – por si ilicitamente gravadas –, de modo a deixá-la receosa quanto à possível atitude do progenitor, e de modo a que a menor só presta aquele consentimento para evitar essa possível atitude do pai. Se tiver ocorrido cópula ou penetração por outra forma típica, o crime será então o de violação (agravado em razão da idade: artigo 177º, nº 6) e não o de abuso sexual de crianças do artigo 171º.

No artigo 164º, nºs 1 e 2, o objetivo, o resultado almejado pelo autor, é idêntico, mas diferente do artigo 163º, nºs 1 e 2:

- a sofrer introdução ou a praticar, consigo ou com outrem, cópula, coito anal ou coito oral: ou
- a sofrer introdução vaginal ou anal[16] de partes do corpo ou objetos.

---

[16] Mas não bucal.

Espreitemos, a mais do já dito, alguns complementos explicativos, para melhor compreensão dos modelos legais atuais.

i) O primeiro tem por objeto **o "órgão" que penetra e o local penetrado**. Com as alterações introduzidas pela Lei nº 59/2007 (que entrou em vigor em 15 de setembro do mesmo ano) passou a relevar como um dos objetivos típicos da violação "a introdução vaginal ou anal de partes do corpo ou objetos".

Excurso. No período anterior, a violação, tal como emergia do artigo 164º, nº 1, era exclusivamente crime de "penetração peniana" – aí se equiparava a *cópula* ao *coito* anal e ao coito oral. O Código (em 1998) não acolhera como violação "qualquer forma de **penetração**" – "toute penetration" – assumida pelo legislador francês de 1993[17]. O "coito" existe apenas, como bem acentuava o Prof. Jorge de Figueiredo Dias, *com a penetração do ânus ou da boca pelo pénis –* **consequentemente, a violação exigia sempre a intervenção do** órgão sexual masculino: era a natureza puramente física do contacto que especializava este crime face ao da coação sexual. Deste modo, o simples contacto dum órgão corporal com um orifício corporal doutra pessoa, por ex., contacto do pénis sem penetração vaginal, podia integrar o conceito de ato sexual de relevo (e então o crime seria o de coação sexual). A "penetração" através de um qualquer objeto podia ser, quanto muito, ato sexual de relevo, não era entendido como ato típico de violação. Haverá

---

[17] "No sistema francês, são atos de violação (...) os de penetração bucal (...) ou anal, a introdução de corpos estranhos no sexo ou no ânus. Podem, aliás, ser cometidos ou suportados, indiferentemente, por um homem ou por uma mulher. A Gazette du Palais 1986.1.19 trata de um caso de violação cometido por uma mulher; 1987.6.24 trata de um outro caso em que a vítima era um homem. Constituem violação os atos de penetração anal, praticados com o dedo ou com cenouras, infligidos pela mãe à filha, para a iniciar sexualmente (Crim. 27 de abril de 1994, Bull. Crim. nº 157). É violação "tout acte de pénétration sexuelle, de quelque nature qu'il soit, commis sur la personne d'autrui par violence, contrainte, menace ou surprise". No artigo 178º do Código Penal espanhol: "el que atentare contra la libertad sexual de otra persona, con violencia o intimidación, será castigado como culpable de agresión sexual con la pena de prisión de uno a cuatro años. Artigo 179º: Cuando la agresión sexual consista en acceso carnal, introducción de objetos o penetración bucal o anal, la pena será de prisión de seis a doce años". A 6ª Reforma alemã de 1998 deixou claro que a cópula exige agora a *penetração* para constituir violação, não sendo suficiente a cópula vulvar. A par da cópula, a lei faz também referência a outras práticas com penetração, oral e anal. A inclusão destas formas de cometimento do crime corresponde ao sentimento atual de se tratar das mais traumatizantes vivências que a vítima pode experimentar. Concluiu-se, por outro lado, que o agente que introduz partes do corpo ou objetos manifestamente equivalentes à forma de realizar a cópula ou o coito anal, atinge do mesmo modo o mais íntimo da esfera corporal da vítima. Como a gravidade é idêntica à daqueles outros processos, o legislador não hesitou em incluí-los, *como casos análogos*, no correspondente tipo de ilícito (Vergewaltigung § 177 II (...) in besonders schwerer Fall liegt in der Regel vor, wenn 1. der Täter mit dem Opfer den Beischlaf vollzieht *oder ähnliche sexuelle Handlungen* an dem Opfer vornimmt oder an sich von ihm vornehmen lässt, die dieses besonders erniedrigen, insbesondere, wenn sie mit einem Eindringen in den Körper verbunden sind (...), Marita Kieler, *Tatbestandsprobleme der sexuellen Nötigung, Vergewaltigung sowie des sexuellen Missbrauchs widerstandsunfähiger Personen*, Tenea, 2003, p. 48 e ss.

que contar com ações de natureza ambivalente, as que podem ou não mostrar-se relacionadas com o sexo. Modos de comportamento de duplo significado, como a atuação médica sobre a sua paciente.

Caso n.º 5 *A* entrou no quarto de *B*, sua sobrinha, de 10 anos de idade. Despiu-lhe as calças e as cuecas e mandou-a deitar-se na cama. *A* agarrou o pénis, dirigiu-o à vulva da *B* e deitou-se sobre ela, ficando os dois sexos em contacto; com o pénis ereto e encostado ao órgão genital da menor fez pressão sobre ele, executou movimentos de avanço, de recuo e para os lados. Cerca de duas semanas mais tarde, estando *B* no quarto do *A*, este voltou a tirar-lhe as calças e as cuecas, e com ela deitada na cama repetiu os gestos já descritos.

Sendo esta a factualidade apurada, o acórdão do STJ de 28 de maio de 2008, proc. n.º 08P1129, *relator*: Conselheiro Oliveira Mendes, entendeu subsumi-la à norma do n.º 1 do artigo 163.º (coação sexual). Não chegou a dar-se a penetração (peniana), sabido que **penetrar é passar para dentro**. Outro crime só poderia ter-se verificado "perante introdução completa ou incompleta do órgão sexual masculino no órgão sexual feminino".

ii) O segundo apontamento tem a ver com **o novo regime de equiparação**. Hoje, a cópula[18] corresponde *unicamente* à penetração vaginal pelo pénis e está equiparada ao coito anal e oral: são, todos eles, atos sexuais de relevo qualificados. Também a introdução vaginal ou anal de partes do corpo ou objetos se equipara (artigo 164.º, n.º 1, alínea *b*)) à cópula e ao coito anal e oral. Essa equiparação ocorre igualmente noutros ilícitos, como logo se vê dos artigos 165.º, n.º 2, 166.º, n.º 2, 167.º, n.º 2, 171.º, n.º 2, 172.º, n.º 1, 173.º, n.º 2 e 174.º, n.º 2. Há quem, por isso, fale em "cópulas impróprias", desde que, naturalmente, se verifique o requisito da "penetração/introdução"!

Temos assim quatro atos sexuais de relevo qualificados: a cópula e as cópulas impróprias que serão o coito anal, o coito oral e a introdução vaginal ou anal de partes do corpo ou objetos.

Em todas essas incriminações – e não só no artigo 164.º, n.ºs 1 e 2 – considerou--se que essas formas de penetração sexual não têm que ser unicamente executadas com o pénis (penetração peniana) pois têm idêntica gravidade relativamente ao bem jurídico em causa.

---

[18] A **noção de cópula** conheceu igualmente variações. Dominou por muito tempo na jurisprudência dos tribunais superiores o conceito médico-legal: introdução, completa *ou* incompleta, do membro viril na vagina da mulher. Por ex., "a penetração peniana, ainda que simplesmente vulvar e sem ejaculação, integrava o conceito de "cópula" previsto no artigo 202.º do Código Penal (acórdão do STJ de 14 de abril de 1993 *BMJ* 426, p. 185, e *CJ* 1993, tomo II, p. 199).

A violação (como crime de coação sexual qualificada, que agora é) deixou portanto de exigir *sempre* a penetração de órgão sexual masculino. Pode acontecer igualmente com a introdução vaginal ou anal de partes do corpo ou objetos.

iii) Noutras alturas, porém, **essa "equivalência" deixa de se verificar**. A equivalência em que temos estado a insistir deixa de se verificar quando a vítima, assumindo um papel "ativo", é constrangida "a praticar introdução vaginal ou anal de partes do corpo ou objetos, com o agente ou com outrem" ou é constrangida pelo agente "a sofrer com outrem introdução vaginal ou anal de partes do corpo ou objetos".

Caso nº 6 *M* é constrangida, por meio de violência (exercida por *A* ou por um "comparsa" deste), a praticar em *A* introdução vaginal ou anal de partes do corpo ou objetos.

Nestes casos, não haverá crime de violação por parte de *A* – porque não foi *A* o(a) executor(a) dessa introdução. O seu crime poderá ser, eventualmente, o de coação sexual (artigo 163º, nº 1).

iv) A expressão "introdução vaginal ou anal de partes do corpo ou objetos" pode igualmente sofrer de ambiguidade. Haverá, por isso, que *filtrar* as situações, pois com a introdução dolosa de um objeto (objeto e não "coisa" tal como decorre do artigo 202º do CC) numa parte do corpo de outra pessoa (necessariamente a vagina ou o ânus) tanto se pode ofender a liberdade sexual (porque se estabeleceu a perfeita "equiparação" à cópula ou ao coito anal) como praticar um crime de ofensa à integridade física[19].

Por outro lado, para que haja violação terão de ser esses objetos (cujos traços identificadores a lei não define diretamente) similares ao pénis, ainda que só "funcionalmente". E como definir as "partes do corpo" equiparadas a "objetos"? É certamente um dedo, ou a língua, mas poderá ser uma prótese? A resposta é dada sobretudo por autores espanhóis, com o esclarecimento de ser a introdução vaginal ou anal de partes do corpo ou objetos naturalmente "apta ao exercício da sexualidade", há de, ainda aqui, equivaler à cópula ou ao coito anal. Ocorre, por isso, a ideia de um "vibrador" (*dildo*), ou certo tipo de garrafas, como um desses objetos aptos[20]. Pode ter o mesmo efeito a penetração com a intermediação de

---

[19] O artigo 430º do anterior Código Penal espanhol agravava a introdução de objetos ou o uso de meios, modos ou instrumentos brutais, degradantes ou vexatórios. A penetração vaginal ou anal nessas condições pode ser ato sexual de relevo no sentido antes exposto. No outro extremo, será unicamente crime contra a integridade física se lhe faltarem os pressupostos de ato contra a liberdade sexual. Essas atuações podem estar relacionadas com práticas sexuais sadomasoquistas ou outras do chamado "sexual *underground*".

[20] Para quem estiver na disposição de alargar o leque das hipóteses, serve a cenoura colhida pela mulher do senhor Forbes (do livro de John Cheever, *Crónica de Wapshot*, editado em Portugal pela Relógio d'Água,

uma peça de roupa. Em suma: terá de satisfazer, de forma substitutiva, "o critério de equivalência relativamente às indicadas modalidades de penetração na vagina ou no ânus por meio do instrumento natural que constitui o pénis masculino"[21].

v) **Na violação, o sujeito ativo tanto pode ser um homem como uma mulher.** É a consequência de o crime ter deixado de ser exclusivamente de "penetração peniana", embora já anteriormente e com razão se acentuasse que a autoria do crime podia ser atribuída a uma mulher, bastando que a vítima fosse constrangida à cópula "com terceiro". Tinha que intervir "um pénis", dado que o crime se praticava e só, por meio de cópula, ou do coito anal ou oral, e para o coito, como para a cópula, é necessário, por natureza e definição, um pénis.

vi) **E como tratar agora a cópula (que pode ser a cópula imprópria) vestibular ou vulvar?** Como por definição não há "penetração" nem "introdução", a situação corresponderá à coação sexual do artigo 163º, nos 1 ou 2, supondo-se reunidos todos os elementos do ilícito.

vii) **O caso de quem constrange outrem a sofrer a introdução de um preservativo com drogas.** E como definir a conduta de quem constrange a vítima a sofrer a introdução de um preservativo com drogas na vagina ou no ânus, para que a vítima aí o transporte (por exemplo, durante uma viagem aérea e a passagem pelos dois aeroportos? Se se entender que é necessária a equivalência à cópula ou coito anal, o referido constrangimento é elemento objetivo do tipo da violação. A solução estará então colocada no elemento subjetivo (dolo), podendo, claramente, haver concurso entre o ato de transporte de droga por intermédio de outrem e a violação (se houver lugar à indicada equiparação) ou simples coação sexual.

viii) **O caso da excisão.**

Caso nº 7 Excisão. Num caso de excisão com um golpe ou corte de uma pequena parte do clítoris seguiu-se hemorragia (podia ter sido infeção) que pôs em perigo a vida da vítima. Para facilitar a "operação", houve penetração com objeto de formato peniano.

Veja-se agora, o aditamento de 2007 à alínea *b)* do artigo 144º no que respeita às capacidades de procriação ou de fruição sexual. Podendo haver ofensa corporal

---

2010): "Bom, a forma daquela cenoura – nem sei como dizer isto – era a imagem cuspida e escarrada das partes do Sr. Forbes. E a tia Adelaide, um pouco embaraçada, continua, sem que o pudor lhe embargasse o discurso: "Bom, levei as outras cenouras para a cozinha, para a sopa e quanto a esta embrulhei-a num papel e fui levá-la à Reba Heaslip. Sendo ela solteirona, eu pensei que lhe pudesse interessar. Ela estava na cozinha e eu dei-lhe a cenoura. É este o aspeto da coisa, Reba, disse eu. Sem tirar nem pôr". Nota: o livro de John Cheever apareceu em 1957.
[21] Fermin Morales Prats e Ramon Garcia Albero, *Comentário a la Parte especial del Derecho Penal* (org. de Gonzalo Quintero Olivares e outros), Aranzadi, 1996, p. 237.

grave (a título autónomo: artigo 144º, alínea *d*); ou como resultado agravante; artigo 147º), consoante haja dolo ou negligência em relação ao resultado, igualmente se desenha a hipótese de concurso com o crime de violação (artigo 164º) se ocorrer o dolo correspondente.

a) Agravação

Os casos de crime de coação sexual previstos nos nºs 1 dos artigos 163º e 164º são mais graves do que os correspondentes nºs 2. A própria violação, enquanto coação agravada, é também mais grave do que a coação prevista no artigo 163º.

Os correspondentes tipos dos artigos 163º, nº 1, e 164º, nºs 1, podem ser agravados por circunstâncias previstas no artigo 177º, fazendo-se reparo do que consta do nº 2 deste último artigo:

- se a vítima for ascendente, descendente, adotante, adotado, parente ou afim até ao segundo grau do agente; ou se encontrar numa relação familiar, de tutela ou curatela, ou de dependência hierárquica, económica ou de trabalho do agente e o crime for praticado com aproveitamento desta relação;[22]
- a agravação será de um terço da pena, nos limites máximo e mínimo, se o agente for portador de doença sexualmente transmissível;
- a agravação será de metade se resultar gravidez, ofensa à integridade física grave, transmissão de agente patogénico que crie perigo para a vida, suicídio ou morte da vítima;
- a agravação será de um terço se a vítima for menor de 16 anos;
- a agravação será de metade se a vítima for menor de 14 anos.

Se no mesmo comportamento concorrerem mais do que uma das circunstâncias referidas nos números anteriores só é considerada para efeito de determinação da pena aplicável a que tiver efeito agravante mais forte, sendo a outra ou outras valoradas na medida da pena.

Elemento importante é o nexo causal entre o comportamento e o resultado agravativo (por ex., a gravidez, ou a transmissão de agente patogénico), o qual tem de ser afirmado e ficar expressamente configurado. Se o agente for portador de doença sexualmente transmissível esta circunstância não é encarada como um resultado da ação (não é o mesmo do que transmitir, por ex., o vírus do HIV), sendo unicamente necessário estabelecer que o agente sofre da doença e a natureza dela.

---

[22] Como imediatamente salta à vista, estas agravações não são aplicáveis ao caso do nº 2 do artigo 163º, nem ao nº 2 do artigo 164º, nem o poderiam ser, atenta a sua própria natureza. Também não se aplicam a outros preceitos deste capítulo com idêntica redação (artigo 169º, nº 2, alínea *c*), e artigo 175º, nº 2, alínea *c*)).

b) Elemento subjetivo

Todos os indicados tipos legais são dolosos, devendo estender-se o dolo a qualquer dos elementos de agravação, quando for o caso. Nos tipos penais em que o ato sexual de relevo aparece entre as características objetivas deverá ser abrangido pelo dolo do agente, o qual se estende ao seu caráter sexual.

c) Eficácia do consentimento (acordo)

Sendo o parceiro adulto e não havendo, como no caso configurado no artigo 165º, abuso ou aproveitamento, parece claro que o acordo livremente expresso dita a não tipicidade do ato.

d) Tentativa e consumação

A consumação verifica-se com a realização de um ato sexual de relevo, no caso do crime de coação; ou com a penetração por qualquer dos atos sexuais de relevo qualificado, tratando-se de violação. Tanto a tentativa de coação sexual como a do crime de violação são puníveis, mas só quando configuram o tipo dos respetivos nºs 1, atenta a moldura penal estabelecida em qualquer deles e o disposto no artigo 23º, nº 1. se o plano do agente incluía uma série de atos sexuais de relevo, a desistência relativamente ao último da série (artigo 24º) deixa intocados os restantes já praticados, completando-se o crime.

Se a decisão do agente era a de praticar a cópula, mas não chegou a dar-se a penetração peniana, ou se a penetração não se verificou em qualquer das restantes modalidades mas ficou provada a prática de uma ato sexual de relevo, a situação reflete uma tentativa de violação em concurso com um crime consumado de coação sexual, pondo-se o problema de saber qual deles deverá prevalecer. Sendo o artigo 164º lei especial relativamente ao crime de coação sexual, deverá o agente ser punido por violação tentada relativamente às coações integradas no processo de violação.

e) Comparticipação

Caso nº 8 *A* aproveitou-se sexualmente da *M*, mas conseguiu-o com o indispensável contributo do *B* que reteve à distância o namorado da vítima.

Apontamento jurisprudencial. É coautor do crime de violação aquele que, por acordo com outro, toma parte direta na execução do crime, cooperando nos atos de intimidação da vítima, nomeadamente através do afastamento do namorado da vítima do local onde ocorreram os factos, enquanto o coautor praticava o ato de penetração sexual, segundo o acórdão da Relação de Coimbra de 15 de outubro de 2008, *CJ* 2008, p. 54, *relator*: Desembargador Ribeiro Martins.

f) Concurso

Pode ser caso de concurso (aparente) entre o preceito do artigo 164º (crime de violação) e o do artigo 163º, nº 1 (crime de coação sexual).

A punição por violação consumirá as coações sexuais integradas no respetivo processo de cometimento? A resposta será positiva se o crime de violação se encontra numa relação de *especialidade* relativamente ao crime de coação sexual. Recua, em hipóteses destas, a norma do artigo 163º, subsistindo a norma do artigo 164º.

Não se gerando uma situação de especialidade – porque os atos sexuais de relevo praticados possuem um valor autónomo e destacável; precedem um ato sexual de relevo qualificado (por ex., a cópula) mas não podem ser entendidos como fazendo parte integrante do processo contra a liberdade sexual – há razões para optar pelo concurso efetivo sob a forma de concurso ideal.

Caso nº 9 Conseguindo vencer a resistência do menor e desnudá-lo da cintura para baixo, *A* levou o *B*, de 13 anos, a colocar-se de cócoras sobre o assento traseiro do veículo e de costas voltadas para si e encostou o seu pénis ereto ao ânus do menor, mas não prosseguiu, nem concretizou a penetração. Posteriormente, *A* colocou o seu pénis ereto fora das calças e ordenou ao *B* que o masturbasse. O *A*, com ameaças de violência corporal, advertiu o *B* para não dizer nada a ninguém. Dias depois, o *A* tentou introduzir o pénis no ânus do *B*, mas este fugiu. Veio porém a introduzir o pénis ereto na boca do mesmo *B*, movimentando-o no seu interior. Com os principais elementos do acórdão do STJ de 29 de outubro de 2008, processo nº 08P287, *relator*: Conselheiro Santos Cabral.

A obrigou, no último caso relatado, o menor a praticar coito oral e com isso cometeu um crime agravado de violação na forma consumada (artigos 164º, nº 1, e 177º, nº 6). Nos casos que precederam o crime de violação, o *A*, com dolo dessa natureza, uma vez que era seu propósito praticar o coito anal com o menor *B* (o que não chegou a acontecer, embora se reconheçam atos de execução do crime que decidiu cometer), preencheu tanto os elementos atinentes ao crime de tentativa de violação (artigos 22º, 23º e 164º, nº 1) quanto os respeitantes ao crime de coação consumada (artigo 163º, nº 1). Mostram-se do mesmo modo preenchidos os elementos típicos do crime de abuso sexual de criança (artigo 171º, nº 1). Como todas as normas tutelam o mesmo bem jurídico, alguma ou algumas delas terão de recuar, sob pena de dupla valoração.

Numa perspetiva abstrata, a tentativa de violação é menos punida do que a coação sexual consumada. Encarada esta como o crime fundamental, que é, no conjunto dos crimes contra a liberdade sexual, a solução circunscreve-se à modalidade de concurso aparente conhecida por *consunção impura*, recuando a norma que pune a tentativa. Só assim não seria se pudéssemos considerar que os atos de coação sexual possuem um desvalor autónomo apesar da violação ter chegado a consumar-se. Veja-se, para melhor elucidação o caso que vem a seguir.

Caso nº 10   Depois de tentar violar a ofendida, quer através de cópula, quer através de coito anal, o que não conseguiu dada a sua resistência, estando os dois parcialmente desnudados, o A beija esta enquanto se masturba até ejacular, tendo-a ameaçado de morte. Cf. o acórdão do STJ de 2 de junho de 2005, proc. n.º 1564/05-5, *relator*: Cons. Simas Santos (com sumário disponível no blogue *Cum Grano Salis*).

Houve tentativa de violação dos artigos 22º e 164º, nº 1. Verificar-se-á também o crime de coação sexual (consumada) do n.º 1 do artigo 163º? Ou deverá ser outra a solução? A resposta supõe, no contexto em que se desenvolve o acórdão, um segundo arco de tempo, com autonomia, relativamente àquele primeiro em que a violação não passou da tentativa.

Dir-se-á: uma vez que se trata de um caso de concurso aparente entre a tentativa do crime de violação e o crime de coação sexual – o crime fundamental segundo as regras da consunção – será o agente punido pelo crime de coação sexual consumado (consunção dita *impura*).

Dir-se-á ainda:[23] "complexas podem ser as relações entre o crime de coação sexual (ou abuso sexual acrescentamos) que se apresenta como *lex specialis*; em princípio, por conseguinte, a afirmação da punição por violação das coações sexuais que devem considerar-se integrantes do processo que conduziu à violação. Só assim não será se puder considerar-se que os atos de coação sexual possuem um *desvalor autónomo* apesar da violação ter chegado a consumar-se; mas isso será precisamente quando tais atos não possam ser vistos como integrantes do processo que conduziu à cópula ou coito anal ou oral".

Neste caso, o Supremo Tribunal entendeu que para além da tentativa de violação se seguiram atos que integravam crime de coação sexual. Perante a impossibilidade de concretizar a violação por cópula ou coito anal, decidiu o A satisfazer

---

[23] Figueiredo Dias, *Conimbricense* I, p. 458, com itálico ausente do original.

os seus instintos sexuais, forçando a ofendida a sofrer ato sexual de relevo, **numa nova motivação** gerada por aquela impossibilidade. Seguindo-se à tentativa de violação, não se pode ter esta conduta posterior – que dada a violência e a ameaça que a acompanharam corporiza o crime de coação sexual do n.º 1 do artigo 164º – como "abrangida no processo de execução daquela"[24].

Justifica-se porém chamar a terreiro a figura do **ato posterior não punível**, que não foi alvo de análise por nenhum dos ilustres conselheiros, mas foi convocada por Helena Moniz,[25] que aqui citamos. "Constituem "factos posteriores não puníveis", todos os atos realizados após o facto principal e que, quando analisados isoladamente, podem integrar um outro tipo legal de crime; porém, um entendimento global da situação permite integrá-los na punição do facto principal. O "facto posterior não punível" lesa o mesmo bem jurídico lesado pelo facto principal. São três os pressupostos para que se possa dizer que estamos perante um "facto posterior não punível":

- o facto posterior não deve lesar um diferente bem jurídico,
- não deve causar um novo dano, e
- a vítima (do facto principal e do facto posterior) deve ser a mesma, ou seja, o objeto de ação do facto principal e do facto posterior deve ser o mesmo.

Nestes casos o "facto posterior não punível" não é punido autonomamente, apenas é tido em consideração na medida da pena do facto principal, pelo que poderá ter um efeito agravante na pena daquele facto principal – o que vem demonstrar a inexatidão da designação uma vez que o facto posterior não fica impune".

4. Outros abusos sexuais

Artigo 165º (Abuso sexual de pessoa incapaz de resistência) 1 – Quem praticar ato sexual de relevo com pessoa inconsciente ou incapaz, por outro motivo, de opor resistência, aproveitando-se do seu estado ou incapacidade, é punido com pena de prisão de seis meses a oito anos. 2 – Se o ato sexual de relevo consistir em cópula, coito anal, coito oral ou introdução vaginal ou anal de partes do corpo ou objetos, o agente é punido com pena de prisão de dois a dez anos.

---

[24] A solução de considerar a existência de um tentativa de violação e de uma coação sexual consumada não foi unânime. Um dos votos de vencido achou "desproporcionada" a punição pelos dois crimes; outro entendeu que tinha existido um único crime, o de violação tentada, dado que a automasturbação não teria relevância típica. A referência ao crime continuado perdeu a sua razão de ser face à nova redação do nº 3 do artigo 31º.

[25] Helena Moniz, *RPCC* ano 15 p. 323.

Artigo 166.º (Abuso sexual de pessoa internada) 1 – Quem, aproveitando-se das funções ou do lugar que, a qualquer título, exerce ou detém em: *a*) Estabelecimento onde se executem reações criminais privativas da liberdade; *b*) Hospital, hospício, asilo, clínica de convalescença ou de saúde, ou outro estabelecimento destinado a assistência ou tratamento; ou *c*) Estabelecimento de educação ou correção; praticar ato sexual de relevo com pessoa que aí se encontre internada e que de qualquer modo lhe esteja confiada ou se encontre ao seu cuidado é punido com pena de prisão de seis meses a cinco anos. 2 – Se o ato sexual de relevo consistir em cópula, coito anal, coito oral ou introdução vaginal ou anal de partes do corpo ou objetos, o agente é punido com pena de prisão de um a oito anos.

Artigo 167º (fraude sexual). 1 – Quem, aproveitando-se fraudulentamente de erro sobre a sua identidade pessoal, praticar com outra pessoa ato sexual de relevo é punido com pena de prisão até um ano. 2– Se o ato sexual de relevo consistir em cópula, coito anal, coito oral ou introdução vaginal ou anal de partes do corpo ou objetos, o agente é punido com pena de prisão até dois anos.

Segundo o acórdão do *TC* nº 561/95, só há crime de violação punível nos termos do 202º, nº 1, do Código Penal de 1982, atual artigo 165º, se a anomalia psíquica for tal que tire à pessoa deficiente a capacidade para avaliar o sentido moral da cópula ou a capacidade para se determinar de acordo com essa avaliação. Assim sendo, a norma em causa não visa – nem tem como consequência – impedir toda e qualquer mulher portadora de deficiência psíquica de ter uma vida sexual normal (isto é, adequada às suas condições físicas e psíquicas); pelo contrário, visa justamente as situações em que o consentimento da mulher não existiu, nem podia existir, ou se revela manifestamente irrelevante

O acórdão do STJ de 11 de julho de 2001, *CJ*, 2001, p. 163, tratou de um caso de abuso sexual de pessoa incapaz (artigo 165º): a incapacidade não equivale a inimputabilidade – pode haver anomalias psíquicas que não relevam em definitivo para a inimputabilidade, mas devam relevar para efeito de incapacidade de opor resistência ao ato sexual.

Ao contrário do que acontece, por ex., na violação, a vítima não fica incapaz de resistir por ação de outrem, mas por se encontrar inconsciente ou incapaz, aproveitando-se o agente desse estado ou incapacidade para a prática de atividades sexuais. Se a incapacidade de resistir for provocada pelo próprio agente, com vista a possibilitar a conduta sexual, esta norma fica consumida pela aplicação do artigo 163º ou 164º. O sujeito "aproveita-se" quando a incapacidade de a vítima se opor possibilita ou facilita o contacto sexual, estando o mesmo consciente disso.

Caso nº 11 *A*, monitor no Lar do Colégio *x*, valendo-se do ascendente que tinha sobre o menor *C*, derivado das funções que exercia, da pouca idade, das suas dificuldades e atrasos no desenvolvimento psíquico e intelectual e da especial carência afetiva em que se encontrava, começou a chamá-lo para junto de si, à noite e quando o resto dos alunos se encontrava já a dormir. O *A* chamou o *C*. para ir ter consigo à casa de banho dos rapazes e, uma vez aí, despiu o menor (com 15 anos na data da prática dos factos) e despiu-se da cintura para baixo e começou a manipular o pénis do menor, ao mesmo tempo que lhe ordenava que manipulasse também o seu próprio pénis, o que aquele fez. De seguida o *A* introduziu o pénis do menor na sua boca e chupou-o, tendo depois introduzido o seu pénis na boca do menor e ordenado ao menor que lho chupasse, o que este fez. Depois, o *A* voltou o menor de costas contra si introduziu-lhe o pénis ereto no ânus aí o friccionando até ejacular. O *A* ordenou ao menor que introduzisse o pénis no seu ânus e o friccionasse, o que o menor fez.

Está em causa a liberdade sexual de pessoas internadas em certos estabelecimentos, cuja liberdade de decisão, por um lado, se encontra **limitada pelas relações de dependência geradas**, por outro, é mais fácil a cedência à tentação de procurar melhorar a situação de internamento institucional tolerando as atividades sexuais[26]. Há aqui como que uma dependência institucional e pessoal, capaz de influenciar as relações entre o agente e a vítima, portanto não ocasional. É igualmente **crime de aproveitamento** por parte do sujeito: não existe violência, ameaça, etc. – aproveitamento das funções ou do lugar, que será um dos referidos na lei: estabelecimento prisional, hospital, hospício, asilo, estabelecimento de educação ou correção, etc. Mas não haverá aproveitamento se a iniciativa tiver partido da pessoa internada ou "sempre que esta tenha revelado íntima e aberta concordância com o ato sexual"; "uma verdadeira relação de amor será um exemplo paradigmático" da falta deste elemento típico[27]. Está em causa a prática de ato sexual de relevo com pessoa que aí se encontre internada e que de qualquer modo esteja confiada ou entregue aos cuidados do agente. A fórmula agravada do nº 2 exige a prática de um ato sexual de relevo qualificado como aconteceu no caso anterior.

Não cabe agravação do nº 5 do artigo 177º, ainda que se trate de pessoa com 15 anos de idade; e que a pena agravada de um a oito anos é a mesma do nº 1 do artigo 172º (abuso sexual de menores dependentes).

Parece ser uma especialidade portuguesa, esta de dar relevância ao aproveitamento do erro da vítima quando o normal é a punição das práticas sexuais impostas por meios coativos. O agente aproveita-se do erro da vítima sobre a sua

---

[26] Para estes aspetos chama a atenção H. Otto, *BT*, 3, 1991, p. 312.
[27] Cf. Jorge de Figueiredo Dias, *Conimbricense* II, p. 488; e Costa Andrade, *Consentimento e Acordo*, p. 400.

identidade pessoal (o caso mais fácil será porventura o de certos gémeos...). Se o que está em causa é a incapacidade de resistir, a norma não se aplica. É crime de mão própria.

5. O lenocínio como um dos casos parcialmente descriminalizados

Artigo 169.º Lenocínio 1 – Quem, profissionalmente ou com intenção lucrativa, fomentar, favorecer ou facilitar o exercício por outra pessoa de prostituição é punido com pena de prisão de seis meses a cinco anos. 2 – Se o agente cometer o crime previsto no número anterior: *a*) Por meio de violência ou ameaça grave; *b*) Através de ardil ou manobra fraudulenta; *c*) Com abuso de autoridade resultante de uma relação familiar, de tutela ou curatela, ou de dependência hierárquica, económica ou de trabalho; ou *d*) Aproveitando-se de incapacidade psíquica ou de situação de especial vulnerabilidade da vítima; é punido com pena de prisão de um a oito anos.

A boa compreensão das questões envolvidas na aplicação de leis no tempo, exigem o conhecimento da lei anterior e da redação atual dos preceitos que temos em análise. No que toca especialmente ao crime de lenocínio (artigo 169º) desapareceu a referência à prática de atos sexuais de relevo (descriminalização parcial).

Caso nº 12 A, um profissional de casa de espetáculos, fomenta a prática de *striptease*, sem utilizar qualquer coação, nem oferecer contrapartida ao sujeito passivo.

Não havendo "prostituição" tal atividade deixou de ser punida como lenocínio do artigo 169º. Mas se se der violência pode haver esse crime ou o crime de tráfico de pessoas do artigo 160º, nºs 1 e 2.

Fomentar a prostituição significa determinar a vontade de outrem. Favorecer ou facilitar quer dizer pôr à disposição os meios para o seu exercício. Têm razão aqueles que entendem que na determinação da vontade deve compreender-se não só a produção da mesma (quando inexista antes da intervenção do agente), como a sua persistência, decorrente dessa inicial intervenção. Exige-se que o sujeito atue profissionalmente ou com intenção lucrativa, ao fomentar, favorecer ou facilitar o exercício por outrem de prostituição. Tenha-se presente que se o agente cometer o crime do nº 1 por um dos meios referidos nas diversas alíneas do nº 2, o lenocínio passa a ser punido com prisão de um a oito anos.

Encontra-se fartamente documentada a forma do lenocínio previsto no nº 1 do artigo 170º na redação anterior às alterações de 2007. Só para chamar um exemplo, a norma ("quem, profissionalmente ou com intenção lucrativa, fomentar, favorecer ou facilitar o exercício por outra pessoa de prostituição ou a prática de atos sexuais de relevo é punido com pena de prisão de 6 meses a 5 anos") foi objeto de apreciação no acórdão do *TC* nº 144/04 (anotado por Carlota Pizarro de Almeida in Jurisprudência Constitucional 7, p. 21)[28]. Argumentara-se que a norma indicada apenas protege valores que nada têm a ver com o direito e bens consagrados constitucionalmente. O *TC* respondeu negativamente, referindo, em última instância a utilização da pessoa como puro instrumento. Sendo certo que não existe um dever constitucional de incriminação, a mesma não deixa de ser politico-criminalmente acertada: existe a perceção do perigo de certo dano associado à violação de deveres para com outrem – deveres de não aproveitamento e exploração económica – o que se ampara ainda no princípio da ofensividade. Não estaria em causa a violação do artigo 47º, nº 1, da Constituição, como fora invocado.

O acórdão da Relação do Porto de 19 de novembro de 2008, no processo nº 0843995, *relator*: Desembargador Ernesto Nascimento, seguiu esta mesma orientação, entendendo que não viola a Constituição a opção legislativa de incriminar as condutas previstas no artigo 170º do CP, na versão anterior à da Lei nº 59/2007. Outro tanto fez o acórdão da Relação de Lisboa de 11 de fevereiro de 2009, no processo nº 4591/2008, *relator*: Desembargador Pedro Mourão.

Caso nº 13 *A*, que "frequentava", tal como o menor *D*, o Portal, local onde se conheceram, propôs ao menor que vivessem juntos, num quarto de uma pensão, a fim de que este último suportasse as despesas inerentes ao arrendamento do quarto e ao sustento de ambos; o menor aceitou, passando a ser ele, com os rendimentos provenientes do exercício da prostituição, a pagar as despesas com o quarto e com o sustento de ambos; o *A* apresentou uma vez o menor a um dos coarguidos nos autos, *C*, para que este mantivesse relações sexuais com o dito companheiro, *D*, recebendo em troca € 5, não tendo no entanto chegado a concretizar-se qualquer relação sexual entre esse indivíduo e o menor, apesar de ser essa, inicialmente, a intenção de *C*.

Segundo o acórdão do STJ de 14 de maio de 2009, no processo nº 07P0035, *relator* por vencimento: Conselheiro Soares Ramos. o *A* praticou uma **tentativa de lenocínio**, tentativa punível, atento o disposto nos artigos 23.º, n.º 1, e 175.º, nºs 1 e 2, al. *d*), do CP. " Não se pode afirmar que o recorrente tivesse determinado o menor *D* a prostituir-se, pois este já se dedicava à prostituição antes de conhecer aquele".

---

[28] Este acórdão nº 144/2004 do Tribunal Constitucional *DR* II série de 19 de abril de 2004 ocupa-se com algum pormenor da **relação entre o direito e a moral**.

6. O crime de importunação sexual: artigo 170º

Artigo 170.º Importunação sexual. Quem importunar outra pessoa praticando perante ela atos de caráter exibicionista ou constrangendo-a a contacto de natureza sexual é punido com pena de prisão até um ano ou com pena de multa até 120 dias, se pena mais grave lhe não couber por força de outra disposição legal.

Manteve-se a criminalização dos "atos exibicionistas", com razões pouco menos que duvidosas, pois a observação desses atos, muitas vezes, tratando-se de um adulto, não tem a ver com a sua liberdade sexual, mas só, e eventualmente, com a sua (íntima) liberdade de ação. As alterações de 2007 acrescentaram uma outra modalidade, na forma de *constrangimento ao contacto de natureza sexual*. São atos preparatórios ou de simples execução: "constranger", obviamente mediante um "mínimo" coativo – simples pressão, aperto, compressão, mas sempre diferente do artigo 163º,[29] a contacto de certa natureza, por ex., um toque com as mãos, desde que provido de carga sexual[30] – que a incriminação converte em ações consumadas.

Dominante é a natureza do segundo ato, de tal forma que este "absorve" o desvalor do ato exibicionista que o tenha imediatamente precedido: é um ato preparatório do constrangimento levado a efeito no que toca a contacto de natureza sexual. No entanto, o ato de caráter exibicionista já pode conter, em si e por si, um valor que o autonomize em termos de "importunação". Se a prática do ato exibicionista surgir na sequência do constrangimento a contacto, o exibicionismo será normalmente um **ato posterior não punido**.

Tenha-se nomeadamente em atenção que se num transporte coletivo o *A* se chega à pessoa da frente por supor que ali ainda está a sua mulher (que entretanto se desviou para o lado) e se produz o contacto com essa outra pessoa, não será de constrangimento que se trata. Ademais, o crime é de natureza sexual. Pode ser até um contacto socialmente tolerado, como acontece com "encontrões" entre pessoas que não estão em condições, por exemplo num autocarro lotado e em movimento, de os evitar. O que releva é ainda a noção de constrangimento como ato *agressivo* ou de imposição de vontade. Mas a conduta, além de ter havido "contacto" corporal, exige sempre a importunação da "vítima".

---

[29] Se o constrangimento ocorre por um dos meios típicos do artigo 163º, nº 1, o crime será o de **coação sexual**, que "absorve" a simples importunação. Deteta-se uma relação de especialidade. De qualquer forma, não bastam as meras palavras ou escritos.

[30] Sem contudo representar um ato sexual de relevo. Para Paulo Pinto de Albuquerque, *Comentário*, p. 469, "também constitui contacto de natureza sexual a aproximação física do corpo do agente ao da vítima de modo que quase se toquem, incluindo a aproximação frente a frente e da frente do agente às costas da vítima, mas excluindo a aproximação das costas doa gente às costas da vítima". E acrescenta: "assim se compreende que a gravidez não possa ser resultado das condutas previstas no tipo do artigo 170º (artigo 177º, nº 4)".

É um caso envolvido no plano da tutela penal mínima. Não há aqui nenhuma referência a atos sexuais **de relevo**, mas ainda se entende como tendo **dignidade penal**, podendo, portanto, integrar comportamentos puníveis (merecimento de pena). A fronteira do punível será bastante ténue, vista, inclusivamente, a importância de um conceito como o de "importunação", que se já é pessoalmente variável não deixa de ser um conceito altamente poroso e vago. Com todas estas "debilidades", não se percebe porque não é o crime de natureza "particular", quando a "vítima" for um adulto *importunado*. A sua manutenção poderá compreender-se por, como sustenta alguma doutrina, representar o perigo de que se lhe siga a prática de um ato sexual que ofenda a liberdade de autodeterminação sexual, opinião a que alguma jurisprudência também aderiu. Mas se assim é, esse perigo deverá sempre surpreender-se na matéria factual apurada.

Caso nº 14   O *A* abordou a menor *M*, de 14 anos, e perguntou-lhe há quanto tempo não fazia amor, ao que esta lhe respondeu que ainda era virgem. O *A* disse então à menor que iam fazer um jogo com números, no qual se propunha adivinhar há quantos dias a menor não fazia amor. A dado momento, o *A* tocou com a mão na perna da menor dizendo que aquilo "era a escolinha" e de seguida tocou-lhe com a mão na zona genital dizendo que aquilo "era o sapateiro", mais lhe dizendo para a "levar limpinha", referindo-se à vagina da menor. Ato contínuo, a menor fugiu do local e chegada a casa, contou à mãe o sucedido. Atuando da forma descrita, o *A* quis e logrou satisfazer os seus instintos libidinosos, atuando por gestos, palavras e atos na pessoa da ofendida, *contra a sua vontade*, aproveitando-se da sua ingenuidade, sabendo que esta tinha à data 14 anos e, desse modo, a ofendia na sua liberdade e desenvolvimento sexual, ofendendo ainda o seu sentimento de timidez e vergonha.

No acórdão da Relação do Porto de 6 de maio de 2009, processo nº 598/06, *relatora*: Desembargadora Olga Maurício, entendeu-se que "a realidade criminalizada pelo tipo do artigo 171º do CP na redação de 1995, tal como agora pelo artigo 170º, era e é o facto de o dito ato exibicionista representar, para a pessoa perante a qual era praticado, *um perigo* de que se lhe seguisse a prática de um ato sexual que ofendesse a sua liberdade de autodeterminação sexual, precisamente por consideração ao local do corpo da vítima tocado pelo agente: o legislador preferiu criminalizar tais comportamentos pelo "convite" que eles envolviam. Desta opção resulta claro que o que era punido, antes como agora, repetimos, não era o ato mas o perigo de agressão à liberdade sexual que ele representava. A conduta típica traduz-se num ato de natureza sexual, praticado contra a vontade da vítima, na presença dela ou sobre ela[31]. O acórdão adianta que já em 27 de janeiro de 1999, no processo 9810413, se decidira que "a referência do artigo 171º do Código Penal de 1995 a atos de carácter exibicionista diz respeito a atos cuja perceção pelos sentidos (e não só pela visão) ofende os sentimentos de *pudor*[32] relacionados com a sexualidade da pessoa que é importunada. O ato de um homem apalpar publicamente os seios e as pernas de uma moça de 15 anos ofende o pudor da generalidade das pessoas que assistem, designadamente da pessoa que suporta os apalpões...". E isto é assim mesmo quando mais ninguém assiste, para além da vítima". Não será então coação, por faltar o aspeto coativo, mas simples importunação, a que a lei penal ainda dá relevo...[33].

O acórdão da mesma Relação, de 9 de Março de 2011, *relator*: Desembargador Joaquim Gomes, entendeu como ato exibicionista toda a ação com significado ou conotação sexual de exposição dos órgãos genitais que é imposta a outrem, por ser contra a sua vontade ou por a pessoa visada não ter capacidade para expressar o consentimento, perturbando a sua liberdade sexual, no caso de adultos, ou violando a proteção da sexualidade e a preservação do adequado desenvolvimento sexual, no caso de menores de 14 anos de idade. Não deixa de se pôr em destaque aquela opinião doutrinária de que o ato exibicionista só tem relevância penal se representar o perigo de que se lhe siga a prática de um ato sexual que ofenda a liberdade de autodeterminação sexual. Ideia que o acórdão repudia, por a exigência do perigo da prática subsequente de um ato sexual com a vítima não ter assento na descrição do tipo e ser "manifestamente desadequado" para a tutela do bem jurídico aqui em causa.

V. Crimes contra a autodeterminação sexual

Como se disse (e agora se insiste), os crimes sexuais estão divididos em duas secções: crimes contra a liberdade sexual e crimes contra a autodeterminação sexual (práticas sexuais com menores). Nos casos, aí descritos, das práticas sexuais com menores, por um lado, afasta-se qualquer ideia de "adequação" das ações, sendo a proteção absoluta. Por outro, a característica comum é que são levadas a cabo sem violência, coação ou fraude, havendo, nesse sentido, o "consentimento"

---

[31] Faz-se referência a Vítor de Sá Pereira e Alexandre Lafayette, *Código Penal anotado e comentado*, 2008, anotação ao artigo 170, e *Conimbricense* I, anotação ao artigo 171º.

[32] A referência ao pudor só se compreenderá no contexto epocal do acórdão para que se remete, de 1995.

[33] Compare-se com a importunação de crianças (artigo 171º, nº 3, alínea *a*)). Também aqui não se fala em constrangimento mas em abuso, a que não cabe a alternativa de multa, que de resto não aparece em nenhum dos casos previstos no artigo 171º. Nos casos mais graves será certamente coação agravada (artigos 163º e 177º, nº 6), por ser a vítima menor de 14 anos.

do menor. Mas em relação aos menores também valem os crimes da 1ª secção desde que não se trate de nenhum dos que se especializaram na 2ª (cf. Atas nº 24, p. 261: relativamente aos menores valem subsidiariamente os crimes anteriores, quando não afastados pela especialização)[34].

Os tipos legais preordenados à proteção da juventude são *crimes de perigo abstrato de índole especial*: ao contrário do que acontece com os clássicos crimes de perigo abstrato, o perigo é não só em concreto presumido como nem sequer é, em nenhum caso, suscetível de ser exatamente avaliado (Maurach). "Ao sacrifício qualificado da liberdade dos agentes acresce o sacrifício da liberdade do 'ofendido' que se visa tutelar como bem jurídico típico" (Costa Andrade). Repare-se que o crime sexual praticado contra menor de 14 anos ("criança") é sempre punido mais severamente que o (mesmo) crime praticado contra um adulto, atenta a especial vulnerabilidade da vítima (artigos 171º e 177º, nº 4). Uma outra nota que acentua a proteção do menor é a possibilidade de o Ministério Público intervir, *tendo em conta o interesse da vítima*, nos crimes contra a liberdade e autodeterminação sexual de menor não agravados pelo resultado, no sentido de determinar a suspensão provisória do processo, nos termos do nº 3 do artigo 178º. Ainda mais impressiva é a natureza pública dos crimes dos artigos 163º a 165º, 167º, 168º e 170º quando praticados contra menor (artigo 178º, nº 1), não obstante se exigir a queixa sendo ofendido um adulto (e deles não resultar suicídio ou morte da vítima). Compreende-se a exceção do artigo 173º (atos sexuais com adolescentes), que depende *sempre* de queixa (artigo 178º, nº 2), salvo se dele resultar suicídio ou morte da vítima.

Na alínea *d*) do n.º 1 do artigo 5.º, alargou-se (em 2007) o **princípio da aplicação universal da lei penal** aos crimes previstos pelos artigos 163.º (coação sexual) e 164.º (violação), *quando a vítima seja menor*. Passa a aplicar-se a lei portuguesa (aliás também aos crimes contra a integridade física grave – artigo 144º – quando cometidos contra menores), independentemente das nacionalidades da vítima ou do agressor, desde que este seja encontrado em Portugal. Determina-se, ademais (artigo 118º, nº 5), que, no caso de crimes contra a liberdade e autodeterminação sexuais contra menores o procedimento criminal não se extinga, por efeito de prescrição, antes de o ofendido perfazer 23 anos.

1. Crime de abuso sexual de criança: artigo 171º

Artigo 171.º Abuso sexual de crianças. 1 – Quem praticar ato sexual de relevo com ou em menor de 14 anos, ou o levar a praticá-lo com outra pessoa, é punido

---

[34] Cf. especialmente Maria Margarida Silva Pereira, "Rever o Código Penal, Relatório e parecer da Comissão de assuntos constitucionais", *Sub judice/ideias*, 11, 1996, p. 21.

com pena de prisão de um a oito anos. 2 – Se o ato sexual de relevo consistir em cópula, coito anal, coito oral ou introdução vaginal ou anal de partes do corpo ou objetos, o agente é punido com pena de prisão de três a dez anos. 3 – Quem: *a*) Importunar menor de 14 anos, praticando ato previsto no artigo 170.º; ou *b*) Atuar sobre menor de 14 anos, por meio de conversa, escrito, espetáculo ou objeto pornográficos; é punido com pena de prisão até três anos. 4 – Quem praticar os atos descritos no número anterior com intenção lucrativa é punido com pena de prisão de seis meses a cinco anos.

Caso nº 15   O *A*, à data com 58 anos, tio do pai da menor *B*, de 13 anos, surgiu por trás desta, surpreendendo-a, agarrou-a por trás, dominou-a, empurrou-a e tirou-lhe a camisola, tendo as calças caído e a menor tropeçado nelas. Quando a *B* se encontrava no chão, o *A* arrancou-lhe as cuecas, afastou-lhe as pernas e introduziu o pénis na vagina.

O artigo 171.º só se aplica sendo o sujeito passivo uma **criança** (= menor de 14 anos)[35].

Atente-se nas diferentes modalidades típicas, que são próprias do "abuso" (= ausência de constrangimento, porque se o menor é coagido o crime será o da secção anterior): por ex., atuação por meio de conversa, escrito, espetáculo ou objeto pornográfico.

A gravidade do ato é refletido no *quantum* das penas. Se o abuso é acompanhado de ato sexual de relevo (nº 1), a pena é a de prisão de 1 a 8 anos, mas se o ato sexual de relevo for qualificado (nº 2: cópula, etc.), a moldura penal passa a ser a de prisão de 3 a 10 anos.

Caso nº 16   Estava em causa a excitação do pénis do ofendido (já iniciado na prostituição) com a boca do *A*, ou seja, a chamada *fellatio*.

Como condenar o *A*? Com as penas do nº 1, ou com a agravação ditada pelo nº 2?

Na tese vencedora (acórdão do STJ de 14 de maio de 2009, no processo nº 07P0035) não haveria agravação, aplicando-se as penas do nº 1. O que justificaria a agravação seria "a maior ilicitude que a imposição à vítima da penetração do seu corpo necessariamente envolve. Desde logo, pelas eventuais (e normais) consequências físicas que pode determinar (dores, lesões)". Mas sobretudo pela

---

[35] Noutras circunstâncias, por exemplo, para efeitos da Convenção sobre os Direitos da Criança, considera-se **criança** todo o ser humano com menos de 18 anos de idade, a não ser que, em conformidade com a lei aplicável à criança, a maioridade seja alcançada antes.

carga psicológica associada ao ato. Partia-se do entendimento de que "quem comanda o ato, quem tem o domínio do facto, é aquele que "sofre" a penetração, mau grado a vítima assuma sexualmente o papel ativo. Mas esse é precisamente o pressuposto da ilicitude: que a vítima assuma um papel sexualmente ativo porque é isso que o agente quer, para satisfazer o seu desejo sexual, não o da vítima. É em função da vontade do agente que o ato se desenrola. A "superioridade" da vítima é falsa. Contudo, o ato em si comporta, pelas razões também expostas, uma menor lesão para a vítima. "E por isso deve ser distinguido daqueles atos em que a vítima é reduzida a um papel puramente passivo". A *fellatio*, sendo com o corpo da vítima, não é no seu corpo, pois não o invade, antes constitui penetração do corpo do próprio agente...

Discordou o Conselheiro Santos Carvalho, que votou *vencido*. Disse, nomeadamente, que "no caso do abuso sexual agravado de crianças, a vítima (mesmo quando tenha experiência sexual anterior ou tenha tomado a "iniciativa") é uma criança (...) pelo que na cópula ou coito com ela o agente é quem tem o domínio efetivo da situação. Por isso, a criança, quer esteja na posição sexualmente ativa quer na passiva, acaba sempre por sofrer, sem que propriamente se diga que está a praticar, enquanto que o adulto, homem ou mulher, colocado na posição sexualmente ativa ou passiva, está a praticar e não a sofrer".

Há um crime de **importunação de crianças** na alínea *a*) do nº 3. Releva a importunação e com ela o "abuso", relativamente a criança (menor de 14 anos), praticando o agente "ato previsto no artigo 170º". Note-se que o crime é necessariamente doloso. Se houver coação do menor, o ato ou constitui coação sexual (artigo 163º) ou violação (artigo 164º), em qualquer dos casos agravado (artigo 177º, nº 6).

De menor expressão é igualmente a atuação por meio de conversa, escrito, espetáculo ou objeto pornográfico, punível com pena de prisão até três anos.

De acordo com o nº 4, se o abuso tem intenção lucrativa, a pena de prisão passa a ser de seis meses a cinco anos.

Um caso em que houve que distinguir entre os crimes de **violação** e de **abuso sexual de crianças** (sem esquecer o crime de maus tratos) foi tratado pelo acórdão do STJ de 1 de outubro de 2008, no processo nº 08P2872. A menor *B*, de sete anos, fora acolhida em casa de uma sua irmã. Ficou sob a guarda do *A* o único que auferia rendimentos. Durante o período de abril a novembro de 2005, e em número de vezes não concretamente apurado, mas mais de uma vez por semana, o *A* desferiu golpes com um cinto no corpo da *B*. Certo dia, depois de a sovar, introduziu o pénis na vagina da *B*. Apesar de a *B* lhe pedir para parar, o *A* manteve o seu propósito. Posteriormente, o *A* colocou o seu pénis na boca da *B* e ordenou-lhe que o chupasse, o que ela fez. Voltou-se a repetir a cena da introdução peniana, tendo-lhe o *A* dito que se contasse alguma coisa a alguém lhe bateria. Ciente da idade da B, o A não hesitou em introduzir-lhe o pénis na vagina e também na boca para que o chupasse, contra a vontade da menor. Acabou condenado, em **concurso real**, por três crimes de violação agravados dos artigos 164º, nº 1, e 177º, nº 4, e um crime de maus tratos do artigo 152.º, n.º 1, alínea *a*).

2. Crime de abuso sexual de menores dependentes: artigo 172º

Artigo 172.º Abuso sexual de menores dependentes 1 – Quem praticar ou levar a praticar ato descrito nos n⁰ˢ 1 ou 2 do artigo anterior, relativamente a menor entre 14 e 18 anos que lhe tenha sido confiado para educação ou assistência, é punido com pena de prisão de um a oito anos. 2 – Quem praticar ato descrito nas alíneas do n.º 3 do artigo anterior, relativamente a menor compreendido no número anterior deste artigo e nas condições aí descritas, é punido com pena de prisão até um ano. 3 – Quem praticar os atos descritos no número anterior com intenção lucrativa é punido com pena de prisão até três anos ou pena de multa.

Basta, como se vê, para dar consistência ao relacionamento, que o menor tenha sido confiado ao agente para educação ou assistência.

Caso nº 17 Crime do pai sobre a filha adolescente. Das inúmeras relações sexuais que o A manteve com a menor sua filha resultou a gravidez desta.

Foi violado o disposto nos artigos 173º, nº 1, 172º, nº 1, e 177º, nº 3. Sujeito passivo é um adolescente ou jovem entre 14 e 18 anos e já não uma criança. O que modifica de algum modo a compreensão dos meios típicos descritos no nº 3 do artigo anterior (por remissão do nº 2 deste artigo). O que no artigo 172º é decisivo é a relação de confiança entre autor e vítima. Relação de confiança que ancora em tarefas de educação ou assistência que o autor antecipadamente assumiu (quer pela entrega legal ou jurisdicional do menor quer pela situação de facto criada).

A importunação de menor, nestes casos de jovens e adolescentes (artigos 171º, n⁰ˢ 1 e 3, e 172º, nº 2), bem como a atuação através de conversas, etc., terão de ser interpretados tanto no específico condicionalismo em que ocorrem, mas também levando em conta o que é "pornográfico" para uma criança e o que é pornográfico para um adolescente ou um jovem.

3. Atos sexuais com adolescentes: artigo 173º

Artigo 173.º Atos sexuais com adolescentes. 1 – Quem, sendo maior, praticar ato sexual de relevo com menor entre 14 e 16 anos, ou levar a que ele seja por este praticado com outrem, abusando da sua inexperiência, é punido com pena de prisão até dois anos ou com pena de multa até 240 dias. 2 – Se o ato sexual de relevo consistir em cópula, coito oral, coito anal ou introdução vaginal ou anal de partes do corpo ou objetos, o agente é punido com pena de prisão até três anos ou multa até 360 dias.

Pune-se quem, sendo maior, praticar ato sexual de relevo (que pode consistir em cópula, coito oral ou coito anal ou introdução vagina ou anal de partes do corpo ou objetos) com menor entre 14 e 16 anos, ou levar a que ele seja por este praticado por outrem, *abusando da sua inexperiência*. Tem que se provar que o autor abusou da inexperiência da vítima, aquela pessoa que não tem o conhecimento prático das atividades sexuais, que não se mostra capaz de formular um juízo ético sobre essas atividades e as suas consequências[36]. Parece não ser caso de inexperiência se foi a pretensa vítima a tomar a iniciativa ou se os atos acontecem durante uma relação de namorados.

4. Recurso à prostituição; lenocínio e pornografia de menores

Artigo 174.º Recurso à prostituição de menores. 1 – Quem, sendo maior, praticar ato sexual de relevo com menor entre 14 e 18 anos, mediante pagamento ou outra contrapartida, é punido com pena de prisão até dois anos ou com pena de multa até 240 dias. 2 – Se o ato sexual de relevo consistir em cópula, coito anal, coito oral ou introdução vaginal ou anal de partes do corpo ou objetos, o agente é punido com pena de prisão até três anos ou com pena de multa até 360 dias. 3 – A tentativa é punível.

a) Releva a prática de ato sexual de relevo com menor entre 14 e 18 anos, mediante pagamento ou outra contrapartida. A maioridade do agente é a maioridade civil (18 anos) e não a penal (16 anos). Punível é, em primeiro lugar, quem, sendo maior, praticar ato sexual de relevo com algum menor da indicada faixa etária, mediante pagamento ou outra contrapartida. O nº 2 prevê uma situação qualificada em atenção ao tipo de ato. A tentativa é punível. Na nossa lei, sujeito passivo é apenas o menor entre 14 e 18 anos.

"Prostituição" significa ser levado, por qualquer título remunerado, a praticar ou submeter-se a ações hetero ou homossexuais, com ou por parceiros indeterminados. Não se prevê que o agente atue profissionalmente ou com intenção lucrativa.

Recorda-se uma decisão-quadro relativa à luta contra a exploração sexual de crianças e a pornografia infantil determinando que cada Estado-Membro deve tomar as medidas necessárias para garantir que "sejam puníveis a prática de atividades sexuais com crianças quando o agente ofereça dinheiro ou outras formas de remuneração ou pagamento"; daí a tipificação de um "crime de prostituição de

---

[36] Damásio de Jesus, *Código Penal Brasileiro*, p. 585.

menores", no qual se pune o *cliente* (sendo maior), havendo pagamento ou outra contrapartida. O cp suíço, no artigo 153, deu cumprimento à decisão-quadro, enquadrando num mesmo preceito a exploração, em sentido amplo, portanto também de adultos, da atividade sexual, e o que chamou de "encouragement" (fomento ou facilitação) à prostituição.

Não se pretende com o preceituado no artigo 174º estancar ou conter a prostituição, que entre maiores não é punível, mas agir relativamente a ações isoladas que envolvam, por um lado, um adulto, e pelo lado passivo um menor entre 14 e 18 anos, dando-lhes um tratamento humilhante ou impedindo ou dificultando-lhes uma vida normal. Não estará por isso em causa a ordem social mas certas formas de vida. A proteção penal dirige-se assim à liberdade de ação do ou da menor envolvidos.

Artigo 175.º Lenocínio de menores 1 – Quem fomentar, favorecer ou facilitar o exercício da prostituição de menor é punido com pena de prisão de um a cinco anos. 2 – Se o agente cometer o crime previsto no número anterior: *a*) Por meio de violência ou ameaça grave; *b*) Através de ardil ou manobra fraudulenta; *c*) Com abuso de autoridade resultante de uma relação familiar, de tutela ou curatela, ou de dependência hierárquica, económica ou de trabalho; *d*) Atuando profissionalmente ou com intenção lucrativa; ou *e*) Aproveitando-se de incapacidade psíquica ou de situação de especial vulnerabilidade da vítima; é punido com pena de prisão de dois a dez anos.

b) É a réplica do artigo 169º, sendo a vítima menor, bastando o fomento, o favorecimento ou a facilitação do exercício da prostituição. Além exige-se que o agente o faça profissionalmente ou com intenção lucrativa. No artigo 175º esse elemento ("profissionalmente ou com intenção lucrativa") é um dos que agravam a pena para prisão de dois a dez anos.

Artigo 176.º Pornografia de menores 1 – Quem: *a*) Utilizar menor em espetáculo pornográfico ou o aliciar para esse fim; *b*) Utilizar menor em fotografia, filme ou gravação pornográficos, independentemente do seu suporte, ou o aliciar para esse fim; *c*) Produzir, distribuir, importar, exportar, divulgar, exibir ou ceder, a qualquer título ou por qualquer meio, os materiais previstos na alínea anterior; *d*) Adquirir ou deter materiais previstos na alínea *b*) com o propósito de os distribuir, importar, exportar, divulgar, exibir ou ceder; é punido com pena de prisão de um a cinco anos. 2 – Quem praticar os atos descritos no número anterior profissionalmente ou com intenção lucrativa é punido com pena de prisão de um a oito anos. 3 – Quem praticar os atos descritos nas alíneas *c*) e *d*) do n.º 1 utilizando material pornográfico com representação realista de menor é punido com pena de prisão até dois anos. 4 – Quem adquirir ou deter os materiais previstos na alínea *b*) do n.º 1 é punido com pena de prisão até um ano ou com pena de multa. 5 – A tentativa é punível.

c) O artigo 176º passa a integrar o ilícito de "pornografia de menores". Neste novo tipo incriminam-se várias condutas afins da comercialização de pornografia infantil real e *simulada*, assim como a sua aquisição ou posse (nº 4: "quem adquirir ou detiver os materiais previstos na alínea b) do nº 1..."), mesmo que sem o propósito de divulgar ou ceder. Prevê-se nomeadamente a utilização de menor em fotografia, filme ou gravação pornográficos, *independentemente do seu suporte*. As razões que levaram o legislador a introduzir uma infração de pornografia virtual prendem-se com a Decisão Quadro 2004/68/GAI do Conselho que estabelece que por pornografia infantil deve entender-se o material pornográfico que retrata ou representa visivelmente uma pessoa real que *aparente* ser um menor (todo o menor de 18 anos) implicada ou coenvolvida numa conduta sexualmente explícita. Como logo se compreende, tem-se também em vista as representações realistas (*wirklichkeitsnahe*)... de menores inexistentes. Estaremos perante uma tutela penal ainda mais antecipada do que a dos chamados crimes de perigo abstrato, sendo difícil desligá-la da moral sexual, que sempre se entendeu ser um veículo de corrupção; talvez melhor caracterizada como uma tutela desmaterializada, dado o caráter virtual das imagens, objeto da proibição. O nº 3 deste artigo 176º pune quem praticar os atos descritos nas alíneas c) e d) do nº 1 utilizando material pornográfico com **representação realista de menor**... Já não parece que o bem jurídico tenha alguma coisa a ver com a proclamada autodeterminação sexual.

Veja-se um caso de *aliciamento* na última parte da alínea b) do nº 1 do artigo 176º ("utilizar menor em fotografia, filme ou gravação pornográficos, independentemente do seu suporte, ou o **aliciar** para esse fim). As situações de aliciamento são caracterizadas por "o homem-de-trás levar o executor a praticar o facto tipicamente ilícito *em contrapartida* da realização de determinada prestação, de coisa ou de facto, que o homem-de-trás lhe proporciona (ainda que não tenha de ser ele, pessoalmente, a realizá-la)". Tendo havido consenso, a decisão final sobre o cometimento do facto caberá ao homem-de-trás. Em geral, são casos de verdadeira instigação e de domínio da decisão, nos quadros do princípio da autorresponsabilidade[37] mas aqui o aliciado é sempre um menor.

A pornografia só pode ser entendida contra menores – e menor é menor de 18 anos – não tem dignidade criminal a que se conjuga com maiores. A consagrar-se no código uma disposição sobre a matéria, o seu objeto terá que assentar na divulgação e difusão. Diferente é o comércio de objetos pornográficos, que deve ter uma resposta, mas ao nível de legislação avulsa. O parecer nº 36/75, de 10 de

---

[37] Outros pormenores em Jorge de Figueiredo Dias, *Formas Especiais do Crime, Textos de Apoio à disciplina de Direito Penal*, Coimbra, 2004, p. 26, e Conceição Valdágua, "Figura central, aliciamento e autoria mediata", *Estudos Cunha Rodrigues* I, p. 923.

julho de 1975, da Procuradoria-Geral da República *BMJ* 254, p. 77, tratava da pornografia em jornais e revistas.

A pornografia "constitui, talvez, a manifestação mais imediata da sexualidade, uma vez que, ao contrário do erotismo, não estabelece mediação entre o espectador e o objeto do seu desejo. Nada é sugerido, ou sequer revelado; tudo é exibido"[38]. O "filme pornográfico" alimentava-se, na sua origem, de um narrativa rudimentar e da repetição do ato sexual. Depois, mantiveram-se, por um lado, essas características, mas adicionaram-se-lhe variantes sexuais e o exercício explícito da violência, que satisfazem outras formas de prazer. Com o tempo, acentuam-se as passagens de gosto sádico e a pornografia com crianças. Finalmente, divulgam-se imagens pornográficas nas redes de computadores[39-40].

Por outras palavras, pornografia consiste na flagrante e primitiva representação do ato sexual que deixa de fora qualquer outro significado. No entanto, "flagrante" e "primitiva" são critérios *normativos*. Para tornar clara a fronteira das representações e objetos (discriminados nos n.ºˢ 1 a 3) que, não obstante se reportarem ao ato sexual explícito, não deverão ser considerados pornográficos, o n.º 5 do artigo 197 do cp suíço, introduziu a ressalva de não serem pornográficos quando tiverem um valor cultural ou científico digno de proteção. Mesmo sem uma norma com idêntico alcance, também no direito português se deverá entender que o que for cultura ou ciência deixa a pornografia de fora. Caberá à jurisprudência a tarefa de destrinçar, nas obras de arte e literatura, os valores culturais e científicos que as possam distinguir da massa do que é ofensivo e capaz de excitar. As características pornográficas de uma obra podem contudo ser caracterizadas em maior ou menor medida, com as correspondentes repercussões na necessidade de proteção penal – o que só pode ser alcançado caso a caso[41]. Como já se deixou dito atrás,

---

[38] Kristina Orfali, *Um modelo de transparência: a sociedade sueca*, in História da vida privada, p. 599.

[39] Linda Williams, *"Hard Core". Macht, Lust und die Traditionen des pornographischen Films*, Stromfeld, 1995.

[40] **O erotismo**. "Pode, é certo, objetar-se que Eros [que o erotismo] não tem fixação definitiva, que é sempre descobrimento, revelação, ou, colhendo estas palavras à letra, é um levantar dos sete véus do pudor, é um desnudamento, quer assuma a forma de um jogo de situações afetivas e sociais entre homem e mulher, quer seja um jogo de corpos nus, porque, precisa e necessariamente, algo se esconde sempre de muito mais importante quando se pretende ter chegado ao descobrir do último véu, do último pudor, do segredo aparentemente último e, enfim, desnudado [do último segredo finalmente desnudado]" (Óscar Lopes, *Um lugar de nome Aquilino*, in Uma arte de música e outros ensaios, 1986, p. 60); [*Um lugar de nome "Aquilino"*, in Cifras do Tempo, 1990, p. 175]; *Um lugar de nome Aquilino*, in Colóquio, Letras, n.º 85, maio de 1985, p. 12.

[41] Sobre estas questões, G. Stratenwerth e Guido Jenny, *Schweizerisches Strafrecht* BT I, 6ª ed., 2003, p. 189. No Festival Internacional de Cinema Fantástico de Sitges (março de 2011), um dos "filmes" a que o público teve acesso (duas vezes, de madrugada) apresenta imagens da "violação" de um recém-nascido (na figura de um boneco) e outras em que se mascara a prática de sexo com um menor. A exemplo do que acontece em Portugal (artigo 176º, n.ºˢ 1 e 3), também o Cp espanhol tipifica como crime a exibição de material pornográfico desta natureza, mesmo que não se utilize diretamente um menor. El País de 11 de março de 2011 dá conta da indignação de certas pessoas ligadas a atividades cinematográficas, que veem na inter-

releva para a caracterização da pornografia infantil o material pornográfico que retrata ou representa visivelmente uma pessoa real que *aparente* ser um menor (todo o menor de 18 anos) implicada ou coenvolvida numa conduta sexualmente explícita. Tem-se também em vista as representações realistas de menores inexistentes. Exige-se, claramente, que o observador fique com a impressão de ter sido testemunha ocular dum ato sexual, trate-se, ou não, de pornografia *virtual*.

VI. O sistema agravativo

Artigo 177.º Agravação 1 – As penas previstas nos artigos 163.º a 165.º e 167.º a 176.º são agravadas de um terço, nos seus limites mínimo e máximo, se a vítima: *a)* For ascendente, descendente, adotante, adotado, parente ou afim até ao segundo grau do agente; ou *b)* Se encontrar numa relação familiar, de tutela ou curatela, ou de dependência hierárquica, económica ou de trabalho do agente e o crime for praticado com aproveitamento desta relação. 2 – As agravações previstas no número anterior não são aplicáveis nos casos do n.º 2 do artigo 163.º, do n.º 2 do artigo 164.º, da alínea *c)* do n.º 2 do artigo 169.º e da alínea *c)* do n.º 2 do artigo 175.º 3 – As penas previstas nos artigos 163.º a 167.º e 171.º a 174.º são agravadas de um terço, nos seus limites mínimo e máximo, se o agente for portador de doença sexualmente transmissível. 4 – As penas previstas nos artigos 163.º a 168.º e 171.º a 174.º são agravadas de metade, nos seus limites mínimo e máximo, se dos comportamentos aí descritos resultar gravidez, ofensa à integridade física grave, transmissão de agente patogénico que crie perigo para a vida, suicídio ou morte da vítima. 5 – As penas previstas nos artigos 163.º, 164.º, 168.º, 174.º, 175.º e no n.º 1 do artigo 176.º são agravadas de um terço, nos seus limites mínimo e máximo, se a vítima for menor de 16 anos. 6 – As penas previstas nos artigos 163.º, 164.º, 168.º, 175.º e no n.º 1 do artigo 176.º são agravadas de metade, nos seus limites mínimo e máximo, se a vítima for menor de 14 anos. 7 – Se no mesmo comportamento concorrerem mais do que uma das circunstâncias referidas nos números anteriores só é considerada para efeito de determinação da pena aplicável a que tiver efeito agravante mais forte, sendo a outra ou outras valoradas na medida da pena.

venção da Fiscalía (Ministério Público) um ato de censura: "El mundo de la cultura cree que no deben ponerse cortapisas a la libertad de creación". Antinomias e contradições desta ordem são frequentes e uma consequência natural da dinâmica dos sistemas jurídicos. Como não há direitos absolutos, ou ilimitadamente elásticos (Jorge Miranda), e porque entre tais direitos não se verifica unicamente a estrutura própria das causas de justificação, o conflito entre eles deve resolver-se atendendo às diferentes situações concretas. A ponderação conduz também aqui a uma exigência de proporcionalidade que implica o estabelecimento de uma ordem de preferência caso a caso.

Parentesco: tem a ver com a figura do **incesto**, que aqui se reconduz à relação sexual de parentes por consanguinidade ou afinidade em qualquer grau de linha reta, ou parentes no segundo grau da linha colateral[42].

Relações de dependência familiar, de tutela, de curatela, ou de dependência hierárquica, económica ou de trabalho do agente e o crime for praticado com aproveitamento desta relação. São situações diferentes do chamado *assedio sexual* contemplado no artigo 163º.

Doença sexualmente transmissível. Funciona esta agravação se o agente for portador de doença sexualmente transmissível (tem naturalmente que haver dolo). Referimo-nos à sífilis, à Sida, à gonorreia, etc. Não é necessário que se opere a transmissão, como nos casos a seguir mencionados. A propósito, pergunta Augusto da Silva Dias:[43] e se o autor for portador de uma dessas doenças e se tiver rodeado de todos os cuidados para evitar a contaminação, nomeadamente usando preservativo? O caso não estará abrangido pela agravação, de outro modo, o preceito visaria um tipo de autor e não a sua conduta.

Segundo decidiu o acórdão do STJ de 9 de junho de 2004, no processo nº 04P3259, *relator*: Conselheiro Simas Santos, no caso de violação agravada pela transmissão da sida à ofendida releva a circunstância do arguido não saber que estava infetado pelo vírus, apesar de admitir que tal pudesse acontecer e ter agido, confiando que tal transmissão não teria lugar. O acórdão faz o confronto com a circunstância agravativa da gravidez resultante do crime de violação, que não depende do conhecimento especial do agente sobre a possibilidade da sua ocorrência.

Transmissão de agente patogénico que crie perigo para a vida. As penas previstas nos artigos 163.º a 168.º e 171.º a 174.º são agravadas de metade, nos seus limites mínimo e máximo, se dos comportamentos aí descritos resultar gravidez, ofensa à integridade física grave, transmissão de agente patogénico que crie perigo para a vida, suicídio ou morte da vítima. Como se vê, é o resultado que releva e já não o comportamento do agente, como na alínea anterior.

Menor de 16 anos e menor de 14 anos. O nº 5 for introduzido em 2007.

Menor de 14 anos. As penas previstas nos artigos 163.º, 164.º, 168.º, 175.º e no n.º 1 do artigo 176.º são agravadas de metade, nos seus limites mínimo e máximo, se a vítima for menor de 14 anos. Já acima fizemos notar a importância desta agravação, que vem da primitiva redação do Código no que toca às crianças.

---

[42] Apontamento jurisprudencial. Acórdão de 15 de fevereiro de 2007, no processo nº 070027: o arguido casado com a avó das suas vítimas de abuso sexual de menores cometeu o crime agravado pelo artigo 177º nº 1, alínea *a*), e não, o crime simples do artigo 172º.

[43] Augusto da Silva Dias, *Responsabilidade criminal por transmissão irresponsável do vírus da sida*, na revista cabo-verdiana Direito e Cidadania, 2004.

Veja-se, por fim, que se no mesmo comportamento concorrerem mais do que uma das circunstâncias referidas nos números anteriores só é considerada para efeito de determinação da pena aplicável a que tiver efeito agravante mais forte, sendo a outra ou outras valoradas na medida da pena. É consequência do *ne bis in idem*. Compare com a solução do artigo 204º, nº 3.

VII. Queixa e inibição do poder paternal

Artigo 178.º Queixa 1 – O procedimento criminal pelos crimes previstos nos artigos 163.º a 165.º, 167.º, 168.º e 170.º depende de queixa, salvo se forem praticados contra menor ou deles resultar suicídio ou morte da vítima. 2 – O procedimento criminal pelo crime previsto no artigo 173.º depende de queixa, salvo se dele resultar suicídio ou morte da vítima. 3 – Nos crimes contra a liberdade e autodeterminação sexual de menor não agravados pelo resultado, o Ministério Público, tendo em conta o interesse da vítima, pode determinar a suspensão provisória do processo, com a concordância do juiz de instrução e do arguido, desde que não tenha sido aplicada anteriormente medida similar por crime da mesma natureza. 4 – No caso previsto no número anterior, a duração da suspensão pode ir até cinco anos.

Artigo 179.º Quem for condenado por crime previsto nos artigos 163.º a 176.º pode, atenta a concreta gravidade do facto e a sua conexão com a função exercida pelo agente, ser: *a)* Inibido do exercício do poder paternal, da tutela ou da curatela; ou *b)* Proibido do exercício de profissão, função ou atividade que impliquem ter menores sob sua responsabilidade, educação, tratamento ou vigilância; por um período de dois a quinze anos.

A reforma de 2007 veio estabelecer a natureza pública dos crimes contra a liberdade e autodeterminação sexual contra menores. Excecionalmente, o crime do artigo 173º (atos sexuais com adolescentes) não entra no elenco dos crimes de natureza pública, continua como crime semipúblico, mas é forçosamente público se dele resultar suicídio ou morte da vítima.

Os crimes previstos no artigos 163º a 165º, 167º, 168º e 170º ficam dependentes de queixa, salvo se forem praticados contra menor ou deles resultar suicídio ou morte da vítima.

Nos crimes contra a liberdade e autodeterminação sexual de menor não agravados pelo resultado, o MP, tendo em conta o interesse da vítima, pode determinar a suspensão provisória do processo, com a concordância do juiz de instrução e do arguido, desde que não tenha sido aplicada anteriormente medida similar por crime da mesma natureza. O agente que pratique um crime previsto nos artigos 163.º a 176.º possa ser impedido, por um período de 2 a 15 anos, do exercício de profissão ou funções que impliquem ter menores sob sua responsabilidade, educação, tratamento ou vigilância.

VIII. Ainda os problemas de concurso

O crime de violação consome o crime de ofensa à integridade física – quando o uso dessa violência física não seja desproporcionado ao objetivo da violação. O crime de violação consome o crime de ofensas corporais voluntárias cometido pelo agente na pessoa da ofendida, mas *apenas* na medida em que o uso dessa violência física não seja desproporcionado ao objetivo da violação. Se a valoração da ofensa corporal como meio utilizado de execução do crime de violação esgotar a sua apreciação jurídica, haverá somente o crime de violação (acórdão do STJ de 8 de maio de 1997 *BMJ* 467, p. 275). Daí que se do comportamento descrito nos artigos 163º e 164º resultar ofensa à integridade física grave, o crime é o agravado, por intervir necessariamente o artigo 177º, nº 4, mesmo que a agravação seja determinada por negligência.

IX. Casos práticos

Caso nº 18 *A* raptou uma menor, com oito anos de idade, prendendo-a na bagageira do carro, onde foi levada para longe de casa, num percurso de cerca de oito quilómetros. Por parte de *A* deu-se a prática de atos sexuais sobre a menor, nomeadamente a repetida apalpação da vulva.

Existindo um crime contra a autodeterminação sexual imediatamente antecedido de um crime de rapto, coloca-se a questão de saber se este estará consumido por aquele ou se deverá ser objeto de uma punição autónoma. A razão do problema reside em o rapto ser crime de intenção, podendo pensar-se que, quando se comete crime contra a autodeterminação sexual da vítima (alínea *b*) do nº 1 do artigo 161º), o ilícito será único. O acórdão do STJ de 25 de março de 2010, 544/08.6, *relator*: Conselheiro Souto de Moura, entendeu porém que, a partir do momento em que se autonomizou o crime de rapto do de coação sexual, procedem as circunstâncias típicas qualificativas que a lei preveja para cada um. O cometimento do crime de rapto corresponde a um momento da atuação do *A*, em que a superioridade física em razão da idade foi um facto. A circunstância da vítima ser menor de 14 anos, torna-a por si só merecedora de maior proteção relativamente à coação sexual ou à violação. Daí a qualificação separada dos dois crimes: um crime de rapto agravado dos artigos 161º, nºs 1, alínea *b*), e 2, alínea *a*), e 158º, nº 2, alínea *e*), e um crime de coação sexual agravada dos artigos 163º, nº 1, e 177º, nº 6.

Caso nº 19 Por referência ao caso tratado no acórdão do STJ de 8 de março de 1995 *BMJ* 445, p. 101. A e D, tapando os seus rostos com camisolas, dirigiram-se para local onde habitualmente costumam permanecer casais no interior dos veículos automóveis. Depois de voluntariamente causarem danos em dois automóveis e agredirem os respetivos ocupantes, dirigiram-se para junto do veículo onde se encontravam *I* e sua namorada *J*. De imediato, com paus, começaram a bater em diversas partes do automóvel, partindo os vidros e amolgando-o. Em seguida aproximaram-se do *I* e da *J*, que se mantinham dentro do veículo, e de imediato puxaram-nos para fora do veículo, ao mesmo tempo que os sovavam com os paus que traziam. Aí arrastaram-nos pelos cabelos para um local mais isolado. Chegados aí, disseram à *J* que queriam dinheiro. Esta respondeu que tinha algum dinheiro no veículo automóvel. O *A* levou-a então para junto da viatura e aí apropriou-se de 400 euros. Ainda junto do veículo, o *A* arrancou à *J* todo o ouro que aquela consigo trazia. Regressados o *A* e a *J* para junto do *I* e do *D*, os arguidos repartiram entre si o ouro e o dinheiro. Enquanto o *A* se apropriava do dinheiro, a *J* tentou tirar-lhe a camisola da cara para ver se o conhecia. Como resposta o arguido deu-lhe uma paulada na cabeça. Durante o tempo que o *A* e a *J* foram ao veículo, o *D* "mantinha em respeito" o *I*, evitando que ele reagisse. Estando de novo todos juntos, o *A*, pela força, rasgou todas as roupas da *J* e com ela manteve relações de cópula completa. Enquanto isso, o *D* batia no *I*, uma vez que estava a reagir à prática do ato a que estava a assistir. De repente surgiram luzes de veículo automóvel e os dois arguidos agarraram o *I* e a *J* pelos cabelos e levaram-nos para um local mais escondido. Aí chegados, obrigaram o *I* e a *J* a deitarem--se no chão em cima de arbustos e silvas, dizendo que se deveriam manter calados, senão matariam a *J*, afogando-a. Afastou, então, o *D* a *J* de perto do seu namorado e com ela manteve relações sexuais de cópula completa. O *A* aproximou-se dos dois e começou a ferrar os seios da *J*. Como a *J* gritasse, ameaçaram-na de que lhe cortariam os seios com uma navalha. Enquanto isto sucedia, o namorado da *J* era mantido à distância, sob a ameaça de que a matariam se ele reagisse. Nesta altura o *I* não via o que os arguidos faziam com a *J*. E sempre que o *I* tentava reagir os arguidos batiam na *J*. Após as relações sexuais mantidas pelo *D* com a *J* os arguidos levaram-na novamente para junto do namorado, que se mantinha deitado no solo. Abandonaram então o local.

Punibilidade de *A* e *D*, relativamente às pessoas de *I* e *J*?

a) Crime de dano do artigo 212º, nº 1: com paus, começaram a bater em diversas partes do automóvel, partindo os vidros e amolgando-o.

b) Crimes de ofensas à integridade física do artigo 143º, nº 1, eventualmente artigo 146º, nºˢ 1 e 2: aproximaram-se do *I* e da *J* e de imediato puxaram-nos para fora do veículo, ao mesmo tempo que os sovavam com os paus que traziam; depois arrastaram-nos pelos cabelos para um local mais isolado; paulada na cabeça da *J*; depois, enquanto o *A* mantinha relações sexuais com a *J*, o *D* batia no *I*, uma vez que estava a reagir à prática do ato a que estava a assistir. Sempre que o *I* tentava reagir os arguidos batiam na *J*.

c) Crime de roubo do artigo 210º, nº 1: a *J* foi levada para junto da viatura (uso de violência para conseguir o dinheiro e o ouro) e aí foram-lhe tirados 400 euros, ficando sem o ouro que trazia consigo.

d) Crimes de sequestro/rapto (artigos 158º/160º): com paus, começaram a bater em diversas partes do automóvel, partindo os vidros e amolgando-o; em seguida aproximaram-se do *I* e da *J*, que se mantinham dentro do veículo, e de imediato puxaram-nos para fora do veículo, ao mesmo tempo que os sovavam com os paus que traziam; aí arrastaram-nos pelos cabelos para um local mais isolado; durante o tempo que o *A* e a *J* foram ao veículo, o arguido *D* "mantinha em respeito" o *I*, evitando que ele reagisse.

e) Crimes de violação (artigo 164º, nº 1): estando de novo todos juntos, o *A*, pela força, rasgou todas as roupas da *J* e com ela manteve relações de cópula completa. De repente surgiram luzes de veículo automóvel (...) afastou, então, o *D* a *J* de perto do seu namorado e com ela manteve relações sexuais de cópula completa.

f) Crime de coação sexual (artigo 163º, nº 1): o *A* aproximou-se dos dois e começou a ferrar os seios da *J*.

Problemas:

Terão os sequestros autonomia em relação aos crimes de violação e de coação sexual?

Serão *A* e *D* responsáveis, cada um deles, por um só crime de violação?

Caso nº 20   Violação; comparticipação; agravação. Comunicabilidade das circunstâncias. A partir do acórdão do STJ de 27 de novembro de 1991, *BMJ* 411, p. 303. Eva trouxe a sua filha *A*, de 15 anos, até certo lugar, onde a Eva apresentou a *A* ao *F* que ali se encontrava a aguardá-las de acordo com plano previamente concertado com a Eva. De seguida entraram os três para o automóvel do F. A A ainda tentou resistir às insistências da mãe para entrar no carro mas acabou por entrar, na sequência de ser sido empurrada pela Eva. Uma vez no interior do automóvel e fechadas as portas pelo F, a Eva disse à A que iria copular com o F e que por isso iria receber dinheiro. Logo após, a Eva saiu subitamente do carro e o F imediatamente pô-lo em marcha. A A insistiu com o F para que este parasse e a deixasse sair mas o F prosseguiu sempre a marcha do veículo até um local ermo, junto a um pinhal. Aí o F, no interior do veículo segurou os braços da A ao mesmo tempo que lhe disse para estar quietinha que lhe dava 5 contos. Perante a recusa dela manteve-a manietada, fazendo-a ter a noção da inutilidade de qualquer resistência, e retirou-lhe as cuecas, após o que introduziu o seu pénis ereto na vagina da A, assim mantendo cópula completa com a menor. Em seguida regressaram para junto da Eva que os aguardava nas imediações do quartel desta cidade. Cerca de quatro dias mais tarde a Eva levou de novo a A até ao mesmo local. Aí chegados a Eva obrigou a A a entrar no veículo do F que no local se encontrava aguardando-as. Fê-lo nomeadamente dando pontapés à A. O F de seguida conduziu o veículo até terrenos desabitados. Aí chegados e contra a vontade da A o F tirou-lhe as cuecas e retirando o seu pénis ereto das calças introduziu-o na vagina da A, acabando por ejacular no interior do órgão sexual desta. A A tinha-lhe afirmado previamente que não queria ter relações sexuais com ele mas o F não fez caso de tal propósito e, utilizando a sua força ao tirar as cuecas da A fê-la ter a noção da inutilidade de qualquer resistência. Já há algum tempo que a Eva vinha a propor à A que esta se dedicasse à prostituição, e como a filha não aceitasse apesar de a Eva lhe criar a expectativa de largos proventos e de uma vida desafogada, a Eva espancava-a com frequência com o propósito de a amedrontar e de lhe diminuir a sua resistência. Os espancamentos referidos repetiram-se antes e depois de cada uma das duas vezes que a menor foi pela mãe conduzida ao F, porquanto a menor sempre manter repúdio pelos referidos propósitos da mãe e pelas aludidas relações sexuais. Os encontros do F com a A foram previamente combinados entre o F e Eva, com o total desconhecimento da A. O F e a Eva combinaram os dois encontros para satisfazer as paixões lascivas daquele. Os arguidos atuaram concertadamente no propósito de anularem a resistência moral da A e na expectativa de verem facilitados e repetidos os aludidos encontros bem sabendo que empreendiam conduta penalmente punível.

Eva e *F* foram condenados como coautores materiais, em concurso real, de dois crimes de violação agravados (à data dos factos: artigos 201º e 208º, nº 1, a), do Código Penal de 1982).
Problemas:
Punibilidade de Eva e de *F* à luz do regime jurídico-penal atualmente em vigor? Artigos 164º, nº 1, alínea *a*), e 177º, nºs 1, alínea *a*), e 5.
Terá havido violência por parte de *F*?
A Eva terá mesmo cometido (dois) crimes de violação?
Como se constrói a agravação? Comunicam-se as qualidades especiais (no sentido Eva, a mãe, para *F*): artigo 28º?.

Caso nº 21 Rapto e tentativa de violação; desistência; coação sexual. *A* é vizinho de *B*. Usando a força, *A*, com o propósito de manter relações de cópula com *B*, agarrou-a, traçou-a pelas costas, empurrou-a, e arrastou-a à força desde a casa dela para o interior da sua. Já no interior da casa de *A*, este atirou *B* para cima da cama, deitou-se sobre ela, desapertou as calças, baixou as cuecas e puxou as saias dela, de forma a deixar à vista a zona pubiana. Depois apontou o pénis ereto na direção da vulva da ofendida, roçando com ele na área dos grandes lábios. *A* deu-se então conta do disparate que estava a fazer e, desistindo do seu plano de manter relações de cópula com *B*, pediu-lhe que o desculpasse. *B* retirou-se em pranto e humilhada com o comportamento do vizinho de quem se queixou.

A cometeu um crime de rapto (artigo 160º, nº 1, alínea *b*), na medida em que, por meio de violência, levou a *B* da casa desta para a sua com a intenção de cometer crime contra a liberdade e autodeterminação sexual da vítima. O comportamento de *A* integra ainda o crime do artigo 164º, nº 1, mas na forma tentada. *A* resolvera manter cópula com *B* por meio de violência e praticou atos de execução do crime que decidiu cometer (artigo 22º, nºs 1 e 2). *A* desistiu relevantemente, pelo que a tentativa de violação deixa de ser punível (artigos 178º, nº 1, e 24º, nº 1). Fica espaço para a punição pelo crime de coação sexual 163º, nº 1, que se consumou.
E se – ainda no caso anterior – *B* viesse a desistir da sua queixa contra o vizinho?
Se o rapto for seguido de violação ou coação sexual, haverá concurso de crimes. No caso de ter havido **desistência de queixa** por banda da ofendida, tal concurso não se verifica, mas nem por isso deixará de haver perseguição criminal pelo rapto (acórdão do STJ de 16 de maio de 1996, *CJ* 1996, p. 182), que é crime público.

Caso nº 22 Punibilidade dos comparticipantes quando um exerce a coação e o outro pratica a cópula ou o coito; coautoria ou autorias paralelas?

A e *B* deram boleia a *C* e ao companheiro desta, *D*. Em certa altura do percurso, *A* e *B* declararam à *C* que queriam manter com ela relações de cópula completas, o que a *C* recusou. *D* aproveitou uma paragem do carro e correu a pedir socorro, mas o condutor arrancou, levando nele a *C*. Mais adiante pararam e a *C* tentou fugir, mas foi agarrada por *A* e *B*, que a impediram, pela força, de se defender, até que ela se estatelou no chão. O *A* manteve então relações de cópula com a *C*, ao mesmo tempo que o *B* a imobilizava. Depois, o *B* manteve relações da mesma natureza com a *C*, em idênticas circunstâncias.

O Tribunal condenou *A* e *B* como coautores de dois crimes de violação. O Supremo (*BMJ* 390, p. 147) recordou que a violação não tem o caráter de crime de mão própria: o facto ilícito "em si" não é a cópula, como será, por exemplo, em crimes de "fornicação" punidos ainda hoje na legislação de certos estado americanos, mas o forçar *uma mulher* a ter cópula (hoje em dia *qualquer pessoa* a sofrer um dos atos típicos do artigo 164º, nº 1). O caso anterior é de coautoria e não de autorias paralelas: cada um dos dois arguidos praticou em concurso real dois crimes de violação.

Caso nº 23   Violação, sequestro e rapto. *A* privou *B* da sua liberdade ambulatória, por meio de violências e ameaças, para manter cópula com ela, contra sua vontade, impedindo-a sempre de sair da viatura e levando-a, assim, consigo, para um local isolado – distante cerca de 18 quilómetros daquele em que iniciou aquela privação – onde, sempre pela mesma forma, obrigou a vítima, efetivamente, a suportar a cópula.

Cf. o acórdão do STJ de 15 de abril de 1998 *BMJ* 476, p. 82 (com amplas referências doutrinais): o *A*, além do crime de violação, cometeu ainda, em concurso real, não o crime simples de sequestro, mas o de rapto do artigo 161º. Da sua inclusão no capítulo dos crimes contra a liberdade pessoal retira-se que, no rapto, a agressão da liberdade do movimento pessoal do sujeito passivo é, em última análise, a base fundamental da incriminação. Para além da exigência de que a privação de liberdade se faça por um daqueles três meios (violência, ameaça ou astúcia) a intenção do agente de prosseguir qualquer dos fins enunciados naquele normativo – submeter a extorsão, *cometer crime contra a liberdade e autodeterminação sexual*, obter resgate ou recompensa ou constranger a autoridade pública ou um terceiro a uma ação ou omissão, ou a suportar uma atividade – constitui, em rigor, a característica genuína do rapto face ao sequestro.

Caso nº 24   Corporiza o crime de coação grave dos artigos 154.º, n.º 1 e 155.º, n.º 1, al. *b*) do C. Penal a conduta daquele que, depois de cometer crimes de abuso sexual de crianças, entre os 10 e os 11 anos, por várias vezes, disse às menores que lhes partia a boca e desfazia a cara se contassem o sucedido a alguém.

O caso corresponde ao que foi julgado pelo acórdão do STJ de 5 de julho de 2007, no processo nº 07P1788. À comissão de abuso sexual de crianças **segue-se** um crime de coação dos artigos 154º e 155º, crime contra a liberdade pessoal.

X. Outras indicações

Acórdão da Relação de Guimarães de 23 de outubro de 2009 *CJ* 2009, p. 295: crime de **abuso sexual de pessoa incapaz de resistência**.
Acórdão da Relação de Lisboa de 27 de janeiro de 2009, *CJ* 2009, p. 156: os **atos sexuais com adolescentes** praticados sem que se configure abuso de inexperiência do menor e não se trate de menor dependente, foram descriminalizados.
Acórdão da Relação de Lisboa de 5 de novembro de 2003, *CJ* 2003, tomo V, p. 129: crime de abuso sexual de crianças, ato sexual, ato sexual de relevo, crime de violação e de abuso sexual de criança.
Acórdão de 19 de março de 1996 do Tribunal Coletivo de Cascais, *CJ* ano XXII (1997), tomo II, p. 285 (a propósito da **violência** na violação: "– não faças isso!").
Acórdão do STJ de 12 de janeiro de 1955, *BMJ* 47 p. 211 (o marido que obriga a mulher, por meio de violência física, a ter cópula com outros indivíduos é coautor do crime de violação).
Acórdão do STJ de 15 de junho de 2000, *CJ* 2000, p. 226: por **ato sexual de relevo** tem necessariamente de considerar-se toda a conduta sexual que ofenda bens jurídicos fundamentais ou valores essenciais das pessoas no tocante à sua livre expressão do sexo.
Acórdão do STJ de 7 de janeiro de 2010, 922/01. **Abuso sexual de criança**. Coito anal. Ato sexual de relevo. Concurso de infrações.
Um caso de **profanação de cadáver**. Comete o crime de profanação de cadáver do artigo 226º, nº 2, do CP-82 e não o crime de violação aquele que introduz o seu pénis na vagina da mulher que acabou de matar, bem sabendo que ela estava morta (acórdão do STJ de 26 de maio de 1993, Simas Santos-Leal Henriques, Jurisprudência Penal, p. 447).
A. Boureau, Le droit de cuissage. La fabrication d'un mythe (13e-20e siècle), Paris, A. Michel, 1995 (sobre o chamado **direito da primeira noite**, direito de *pernada*).

Atas (1993) Código Penal, Atas e Projeto da Comissão de Revisão, Ministério da Justiça.

Antonio Forza, "La Pedopornografia: Tra Giudizio Morale, Senso Comune e Pseudoscienza", Rivista penale, n. 5, 2007.

Beleza dos Santos, O crime de violação, Revista de Legislação e de Jurisprudência, anos 57º e 58º.

Bernd Roggenwallner et ali, Straftaten gegen die sexuelle Selbstbestimmung: Strafrecht – Zivilrecht – Familienrecht – Sozialrecht – Forensische Psychiatrie, 2011.

Carmona da Mota, Dos crimes sexuais, Rev. do Ministério Público, ano 4º, vol. 14.

E. Gimbernat Ordeig, La violación: presente y futuro de la regulación legal, Estudios de Derecho Penal, 3ª ed., 1990, p. [88].

E. Gimbernat Ordeig, Sobre algunos aspectos del delito de violación, Estudios de Derecho Penal, 3ª ed., 1990, p. [287].

Fernando Torrão, A propósito do bem jurídico protegido nos crimes sexuais (mudança de paradigma no novo Código Penal), *BFD* 71 (1995), p. 545.

Frederico Isasca, O projeto do novo Código Penal (fevereiro de 1991) uma primeira leitura adjetiva, *RPCC* 1 (1993), p. 67 e ss.

Georges Vigarello, Violences sexuelles: violences d'aujourd'hui?, "Esprit", Août-septembre 1997.

Helena Moniz, Violação e coação sexual?. Anotação ao acórdão do STJ de 2 de junho de 2005, *RPCC* 15 (2005), p. 307.

Hellmuth Mayer, Die sogenannte Sexuelle Revolution, Festschrift für Ernst Heinitz, p. 119 e ss.

Klaus Laubenthal, Sexualstraftaten, Springer.

Ina Hunecke, Das Prostitutionsgesetz und seine Umsetzung, Kovac, 2011.

J. Pinto da Costa, Abuso sexual em menores, Revista de Investigação Criminal, nº 34 (1990).

J. Pinto da Costa, Aspetos médico-legais da violação, Revista de Investigação Criminal, nº 16 (1985).

J. Pinto da Costa, Responsabilidade médica, Porto, 1996.

J. Pinto da Costa, Sevícias sexuais em menores, Ao sabor do tempo – crónicas médico-legais, volume I, edição IMLP, [2000].

J. Pinto da Costa, Sexologia forense, Ao sabor do tempo – crónicas médico-legais, volume I, edição IMLP, [2000].

Jean Claude Bologne, História do Pudor, Círculo de Leitores, 1996.

Jean Larguier/Anne-Marie Larguier, Droit pénal spécial, 9ª ed., Mémentos Dalloz, 1996.

Jean-Louis Flandrin, Un temps pour embrasser. Aux origines de la morale sexuelle occidentale (VI-XI siècle), Le Seuil, 1983.

Jorge de Figueiredo Dias/Pedro Caeiro, Crimes contra a liberdade e autodeterminação sexual, Pólis.
Jorge de Figueiredo Dias, Crimes contra os costumes, Pólis, 1º vol., 1983.
Jorge de Figueiredo Dias, Nótula antes do artigo 163º e anotações diversas, Conimbricense, PE, tomo I, 1999.
Jorge de Figueiredo Dias, O Código Penal Português de 1982 e a sua reforma, RPCC, ano 3 (1993), p. 161.
Jorge Dias Duarte, Tráfico e exploração sexual de mulheres, Revista do Ministério Público, ano 22 (2001), nº 85.
José Mouraz Lopes, Os crimes contra a liberdade e autodeterminação sexual no Código Penal, após a revisão de 1995, Coimbra, 1995.
José Souto de Moura, SIDA e responsabilidade penal, Revista do Ministério Público, ano 10º, nº 37 (1989).
Karl P. Natscheradetz, O Direito Penal Sexual, Coimbra, 1985.
L'histoire, nº 63, Janvier 1984.
Linda Williams, "Hard Core". Macht, Lust und die Traditionen des pornographischen Films, Stromfeld, 1995.
Manuel da Costa Andrade, A Vítima e o problema criminal, separata do vol. XXI do Supl. ao BFD, Coimbra, 1980.
Manuel da Costa Andrade, Consentimento e Acordo em Direito Penal, p. 382 e *passim*.
Manuel da Costa Andrade, Sobre a reforma do Código Penal Português – Dos crimes contra as pessoas, em geral, e das gravações e fotografias ilícitas, em particular, RPCC 3 (1993), p. 427.
Maria da Conceição Ferreira da Cunha, Breve reflexão acerca do tratamento jurídico-penal do incesto, RPCC 12 (2002).
Maria do Carmo Saraiva de Meneses da Silva Dias, A propósito do crime de violação: ainda faz sentido a sua autonomização?, RMP ano 21, Jan./Mar. 2000, nº 81.
Maria do Carmo Saraiva de Meneses da Silva Dias, Crimes sexuais com adolescentes, Almedina, 2006.
Maria do Carmo Saraiva de Meneses da Silva Dias, Repercussões da Lei nº 59/2007, de 4/9, nos "crimes contra a liberdade sexual".
Maria João Antunes, Sobre a irrelevância da oposição ou da desistência do titular do direito de queixa (artigo 178º-2 do Código Penal). Anotação ao acórdão da Relação do Porto de 10 de fevereiro de 1999, RPCC 9 (1999), p. 323.
Marta Bertolino, Libertà sessuale e blue-jeans, nota à Cassazione penale de 6 de novembro de 1998, in Riv. ital. dir. proc. penale, 1999, fasc. 2.
Muñoz Conde, Derecho Penal, PE, 8ª ed.

Parecer nº 62/95 da PGR, publicado no DR II Série de 8 de março de 2002: Sexo, pornografia, espetáculo público, ato sexual de relevo, moral pública, proteção de menores, licença.

Roger Doublier, Le nu et la loi, Librairie Générale de Droit et de Jurisprudence, Paris, 1977.

Rui Carlos Pereira, Liberdade sexual. A sua tutela na reforma do Código Penal, Sub judice/ideias-11, 1996, p. 41.

Stephen J. Schulhofer, Unwanted Sex. The Culture of Intimidation and the Failure of Law, Harvard University Press, Cambridge, Massachusetts, 1998.

Teresa Pizarro Beleza, "Como uma manta de Penélope": sentido e oportunidade da Revisão do Código Penal (1995), Rev. do Ministério Público, As reformas penais em Portugal e Espanha, cadernos (7), p. 33.

Teresa Pizarro Beleza, O conceito legal de violação, Rev. do Ministério Público, nº 59 (1994), p. 51.

The New York Times, June 11, 2008: In Europe, Debate Over Islam and Virginity, by Elaine Sciolino and Souad Mekhennet.

Yves Mayaud, Code Pénal. Nouveau Code Pénal, ancien Code Pénal, 93ª ed., Dalloz, 1995-96.

9 - CRIMES CONTRA A HONRA

Dispõe o artigo 180º (*difamação*), na redação da Lei nº 65/98, de 2 de setembro:
1 – Quem, dirigindo-se a terceiro, imputar a outra pessoa, mesmo sob a forma de suspeita, um facto, ou formular sobre ela um juízo, ofensivos da sua honra ou consideração, ou reproduzir uma tal imputação ou juízo, é punido com pena de prisão até 6 meses ou com pena de multa até 240 dias. 2 – A conduta não é punível quando: a) A imputação for feita para realizar interesses legítimos; e b) O agente provar a verdade da mesma imputação ou tiver tido fundamento sério para, em boa fé, a reputar verdadeira. 3 – Sem prejuízo do disposto nas alíneas b), c) e d) do nº 2 do artigo 31º, o disposto no número anterior não se aplica quando se tratar da imputação de facto relativo à intimidade da vida privada e familiar. 4 – A boa fé referida na alínea b) do nº 2 exclui-se quando o agente não tiver cumprido o dever de informação, que as circunstâncias do caso impunham, sobre a verdade da imputação. 5 – Quando a imputação for de facto que constitua crime, é também admissível a prova da verdade da imputação, mas limitada à resultante de condenação por sentença transitada em julgado.

Dispõe, por sua vez, o artigo 181º (*injúria*), na redação da Lei nº 65/98, de 2 de setembro:
1 – Quem injuriar outra pessoa, imputando-lhe factos, mesmo sob a forma de suspeita, ou dirigindo-lhe palavras, ofensivos da sua honra ou consideração, é punido com pena de prisão até 3 meses ou com pena de multa até 120 dias. 2 – Tratando-se da imputação de factos, é correspondentemente aplicável o disposto nos nºs 2, 3 e 4 do artigo anterior.

O artigo 182º equipara à difamação e à injúria verbais "as feitas por escrito, gestos, imagens ou qualquer outro meio de expressão".

I. Generalidades

Caso nº 1 *A*, uma jovem estudante, foi hospitalizada em estado de coma. Durante a sua permanência nesse estado, duas enfermeiras ofenderam gravemente *A* por palavras, acidentalmente registadas num gravador colocado à cabeceira da doente. Ao caso refere-se a sentença de 4 de outubro de 1994, comentada *in* Il Foro Italiano, 1995, p. 377.

Nos artigos 180º e 181º, objeto específico da tutela penal é o bem imaterial da honra. Continuamente exposta a toda a sorte de atentados, que não raro podem ser devastadores, a honra é, no dizer dos estudiosos, um bem extremamente vulnerável (H. Pozo), mas é também o "mais subtil e mais difícil de apreender de todos os bens jurídicos do nosso sistema jurídico-penal"[1]. A ponto de, como proclama um penalista espanhol (Bajo Fernández), os juristas terem de renunciar "a um conceito inequívoco de honra, dada a polivalência da expressão. Bem ao contrário, têm de se limitar a procurar o âmbito da proteção jurídico-penal da honra".

Essa complexidade espelha-se na forma como o conteúdo e os limites do bem jurídico que é a honra têm sido analisados, por exemplo, a partir das duas conceções fundamentais – fácticas e normativas.

a) As **conceções fácticas da honra** reveem-se na chamada *honra subjetiva*: a ideia que alguém tem das suas próprias qualidades; o sentimento de dignidade e decoro; a soma dos valores morais que o indivíduo se atribui; e na chamada *honra externa*: a ideia que têm os restantes membros da comunidade; a estima e a consideração de que se goza; o património moral que deriva da consideração alheia, ou seja, a *reputação* ou *bom nome*. Procura-se apreender a honra na sua existência efetiva, real, sem o recurso a elementos valorativos. Decisivo é o fenómeno psicológico de ordem individual (a estima que alguém tem de si mesmo) ou coletiva (a forma como os outros membros da sociedade encaram uma pessoa em particular).

Diz-se, porém, que a reputação externa, vista nesta perspetiva, pode levar à negação da tutela jurídica no caso de alguém cuja fama esteja muito por baixo do verdadeiro valor de uma pessoa ou a quem falte completamente (neste sentido, não haveria ofensa da honra de uma prostituta que fosse acusada de lançar uma filha na prostituição) – tudo com ofensa do princípio constitucional da igualdade. Por outro lado, se o bem jurídico protegido fosse um facto psicológico individual, um doente mental ou uma criança não estariam a coberto da ofensa, em virtude da sua incapacidade para a sentirem. As conceções fácticas dificilmente se compatibilizam com os *princípios da igualdade e do pluralismo*.

---

[1] Já dizia Beccaria, *Des délits et des peines, par Beccaria*, traduit de l'italien, deuxième édition, Paris, 1823, p. 271, que "L'idée de l'honneur est une idée complexe formée non-seulement de plusieurs idées simples, mais aussi de plusieurs idées complexes elles-mêmes".

b) Para as **conceções normativas**, o respetivo conteúdo aparece vinculado ao efetivo cumprimento dos deveres éticos, de modo que, afinal, só tem relevo a honra merecida.

A estes pontos de vista normativos aponta-se a desvantagem de remeterem o conteúdo da honra, como honra merecida (*o real valor da pessoa* ou *a merecida pretensão de respeito*), para o cumprimento de um determinado código moral ou social. Numa sociedade pluralista, o conceito da honra baseado na infração de deveres morais ou ético-sociais não pode depender da forma como cada um conduz a sua vida, do seu comportamento social. Ainda aqui se impõe o princípio da igualdade, que exige um reconhecimento não diferenciado.

Poderíamos, ainda assim, partir do princípio que os artigos do Código, de acordo com as definições de índole fáctica, só protegem a honra pessoal: de um lado, a representação que os outros têm sobre o valor de uma pessoa, a reputação ou o bom nome; do outro, o sentimento (*Gefühl*) de dignidade e decoro,[2] a opinião de uma pessoa sobre o seu próprio valor. Seria o artigo 180º a proteger a **honra externa**, uma vez que o ofensor, difamando, se dirige a terceiro. O artigo 181º exprimiria a preocupação de tutelar a **honra interna**, intervindo quando alguém injuria outra pessoa, imputando-lhe factos ou dirigindo-lhe palavras ofensivas, abalando com isso o sentimento de honorabilidade que a pessoa visada tem de si mesma. Mas se só se tutela a honra da pessoa, ficaria obviamente sem proteção o artista a quem um crítico de arte rebaixava as qualidades em termos fortemente depreciativos; como também ficaria sem proteção aquele de quem se dizia que estava doente dos nervos, uma vez que isso não pode afetar a honra do portador da doença, por não ser ele responsável pelo seu próprio estado.

Uma tal conceção restritiva da honra não é a que encontramos necessariamente consagrada na lei. A própria doutrina faz-se eco da relevância das conceções *normativas* da honra. Um autor suíço – Bösiger[3] – propõe-se definir a honra como o *direito ao respeito*. A honra representa assim a fundada pretensão de respeito de qualquer pessoa, qualquer que seja a sua condição social; a violação da honra consiste em negar ou pôr em perigo o respeito com expressões cujo caráter idóneo tem a ver com o conteúdo, a forma ou as circunstâncias em que as mesmas se produzem. Este direito ao respeito entende a honra como legalmente presumida mas refutável pela prova liberatória. Recenseia-se aí uma das suas grandes vantagens. Pois se a honra acaba por ver "a sua extensão e consistência dependentes da conduta do portador",[4] "então aquele a quem se imputa, em conformidade com

---

[2] Dizer que alguém é um tipo sem vergonha, por exemplo, constitui ofensa à dignidade. Já chamar a vítima de idiota, imbecil, ignorante, burro ou acéfalo constitui ofensa ao decoro.
[3] Bösiger, *apud* José Hurtado Pozo, *Drot pénal*, partie spécial II, 3ª ed., p. 16.
[4] Costa Andrade, Costa Andrade, *Liberdade de Imprensa e Inviolabilidade Pessoal*, Coimbra Editora, 1996, p. 83.

a verdade, um comportamento desonroso *não é*", por força dessa falada exigência de respeito, atingido – *"não é pura e simplesmente ofendido na sua honra"*.

Como quer que seja, há restrições que entre nós nunca tiveram aceitação – e isso foi notado pelo Prof. Figueiredo Dias[5]. Ao contrário de outras legislações, "o ordenamento jurídico-penal português, na linha da tradição anterior e, sobretudo, em inteira consonância com a ordem constitucional,[6] alarga a tutela da honra também à consideração ou reputações exteriores" (Faria Costa). Os nosso tribunais nunca julgaram com os olhos postos na efetiva proteção da honra, nunca se limitou, por ex., o bem jurídico ao seu sentido moral, à honorabilidade de cada um, negando-se a natureza criminosa das críticas dirigidas a um artista, a um profissional ou a um político, com o argumento de que a norma incriminadora protege a honra da pessoa e não a sua reputação de artista, de profissional ou de político. Em Portugal nunca se negou um atentado à honra do advogado de quem malevolamente se andou a espalhar que era o único a tirar proveito de uma determinado ação judicial. E para tanto nunca foi necessário recorrer a argumentos artificiosos ou ao amparo de critérios de exceção. As difamações e injúrias têm como *objeto jurídico* as duas ordens de interesses que se exprimem pelas palavras *honra e consideração,* escrevia o Prof. Beleza dos Santos, e já antes Silva Ferrão explicava que difamação significa literalmente o facto de se espalhar, aqui e ali, um propósito ou escrito, que diz respeito assim a favor como contra a reputação de outrem[7]. Difamação quer dizer desacreditar, dizer alguma coisa contra a boa fama, ou reputação de alguém (Pereira e Sousa). De forma que "com

---

[5] Por exemplo, em "Direito de Informação e Tutela da Honra no Direito Penal da Imprensa Portuguesa", *RLJ*, ano 115º, nº 3697, p. 101 ss.

[6] O conteúdo do bem jurídico honra e a extensão com que é protegida têm a sua referência essencial no quadro constitucional. O artigo 26º, nº 1, da CRP consagra, entre outros direitos da personalidade, o *direito ao bom nome e reputação* que emana de outro valor constitucional, axial e nuclear, que é a *dignidade da pessoa humana* (artigo 1º). Reconhece-se aí o valor eminente do homem enquanto pessoa, como ser autónomo, livre e (socialmente) responsável, na sua unidade existencial de sentido. Como direito fundamental, o bom nome e reputação é pressuposto indispensável para o desenvolvimento da pessoa em comunidade. O respetivo conteúdo é constituído por uma pretensão de reconhecimento da sua dignidade e tem como correlativo uma conduta negativa dos outros; é, ao fim e ao cabo, uma "pretensão a não ser vilipendiado ou depreciado no seu valor aos olhos da comunidade" (A. Silva Dias, p. 18; ainda, M. P. Gouveia Andrade; e Murillo, p. 17). A honra pode ser vista como "um bem jurídico complexo que inclui quer o valor pessoal ou interior de cada indivíduo, radicado na sua dignidade, quer a própria reputação ou consideração exterior" (Faria Costa, *RLJ* nº 3926).

[7] A expressão "difamar", que o Código usa na epígrafe do artigo 180º e chama ao artigo 182º na forma substantivada, reencontra aí, de algum modo, o seu primitivo significado, o de *espalhar, divulgar* (Gaffiot, *Dict. Latin-français,* Hachette; Ovidio, *Metamorph.,* 4-236, C. Budé). No tipo legal esta ideia está impressivamente cunhada no termo "reproduzir", que significa *divulgar, fazer circular, propalar* (termo apropriado ao relato oral e que o Código emprega no artigo 187º) ou *propagar,* do latim *propagare,* verbo de origem agrícola, que descreve a prática do jardineiro que mete na terra os rebentos de uma planta para a multiplicar (cf. J. A. C. Brown, *Técnicas de persuasión,* p. 10; R. L. Palmer, *Introducción al latín,* 2ª ed., 1988, p. 80).

esta propensão (tradicional) para estender à consideração (*bom nome, reputação, fama*) a tutela jurídico-penal da honra", também o direito português "acaba por se demarcar face aos ordenamentos legais que privilegiam um conceito puramente *normativo* do bem jurídico"[8]. Ainda assim, parece haver no nosso direito razões para acentuar "o reforço dos momentos de normatividade". Cuidando de apresentar uma curta referência histórica, Costa Andrade recorda as alterações que o legislador de 1982 (artigo 164º, nº 2) veio abrir à admissibilidade da prova da verdade em relação à imputação de quaisquer factos desonrosos desde que feita na prossecução de '*interesse público legítimo*', enquanto que a reforma de 1995 (artigo 180º, nº 2) "generaliza à prossecução de qualquer *interesse legítimo* – público ou privado – a admissibilidade da *exceptio veritatis*".

A honra (e, por aproximação, o bom nome) está ligada à imagem que cada um tem de si próprio, construída interiormente mas também a partir de reflexos exteriores, repercutindo-se no apego a valores de probidade e honestidade; a reputação (e também a boa fama) representa a visão exterior sobre a dignidade de cada um, o apreço social, o bom nome de que cada um goza no círculo das suas relações ou, no que respeita a figuras públicas, no seio da comunidade: acórdão do STJ de 12 de janeiro de 2000, *BMJ* 493, p. 156.

II. Honra e liberdade de expressão

Liberdade de expressão e direito à honra têm ambos assento, reconhecimento e dignidade constitucional. O direito ao bom nome e reputação encontra-se consagrado no artigo 26º, nº 1, da CRP e na lei ordinária (por ex., artigo 70º, nº 1, do Código Civil). A liberdade de expressão e informação é um direito igualmente garantido a nível constitucional (artigos 37º, nº 1, e 38º, nºs 1 e 2, alínea *a*) e com lugar na lei ordinária (artigos 1º e 2º da Lei de Imprensa, Lei nº 2/99, de 13 de janeiro, alterada pela Lei nº 18/2003, de 11 de junho). A liberdade de expressão e de comunicação integra um dos fundamentos nucleares das sociedades democráticas e pluralistas.

Consideram-se crimes de abuso de liberdade de imprensa os atos ou comportamentos lesivos de interesse jurídico penalmente protegido que se consumam pela publicação de textos ou imagens através da imprensa, sendo-lhes aplicável a legislação penal comum (artigo 30º, nºs 1 e 2, da Lei de Imprensa). Através deste diploma pretendeu-se consagrar a liberdade de expressão de pensamento pela imprensa, no âmbito do direito à informação.

---

[8] Costa Andrade, *Liberdade de imprensa*, p. 86.

1. Situações de conflito com o direito de expressão e de livre informação

Toda a gente tem o direito de informar, de se informar e ser informado, exprimindo e divulgando livremente o seu pensamento pela palavra, pela imagem, ou por qualquer outro meio, "sem impedimento nem discriminação", como se consagra no 37º da Constituição da República. O respetivo nº 3 acrescenta que as infrações cometidas no exercício destes direitos ficam submetidas aos princípios gerais de direito criminal, sendo a sua apreciação da competência dos tribunais judiciais. Com o que o legislador constitucional quis consagrar uma "quase evidência" – quis consagrar a ideia de que o exercício do direito de liberdade de expressão e de informação "tem limites e um dos limites a esses direitos reside precisamente naqueles atos que, ao violarem direitos e valores constitucionais (integridade; honra; dignidade) de igual valência normativa, integram um ilícito-típico definido pelo ordenamento penal"[9]. No mesmo plano em que a defesa da dignidade da pessoa humana ocupa um lugar saliente, estão também consagrados os direitos do cidadão à sua integridade moral (artigo 25º, nº 1), ao seu bom nome e reputação (artigo 26º, nº 1). A respetiva tutela radica, fundamentalmente, nas incriminações constantes da "legislação penal comum", aplicável, inclusivamente, por força da Lei de Imprensa (artigo 3º), e com especialidades pontuais nesta previstas, quando certos atos ou comportamentos possam afetar a reputação e a boa fama alheias ou quando a publicação de textos ou imagens através da imprensa ofenda bens jurídicos penalmente protegidos (artigo 24º, nº 1, e 30º, nº 1, da Lei de Imprensa).

Deve, naturalmente, considerar-se excluída a responsabilidade penal dos atentados à honra sempre que eles resultem da realização, exercício ou defesa de direitos (artigo 31º, nºs 1 e 2, alínea b)). É o caso do advogado que em juízo exerce o direito de defesa em processo penal que lhe está cometido. Também no caso dos jornalistas prevalece o direito de informar livremente: o facto atentatório da honra de outra pessoa ficará justificado se ele resultar do exercício legítimo de um direito.

Todavia, como não há direitos absolutos, ou ilimitadamente elásticos (Jorge Miranda), e porque entre tais direitos não se verifica unicamente a estrutura própria das causas de justificação, o conflito entre eles deve resolver-se atendendo às diferentes situações concretas, de forma que nuns casos prevalecerá o direito à honra, noutros a liberdade de expressão e informação.

Excurso. Durante muito tempo os tribunais resolveram os conflitos entre o direito à honra e a liberdade de expressão de maneira inadequada, socorrendo-se de um específico elemento subjetivo – o *animus injuriandi* ou *difamandi*, i. é, a von-

---

[9] Faria Costa, *O Perigo em Direito Penal*, 1992, p. 210.

tade de ofender, de desconsiderar outrem: as palavras deviam ser aptas a ofender mas exigia-se que simultaneamente fossem proferidas com esse fim. Todavia, enquanto se entende que o *animus difamandi* ou o *animus injuriandi* constituem elemento dos crimes de difamação e de injúria e são integrados pelo desejo ou pela consciência de que se pode difamar ou injuriar, está-se ainda dentro do dolo genérico, que é necessariamente exigível[10]. Esta solução ocultava a verdadeira dimensão do problema, que não reside na intenção com que se realiza o facto mas na mútua delimitação do conteúdo objetivo dos direitos que entram em rota de colisão.

Historicamente, pode descortinar-se a tendência para a preterição da liberdade de expressão perante exemplos de exacerbada exaltação da honra, como no caso de países em período pré-democrático (visão "calderoniana", tradicional em certos setores da sociedade espanhola). Nos Estados Unidos, a doutrina das *prefered freedoms* ("liberdades preferentes") confere a certos direitos, entre os quais a liberdade de imprensa – mas também a liberdade religiosa e a liberdade de reunião e de associação – uma posição mais forte que aos restantes direitos fundamentais. Num certo sentido, a liberdade de expressão é aí entendida como a razão de ser de todas as liberdades, "the matrix, the indispensable condition of nearly every other form of freedom" (Juiz Cardozo), e a liberdade de expressão e informação encaradas como direitos fundamentais duplamente valiosos. Valiosos, por um lado, a nível individual, para qualquer cidadão que os queira exercer (e até aqui estarão equiparados à honra das pessoas); por outro, valiosos para o reconhecimento e garantia de uma instituição política fundamental como é a opinião pública, indissoluvelmente ligada ao pluralismo político, que é um valor essencial e indispensável numa sociedade aberta e um requisito do funcionamento do Estado democrático.

Estes pontos de vista foram sendo progressivamente atenuados, reconhecendo-se que em caso de conflito entre dois direitos fundamentais não é lícito sacrificar um em benefício do outro. Concluindo-se que não existe uma hierarquia na ordem dos valores constitucionais, nuns casos prevalecerá o direito à honra, noutros o direito à liberdade de expressão e informação[11].

A via preferentemente adotada[12] – teoria da *concordância prática* entre os bens ou valores em conflito –, aspirando à otimização máxima de todos os direitos,

---

[10] Cf. Figueiredo Dias, "Direito de Informação e Tutela da Honra", *RLJ*, ano 115º, p. 133.

[11] "Ainda que a liberdade de expressão seja considerada um valor prioritário na constituição americana, nem por isso se admite que se possa permitir seu exercício quando constitui um perigo indubitável e iminente. Quem grita: "fogo" em um teatro repleto, e isso a fim de provocar pânico, não pode invocar seu direito à liberdade de expressão para subtrair-se aos processos judiciais". Chaïm Perelman, *Lógica Jurídica*, São Paulo, 2000, p. 130.

[12] "Se bem compreendo, o problema da concorrência entre diferentes direitos fundamentais não foi solucionado de maneira satisfatória nem na Alemanha nem nos outros países que têm um catálogo de direitos fundamentais semelhante. Quais são as fronteiras da liberdade humana? Durante muito tempo tanto os

reconhece que a forma concreta de resolução do conflito não pode afetar o conteúdo essencial de nenhum dos bens ou valores em causa; se isso no caso concreto acontecer teremos de concluir que a situação não era de conflito de direitos, mas de limite implícito de um dos direitos; por outro lado, não se exige a realização ótima de nenhum dos valores em conflito, procurando-se antes uma coordenação proporcionada entre eles. Na verdade, e tendo em vista a igual hierarquia constitucional dos valores em conflito, compreende-se que, de todos os lados, os tribunais e os autores se acolham invariavelmente ao dogma da inexistência de um princípio de preferência abstrata por qualquer deles. "Tudo terá pelo contrário de decidir-se no contexto de uma ponderação de interesses mediatizada por um círculo hermenêutico centrado sobre as singularidades do caso concreto. E, por vias disso, apostada numa solução capaz de assegurar aos dois valores em conflito a máxima satisfação compatível com a justiça do caso" (Costa Andrade). Para Konrad Hesse, os bens jurídicos constitucionalmente protegidos "devem poder coordenar-se entre si, de tal sorte que cada um alcance a sua efetividade", traduzindo-se numa "otimização" de ambos: "ambos os bens devem ser limitados para que possam gozar todos eles de uma virtualidade ótima", de modo que, no resultado, todos possam contribuir para a manutenção da decisão"[13].

Obtém-se a concordância prática dos dois valores ou direitos em confronto comprimindo um ou outro conforme as situações. Assim:

- Se o facto é verdadeiro e socialmente relevante, comprime-se o direito à honra: o núcleo essencial deste direito (atenta a respetiva função) respeita a factos desonrosos, mas que são falsos, ou da esfera da vida privada – vale por dizer que o direito à honra tem como limite imanente que o facto seja falso ou socialmente irrelevante;
- Se o facto é falso, socialmente irrelevante, ou da vida íntima ou privada, comprime-se o direito à informação: o núcleo essencial do direito à informação refere-se a factos verdadeiros e socialmente relevantes – vale por dizer que o direito à informação tem como limite imanente que o facto seja verdadeiro e com relevância social[14].

---

filósofos como os teólogos e os sociólogos discutiram esta questão. Temos diversas respostas mais ou menos concretas, mas nunca apareceu uma solução que se perfile como o modelo perfeito para a jurisprudência". Günter Püttner, *Les droits fondamentaux en Allemagne*, ERPL/REDP vol.10, nº 3, 1998.

[13] Cf. Cristina Queiroz, p. 275; e Konrad Hesse, *Escritos de derecho constitucional*, p. 45. Cf., ainda, J. Wolter, "Derechos humanos y protección de bienes", *Fundamentos de un sistema europeo de Derecho Penal, Libro-Homenaje a Claus Roxin*, 1995; Cardoso da Costa, "A hierarquia das normas constitucionais e a sua função na proteção dos direitos fundamentais", *BMJ* 396 p. 15; e J. Carlos Vieira Andrade, *Os direitos fundamentais na Constituição da República Portuguesa de 1976*, 1987, p. 220.

[14] Veja-se, entre muitos outras fontes, a sentença do Juiz do 9º Juízo Cível do Porto, Dr. Álvaro Reis Figueira, *CJ* 1990, tomo IV, p. 311.

Os *critérios* que permitem afirmar a prevalência de um direito sobre o outro têm a ver:

- Com o interesse social da informação – é o exercício do direito jurídico constitucional de informar que, no caso concreto, justifica a ofensa da honra, por ex., quando a informação tenha por objeto "influenciar" a opinião pública em assuntos de interesse geral;
- O meio utilizado há de porém ser o adequado ou o razoável, não deve exceder o fim informativo, uma vez que a lesão da honra só pode justificar-se quando seja necessária, e não é necessária quando, por ex., a pretexto de informar se usam expressões formalmente injuriosas ou insinuações torpes;
- Têm a ver também com a intenção de informar a verdade. Um tal conceito (de verdade) não tem que traduzir uma verdade absoluta e por inteiro correspondente ao facto histórico narrado, pois o que importa, em definitivo, é que a imprensa, no exercício da sua função pública, não publique imputações que atinjam a honra das pessoas e que saiba inexatas, cuja inexatidão não tenha podido comprovar ou sobre a qual não tenha podido informar-se suficientemente (cf. Figueiredo Dias). Bastam as exigências derivadas das *leges artis* dos jornalistas, das suas conceções profissionais sérias para que se possa afirmar a diligência devida no confronto da veracidade das informações. É, neste sentido, uma verdade putativa, que se transforma em "esimente putativa del diritto di cronaca" quando é fruto de um trabalho de investigação sério e diligente dos factos expostos (sentença da Cassazione italiana de 30.6.84).
- Tratando-se de juízos de valor, de ideias ou opiniões, a margem de liberdade de expressão (associada ao direito de crítica objetiva – artística, histórica, literária, etc.) é **muito mais ampla** que a da informação. Isso acontece especialmente com a **crítica política**, onde em geral se aceita uma maior liberdade de linguagem. Ainda assim, a forma empregada pode redundar em lesão da honra, proibindo-se também neste caso a injúria formal ou absoluta[15-16].

---

[15] **Pertinenza, verità e continenza.** La giurisprudenza ha elaborato i canoni a cui ispirare il giudizio di bilanciamento tra libertà d'espressione del pensiero e onore delle persone, soprattutto con riferimento allo specifico campo del diritto di cronaca e di critica di matrice eminentemente giornalistica; a tal proposito, ha raggiunto una sostanziale omogeneità d'indirizzo indicando nella pertinenza, nella verità e nella continenza i limiti al rispetto dei quali è subordinata la liceità delle affermazione (Cass. 15 ottobre 1987; *il Foro Italiano*, 1993, p. 324).

[16] Cf. Costa Andrade, *Liberdade de Imprensa e Inviolabilidade Pessoal*, Coimbra Editora, 1996, p. 232 a 240. Emblemático, o acórdão do STJ de 17 de novembro de 2010, processo nº 51/10.7, 5ª secção, *relatora*: Conselheira Isabel Pais Martins: "A tese da atipicidade da crítica objetiva não depende do acerto, da adequação

Excurso. Crítica e crónica, opinião e notícia, juízo e facto. Com a liberdade de expressão garante-se a liberdade de exprimir pensamentos, ideias, opiniões ou qualquer outro tipo de juízos de valor subjetivos. Cabe aqui a caricatura, a sátira e a polémica, incluindo a polémica brava e às vezes acintosa, modalidade que se sabe ser forte na tradição nacional. No dia a dia da imprensa, **espécies opinativas** serão "o artigo de análise e/ou de opinião; o artigo de fundo propriamente dito, antecessor do editorial, com o qual pode ir a par; o comentário do articulista ou editor da página, mas também de colaboradores regulares ou episódicos. Conforme a mancha gráfica se reduz e ganha em densidade, pessoalização, crítica e humor, teremos o apontamento, o bilhete, o eco. No colunismo é mister referir o que desagua em crítica e crónica, com nascimento muito próximo nas suas origens periodísticas, enquanto devedoras do folhetim. Uma e outra variam quanto à matéria (desportiva, tauromáquica, teatral, etc.) e sua formulação. Quanto àquela, e na particularidade literária, falaríamos em mera impressão ou juízo de valor, em nota, recensão, ensaio, tratado, sistema. Há uma importância crescente nesta hierarquização, já com foros de revista literária e até universitária a partir da recensão; o ensaio também chega a ocupar as efémeras páginas de diário; jamais os últimos. Opinião é, ainda, citar parecer alheio". Com o **direito à informação** recorde-se a crónica – e a notícia, um facto atual com interesse geral. "Veja-se que não é um facto permanentemente atualizado. Pressupõe-se um facto verdadeiro, novo, facilmente comunicável segundo critérios de rigor e objetividade; o jornalista informa-se e informa, visando preparar mensagem facilmente entendida pelos leitores"[17].

---

material ou da 'verdade' das apreciações subscritas. Por outro lado, o direito de crítica com este sentido não conhece limites quanto ao teor, à carga depreciativa e mesmo à violência das expressões utilizadas. É hoje igualmente pacífico o entendimento que submete a atuação das instâncias públicas ao escrutínio do direito de crítica objetiva. São ainda de levar à conta da atipicidade os juízos que, como reflexo necessário da crítica objetiva, acabam por atingir a honra do autor da obra ou prestação em exame: nesta linha, o crítico que estigmatizar uma acusação como 'persecutória' ou 'iníqua' pode igualmente assumir que o seu agente teve, naquele processo, uma conduta 'persecutória' ou 'iníqua' ou que ele foi, em concreto, 'persecutório' ou 'iníquo'. Aqui, está já presente uma irredutível afronta à exigência de consideração e respeito da pessoa, mas trata-se de sacrifício ainda coberto pela liberdade de crítica objetiva, não devendo ser levado à conta de lesão típica. Já o mesmo não se poderá sustentar para os juízos que atingem a honra e consideração pessoal perdendo todo e qualquer ponto de conexão com a prestação ou obra que, em princípio, legitimaria a crítica objetiva.

[17] Cf. Ernesto Rodrigues, "Literatura & jornalismo – ligações perigosas", *LER* – livros & leitores, nº 39 (1997), p. 40; e *Mágico Folhetim, literatura e jornalismo em Portugal*, Editorial Notícias, 1998, especialmente, p. 77.

Caso nº 2 A crítica objetiva, não direta e imediatamente dirigida à pessoa, é um ato criminalmente atípico. O presidente do coletivo, ao decidir questão respeitante a irregularidade processual, referiu que o advogado "como já se tornou hábito, distorce, conscientemente, a realidade do que se passa na audiência".

"Proferida num contexto de alguma exaltação, de que o julgador deve manter--se arredio, devendo ser mesmo o último a perder a contenção no cenário do julgamento, a frase peca por excesso, desnecessário, mas não passa de um evitável comentário reduzido a escrito sem dignidade penal, inserto num esforço de dirigir, sem acidentes de percurso, o andamento dos autos, poder que cabe ao presidente do tribunal com a latitude prevista nos artigos 323.º e 326.º do CPP. Impõe-se, assim, concluir que a frase em causa cai fora do âmbito da tipicidade, não se indiciando que nela haja presidido o intuito de rebaixar, humilhar, a pessoa do assistente, a consideração pessoal e social que lhe é devida, cingindo-se a um juízo crítico, acidentalmente emitido, sobre a forma como o assistente exerce a sua profissão no processo em que interveio": acórdão do STJ de 22 de novembro de 2006, proc. nº 06P1944, *relator*: Conselheiro Armindo Monteiro. A nosso ver, o Supremo Tribunal não podia ter decidido de outro modo, sendo as bases a que se acolhe inteiramente de subscrever.

2. Os excessos ou desmandos de linguagem

Só que às vezes a linguagem à solta, impulsiva, "torna-se sintomática como a dos pacientes confiados aos clínicos de manicómio: deixa de ser o instrumento de harmonia e *comunicação social, a voz da razão e o signo da sabedoria*". É certo que, como dizia também o conhecido Vitorino Nemésio,[18] "uma descompostura em prosa ou verso, um insulto (por exemplo), não é natureza, é cultura: estamos tão costumados a considerar apenas cultura como requinte, espiritualidade como elevação, que nos esquecemos de que a má-criação, a injúria, a injustiça, o acinte, vestidos de palavras intensivas e raras, prestigiadas pelo paradoxo e pela sátira, tudo isso é cultura"[19]. Mas "a agressividade, o psiquismo doentio e insuperado é que é a 'natureza' que se projeta em tal 'cultura'. Aí, o inconsciente imediatizado predomina sobre a consciência clarificadora e equânime". Daí a pergunta, a fina-

---

[18] Vitorino Nemésio, "Cultura da má-língua", *Jornal do Observador*, p. 116 e ss.
[19] Escrevia o Raul Brandão, no diário das *Memórias* alinhadas: "A gente nunca sabe se da infâmia poderão nascer coisas belas. A mentira, o boato, o que se diz ao ouvido, o que se deturpa, e que tanta força tem, a meada de ódio, de ambição e de interesses, que não cabe na história com H grande, tem o seu lugar num livro como este de memórias despretensiosas". Foi ele quem no mesmo lugar reproduziu o que se dizia do rei, por causa dos adiantamentos.

lizar: "será realmente decente e 'moderno' dizer dos vivos com endereço o que se não diz dos cães?". Uma coisa é alguém fazer uma avaliação pessoal de uma conduta, por mais desfavorável que seja para o visado; outra emitir expressões, afirmações ou qualificativos claramente vexatórios e desvinculados da informação ou da opinião que se quer transmitir. Ou são puros insultos ou simples palavras que desqualificam o adversário; por isso mesmo são gratuitos, desprovidos de qualquer justificação. Aparecem como meras exteriorizações de sentimentos pessoais alheios ao exercício da atividade de informar ou de opinar – nada têm a ver com o exercício da crítica, por mais dura que seja, de uma conduta. Nestes casos, o que há a fazer é aplicar a sanção prevista na norma penal, por nem sequer se configurar um problema constitucional ou de colisão de direitos. "Uma tradição longamente firmada no seio das democracias admite com largueza a crítica e a opinião em certos domínios sociais e sobretudo políticos, aqui envolvendo mesmo os protagonistas. Todavia, a crítica e a opinião não podem ter como único sustentáculo, mesmo aí, o ataque pessoal, sobretudo quando esse ataque é imotivado, cego, ditado pela paixão ideológica ou por um espírito de vindicta ou de ajuste de contas:" acórdão do STJ de 3 de junho de 2009, no processo nº 09P0617, *relator*: Conselheiro Rodrigues da Costa.

A grande verdade, no final das contas, está com o Italo Calvino: "A grande civilização da injúria e da agressão verbal hoje reduziu-se ao papaguear de estereótipos medíocres"[20].

III. Crimes de difamação e injúria

São dois os crimes contra a honra previstos no Código: a difamação (artigo 180º) e a injúria (artigo 181º), embora na sua diversidade as combinações legais da tutela da honra irradiem fundamentalmente de quatro possibilidades:

– a da imputação de um facto na presença do lesado ou na de um terceiro na ausência daquele;
– a da formulação de um juízo de valor perante o lesado ou perante um terceiro na ausência daquele.

Em termos gerais, haverá injúria quando a ofensa à honra é feita na presença do ofendido, difamação nos outros casos. Adotou-se, no essencial, o sistema vigente na Itália, onde se acentua que o crime de injúria tutela prevalentemente a honra no sentido subjetivo; a difamação, pelo contrário, tutela a reputação do sujeito, e consequentemente a honra em sentido objetivo.

---

[20] Italo Calvino, *Ponto Final*, p. 368.

1. O crime de difamação: artigos 180º e 182º

No Código atual, a difamação traduz a atuação de quem, dirigindo-se a terceiro, imputar a outra pessoa, mesmo sob a forma de suspeita, um facto, ou formular sobre ela um juízo, ofensivos da sua honra ou consideração, ou reproduzir uma tal imputação ou juízo. Há difamação quando o agente, dirigindo-se a terceiro, ofende a estima e a consideração de outrem. Difamar é assim desacreditar publicamente. Adere-se à ideia de que não há difamação sem prolação, ou apenas de indivíduo (ofensor) a indivíduo (ofendido).

A ideia de que a difamação ocorre na ausência do visado, *de quem se diz mal pelas costas*, vem já dos tempos antigos. Escrevem Carla Casagrande e Silvana Vecchio,[21] que "As relações da maledicência com os outros pecados da fala são numerosas. Partilha com o insulto, a maldição e a bajulação ou lisonja servil a classificação de pecado contra o próximo, mas aparece sempre separada destes outros pecados. São Tomás retoma o tema tradicional da comparação maledicência/insulto e fornece a propósito uma formulação definitiva: o insulto, filho da cólera, vira-se contra a honra de uma pessoa presente mas pouco considerada, enquanto que a maledicência, filha da inveja, ataca a reputação duma pessoa ausente. A duplicidade cobarde do difamador que ataca a vítima pelas costas assemelha-se à simulação hipócrita do bajulador, que louva de maneira injustificada a pessoa que tem à sua frente".

É a forma de afrontar cuja moldura penal se destaca pela sua maior gravidade, entre outras razões por precludir a possibilidade imediata de defesa ou *retorsão*. Esta fica reservada à injúria, na medida em que a lei prevê que o ofendido venha a ripostar com uma ofensa a outra ofensa, com possível dispensa de pena, mas enfatiza-se a necessidade de isso acontecer "no mesmo ato" (artigo 186º, nº 3).

O comportamento descrito na incriminação envolve, como se disse, a imputação de factos e a formulação de juízos de valor. Neste caso, imputar um facto, atribuindo-o a alguém, ou formular um juízo de valor significa apresentá-los como produto da sua própria convicção, mas a afirmação alheia (ouvida em outro

---

[21] Na Idade Média, para alguns escritores, o critério da verdade é que separava a difamação da correção: "Dizer a verdade não é difamar", escreve Jerónimo. "Aquele que diz dum mal existente que ele existe, não pode ser considerado como denegrindo quem quer que seja, mas como um amigo da verdade", afirma Smaragde num comentário à Regra de S. Bento. Mas alguns fundamentam a distinção entre difamação e correção no caráter oculto da primeira e na natureza pública da segunda. Ainda assim, quando a intenção difamatória é substituída pela necessidade de corrigir ou de prevenir, revelar o "mal" de alguém a outra pessoa, torna-se não só permitida como também justa. Nos séculos XII e XIII era corrente a identificação do pecado da difamação (*detractio*) com a intenção difamatória do falante, contrária à intenção virtuosa, própria da denúncia do pecado. Em Tomás de Aquino pode também encontrar-se a observação de que se é difamador não porque se diminua a verdade mas porque se diminui a reputação. Cf. Carla Casagrande/Silvana Vecchio, *Les péchés de la langue*, p. 242.

lugar, por ex., um "boato"), que alguém reproduz – isto é, repete, tornando-se eco do que foi dito ou insinuado – não é, enquanto tal, objeto da própria convicção. A indicação da fonte (*nominatio auctoris*) não desonera, porém, o agente da sua responsabilidade. Diz, expressivamente, Magalhães Noronha que o agente não se escusa por citar a fonte, nem por empregar ressalvas ou ponderações, adrede preparadas e que mal ocultam o dolo com que age. Vale o mesmo para quem, ao (re)lançar o "boato", acrescenta que não acredita naquilo que lhe transmitiram e que, todavia, repete.

Excurso. *Facto* é o acontecimento, evento ou situação que pertence ao passado ou ao presente e é suscetível de prova. Podem ser factos interiores (motivos, objetivos, características do caráter) se estiverem relacionados com determinados eventos externos. O convencimento sobre o que irá acontecer no futuro não é um facto, independentemente do grau de certeza que se ponha na afirmação. O facto distingue-se das simples opiniões e do juízo de valor, que se analisa numa afirmação contendo uma apreciação sobre o caráter da vítima que não está inscrita em factos[22].

Com a imputação de factos afirma-se que uma pessoa se comporta de certa forma, que consome heroína, que furtou um quadro célebre, que, sendo casada, teve relações fora do casamento. Cabe aí o tráfico de drogas, o tráfico de armas ou os proveitos da prostituição. Ou então que a pessoa se encontra em determinada situação ou estado, por ex., que foi atingida pelo vírus da sida. Destas alegações retiram-se conclusões que implicam um atentado à honra da pessoa visada, dando lugar a juízos desonrosos e à multiplicação da afronta. São estes os exemplos mais claros. Não é todavia necessário que se trate de um comportamento previsto numa lei penal, há até condutas com essa dimensão que estão longe de desonrar quem as pratica, basta pensar numa contraordenação de trânsito. Também não é elemento típico que a afirmação produzida seja verdadeira ou falsa, retendo-se contudo o conhecimento da falsidade da imputação, que constitui *calúnia* ou impede a prova da verdade. Nem é preciso, finalmente – na perspetiva dos crimes de perigo abstrato –, um dano real ou a simples concretização de um perigo.

A afirmação de facto pode estar condensada, consistindo numa simples designação do género: "ladrão!" ou "x é um ladrão!". Algumas vezes aparece "normativamente colorida" ou ligada ou misturada com um "elemento de valoração" (*gemischtes Werturteil*, juízo de valor misto). Nestes casos, entende-se correntemente que prevalece para efeitos de qualificação jurídica a componente fáctica da afirmação, em atenção à especial perigosidade que decorre desta forma de lesão da

---

[22] A. Silva Dias, p. 14.

honra. O que é então decisivo é se a valoração ainda permite que se reconheça a relação com o facto (a situação, o acontecimento) afirmado, que se trate portanto de uma generalização feita a partir de uma alegação mais precisa (*"raccourci"*). No exemplo corrente "A é um ladrão!", a frase "consubstancia a imputação de um facto quando relacionada com um furto concreto até então desconhecido: com isso não se quer dizer mais do que "A é o autor deste furto concreto". Ao invés, se alguém, referindo-se à prosperidade de um comerciante, afirma que ele "é um ladrão", emite um puro juízo de valor pois mais não faz do que apreciar de modo negativo a personalidade de outrem"[23].

A imputação de um facto pode fazer-se "**mesmo sob a forma de suspeita**". O legislador prevê uma conduta dissimulada, falsa: lançar a suspeita sobre a vítima de ter tido um comportamento indevido. O autor não afirma um facto, limita-se a fazer conjeturas sobre a maneira como se comporta a vítima. Insinua factos que são apropriados para desacreditar o lesado. Ou, dito de outro modo, exprimindo alegações fundadas sobre probabilidades o autor faz nascer a aparência de que a vítima não merece o respeito dos outros. Esta maneira de atacar uma pessoa pode ser tão perigosa como qualquer outra forma direta de atentado à honra. "A circunstância de simplesmente se lançar a suspeita, mesmo quando o autor reserva prudentemente a eventualidade duma hipótese favorável à vítima, pode fazer tanto mal como uma acusação direta"[24].

O uso, pela comunicação social, de certa expressão na suposição de que o leitor a entenderá em sentido diverso ou contrário ao normal, mais desfavorável à pessoa a quem se dirige, ou o tom desproporcionadamente escandalizado (especialmente nos títulos), ou a dramatização de notícias neutras permitindo ou sugerindo a insinuação junto do leitor de ideias em detrimento da reputação de uma pessoa, podem ser considerados modos ou formas de ofensa à honra ou reputação da pessoa visada: acórdão do STJ de 12 de janeiro de 2000, *BMJ* 493, p. 156.

Com certos juízos de valor manifesta-se o desprezo ou o desdém para com alguém. Exemplos: fulano é um "cretino", um "porco", um "animal"; sicrano é um "pulha", um "farsante"; beltrano é um "aldrabão", um "trafulha". O autor exprime assim, de modo concludente, a sua opinião pejorativa sobre a vítima. No juízo de valor a afirmação é composta por elementos da posição ou opinião própria – se ela é correta ou incorreta é questão de convencimento pessoal. O que define as opiniões e as distingue das imputações de facto é o elemento da tomada de posição: ou se é a favor ou se é contra. A linguagem dos valores não pode ser reduzida à linguagem lógica ou à linguagem descritiva. Para provar um juízo de valor não se pode recorrer nem à demonstração lógica nem à verificação empírica, mas

---

[23] A. Silva Dias, p. 15.
[24] Logoz, *apud* H. Pozo, *cit.*, p. 27.

apenas a argumentos de caráter subjetivo. Os contornos entre facto e juízo de valor são porém fluidos e na prática podem surgir dificuldades, com importantes repercussões, nomeadamente quanto à prova da verdade (*exceptio veritatis*).

2. O crime de injúria: artigos 181º e 182º

a) Elementos objetivos

O ilícito previsto no artigo 181º verifica-se quando alguém injuria outra pessoa, imputando-lhe factos, mesmo sob a forma de suspeita, ou lhe dirige palavras ofensivas da sua honra ou consideração.

A injúria, enquanto expressão puramente afetiva e quase sempre espontânea da vontade de poder do sujeito, é ato verbal (ou atitude!) atirado à cara do interlocutor, a quem se nega qualquer valor, que é desprezado e desdenhado. E assim, a relação transitiva sujeito-objeto, que é do domínio da linguística e da psicologia, explica também a preferência da lei: com a injúria o locutor afronta o adversário fisicamente, atirando-a diretamente ao outro, na 2ª pessoa ou no vocativo; ao contrário, dizer mal de alguém, na 3ª pessoa, será difamar.

Não há dúvida de que "palavras e ações são significativas no código da honra porque são expressões de atitude que reivindicam, concedem, ou não reconhecem honra". São por isso inúmeros os modos como pode cometer-se o crime. "Qualquer forma de afronta física implica uma afronta à honra uma vez que a "esfera ideal" à volta da honra de uma pessoa foi profanada. A importância da presença pessoal é altamente relevante em matérias de honra. Aquilo que é uma afronta dito na cara pode não desonrar dito pelas costas"[25]. O artigo 182º equipara à difamação e à injúria verbais "as feitas por escrito, gestos, imagens ou qualquer outro meio de expressão". É a tradicional dupla modalidade: cometimento por palavras ou por obras. Para além da ofensa verbal, onde as palavras têm um inequívoco significado ofensivo da consideração (ladrão, gatuno, cornudo, puta, filho de puta), o crime pode cometer-se metendo a ridículo o ofendido, de maneira simbólica, mediante atos, imagens ou objetos que, pelo seu significado, facilmente compreendido pelos outros, ofendem a honra (gesto de mão com o indicador e o mínimo espetados, colocação de uns chifres à porta do vizinho; fazer um manguito; mostrar o traseiro; o expelir de ventosidades anais em postura ofensiva e com desprezo do visado; atirar um balde de água suja contra uma pessoa com o propósito de a molhar). Fazer troça de alguém, mesmo em jeito de brincadeira, pode ofender se for expressão de um desvalor: por ex., tratar por "tu" de forma impertinente – acentua-se, por vezes, que a solução deve buscar-se especialmente

---

[25] Julian Pitt-Rivers, *Honra e Posição Social*, p. 18.

no lado subjetivo, devendo o comportamento exprimir a intenção de desvalorizar a pessoa a quem se dirige. Ofende quem cospe no outro ou lhe lança imundícies. Ofende o puxão de orelha ou a bofetada que se dá, não para magoar fisicamente mas para rebaixar o adversário.

Excurso. Parece até que se pode ofender pelo silêncio: o exército britânico tem, ou de qualquer forma teve, uma categoria de insulto conhecida como "insolência silenciosa", revela Peter Burke[26]. É caso para garantir que há muita brutalidade num momento de silêncio, mas quanto à ofensa à honra, quem seria aqui o sujeito passivo? Outro exemplo notável da força ativa da língua é o insulto, uma forma de agressão na qual os adjetivos e substantivos são usados menos para descrever a outra pessoa do que para atingi-la. Na Roma do século dezassete, como em outras partes do mundo mediterrâneo, era comum insultar os homens chamando-os de cornos, e as mulheres de prostitutas. É improvável que tais caracterizações tivessem muito a ver com o comportamento social de suas vítimas. Eram apenas o melhor meio de arrasar a reputação das vítimas, ocasionando-lhes a destruição social[27]. A propósito: constituirá a **legítima defesa** o meio necessário de repelir a agressão à honra? Nota-se uma tendência generalizada para recusar a legítima defesa da honra, mas pode haver casos em que a defesa seja mesmo eficaz. No exemplo de Maria Fernanda Palma[28], "se *A* pretende injuriar *B*, em público, e ameaça fazê-lo e não se calar, de modo algum, e se for ainda impensável o recurso à força pública, a lesão da integridade física de *A* pode ser necessária para repelir a agressão". Num caso destes, não se nega a possibilidade de efetuar a prova da lesão da honra. "Aquilo que, no entanto, é dificilmente sustentável é que se possa chegar a pôr em perigo a vida dos que proferem injúrias".

Mas nem todos concordam em que seja injúria a recusa de apertar a mão estendida, ou a de corresponder a uma saudação, não passando a atitude de mera descortesia. Nem o recusar-se alguém a dançar com outrem num baile. Também se discute se certos comportamentos sexuais, especialmente com pessoas jovens, ou se determinadas conversas (ou escritos) de cariz sexual podem ser aqui incluídos. A jurisprudência alemã pronunciou-se pela negativa (Blei: "com duvidosos fundamentos") num caso em que alguém recebera uma oferta de negócio para participar num Eros-centro.

---

[26] Peter Burke, *A arte da conversação*, Ed. Unesp, São Paulo, 1995.
[27] Quando Filipe II de Espanha tentava apoios em Portugal, ser-se rotulado de "castelhano" constituía "a mor infâmia que pode ter um fidalgo português" – como escreve a Cristóvão de Moura o antigo bispo de Lamego, D. Jorge de Ataíde (Pilar Vásquez Cuesta, *A Língua e a Cultura Portuguesas no Tempo dos Filipes*, p. 11).
[28] Maria Fernanda Palma, *A Justificação por Legítima Defesa*, 1990, p. 473.

A insolência e a linguagem de sarjeta, o palavrão e a ordinarice, a grosseria e a má-educação ou a simples descortesia, a adjetivação escatológica ou coprolálica não têm, só por si, o peso bastante para atingir a honra e a consideração de outrem, muito embora se trate de comportamentos que frequentemente andam associados às chamadas *injúrias formais*, aos gestos ofensivos ou a ofensas corporais com intenção de injuriar[29-30].

A injúria consuma-se na presença do ofendido, mas esta questão deve ser entendida em termos hábeis. Em geral existe a contiguidade física do ofensor com o ofendido, permitindo que este compreenda o conteúdo da ofensa, mas entre ambos pode até interceder um determinado meio de comunicação, como o telefone ou a carta. Embora possam estar outras pessoas presentes quando se dá a afronta – e muitas vezes é isso que acontece –, o que se exclui é que o agente se dirija "a terceiro", pois então o crime seria o de difamação, cuja pena é substancialmente agravada. A presença, neste sentido, do ofendido como interlocutor imediato parece ser portanto elemento do crime de injúria, devendo, como tal, ser apercebida pelo dolo do ofensor.

Diretamente ligada com a "presença" do ofendido, está a exigência deste captar esse sentido ofensivo, ou seja, a compreensão por parte do destinatário, que pode ser uma criança ou um doente mental, do significado injurioso da ofensa. Saber se se trata então do crime consumado ou da tentativa (não punível: artigos 23º, nº 1, e 181º) depende, como já se acentuou antes, da posição que se adote, acontecendo que para uns basta a perceção material, para outros a perceção deve ser acompanhada da compreensão da ofensa (Manzini), pois não basta ouvir, é preciso entender o sentido do que se diz ou faz. Encarando-se a infração como instantânea e de perigo abstrato, donde se exclui a relevância da tentativa, pouco importa que o seu destinatário tenha "captado" o caráter desonroso da ofensa – o crime estará consumado mesmo sem esse resultado. Pode até em certas situações ir-se mais longe, como no caso prático com que abrem estas considerações: a pessoa internada não viu nem ouviu nenhuma das enfermeiras a injuriá-la, mas há certamente injúria pois o Código não vai tão longe nas exigências típicas.

[29] "Não há dúvida de que os palavrões existem há tanto tempo como a linguagem. O Antigo Testamento condenava com severidade os que praguejavam (Lev., XXIV, 10). Os escritores gregos e romanos quase não deixaram testemunhos escritos sobre este assunto: encontramos alguns exemplos em Aristófanes e Plauto. Contudo, a avaliar pelos "graffiti" de Pompeia, o verbo que designava a cópula aparece frequentemente e podemos concluir daí que os palavrões de então eram semelhantes aos de hoje". "A veemência meridional introduz, tanto nos palavrões populares como nas blasfémias puníveis com o inferno, uma parte maior ou menor do corpo, exibindo-o ou fingindo oferecê-lo. O digitus impudicus latino ou katapygon grego representam a este respeito uma espécie de diminutivo". P. Matvejevitch, *Breviário Mediterrânico*, Quetzal, 1991, p. [239] e [62].

[30] "Os ouvidos são mais castos do que os olhos, disse Mário de Andrade. Quer dizer: lê-se um palavrão com mais facilidade do que o escutamos", Otto Lara Resende, "O palavrão do general", *Bom dia para nascer*, S. Paulo, 1993, p. 93.

b) O elemento subjetivo

Num caso e noutro, trata-se de infração dolosa, mas não é necessário um particular *animus injuriandi* ou *difamandi*. Não é necessário um *animus* específico. Tanto a doutrina como a jurisprudência concordam agora em que basta o dolo genérico. É pois suficiente para a realização do tipo de ilícito que o autor saiba que está a atribuir um facto ou a dirigir palavras cujo significado ofensivo do bom nome ou consideração alheia ele conhece, e o queira fazer. Na difamação o autor tem a consciência de que as suas afirmações têm caráter ofensivo e não obstante profere-as. Na forma mitigada do dolo – que porventura será a regra nos casos de imprensa –, dir-se-á que o agente previu, ao menos como possível, atingir a honra e consideração da vítima, não se abstendo de fazer as imputações, conformando-se ou aceitando o resultado danoso que, como eventualidade, não podia deixar de representar. Os partidários da difamação como crime de perigo averiguarão antes se o autor tem a consciência e a vontade de comunicar um facto (ou de formular um juízo de valor) dirigindo-se a terceira pessoa e que o facto ou o juízo de valor é idóneo para prejudicar a honra da vítima.

Mas nem sempre as coisas foram assim entendidas. Durante muito tempo, para haver crime, a jurisprudência exigiu, do lado subjetivo, um dolo específico, um *animus injuriandi vel difamandi*.

Caso nº 3 Veja-se, a ilustrar, o acórdão do STJ de 25 de maio de 1948 *BMJ* 9, p. 163 – numa participação criminal, *A* escreveu a expressão G. M. H., "solteiro, maior, *sem profissão*...".

O tribunal entendeu que o uso de tal terminologia, na forma que dos autos consta, não podia considerar-se como ofensivo da honra do queixoso, porquanto lhe faltavam os elementos complementares que denunciem o *animus difamandi*.

Note-se, ainda neste contexto, que o valor ofensivo de uma expressão é relativo: varia notoriamente com o tempo, o lugar e as circunstâncias. Recorde--se o exemplo de Antolisei, a propósito do epíteto "fascista", que em determinada época, na Itália, era elogio e depois passou a constituir ofensa. "Faschist", "Jungfaschist" já foram julgadas expressões ofensivas da honra por tribunais alemães[31-32]. O significado de uma expressão depende não só do que é dito em si

---

[31] Dreher/Tröndle, p. 951. "São objetivamente injuriosas as expressões "fascistas" e "autoridades de merda" dirigidas a um sargento da GNR e duas praças da mesma corporação": acórdão da Relação do Porto de 4 de julho de 1976, *CJ* 1976, tomo II, p. 385.
[32] Peter Burke, *A arte da conversação*, Editora Unesp, 1995. "O marido enganado é representado simbolicamente por duas formas animais, o bode, ou qualquer outro animal com cornos, e o cuco. O primeiro é utilizado nos países do sul da Europa, o segundo nos do norte. Os escandinavos parece que dão pouca

mas também da situação em que ela é usada; são as fontes que nos dizem alguma coisa, nos esclarecem sobre estas situações. Os significados mudam com o passar do tempo, podem variar em relação ao espaço e à situação social. O significado de uma expressão não pode por isso ser apanhado diretamente das páginas de uma qualquer transcrição feita num processo ou, isoladamente, do que se ouviu num julgamento. É o *contexto* que **determina a escolha** de uma dada palavra precisando-lhe o sentido, isto é, a direção que o interlocutor tem de seguir para compreender. É esse contexto que "atrai" um dos significados, optando por aquele que mais corresponde às exigências do momento. Além disso, o contexto **individualiza o sentido**, "escolhendo na generalidade das noções aquela nota particular que melhor se acomoda ao particular objeto ou fenómeno envolvido na situação concreta, contribuindo ainda mais para a precisão do sentido". Por vezes até, **completa o sentido**.

Caso nº 4 *A escreveu em artigo de jornal que B, veterinário, é um bom apreciador do vinho do Porto, que entende mais de vinhos do que de pombos e que manipula melhor a garrafa que os alados.*

O acórdão da Relação do Porto de 20 de abril de 2005, proc. nº 0416341, *relator*: Desembargador Alves Fernandes, procedeu a uma valoração social da conduta e concluiu que não é ofensivo da honra ou da consideração de um veterinário dizer-se dele que entende mais de vinho do Porto que de pombos e que manipula melhor a garrafa que os alados. O facto não reveste natureza desprestigiante e estigmatizante para a pessoa a quem é atribuído. A expressão utilizada pode ser crítica, descortês mas nunca passível de ser enquadrada em ilícito penal. Sendo posto em causa o caráter objetivamente ofensivo da mencionada expressão, teremos de concluir que a *falta de aptidão* para tal fim é óbvia. Na norma não se protege a suscetibilidade pessoal de quem quer que seja, mas tão só a dignidade individual do cidadão, sendo uma das suas características a da sua relatividade, o que quer dizer que o caráter injurioso ou difamatório de determinada palavra ou ato é fortemente dependente do lugar ou ambiente em que ocorre, das pessoas entre quem ocorre, do modo como ocorre. A expressão utilizada não reveste natureza ofensiva para a generalidade das pessoas e, neste caso não se pode assacar ao recorrente a prática de um crime de injúria.

---

importância a qualquer deles. Os franceses conhecem os dois: "il est cocu le chef de gare", mas os cornos têm mais saída que o cuco. Na Inglaterra, os cornos já não são utilizados e o cuco (*cuckold*) é geralmente tratado com uma simpatia (escandalosa aos olhos dos espanhóis) que o transforma mais em objeto de condolências do que de desprezo ou de risota" (Julian Pitt-Rivers, *La maladie de l'honneur*, p. 29).

Caso nº 5 "Este advogado deve estar louco"!

O acórdão da Relação do Porto de 9 de março de 2011, *relator*: Desembargador Melo Lima, entendeu que "só são crime as injúrias que, pela sua natureza e circunstâncias, sejam tidas na comunidade por graves. A verificação do ilícito não se pode circunscrever ou limitar à valoração isolada e objetiva das expressões, exigindo-se que as mesmas sejam analisadas e valoradas em função do circunstancialismo de tempo, de modo e de lugar em que foram proferidas. Não preenche a tipicidade (objetiva) do crime de injúria, do artigo 181º a expressão "Este advogado deve estar louco", proferida pela executada no âmbito de uma diligência de restituição de posse de servidão de passagem, num momento em que surgiram divergências entre os intervenientes a respeito da configuração do leito dessa servidão".

Excurso. Em qualquer cultura existem palavras e imputações que são especialmente ofensivas, potenciando uma forma de agressão na qual os adjetivos e substantivos são usados menos para descrever a outra pessoa do que para atingi-la. Outras vezes usam-se de forma subtil, sendo a sua relevância especialmente complexa. Ocorrem, por exemplo, graus de insultos, em que a visão do mundo de cada um e em especial o contexto assumem importância decisiva. Podemos até, de passagem, exemplificar essa gradação com palavras de um escritor italiano bem conhecido, Antonio Tabucchi. Diz ele, em bom português: "O que me ofende mais é 'cabrão'. Não gosto. Acho que é uma palavra horrível, é um insulto baixo, ferino, de animais. Prefiro ser chamado "filho de puta""[33]. Por conseguinte, antes de decidir se os critérios valorativos dum termo justificam a sua qualificação como injurioso (ou difamatório) é inevitável passar pela compreensão do sentido exato da palavra no contexto linguístico e social em que foi proferida. Se esse sentido pode ser pejorativo, de desprezo, também pode revestir-se de uma marca irónica e em última instância amigável. Os insultos, como outras formas discursivas, são um produto da sociedade na qual são veiculados, sendo o contexto que determina a escolha de uma dada palavra precisando-lhe o sentido, isto é, a direção que o interlocutor tem de seguir para compreender. O contexto individualiza o

---

[33] António Tabucchi, *Pública* 201, 2 de abril de 2000, que a seguir não perde a oportunidade de se explicar: "Cabrão" é mais baixo que "puta". "Puta" é saudável. Sempre é uma atividade exercida por humanas criaturas. O correspondente de "cabrão", medonho, para as mulheres será "cabrona", ou mesmo "cabra". A cabra tem dois aspetos: há uma cabra positiva, a da mitologia clássica – a que oferece as suas têtas para amamentar Júpiter, e uma outra, negativa, a da nossa tradição cristã – a cabra-diabo, de casco dividido e de saliva venenosa, que pode reduzir a deserto todas as ervas. Com "cabrão" o insulto é duplo: sendo também o diabo, atinge igualmente a mulher, a que o pariu ou corneou".

sentido. Por vezes até contribui para o completamento do significado[34]. Aponta-se até a pluralidade do sentido no próprio seio de um único contexto[35]. Por outro lado, existem palavras que, ditas em particular, podem ser aceitáveis, ao passo que usadas entre as mesmas pessoas, mas de forma pública, tornam-se ofensivas; "se faladas com raiva, com a clara intenção de insultar, elas são entendidas dessa forma; se articuladas em voz baixa, ou em tom de brincadeira, podem ser entendidas de maneira bastante diferente"[36]. Um número muito grande de variáveis entra em jogo.

Haverá que ponderar o conjunto das circunstâncias de cada caso, por ex., as motivações, a maneira de falar ou de gesticular do agente, a idade, o meio ou a formação tanto deste como do lesado, o "humor" dos envolvidos ou o "clima" em que as coisas acontecem, bem como os hábitos específicos do lugar. Deve igualmente estar-se atento às mudanças que se vão dando no nível ou no sentimento de tolerância em círculos ligados à política, à arte, à crítica, etc., atendendo, por ex., ao correspondente efeito de habituação ou de aceitação. Falando especificamente da imprensa, ao analisar o caráter ofensivo das afirmações deverá ter-se em atenção a apresentação, o modo de escrever, o sentido literal, os contextos e as possíveis variantes da expressão, e em especial os propósitos críticos do autor: artísticos, literários, científicos ou outros. Será importante conhecer o (mais ou menos amplo) "horizonte do destinatário" (*Empfängerhorizont*), a avaliação do específico círculo de leitores, ouvintes ou espetadores e a natureza da publicação em causa. "Antes de decidir se os critérios valorativos da ilicitude da injúria justificam a qualificação como injúria do chamar 'corcunda' a um indivíduo, é inevitável compreender o sentido exato daquela palavra no contexto linguístico e social em que foi usada – o seu sentido irónico, amigável, de desprezo, etc."[37]. Qualquer falante de português destrinça imediatamente os traços pejorativos da palavra "vaca": mulher de maus costumes, prostituta, mulher fácil, mulher muito gorda.

c) A injúria real

É o caso da bofetada que se aplica menos com o intuito de ferir do que ridicularizar. Saber se com um tabefe pode cometer-se um crime de injúria

---

[34] Sobre as noções de contexto e de elucidação contextual consulte-se Catherine Kerbrat-Orecchioni, *La conversation*, Seuil, 1996; e Roger Fowler, *Crítica e linguística*, edição da Fundação Calouste Gulbenkian, p. 180.
[35] Tzvetan Todorov, *Os géneros do discurso*, Edições 70, p. 109.
[36] David Garrioch, "Insultos verbais na Paris do século XVIII", P. Burke e Roy Porter (orgs.), *História social da linguagem*, UNESP, São Paulo, 1997, p. 121 e ss..
[37] Maria Fernanda Palma, "A teoria do crime como teoria da decisão penal", *RPCC* 9 (1999), p. 533.

(artigo 180º, nº 1) tem normalmente resposta positiva na jurisprudência. Na redação originária do Código (1982) previa-se, no artigo 173º, o crime de injúrias através de ofensas corporais, castigando-se quem cometia contra outrem uma ofensa corporal que, pela sua natureza, meio empregado ou outras circunstâncias, revela intenção de injuriar; a que é praticada por violência pessoal, por gestos (bofetada, chicotada, puxão de orelhas, cuspir em alguém) ou risadas.. Explica Melo Freire:[38] "é o caso de se arrancarem os cabelos ou a barba a alguém, esbofetear, açoitar, bater ou ferir com a mão, vara ou outro instrumento, ou fazer gestos de desprezo e ódio, como mostrar a língua, ameaçar com os olhos, fazer visagens, ou pendurar cornos às portas dos casados".

3. Disposições comuns: artigos 183º e 184º

No artigo 183º a **calúnia** anda associada à publicidade com que se difama ou injuria, mas não ganha autonomia, serve antes para agravar de um terço os limites mínimo e máximo da moldura penal desses dois crimes ou dos que no artigo 182º se lhes equiparam, quando, tratando-se da imputação de factos, se averiguar que o agente conhecia a falsidade da imputação. São aquelas situação em que o ofensor conscientemente mente. O agente tem de saber que a imputação é falsa (*muss der Täter wider besseres Wissen*; atuação *a sabendas*) e o seu dolo deve abranger os restantes elementos objetivos do tipo. Trata-se de um elemento comum a outros crimes, como a denúncia caluniosa do artigo 365º, com que a calúnia tem uma identidade estrutural.

Há idêntica agravação quando a ofensa for praticada através de meios ou em circunstâncias que facilitem a sua divulgação, diz o nº 1, alínea *a*), do artigo 183º, e se o crime for cometido através de meio de comunicação social o agente é punido com pena de prisão até 2 anos ou com pena de multa não inferior a 120 dias. Tem-se aqui em vista tanto a difusão escrita, como a que se processa pela rádio ou pela televisão, mas igualmente a que tem lugar numa reunião de pessoas.

Prevê-se ainda, no artigo 184º, a elevação de metade das penas dos artigos 180º, 181º e 183º se a vítima for uma das pessoas referidas na alínea *l*) do nº 2 do artigo 132º, no exercício das suas funções ou por causa delas, ou se o agente for funcionário e praticar o facto com grave abuso de autoridade.

4. Crime de ofensa à memória de pessoa falecida: artigo 185º

Dispõe o artigo 185º, nºs 1 e 2, que quem, por qualquer forma, ofender gravemente a memória de pessoa falecida, é punido com pena de prisão até 6 meses

---

[38] Melo Freire, "Instituições", *BMJ* 155, p. 171.

ou com pena de multa até 240 dias, sendo correspondentemente aplicável o disposto nos n.ºs 2, 3 e 4 do artigo 180º quanto à não punibilidade da conduta, e no artigo 183º, quanto à agravação por publicidade e calúnia. Mas a ofensa não é punível quando tiverem decorrido mais de 50 anos sobre o falecimento. É o que alguns chamam condição objetiva de *não punibilidade*.

O crime é particular e o direito de acusar cabe, segundo o disposto no nº 2 do artigo 188º, às pessoas mencionadas no nº 2 do artigo 113º, ou seja, sucessivamente, ao cônjuge sobrevivo não separado judicialmente de pessoas e bens, aos descendentes e aos adotados e aos descendentes e aos adotantes, aos irmãos e seus descendentes e à pessoa que com o ofendido vivesse em condições análogas às dos cônjuges. Não existindo qualquer destas pessoas, não há titular da ação. O preceito regulou apenas o direito de acusar no caso de ofensa à memória e não o caso de alguém ter sido ofendido em vida e de entretanto ter falecido. Para estes outros casos vale, *diretamente*, o disposto no nº 2 do artigo 113º.

Pode certamente entender-se que o objeto de proteção não é a honra dos parentes da pessoa falecida, mas mais exatamente o sentimento de respeito ou de piedade dos vivos para com os mortos. A honra, enquanto direito de personalidade, seria protegida apenas indiretamente, em razão das relações de afeto entre os próximos e o seu defunto. Na Suíça, os autores recomendam que se não recorra a ficções, devendo reconhecer-se, de modo pragmático, a sobrevivência da reputação duma pessoa falecida na memória coletiva. É isso aliás que se retira da epígrafe do artigo 185º.

5. Retratação; retorsão; provocação; dispensa de pena: artigo 186º

Segundo o artigo 186º, nº 1, o tribunal dispensa de pena o agente quando este der em juízo esclarecimentos ou explicações da ofensa de que foi acusado, se o ofendido, quem o represente ou integre a sua vontade como titular do direito de queixa ou de acusação particular, os aceitar como satisfatórios.

Acontece por vezes que o ofensor, no julgamento, se desdiz ou retira o que disse, dando esclarecimentos ou explicações da ofensa. Sendo estes aceites como satisfatórios por quem tem legitimidade, a consequência não é a impunidade, mas a dispensa da pena, que é ainda uma pena (artigo 74º, nº 1)[39]. Mas a lei não exige que as explicações sejam acompanhadas da prova ou da simples declaração de arrependimento. De qualquer forma, as explicações de um não aproveitam aos outros compartipantes. Os efeitos são assim diferentes da desistência da

---

[39] Havendo julgamento, é na sentença condenatória que se impõe a pena de dispensa de pena, ordenando então o tribunal, também nestes casos, o conhecimento público da sentença condenatória, se tal lhe for requerido nos termos do nº 1 do artigo 189º.

queixa, prevista no artigo 116º, nº 2, a qual, na falta de oposição do arguido, pode verificar-se até à publicação da sentença da 1ª instância, e faz extinguir o procedimento criminal. A apreciação da retratação não cabe apenas ao ofendido, mas igualmente a quem o represente ou integre a sua vontade, como será, por último, o caso dos parentes legitimados a intervir por ofensa à memória do *seu* morto.

O tribunal pode ainda dispensar de pena, diz o nº 2, se a ofensa tiver sido provocada por uma conduta ilícita ou repreensível do ofendido. E o nº 3 prevê que se o ofendido ripostar, no mesmo ato, com uma ofensa a outra ofensa, o tribunal pode dispensar de pena ambos os agentes ou só um deles, conforme as circunstâncias. A provocação distingue-se da retorsão, por ter de ser ilícita e repreensível, portanto, censurável. Por isso mesmo, o cumprimento de um dever não constitui provocação. A retorsão é a imediata resposta ofensiva à ofensa proferida ou manifestada. Magalhães Noronha dá notícia saborosa do professor que, irritado com o aluno, mandou que lhe trouxessem um fardo de palha, recebendo do examinando a resposta imediata e na ponta da língua: "para mim traga um cafezinho". Mas o "animus retorquendi" ou seja o espírito de devolver a ofensa ou de responder à que lhe é feita com outra de idêntico grau ofensivo não exime da responsabilidade criminal, por não excluir a ilicitude ou a culpa: acórdão da Relação de Guimarães de 3 de dezembro de 2007, *relator*: Desembargador Cruz Bucho.

A dispensa da pena, salvo no caso do nº 1, é faculdade dirigida ao juiz, não é imposição.

6. Procedimento criminal: artigo 188º

Dispõe o artigo 188º, nº 1, que o procedimento criminal pelos crimes previstos no presente capítulo depende de acusação particular, ressalvados os casos do artigo 184º (se, estando em causa os artigos 180º, 181º e 183º, a vítima for uma das pessoas referidas no alínea *j*) do nº 2 do artigo 132º, no exercício das suas funções ou por causa delas, ou se o agente for funcionário e praticar o facto com grave abuso de autoridade) e do artigo 187º, sempre que o ofendido exerça autoridade pública, em que é suficiente a queixa ou a participação.

7. Crime de ofensa a pessoa coletiva, organismo ou serviço: artigo 187º

a) Nos crimes contra a honra não se põem em geral problemas na definição do sujeito ativo, podendo ser qualquer pessoa. Os problemas surgem quanto ao sujeito passivo, discutindo-se, por exemplo, se as pessoas jurídicas ou coletivas (*universitates personarum*) podem ser ofendidas pelas infrações em questão. Na Itália, sujeito passivo da injúria ou da difamação "pode ser uma sociedade ou uma pessoa jurídica". Na Alemanha discute-se se as pessoas jurídicas são suscetíveis de ofensa à honra, mas a opinião maioritária admite-o enquanto desenvolvam uma função social juridicamente reconhecida e possam formar um querer unitário, como será, inclusivamente, o caso dos partidos políticos, dos sindicatos, das câmaras do comércio e indústria, a Cruz Vermelha, as faculdades e as associações religiosas. Em Espanha tem-se ultimamente decidido que o significado do direito à honra não pode nem deve excluir as pessoas jurídicas do seu âmbito de proteção. Na Suíça, a questão da proteção da honra das coletividades é discutida na doutrina, sendo a maioria dos autores no entanto de opinião que não basta limitar a proteção penal às pessoas físicas, já que há inúmeras formas associativas que na sociedade moderna desempenham um papel cada vez mais relevante[40].

Como se constata das Atas da Comissão Revisora do Código Penal (Parte Especial), o projetado artigo sobre ofensas de pessoas coletivas, dispunha que *quem afirmar ou propalar factos falsos, sem ter fundamento sério para, em boa fé, os reputar como verdadeiros, capazes de ofenderem o crédito ou a confiança que uma pessoa coletiva ou fundação merece do público, será punido com prisão até seis meses e multa até cinquenta dias*. As Atas (pág. 102) revelam ainda que o Autor do Anteprojeto começou por referir a discussão que se tem travado na doutrina sobre se as pessoas coletivas podem ser sujeito passivo do crime de difamação, mas o facto é que "estas podem ser sempre detentoras de crédito e de confiança junto do público e estes valores devem ser criminalmente protegidos contra imputações de factos falsos que os ponham em causa".

b) A redação atual do artigo 187º, nº 1, não se limita a referir a pessoa coletiva; por outro lado, fala-se agora em *credibilidade, prestígio* e *confiança*.

A introdução deste artigo, levada a efeito pelo Decreto-Lei nº 48/95, de 15 de março, teve a precedê-la os esclarecimentos do Prof. Figueiredo Dias que sublinhava não ter ele por base a ideia errada de que os artigos anteriores não cobrem as pessoas coletivas, não possíveis de titular o bem jurídico protegido pela difamação ou injúria. O objetivo deste artigo é diferente: "é criminalizar ações (os rumores), não atentatórias da honra, mas sim do crédito, do prestígio ou da confiança de uma determinada pessoa coletiva, valores que não se incluem, em rigor, no bem jurídico protegido pela difamação ou pela injúria". Também houve ocasião de salientar que neste artigo se protege algo mais (ou algo de diferente) do que a honra, cobre-se também a informação falsa, por exemplo, de interesse patrimonial: determinado bem, produzido pela fábrica *A*, tem defeito e não funciona passado um ano[41].

---

[40] Sobre estes aspetos, veja-se sucessivamente Luigi Delpini, *Diritto penale*, parte speciale, 1998, pág. 785; J. Wessels, *Strafrecht* BT-1, 17ª, ed., pág. 98; Bajo Fernández, *Compendio de derecho penal* (parte especial), vol. II, pág. 266; e José Hurtado Pozo, *Droit pénal*, partie spécial II, pág. 19.

[41] Atas e Projeto da Comissão de Revisão, 1993, págs. 279 e 504. A incriminação, contudo, não se assemelha às infrações contra o património em geral. De um modo especial, não tem na sua base comportamentos

A nova redação resultante da Lei nº 59/2007, de 4 de setembro, deixou claro o fim visado pela norma que é o de proteger o bom-nome de organismo ou serviço que exerçam autoridade pública, e bem assim de pessoa coletiva, instituição ou corporação, ainda que não exerçam poderes de *imperium*.

Ao abrigo da norma anterior, havia quem entendesse que o artigo 187º, nº 1, apelava à necessidade de as entidades lá referidas exercerem autoridade pública ou seja, poderes de *imperium*. O exercício da autoridade pública seria, nessa perspetiva, um elemento condicionante para todas as entidades descritas no tipo.

Um caso de aplicação de leis no tempo pode ver-se no acórdão da Relação de Coimbra de 12 de março de 2008, *CJ* 2008, tomo II, p. 49, que considerou a lei nova interpretativa.

IV. Justificação do facto; prova liberatória: artigos 180º, nºs 2 a 4, e 181º, nº 2

1. Factos justificativos

Deve considerar-se excluída a responsabilidade penal dos atentados à honra sempre que eles resultem da realização, exercício ou defesa de direitos, com fundamento numa das várias alíneas do nº 2 do artigo 31º. Quando um facto for praticado no exercício de um direito, não será passível de incriminação; o mesmo sucederá sempre que a ordem jurídica, considerada na sua totalidade, excluir a ilicitude. No caso dos jornalistas, prevalecendo o direito de informar livremente, o facto atentatório da honra de outra pessoa ficará justificado se ele resultar do exercício legítimo de um direito. Embora se não reconheça qualquer privilégio autorizando-o a cometer qualquer atentado à honra das pessoas, não haverá crime se o jornalista se mantiver dentro dos limites do direito de informação: a liberdade de expressão encontra-se limitada pelas disposições penais e pelas regras da prova liberatória, não bastando porém invocar a liberdade de expressão ou o direito do público a ser informado.

Também não haverá crime quando a ofensa for irrogada em juízo e estiver relacionada com o objeto do processo. De acordo com o artigo 132º do CPP é dever

---

como os previstos por exemplo no artigo 152 do CP suíço, tido como um dos instrumentos de luta contra a criminalidade económica, em que o autor dá informações sobre empresas, por si ou por interposta pessoa, que têm de ser falsas e suficientemente importantes para determinar o destinatário a dispor do seu património de maneira prejudicial aos seus próprios interesses pecuniários. Por exemplo, quando da aquisição ou da subscrição de ações ou quando um dos sócios pode ser levado a vender a sua participação numa sociedade, cuja situação financeira lhe foi descrita mais favoravelmente do que ela é na realidade (José Hurtado Pozo, *Drot pénal*, partie spécial I, 3ª ed., pág. 313). Nestes casos, o destinatário da informação é quem corre o risco de uma operação financeira mal sucedida.

das testemunhas responder com verdade às perguntas que lhe forem dirigidas, e a quem cumpre corretamente o seu dever de testemunha não se pode exigir que, a mais disso, comprove que o seu relato é verdadeiro.

Quando o representante do Ministério Público imputa ao acusado a prática de factos desonrosos não comete um crime contra a honra, na medida em que é obrigado por lei a motivar os seus juízos, fazendo-o no quadro funcional que lhe é próprio. O advogado, por ex., gozaria de uma verdadeira *imunidade,* porque as expressões necessárias à defesa do cliente "estão a coberto de justificação bastante, devendo, por isso, considerar-se *dirimida* a respetiva ilicitude penal. Isto em nome do exercício de um direito (artigo 31º, nº[os] 1 e 2, alínea *b*), do CP); e um direito com a eminente e singular dignidade jurídico-constitucional do direito de defesa em processo penal cometido ao advogado do arguido"[42]. O exercício da função pública de discussão e crítica no âmbito literário, artístico ou científico, mesmo quando desfavorável e dura, não perde a validade. Já não assim se o propósito do crítico for o de denegrir, como no caso do acórdão do STJ de 2 de outubro de 1996, *CJ* 1996, tomo III, p. 147, que reprimiu excessos gratuitos: deixou-se às tantas de discutir o mérito de uma obra arquitetónica para o sujeito se passar a dirigir exclusivamente ao autor do respetivo projeto, passando a tratá-lo de "pulha", sem qualquer conexão com aquela. No caso concreto do artigo 142 III do Código Penal Brasileiro dispõe-se que não constitui infração o conceito desfavorável emitido por funcionário público, em apreciação ou informação que preste no cumprimento de dever do ofício. É hipótese especial de estrito cumprimento do dever legal cabível ao funcionário público, mas logo se previne que a norma não exime quem dá publicidade ao facto beneficiado por este inciso. Paulo José da Costa Jr.[43] tem por certo que nas informações ou pareceres desfavoráveis o uso de expressões ofensivas não poderá caracterizar o crime, "mesmo porque o funcionário está dando cumprimento a um dever legal". De qualquer modo, o simples exercício duma função ou duma profissão não basta para suprimir o caráter ilícito do ato difamatório, o funcionário, nesse caso, deve agir no quadro das suas funções e em conformidade com as regras que lhe são próprias.

2. Prova da verdade dos factos

No direito português não é elemento do tipo de ilícito da difamação ou da injúria que a afirmação produzida seja falsa, mas a lei penal admite a "exceptio veritatis" com a consequente exclusão da punibilidade da conduta, isto é, admite que o arguido, em certas circunstâncias, tome a iniciativa de provar que a imputação

---

[42] António Arnaut, *Estatuto da Ordem dos Advogados*, 1995, p. 70.
[43] Paulo José da Costa Jr, *Comentários ao Código Penal*.

que produziu, ofensiva da honra do queixoso, é verdadeira. Deste modo, deve ser punido tanto aquele que atingiu a honra de outrem com afirmações falsas, como aquele que, no processo, não logrou a prova da verdade (ou da simples veracidade). Por isso se diz que quem anda a propalar "coisas" a respeito de outrem chama a si o "risco" da prova da verdade daquilo que põe a circular. O que, bem entendido, não deve ser confundido com a inversão de qualquer "ónus da prova".

A "exceptio veritatis" reflete de certo modo a ideia geral de que as imputações de factos falsos socialmente desvaliosos representam condutas lesivas da honra. Não será assim se esses mesmos factos forem verdadeiros. Mas deve notar-se, por um lado, que há factos ofensivos da honra que são insuscetíveis de prova, por outro, que a dignidade de uma pessoa pode ser afetada, independentemente da verdade ou da falsidade do facto imputado, a partir da própria forma da imputação ou das circunstâncias em que a mesma se produziu.

A "exceptio veritatis" está diretamente relacionada com o exercício da liberdade de expressão e informação. Contribui para que a opinião pública possa controlar e censurar comportamentos alheios, ainda que a censura assim exercida revele contornos privados – por isso, a crítica que por vezes se faz ao sistema, apontando os abusos, é a de que se usurpa a correspondente função pública. Certo é, porém, que se a lei se abre à prova da verdade das imputações criam-se condições favoráveis à consolidação do estado democrático, pois se permitem condutas que de outro modo dificilmente seriam assumidas. Proibindo, ao invés, a prova da verdade das imputações, isto é, sacrificando a verdade nas relações sociais, o direito de censura privada como que é substituído pelo direito ao segredo – o segredo da desonra.

Estando em causa o que hoje chamamos a função pública da imprensa, compreende-se que já no século dezanove houvesse a preocupação de conciliar a proteção devida aos cidadãos "contra as injúrias e ataques da malevolência" com os direitos de dizer a verdade e de apreciar livremente os atos de cada um. Dizia Silva Ferrão: "pode entender-se por um lado que a lei não deve punir a difamação como crime senão quando os factos imputados forem falsos e consequentemente que a prova da verdade exime". E Mello Freire acrescentava: "ponto culminante é a falsidade, a fraude ou a mentira"[44]. O contrário equivale a adotar o princípio *veritas convicii non liberat ab injuria*. Estas doutrinas influíram poderosamente na confeção dos códigos modernos.

A exclusão da ilicitude penal (ou simplesmente a exclusão da punibilidade) por via da prova da verdade dos factos é portanto um dado adquirido nos estados democráticos, em cujas legislações se encontra autorizada com maior ou menor latitude.

---

[44] Mello Freire, *Inst. de Jur. Cr.*, tit. 12º, § 6.

3. Condições de admissibilidade da prova liberatória

A lei impõe restrições à prova da verdade, de contrário poderiam derivar inconvenientes para o próprio queixoso, independentemente do seu resultado concreto. Se a afirmação desonrosa tem natureza muito geral, a prova pode estender-se praticamente a todos os aspetos da vida do lesado, mesmo os mais íntimos. Acresce, os malefícios da publicidade (negativa) do processo – *o strepitus judicii* – de tal forma que perdedor será, ainda e sempre, o lesado. A prova da verdade é uma espada de dois gumes.

Perante o quadro normativo (artigos 180º, n.ºs 2 a 4, e 181º, nº 2), a primeira tarefa do intérprete será a de verificar se no caso é admissível a prova da verdade (ou a da veracidade), na condição de ter sido requerida.

Veja-se, por ex., o artigo 328º do Código Penal (ofensa à honra do Presidente da República): "afigura-se-nos que não é admissível prova das imputações feitas, por razões de Estado e porque não foi aqui reproduzida disposição correspondente à do artigo 180º, nº 2, alínea *b*), sem prejuízo de o dolo poder ser afastado pela boa fé do arguido"[45]; e o acórdão da Relação de Lisboa de 30 de maio de 1989, *CJ* 1989, tomo III, p. 168. Também no crime de ofensas à memória de pessoa falecida do artigo 169º do CP-82 não é admissível a prova da veracidade dos factos (acórdão da Relação de Lisboa de 10 de janeiro de 1994, *CJ* 1994, tomo I, p. 141).

O artigo 180º, nº 2, exige, desde logo, que a imputação tenha sido feita para realizar interesses legítimos, excluindo a prova nos casos relativos à intimidade da vida privada e familiar (nº 3). Mas não se exige, necessariamente, o reconhecimento de um interesse público, por ex., o de informar por meio da imprensa, cuja missão está justamente relacionada com a formação da opinião pública. Basta um interesse privado, o do advogado na defesa do seu cliente ou na sustentação da acusação do assistente, o da parte num processo, o do cientista que acusa outro de plágio. A noção de "interesse legítimo" envolve a prossecução de uma finalidade reconhecida pelo Direito como sendo digna de tutela, independentemente da sua natureza pública ou privada, ideal ou material.

Além disso, deve a imputação revelar-se necessária à salvaguarda de interesses legítimos. Reconhecendo-se, por ex., que a liberdade de imprensa está, por via de regra, associada à salvaguarda de valores ou à prossecução de interesses como "a transparência da administração pública, a descoberta e prevenção de atos de corrupção, a proteção de minorias discriminadas, etc.", deve também reconhecer-se aí a existência de interesses "a levar à balança da ponderação, nomeadamente para efeitos de determinação de manifestações concretas de ilicitude"[46].

---

[45] Maia Gonçalves, *Código Penal Português*, 8ª ed., 1995, p. 944.
[46] Costa Andrade, *Sobre a reforma*, p. 450.

"É compreensível e aceitável que não se possam trazer à luz da publicidade factos ofensivos da honra, ainda que verdadeiros, relativos a 'particulares', quando não exista qualquer interesse legítimo na divulgação" – ou "quando esteja em causa a sua 'vida privada e familiar'"[47]. "O desenho normativo reserva à *prossecução de interesses legítimos* a força bastante para, só por si, tornar jurídico-penalmente toleráveis tanto as agressões à honra como as agressões à vida privada: já não será assim em relação às condutas que se projetam ao mesmo tempo sobre ambos os bens jurídicos. Porque então emergirão duas expressões de danosidade social que reciprocamente se potenciam e amplificam, tornando unívocas a dignidade penal e a carência de tutela penal das condutas pertinentes"[48].

A circunstância de a imputação se referir à intimidade da vida privada e familiar não exclui pois, *eo ipso*, a possibilidade de justificação da conduta. Pelo contrário, e como já se referiu, o que se impõe é que se examine se ocorre um dos fundamentos das alíneas *b)*, *c)* e *d)* do nº 2 do artigo 31º, não sendo ilícito o facto praticado no exercício de um direito, no cumprimento de um dever imposto por lei ou por ordem legítima da autoridade ou com o consentimento do titular do interesse jurídico lesado.

A prova da verdade serve unicamente para excluir a punibilidade da conduta do difamador, não se destina a agravar a posição do queixoso nem pode ser pretexto para prolongar ou ampliar o processo difamatório. Deve por isso restringir-se ao facto imputado, ao seu conteúdo objetivo, sem se transformar em instrumento de nova ofensa, beliscando ou agravando, por exemplo, a vida privada do visado. A prova da verdade não deve ser utilizada para uma ofensa generalizada à pessoa do lesado. Nenhum *interesse legítimo* justifica uma devassa dessa ordem, a qual pode ser, pelo contrário, ocasião de maiores ressentimentos e de vindita ou represália. E isso independentemente de os factos serem verdadeiros ou falsos. A prova liberatória não pode estender-se, por ex., à capacidade de delinquir ou à reputação do queixoso[49]. A prova admitida é a do facto imputado e não a da sua *notoriedade* – a prova deve ser a da realidade do facto e não do que dizem outros (voz pública), a seu respeito. De modo que "a convicção do autor da imputação tem de assentar numa base objetiva, não lhe bastando louvar-se sobre 'o que se dizia'. Se era difícil ou impossível colher dados sobre a imputação, impunha-se-lhe que não veiculasse a notícia" (acórdão da Relação do Porto de 20 de janeiro de 1988, *CJ* 1998, tomo I, p. 231, *relator*: Desembargador Silva Pinto).

---

[47] Figueiredo Dias, p. 135.
[48] Costa Andrade, *Sobre a reforma*, p. 455.
[49] É vedado ao agente do crime de difamação a prova da verdade das imputações quando o que se pretende é provar a adequação à pessoa ofendida do uso de certos termos, epítetos e expressões ofensivas, como: mentiroso, intruso, manhoso, prepotente, vira-casacas e de usar métodos reles e baixos": acórdão da Relação do Porto de 29 de maio de 1991, *CJ* 1991, tomo III, p. 275.

A prova restringe-se pois às afirmações de factos, isto é, ao substrato factual ou aos correspondentes fundamentos de facto da imputação. Ficam dela excluídos os juízos de valor: a causa de exclusão da ilicitude referida no nº 2 do artigo 180º não se aplica a juízos de valor, por não ser possível verificar-se a condição tipificada na alínea *b*) desse número. É opinião dominante na doutrina e na jurisprudência[50].

A prova da verdade fica estabelecida se puder concluir-se que a imputação é substancialmente correta, independentemente de pormenores sem significado ou de exageros irrelevantes. Fica apurada a verdade quando se chega à conclusão que o facto, objeto da afirmação, é exato na sua tessitura essencial. A afirmação é falsa quando não são verdadeiros os seus pontos essenciais, mas não bastam para a tornar falsa os exageros de pouca monta ou as incorreções acidentais ou secundárias.

No desenrolar das diligências probatórias, o juiz tem portanto o estrito dever de zelar por que os apontados limites e a identidade da imputação não fiquem abastardados. Inclusivamente, não deve autorizar a prova da verdade de factos anteriores ou posteriores, semelhantes ou equivalentes ao que constitui o núcleo da imputação. Ainda assim, pode a diligência apoiar-se naquelas circunstâncias que o agente conheceu posteriormente ou que resultaram de uma posterior clarificação da situação.

O Código de Processo Penal de 1929 continha um capítulo sobre o processo por difamação, calúnia e injúria, onde, no artigo 590º, se estabelecia a tramitação a seguir quando o arguido pretendia provar a verdade das imputações: "...deduzirá por artigos a sua defesa na contestação...". Não existe atualmente semelhante disposição. Ainda assim, a altura apropriada para o início dos correspondentes trâmites será a contestação. O interessado deve aí anunciar e tornar claro que pretende fazer a prova da verdade (ou de possibilitar o controlo pelo tribunal da simples veracidade dos factos), para que o imputado, que neste aspeto tem o

---

[50] Acórdão do *TC* nº 407/07. Direito à liberdade de expressão e informação e direito ao bom nome e reputação. Numa situação concreta de conflitualidade entre os indicados direitos constitucionais em que esteja em causa a formulação de **juízos de valor** ofensivos da honra duma pessoa, para apurar o direito prevalecente é obrigatório ponderar, perante as particularidades do caso, se essa formulação foi ou não proporcional (necessária e adequada) ao cumprimento da função pública da imprensa naquela concreta situação. Esta obrigatoriedade de ponderação foi imposta no direito ordinário, especificamente para os casos de conflito entre o direito à liberdade de expressão e o direito à honra, nos crimes de difamação, através da consagração da causa de justificação do artigo 180º, nº 2, do CP, onde, além do mais, se exige a prova da verdade da imputação ou a existência de fundamento sério para, em boa fé, se reputar essa imputação de verdadeira. O facto de se recusar a aplicação desta causa de justificação, quando a conduta difamatória se consubstancia num juízo de valor, com o argumento de que não é possível demonstrar a veracidade duma opinião subjetiva não viola a obrigação de utilização critério de ponderação entre os valores em conflito, desde que se considere que a emissão de tal juízo pode estar justificada, nos termos gerais previstos no artigo 31º, nº 2, alínea *b*), do CP.

direito de se defender, não seja surpreendido. Compreende-se por isso que em julgamento se não admitam a bel-prazer do interessado testemunhos de última hora que contribuam para expandir *ad nauseam* sucessivos momentos probatórios. A prova relativa à "exceptio veritatis" tem de ser previamente anunciada e admitida pelo juiz da causa, para que possa ser contrariada, sem o que não pode ser conhecida em recurso (acórdão do STJ de 17 de março de 1994, *CJ* 1994, tomo I, p. 251).

4. Prova da veracidade

A lei autoriza também a prova da veracidade: a conduta não será punível se a imputação for feita para realizar interesses legítimos e (cumulativamente) o agente tiver fundamento sério para, em boa fé, a reputar verdadeira. A lei esclarece (pela negativa) que a boa fé se exclui quando o agente não tiver cumprido o dever de informação que as circunstâncias do caso impunham sobre a verdade da imputação (cf. os artigos 180º, nºs 2 e 4, para a difamação, 181º, nº 2, para a injúria).

Ainda aqui a admissibilidade da prova está ligada a dois pressupostos: o de que o agente deve invocar a sua boa fé, e o de que não se trata da imputação de facto relativo à intimidade da vida privada e familiar.

O objeto da boa fé – conceito de raiz civilística com que o direito penal normalmente não opera – é aqui o mesmo da prova da verdade: o conteúdo da imputação. E porque de boa fé se trata, é desde logo necessário que o agente tenha acreditado na verdade da sua imputação. Se o agente sabe que a suspeita não tem fundamento ou se entretanto recebeu informações que a desmentem, não deve fazer a imputação. Se mesmo assim a fizer, bem pode dizer-se que agiu à margem do dever de lealdade e das específicas regras de cuidado que as *leges artis*, típicas do respetivo agrupamento profissional, porventura lhe imponham.

Por outro lado, só estão em causa factos e circunstâncias que o agente conhecia ao tempo da imputação. Ao contrário da prova da verdade, não pode a prova da veracidade apoiar-se em circunstâncias que resultem posteriormente verificadas ou conhecidas.

Deve ser "sério", no dizer da lei, o fundamento da imputação. Não são portanto sérias suspeitas infundadas ou conclusões apressadas. A questão decisiva nesta variante da prova liberatória é a de saber que exigências de seriedade, no que toca aos fundamentos da boa fé, se devem colocar, já que a lei se limita a excluí-la quando o agente não tiver cumprido o dever de informação que as circunstâncias do caso impunham sobre a verdade da imputação. Fundamentalmente, vale a regra de que o agente empreendeu os passos exigíveis de acordo com as circunstâncias e as suas relações pessoais para verificar a correção da sua imputação e a considerar como um dado adquirido. O tribunal há de estar ciente dos esforços que o agente diz ter realizado, da credibilidade das suas fontes e do fundamento que teve para reputar como verídico o conjunto das informações a que teve acesso. Todos esses dados devem ser controlados pelo tribunal, mas tal exigência ficará frustrada se o agente simplesmente se refugia no direito, quando lhe deva ser reconhecido, de não revelar as suas fontes (cf. os artigos 22º, alínea c), da Lei de Imprensa, sobre o direito ao sigilo dos jornalistas, e 8º da Lei nº 62/79, de 20 de setembro: "1 – Os jornalistas têm o direito de recusar a revelação das suas fontes de informação, não podendo o seu silêncio sofrer qualquer sanção direta ou indireta").

Bem se compreende que se se divulgam certas imputações, v. g., pela imprensa, mesmo que não tenham um conteúdo marcadamente sensacionalista, as exigências quanto ao dever de informação serão mais elevadas do que naqueles outros casos em que, por exemplo, alguém presta declarações como queixoso e se refere a terceiro.

5. Efeitos da prova liberatória

Quanto aos efeitos da prova da verdade da imputação, decorre do artigo 180º, 2, como se viu, que a conduta *não é punível*, nos limites acima ditos, se, cumulativamente, a imputação for feita para realizar interesses legítimos. O agente será isento se satisfez o seu dever de informação nas indicadas condições cumulativas, mas a essa conclusão só se acede em cada caso concreto.

V. Crime de perigo, crime de dano; consumação

Caso nº 6 A envia a B pelo correio uma carta em que, entre outras expressões, o apelida de "ladrão" e de pessoa "sem escrúpulos e capaz de todas as patifarias". B recebe a carta.

Variante: A põe a carta no correio, mas B não a recebe por motivo que não vem ao caso.

O problema aqui sugerido é o da consumação do crime. Segundo um certo setor da doutrina, nos crimes contra a honra a consumação produz-se quando a vítima tem conhecimento direto da ofensa (participação necessária da própria vítima) ou quando terceiros lha comunicam.

Com efeito, há quem entenda que os crimes contra a honra alinham nos crimes de perigo: serão crimes de perigo abstrato. Para haver consumação será então suficiente a idoneidade da ofensa, pois, não só não se exige que a pessoa se considere ofendida, como também se prescinde de que a afirmação tenha encontrado crédito perante outras pessoas, podendo até suscitar repulsa. Nem por isso a honra da pessoa deixou de estar exposta à probabilidade de um dano. Neste sentido, a opinião de Oliveira Mendes:[51] "os crimes de difamação e de injúrias terão de ser classificados, quanto a nós, como de perigo abstrato-concreto"; e, no mesmo sentido, o acórdão da Relação do Porto de 2 de março de 2005, *CJ* 2005, tomo II, p. 201. Mas tem vindo a difundir-se a ideia de que a honra alheia não fica simplesmente exposta a risco de ofensa e que se trata de crimes de dano que se consumam com a lesão efetiva do bem jurídico – quando a imputação injuriosa ou difamatória é compreendida ou entendida pelo seu destinatário. Neste caso, a lesão é lesão de um objeto ideal – não há qualquer modificação de um estado de coisas. Cf., por ex., Augusto Silva Dias. Na opção por um ou outro entendimento, pense-se na situação dum doente mental ou de uma criança, que não entendem o significado ofensivo de uma expressão, ou na do estrangeiro que não domina a língua do país.

VI. Honra e liberdade de expressão e de informação

Caso nº 7 No número 100 da revista "S" foi incluído um artigo subscrito pelo jornalista "A" com o título "Figurões do Norte na mira da polícia espanhola". Nele se acusa "Q", familiar de um conhecido homem de negócios do Norte, de andar fugido à justiça e de estar envolvido numa rede de falsários, juntamente com indivíduos conhecidos da polícia, alguns dos quais fazem parte do "Cartel do Porto", uma organização que controla a prostituição no Norte de Portugal e em Espanha (sobretudo em Vigo e outras cidades galegas) e a droga. A moeda falsa é um "negócio lateral" que serve para financiar os grandes fornecimentos de droga que chegam da América Latina e de Marrocos".

Foi instaurado processo crime contra *A*, por abuso de liberdade de imprensa (artigos 164º, nº 1, e 167º nº 2, ambos do Código Penal de 1982, conjugados com o artigo 25º do Decreto-Lei nº 85-C/75 de 26 de fevereiro – Lei de imprensa; agora Lei nº 2/99 de 13 de janeiro). O *A*, que não comprovou as afirmações veiculadas no artigo, defendeu-se dizendo que quando o escreveu nenhuma intenção teve de injuriar ou difamar. Apenas teve em mente revelar com total verdade alguns dos traços mais cheios da história triste e deplorável da prostituição, droga e dinheiro falso. Para isso cuidou escrupulosamente de averiguar todos os factos e todas as imputações que fez no seu artigo. Essa indagação foi feita pelo arguido junto de

---

[51] Oliveira Mendes, *O direito à honra*, p. 56.

fontes policiais e outras ligadas ao mundo do crime, que o segredo profissional o impede de revelar. Não obstante as fontes onde colheu as informações serem em absoluto dignas de crédito, o arguido procurou por todos os meios ao seu alcance ouvir o queixoso. E fez para isso variadíssimas diligências, tendo telefonado para a sua residência e tendo-o procurado num armazém de Matosinhos, tendo entretanto sabido que o queixoso andava fugido à polícia pois havia contra ele mandados de captura. Ora, a partir desta informação o arguido entendeu que a informação que possuía e que veiculou no referido artigo interessava ao público e era verdadeira. Em seu entender, a sua conduta não teria sido ilícita, pois cumpriu o dever de informação e procedeu de boa fé.

As imputações produzidas pelo jornalista são idóneas para ofender a honra do visado, a quem, desde logo, envolvem em atos que constituem crimes, e este sentiu-se por elas ofendido. Mostram-se preenchidos os elementos objetivos e subjetivos da difamação, pois o A agiu com dolo. Todavia, nos termos do nº 2 do artigo 180º do Código Penal, o agente pode provar, com as limitações lá referidas, a verdade da imputação ou fazer a prova da veracidade, o que é extensivo à comunicação social. A conduta não será punível se a imputação for feita para realizar um interesse legítimo e se prove a verdade da mesma imputação ou o agente tenha fundamento sério para, em boa fé, a reputar como verdadeira. No nº 3 do mesmo normativo estabelece-se que se exclui a boa fé quando o agente não tiver cumprido o dever de informação, que as circunstâncias do caso impunham, sobre a verdade da imputação.

Não foi feita a prova da verdade das imputações. Por outro lado, o jornalista não logrou a prova da veracidade, como pretendia. Não pode invocar um interesse legítimo para a sua descrita atuação. Não se verifica pois qualquer circunstância eximente, sendo a conduta punível.

VII. *Jus corrigendi?*

Caso nº 8 A, professor do ensino básico, irritado com B, seu aluno, dirigiu-se-lhe, em voz alta, chamando-o de imbecil, idiota, estúpido e "panasquinha". No processo entretanto instaurado, o professor defendeu-se dizendo que atuara com intenção de corrigir o aluno.

As palavras que o professor dirigiu ao aluno são objetivamente injuriosas e o agente, que atuou com vontade de empregar expressões ofensivas, sabia que assim atingia a honra e a consideração do aluno. Basta o dolo genérico. Ainda que tais expressões tenham sido utilizadas na escola, o professor não pode prevalecer-se dum *jus corrigendi* exercido arbitrariamente, de que está ausente qualquer finalidade educativa. Não se pode atribuir qualquer relevo aos fins ou motivos do professor, que, sem justificação, cometeu o crime de injúria do artigo 181º.

VIII. Ataque a valores: independência, imparcialidade e isenção da magistratura

Caso nº 9 Afirmar, em motivação de recurso, que o tribunal "teve dois pesos e duas medidas (...) a decisão de que se recorre não foi séria, constituindo outrossim uma verdadeira desonestidade intelectual", integra a formulação de juízos ofensivos da honra e consideração dos membros do tribunal que a proferiu, violando a sua integridade moral e profissional, bem como o seu bom nome e a sua reputação – pelo que constitui crime.

Foi a conclusão do acórdão da Relação do Porto de Abril de 2011, proc. nº 707/08, *relator*: Desembargador Artur Vargues.

IX. Outras indicações de leituras

António Lobo Antunes, Cartas da Guerra: "O meu enfermeiro, pescador da Póvoa do Varzim arribado às seringas por obra e graça da imaginação do Exército, apostrofa um tipo qualquer dizendo-lhe que ele tem um nariz 'capaz de desonrar uma égua'. Estes portugueses são inigualáveis no insulto e na alcunha. (...)".
José de Faria Costa, RLJ ano 134º, nº 3926. Qual, em rigor, o **bem jurídico** protegido pela norma incriminadora do artigo 187º? Esta norma visa tutelar um bem jurídico mais do que poliédrico, um bem jurídico *heterogéneo*.
José de Faria Costa, Direito Penal Especial, Coimbra, 2004, p. 104, que aponta para uma "verdadeira erosão interna" e para uma indesmentível "erosão externa" a que a honra tem sido sujeita: é hoje claro o "estreitamento" da honra enquanto bem jurídico, a acompanhar "uma certa perda da sua importância relativa".
Tribunal Europeu dos Direitos do Homem: acórdão Perna c. Itália: artigo 10º da Convenção Europeia dos Direitos do Homem – Liberdade de expressão – Magistrado – Dever de reserva. RMP 2001, nº 88.
Acórdão da Relação de Coimbra de 1 de junho de 2005, *CJ* 2005, tomo III, p. 43: construir, a partir de alguns factos verdadeiros, uma notícia falsa, imputando a alguém factos que não praticou e lançando na opinião pública uma ideia de

desonestidade, de comportamentos ilícitos do visado, consubstancia o crime de difamação.

Acórdão da Relação de Coimbra de 13 de junho de 2001, *CJ* 2001, tomo III, p. 53: crime de difamação em requerimento para abertura da instrução.

Acórdão da Relação de Coimbra de 14 de fevereiro de 2007, *CJ* 2007, tomo I, p. 56: Difamação em articulado; comparticipação do advogado subscritor.

Acórdão da Relação de Coimbra de 16 de janeiro de 2002, CJ 2002, tomo I, p. 42: é possível acusar apenas os autores da ofensa, não o fazendo contra o jornalista, como autores do crime de injúria através de meio de comunicação social.

Acórdão da Relação de Coimbra de 21 de novembro de 1996, *CJ*, 1996, tomo V, p. 52: pratica dois crimes de difamação, por ofender a honra e consideração de dois ofendidos, aquele que, dirigindo-se a outras pessoas, afirmou que "o A e o B andam a sair todos os dias logo pela manhã, se calhar andam-se a papar um ao outro".

Acórdão da Relação de Coimbra de 23 de abril de 1998, *CJ*, 1998, tomo II, p. 64: crime de difamação; crítica caluniosa; justificação do facto.

Acórdão da Relação de Coimbra de 24 de março de 2004, *CJ* 2004, tomo II, p. 46: atipicidade da *crítica objetiva*; artigo crítico, informativo, elaborado com moderação e contenção; "não se exige do crítico, para tornar claro o seu ponto de vista, o meio menos gravoso, nem o cumprimento das exigências da proporcionalidade e da necessidade objetiva".

Acórdão da Relação de Coimbra de 25 de fevereiro de 1998, *CJ* 1998, tomo I, p. 57: os crimes de difamação e de injúria são crimes de perigo; para que exista dolo basta que o agente atue por forma a violar o dever de abstenção implicitamente imposto nas normas incriminatórias respetivas, levando a cabo a conduta ou a ação nelas previstas, sabedor da genérica perigosidade imanente, sem que seja necessária a previsão do perigo (concreto).

Acórdão da Relação de Coimbra de 4 de março de 2009, *CJ* 2009, tomo I, p. 34: crime de ofensa à memória de pessoa falecida; bem jurídico tutelado.

Acórdão da Relação de Évora de 17 de outubro de 1989, *CJ*, 1989, p. 275: o expelir de ventosidades anais em postura ofensiva e com desprezo do visado pode, num caso concreto, não ser constitutivo de um crime autónomo de injúrias, mas, mesmo em tal hipótese, não deixa de ser um fator vincadamente demonstrativo do propósito de injuriar o visado, consubstanciado pelo uso de expressões que, em si mesmas, sejam objetivamente injuriosas.

Acórdão da Relação de Lisboa de 16 de julho de 2008, no processo nº 9613/2007-3: Depondo a testemunha no cumprimento de um dever legal, mesmo que os factos imputados à pessoa visada sejam em si difamatórios, nunca lhe poderá ser imputado o crime de difamação, estando neste caso afastado o dolo em qualquer das suas modalidades e afastada a ilicitude da sua conduta por agir no cumprimento de um dever. Tal só sucederá se a testemunha prestar um depoimento falso, com a consciência dessa falsidade.

Acórdão da Relação de Lisboa de 18 de maio de 2005, *CJ* 2005, tomo III, p. 127: Justificação jurídico-penal da conduta ofensiva da honra; sentido da boa fé.

Acórdão da Relação do Porto de 1 de outubro de 2008, *relator*: Desembargador Jorge França: acerca do que pode ser ofensivo da honra e da consideração, é comum a exigência de respeito de um mínimo de dignidade e bom nome. Para além deste mínimo, existe, porém, certa variedade de conceções, da qual resulta que palavras ou atos considerados ofensivos da honra ou bom nome em certo país, em certo ambiente e em certo momento, não são assim avaliados em lugares e condições diferentes.

Acórdão da Relação do Porto de 10 de dezembro de 2008, *relator*: Desembargador Ernesto Nascimento: Não se aplica o princípio in dubio pro reo em relação à prova da verdade dos factos no âmbito da alínea *b*) do nº 2 do artigo 180º.

Acórdão da Relação do Porto de 11 de janeiro de 1996, *CJ* 1996, tomo I, 1996, p. 191: não se exige ao jornalista a verdade absoluta, bastando uma crença fundada na verdade do que noticia, através da utilização de fontes fidedignas e diversificadas.

Acórdão da Relação do Porto de 12 de novembro de 1999, *relator*: Desembargador Manuel Braz : Tendo o arguido proferido as expressões "a vigarice estava tão bem montada que nós só tivemos dela confirmação" e "só posso pensar que estas trafulhices se destinavam a esconder saídas de dinheiro sem documentos", referindo-se ao assistente, formulou sobre este o juízo de que é vigarista e trafulha, termos que ofendem ou podem ofender a honra e consideração de qualquer pessoa, não funcionando a causa de justificação que é apenas aplicável à imputação de factos, como resulta do confronto dos artigos 164º, nºs 1 e 2, e 165º, nºs 1 e 2, do Código Penal de 1982 e do artigo 180º, nºs 1 e 2, com o artigo 181º, nºs 1 e 2, do Código Penal de 1995, pelo que se mostram verificados os elementos material e subjetivo (o arguido representou como provável o conteúdo ofensivo das suas afirmações e agiu conformando-se com isso) do crime de difamação através de meio de comunicação social dos artigos 164º, nº 1, e 167º, nº 2.

Acórdão da Relação do Porto de 14 de julho de 1999, *BMJ* 489 p. 404: publicação num jornal de uma fotografia a acompanhar o texto em que o marido declara não se responsabilizar por dívidas contraídas pela mulher.

Acórdão da Relação do Porto de 2 de dezembro de 1998, *CJ* 1998, tomo V, p. 229: a prova da verdade dos factos pode ter lugar em qualquer fase do processo, pode ter lugar quer durante o inquérito, quer durante a instrução; e pode ter lugar também na fase de julgamento, estando indicada, quanto a esta, o momento da elaboração da contestação, pois aí se aduzirão os respetivos factos, bem como se indicarão os meios de prova.

Acórdão da Relação do Porto de 26 de junho de 2006. Entendeu que a formulação de juízos valorativos desonrosos em meio de comunicação social pode ser justificada nos termos do artigo 31º, nº 2, alínea b), do CP, pelos princípios constitucionais da liberdade de expressão e opinião, desde que essa conduta se revele meio adequado e razoável de cumprimento do fim que a imprensa, no exercício da sua função pública, pretenda atingir no caso concreto, e que, no exercício da sua atividade, a imprensa tenha atuado com a intenção, ao menos imanente, de cumprir a sua função pública e, assim, exercer o seu direito-dever de informação.

Acórdão da Relação do Porto de 7 a abril de 2010, *relator*: Desembargador Ernesto Nascimento. Entrando em conflito a liberdade de expressão e o direito à honra e consideração, a solução do caso concreto há de ser encontrada através da "convivência democrática" desses mesmos direitos: consoante as situações, assim haverá uma compressão maior ou menor de um ou outro. Situando-se as expressões no estrito terreno da luta política e correspetivo direito de discordância e de crítica, sem atingir seriamente o reduto mínimo de dignidade e bom nome do visado e sem que se revelem desproporcionadas do fim visado nem inadequadas ao fim perseguido não podem deixar de se enquadrar na esfera da atipicidade.

Acórdão de 28 de setembro de 2000 do Tribunal Europeu dos Direitos do Homem (Caso Gomes da Silva *contra* Portugal): liberdade de imprensa; restrições para proteção do bom nome e da reputação. Com um comentário de Eduardo Maia Costa. Revista do Ministério Público, ano 21 (2000), nº 84. Cf., também, RPCC 11 (2001) e o comentário de José de Faria Costa.

Acórdão do STJ de 10 de dezembro de 1998, *CJ* 1998, tomo III, p. 238: difamação; direito de crítica.

Acórdão do STJ de 10 de julho de 2008, processo nº 08P1410, *relator*: Conselheiro Henriques Gaspar. Títulos na imprensa escrita. Possuindo conteúdo autónomo, que pode descolar dos textos titulados que assinalam, possuem uma "intrínseca idoneidade" para afetar o direito ao crédito ou ao bom nome, que pode ser particularmente reforçada pela natureza "sintética, apelativa e assertiva" que usualmente revelam (Faria Costa, Conimbricense I, p. 620).

Acórdão do STJ de 12 de janeiro de 2000, *BMJ* 493 p. 156 e *CJ* 2000, tomo I, p. 169 (Sousa Franco *x O Independente*): A expressão "mão na bolsa" usada com destaque em título, relacionado com uma atividade pretensamente ilegal (ou cuja legitimidade é suscetível de discussão) tem virtualidade para ofender o visado, ao tempo ministro, na sua honra, desmerecendo-o na consideração do público, constituindo, assim, uma ofensa à sua honra e reputação. Apesar de a notícia relatar factos verdadeiros, de relevo social, sendo a sua publicação legitimada pelo direito de informação, o título "Mão na bolsa" conjugado com "Francamente" e o texto "Sousa Franco iludiu a lei" é objetivamente atentatório do bom nome e reputação do ofendido.

Acórdão do STJ de 12 de julho de 2001, *CJ* 2001, tomo III, p. 21 (caso Maria Subtil *vs*. RTP e outros): abuso de liberdade de imprensa, responsabilidade civil.

Acórdão do STJ de 12 de março de 1998, *BMJ* 475 p. 223: imputações sob a forma de suspeita.

Acórdão do STJ de 18 de janeiro de 2006 *CJ* 2006, tomo I, p. 166: atipicidade da critica objetiva; ofensas típicas à honra no cumprimento de um dever ou do exercício de um direito.

Acórdão do STJ de 19 de janeiro de 1999, *BMJ* 483 p. 57: indivíduo que entra num bar onde outro jogava matraquilhos e deliberadamente apalpou-lhe as nádegas.

Acórdão do STJ de 2 de outubro de 1996, *CJ* 1996 tomo III, p. 147: comete um crime de abuso de liberdade de imprensa o jornalista que, embora no exercício da função pública de discussão e crítica, deixa de discutir o mérito de uma obra arquitetónica para se passar a dirigir exclusivamente ao autor do respetivo projeto e passa a tratá-lo de "pulha", sem qualquer conexão com aquela.

Acórdão do STJ de 21 de abril de 2010, 65/00.5: difamação, denúncia caluniosa, direito à honra, causas de exclusão da ilicitude.

Acórdão do STJ de 26 de setembro de 2000, *CJ* 2000, tomo III, p. 42: direito ao bem nome e reputação, liberdade de expressão, conflito de direitos, responsabilidade civil por factos cometidos através de imprensa.

Acórdão do STJ de 3 de fevereiro de 1999, *BMJ* 484 p. 339 (caso Eduardo Coelho *vs*. Vasconcelos Marques): ofensa ao bom nome e reputação de outrem, liberdade de expressão, dever de indemnizar.

Acórdão do Tribunal Constitucional nº 113/97 *BMJ* 464 p. 11: Crime de difamação cometido através dos meios de comunicação social; dolo eventual; liberdade de expressão, informação, imprensa e de participação na vida política, direito à honra e ao bom nome e reputação.

Acórdão do Tribunal Constitucional nº 201/2004: imputação de factos; juízos de valor; proteção da liberdade de imprensa, fazendo nela compreender, como *exercício de um direito*, a expressão de juízos de valor que, embora lesivos da honra e do bom nome de terceiros, possam decorrer dos factos verídicos relatados, muito particularmente quando o visado é uma personalidade pública e a notícia possa relevar para a formação democrática da opinião pública.

Acórdão do Tribunal Constitucional nº 459/2000: o simples facto de ser submetido a julgamento não pode constituir, só por si, no nosso ordenamento jurídico, um atentado ao bom nome e reputação.

Acórdão do Tribunal Constitucional nº 581/2000 *RMP* ano 22 (2001) nº 86: ofensa à Procuradoria-Geral da República. Inquérito e acusação pelo Ministério Público. Constitucionalidade.

Parecer nº 69/2003 da PGR, *DR* II série de 16 de outubro de 2003. Prisão preventiva. Estatuto do recluso, liberdade de expressão, violação de correspondência, entrevista, autorização, conflitos de direitos, princípios da concordância prática, princípio da proporcionalidade, relações especiais de poder.

A. Borciani, As ofensas à honra (Os crimes de injúria e difamação), Coimbra, 1940.

A. C. Murillo-J. L. S. Gonzáles de Murillo, Protección penal del honor, 1993.

Adriano de Cupis, Os direitos da personalidade, Lisboa, 1961.

Albino Lapa, Dicionário de Calão, prefácio de Aquilino Ribeiro, 2ª ed., 1974.

Alonso Alamo, Protección penal de honor. Sentido atual y límites constitucionales, Anuario de Derecho Penal y Ciencias Penales, 1983.

António J. F. de Oliveira Mendes, O direito à honra e a sua tutela penal, 1996.

Antonio-Luis Martínez-Pujalte, La garantía del contenido esencial de los derechos fundamentales, Centro de Estudios Constitucionales, Madrid, 1997.

Augusto Silva Dias, Alguns aspetos do regime jurídico dos crimes de difamação e de injúrias, 1989.

Beleza dos Santos, Algumas considerações jurídicas sobre crimes de difamação e de injúria, RLJ, ano 92 (1959), nº 3152, p. 164.

Bento de Faria, Código Penal Brasileiro (comentado), vol. IV.

Berdugo Gómez de la Torre, Honor y libertad de expresión, Technos, Madrid, 1987.

Berdugo Gómez de la Torre, La solucion del conflicto entre la libertad de Expresión y Honor en el derecho Penal Español, BFDUC 1989.

Berdugo Gómez de la Torre, Revisión del contenido del bien jurídico honor, Anuario de Derecho Penal y Ciencias Penales, 1984.

C. Vieira de Andrade, Os Direitos Fundamentais na Constituição Portuguesa de 1976, 1983.

C. Vieira de Andrade, Os Direitos Fundamentais nas Relações entre Particulares, *BMJ*, Doc. e Dir. Comp., nº 5 (1981).

Carla Casagrande/Silvana Vecchio, Les péchés de la langue, Editions du Cerf, Paris, 1991.

Carlo F. Grosso, Sviluppi recenti del diritto penale della informazione a mezo stampa, Boletim da Faculdade de Direito da Universidade de Coimbra, vol. LXV (1989).

Celso Delmanto, Código Penal Comentado, Rio de janeiro, Renovar, 1998.

Cristina Queiroz, Interpretação Constitucional e Poder Judicial. Sobre a Epistemologia da Construção Constitucional, Coimbra, 2000.

Damásio E. de Jesus, Direito Penal: Parte Especial, 2º vol., São Paulo, Saraiva, 1999.

David Garrioch, Insultos verbais na Paris do século XVIII, *in* P. Burke e Roy Porter (orgs.), História social da linguagem, UNESP, São Paulo, 1997, p. 121 e ss.
Denis Barrelet, Droit suisse des mass media, Staempfli & Cie SA, Berna, 1980.
E. Gimbernat Ordeig, La libertad de expressión está de enhoramala, in Estudios de Derecho Penal, 3ª ed., 1990, p. 100.
E. Magalhães Noronha, Direito Penal Brasileiro Comentado, vol. 7º.
E. Partridge, A dictionary of historical slang, Penguin Books, 1977.
Eduardo Nobre, Novo calão português, 1979.
Eric Barendt, Freedom of Speech, Paperback ed., 1987.
Ernesto Rodrigues, "Literatura & jornalismo – ligações perigosas", in LER – livros & leitores, nº 39 (1997), p. 40.
Expresso, Revista, nº 1460, de 21 de outubro de 2000.
F. Puig Peña, Derecho Penal, Parte especial, vol. IV.
Fernando Molina Fernández, Delitos contra el honor, *in* Bajo Fernández, Compendio de Derecho Penal (Parte Especial), vol. II, 1998, p. 254 e ss.
Francisco J. Álvarez García, El derecho al honor y las libertades de información y expresión, Valencia, 1999.
G. Stratenwerth, Schweizerisches Strafrecht, Besonderer Teil I, 4ª ed., 1993.
Guilhermina Jorge e Suzete Jorge, Dar à língua, da comunicação às expressões idiomáticas, Edições Cosmos, Lisboa, 1997.
Heleno Cláudio Fragoso, Lições de Direito Penal, 1º vol., Parte especial.
Hermann Blei, Strafrecht II, BT, 12ª ed., 1983.
Italo Calvino, "Os palavrões", Ponto Final, Teorema, 1995, p. 367.
J. J. Gomes Canotilho/Jónatas E. M. Machado, "Reality shows" e liberdade de programação, Coimbra Editora, 2003.
Jean Larguier/Anne Marie Larguier, Droit pénal spécial, Mémentos Dalloz, 9ª ed., 1996.
Jean Marie Auby e Robert Ducos-Ader, Droit de l'information, Dalloz, 1977.
Jorge de Figueiredo Dias, Direito de Informação e Tutela da Honra no Direito Penal da Imprensa Portuguesa, RLJ, ano 115º, nº 3697, p. 101 e ss.
José Casalta Nabais, Os Direitos na Constituição Portuguesa, BMJ 400 p. 15.
José de Faria Costa, O artigo 187º do Código Penal: uma norma incriminadora opaca, RLJ ano 134º, nº 3926.
José Hurtado Pozo, Droit pénal, Partie spéciale II, Zurich, 1998.
José Lamego, "Sociedade aberta" e liberdade de consciência – o direito fundamental de liberdade de consciência, edição AAFDL, 1985.
José Luís Mendes d'Amaral, Quem não se sente não é filho de boa gente. A Ofensa em Portugal no Primeiro Terço do Século XX, Cascais, 1997.
José Régio, "Sobre a caricatura", in Eugénio Lisboa (org.), No Eça nem com uma flor se toca, Instituto Camões.

Julian Pitt-Rivers, Honra e Posição Social, in J. G. Peristiany, Honra e Vergonha, valores das sociedades mediterrânicas, 2ª ed., Fundação Calouste Gulbenkian, p. 13.

Julian Pitt-Rivers, La maladie de l'honneur, in Marie Gautheron (dir.), L'honneur, image de soi ou don de soi: un idéal équivoque, Éditions Autrement, série Morales, nº 3, 1992, p. 20 e ss. (há tradução portuguesa desta obra coletiva, com o título A honra, ed. Difel, 1991).

Júlio Fabbrini Mirabete, Manual de Direito Penal. Parte Especial. Arts. 121 a 234 do CP. Volume 2. 17ª ed.

Kienapfel, Grundriss des österreichischen Strafrechts, Besonderer Teil, I, Delikte gegen Personenwerte, 3ª ed., 1990.

Konrad Hesse, Necessidad, significación y cometido de la interpretación constitucional, Escritos de derecho constitucional, 1992.

L. Knoll, Dicionário de psicologia prática, Círculo de Leitores, 1982.

L. Scopinaro, Internet e delitti contro l'onore, Riv. ital. dir. proc. penale 2000, p. 617.

Laurentino da Silva Araújo, Crimes contra a honra, 1957.

Lucien Febvre, "Honneur et Patrie", Perrin, 1996.

Luigi Delpino, Diritto penale, parte speciale, 10ª ed., 1998.

Manuel António Lopes Rocha, Sobre o direito de resposta na legislação portuguesa de imprensa, *BMJ* 346 p. 15.

Manuel da Costa Andrade e Jorge de Figueiredo Dias, Limites do direito de defesa, ROA, abril de 1992.

Manuel da Costa Andrade, anotação ao acórdão do STJ de 6 de novembro de 1996, [Sobre os Crimes de "Devassa da Vida Privada" (artigo 192º CP) e "Fotografias Ilícitas" (artigo 199º CP)], RLJ, ano 130º, nº 3885, p. 376 e ss.

Manuel da Costa Andrade, Liberdade de Imprensa e Inviolabilidade Pessoal. Uma Perspetiva Jurídico-Criminal, Coimbra, 1996.

Manuel da Costa Andrade, Sobre a reforma do Código Penal português – Dos crimes contra as pessoas, em geral, e das gravações e fotografias ilícitas, em particular, *RPCC*, 3 (1993), p. 427 e ss.

Manuel Januário Gomes, O Problema da salvaguarda da privacidade antes e depois do computador, *BMJ* 319 p. 21.

Maria da Conceição S. Valdágua, A dirimente da realização de interesses legítimos nos crimes contra a honra, Jornadas de Direito Criminal, vol. II, *CEJ*, 1998, p. 227.

Maria da Glória Carvalho Rebelo, A Responsabilidade Civil pela Informação Transmitida pela Televisão, Lex, Lisboa, 1998.

Maria Paula Gouveia Andrade, Da ofensa do crédito e do bom nome, contributo para o estudo do artigo 484º do Código Civil, s/d [1996].

Mário Souto maior, Dicionário do palavrÃo e termos afins, prefácio de Gilberto Freire, 6ª ed., 1992.
Martine Ract Madoux, Criminalidade, processo penal e meios de comunicação, RPCC 9 (1999).
Melo Freire, Instituições de Direito Criminal Português, BMJ 155 p. 5.
Muñoz Conde, Derecho Penal, Parte especial, 8ª ed., 1990.
Nuno de Sousa, A liberdade de imprensa, sep. do vol. XXVI do suplemento ao BFD, 1984.
Paulo José da Costa Jr, Comentários ao Código Penal, 6ª ed., Saraiva, 2000.
Paulo Mota Pinto, Anteprojeto para a localização do Código Civil em Macau na parte relativa aos direitos da personalidade, BMJ 448 p. 5.
Paulo Videira Henriques, Os "excessos de linguagem" na imprensa, Estudos de Direito em Comunicação, Coimbra, 2002.
Pierre Guiraud, Les Gros Mots, PUF, 1976.
Pilar Gómez Pavón, La intimidad como objeto de protección penal, 1989.
PUBLICO, Livro de Estilo, 1ª ed., 1998.
Ricardo Pinto Leite, Liberdade de imprensa e vida privada, ROA, ano 54 (1994).
Rodrigues da Costa, A liberdade de imprensa e as limitações decorrentes da sua função, Revista do Ministério Público, ano 10º (37), p. 7 e ss.
Ruiz Antón, La acción como elemento del delito y la teoría de los atos de habla: cometer delitos con palabras, ADPCP, vol. LI, 1998.
Stephen Burgen, A língua da tua mãe. Um guia de insultos europeus, Atena, 1998.
Teodoro Bastos de Almeida, "O direito à privacidade e a proteção de dados genéticos: uma perspetiva de direito comparado", BFD vol. LXXIX, Coimbra. 2003.
Udo Branahl, Medienrecht, Westdeutscher Verlag, 2ª ed., 1996.
Victor Eduardo Gonçalves, Direito Penal: dos Crimes Contra a Pessoa, São Paulo, Saraiva, 1999.
Vitorino Nemésio, Cultura da má-língua, in Jornal do Observador, p. 116 e ss.
Vives Antón, Delitos contra el honor, in M. Cobo del Rosal et alii, Derecho penal, parte especial, 3ª ed., 1990.

10 – CRIMES CONTRA A RESERVA DA VIDA PRIVADA

> "Privacy", le plus beau mot de la langue anglaise, est intraduisible. Il évoque pour ainsi dire le droit de rester dans le privé de soi-même, le droit de faire du langage aussi un domaine du privé.
>
> GEORGE STEINER[1]

I. Nota introdutória: direito à privacidade

A expressão *reserva da vida privada* aparece no Código (artigos 190º a 198º) como o denominador comum das duas principais formas típicas que são

– a violação (violação de domicílio, de correspondência, de telecomunicações e de segredo); e
– a devassa (incluída aqui a devassa por meio de informática).

A proteção da vida privada é sobretudo justificada pela necessidade de atalhar os inconvenientes da massificação no acesso a meios e instrumentos eletrónicos que vieram favorecer a intromissão alheia e ilegítima na esfera da vida privada das pessoas (material de gravação, computadores, bancos de dados)[2]. A definição de específicos tipos legais de crime revela a necessidade de proteger os últimos redutos da privacidade a que todos têm direito na presente sociedade técnica e de massas. Mas se estas razões não bastassem, escreve-se no nº 29 da Introdução ao Código Penal,[3] a lei fundamental seria apoio indiscutível ao prescrever no nº 1

---

[1] George Steiner, "Le futur du verbe", *Revue de Métaphysique et de Morale*, 2007, nº 2.
[2] Os meios modernos de informação e de controlo são de tal modo engenhosos que podem chegar a despojar um indivíduo de toda a proteção contra olhares indiscretos e curiosidades importunas. "Le secret de la vie privée", *Travaux Association Capitant*, t. XXV, 1974.
[3] Constante do Decreto-Lei nº 400/82, de 23 de setembro.

do artigo 33º: "A todos é reconhecido o direito [...] à reserva da intimidade da vida privada e familiar." A que se junta, no nº 2, o conteúdo da seguinte norma programática: "A lei estabelecerá garantias efetivas contra a utilização abusiva, ou contrária à dignidade humana, de informações relativas às pessoas e famílias".

Na ordem que se imprimiu ao Código, as agressões à esfera privada e ao segredo das pessoas inserem-se num sistema de relações com os crimes contra a honra, visível, por exemplo, na adoção de mecanismos comuns de alargamento do campo de justificação através da *ponderação de interesses legítimos*. Estes e outros elementos de conotação explicam-se quer por fatores históricos quer por razões de política criminal. Foi, de resto, a partir do **direito à honra** que emergiu um **direito à privacidade** como bem jurídico autónomo a reivindicar a incriminação de *delitos de indiscrição*[4]. Desde logo com uma consequência da maior importância, que leva a frequentes confusões entre ambos: a de haver condutas lesivas do direito à privacidade/intimidade que, ao mesmo tempo, afetam negativamente o direito à honra, a par de outras que, não sendo difamatórias, podem em concreto implicar uma gravíssima ameaça à intimidade.

As manifestações do dia a dia dão-nos exemplos suficientemente claros de comportamentos indiscretos e de intromissões na vida privada, bem como de eventos e situações a exigir clarificação, nos limites entre o público e o privado. Com esta preocupação construiu-se a chamada *teoria das esferas*.

A figura da página seguinte[5] aponta diversos modos de proteção e de resistência às intromissões. A esfera do segredo absoluto – esfera da intimidade – exclui a ingerência tanto do Estado como dos particulares.

O conceito convoca, mesmo entre os penalistas, uma imagem plástica que se projeta:

- Na esfera da vida íntima (*der Geheimbereich*), que compreende os gestos e factos que **em absoluto** devem ser subtraídos ao conhecimento de outrem;
- Na esfera da vida privada (*der Privatbereich*), englobando os acontecimentos que cada indivíduo partilha com um número restrito de pessoas; e
- Na da vida pública (*der Öffentlichkeitsbereich*) que, correspondendo a eventos suscetíveis de serem conhecidos por todos, respeita à participação de cada um na vida da coletividade.

---

[4] A partir do direito à privacidade chegou-se, por sua vez, "à emancipação tanto de um direito à *palavra* como de um direito *à imagem*, a proteger penalmente como tais, independentemente da sua valência direta do ponto de vista da privacidade" (Costa Andrade, *Sobre a reforma*, p. 435). Veja-se, a este propósito, o artigo 199º.

[5] Devida a F. Haft, *Strafrecht* BT, 5ª ed., 1995, p. 67.

Estrutura da teoria das esferas

O direito que começou a afirmar-se com as ideias liberais de finais do século dezanove configura-se como um "right to be alone", quer dizer, como **direito a ser deixado só**. O significado da privacidade/intimidade, longe de se fixar, vai continuar a variar, como algo inerente à própria condição humana. Quando se chega à conclusão que cada indivíduo tem direito ao anonimato, à proteção da sua esfera íntima contra ingerências ilegítimas e arbitrárias, passa a impor-se também a ideia de que a honra já não deve ser entendida como simples reputação a que só alguns acedem por via do seu estatuto social. Esta evolução vai determinar também que **privacidade** e **honra** se distanciem significativamente uma da outra. No caso específico da Alemanha, compreende-se que em época de exacerbada exaltação da honra as imputações de factos desonrosos estivessem na primeira linha das preocupações punitivas. Todavia, com a consequência, de há muito admitida, de a prova da verdade de tais factos conduzir à inevitável impunidade do autor da ofensa. Começou então a entender-se que, *ao lado dos crimes contra a honra*, certas manifestações da vida ficariam mais eficazmente tuteladas *a partir das ideias de indiscrição e de reserva*, quer dizer: à margem da verdade ou da não verdade da imputação e do caráter desonroso do objeto de devassa. Se a proteção da privacidade se deveria limitar à exclusão dos mecanismos e consequências da prova da verdade ou se deveria construir-se um tipo autónomo de indiscrição, o chamado *"grosses" Indiskretionsdelikt*, foi a questão que passou em certa altura a ocupar os estudiosos.

Atualmente, colocam-se problemas que em geral têm a ver com a emergência das novas tecnologias. Privacidade significa mais do que o direito a ser deixado em paz. Tal como acontece com a **esfera do segredo**, a esfera privada é hoje em dia concebida como um bem jurídico autónomo, embora se distinga entre uma **esfera da intimidade** e uma **esfera da privacidade** *stricto sensu*.

A **esfera da intimidade** (correspondente ao último reduto do direito a ser deixado só) é reconhecida a todas as pessoas, independentemente do seu estatuto de figuras públicas ou de pessoas da história do seu tempo em sentido absoluto (as que lideram a vida política, económica, social, cultural, científica, tecnológica, desportiva).

Caso nº 1 Um despacho autorizou a realização de buscas a uma discoteca fazendo expressa menção de buscas domiciliárias. As buscas envolveram um espaço físico anexo a uma discoteca destinado à prática momentânea de atos sexuais remunerados.

Em torno da questão, atam-se e desatam-se, como se vê, momentos tão "banais" como o de saber se os quartos anexos a uma discoteca em que prostitutas recebem clientes para aí praticarem atos sexuais configuram, durante esse tempo, um "domicílio", gozando em conformidade da tutela que a lei constitucional, penal e processual lhe reservam e traduzida na expressão *inviolabilidade do domicílio*[6].

Nota-se, geralmente, reproduzindo teses do *TC* federal alemão, que nem sequer os interesses superiores da comunidade podem justificar uma agressão a esta **área nuclear** da conformação privada da vida, que goza de proteção absoluta. É uma esfera inviolável – onde critérios decorrentes do princípio da proporcionalidade estão inteiramente fora de causa –, subtraída, portanto, "ao princípio geral da *ponderação de interesses* e em particular à *prossecução de interesses legítimos*" (Costa Andrade).

Pertence, por ex., à área nuclear da intimidade "o monólogo em que o paciente se debate com as suas representações e emoções mais fundas e íntimas sobre o crime de homicídio". Assim entendeu o BGHSt 50, 206, e idêntico entendimento é sufragado pela doutrina nacional, uma vez que "a solução da *proibição de valoração* terá de valer entre nós, não só pode identidade, mas também por maioria de razões"[7].

Quanto à **privacidade em sentido estrito**, releva a pessoa do portador concreto. A privacidade, pelo menos a privacidade penalmente protegida, como

---

[6] Sobre o tema, e mesmo sobre a forma de colocar a questão, Costa Andrade, Tribunal Constitucional – Acórdão nº 364/2006, de 8 de junho. (Domicílio, intimidade e Constituição), *RLJ* nº 3953, ano 138º, p. 97 e ss.
[7] Cf. a "Anotação" de Costa Andrade ao acórdão do *TC* 364/2006.

escreve Costa Andrade, "tende a ser nula em relação às *pessoas da história do seu tempo em sentido absoluto*: quando apesar de tudo se pode falar de atentado típico à privacidade, a regra será a exclusão da ilicitude, por exemplo, *ex vi prossecução de interesses legítimos*. O mesmo tenderá a ocorrer em relação às *pessoas da história do seu tempo em sentido relativo* (*v. g.*, agente ou vítima de um crime, testemunha ou vítima de uma catástrofe ou acidente, parente de uma *pessoa da história do seu tempo em sentido absoluto*) na direção das qualificações, eventos ou espaços que a tornam uma *pessoa da história do seu tempo*". Por outro lado e sobretudo, diz ainda Costa Andrade, "a privacidade configura sempre um valor suscetível de ponderação para efeitos de justificação, nomeadamente a título de *prossecução de interesses legítimos* (artigo 192º, nº 2). Nunca, por isso, ela poderá configurar um obstáculo à *exceptio veritatis*".

1. Nem toda a indiscrição será castigada

A noção de privacidade/intimidade, tal como a da honra e do pudor, é um conceito que foi evoluindo com o tempo e que está longe de ser definitivo. A partir desta realidade poderemos compreender melhor o **sentido instável e relativo** desses conceitos em casos tão conhecidos como o da morte trágica da Princesa de Gales, que suscitou na opinião pública uma reação de repulsa pelos métodos utilizados pelos *paparazzi* junto das *public figures*, das *pessoas da história do seu tempo*, do mesmo passo que revelava os custos que sofre a qualidade de vida dessas pessoas quando passam a ser eleitas como figuras de sensação, sujeitas à indiscrição constante e a pressões de toda a ordem. É uma história a que pertencem também certas facetas da vida do presidente Clinton, repetidas até à exaustão nos seus mais íntimos pormenores nos jornais e nas televisões do mundo inteiro e que, envolvidas na discussão pública, só assim se compreendem em vista do **interesse comunitário** que a figura do presidente lhes associa.

Excurso. Na vida de Robinson Crusoe uma norma como o artigo 192º só faz sentido após a chegada de "Sexta-feira". A intimidade "é uma aquisição social, possível na medida de uma certa abundância, que gera espaços de privacidade no seio da vida em sociedade"[8]. A acompanhar a relatividade histórico-cultural da privacidade, os autores acentuam a **elasticidade** do bem jurídico protegido, sujeito, inclusivamente na sua concretização processual, à vontade do respetivo portador. As diversas formas de devassa não chegam a ser típicas onde houver acordo do portador do interesse protegido. No artigo 192º emprega-se a expressão "sem consentimento", aliás comum aos artigos 190º, 191º, 194º, 195º,

---

[8] Maria Fernanda Palma, *A Justificação por Legítima Defesa*, 1990, p. 474.

196º e 199º, nº 1,[9] reconhecendo-se a necessidade vital de o sujeito estar só e de, com o seu acordo, deixar de estar só, estando com o outro, a seu arbítrio consentindo na devassa, desvelando-se aos olhos do outro. O desenho típico dos crimes de devassa corresponde à preocupação de cada um de nós ocultar traços da sua personalidade, mas responde também à possibilidade de cada um, sempre que o desejar, tornar visível, transparente, a parte que entender da sua própria intimidade. A norma assegura uma proteção adequada à vida em sociedade, já que, na vida de relação, *indiscreto* é só aquele que procura saber, com uma curiosidade chocante, o que o outro não quer revelar, ou que revela algo que deveria permanecer em segredo. *Discreto*, pelo contrário, é quem se afasta para deixar falar outros dois mais livremente, é aquele que, mantendo as distâncias, usa de circunspeção, de reserva -quem, nas suas relações com o outro, adota a medida, a prudência, o tato[10].

2. Privacidade e ofensa à honra

Outro aspeto a levar em conta reside nas relações destes crimes com os de ofensa à honra, que aliás já fomos acentuando. O código português – e já antes, em 1973, a Lei nº 3/73, de 5 de abril – optou pela implementação dum tipo de indiscrição como é o artigo 192º, onde os factos objeto de devassa não são necessariamente desonrosos. Ainda assim, com uma sensível limitação: a de que, nos termos do respetivo nº 2, a divulgação de factos relativos à vida privada ou a doença grave de outra pessoa não é punível quando o facto for praticado como meio adequado para realizar um *interesse público legítimo e relevante*. Perante isto, ficamos em posição de melhor compreender o alcance dum dispositivo como o nº 3 do artigo 180º, pois se esses factos da vida privada, por serem, do mesmo passo, factos desonrosos, puderem integrar simultaneamente um crime contra a honra, a prova da verdade fica imediatamente excluída se se projetarem na esfera

[9] Nos artigos 190º, 191º, 192º, 194º, 195º; 196º e 199º, nº 1, utiliza-se a expressão "**sem consentimento**", cujo equivalente no StGB ("unbefugt") é discutido, havendo quem a classifique como elemento típico. A verdade é que a expressão bem podia ter sido omitida, não passa de "**menção redundante da ilicitude**". É porventura uma daquelas "expressões legais com que redundantemente e sem qualquer utilidade prática (a não ser a de chamar a atenção para a particular frequência com que intervirão tipos-justificadores), o legislador exprime a geral exigência de que a conduta seja ilícita e onde portanto se não trata em nada da configuração do conteúdo próprio do ilícito": Figueiredo Dias, *O problema da consciência da ilicitude em direito penal*, 3ª ed., 1987, p. 474, e *Sumários das Lições de Direito Penal* à 2ª turma do 2º ano, (aditamentos, p. 6), 1977; Costa Andrade, "Sobre a reforma do código penal português", *RPCC* 3 (1993), p. 453; e F. Haft, p. 69.
[10] Discreto discreto é José António Barreiros, advogado, ilustre, que arranjou tempo para deixar no *blog* "A janela do Ocaso", em 18 de agosto de 2007, o seguinte bocado de prosa: "Hoje na FNAC uma bem arranjadinha senhora, daquelas de malinha e gargantilha, que educou filhos e toma agora conta dos netos quando os pais vão ao cinema ou se divorciam, ou em ambas as circunstâncias, folheava, pausada e deliciada, a secção de literatura erótica. Nunca é tarde para se aprender, de facto. Afastei-me, discreto, deixando-a no deleite daquela iniciação ao tempo que lhe resta com o corpo que lhe sobra".

da intimidade pessoal e familiar, embora a justificação possa ocorrer no termos gerais previstos no artigo 31º, nº 2, alínea *b*). Pense-se na história de um sujeito que é apanhado a "dormir" com a filha de 20 anos de idade: facto (verdadeiro), da vida íntima, simultaneamente desonroso. E pondere-se como este se diferencia daquele outro caso passado na Inglaterra com um membro do governo (*caso Profumo*, de 1963, para alguns um *annus mirabilis*),[11] que no contexto politico da "guerra fria" se relacionava sexualmente com a amante do "inimigo", o adido militar soviético. O caso Profumo envolvia pessoas com **notoriedade social**, que ficam expostas, sendo a conduta de invasiva da vida privada **atípica** ("por acordo presumido")[12]. Presumimos, no entanto, que ninguém entrou no quarto de dormir onde Profumo e a amante se encontravam, e que não houve fotografias ou filmes do que ali aconteceu que tenham sido recolhidas e divulgadas. A divulgação de factos relativos à vida privada ("o ministro *P* encontra-se às quartas à tarde no hotel *x* com a amante do adido militar soviético") ou a doença grave poderá ser justificada com base num interesse público (artigo 192º, nº 2), mas divulgar é uma coisa, sendo outra a recolha e gravação da informação sobre esse facto. A tendência, no entanto, é para alargar a justificação também a estes outros momentos.

3. A tipicidade nos crimes contra a reserva da vida privada

Neste ponto, que fica a aguardar ulteriores desenvolvimentos, notaremos a "invasão" da vida privada de outrem nos artigos 190º, 191º, 192º, nº 1, alíneas *a*) a *c*), 193º e 194º, nºs 1 e 2. As formas de "divulgação" ou de "aproveitamento" indevido percebem-se nos artigos 192º, nº 1, alínea *d*), 194º, nº 3, 195º e 196º.

4. Atipicidade e justificação das condutas invasivas da vida privada

A justificação, no sistema instaurado, ocorre quando haja um **interesse público** legítimo e relevante (artigo 192º, nº 2).

Também **não é punível o facto** se praticado (artigo 31º, nº 2):

– no exercício de um direito, por exemplo nas relações dos pais com os seus filhos dependentes ou nas relações dos presos com as pessoas que os controlam; em legítima defesa ou emestado de necessidade;

---

[11] Sexual intercourse began/In nineteen sixty-three/(Which was rather late for me)/Between the end of the Chatterley ban/And the Beatles' first L P./Up to then there'd only been/(...): Philip Larkin, *Annus Mirabilis*. Sobre aspetos do *Profumo Affair* recorde-se o filme de 1989 "Scandal", com John Hurt, Joanne Whalley e Bridget Fonda; e no campo musical "Nothing has been proved", de Dusty Springfield.

[12] Paulo Pinto de Albuquerque, *Comentário*, p. 511, onde, do mesmo modo, menciona os casos de doentes hospitalizados, alunos sob internato ou soldados aquartelados, desde que a invasão ou divulgação da vida privada "se restrinja ao pessoal das respetivas instituições".

– no cumprimento de um dever imposto por lei; *ou*
– por ordem legítima da autoridade; *ou*
– o consentimento do titular do interesse jurídico lesado.

Especial destaque justificativo têm as chamadas autorizações legais, por ex., as constantes do artigo 177º do CPP.

Acrescem as circunstâncias cobertas pela verificação do "consentimento/acordo", como acima se deixou exposto sem prejuízo de outras menções; bem como os casos ditos de "acordo presumido" (*Atas* (1993) e Paulo Pinto de Albuquerque), estas de forma limitada, como acontece nas relações do médico com o seu paciente ou do preso ou detido com o pessoal de vigilância[13].

Para melhor entendimento do alcance do "consentimento", nem sempre suficientemente diferenciado do **acordo** que exclui o tipo, veja-se o acórdão da Relação do Porto de 18 de Janeiro de 2006 *CJ* 2006 tomo I, p. 198, *relator*: Desembargador António Gama. Imagens tinham sido recolhidas com autorização do ofendido e destinavam-se a ser utilizadas por estação televisiva para fins jornalísticos. O filme, em que o ofendido aparecia numa sala de operações, foi *consentido* e a sua utilização também *consentida*, o que "configura a forma paradigmática da exclusão do ilícito típico". Para os julgadores nem sequer tinha havido "uma conduta penalmente típica". Neste caso não se tratava pois de consentimento-justificante. Consentimento e acordo são diferentes tanto no plano teleológico-axiológico como no plano prático-normativo, adverte o Prof. Costa Andrade, tendo no entanto a preocupação de acentuar que "os nomes são seguramente o menos importante".

O "acordo" exprime uma manifestação de vontade "que mediatiza a realização positiva, e porventura a mais autêntica, dos bens jurídicos pertinentes" (Costa Andrade), como nos crimes contra a liberdade (artigo 156º: entendendo-se que a liberdade de dispor do corpo ou da própria vida é uma *liberdade pessoal*, não comunicável, por ex., do menor que necessita de uma transfusão de sangue que os pais, por motivos religiosos, não consentem) ([14]), a liberdade sexual (a dissuasão penal em matéria de sexo só tem praticamente a ver com o constrangimento ou a imaturidade do parceiro), o domicílio (artigo 190º), a privacidade (artigos 192º, 194º e 195º), etc.

---

[13] O acordo presumido não abrangerá o recluso que entre na cela de outro recluso sem o "acordo" deste, pelo que tal ação integra um momento típico, embora tal parecer não seja unânime.

[14] É este um dos problemas mais interessantes ao nível do "consentimento". Costa Andrade, *Conimbricense* I, p. 383, reconhece que o direito português não dispõe de mecanismos legais da ultrapassagem da oposição do representante de menor de 16 anos. Não se põe de parte que o médico, nos casos urgentes que ameacem a vida ou a saúde do menor, dispense, sem consequências, a autorização, que tenha sido recusada por motivos "irrelevantes" (incompreensão grosseira, motivos sectários, etc.). De casos de **Notoperationen** fala Kienapfel nessa mesma linha, *Grundriss*, 3ª ed., 1990, p. 316, embora, se houver tempo para tal, entenda preferível o recurso à decisão do juiz.

II. Crime de violação de domicílio ou perturbação da vida privada: artigo 190º

1. Generalidades

Caso nº 2 A natureza íntima ou privada dos atos praticados em certo local não implica a qualificação do local em termos de domicílio. O conceito de *domicílio* não pode ser desprendido do conceito de *residência*, nenhuma razão assistindo a quem pretende entender o regime constitucional das buscas domiciliárias às buscas nos quartos anexos a uma dicoteca onde se praticam atos de natureza sexual. Não existe norma constitucional de que possa retirar-se a completa imunidade de um espaço a buscas judiciais e a própria Constituição admite-as, mesmo quando está em causa o domicílio, pelo que nenhuma razão existe para as proibir quando se trata da entrada em espaço fechado diversos do domicílio.

Entendeu-se, porém, não poder ter-se a busca efetuada nos anexos como busca domiciliária e consequentemente sujeita aos condiconamentos do artigo 34º, nº 3, da CRP e do artigo 177º do CPP. O TC[15], quanto à primeira questão – aquela que se refere ao artigo 177º do CPP – foi de opinião que o conceito de domicílio não pode ser desprendido do conceito de residência, donde se infere que a natureza íntima ou privada dos atos praticados em certo local, nomeadamente os atos de natureza sexual, não implica a qualificação do local em causa como domicílio. Tal decorre, aliás, do disposto no artigo 32º, nº 8, da Constituição, que claramente distingue entre a intromissão na vida privada e a intromissão no domicílio; "se sempre que houvesse intromissão na vida privada houvesse intromissão no domicílio, nenhum motivo haveria para autonomizar a intromissão neste". Quanto à segunda questão – um espaço fechado, onde se travam relações sexuais, não é suscetível de ser violado através de mandado de busca judicial – "não existe norma constitucional de que possa retirar-se a completa imunidade de um espaço a buscas judiciais: basta, para o efeito, atentar no que dispõe o artigo 32º, nº 8, que proíbe a abusiva intromissão na vida privada e no domicílio, o que obviamente significa que existem intromissões constitucionalmente permitidas". Se a Constituição admite a entrada no domicílio dos cidadãos – artigo 34º, nº 2 – nenhuma razão existe para as proibir "quando se trata da entrada em outros espaços fechados não merecedores de idêntica tutela constitucional".

A violação de domicílio é um dos crimes contra as pessoas no Capítulo dos crimes contra a reserva da vida privada (artigos 190º a 198º).

---

[15] Acórdão publicado em *Acórdãos do Tribunal Constitucional* 65º vol., 2006, p. 443. Cf., em qualquer caso, a referência feita anteriormente à anotação de Costa Andrade.

O bem jurídico encontra-se diretamente relacionado com a intimidade da vida privada e familiar, como se evidencia pelo artigo 26º, nº 1, da Constituição, diploma que igualmente se refere à inviolabilidade do domicílio, dispondo, no artigo 34º, nº 2, que a entrada no domicílio dos cidadãos contra a sua vontade só pode ser ordenada pela autoridade judicial competente, nos casos e segundo as formas previstas na lei. Salvaguarda-se aquilo que os alemães cunharam com o termo *Hausrecht* ("direito de domicílio"), ou pelo menos uma parcela desse direito, designadamente, a disponibilidade para livremente decidir quanto às entradas e permanências no espaço habitacional. Fica fora da tutela penal tudo o que se não reconduza à entrada ou permanência não consentida, como quando alguém, que não tem que ser necessariamente um informador da polícia, vigia quem entra e sai duma residência.

Trata-se de um direito disponível, que corporiza o domínio e a disposição sobre o espaço da habitação, sendo decisivo apenas que a respetiva posição tenha sido adquirida de forma conforme ao direito, o que não acontece com os casos de ocupação ilegal. "O direito penal não protege este ocupante contra as ações do titular legítimo do espaço", adverte o Prof. Costa Andrade,[16] embora essa questão se torne "problemática" em relação a terceiros.

Portador do direito é, por ex., o estudante que ocupa um quarto da casa ou o promitente-comprador de um espaço habitacional que, como é frequente, passa a ocupá-lo antes da celebração da escritura. São igualmente legítimos portadores do direito as crianças da casa e as empregadas internas.

Caso nº 3 *A* permitiu-se meter o corpo à porta da casa de *B*, quando viu que a empregada lhe não facultava a entrada, que assim conseguiu.

A preenche todos os elementos do ilícito do artigo 190º, nº 1, embora se deva reconhecer que a palavra decisiva compete ao dono da casa.

Em situação de **pluralidade de pessoas que habitam a mesma residência**, por estarem todos no mesmo plano de igualdade, não pode um dos titulares (*ein gleichrangiger Hausrechtsmitinhaber*), por ex., um dos cônjuges, fazer valer contra o outro uma qualquer violação do domicílio que é de ambos. Por outro lado, o consentimento de um dos titulares basta, em geral, para legitimar a entrada de um terceiro, mesmo que contra a vontade de outro ou outros.

Caso nº 4 *A* içou-se por uma janela e entrou na casa de habitação de *B*, vindo aí a ser encontrado pelo dono da casa. *A* tinha combinado tudo com a filha de *B*.

---

[16] Manuel da Costa Andrade, *Conimbricense* I, p. 703.

O acórdão do STJ de 23 de março de 1994 *BMJ* 435, p. 541, referiu-se à "liberdade doméstica individual", acrescentando que habitando a casa, como residência habitual, o pai, a mãe e a filha, a autorização de entrada por parte de qualquer deles, nomeadamente a filha para com o arguido manter relações de sexo, tendo este entrado por escalamento, afasta a ilicitude de tal entrada.

Um caso específico é o do acórdão do *TC* nº 507/94 *BMJ* 439, p. 154, a seguir resumido.

Caso nº 5 Na casa onde a policia efetuou a busca havia várias pessoas codomiciliadas, entre elas o *A*, visado pela diligência, que estava separado de facto, tendo a mulher e os filhos ficado em casa dos sogros, passando ele a viver em casa dos pais, onde foi detido, e onde residia desde há uns quatro anos com estes e os irmãos.

Considerou-se que para a busca não basta um qualquer consentimento, só sendo válido o acordo de quem é visado com tal diligência, de contrário desconsidera-se "a reserva da intimidade privada do arguido, concentrando a necessidade de autorização num terceiro", pois quem pode vender, doar ou abandonar a habitação "deve poder utilizar com exclusividade o acesso ou a devassa da mesma e a intromissão de terceiros".

O desenho típico do artigo 190º, nº 1, apresenta *duas alternativas*, uma ativa, que é a introdução na habitação de outra pessoa; outra passiva, que é a permanência nela depois de intimado o sujeito a retirar-se (um autêntico crime de omissão *pura*, dizem autores alemães). O elemento "sem consentimento", serve para caracterizar a ilicitude e não tem um significado autónomo.

Caso nº 6 *A* promete a *B*, de 13 anos de idade, que lhe daria a quantia de cem euros se ele lhe entregasse todos os objetos de valor que encontrasse na vivenda de *C*.

No caso está subjacente a violação do domicílio de *C*, com vista ao furto no interior. Se enquadrarmos o ilícito nos crimes de mão própria (como fez, no seu tempo, o acórdão do STJ de 10 de outubro de 1990 *BMJ* 400, p. 291), estaremos confrontados com a hipótese de punir o *A* como autor mediato uma vez que, deliberadamente, utilizou o *B* como instrumento da prática do crime. Se os crimes de mão própria pressupõem um certo envolvimento pessoal – pense-se no crime de evasão do artigo 352º, pois o que está privado legalmente da liberdade não se pode evadir *por intermédio* de outrem, tem que ser ele próprio a saltar o muro, a passar pela porta, a rastejar pelo túnel, etc. – não poderão ser cometidos em autoria mediata. Pensamos que nada obsta à comissão do crime por *A*, mesmo não entrando, por si mesmo, no interior da casa assaltada. O crime do artigo 190º não é um crime de mão própria.

A violação de domicílio configura-se como crime permanente. Consuma-se logo que preenchidos todos os elementos típicos, mas só fica exaurido quando o agente, por sua vontade ou por intervenção de terceiro, põe termo à situação antijurídica. Quando o agente se introduz indevidamente é possível detetar uma cção e o prolongamento no tempo dos correspondentes efeitos. A permanência transporta consigo, naturalmente, a omissão do dever de fazer cessar o estado antijurídico provocado. Por conseguinte, o crime é permanente, quer o agente se introduza indevidamente quer na modalidade em que permanece depois de intimado a retirar-se.

O objeto da ação é a habitação como espaço fisicamente fechado e reservado ao alojamento ("permanência, descanso, convívio, alimentação, pernoita) de uma ou de várias pessoas, nomeadamente de uma família" (Costa Andrade). "É um espaço limitado por fronteiras físicas e simbólicas". "Tradicionalmente, a casa é vista como retraimento do mundo. Entrar nela é, também, sair do palco social para penetrar num espaço (que seria) tendencialmente pacificador e regenerador"[17].

A jurisprudência estendeu o conceito de domicílio às rulotes e caravanas, aos quartos de hotel, quando ocasionalmente sirvam de residência, aos camarotes dos navios, e até, em certas circunstâncias, aos compartimentos dum comboio.

O acordo do portador do bem jurídico exclui a tipicidade. O acordo ("consentimento") pode ser expresso, como quando alguém partilha a sua habitação com outrem, cedendo-lhe um quarto e a serventia da cozinha, ou suficientemente demonstrativo da vontade do portador do bem jurídico (concludente), o que não significa o mesmo que consentimento presumido. O consentimento presumido será de se afirmar quando alguém, na ausência do proprietário, entra no interior para pôr termo a um princípio de incêndio.

É conveniente olharmos para as relações do crime de furto com o espaço onde é cometido. Entre o crime de furto qualificado do artigo 204º, nº 1, alínea *f*), ou do hiperqualificado do nº 2, alínea *e*), e o crime de violação de domicílio há **concurso aparente**, recuando a norma do artigo 190º.

Caso nº 7 *A* bate à porta da casa de *B* e diz que vem para contar o consumo da eletricidade, mas falsamente, pois logo que pode deita a mão a uns objetos de valor e retira-se.

---

[17] Helena Carvalhão Buescu, "A casa e a encenação do mundo: Os Fidalgos da Casa Mourisca de Júlio Dinis", *Chiaroscuro. Modernidade e Literatura*, Campo das Letras, 2001, p. 107.

O acordo de *B* foi dado para a prevista contagem da luz. Embora por engano, a autorização foi concedida, não se podendo sustentar a violação da norma do artigo 191º. Apenas se verificou um crime de furto das coisas. A solução seria diferente se o *A* tivesse empregado qualquer processo coativo para conseguir entrar. O crime é doloso, bastando o dolo eventual.

2. As modalidades de conduta

a) Introduzir-se na habitação de outra pessoa

No sentido aqui requerido é apenas a entrada corporal sem consentimento de quem de direito, mas que pode ser exercitada parcialmente, bastando que uma parte do corpo atinja o espaço protegido, como quando o sujeito mete o corpo para impedir o encerramento da porta. Não é no entanto preciso que se force a entrada[18]. Não se incriminam atividades que não impliquem a entrada ou permanência pessoal na habitação. Por outro lado, só se incrimina a entrada *sem consentimento*.

Há quem aceite a possibilidade de comissão por omissão imprópria, mesmo sem a violação dum dever de garantia. É o caso do agente que não se afasta – devendo fazê-lo (porque por ex., entrou por erro) – da habitação de outrem. E isto sem necessidade de comunicação ou intimação de quem de direito, observa o Prof. Costa Andrade, uma vez que a tipicidade da conduta é independente da segunda modalidade e subsiste mesmo que esta não estivesse legalmente prevista.

Caso nº 8 *A* introduz-se, sem dolo, na habitação de *B* e continua nela mesmo depois de descobrir o seu erro.

b) Permanecer depois de intimado a retirar-se

Como atrás acentuámos, é uma modalidade que ocorre por omissão (própria ou pura). Deve haver o propósito de desobedecer à intimação para sair de quem de direito, por ex., na sequência de um convite. A exigência pode ocorrer de forma concludente, por ex., quando se toca uma campainha ou se faz um sinal de luzes. Tem características subsidiárias em relação à primeira modalidade, dizem alguns autores, como Rengier[19].

---

[18] A entrada por meio de violência ou ameaça de violência é um dos vários elementos de qualificação do nº 3. Nos ordenamentos, como o austríaco (§ 109), que preveem o emprego da violência ou ameaça da violência na entrada, configurando portanto uma situação semelhante à da coação, a moderna doutrina impõe (restritivamente) que, na altura, se encontre alguém no espaço protegido, tornando reconhecível a oposição do portador do bem jurídico. Não se identifica portanto com esta situação a atuação duns jovens que, para passarem a noite nos balneários dumas instalações desportivas, partem os vidros com um tijolo.

[19] Rudolf Rengier, *Strafrecht* BT II, 4ª ed., 2002, p. 193.

3. O nº 2 do artigo 190º

Trata-se de um crime de **perturbação** da vida privada. Este nº 2 do artigo 190º, na medida em que manda aplicar a pena do nº 1 a quem, com intenção de perturbar a vida privada, a paz e o sossego de outra pessoa, telefonar para a sua habitação (ou para o seu telemóvel), reflete a tutela dessas cambiantes da tranquilidade familiar. A *intenção* é um elemento subjetivo que aponta a direção da vontade do agente (crime de *tendência*)[20].

Excurso. No Cp suíço, o artigo 179septies (Missbrauch des Telefons) pune desde logo quem perturba outra pessoa, de noite, com chamadas anónimas e ditos obscenos, mas põe-se a questão de saber se a eventual situação de embriaguez de quem telefona é compatível no plano subjetivo com a exigência da atuação "aus Bosheit oder Mutwillen": "par méchanceté ou par espièglerie".

4. A qualificação: artigo 190º, nº 3

Se o crime previsto no nº 1 for cometido de noite ou em lugar ermo, por meio de violência ou ameaça de violência, com uso de arma ou por meio de arrombamento, escalamento ou chave falsa, ou por três ou mais pessoas, o agente é punido na forma qualificada do nº 3.

O nº 3 conserva a circunstância agravante referida à "noite" ou ao "lugar ermo" que desapareceram do âmbito dos crimes patrimoniais. Importante a tutela absoluta contida no nº 3 do artigo 34º da Constituição para efeitos de buscas domiciliárias (das 21 horas às 7 horas do dia seguinte: artigo 177º, nº 1, do CPP),[21] mas para o presente efeito qualificativo o adequado é considerar o período entre o pôr e o nascer do sol. O lugar ermo é o lugar isolado.

Quanto à violência: pode ser a força física acionada contra uma pessoa, para vencer a resistência oposta à entrada ou permanência no espaço habitacional; mas

---

[20] Os crimes de devassa, com as variantes das quatro alíneas do artigo 192º, são **crimes de intenção**: para além de uma ilegítima intromissão mediante utilização ou não de meios técnicos, ou do alargamento do círculo de pessoas a ter conhecimento, o agente atua com intenção de devassar. O abuso de telefone (artigo 190º, nº 2) também é crime de intenção. O "aproveitamento indevido de segredo" (artigo 196º) é, por seu turno, um crime de lesão, exigindo-se que o agente provoque um prejuízo a outra pessoa ou ao Estado. Repare-se a propósito que o prejuízo não representa elemento essencial da tutela da intimidade.

[21] A lei estipula o período em que a busca domiciliária pode ser efetuada, entre as 7 e as 21 horas, sob pena de nulidade. Em conjugação com o artigo 177º, nº 1, deverá ter-se presente o nº 3 do artigo 34º da CRP, já que ninguém pode entrar durante a noite no domicílio de qualquer pessoa sem o seu consentimento, *salvo* em situação de flagrante delito ou mediante autorização judicial em casos de criminalidade especialmente violenta ou altamente organizada, incluindo o terrorismo e o tráfico de pessoas, de armas e de estupefacientes, nos termos previstos na lei.

também pode ser a violência exercida sobre coisas, o mais das vezes na forma de arrombamento, podendo acolher-se a definição do artigo 202º. *Arma* é a que o artigo 4º do Decreto-Lei nº 48/95, de 15 de Março[22], identifica como tal.

5. As causas de justificação

Vale o direito de necessidade (alguém que entra na casa alheia porque sentiu uma fuga de gás ou o começo de um incêndio a que é preciso acudir) ou a legítima defesa de um terceiro ou qualquer outra dirimente geral. O acordo (consentimento), como já se disse antes, exclui a tipicidade.

Particular atenção deverá dar-se ao artigo 177º do CPP (autorização judicial), donde deriva um direito "forte", dada a sua origem processual (Kienapfel).

Com o sentido da não punibilidade, acresce a violação do "domicílio" constituído à revelia do proprietário ou de quem de direito (ocupação ilegal de um espaço fechado, que o direito penal não tutela). Segundo a doutrina corrente, o direito de necessidade não justifica a ocupação de casas vazias, porque num estado de direito as insuficiências da política de habitação não podem ser colmatadas à custa do sacrifício da propriedade privada. A exceção está em haver perigo para a vida ou para a saúde, situação que justificará a ocupação indispensável e pelo tempo necessário.

III. Introdução em lugar vedado ao público: artigo 191º

Caso nº 9 Pouco antes do fecho, *A* entra numa loja comercial com intenção de furtar o que pudesse. Trata de se esconder para atuar quando todos tivessem saído, o que acaba por conseguir.

A conduta do *A* preenche os elementos típicos do artigo 191º (permanência arbitrária em lugar vedado e destinado ao exercício de atividade comercial), mas como o *A* também permaneceu escondido com intenção de furtar, o que veio a conseguir, a norma aplicada há de ser a do artigo 204º, nº 1, alínea *f*), de acordo com as regras do concurso aparente. Se o *A*, para entrar, tivesse arrombado uma porta ou uma janela, o caso entraria na previsão do artigo 204º, nº 2, alínea *e*), recuando a norma do artigo 191º.

O desenho típico do artigo 291º reporta-se ao ato de *entrada* ou de *permanência* arbitrárias ("sem consentimento ou autorização de quem de direito"), em espaço fisicamente demarcado e delimitado (por muro, cercado, portão, etc.),

---

[22] "Para efeito do disposto no Código Penal, considera-se arma qualquer instrumento, ainda que de aplicação definida, que seja utilizado como meio de agressão ou que possa ser utilizado para tal fim". O Decreto-Lei nº 48/95, pôs em vigor a reforma do Código de 1995.

não bastando, para fazer as vezes da demarcação, a simples sinalização duma determinada superfície. A incriminação visa salvaguardar, escreve o Prof. Costa Andrade,[23] "a inviolabilidade de um conjunto heterogéneo de espaços que se estendem por um contínuo numa perspetiva de privacidade/publicidade". A norma refere-se sucessivamente a

- Pátios, jardins ou espaços vedados anexos a habitação;
- Barcos ou outros meios de transporte;
- Lugar vedado e destinado a serviço ou a empresa públicos, a serviço de transporte ou ao exercício de profissões ou atividades;
- Qualquer outro lugar vedado e não livremente acessível ao público.

Estão aqui incluídos o estabelecimento comercial, com tudo o que vulgarmente é afetado à atividade comercial ou industrial; a rulote que não serve de habitação mas de lugar de venda; ou os estaleiros de obras. Entre os meios de transporte encontram-se os autocarros, barcos, o próprio automóvel, mas não uma moto (Costa Andrade), que não configura propriamente um espaço limitado. Como lugar vedado e destinado a serviço de transporte podem citar-se as estações de metro e ferroviárias, as estações de camionagem e os espaços portuários.

Lugares destinados a serviço público são por ex., os tribunais e as universidades, incluindo as correspondentes salas, devendo notar-se que a entrada e permanência nas salas de audiência têm reservas previstas na lei processual, incluindo espaços destinados aos participantes processuais. Toda a gente saberá aliás qual é o lugar do arguido na sala de audiência (questão simbólica, na perspetiva de Eb. Schmidt).

Não preenche o crime do artigo 191º, "o 'cliente' do supermercado que entra para fazer furto de artigos (*shopliffting*) ou para ver se os preços (qualidade, etc.) dos produtos são conformes com as prescrições legais", uma vez que estes sujeitos respondem ao estereótipo do vulgar comprador, cliente ou visitante. Não existe porém um acordo *geral* com os frequentadores dessas superfícies abertas ao público (bancos, supermercados, etc.) que permita ao delinquente entrar sem restrições e a seu bel-prazer. Assim, preencherá a factualidade típica quem acede ao espaço vedado com modos que o afastam notoriamente do padrão das pessoas *normalmente* autorizadas a fazê-lo. Como sucederá quando, em hora de expediente, "alguém entra num banco disfarçado sob uma máscara ou exibindo armas. O mesmo devendo afirmar-se para as hipóteses em que o agente viola a proibição direta e expressa de entrada que lhe é *pessoalmente* dirigida"[24].

---

[23] Costa Andrade, *Conimbricense* I, p. 717.
[24] Küpper, *Strafrecht* BT II, 1996, p. 75; e Costa Andrade, *Consentimento e Acordo*, p. 375 s. e *Conimbricense* I, p. 721.

IV. Devassa da vida privada: artigo 192º

Artigo 192º 1 – Quem, sem consentimento e com intenção de devassar a vida privada das pessoas, designadamente a intimidade da vida familiar ou sexual: a) Intercetar, gravar, registar, utilizar, transmitir ou divulgar conversa, comunicação telefónica, mensagem de correio eletrónico ou faturação detalhada; b) Captar, fotografar, filmar, registar ou divulgar imagem das pessoas ou de objetos ou espaços íntimos; c) Observar ou escutar às ocultas pessoas que se encontrem em lugar privado; ou d) Divulgar factos relativos à vida privada ou a doença grave de outra pessoa; é punido com pena de prisão até 1 ano ou com pena de multa até 240 dias. 2 – O facto previsto na alínea d) do número anterior *não é punível* quando for praticado como meio adequado para realizar um interesse público legítimo e relevante.

Caso nº 10 Leonoreta desconfia de encontros do seu marido com uma vizinha divorciada. As suspeitas avolumaram-se quando deparou com o recibo do arrendamento – em nome dela – de um apartamento no outro extremo da cidade e umas chaves estranhas, que logo tratou de mandar reproduzir. Para tirar as últimas dúvidas, visitou o apartamento com a cópia das chaves, que lhe abriram todas as provas. Na primeira oportunidade, Leonoreta voltou ao apartamento, já segura de encontrar os dois, que queria filmar para espetar as provas na cara do infiel marido. Conseguiu captar imagens dos ambos enquanto mantinham relações sexuais e registar mesmo as suas conversas. Indignada com o comportamento do marido, fez cópias do material gravado, remetendo uma delas ao patrão da empresa para que o marido trabalhava; a segunda cópia enviou-a aos pais da "outra", com uma carta. Leonoreta agiu dolosamente e com total conhecimento da ilicitude[25].

A Constituição, no artigo 26º, nº 1, dispõe que a todos são reconhecidos os direitos à identidade pessoal, à capacidade civil, à cidadania, ao bom nome e reputação, à imagem, à palavra e à reserva da intimidade da vida privada e familiar. No direito civil releva o conteúdo do artigo 80º do CC.

O termo *privacidade* não se encontra vertido nem na epígrafe nem no corpo do artigo 192º. Na epígrafe remete-se para a *devassa da vida privada*. A parte dispositiva refere-se tanto à devassa da vida privada das pessoas quanto à da sua parcela íntima, a *intimidade*, o que, no plano estrutural, exige desde logo a definição dessas diferentes áreas de tutela, com a consequência mais evidente de não ser punida a divulgação de factos relativos à vida privada ou a doença grave de outra pessoa na

---

[25] Adaptado de um caso da prova escrita de direito e processo penal, *CEJ* 1999.

hipótese do nº 2, quando o facto for praticado como meio adequado para realizar um **interesse público legítimo e relevante**.

A realização de *interesses legítimos* (assim, na forma plural) é pressuposto que no artigo 180º, nº 2, alínea *a*), conduz igualmente à não punibilidade da conduta difamatória se concorrerem os restantes elementos. Os autores, para melhor separação das águas, esforçam-se por acentuar estes e outros contactos entre os crimes de devassa e os crimes contra a honra.

O nº 2 do artigo 192º preocupa-se muito especialmente com a intimidade da vida familiar ou sexual e com a doença grave, que correspondem à área da vida eminentemente pessoal, onde o "sagrado" e o "secreto" se entrecruzam; a proteção justifica-se aí em medida altamente sensível. A **parcela da intimidade** da vida de cada um (esfera do segredo absoluto como setor da liberdade humana inviolável) compreende, segundo o Parecer da PGR nº 121/8,[26] "aqueles atos que, não sendo secretos em si mesmos, devem subtrair-se à curiosidade pública por naturais razões de resguardo e melindre, como os sentimentos e afetos familiares, os costumes da vida e as vulgares práticas quotidianas, a vergonha da pobreza e as renúncias que ela impõe e até, por vezes, o amor da simplicidade, a parecer desconforme com a natureza dos cargos e a elevação das posições sociais. Em suma, tudo: sentimentos, ações e abstenções". Aponta-se[27] "um sentimento natural de pudor que se defende face a estranhos: a esfera sexual, os defeitos e achaques corporais, as crenças e as convicções, bem como as manifestações da individualidade humana que cada um reserva para si: manias, simpatias e antipatias, sejam pessoais ou sociais, politicas ou de outra índole".

1. Os elementos típicos

São fundamentalmente duas as formas como se manifesta a devassa:

- Obtendo informação, com o sujeito a intrometer-se na área reservada do outro, circunstância que a norma exprime com os verbos *intercetar, gravar, registar, utilizar, captar, fotografar, filmar, observar ou escutar às ocultas*.
- Transmitindo ou divulgando a informação obtida em conversa, comunicação telefónica, mensagens de correio eletrónico ou faturação detalhada[28].

---

[26] Parecer da PGR nº 121/80, *BMJ* 309, p. 142.
[27] Pablo Lucas Verdú no *Prólogo* à dissertação de Carlos Ruiz Miguel, La configuración constitucional del derecho a la intimidad, Tecnos, Madrid, 1995.
[28] O artigo 189º, nº 2, do CPP, equipara os registos de realização de conversações ou comunicações ao regime da interceção e gravação de conversações ou comunicações telefónicas, ou qualquer outro meio técnico diferente do telefone, designadamente correio eletrónico.

As ações descritas, adverte Costa Andrade,[29] só são típicas se tiverem como objeto factos, eventos ou dados, concretamente pertinentes à **área de reserva**. "O crime de devassa da vida privada pressupõe (...), em todas as suas modalidades, a lesão efetiva do bem jurídico típico, configurando invariavelmente um **crime de dano**".

Subjetivamente, exige-se a intenção de devassar a vida privada das pessoas, estando a chave da leitura desta passagem normativa no facto de a ação típica estar subordinada à direção da vontade do agente, que é o que lhe confere o seu particular caráter ou especial perigosidade. Segundo as Atas (26, 300), o artigo é caracterizado pela intenção de devassar, a concretizar por algum dos meios que enuncia (dolo específico). Bastará o dolo eventual, não obstante ser crime de *tendência*, no sentido já referido.

2. As causas de justificação

Ganha aqui especial relevo a expressão "sem consentimento" levada ao nº 1 do artigo 192º, que configura a ausência do consentimento/acordo do titular e retira qualquer interferência de um consentimento justificante. Valerão como dirimentes a invocação dum direito de necessidade e sobretudo o exercício de um direito, como se verá a seguir.

Como própria do crime de devassa emerge a regra do nº 2, que prevê a justificação do facto quando for praticado como meio adequado para realizar um *interesse público legítimo e relevante*[30].

Já antes anotámos a relação genética do **direito à privacidade** com o direito à honra e às consequentes confusões entre ambos por de poderem catalogar condutas lesivas do direito à privacidade que ao mesmo tempo afetam negativamente o direito à honra, a par de outras que, não sendo difamatórias, podem em concreto implicar uma gravíssima ameaça à intimidade.

O distinto tratamento jurídico do direito à privacidade/intimidade e do direito à honra é de sublinhar sobretudo nos **conflitos com a liberdade de informação**[31-32].

---

[29] Costa Andrade, *Conimbricense* I, p. 734.

[30] A prossecução (realização) de um *interesse legítimo* encontra-se consagrada no Código unicamente para os crimes contra a honra e para o caso de que agora tratamos, mas é frequentemente assinalado na doutrina estrangeira um interesse na sua generalização a todos os tipos de crime estruturados em função da sua vinculação social (coação, violação de segredo, etc.).

[31] Agora que se aborda o direito de expressão e de informação na relação com aqueles dois outros direitos, aliás constitucionalmente consagrados, dir-se-á, abreviadamente, que o *direito de retificação* representa elemento de forte acentuação das diferenças entre a proteção da honra e da privacidade. A mais do que se diz no texto, convirá aqui lembrar (cf. o artigo 24º da Lei n.º 2/99 de 13 de janeiro) que o **direito de resposta** pode ser exercido por quem tiver sido objeto de referências, ainda que indiretas, que possam afetar a sua reputação e boa fama. Por outro lado, sempre que tenham sido feitas referências de facto inverídicas ou erróneas, há **direito de retificação**. Sendo as devassas de factos em si tendencialmente verdadeiros, não

Já sabemos que a conduta difamatória (mas também a de imputação de factos injuriosos) não é punida quando a imputação for feita para realizar *interesses legítimos*[33] (artigos 180º, nº 2, e 181º, nº 2). Todavia, e *em via de princípio*, esta disciplina não se aplica quando se tratar da imputação de facto relativo à intimidade da vida privada e familiar (artigo 180º, nº 3). Quando se cruzam a honra e o mais íntimo da pessoa, o dano potencia-se e amplifica-se, "tornando unívocas a dignidade penal e a carência de tutela penal das condutas pertinentes" (Costa Andrade).

Dissemos *em via de princípio*, pois é sem prejuízo do disposto nas alíneas *b)*, *c)* e *d)* do nº 2 do artigo 31º, onde se reconhece que **o facto não é punível** se praticado, no exercício de um direito, por exemplo nas relações dos pais com os seus filhos dependentes ou nas relações dos presos com as pessoas que os controlam; no cumprimento de um dever imposto por lei; *ou* por ordem legítima da autoridade ou com o consentimento do titular do interesse jurídico lesado.

Caso nº 11   O ministro *M* bateu-se sempre, publicamente, pela manutenção e reforço dos valores tradicionais da família, não votando a lei sobre interrupção voluntária da gravidez, aprovada pelo seu partido. Sendo ainda ministro, soube-se que *M* manteve uma ligação extraconjugal, oculta, durante alguns anos, com uma secretária pessoal. O ministro,

---

se vê como exercer um desses direitos se a honra do titular não tiver sido simultaneamente prejudicada, ainda que se considere que o direito de resposta e o de retificação podem ser exercidos tanto relativamente a textos como a imagens.

[32] O núcleo essencial do direito à informação refere-se a factos verdadeiros e socialmente relevantes. Com o interesse social da informação é o exercício do direito jurídico constitucional de informar que, no caso concreto, justifica a ofensa da honra, por ex., quando a informação tenha por objeto concorrer com elementos interessando a opinião pública em assuntos de interesse geral. O meio utilizado há de porém ser o adequado ou o razoável, não deve exceder o fim informativo. Sublinha-se igualmente a intenção de informar a verdade. Um tal conceito (de verdade) não tem que traduzir uma verdade absoluta e por inteiro correspondente ao facto histórico narrado, pois o que importa, em definitivo, é que a imprensa, no exercício da sua função pública, não publique imputações que atinjam a honra das pessoas e que saiba inexatas, cuja inexatidão não tenha podido comprovar ou sobre a qual não tenha podido informar-se suficientemente. Bastam as exigências derivadas das *leges artis* dos jornalistas, das suas conceções profissionais sérias para que se possa afirmar a diligência devida no confronto da veracidade das informações. É, neste sentido, uma verdade putativa, que se transforma em "esimente putativa del diritto di cronaca" quando é fruto de um trabalho de investigação sério e diligente dos factos expostos (sentença da Cassazione italiana de 30.6.84). Tratando-se de juízos de valor, de ideias ou opiniões, a margem de liberdade de expressão (associada ao direito de crítica – artística, histórica, literária, etc.) é muito mais ampla que a da informação. Isso acontece especialmente com a crítica política, onde em geral se aceita uma maior liberdade de linguagem. Ainda assim, a forma empregada pode redundar em lesão da honra, proibindo-se também neste caso a injúria formal ou absoluta.

[33] A mais da realização de interesses legítimos, o agente, para que a sua conduta não seja punível, deverá provar a verdade da imputação ou fazer prova da veracidade (artigo 180º, nºs 1 e 2, alíneas *a)* e *b)*).

de resto, ainda há uns meses havia manifestado publicamente a sua absoluta discordância e inadmissibilidade para com comportamentos sexuais fora do casamento[34]. Um jornal relatou esses factos.

Os factos acima, relatados no jornal, encontram-se relacionados com a vida íntima, mas podem, ao mesmo tempo, incidir negativamente sobre a honra. *Prima facie*, ao jornalista estará vedado fazer a prova da verdade de tais factos (nº 3 do artigo 180º). Resta-lhe ainda, contudo, invocar o exercício de um direito (o direito à informação), o que, a acontecer, com êxito, perante o juiz, determinará a exclusão da ilicitude da conduta do jornalista, por aplicação do artigo 32º, nº 2, alínea *b*).

A partir da disciplina dos artigos 180º, nº 3, e 192º, nº 2, conclui-se que a *esfera da intimidade* fica fora do alcance justificativo da prossecução (realização) de *interesses legítimos*. A prossecução (realização) de interesses legítimos só justifica os atos de devassa empreendidos para salvaguardar ou promover interesse público, legítimo e relevante. Uma solução que se afasta do regime consagrado para os crimes contra a honra (artigo 180º s.) em que um interesse *privado* pode figurar também como referente da justificação[35]. Mesmo factos da vida íntima, como uma doença grave, tornam-se objeto legítimo de notícia[36] se tiverem relevo público, não dependendo da prova da verdade ou da veracidade, como vimos ser exigível nos crimes contra a honra para funcionar a cláusula da prossecução (realização) de interesses legítimos: a vida privada das pessoas públicas está, por conseguinte, sujeita ao princípio da ponderação.

Vejamos agora o caso nº 7: terá Leonoreta atuado justificadamente? à sombra dum direito de necessidade? amparada num interesse legítimo? em legítima defesa da sua honra? No caso nº 7 os contactos íntimos do marido de Leonoreta com a amante são matéria reservada e como tal não podem ser filmados ou registados em imagens vídeo, por terceiro, sem consentimento. Fazê-lo corresponde a devassar a vida privada dessas duas pessoas na intimidade da sua vida sexual (artigo 192º, nº 1, alínea *b*)). Como Leonoreta atuou fora de qualquer consentimento, dolosamente e com intenção de devassar, o seu comportamento é ilícito, não lhe correspondendo qualquer causa de justificação. Não se verificam aqui os

---

[34] O exemplo é do Dr. Mouraz Lopes, *Sub judice/ideias* 11, 1996, p. 51, que acrescenta outros pormenores.
[35] Veja-se sobretudo Costa Andrade, *Sobre a reforma*, 454 s; *Conimbricense* I, p. 736 ss; e *Liberdade de imprensa*, p. 268 ss.
[36] Estamos a pensar na imprensa e na aplicação do artigo 38º da Constituição, sempre que se trate da sua **função pública**, onde não cabe nem a calúnia nem o escândalo. Também os **médicos** figuram como destinatários frequentes da prossecução de interesses legítimos, lembra o Prof. Costa Andrade, *Conimbricense* I, p. 740, "nomeadamente quando se trata de justificar a revelação de *doença grave* (artigo 192º, nº 1, alínea *c*)", dando como exemplo a comunicação às autoridades competentes em matéria de tráfego rodoviário que o seu paciente sofre de esclerose cerebral.

pressupostos do direito de necessidade do artigo 34º. Por outro lado, a divulgação desses atos não corresponde, manifestamente, a um interesse público legítimo e relevante (artigo 192º, nºs 1, alínea *d*), e 2).

É aqui que entramos a discutir os pontos de contacto e o que estabelece a diferença entre o direito de necessidade (artigo 34º) e a prossecução de interesses legítimos. E que atentamos em pressupostos da justificação a título de prossecução de interesses legítimos que passam por exigências de idoneidade, proporcionalidade e necessidade. "O *direito de necessidade* obedece a uma intencionalidade *conservadora*, estando preordenado à salvaguarda de um *status quo* ameaçado por um perigo iminente; enquanto isto, a *prossecução de interesses legítimos* está vocacionada para a inovação, *sc.*, para a revelação e realização de valores novos"[37]. A exclusão da ilicitude por realização de interesses legítimos assenta no princípio da ponderação de interesses, que também está subjacente à causa de justificação do direito de necessidade (artigo 34º do C.P.). Isto, no entanto, não impede que a realização de interesses legítimos tenha autonomia face a essa outra causa de justificação[38].

No caso nº 7 a legítima defesa não é configurável por não haver uma agressão a interesses juridicamente protegidos do agente (artigo 32º): a ocorrência de relações sexuais por um dos cônjuges fora do casamento não é correntemente entendida como um atentado à honra do outro cônjuge. Os factos criminosos fogem em geral à área de tutela do artigo 192º, supondo-se que se deixe intocado o princípio da presunção de inocência, mas o adultério, como se sabe, mesmo o adultério em flagrante, deixou de ser um facto penalmente ilícito.

Quais e quantos crimes cometeu Leonoreta? Abstraindo agora de outras possíveis infrações (violação de domicílio, uma vez que a habitação arrendada em nome "dela" é "espaço vedado ao público"), a atuação de Leonoreta integra, sem dúvida, o crime do artigo 192º, nº 1, alíneas *a*), *b*), e *c*). Como a ofensa é de um bem jurídico eminentemente pessoal e são duas as pessoas em causa, o marido e a amante, são dois os crimes cometidos. Além disso, numa segunda resolução criminosa, Leonoreta decidiu divulgar o que antes captara em imagens vídeo (alínea *d*)) e fê-lo intencionalmente, remetendo cassetes com as imagens do marido e da "outra". Não se sabe se as cassetes vieram a ser recebidas pelos seus destinatários, mas Leonoreta terá cometido, pelo menos, mais dois crimes de devassa, eventualmente na forma de tentativa, mas sempre em concurso efetivo. Poderá ainda sustentar-se que os factos (nomeadamente a divulgação feita) podem integrar uma ofensa à honra dos visados (na forma de difamação, artigo 180º), em concurso ideal com o crime de devassa, aplicando-se as penas deste.

---

[37] Cf. Costa Andrade, *Conimbricense* I, p. 738.
[38] Maria da Conceição S. Valdágua, p. 247.

Saber se nesse caso a conduta difamatória de Leonoreta está justificada pela realização de um interesse legítimo que pode ser um interesse do próprio agente (artigo 180º, nº 2) é tarefa que não deve ser excluída. Recorde-se que do âmbito de justificação por realização de interesses legítimos, o que está excluído (artigo 180º, nº 3) são as imputações de factos (ofensivos da honra e consideração de outra pessoa) relativos à intimidade da vida privada e familiar; todavia, a imputação deve ser necessária para a realização do interesse ou interesses legítimos.

V. Crime de devassa por meio de informática: artigo 193º

O tipo de ilícito agora em análise refere-se à criação, manutenção ou utilização por qualquer pessoa de "ficheiro automatizado de dados individualmente identificáveis". O preceito não supõe propriamente uma violação da privacidade ou do segredo, não obstante a sua posição sistemática, mas reforça a interdição do tratamento informático de um conjunto de dados pessoais contra a vontade do respetivo titular. Esse reforço, de âmbito jurídico penal, vem na sequência de preceito constitucional (artigo 35º, nº 3, da Constituição) segundo o qual a informática não pode ser utilizada para tratamento de dados referentes a convicções filosóficas ou políticas, filiação partidária ou sindical, fé religiosa, vida privada e origem étnica, salvo mediante consentimento expresso do titular[39].

A devassa tem unicamente a ver com dados pessoais referentes a

– convicções politicas, religiosas ou filosóficas,
– à filiação partidária e sindical,
– à vida privada ou
– à origem étnica.

O crime é de natureza pública (artigo 198º). A tentativa é punível.

O dolo tem de coincidir com o conhecimento do conteúdo da devassa por parte do agente, mas em traços largos, nas suas linhas gerais, não sendo necessário o exato e preciso conhecimento de que, por ex., se utiliza "ficheiro automatizado de dados individualmente identificáveis". Basta o dolo eventual.

A Convenção Europeia para a Proteção das pessoas relativamente ao tratamento automatizado de dados de caráter pessoal, de 8 de janeiro de 1981, fornece as seguintes definições: a) "Dados de caráter pessoal" significa qualquer informação relativa a uma pessoa singular identificada ou suscetível de identificação

---

[39] O preceito constitucional excetua ainda a autorização prevista por lei com garantias de não discriminação e a hipótese de processamento de dados estatísticos não individualmente identificáveis

("titular dos dados"); b) "Ficheiro automatizado" significa qualquer conjunto de informações objeto de tratamento automatizado; c) "Tratamento automatizado" compreende as seguintes operações, efetuadas, no todo ou em parte, com a ajuda de processos automatizados: registo de dados, aplicação a esses dados de operações lógicas e ou aritméticas, bem como a sua modificação, supressão, extração ou difusão.

De acordo com o artigo 8º da Lei da Proteção de Dados Pessoais (Lei n.º 67/98, de 26 de outubro), a criação e manutenção de registos centrais relativos a pessoas suspeitas de atividades ilícitas, infrações penais, contraordenações e decisões que apliquem penas, medidas de segurança, coimas e sanções acessórias só pode ser mantida por serviços públicos com competência específica prevista na respetiva lei de organização e funcionamento, observando normas procedimentais e de proteção de dados. O tratamento de dados pessoais para fins de investigação policial deve limitar-se ao necessário para a prevenção de um perigo concreto ou repressão de uma infração determinada, para o exercício de competências previstas no respetivo estatuto orgânico ou noutra disposição legal e ainda nos termos de acordo ou convenção internacional de que Portugal seja parte.

Nos artigos 102º da Lei Orgânica dos Tribunais Judiciais e 26º do Decreto-Lei nº 214/88, de 17 de junho, permite-se o acesso à informação por parte dos magistrados judiciais e do Ministério Público no âmbito dos processos judiciais a seu cargo, à informação constante dos ficheiros informáticos de identificação civil e criminal, do Registo Nacional de Pessoas Coletivas, do registo automóvel, da polícia judiciária, do sistema penitenciário e outros que venham a ser constituídos desde que a natureza destes e as suas finalidades não se mostrem incompatíveis com tal acesso.

VI. Crime de violação de correspondência ou de telecomunicações: artigo 194º

O preceito protege um elementar direito da personalidade que tem a ver com a confiança nas comunicações. Dirige-se tanto aos particulares como aos funcionários públicos. Ao "funcionário de serviços de correios, telégrafos, telefones ou telecomunicações que, sem estar devidamente autorizado", tiver alguma das condutas das alíneas *a*) a *e*) do artigo 384º, aplica-se este ilícito, cometido no exercício de funções públicas.

No nº 1, a primeira variante da atuação esgota-se no ato de "abrir" sem consentimento, mesmo que o agente não tome conhecimento do conteúdo, o crime fica consumado. O comportamento consiste em inutilizar ou rasgar o envelope ou o papel ou material envolvente. A **encomenda**, **carta** ou **qualquer outro escrito** só são penalmente protegidos quando não sejam dirigidos ao agente, sendo decisivo o que consta do endereço. Podem ocorrer algumas dificuldades quando o destinatário não é uma pessoa física e o escrito, ainda que contendo matéria reservada, não traz a menção de "pessoal". Mas é indiferente quanto a tratar-se dum envio postal ou por mensageiro privado, como também nada se exige no preceito quanto ao conteúdo da carta, encomenda ou escrito fechado, não interessando minimamente saber se tal conteúdo configura matéria sigilosa ou não. O preceito português, ao contrário do suíço, não refere qualquer intenção determinada, mas a expressão legal só pode ser finalisticamente entendida. A atuação supõe, portanto, que o agente "abre" encomenda, carta ou qualquer outro escrito, para tomar conhecimento do seu conteúdo. Faltando esta intenção, a atuação do agente, ainda que levada a efeito sem consentimento, não é punível. A segunda variante típica exige que o agente tome conhecimento do conteúdo, mas com a limitação própria de quem o consegue "por processos técnicos", o que supõe um dolo assim perspetivado. Se alguém intenta ler uma carta à transparência não comete este crime. É igualmente punível o ato de impedir, por qualquer modo, que a carta, a encomenda ou o escrito fechado seja recebido pelo destinatário. As comunicações por telefax não são recebidas fechadas, sendo possível tomar conhecimento do respetivo conteúdo sem proceder a uma qualquer abertura, pelo que não entram na norma incriminadora. Também por isso não será punível o ato de impedir que o destinatário o receba. Vale o mesmo para as comunicações *e-mail*, que não estão protegidas por este nº 1, mas podem ser consideradas no nº 2.

No nº 2, pune-se quem, sem consentimento, se intrometer no conteúdo de telecomunicações ou dele tomar conhecimento. Trata-se da apreensão em tempo real do conteúdo de uma comunicação em curso, mas reservada. O caso mais vulgar será o da interceção telefónica consistente na captação de comunicações que se desenvolvem entre terceiros, realizada de modo a não impedir que a mesma prossiga e sem que os interlocutores, ou pelo menos algum deles, se deem conta da diligência. As linhas telefónicas, de acordo com as modernas tecnologias, permitem a transmissão das comunicações com a conversão (codificação) de sons em forma de "fluxo" contínuo de cifras e sinais, transportados ao outro extremo, onde são descodificados. A intromissão faz-se em segredo, no decorrer da própria conversação, o que pode acontecer também com os *e-mail*, transmitidos de computador a computador, desde que ligados pela *internet*, ou de computador aos aparelhos celulares, ou vice-versa[40].

---

[40] Os modernos telefones móveis atuam ou pelo sistema celular (transmissão efetuada à superfície) ou por satélite. Como é sabido, estão a desenvolver-se técnicas sofisticadas que asseguram não só uma excelente qualidade de receção, mas também a possibilidade de se aceder aos dados *on line*, e que permitem, além disso, enviar e receber mensagens vídeo e áudio. Sobre a tecnologia *Voice Over IP*, que permite efetuar conversações idênticas às telefónicas pela *Internet*, cf. Pedro Verdelho, "A obtenção de prova no ambiente

O nº 3 prevê a divulgação (portanto, o ato de espalhar, comunicando ou transmitindo) do conteúdo de cartas, encomendas, escritos fechados ou telecomunicações a que se referem os números anteriores, mas não a sua utilização, a que também se estende o preceito suíço. Só se pode divulgar aquilo que se conhece. Não estando em causa o modo como esse conhecimento foi adquirido, a sua divulgação só será ilícita se tal conhecimento tiver origem em qualquer atuação descrita nos nºˢ 1 e 2 do preceito. Se numa empresa com grande volume de correspondência uma empregada abre inadvertidamente uma carta particular e uma outra vem a tomar conhecimento do seu conteúdo e dolosamente o divulga, parece que esta atuação não fica abrangida pela norma. Na Suíça entende-se que o conteúdo da encomenda, carta ou outro escrito que se divulga "Geheimnisse sein müssen", deve constituir um segredo, doutra maneira não se compreenderia porque deveria a divulgação ser proibida. E na verdade, não se imagina justificação para punir aquele que divulga o conteúdo de um *fax* recebido por outrem a mencionar quem marcou o último golo do clube da sua preferência[41].

VII. Crime de violação de segredo: artigo 195º

A palavra "segredo" aparece no século quinze, vinda do latim *secretus*, particípio passado do verbo irregular *secerno*, que significa separar, pôr à parte. *Secerno* é composto do verbo *cerno*, peneirar, passar pelo crivo, e do prefixo *se*, que indica a separação. De *cerno* derivam *discerno*, que deu discernir (tanto o cinzento do preto como o verdadeiro do falso ou o bem do mal), *excerno*, de onde provém excremento, e *secerno*, que em francês deu secreção e segredo. A. Lévy concluiu que "na origem da palavra segredo há algo da operação de joeirar o grão, cujo fim é separar o comestível do não-comestível, o bom do mau. O elemento separador é um buraco, um orifício cuja função é deixar passar ou reter, em função da conformidade ou da não-conformidade do objeto ao orifício. Joeirar constituiria portanto "uma representação metafórica da função anal". O segredo, definido como um saber escondido a outrem, comportaria – sempre segundo o mesmo

---

digital", na *RMP* 2004, nº 99, p. 124. O *Skype* permite a comunicação, tanto de computador a computador como deste para um telefone. O contacto com os conceitos e os elementos que compõem os sistemas de mensagens eletrónicas ou *e-mail* (*electronic mail*) pode iniciar-se com Christopher Hanotte, *Les messageries électroniques* (*systèmes et techniques*), "Que sais-je?", Puf, 1998.

[41] O artigo 179 do Código penal suíço refere-se também a encomenda ou qualquer escrito fechado ("verschlossene Schrift oder Sendung"; "pli ou colis fermé"), de forma a incorporar cartas e documentos de qualquer natureza, incluindo telegramas e, por exemplo, fotografias, desde que se encontrem fechadas. A maneira de fechar, com cola, fio, etc., deve ser suficiente para impedir que o conteúdo da encomenda chegue ilegitimamente ao conhecimento de terceiro. Ficam excluídos a correspondência ou os escritos que, depois de abertos, se colocaram *dentro* da gaveta dum móvel.

autor, três semas orientadores: o saber (que pode incluir elementos de psiquismo – pensamentos, desejos, sentimentos –, elementos de comportamento – intriga, receita de fabricação –, objetos materiais tais como gaveta, porta, escada, etc.); a dissimulação desse saber (recusa da comunicação, não dito, silêncio, mentira); a relação com o *outro*, organizada a partir dessa dissimulação (o que pode gerar uma função de poder sobre o outro: exército secreto, associação secreta, agente secreto, *dossier* secreto, etc.)[42].

A tutela jurídico-penal do **segredo** está dirigida a interesses variados. Para além da "violação de segredo" (artigo 195º) e do "aproveitamento indevido de segredo" (artigo 196º), que se justificam pela quebra duma relação de confiança, o Código Penal prevê a "violação de segredo de Estado" (artigo 316º), a "violação do segredo de escrutínio" (artigo 342º), a "violação do segredo de justiça" (artigo 371º) e a "violação de segredo" no âmbito dos crimes cometidos no exercício de funções públicas (artigos 383º e 384º), em que estão em causa interesses supraindividuais. O artigo 33º, nº 1, do Código de Justiça Militar pune a violação de segredo de Estado por aquele que, pondo em perigo interesses militares do Estado Português relativos à independência nacional, à unidade e à integridade do Estado ou à sua segurança interna e externa, transmitir, tornar público ou revelar a pessoa não autorizada facto ou documento, plano ou objeto, que devam, em nome daqueles interesses, manter-se secretos.

Quanto ao **segredo profissional**, no artigo 135º do CPP individualizam-se cinco categorias profissionais: os ministros de religião ou confissão religiosa, os advogados, os médicos, os jornalistas, os membros de instituições de crédito, acrescentando-se "as demais pessoas a quem a lei permitir ou impuser que guardem segredo profissional podem escusar-se a depor sobre os factos abrangidos por aquele segredo"[43].

A disciplina jurídica do **segredo bancário**[44] tem também pontos de contacto com esta matéria. As entidades financeiras estão sujeitas ao dever de sigilo, em

---

[42] Gérard Vincent, "Uma história do segredo?", *História da vida privada*, vol. 5, 1991, p. 155.
[43] Sobre este ponto, cf. o acórdão da Relação de Lisboa de 4 de dezembro de 1996 *CJ* 1996, tomo V, p. 152; e João Luís Rodrigues Gonçalves, "Segredo Profissional, algumas considerações sobre o segredo médico e segredo profissional de advogado", *RMP*, nº 76 (1998). Cf. ainda Helena Moniz, "Segredo Médico. Acórdão da Relação de Coimbra de 5 de julho de 2000 e Acórdão da Relação do Porto de 20 de setembro de 2000", *RPCC* 10 (2000), p. 629; Peter Hünerfeld, "Esfera privada e segredo", *RPCC* 14 (2004), p. 197; Cunha Rodrigues, "Sobre o segredo médico", *Lugares do Direito*, Coimbra Editora, 1999; e J. Pinto da Costa, *Ao sabor do tempo, crónicas médico-legais*, vol. I, IMLP, 2000, p. 179.
[44] Sobre o regime de acesso da administração fiscal às informações e documentos bancários: Jorge Patrício Paúl, *Revista da Banca*, nº 58 (2004). Cf. ainda J. L. Saldanha Sanches, "Segredo bancário, segredo fiscal: uma perspetiva funcional", in *Medidas de combate à criminalidade organizada e económico-financeira*, CEJ, Coimbra Editora, 2004. Veja-se agora a Lei n.º 94/2009, de 1 de setembro, que aprova medidas de derrogação do sigilo bancário.

especial no que se refere aos "nomes dos clientes, contas de depósito e seus movimentos e outras operações bancárias", de harmonia com os artigos 78º e 195º do Regime Geral das Instituições de Crédito e Sociedades Financeiras, aprovado pelo Decreto-Lei nº 298/92, de 31 de dezembro. Segundo o artigo 84º deste mesmo diploma, a violação do dever de segredo é punível nos termos do Código Penal, o que naturalmente remete para a incriminação do artigo 195º quanto à revelação de segredo. A violação do dever de sigilo bancário pode igualmente integrar ilícito contraordenacional, nos termos do artigo 210º, alínea *i*) do Regulamento Geral indicado, além da responsabilidade civil extracontratual que comporte.

VIII. Crime de aproveitamento indevido de segredo: artigo 196º

É o aproveitamento (e já não a violação) de segredo relativo às atividade comercial, industrial, profissional ou artística alheia, de que o agente tenha tomado conhecimento em razão do seu estado, ofício, emprego, profissão ou arte. Exige-se a prova de um prejuízo a outra pessoa ou ao Estado, sendo por isso crime de resultado. O preceito anterior, de violação se segredo, é, pelo contrário, de mera atividade.

IX. Crimes contra outros bens jurídicos pessoais

Há agora um capítulo *dos crimes contra outros bens jurídicos pessoais*, o qual foi "pensado para dar expressão positivada e guarida sistemática a novas manifestações de liberdade ou dimensões da pessoa que o processo histórico civilizacional vai decantando e convertendo em autónomos bens jurídicos, merecedores e carecidos de tutela penal" (Figueiredo Dias).

1. Crime de gravações e fotografias ilícitas

Protege-se o **direito à palavra** e o **direito à imagem** independentemente da sua valência direta do ponto de vista da privacidade. Aliás, o legislador constitucional reconheceu e sancionou um autónomo direito à palavra e à imagem (artigo 26º, nº 1, da Constituição da República).

Foi o aparecimento e a divulgação de instrumentos de captação e registo da imagem e da palavra – com o seu potencial de devassa, reificação e manipulação – que levaram alguns legisladores à incriminação autónoma das *gravações* e *fotografias* ilícitas. E, por vias disso, fizeram emergir a *palavra* e a *imagem* como novos bens jurídico-penais, a proteger independentemente de atentado à intimidade e mesmo à privacidade[45].

O **bem jurídico protegido** com a incriminação das gravações ilícita é a *confidencialidade* da palavra falada.

Define-se a infração como crime de perigo abstrato e de indiscrição que, "acima de tudo, pretende garantir ao autor da palavra o controlo sobre as pessoas a quem ela há de poder chegar" (Costa Andrade). Decisivo será então o conceito de intromissão na esfera íntima, o momento de devassa. Assim, no § 120 do öst. StGB, pune-se quem ilegitimamente utilizar um gravador ou um aparelho de escuta (ein Tonbandgerät oder ein Mikrophon) para gravar ou escutar uma conversa de outrem. Exige-se porém a intenção específica de o agente, para seu conhecimento ou de terceiro, conseguir captar o conteúdo de uma conversa que não lhe é destinada nem se destina a ser tornada pública. Quem grava uma conversa em que ele próprio toma parte não será autor deste crime, porquanto se lhe destinava o que o interlocutor dissera[46].

Segundo outros, o bem jurídico protegido é o *direito à palavra falada*, independentemente do seu conteúdo. É o direito que assiste a todo o homem – e só a ele – de decidir quem pode gravar a sua voz bem como, e uma vez registada num gravador, se e perante quem a sua voz pode ser, de novo, ouvida. Fala-se na *confiança na volatilidade* da palavra, bem como da proteção da conexão das palavras entre si e com a respetiva atmosfera (lugar, tempo e demais circunstâncias da expressão).

No âmbito do § 201 do StGB sustenta-se que na "palavra falada", entendida como bem jurídico protegido, para além das ideias próprias de quem fala, se inclui também a recitação de um texto alheio, como no caso do ator que lê uma poesia, ou de alguém que fala do tempo, porquanto o conteúdo do ilícito se esgota e consuma na simples gravação ou audição não consentidas, "na redução arbitrária da palavra a coisa"[47].

O Código penal suíço distingue a violação da confidencialidade da palavra ("Verletzung der Vertraulichkeit des Wortes") conforme a gravação das palavras proferidas por outra pessoa é feita por quem participa, ou não participa, na conversa. A direção de proteção dos dois preceitos é por isso diferente, já que num caso é um "insider" que aproveita ilegitimamente a possibilidade de transportar a gravação para fora do círculo a que respeita, no outro, é quem está fora que se intromete na esfera privada alheia.

O artigo 199º, com manifestos intuitos de simplificação, aliás bem sucedida, não faz essa distinção, engloba as duas hipóteses no respetivo nº 1, punindo quem

---

[45] Costa Andrade, *Sobre a reforma*, p. 444.
[46] Bertel/Schwaighofer, *Österreichisches Strafrecht*, BT I, 3ª ed., 1993, p. 140.
[47] Cf. C. Andrade, p. 467; Blei, p. 115.

sem consentimento gravar palavras proferidas por outra pessoa e não destinadas ao público, mesmo que lhe sejam dirigidas (alínea *a*)). Uma simplificação semelhante foi conseguida com a variante típica da alínea *b*), referida a quem utilizar ou permitir que se utilizem as gravações referidas na alínea anterior, mesmo que licitamente produzidas.

O artigo 199º não contém quaisquer exigências objetivas ou subjetivas recondutíveis à ideia de intenção de devassa. Na sistemática do Código ganhou autonomia relativamente às formulações contíguas da devassa da vida privada de tal forma que, mesmo na variante típica da "utilização da gravação" "não se postula qualquer atentado à *confidencialidade da palavra*", "o preenchimento da factualidade típica pode dar-se através da *audição não consentida*, sem mais"[48]. Não há aí nenhuma conotação com a reserva da vida privada, da intimidade ou do segredo, *stricto sensu*.

"Enquanto bem jurídico tipicamente protegido pelo artigo [199º], pode representar-se o direito à palavra como o direito à *transitoriedade da palavra falada*: a pretensão de que a palavra seja, por princípio, apenas ouvida no momento e no contexto em que é proferida". Este direito à própria palavra "tem uma *dimensão negativa* – a determinação das pessoas não autorizadas a gravar ou ouvir as gravações – particularmente óbvia". Trata-se de impedir que, através da gravação, a palavra possa ser posteriormente "invocada contra o autor, fora do contexto e significado originários, abrindo-se deste modo a porta ao que Suppert apode de "falsificação da imagem da personalidade". "Uma contrafação da personalidade cuja especial perfídia reside precisamente no facto de a reprodução das palavras produzir a impressão invencível da *autenticidade* daquela versão acústica da imagem da personalidade". "Trata-se ainda de preservar o que Eduardo Correia define como a *confiança nas relações sociais*"[49].

Para a questão de saber se as palavras proferidas por outra pessoa são ou "não destinadas ao público" procura-se geralmente determinar a vontade do falante e se as palavras se dirigem a um círculo de indivíduos ligados entre si por relações pessoais ou de outra natureza. Se no intervalo dum julgamento um dos intervenientes discute uma questão com os seus familiares e advogados e não se apercebe de que nas suas costas se encontra alguém que nenhuma relação tem com o grupo, é uma situação em que este não pode invocar que a conversa "se destinava ao público", não obstante tratar-se de um local público. Para a determinação da natureza das conversas não tem interesse o local, ou se se trata de afirmações privadas ou de serviço, nem isso depende do número dos intervenientes. Mesmo um grande ajuntamento fica fora de questão se houve o cuidado de

---

[48] Costa Andrade, p. 471.
[49] Costa Andrade, p. 473 e ss.

deixar entrar apenas os empresários convidados ou os membros da direção de um partido convocados. Podem surgir dúvidas se a publicidade existe de facto mas não é querida nem por quem fala nem por quem ouve, como quando um casal discute na escadaria do prédio.

As palavras proferidas podem ser gravadas por meio de qualquer aparelho tecnicamente utilizável, por exemplo, o microfone direcional ou a derivação telefónica, necessário é que a gravação seja direta, pois a lei não refere as cópias de gravações.

No que respeita ao lado subjetivo, só se pune a forma dolosa da infração. O agente deve especialmente estar consciente de que as palavras gravadas não são destinadas ao público.

Problema muito discutido entre os juristas é o da gravação de conversas em casos de extorsão, coação ou injúrias[50].

2. Omissão de auxílio, omissão pura: artigo 200º

O Código contém uma série de tipos onde se prevê a punição de quem omite uma determinada ação, por ex., os artigos 200º (omissão de auxílio), 245º (omissão de denúncia), 249º, nº 1, alínea c) (recusa de entrega de menor), 284º (recusa de médico), 369º (denegação de justiça), 381º (recusa de cooperação). O mais conhecido e mais frequentemente aplicado é o do artigo 200º: 1. Quem, em caso de grave necessidade, nomeadamente provocada por desastre, acidente, calamidade pública ou situação de perigo comum, que ponha em perigo a vida, a integridade física ou a liberdade de outra pessoa, deixar de lhe prestar o auxílio necessário ao afastamento do perigo, seja por acção pessoal, seja promovendo o socorro, é punido com pena de prisão até um ano ou com pena de multa até 120 dias. 2. Se a situação referida no número anterior tiver sido criada por aquele que omite o auxílio devido, o omitente é punido com pena de prisão até dois anos ou com pena de multa até 240 dias. 3. A omissão de auxílio não é punível quando se verificar grave risco para a vida ou a integridade física do omitente ou quando, por outro motivo relevante, o auxílio lhe não for exigível.

A proibição penal de matar, de furtar, de violar ou de sequestrar exige unicamente do agente que omita certas ações, que, abstendo-se de matar alguém, de furtar, de violar, etc., deixe intocada a situação existente através da qual se protege a vida, a propriedade e a liberdade das pessoas. Pelo contrário, a punição das omissões, ao criar um dever de agir em favor do próximo, significa um impulso para melhorar as relações sociais. Um direito penal que sanciona omissões próprias e impróprias pune quem não corresponde aos apelos e às expetativas

[50] Cf. Krey, p. 205.

de solidariedade dos outros membros da sociedade. A punição por "omissão de auxílio" deve ser entendida unicamente no sentido de que cada um deve preocupar-se com os outros, mesmo com os anónimos, em caso de grave e iminente perigo para essas pessoas. A questão do bem jurídico protegido tem pois a ver com a solidariedade humana, ainda que o seu lugar sistemático aproxime o preceito das "gravações e fotografias ilícitas" e da "subtração às garantias do Estado de direito Português", que o Código alinha no capítulo dos crimes contra *outros* bens jurídicos pessoais. Consagrando-se um dever de solidariedade social, espera-se que o seu destinatário, enquanto membro da sociedade, se manifeste responsavelmente para com os outros, exigindo-se-lhe uma certa disponibilidade para ajudar. Objeto da tutela são efetivamente a vida, a integridade física ou a liberdade de outra pessoa. Não se incluem no artigo 200º, com referência ao perigo que justifica a prestação do auxílio, os bens patrimoniais alheios de valor elevado, como se faz, por ex., no artigo 272º, nº 1. Trata-se de um crime de omissão pura e de perigo concreto, sendo seu pressuposto típico a concretização dum perigo (caso que "ponha em perigo" a vida, etc.).

O dever de auxílio obriga qualquer pessoa. A norma começa com o "Quem" *anónimo* dos crimes comuns e isso o distingue do dever de garante que no artigo 10º, nº 2, recai *pessoalmente* sobre o omitente. A situação típica que desencadeia um dever de auxílio é um caso de grave necessidade (aferido *ex ante* o perigo para o bem jurídico). A grave necessidade significa uma situação, por ex., de desastre ou acidente, com risco iminente de lesão relevante para a vida, a integridade física ou a liberdade de alguém. Discute-se, no entanto, quais são esses perigos para a vida ou para a integridade física. Uma doença ou uma gravidez só serão de atender quando justamente se envolvam em caso de grave necessidade, isto é, quando estejam sob a ameaça de perigo iminente para a vida ou a integridade física. A norma porém atende à liberdade pessoal nas suas diversas manifestações, incluindo a liberdade e a autodeterminação sexual. Um desastre, um acidente, etc., pode ser provocado dolosamente, pode mesmo tratar-se de um ilícito típico. E pode ter sido originado inclusivamente pela própria vítima, a qual, mesmo assim, não perde a proteção que a norma lhe confere. Discute-se, no entanto, a questão da tentativa de suicídio, que terá que se apresentar como um caso de grave necessidade e que pode conduzir a situações de inexigibilidade em face da atitude de quem se encontra disposto a morrer a todo o custo. Veja-se, a propósito, o artigo 154º, nº 3, alínea *b*). A situação de perigo comum significa a possibilidade de lesão para um grande número de pessoas, a situação de calamidade pública é, por ex., a de um período de fome generalizada.

A conduta que a lei descreve como ilícita é a não prestação (omissão) do auxílio necessário ao afastamento do perigo. O auxílio é o *necessário* ao afastamento do perigo e o critério ou juízo da necessidade é o do observador avisado. Uma boa parte da doutrina entende que a prestação do auxílio já não é necessária se, por ex., a vítima entretanto morreu; e que o dever cessa naqueles casos em que a vítima é socorrida por outros meios. Outros recorrem à figura da tentativa inidónea, que no caso, atenta a medida da pena, não chegaria a ser punível (artigo 23º, nºs 1 e 3). Mas não tem sido esse o entendimento dos nossos tribunais. O acórdão do STJ de 10 de Fevereiro de 1999, *CJ* 1999, tomo 1, p. 207, entendeu que comete o crime de omissão de auxílio do artigo 200º, nºs 1 e 2, do CP, o condutor que se afasta do local do acidente sem providenciar socorro à vítima – apesar de haver aí pessoas, uma delas haver mesmo chamado uma ambulância –, e ter regressado mais de 10 minutos depois, já que ele, como causador do acidente, continua obrigado a comportamento positivo no sentido da prestação de auxílio.

O auxílio deve ser prestado em tempo oportuno, mas a correspondente atuação não tem que ser pessoal, basta que o obrigado promova o socorro, por ex., chamando um médico, o 112, etc. Se a prestação de auxílio logra êxito ou não – é irrelevante, a lei apenas exige que se preste o auxílio *necessário*. Aliás, tudo depende das circunstâncias, inclusivamente, das capacidades pessoais de quem tem o dever de agir.

Não podem ser ignoradas as limitações derivadas da própria capacidade de agir. Trata-se aqui da capacidade física de executar uma determinada ação. Não se omite o auxílio com um barco a uma pessoa que se afoga se não existe barco [51]; ou, no exemplo de Wessels, quem passeia em Bona não omite o salvamento de pessoas que caíram ao Reno em Colónia. De quem não é médico só se podem esperar os "primeiros socorros", e mesmo o socorro de um médico pode estar limitado se ele não dispuser dos instrumentos e dos medicamentos necessários. Como pressuposto do auxílio, está, pois, a possibilidade fáctica de o prestar. Aliás, a correspondente omissão não é punível quando se verificar o grave risco a que se alude no nº 3 do artigo 200º. Não omite o auxílio quem não puder ajudar, por exemplo, sem pôr a sua vida em risco, porque isso não lhe é razoavelmente de exigir. Também é assim no artigo 128 do Código Penal suíço (no texto italiano): Chiunque omette di prestare soccorso a una persona da lui ferita o in imminente pericolo di morte, *ancorché, secondo le circostanze, lo si potesse da lui ragionevolmente esigere* (...).

O crime é unicamente doloso e o omitente deve saber, não só que se está perante uma situação de grave necessidade, como deve conhecer os restantes factores típicos, nomeadamente que a prestação do auxílio é necessária e lhe é exigível. Aquele que nada faz por supor, erradamente, que a vítima está morta, pode ficar impune por aplicação do artigo 16º, nºs 1 e 3. O crime estará consumado logo que o agente manifeste de forma perceptível a sua resolução de não prestar o auxílio.

---

[51] Stratenwerth, *AT*, p. 278 e ss.

Outra questão prática está no contacto destas matérias com as situações de conflito de deveres (artigo 36º, nº 1), por ex., dum médico que é chamado para tratar um seu cliente que saiu ligeiramente ferido dum acidente e que se recusa a dar prioridade ao outro sinistrado cuja vida manifestamente corre perigo. Atender-se-á, no entanto, a que a recusa de auxílio da profissão de médico está prevista, como crime específico, no artigo 284º.

No nº 2 do artigo 200º prevê-se a forma agravada de cometimento do crime por aquele que tiver criado a situação de grave necessidade (ingerência), por ex., atuando em excesso de legítima defesa.

Existem pontos de contacto com as omissões impuras (artigo 10º). Registando--se uma anterior intervenção geradora de perigos o sujeito é obrigado, como garante, a impedir a produção do correspondente dano. Quem cria o perigo tem o dever de impedir que este venha a converter-se em dano. Isso vale, muito especialmente, para os casos em que alguém, com a sua conduta, pôs a vida de outrem em perigo. Ainda assim, há quem tome posição contra, quem seja anti--ingerência ([52]). A tendência é, aliás, para lhe introduzir limitações. Desde logo, porque a **ingerência lícita** não é de molde a fundar um dever de impedir um resultado. Não bastará que o perigo seja adequado, mas é ainda necessário que ele tenha sido *ilícita* ou *inadmissivelmente* criado. Sendo assim, o automobilista não estaria investido na posição de garante de evitar o resultado letal se ele não tivesse produzido ilicitamente o acidente e ainda que este constituísse causa adequada da morte – isto sem prejuízo da punibilidade pelo artigo 200º.

X. Indicações de leitura

Código Civil – artigo 80º: 1. Todos devem guardar reserva quanto à intimidade da vida privada de outrem. 2. A extensão da reserva é definida conforme a natureza do caso e a condição das pessoas.

J. J. Gomes Canotilho/Jónatas E. M. Machado, "Reality shows", p. 57: "O direito à privacidade deve centrar-se na proteção das decisões individuais em matéria de privacidade e não na promoção de uma determinada conceção acerca deste bem".

Lei n.º 109/2009, de 15 de setembro, que aprova a Lei do Cibercrime (ataques contra sistemas de informação), Revoga a Lei n.º 109/91, de 17 de agosto. Segundo o respetivo artigo 30º, o tratamento de dados pessoais ao abrigo da presente lei efetua-se de acordo com o disposto na Lei n.º 67/98, de 26 de outubro.

---

[52] Cf., com ampla informação, Hillenkamp, *AT- 32 Probleme*, p. 228.

Lei nº 67/98, de 26 de outubro e Diretiva nº 95/46/CE, de 24 de outubro: proteção de dados médicos e genéticos.

Lei nº 41/2004, de 18 de agosto, relativa ao tratamento de dados pessoais e à proteção da privacidade no setor das comunicações eletrónicas, com exceção do seu artigo 13.º, referente a comunicações não solicitadas. Revogou a Lei nº 69/98, de 28 de outubro.

Acórdão da Relação de Coimbra de 22 de janeiro de 2003, *CJ* 2003, tomo I, p. 40: a vigilância da atividade de tráfico de estupefacientes desenvolvida ao ar livre, em pleno parque público, pode ser registada em imagem, não consistindo em intromissão da vida privada nem estando dependente de prévia autorização do juiz.

Acórdão da Relação de Coimbra de 27 de junho de 2001, *CJ*, ano XXVI (2001), tomo III, p. 58: arguido que tendo filmado cenas das práticas sexuais que manteve com a ofendida lhe exige a entrega de dinheiro sob pena de as fotografias serem divulgadas.

Acórdão da Relação de Coimbra de 5 de julho de 2000, *CJ*, ano XXV (2000), tomo 4, p. 43: segredo médico; situações de conflito; ponderação de valores.

Acórdão da Relação de Lisboa de 28 de novembro de 2001, *CJ*, ano XXVI (2001), tomo V, p. 138: fotografias do queixoso em local público, mostrando-se e salientando-se ele, exuberantemente, perante todas as pessoas presentes.

Acórdão da Relação de Lisboa de 24 de abril de 2007 *CJ* 2007, tomo I, p. 136: o crime de devassa da vida privada dos artigos 192º e 197º apenas pune a conduta que revelar doença grave verídica de outrem. A divulgação de doença falsa e inexistente não é punível por tal normativo legal.

Acórdão do STJ de 2 de maio de 2002, proc. nº 0000239. Não integra a prática de crime de devassa da vida privada a divulgação numa revista de que uma conhecida atriz da televisão e cinema, achando-se grávida, se submetera ao exame de amniocentese, tendo-se previamente disfarçado a fim de não ser reconhecida pelos demais circunstantes.

Acórdão da Relação do Porto de 31 de maio de 2006, proc. nº 0111584: o patrão que no local de trabalho dos seus empregados instala um sistema eletrónico que permite saber as vezes que cada empregado se desloca à casa de banho, as horas a que o faz e o tempo que aí demora não preenche o elemento objetivo do crime de **devassa por meio de informática**.

Acórdão do STJ de 6 de novembro de 1996, *CJ*, ano IV (1996), tomo 3, p. 187: crime de ofensa à intimidade, crime de gravações ilícitas; cassete vídeo, com gravações da vida sexual dum casal, indevidamente obtida.

Acórdão do *TC* de 7 de maio de 1997, *BMJ* 467 p. 107: criação e disciplina de registos informáticos; utilização da informática; proteção dos dados pessoais informatizados; reserva da vida privada.

Acórdão do *TC* nº 241/2002. Internet, história. Tecnologias da informação. Telecomunicações. Confidencialidade das telecomunicações; sigilo das telecomunicações. Dever de cooperação para a descoberta da verdade (artigo 519º do Código de Processo Civil). Esfera da vida pessoal dos cidadãos. Garantia da inviolabilidade das telecomunicações.

Acórdão do *TC* nº 254/99: direitos ao acesso à informação administrativa; direitos ao segredo comercial ou industrial, de autor ou de propriedade industrial e o interesse no respeito das regras de leal concorrência.

Acórdão do *TC* nº 255/2002. Permissão de utilização de equipamentos eletrónicos de vigilância e controlo por parte de entidades que prestem serviços de segurança privada. Questões de índole constitucional que a videovigilância pode suscitar.

Acórdão do *TC* nº 368/2002, Revista do Ministério Público, ano 23 (2002), nº 92, p. 117: restrições relevantes ao núcleo essencial do direito à reserva da intimidade da vida privada; exames obrigatórios; informações e elementos atinentes ao estado de saúde de quem pretende ser ou é trabalhador de certas empresas.

Acórdão do *TC* nº 407/97: interceção ou gravação de comunicações telefónicas; acompanhamento pelo juiz das escutas realizadas; proibições de prova; tutela da vida privada e do sigilo nas telecomunicações.

Acórdão do *TC* nº 207/2003: permissão de utilização de equipamentos de vigilância eletrónica nas salas de jogo. Restrição do direito de reserva da intimidade da vida privada. Artigo 26º, nº 1, da Constituição.

Acórdão do *TC* nº 607/2003: sobre a noção de reserva da intimidade da vida privada.

Tribunale di Roma, sentenza 13 novembre 1985, Il Foro Italiano, 1986, Parte II-35, p. 497.

Amadeu Guerra, Privacidade e tratamento automatizado de dados pessoais no setor bancário, Revista da Banca, 32 (1994), p. 73.

Ana Mercedes da Silva Claro Oubiña, As telecomunicações, a vida privada e o direito penal, Manuel da Costa Andrade e Rita Castanheira Neves, Direito Penal hoje, Coimbra, 2009.

Bernard Beignier, Le Droit de la Personalité, Que-sais-je?, PUF, 1992.

Bruna Elisabete Madureira, Violação de segredo de justiça por jornalistas, Manuel da Costa Andrade e Rita Castanheira Neves, Direito Penal hoje, Coimbra, 2009.

Carla Amado Gomes, O direito à privacidade do consumidor. A propósito da Lei 6/99, de 27 de janeiro, Revista do Ministério Público, ano 20 (1999), nº 77.

Carlos Ruiz Miguel, La configuración constitucional del derecho a la intimidad, Tecnos, Madrid, 1995.

Cunha Rodrigues, Perspetiva jurídica da intimidade da pessoa, "JL" Jornal de Letras, Artes e Ideias, ano XIV, nº 613, de 13 de abril de 1994; e Lugares do Direito, Coimbra Editora, 1999.

Dieter Meurer, Wahrnehmung berechtigter Interessen und Meinungsfreiheit, Festschrift für H. J. Hirsch, 1999, p. 651.

Günter Stratenwerth, Schweizerisches Strafrecht, BT I, 4ª ed., 1993.

H. Blei, Strafrecht II, BT, 12ª ed., 1983.

Helena Carvalhão Buescu, A casa e a encenação do mundo: Os Fidalgos da Casa Mourisca de Júlio Dinis, "Chiaroscuro. Modernidade e Literatura", Campo das Letras, 2001.

Helena Moniz, Notas sobre a proteção de dados pessoais perante a informática. (O caso especial dos dados pessoais relativos à saúde), RPCC, ano 7 (1997), p. 231.

Helena Moniz, Privacidade e comunicação intrafamiliar de informação genética, RPCC 14 (2004), p. 213.

Helena Moniz, Segredo Médico. Acórdão da Relação de Coimbra de 5 de julho de 2000 e Acórdão da Relação do Porto de 20 de setembro de 2000, RPCC 10 (2000).

Hugo de Matos Tavares, A tutela penal do direito à imagem, Manuel da Costa Andrade e Rita Castanheira Neves, Direito Penal hoje, Coimbra, 2009.

Isabel Reis Garcia, Do direito da informática a um anteprojeto de Lei de proteção de dados pessoais", *ROA*, ano 49º, dezembro de 1989.

Isabel Reis Garcia, O controle da legalidade de utilização da informática – O MP numa sociedade democrática, Livros Horizonte.

J. J. Gomes Canotilho/Jónatas E. M. Machado, "Reality shows" e liberdade de programação, Coimbra Editora, 2003.

J. Pinto da Costa, Segredo Médico, *in* Responsabilidade médica, Porto, 1996.

J. Wessels, Strafrecht, BT-1, 17ª ed., 1993.

José António Barreiros, Informática, Liberdades e Privacidade, Estudos sobre a Constituição, vol. I.

José Hurtado Pozo, Droit pénal, Partie spéciale II, Zurich, 1998.

Larry Alexander e Kenneth Kress, Contra os princípios jurídicos, *in* Andrei Marmor, Direito e Interpretação, Martins Fontes, São Paulo, 2000, p. 438.

Luzon Peña, Protección penal de la intimidad y derecho a la información, Anuario de Derecho Penal y Ciencias Penales, tomo XLI, Madrid, 1988.

M. Januário Gomes, O problema da salvaguarda da privacidade antes e depois do computador, *BMJ* 319 p. 21.

M. T. Annecca, La *privacy*: nouve dimensioni del consenso e novitá normative, *in* Legalità e giustizia, nº 3/4 1999, p. 348 e ss.

Manuel da Costa Andrade, anotação ao acórdão do STJ de 6 de novembro de 1996 [Sobre os Crimes de "Devassa da Vida Privada" (artigo 192º CP) e "Fotografias Ilícitas" (artigo 199º CP)], *RLJ*, ano 130º, nº 3885, p. 376 e ss..

Manuel da Costa Andrade, Comentário Conimbricense do Código Penal, parte especial, tomo I, artigos 131º a 201º, Coimbra, 1999, p. 725 e ss.

Manuel da Costa Andrade, Consentimento e Acordo em Direito Penal, p. 371 e ss. e *passim*.

Manuel da Costa Andrade, Liberdade de Imprensa e Inviolabilidade Pessoal. Uma Perspetiva Jurídico-Criminal, Coimbra, 1996.

Manuel da Costa Andrade, Sobre a reforma do Código Penal português, *RPCC* 3 (1993), p. 427 e ss: e Estudos Comemorativos do 150º Aniversário do Tribunal da Boa-Hora, 1995.

Manuel da Costa Andrade, Sobre as proibições de prova em processo penal, 1992.

Manuel da Costa Andrade, Tribunal Constitucional. Anotação ao acórdão nº 364/2006, de 8 de junho (Domicílio, intimidade e Constituição). RLJ, ano 138º, nº 3953, p. 97 e ss..

Maria da Conceição S. Valdágua, A Dirimente da Realização de Interesses Legítimos nos Crimes contra a Honra, Jornadas de Direito Criminal, vol. II, CEJ, 1998.

Mario Chiavario, O impacto das novas tecnologias: os direitos do indivíduo e o interesse social no processo penal, *RPCC*, ano 7 (1997), p. 387.

Mário Raposo, Proteção da intimidade da vida privada, ROA, 1972, III-IV, p. 572 e ss.

Morales Prats, in Quintero Olivares, Comentarios a la Parte Especial del Derecho Penal.

Nuno B. M. Lumbrales, O direito à palavra, o direito à imagem e a prova audiovisual em processo penal, Revista da Ordem dos Advogados (formato digital), 2007, ano 67, vol. II, Set. 2007.

Parecer nº 26/95, de 25 de maio de 1995, da Procuradoria-Geral da República, DR--II série de 24.4.97 (4857): robustez física, sida, funcionário, recrutamento, proteção da vida privada.

Pareceres. Procuradoria-Geral da República. Volume VI. Os Segredos e a sua tutela.

Pareceres. Procuradoria-Geral da República. Volume VII. Vida privada – Utilização da informática.

Paulo Mota Pinto, O direito à reserva sobre a intimidade da vida privada, *BFD* 69 (1993), p. 479.

Pedrosa Machado, Sigilo bancário e direito penal, Diogo Leite de Campos *et al.*, Sigilo bancário, Cosmos, 1997, p. 78;

Peter Hünerfeld, Esfera privada e segredo *RPCC* 14 (2004), p. 197.

Pilar Gómez Pavón, La intimidad como objeto de protección penal, Akal, Madrid, 1989.
Raymond F. Rigaux, Liberté de la vie privée, Revue internationale de droit comparé 1991.
Ricardo Pinto Leite, Liberdade de imprensa e vida privada, *ROA*, ano 54 (1994).
Rita Amaral Cabral, O direito à intimidade da vida privada (Breve reflexão sobre o artigo 80º do Código Civil).
Rodrigo Santiago, Do crime de violação de segredo profissional no Código penal de 1982, 1992, p. 54.
Seabra Lopes, A informática jurídica em Portugal, O Direito, ano 121º, 1989.
Seabra Lopes, Identificação pessoal tratada por computador, *BMJ* 216, p. 5
Teodoro Bastos de Almeida, "O direito à privacidade e a proteção de dados genéticos: uma perspetiva de direito comparado", *BFD* vol. LXXIX, Coimbra. 2003.

11 – AS FORMAS CODIFICADAS DE DISCRIMINAÇÃO RACIAL, RELIGIOSA OU SEXUAL

I. Discriminação racial, religiosa ou sexual: artigo 240º

A norma tem atrás de si o princípio da igualdade de todos os cidadãos perante a lei, e outros, igualmente de valia constitucional, como a liberdade de consciência, de religião e de culto (artigo 41º) bem como o direito de reunião e de manifestação (artigo 45º). É um dos crimes impropriamente designados "contra a identidade cultural e integridade pessoal".

A alínea *a*) do nº 1 visa quem fundar on constituir organização ou desenvolver atividades de propaganda organizada que incitem à discriminação, ao ódio ou à violência contra pessoa ou grupo de pessoas por causa da sua raça, cor, origem étnica ou nacional, religião, sexo ou orientação sexual, ou que a encorajem. Encorajar significa, ao cabo das contas, ganhar mais um adepto para uma determinada causa, dar-lhe ânimo e confiança. Incitar e encorajar convergem em estimular alguém a aderir a uma causa, a um ideal ou a um projeto que pode comportar algum risco, porque, por exemplo, contraria valores tidos e aceites por fundamentais.

A alínea *b*) visa quem participar na organização ou nas atividades referidas na alínea anterior ou lhes prestar asssitência, incluindo o seu financiamento.

Para ambos os casos, a sanção prevista é a de prisão de um a oito anos.

A autoria exprime-se aqui em termos substancialmente idênticos aos que concorrem para formar uma associação criminosa (artigo 299º). Consiste em fundar ou constituir organização ou desenvolver atividades de propaganda organizada que incitem (ou encorajem) à discriminação, ao ódio ou à violência; ou em participar na organização ou nas atividades referidas na alínea anterior. Também aqui o juízo de desvalor não é o mesmo em todos os casos. Preveem-se expressamente, além das modalidades de participação na organização ou nessas outras atividades a prestação de assistência, incluindo o seu financiamento. Trata-se de um tipo de ilícito que, não obstante se situar na PE, contém aspetos que fazem dele uma figura com relevantes contactos na PG.

Não se exige, contudo, um número mínimo de membros para a fundação ou constituição da organização, tanto mais que basta desenvolver atividades de propaganda, desde que "organizada".

O preceito mostra-se dominado por conceitos indeterminados, relevando especialmente a referência ao "ódio" (ódio racial, étnico, religoso ou de orientação sexual).

A margem de indeterminação encontra lugares semelhantes, como o artigo 132º, nº 2, alínea *f*), no que toca ao entendimento do que seja o "ódio" – o ódio "racial, religioso, politico ou gerado pela cor, etc."; ou o ódio "contra pessoas ou grupo de pessoas por causa da sua raça, cor, origem étnica, etc.". Numa primeira aproximação, sempre se poderia dizer que quem *incita* à descriminação ao ódio por causa da origem étnica de alguém (uma pessoa *ou* grupo de pessoas) pode criar noutra ou em outras pessoas um sentimento de rancor e de repulsa, incompatível com uma sociedade de raízes e vivências multiculturais. A lei no entanto não exige um resultado, bastando que as atividades desenvolvidas de propaganda organizada sejam aptas a criar a discriminação, o ódio ou a violência contra essa pessoa ou grupos de pessoas.

O nº 2 deste artigo, visando quem, em reunião pública ou, publicamente, por outros meios de divulgação, como a comunicação social ou sistema informático:

a) Provocar atos de violência contra os mesmos alvos humanos e por idênticos motivos – o que significa uma situação *presente*, desenvolvida, por exemplo, nas ruas de uma cidade;

b) Difamar os mesmos alvos humanos e por idênticas motivações, "nomeadamente através da negação de crimes de guerra ou contra a paz e a humanidade", acertando-se aqui o passo com a História ou com certos episódios históricos, portanto com o *passado*;

c) Ameaçar pessoa ou grupo de pessoas por idêntica motivação, com a intenção de incitar à discriminação ou de a encorajar, siatuação que além de acompanhar um crime de intenção, se mostra de algum modo virada para o *futuro*.

II. Tortura e outros tratamentos cruéis: artigos 243º a 246º

Já deparámos com os termos "tortura" ou "outro tratamento cruel, degradante ou desumano", como motivo de agravação do crime de sequestro (artigo 158º, nºs 1 e 2, alínea *b*); e, no artigo 132º, nº 2, alínea *d*), a expressão "empregar tortura ou ato de crueldade para aumentar o sofrimento da vítima", neste caso na função de exemplo-padrão.

A disposição, que protege nomeadamente a integridade pessoal, que constituionalmente se tem por inviolável, encontra-se em consonância com a Convenção contra a Tortura e outras penas e Tratamentos Cruéis, Desumanos ou Degradantes (Resolução 39/46 da Assembliea Geral das Nações Unidas[1]).

Trata-se de crimes próprios, só imputáveis a quem tiver por função a prevenção, peseguição, onvestigação ou conhecimento de infrações criminais, contraordenacionais ou disciplinares ou a execução de sanções da mesma natureza ou a proteção, guarda ou vigilancia de pessoa detida ou presa: funcionários públicos, civis ou militares, com determinadas atribuições, mesmo quando tenham usurpado essas atribuições, como decorre do nº 2 do artigo 243º.

O nº 3 contém o que o Código entende como "tortura, tratamento cruel, degradante ou desumano". Com a ressalva importante de não abranger os sofrimentos inerentes à execução de sanções nem as medidas legais privativas ou restritivas da liberdade, esses atos consistem em "infligir sofrimento físico ou psicológico agudo, cansaço físico ou psicológico grave ou no emprego de produtos químicos, drogas ou outros meios, naturais ou artificiais, com intenção de perturbar a capacidade de determinação ou a livre manifestação de vontade da vítima".

O artigo 244º, por referência aos termos e condições inerentes ao crime principal, qualifica o ilícito em função de ofensas ou do emprego de métodos particularmenet graves ou da habitualidade da sua prática.

Este artigo 244º estabelece uma agravação pelo resultado (artigo 18º), em caso de suicídio ou morte da vítima, sendo o agente punido com a moldura penal idêntica à do homicídio.

A omissão de denúncia prevista no artigo 245º castiga-se com pena de prisão de seis meses a três anos e é aplicável ao superior hierárquico, que tendo conhecimento da prática, por subordinado, de facto descrito nos dois artigos anteriores, não fizer a denúncia no prazo máximo de três dias após o conhecimento.

O artigo 246º contém uma pena acessória, que todavia não envolve, como efeito necessário, a perda de quaisquer direitos civis, profissionais ou políticos (artigo 30º, nº 4, da Constituição). É aplicável a quem for condenado por crime previsto nos artigos anteriores. A aplicação não é automática, ficando dependente da concreta gravidade do facto e a sua projeção na idoneidade cívica do agente.

---

[1] A ratificação é de 9 de fevereiro de 1989: *DR* I, de 5 de junho de 1989.

ÍNDICE

APRESENTAÇÃO	5
1 – INTRODUÇÃO À PARTE ESPECIAL	7
I. Parte Geral (PG) e Parte Especial (PE)	7
1. Proteção de bens jurídicos e determinabilidade do tipo legal	7
2. A noção de bem jurídico e os diversos tipos de crime	11
II. Estrutura da Parte Especial	17
2 – BIBLIOGRAFIA SELECIONADA	21
3 – CRIMES CONTRA A VIDA	25
I. Considerações de ordem sistemática	25
II. Questões fundamentais da proteção da vida	30
1. Começo e fim da vida	30
2. A questão do suicídio	35
3. Eutanásia e "ajuda à morte"	36
4. Crimes de sangue e meios científicos de prova	39
III. O crime de homicídio: artigo 131º	43
1. Tipicidade	45
2. Ilicitude	51
3. Culpa	52
4. Tentativa	56
5. Comparticipação	59
IV. Equivalência da omissão à ação: artigo 10º	63
V. Homicídio qualificado: artigo 132º	66
1. Homicídio simples ou qualificado? – casos práticos	72
2. O caso especial da tentativa de homicídio qualificado	77

  3. Formas de realização e qualidades especialmente desvaliosas   80
  4. A comparticipação   91
 VI. Homicídio privilegiado: artigo 133º   93
  1. Emoções; dinâmica dos estados de afeto   95
  2. Os elementos privilegiadores   98
  3. Compreensível emoção violenta   99
  4. A compaixão   106
  5. O desespero   106
  6. O motivo de relevante valor social ou moral   107
  7. A questão do ciúme   107
  8. A pena   109
  9. Problemas de concurso   110
 VII. Homicídio com provocação: artigos 72º, n°s 1 e 2, alínea b), e 131º   110
 VIII. Homicídio a pedido da vítima: artigo 134º   112
 IX. Incitamento ou ajuda ao suicídio: artigo 135º   119
 X. Infanticídio: artigo 136º   126
 XI. Homicídio por negligência: artigo 137º   129
  1. Introdução   129
  2. Bem jurídico protegido e natureza do tipo de crime   130
  3. Ação e resultado   130
  4. Causalidade   132
  5. A diligência devida   133
  6. Graus de violação do dever objetivo de cuidado; negligência grosseira   134
  7. O tipo-de-culpa nos crimes negligentes   135
  8. Autorias paralelas e "comportamento negligente conjunto"   135
 XII. Crime de exposição ou abandono: artigo 138º   137
  1. Generalidades   137
  2. As condutas típicas: exposição e abandono   138
  3. O perigo para a vida como elemento típico   142
  4. As formas especiais do crime (concurso)   143
  5. As situações de agravação   144
 XIII. Indicações de leitura   145

4 – CRIMES CONTRA A VIDA INTRAUTERINA   155

 I. A criminalização do aborto e a interrupção da gravidez   155
  1. Súmula do modelo vigente   156
  2. Aborto com ou sem o consentimento da mulher grávida   157

3. O círculo de autores e o âmbito de punibilidade — 159
4. Concurso — 160

II. Não punibilidade da interrupção da gravidez: artigo 142º — 161

1. Artigo 142º, nº 1 — 161
2. Artigo 142º, nº 2 — 162
3. Artigo 142º, nº 3 — 162
4. Artigo 142º, nº 4 — 162
5. Artigo 142º, nºˢ 5 a 7 — 162

5 – CRIMES CONTRA A INTEGRIDADE FÍSICA — 165

I. Generalidades — 165
II. Os tipos de ilícito contra a integridade física — 168

1. Crime de ofensa à integridade física: artigo 143º, nº 1 — 168
2. Crime de ofensa à integridade física grave: artigo 144º — 179
3. Agravação pelo resultado: artigos 18º e 147º — 190
4. A agravação por especial censurabilidade ou perversidade: artigo 145º — 193
5. Crime de violação das *leges artis* médicas: artigo 150º, nº 2 — 194
6. Crime de participação em rixa: artigo 151º — 197
7. Crimes de violência doméstica: artigo 152º — 203
8. Crime de maus tratos: artigo 152º-A — 210
9. Crime de violação de regras de segurança: artigo 152º-B — 211
10. Crime de ofensa à integridade física por negligência: artigo 148º — 211
11. Consentimento do lesado: artigo 149º — 215

III. Outras indicação de leituras — 217

6 – EPÍLOGO: CRIMES CONTRA A VIDA E CONTRA A INTEGRIDADE FÍSICA — 221

7 – CRIMES CONTRA A LIBERDADE PESSOAL — 233

I. Generalidades — 233
II. Os tipos de ilícito contra a liberdade pessoal — 237

1. Ameaça: artigo 153º — 237
2. Coação: artigo 154º — 240
3. Sequestro: artigo 158º — 251
4. Tráfico de pessoas: artigo 160º — 260
5. O crime de rapto: artigo 161º — 263
6. Tomada de reféns: artigo 162º — 265

O DIREITO PENAL – PASSO A PASSO

7. Intervenções e tratamentos médico-cirúrgicos arbitrários: artigo 156º	266
III. Situações de privilegiamento: artigo 161º, nº 3, e 162º, nº 4	267
IV. Outros casos	267
V. Outras indicações de leitura	271

8 – CRIMES SEXUAIS   275

I. Generalidades	275
1. A criminalidade sexual, a moral e os bons costumes	276
2. Aspetos da Reforma de 1995	278
II. O atual sistema do Código	280
III. As condutas sexuais	282
1. As categorias legais	282
2. Práticas sexuais com contacto corporal; atuações sem contacto corporal	284
IV. Os crimes contra a liberdade sexual	284
1. Coação sexual e violação (enquanto coação qualificada)	283
2. Crime de coação sexual: artigo 163º, nº 1	288
3. Crime de violação: artigo 164º, nº 1	291
4. Outros abusos sexuais	300
5. O lenocínio como um dos casos parcialmente descriminalizados	303
6. O crime de importunação sexual: artigo 170º	305
V. Crimes contra a autodeterminação sexual	307
1. Crime de abuso sexual de criança: artigo 171º	308
2. Crime de abuso sexual de menores dependentes: artigo 172º	311
3. Atos sexuais com adolescentes: artigo 173º	311
4. Recurso à prostituição; lenocínio e pornografia de menores	312
VI. O sistema agravativo	316
VII. Queixa e inibição do poder paternal	318
VIII. Ainda os problemas de concurso	319
IX. Casos práticos	319
X. Outras indicações	325

9 – CRIMES CONTRA A HONRA   329

I. Generalidades	330

II. Honra e liberdade de expressão — 333
  1. Situações de conflito com o direito de expressão e de livre informação — 334
  2. Os excessos ou desmandos de linguagem — 339
III. Crimes de difamação e injúria — 340
  1. O crime de difamação: artigos 180º e 182º — 341
  2. O crime de injúria: artigos 181º e 182º — 344
  3. Disposições comuns: artigos 183º e 184º — 351
  4. Crime de ofensa à memória de pessoa falecida: artigo 185º — 351
  5. Retratação; retorsão; provocação; dispensa de pena: artigo 186º — 352
  6. Procedimento criminal: artigo 188º — 353
  7. Crime de ofensa a pessoa coletiva, organismo ou serviço: artigo 187º — 353
IV. Justificação do facto; prova liberatória: artigos 180º, nºˢ 2 a 4, e 181º, nº 2 — 355
  1. Factos justificativos — 355
  2. Prova da verdade dos factos — 356
  3. Condições de admissibilidade da prova liberatória — 358
  4. Prova da veracidade — 361
  5. Efeitos da prova liberatória — 262
V. Crime de perigo, crime de dano; consumação — 363
VI. Honra e liberdade de expressão e de informação — 363
VII. *Jus corrigendi?* — 364
VIII. Ataque a valores como independência, imparcialidade e isenção da magistratura — 365
IX. Outras indicações de leituras — 365

10 – CRIMES CONTRA A RESERVA DA VIDA PRIVADA — 375

I. Nota introdutória: direito à privacidade — 375
  1. Nem toda a indiscrição será castigada — 379
  2. Privacidade e ofensa à honra — 380
  3. A tipicidade nos crimes contra a reserva da vida privada — 381
  4. Atipicidade e justificação das condutas invasivas da vida privada — 381
II. Crime de violação de domicílio ou perturbação da vida privada: artigo 190º — 383
  1. Generalidades — 383
  2. As modalidades de conduta — 387
  3. O nº 2 do artigo 190º — 388

        4. A qualificação: artigo 190º, nº 3   388
        5. As causas de justificação   389
   III. Introdução em lugar vedado ao público: artigo 191º   389
   IV. Devassa da vida privada: artigo 192º   391
        1. Os elementos típicos   392
        2. As causas de justificação   393
   V. Crime de devassa por meio de informática: artigo 193º   397
   VI. Crime de violação de correspondência ou de telecomunicações: artigo 194º   398
   VII. Crime de violação de segredo: artigo 195º   400
   VIII. Crime de aproveitamento indevido de segredo: artigo 196º   402
   IX. Crimes contra outros bens jurídicos pessoais   402
        1. Crime de gravações e fotografias ilícitas   402
        2. Omissão de auxílio, omissão pura: artigo 200º   405
   X. Indicações de leitura   408

11 – AS FORMAS CODIFICADAS DE DISCRIMINAÇÃO RACIAL, RELIGIOSA OU SEXUAL   415
   I. Discriminação racial, religiosa ou sexual: artigo 240º   415
   II. Tortura e outros tratamentos cruéis: artigos 243º a 246º   416